上海交通大學
百年报刊集成

第一辑（1896—1949）
学 术 学 科

经管卷（第五册）

上海交通大学
档案文博管理中心 编

目　录

《交通管理学院院刊》简介 …… 001
《交通管理学院院刊》创刊号(1929) …… 003
《交通管理学院院刊》第二号(1929) …… 247
《交通大学实业管理学会会刊》简介 …… 445
《交通大学实业管理学会会刊》(1939) …… 447
《运输管理学报》简介 …… 673
《运输管理学报》创刊号(1945) …… 675
《工业管理年刊》简介 …… 727
《工业管理年刊》创刊号(1947) …… 729
《工业管理通讯》简介 …… 767
《工业管理通讯》创刊号(1948) …… 769

《交通管理学院院刊》简介

该刊创刊于1929年1月,由交通大学管理学院学生会出版部院刊社编辑发行,属于半年刊。目前已知仅于1929年出版两期,第2期又名《交通与经济》。担任该刊撰述者均为管理学院学生,后有不少成长为经济学界、管理学界、外交界的名流,如铁道运输专家熊大惠,国际法学家、国际问题专家、外交家宦乡。

该刊的创刊主旨,诚如《写在卷首》中所写:"为中国交通前途而呼号……印行这本刊物,一方面纪念我们以往的努力;一方面砥砺学术,发扬本院的精神,作将来发展的先声。"① 从栏目设置来看,并无固定,内容覆盖面较泛,但主体篇幅侧重刊载关于铁路运输及经济学、管理学方面的论著,其次是政治外交、文艺小说以及通讯新闻等。以1929年第1期创刊号为例,全书二百余页,共计14万字。"计关于交易方面者,有中国铁路客货运输统计之研究,参观沪宁沪杭甬两路后之整理兴革谈,五路交涉中吉会路与东三省之关系等七篇。关于经济方面者,有中国之钢铁事业,中国之棉织事业等九篇;其他关于政治外交方面者,有新疆之研究,呼伦贝尔事件研究等六篇,末附文艺小说及该院消息等栏。"② 通讯一栏,则刊载师生之间的来往书信。新闻主要是刊登学校及学院的相关事宜,比如各级课程、学院学生会纪事等,篇幅较小。

该刊中关于铁路运输及经济学方面的论著,最鲜明的学术特点就是充分运用数据、图表等现代计量学方法进行分析,如《参观沪宁沪杭甬两路之整理兴革谈》一文对于沪杭甬和沪宁两条铁路的概况进行了介绍,并且将产业所担负的债务、运营公里数进行统计,并以表格的形式刊登出来。这种重视调查统计的研究方法为研究民国时期铁路发展状况提供了重要的、原始性的一手资料。

---

① 《写在卷首》,《交通管理学院院刊》(创刊号),1929年第1期。

② 《交通管理学院院刊创刊号出版》,《申报》1929年1月18日,第11版。

交通管理學院
院刊
創刊
交通大學交通管理學院學生會出版

先施公司

統辦寰球貨品
輸出中華國產
專售中西運動器具
兼辦東亞酒樓旅館
採集各式皮貨
一應綢緞呢絨
開設上海南京
路中如蒙賜顧
格外克己

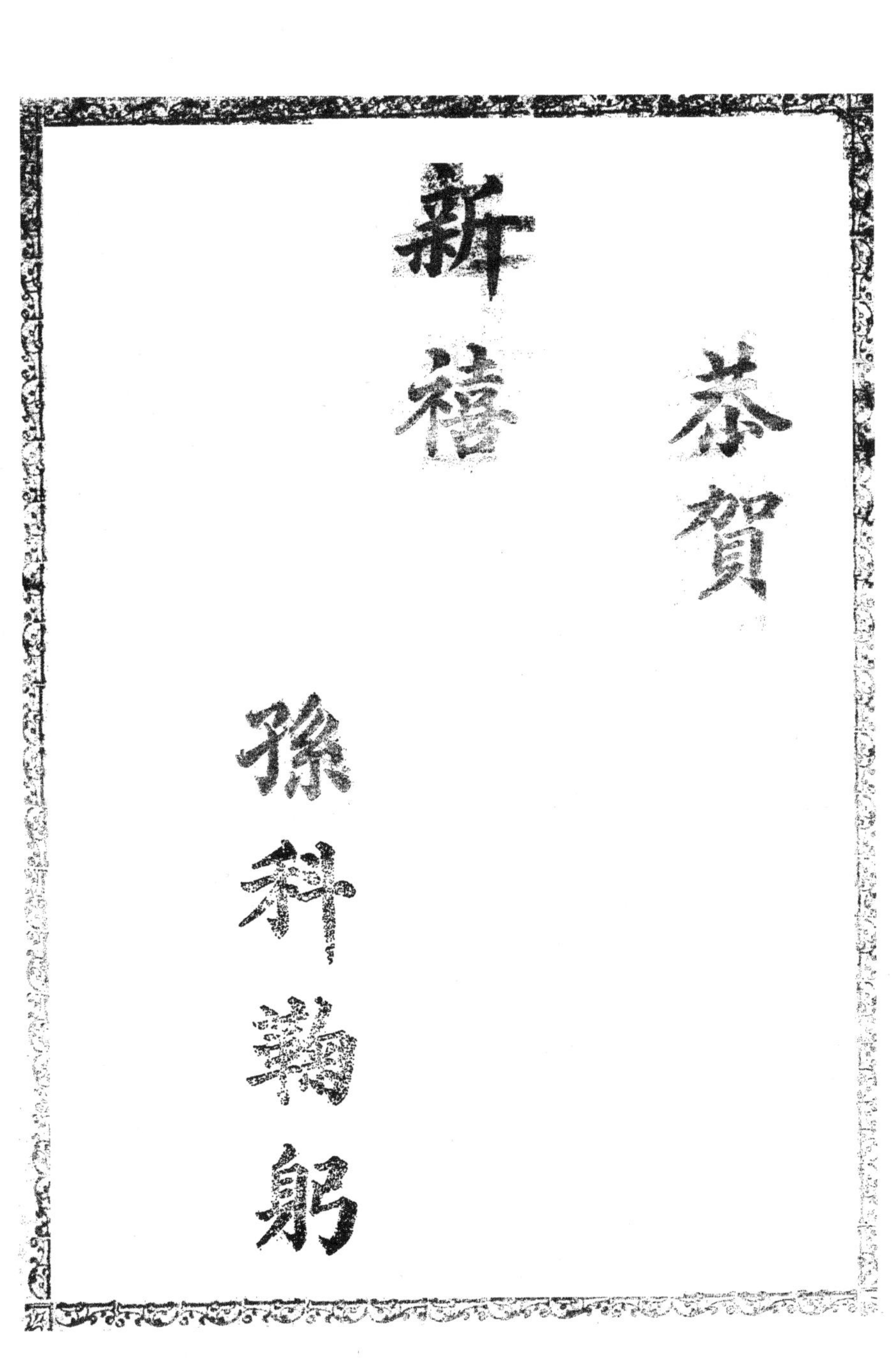
恭賀
新禧
孫科鞠躬

恭賀
新禧
徐佩琨鞠躬

恭賀

新禧

王繩善鞠躬

恭賀

新禧

張廷金鞠躬

恭賀
年釐
熊遂鞠躬

恭賀
新禧
鄧公玄鞠躬

恭賀
新禧
錢豐格鞠躬

恭賀
年禧
黃文建鞠躬

恭賀

年釐

陳石英鞠躬

恭賀

新禧

柯成楙鞠躬

恭賀

年禧

趙啓華鞠躬

恭賀

年禧

唐慶貽鞠躬

恭賀

新禧

袁維裕鞠躬

恭賀

新禧

王長青鞠躬

恭賀

年禧

王鈞鐵鞠躬

恭賀
年禧
周銘鞠躬

恭賀
年釐
王鏞鞠躬

恭賀
年釐
周德熙鞠躬

恭賀
年禧
徐名材鞠躬

恭賀

年釐

張峻鞠躬

恭賀

年禧

陳俶達鞠躬

恭賀

新禧

胡嵩喦鞠躬

恭賀

年禧

周振聲鞠躬

恭賀
年釐
李幹鞠躬

恭賀
新禧
沈孝光鞠躬

恭賀
新禧
祝世康鞠躬

恭賀
年禧
唐樹屏鞠躬

恭賀新禧

恭賀

年釐

戴麟藻鞠躬

恭賀

新禧

陶天杏鞠躬

恭賀

年禧

交通管理學院
班長會議鞠躬

恭賀

新禧並祝

師長同學健康

交通大學

游泳部 網球部 排球部 足球部 越野部 籃球部 田徑賽部 棒球部

鞠躬

恭賀

新禧

交通大學
交通管理學院
留美同學會鞠躬

恭賀

新禧

交通大學技擊部鞠躬

恭賀年釐

交通管理學院學生會鞠躬

恭賀年禧

交通管理學院四年級全體鞠躬

恭賀新禧

交通管理學院三年級全體鞠躬

恭賀新禧

交通大學經濟學會鞠躬

恭賀新禧

交通管理學院二年級全體鞠躬

恭賀
年禧

私立南洋模範中小學全體鞠躬

恭賀
新禧

交通大學工程學會鞠躬

親愛的讀者：
流水般的光陰，
年復一年的過去，
我們着實很慚愧！
一些沒有建樹和貢獻，
與吾們親愛的期望者。
可是獻歲良辰又鼓動了吾們的心
絃，
我們很想竭力改進吾們的思想
，
同時代一樣的日新月異。
並希望幸福之神，
降臨在你們快樂的新年內。
交通管理科一年級全體。

長毋相忘
並祝
年釐

張瑞鎏鞠躬

恭賀新禧

恭賀
年禧

預科三年級全體
鞠躬

恭賀
新禧

預科[illegible]年級全體
鞠躬

恭賀
新禧

預科一年級全體
鞠躬

恭賀
年禧

宦制鄉
劉時敘
胡可時
鞠躬

恭賀年釐

劉世恢鞠躬

恭賀新禧

沈孝明鞠躬

恭賀年禧

陳虞添鞠躬

恭賀年禧

王洪志 王洪輿鞠躬

恭賀新禧

謝銘怡 蕭銘沛鞠躬

恭賀年釐

徐修綱 徐修德鞠躬

恭賀新禧

池敬炳鞠躬

恭賀年釐

秦錫藩鞠躬

恭賀新禧

吳承炳鞠躬

編輯部啓事一

本刊承諸師長之贊助荷各同學之匡扶得以如期出版不勝感謝惟同人等才力薄弱學識淺陋謬誤之處在所不免倘希　讀者諸君不吝教誨與以指導無任盼禱

編輯部啓事二

創刊號因投稿者非常踴躍稿件擁擠異常不免有遺珠漏玉之處於感謝投稿　諸君之餘特此道歉諸希　原諒是幸

編輯部啓事三

本期原有樊君正渠大著列強在華投資之概觀一篇調查精密紀載翔實惜以表格太多時間短促趕印不及未獲登出至爲歉仄除設法在他處發表外合行聲明　幷誌歉忱

宧鄉啟事

敬啓者鄉以駑才謬承編輯之責辦理之初本擬月出版一册本學期出版四次嗣因鄉丁憂返里編輯一切無人負責遂致停頓茲暫改爲季刊本學期亦只出版一次特此聲明諸希

亮鑒

交通管理學院院刊目錄

(一)寫在卷首　編者
(外國銀行在華之金融實力)
(二)鐵路客貨運輸統計之研究　沈奏廷
(三)財務報告之比率的觀察法　熊大惠
(四)呼倫貝爾事件之研究　劉時敍
(五)參觀滬甯滬杭甬兩路後之整理與革談　士達
(六)中國鋼鐵事業概觀　池敬炳
(鋁之研究)
(七)鐵路用人問題之研究　沈孝明
(八)新疆研究　劉時敍
(續)(外國銀行在華之金融實力)
(九)美國鐵路客貨運輸之預測　吳在中
(中東鐵路之主要貨運)
(十)物價保險及其保險公司組織法之優劣　王兆富
(十一)中國之棉織事業　宦鄉
(一二)今日之蘇俄　工九

目錄

(十三)科學與人生 楊 城
(東三省計畫中鐵路一覽表)
(十四)最近世界之航空 陳汝善
(十五)物價漲落與借貸雙方 程振粵
(十六)改良農村教育芻議 劉世恒
(世界著名的蘇巴兩河成功後之效用)
(十七)訓政時期中全國道路建設問題 於德倫
(十八)二次大戰聲中蘇俄之軍備概況 宦 鄉
(十九)五路交涉中吉會路與東三省之關係 孟昭強
(日本全國商船統計)
(廿)日本經濟發展之趨勢 珧 符
(廿一)土地之分析 沈孝明
(全世界人口之新統計)
(武漢各業工人概數)
(廿二)遺產稅之沿革 曼 倩
(廿三)中日交涉停頓中之濟案 李紀云
(日本海外報紙的調查)

（廿四）失敗 曼平

（明天）

（廿五）依舊 馬鈴

（中央銀行之原則）

（廿七）通訊 郁仁充

（廿八）本院署史 編者

（廿九）本校新聞 編者

孫中山紀念時表

民衆必備 之革命紀念物

備置懷中 時時觀摩

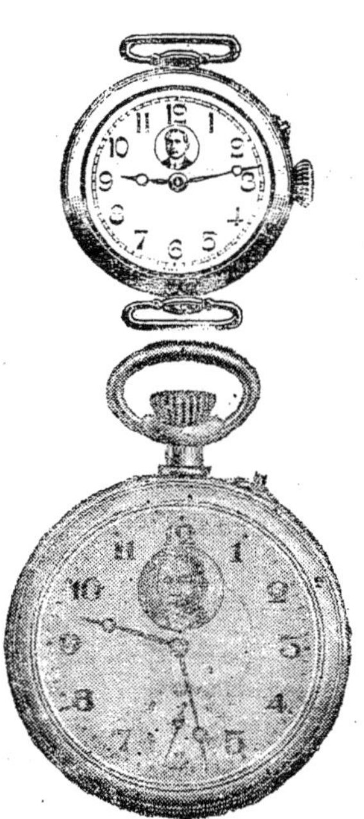

紀念元勳 永垂不朽

掛表每只二元 手表每只三元

總經理上海亨達利鐘表總行

分售處全國各埠各鐘表行

上海
新新公司
選辦寰球貨物 ◉ 輸出中華國產
爲中國規模最大之商店

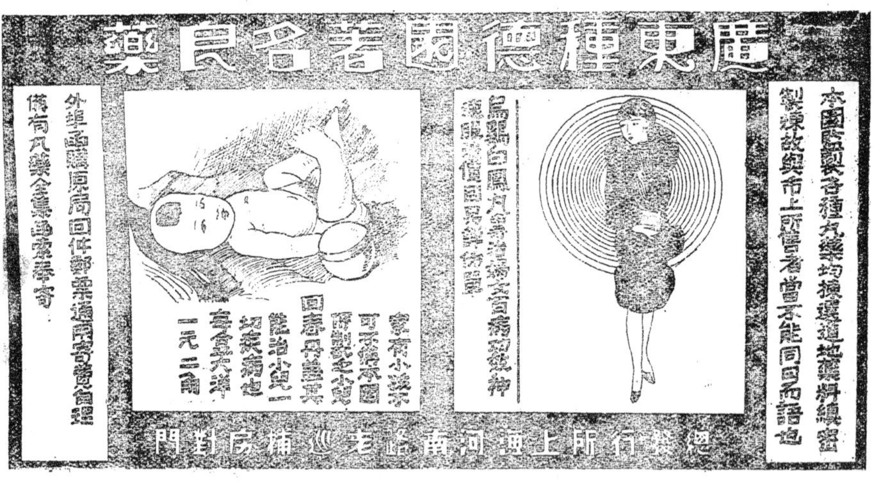
廣東種德園著名良藥
本園監製各種丸藥均揀選道地藥料縝密製煉故與市上所售者當不能同日而語也
烏雞白鳳丸專治婦女百病功效神速
家有小孩不可不備本園所製老少安回春丹其能治小兒一切疾病也
每盒大洋一元二角
外埠函購原局回件郵票通用寄費自理
備有丸藥全集函索奉寄
總發行所上海河南路老巡捕房對門

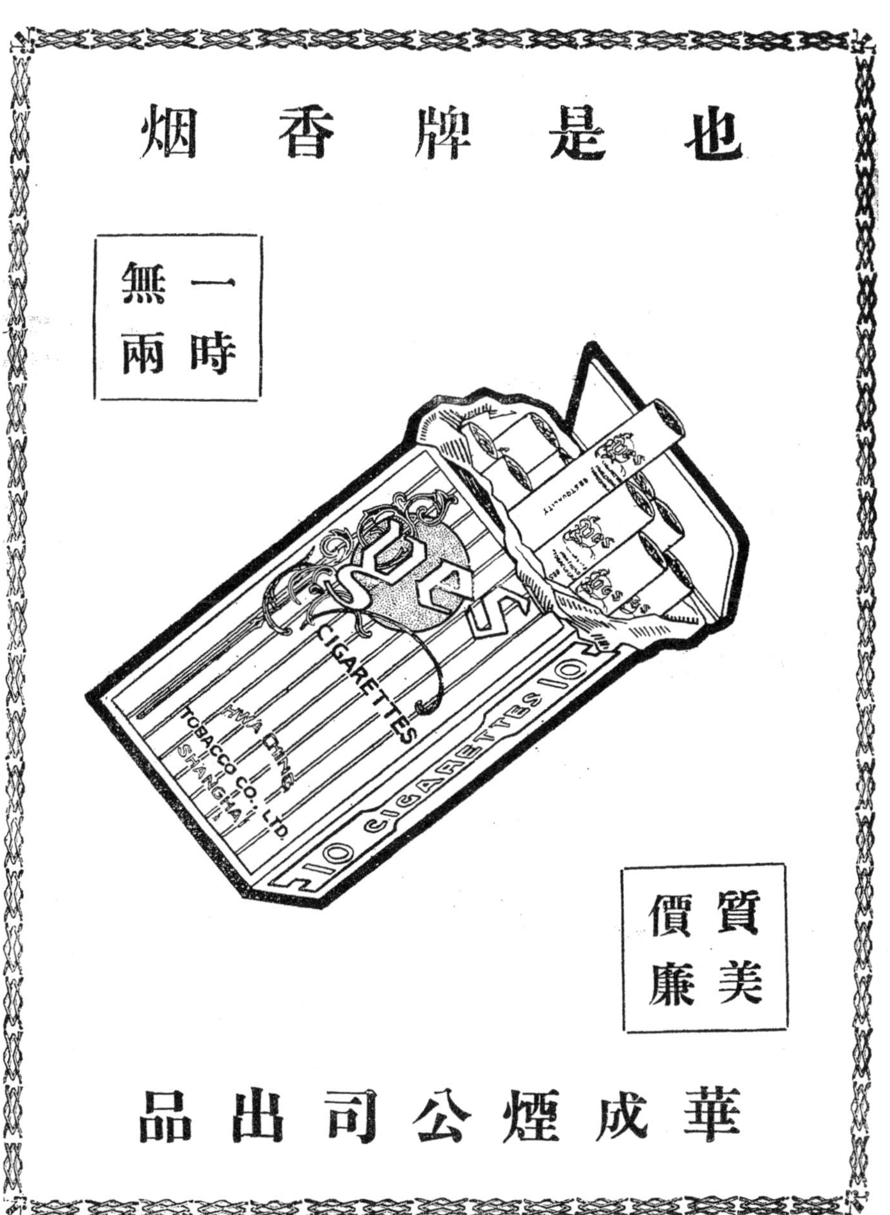
也是牌香烟
一時無兩
CIGARETTES
HWA CHING
TOBACCO CO. LTD.
SHANGHAI
10 CIGARETTES 10
質美價廉
華成煙公司出品

寫在卷首

本科之改爲學院，於茲不過數月。

在未成立的兩三個月前，我們正渡着危險而黑暗的時代。

時代是如此黑暗，我們幾不能支持。那狂吹的是風，那暴打是雨——狂風暴雨拚命的向我們吹打，吹打。週遭環伺着的是我們的敵人，顯露着猙獰的微笑。甚至，甚至我們的弟兄也向我們作眈眈的怒視。

危險呀！我們的生存幾乎發生問題；我們幾不能在這個樂園裏立足！

正義淪亡了！我們的弟兄背叛了！我們的隊伍被敵人所分化了！過去親愛的歷史終於被拋進了字紙簍。

假使本院果真發生問題，這對中國交通前途是多麼大的一個損失；假使本院果真發生問題，這對公理和正義是多麼大的一個侮辱。

於是我們呼號，我們爲中國交通前途而呼號；於是我們奮鬥，我們爲正義和公理而奮鬥。

光明戰勝了黑暗，正義戰勝了強暴；我們的生存問題終於得着了相當的解決。

然而，然而我們發展的目標還未曾做到一點！

在喘息方定的當兒，我們印行這本刊物，一方面紀念我們以往的努力；一方面砥礪學術，發揚本院的精神，作將來發展的先聲。

編者

十七。十二。十八。

外國銀行在華之金融實力

駿

我國因受列強之經濟壓迫，現在每年對於外國要進貢十二萬萬元，損失之巨，實為大家夢想所不及。其中祇就外國銀行一項而論，每年即有一萬萬元左右漏卮。外國可以在中國可以設立銀行於是弄出三種最利害的經濟侵略手段：

(1)第一種是紙幣的發行。外國銀行用幾千萬紙幣，來換我們幾千萬的貨物及現金中國人因為外國銀行資本雄厚，紙幣有信用，所以情願使用外國紙幣，而置極大之損失於不顧。

(2)第二種是滙兌的折扣。外國銀行代中國人滙兌，除了照例收滙水以外，並在收入和兌出的時候，總是將兩地貨幣之價值，故意抬高算低，以便從中盤剝。

(3)第三種是存欵的轉借。外國銀行專門以薄利收入中國人的存欵，而以厚利轉借於中國人。用中國人的資本，來賺中國人的利息，這是何等巧妙，但是中國人因為信任外國銀行故皆願意將資本存入，而其結果，即是外國銀行每年可賺數十萬元的利息。

以上紙幣滙兌存欵三種，乃是外國銀行最利害的手段，損失總數，約在一萬萬元左右，由此可知外國銀行利用其經濟力量，操縱金融，使中國經濟狀況，不能發展，其毒之烈，甚於洪水猛獸也。

外國銀行既為中國人之經濟壓迫者，我們即不得不加以相當之調查。茲就調查所得，共有在華外國銀行四十四行：計有(1)日本銀行三十行，(2)英國四行，(3)美國二行，(4)比利時二行(5)荷蘭二行，(6)法國一行，(7)德國一行，(8)俄國一行，及(9)意大利一行。四十四行中，最主要者有滙豐花旗等十三行 。茲將其行名國籍資本成立年月一併揭記如下，以供參考。

鐵路客貨運輸統計之研究

沈奏廷

第一　客運業務統計

第一節　延人公里

延人公里者。以旅客人數乘其行程所得之積也。例如一人行一公里。則生一延人公里。二人各行二公里。則生四延人公里。餘可類推。大凡鐵路旅客收入之增減。不以旅客人數之多寡爲斷。而以延人公里之升降爲衡。例如某路延人公里逐年　增。假令旅客票價旅客等級俱無變動。則其旅客收入亦必與年俱進。反之若增加者爲人數而非人里則旅客收入。未必遂有增加。卽有增加。亦非由客運發達而來。是以延人公里之盈虛消長。實與收入息息相關。未有延人公里不增。而旅客收入轉能與年俱進者也。蓋旅客票價頗有定率。旅客等級變動常微。前者爲經濟定律或法令所限。後者由社會狀況或事實而定。其所影響於旅客收入者。要皆不巨也。易言之。欲求鐵路旅客收入之增加。自在發展延人公里而已矣。

旅客收入固大體隨延人公里而增減。然旅客業務性質之變動。亦與收入有至切之關係。所謂變動者。非旅客等級或每級人數變動之謂。舉凡政府軍事民事之運輸。本路他路員司之往來皆足以致旅客收入之減少。然其爲延人公里則一也。故僅觀察延人里。而不一考旅客之性質。仍不能預卜旅客收入之盈虛。美國鐵路統計中。有所謂生利的人里者。Revenue Passenger Miles 卽指鐵路可得收入之人里而言。我國鐵路統計。則將人里分類並列。用意正復相同也。

由延人公里推斷鐵路管理之優劣者。實大謬也。延人公里者。由旅客人數與行程相因而成者也。則其增減之原因。非由於人數必由於行程。管理優良之路。固可致力於廣告及設備諸端。以促進旅客人數之增加。亦可用種種方法。減少長途旅行之不便。（如延長車票有效期間。改良臥車飯車等之設備。以及中途准許下車。或提取行李等辦法。）以助成旅客行程之延長。然自然之制限。終非管理者所能勝也。例如（一）人民旅行嗜好之強弱。與其購買力之高低。(二)主要車站距離之遠近。(若有甲乙兩路。各有往來頻繁之車站二處。惟甲路兩站之距離爲百里。乙路僅五十里。假介旅客人數相同。則甲路以行程較長。其延人公里必較乙路爲多。)(三)沿路車站之多寡(車站之稀密。對於旅客人數頗有影響。車站數稀者。其居兩站間之人民。除長距離之旅行者外。往往反以乘車爲不便。故旅客人數勢必因此減少)(四)沿途商業之盛衰。(五)沿途名勝之有無。凡此種種。俱足左右延人里數。而與管理之優劣無關。此就各路之比較而言也。即在同一路線。其沿路商業之盛衰。亦至無常。(如遇凶年。則旅行必減)旅行之動機。又復不一。(如遇盛典盛會。則旅行必增。)以人里爲標尺。仍難視爲恆當也。是以延人公里之功用。不外表示客運業務之盛衰。至若與他數併計之時。則其功用不一而足。容於後節詳之。

自五年至十三年。九年間。我國國有鐵路十一綫(十一綫者。京漢。京奉。津浦。滬甯滬杭甬。京綏。正太。道清。汴洛。吉長。廣九是也。報告完全者。僅此十一路。故採用之。以下倣此。)之延人公里。增加百分之五十六。而所載旅客人數。增加百分之四十八。列表如次。(百分比)

第一表

年份	五年	六年	七年	八年	九年	十年	十一年	十二年	十三年
延人公里	一〇〇	一〇七	一一七	一二六	一五八	一五二	一五八	一五一	一五六
所載人數	一〇〇	一〇七	一〇八	一一八	一三五	一三〇	一四七	一四八	一四八

上表中有可注意之點凡五。(一)民六延人公里與旅客人數增加比率。同爲百分之七。足見旅客行程。是年並無增加。(二)六年以後。人數與行程皆有增加。(三)九年十一年爲客運最盛之年惟十一年人數雖較九年多百分之十二。而延人公里則與九年相等。足見平均行程頗有減少。(四)十年延人公里之減退。由於人數之減少。而以京漢。京奉。津浦。三大幹線所減者爲最多。(五)十二年旅客人數雖有增加。而延人公里反形減退。其故由於平均行程之縮短

。與十年時迴不相侔也。近十數年來。國中經濟。並無顯著之發展。而鐵路客運業務。苟能增加百分之三十（見後）以上。足見社會需求鐵路運輸之殷矣。他日工商業漸就發達。國人購買力漸事加高。鐵路設備日益改良。鐵路廣告更求普及。則客運之盛。必能數倍於今日也。

。旅客等級之支配。常固定而不變。既如上述。證諸我國大致亦然。茲將全國國有鐵路各級旅客延人公里化為百分數。表列如次。

第二表

年份	五年	六年	七年	八年	九年	十年	十一年	十二年	十三年
頭等	一.五	一.七	一.九	二.〇	一.八	一.八	一.八	一.五	一.三
二等	三.四	三.八	三.九	四.五	四.一	四.三	三.九	三.五	三.四
三等	八五.六	八五.五	八七.〇	八六.一	八六.二	八四.〇	七四.八	七八.四	八二.〇
四等	九.五	九.〇	七.二	七.四	七.九	九.九	一九.五	一六.六	一三.三
合計	一〇〇	一〇〇	一〇〇	一〇〇	一〇〇	一〇〇	一〇〇	一〇〇	一〇〇

頭二等旅客延人公里。合計之。僅占總數百分之五六。但頭二等旅客平均行程。實較他級旅客為長。則其人數之少。蓋可想見。三等旅客延人公里。實居百分之八十左右。誠為客運業務之基本。四等旅客延人公里。初僅占百分之八九。近年則一躍而達百分之十三至十九。洵各級旅客中變動最烈者矣。然則旅客等級之支配。除四等外。變動皆極微末。此蓋自然之現象。證諸數字而益信也。

民九以前。延人公里統計。僅揭示尋常旅客一項。分頭二三四四等。九年以後。始增設遊覽。優待。軍事。民事四欄。分析益臻精密。就中優待一欄。即為各路員司之旅行。為數不巨。且非全無收入者。茲姑不計焉。民事一欄。其數更微。亦可略之。惟軍事項下人里。頗有可觀。其或增或減。對於客運業務頗有影響。其重要可由下表中見之。（根據十一路之統計）

軍事運輸延人公里對於延人公里總數比率表

第　三　表

年份	軍事延人公里	延人公里總數	百分比
九年	三〇一・九六一・三九八	三・二三八・〇七五・九〇七	九・三
十年	二四四・四六八・八〇二	三・〇一七・〇三〇・八二七	八・一
十一年	四二三・〇七二・五八六	三・一三〇・四九一・五四〇	一三・三
十二年	一五〇・六六三・九二七	二・九九八・一七二・一〇八	五・〇
十三年	五四一・七三六・四〇八	三・〇五三・七七四・六七八	一七・六

軍事運輸竟占客運總額百分之五至百分之十八。其數不可謂不巨。故吾人於研究人里之際。不可不將此項數額除外。使與總數劃分。否則眞相難明。觀察必難透澈也。今將軍事人里除去。復製下表。以資比較。（表中數字係百分比）

年份	延人公里總數	軍事人里減去後之延人公里（五年仍以總數計）
五年	一〇〇	一〇〇
九年	一五八	一四三
十年	一五二	一三九
十一年	一五八	一三七
十二年	一五一	一四三
十三年	一五六	一二九

假定五年並無軍事人里。則實際客運之增加。就十三年而言。僅百分之二十九而已。惟此爲假定之推算。眞正客運之增加。或當在百分之三十以上也。使不計軍事運輸。則十三年之延人公里。似在十年與十二年之上。而實際適得其反。是見其影響之巨矣。然一考旅客收入。十三年仍較十二年爲多。此則記帳與現欵併計之故。非軍事不影響於收入也。

第二節　每營業公里延人公里

每營業公里延人公里者。卽以路綫營業里數除延人公里所得之商也。易言之。卽客運密度 Passenger Traffic Density 耳。大凡路綫之長短。與延人公里有極密切之關係。在同一狀況之下。營業路綫愈長。旅客人數愈多。其行程亦愈長。雖不能作比例之進退。而要有同調之升降也。夫延人公里之增減。固常爲客運業務盛衰之表示。然在繼續增修幹綫。添設支綫。或因故縮短營業路綫之各路。不能專視其人里之增減。而斷其客運之盛衰。必以營業里數除之。而後可資比較。例如十二年京奉路之每營業公里延人公里。其數為一〇九六·〇〇〇。十年為八四三·〇〇〇。但該路十二年之延人公里。其數僅五〇九·三八五·八五八。而十年則反有八二一·六一九·五五三。此無他。十二年僅計關內一段之故耳。若徒憑延人公里以為推測。而不計及營業路綫之里數。則該路十二年度之客運。將必遠遜於十年。寗非與事實不侔乎。他如繼續增加營業里數之路。亦有相似之情形。惟適相反而已。

若以兩路互相比較。其理亦同。例如十三年度京奉路之延人公里達六五九·九五九·〇〇〇。滬甯路之延人公里為六二〇·九二五·〇〇〇。驟視之。京奉之客運。必較滬甯為繁。然一考每營業公里延人公里。則同年京奉僅得一·四二〇·〇〇〇。滬甯反得一·八九八·〇〇〇。後者之客運密度。較前者當高百分之三十。其差殊不可謂不巨也。然則每營業公里延人公里之功用。至此益顯然矣。

國有十一路之每營業公里延人公里。其合計總數及增加指數。可與延人公里指數比較如次。

第五表

年份	每營業公里延人公里(單位一千)	指數	延人公里指數
五年	三七一	一〇〇	一〇〇
六年	三九六	一〇六	一〇七
七年	四三一	一一六	一一七
八年	四六六	一二五	一二六
九年	五八三	一五七	一五八
十年	五六三	一五一	一五二
十一年	六〇五	一六三	一五八
十二年	五七〇	一五三	一五一
十三年	六〇六	一六三	一五六

十一年以前。每營業公里延人公里指數。與延人公里指數幾無差別。此實因路綫無甚增減之故。惟五年之間。客運密度增進百分之五十以上。足見路線之利用。進步極速。十一年以後。指數繼續增高。此則由於京奉路線縮減者多。由於客運密度增進者少。可知關外客運之較稀於關內矣。他年路線日漸增加。此項數字將必更饒意味焉。

試再將各路互相比較。則所得結果。更有耐人尋味者。

茲舉十二十三兩年京奉京漢津浦滬甯滬杭甬五路之客運密

度。以京漢作一〇〇。而推算之如次。

第六表

路別	十二年 每營業公里延人公里	十二年 延人公里	十三年 每營業公里延人公里	十三年 延人公里
京漢	一〇〇	一〇〇	一〇〇	一〇〇
京奉	二八一	九八	三三五	一一七
津浦	一四七	一〇三	一四〇	一一七
滬寧	五四〇	一三三	四四八	一一一
滬杭甬	二四六	五三	二〇九	四五

論延人公里。則十二年之京奉。僅當同年京漢百分之九十八。然若以每營業公里延人公里為準。則前者幾為後者之三倍。他路亦然。而尤以滬甯滬杭甬為最顯。十三年之情形。所差無多。可不贅敘。足見客運最密者。為滬甯。次為京奉。復次為滬杭甬。而津浦京漢。客運最稀。

第三節　每列車公里延人公里

凡機車一輛。拖帶客車一輛。或數輛者。為旅客列車。每一旅客列車。在路軌上行駛一公里。即為一客運列車公里。以之除延人公里。即得每列車公里延人公里。此數與每列車平均載客人數。實際可視為相同焉。夫延人公里為旅客收入之源。而列車公里則為營業用款之因。故每列車公里延人公里之數愈高。則旅客業務之淨收入亦愈巨。欲求此數之增加。除發展延人公里數外。尚應減除列車里程之糜費。有增加機車拖引力與客車之容積人數。以免列車次數之過多者。有改良行車時刻。俾以較少之列車次數。載運同數或較多之旅客者。有改直達車為區間車。以減少無用之行程者。要皆以節省列車里程為目的。以求旅客淨收入之加多者也。

假令列車公里不變。則旅客人數若增。每列車公里延人公里亦必增高。此固顯而易見者。惟同一旅客人數之增加。對於載運狀況。影響輒有不同。例如某路有子丑寅三站。列車自子站駛至丑站時。載客極多。自丑站至寅站。人數逐少。今所增加之旅客。若皆旅行於子丑兩站之間。則車中擁擠。必將益甚。鐵路為便利旅客計。勢必增加列車次數。以資應付。反之新增之旅客。若在丑寅兩站之間。則車中既無擁擠之虞。而空車里程。復得因而減少。自無增加列車之必要。故同一旅客數之增加。對於每列車公里延人公里輒生不同之影響。未可以一概論也。

然則延人公里增加之時。列車公里亦有不得不增加者。蓋瞭然也。惟列車公里之增加。常較延人公里爲緩。故在客運日趨發達之路。每列車公里延人公里必常趨漲。否則列車里程之靡費。必爲無可掩飾之事實。此正每列車公里延人公里功用之所在也。

歷年國有十一路每列車公里延人公里。有如下表。所列

第七表

年份	每列車公里延人公里	指數
五年	一九八	一〇〇
六年	二一一	一〇六
七年	二三一	一一六
八年	二四二	一二二
九年	二八三	一四二
十年	二五三	一二七
十一年	二六三	一三二
十二年	二六六	一三四
十三年	二七三	一三七

九年之間。每列車公里延人公里增加百分之三十七。一方固顯示列車利用之增進。他方亦足見列車車輛之加多也民九爲客運最盛之年。故指數亦最高。十年除滬寧廣九汴洛三線外。餘皆減退。故全體平均指數。亦由一四二減至一二七。十一年以後。復呈增進之象。其中得力於京奉關內段者爲最多。若併關外合計之。恐尚不及此數焉。

每列車公里延人公里之增進概況。既如上述。顧其增進之原因安在。實爲吾人所急欲知者。試就下表比較之。即可瞭然焉。

第八表

年份	每列車公里延人公里指數	延人公里指數	旅客列車公里指數
五年	一〇〇	一〇〇	一〇〇
六年	一〇六	一〇七	一〇一
七年	一一六	一一七	一〇一
八年	一二二	一二六	一〇三
九年	一四二	一五八	一一一

十　年	一二七	一五二	一一九
十一年	一三二	一五八	一一九
十二年	一三四	一五一	一一二
十三年	一三七	一五六	一一五

自五年至八年。延人公里增百分之二十六。而列車公里僅增百分之三。自九年起。列車公里始漸有增加。十年。各路有鑒於九年客運之繁。增加列車里程不少。然較諸人里指數。相差終甚巨也。然則歷年每列車公里延人公里之增加。乃(一)由於延人公里上漲之速。(二)由於列車公里上漲之緩。蓋顯然矣。

每列車公里延人公里之增加。或為佳象。或為敗徵。當視一路之情形而異。在客運尚稀。列車利用未臻充分之路。其每列車公里延人公里之增加。常為客運漸就發展之暗示。反之在旅客已形擁擠之路。除擴充客車容積人數。或加掛列車輛外。輒不得不加開列車次數。以應付新增之客運。爾時延人公里雖增。而每列車公里延人公里仍不能增也。否則客車擁擠。必不能免。每列車公里延人公里之增加。適足以顯示管理之失當。或設備之缺乏耳。吾人苟習知一路平時客運之狀況。則不難以與統計數字相對照。而斷其為佳象抑為敗徵焉。雖然。若能藉每車里平均人里以為觀察。則尤簡捷而準確矣。

第四節　每客座延人公里

以現有客座數除延人公里數。即得每客延人公里。以三百六十五日除之。即得每日每客座延人公里。蓋皆所以表示客車利用之程度者也。凡旅客愈多。行程愈長。客車修理愈速。或損壞愈少。則每客座延人公里必愈高。此數愈高。則空車里程必愈少。例如有車一輛。中有客座五十。其初滿載乘客。行經五十里。即有二十五人下車。而無上車者。復行百里。乃抵終站。總計延人公里。當為五千。故每客座延人公里當為一百。今若二十五人下車之際。適有同數旅客上車。則延人公里。當由五千增至七千五百。每客座延人公里。由一百增至一百五十。同時車無空座。虛糜之行程減少。則又灼然可見也。然有兩種例外情形。不可不注意者。(一)運務擁擠。客多座少者。則每客座延人公里愈高。即擁擠之程度愈甚。與空車里程並無關係。(二)每日列車次數增多。以致每客座延人公里亦隨以增高者。此時新增之列車。或不能滿載乘客。客車里程或反增多也。

兩路客運數量相等者。其所需之客座未必相同。例如甲路載客千人。平均行程二百公里。乙路載客二千人。平均行程一百公里。是兩路延人里數各爲二十萬。所謂客運數量相等是也。然若上述之旅客皆由同一之車站上車。則乙路所需客座。非倍於甲路不可。故甲路之每客座延人公里。將必倍於乙路也。實際情形。固無若是簡單。惟藉此以闡明其理而已。由此可見旅客行程之長短。與各站乘客人數之分配。皆與每客座延人公里發生直接關係焉。

國有十一路之每客座延人公里。與客車容積人數比較之如次。

第九表

年份	每客座每日延人公里	指數	客車容積人數指數
五年	九三	一〇〇	一〇〇
六年	九八	一〇五	一〇一
七年	一一〇	一一八	九九
八年	一〇九	一一七	一〇八
九年	一三二	一四一	一一二
十年	一二一	一三〇	一一八
十一年	一一九	一二七	一二四
十二年	一一〇	一一八	一三〇
十三年	一一七	一二五	一二三

客車利用程度。以九年爲最高。以是年客運最盛。而客座增加有限。十一年起。客車容積人數大增。故每客座延人公里。遠較每列車公里延人公里指數爲低。於此可見每旅客列車所掛車輛。平均稍有增加也。通觀歷年數字。容積人數既增百分之二三而利用程度後增百分之二五。是各路客車之實際效用。九年之間。實增多百分之五十以上焉。

若每列車每客座皆有出資乘客。而乘客平均行程與列車里程相等時。則每日每客座延人公里。即與是日每次列車之里程相等。此定理也。但事實上兩數必有差殊。其差殊過大者。則或由於客座之過剩。或由於乘客之寥落。前者發生閒置車輛。後者發生空座行程。每皆不利之事也。故此差數愈小。則於鐵路愈有利焉。茲爲明瞭起見。特設一例如左。

某日某路之行車統計如次

1.列車次數	4
2.每次列車里程(公里)	100
3.列車公里	400
4.列車共有客座	500
5.在修理中客座	300
5.共載旅客數	500
7.旅客平均行程(公里)	80
8.延人公里	40,000
9.每客座延人公里	50
10.每客座延人公里與每次列車里程之差	50

$$\left(\frac{40,000}{500+300}=50\right)$$

試觀上例。差數達五〇之多。若無在修理中之客座一項。則每客座延人公里。當一躍而爲八〇。差數可由五〇減至二〇。若延人公里增加。則差數亦可減少。推而言之。如遇運輸擁擠。客多座少。則延人公里可大增特增。假令變爲八八•〇〇〇。則每客座延人公里將必增爲一一〇。超過每次列車里程之上矣。由是以觀。每客座延人公里與每次列車里程相較。可得兩種有用之結果。(一)如前者在後者之下時。卽座多客少之意。(二)倘前者在後者之上時。卽客多座少之意。若兩者相差不巨。則於鐵路於旅客。皆無不利。故鐵路管理者。應在可能範圍以內。力求此項差數之減小焉。

惟上述之客座。須以每日行駛次數爲準。如某車有客座五十。每日行駛一次。卽作五十座計算。行駛二次。卽作一百座計算。故與現行之每客座延人公里微有不同也。此種計算。宜逐日行之。所得結果。逐日比較之。然後製成圖表。將全年及歷年之成績。合而觀之。其能有助於鐵路之管理。蓋無疑義也。

第五節 每旅客平均行程

每旅客平均行程者。卽以所載旅客人數。除延人公里所得之商也。旅客平均行程之變動。原因甚多。如(一)人民購買力之增減。(二)人民旅行嗜好之變遷。(三)旅行之舒適或痛苦。(四)路線之延長或減縮。(五)工商業中心分佈之遠近。(六)民間分工交易之繁簡。皆其主因也。按旅客平均行程之長短。對於鐵路用欵進欵。皆有密切之關係。茲先就進欵言之。旅客平均行程延長。實與旅客人數增加無異。蓋一人旅行百里。實與二人旅行五十里相等。雖亜價有遞減之制。然前者與後者較。鐵路可撙節一部分之用欵也。次就用欵言之。則平均行程愈長。鐵路之支出愈省。茲特設二例以明之。

(一)甲乙二路各長六百公里。每日客運業務。各得十萬延人公里。惟甲路旅客人數。上下行各僅五百。而平均行程則達一百公里。乙路旅客人數。上下行各為一千。而平均行程僅五十公里。若每列車載客五百人。則甲路須駛行列車二次。(上下行各一次)乙路須駛四次。(上下行各二次)故乙路之設備品原價。設備品維持費。與運務費。皆須倍於甲路。而所得旅客收入。則固仍與甲路相同耳。

(二)上述之乙路。每次列車載客五百人。而所生之人里為二萬五千。假令每列車公里運務費計須五角。則行駛六百公里之列車。每次須運務費三百元之多。以二萬五千除之每延人公里須攤運務費一分二厘。今若旅客五百人中。有半數延長其行程。平均由五十公里增至七十公里。則延人公里總數。當可增為三萬。以三萬除三百。則每延人公里運務費。當可減至一分。較前節省二厘。足見平均行程延長。足以減小每單位業務之支出矣。

大凡路線愈長之路。其旅客平均行程亦愈長。惟無確鑿不易之比例而已。旅客等級對於行程亦有關係。我國頭二等及四等旅客平均行程。均較三等旅客為高。其著例也。

國有十一路之旅客平均行程有如下列。

年份	每旅客平均行程	指數
五年	八四	一〇〇
六年	八四	一〇〇
七年	九一	一〇八
八年	九〇	一〇七
九年	九九	一一七
十年	九九	一一七
十一年	九〇	一〇七
十二年	八六	一〇二
十三年	九一	一〇八

行程以九十兩年為最長。十一年起。又形短縮。其故由於京奉營業路線僅計關內一段。而關內旅客平均行程。實較關外為短也。歷年旅客行程。雖無顯著之進步。似有增加之趨向。將來旅行愈便。平均行程必尚有增進之望也。

以營業路線與旅客平均行程比較。則行程隨路線而俱長之説。大體可信。下列六路之統計。可為例證。

路別	營業路線 公里	指數	每旅客平均行程(註)	指數
滬杭甬	二八六	一〇〇	四一	一〇〇
滬甯	三二七	一一四	六五	一五八
京綏	四九八	一七四	七七	一八七
津浦	一一〇六	三八六	一六三	四〇〇
京奉	九七四	三四〇	一七〇	四一四
京漢	一三二一	四六一	一四一	三四三

(註)每旅客平均行程係八九十三年平均數叉指數計算係以滬杭甬作一〇〇

京漢津浦兩路營業路線。皆較京奉為長。而行程指數反較京奉為低。是行程與路線俱長之説。似有不可置信無疑者。第旅客行程之長短。本不與路線成不易之比例。祗能大體相符而已。試將前三路(滬杭甬滬甯京綏)視為短路線。後三路(津浦京奉京漢)視為長路線。即見長路線之旅客平均行程。實數倍於短路線也

各級旅客平均行程。可由下表覘之。

年份	頭等	二等	三等	四等
五年	一五二	六三	六七	八五
六年	一九三	一一二	八一	八七
七年	二一六	一一五	八八	九六
八年	二三八	一二七	八六	九八
九年	二二六	一一八	八九	一一三
十年	二三六	一三三	八七	一一三
十一年	二一四	一〇八	七六	一五三
十二年	二〇六	一一五	七五	一二二
十三年	二一一	一一三	七六	一一六
平均	二〇九	一一一	八〇	一〇九

平均	指數
三等	100
四等	136
二等	137
頭等	261

頭等旅客行程最長。為三等之二•六倍。二等與四等彷彿。一較三等多百分之三七。一較三等多百分之三六

可謂無甚軒輊也。蓋頭二等旅客因遊覽而旅行者多。故行程遂長。四等旅客因工作而遠行者多。故行程亦可與二等相埒。三等旅客。則都爲經濟目的或尋常事務而旅行者。故其行程最短也。他日旅行日臻利便。則三等旅客之行程。或尚可增加焉。

第六節　各路載運旅客超過起運旅客數

起運旅客者。由本路購票上車之旅客也。其由他路購聯運票行經本路之旅客。則謂之載運旅客。起運旅客亦爲載運旅客之一部。兩者相差之數。即聯運旅客數也。就此數之增減。足以測聯運業務之盛衰。惟行經數路之旅客。輒有就各路重新購票。而不購用聯運票者。鐵路統計中。皆視爲起運旅客。而實際乃載運旅客也。然就載運旅客超過起運旅客數以爲觀察。雖不能斷定實際聯運旅客之多寡。亦足以見國人利用鐵路聯運之程度。茲就國有十一路歷年總成績比較之。

年份	起運	載運	超過數	超過數指數
五年	二一•七八九•三一三	二三•二七六•八〇三	一•四八七•四九〇	一〇〇
六年	二四•一七〇•九五五	二四•九三二•九八一	七六二•〇二六	五一
七年	二四•四四六•三三六	二五•二六八•〇七八	八二一•七四二	五五
八年	二六•六九一•六四三	二七•四八七•一七九	七九五•五三六	五三
九年	三〇•五二一•五二〇	三一•四一四•七八七	八九三•二六七	六〇
十年	二九•二三〇•二六〇	三〇•三五〇•〇六八	一•一一九•八〇八	七五
十一年	三二•八九六•一〇五	三四•三五三•一六一	一•四五七•〇五六	九八
十二年	三三•五五二•〇六九	三四•五四九•九四五	九九七•八七六	六七
十三年	三三•七四七•三〇五	三四•五五四•六二七	八〇七•三二二	五四

聯運旅客人數。尙以五年爲最多。嗣後無出五年之右者。亦可見其不發達矣。推原其故。要以時局不靖爲主因。近年內亂愈劇。行車失時。聯運客票。且皆停售矣。

第二　貨運業務統計

第一節　延噸公里

貨物一噸。拖運一公里。即發生一延噸公里。延噸公里對於貨物收入。亦與延人公里對於旅客收入之關係相似。其於營業用款亦然。顧二者亦頗有相異之點。茲特舉其異點而論之。其同者姑從略焉。

(一)延人公里愈多。則旅客收入愈巨。此大都可斷言也。何則。旅客等級之分配。各路大致相同也。反之。貨物收入之多少。不能由延噸公里懸揣而定。蓋所運貨物之性質。路各不同。運煤一噸。行經一里。其收入遠不如運米一噸之多。礦產品與農產品之運價不同。農產品與製造品之運價又各異。故延噸公里雖較多而收入反較少者有之。況鐵路運價。須隨一國之經濟政策。社會政策而變易。例如同一肥料。同一農具。若供移民之用。則運價須特別低減。此種噸里由收入上觀之。亦必與尋常噸里大異焉。

(二)延人公里有政府軍事民事兩項。延噸公里除政府用品之輸送外。尚有本路材料他路材料兩項。前者爲數甚巨，頗能影響鐵路之收入。試觀十三年之貨物收入。共計六四・八六五・七四八。八四元。而本路材料他路材料兩項共占一・八五七・二三二・四三元。約當總數百分之四。其重要可知。故於研究噸里之時。不可不對此加以注意。至鐵路管理當局。對於材料運輸。尤不可不力圖撙節其噸里焉。

(三)延噸公里之多寡。固常爲天然狀況所制限。例如地方貧瘠。交易稀簡。則延噸公里必少。凶歲饑饉。貨運減縮。則延噸公里又必少。水運競加劇烈。大量貨物每爲船舶所吸收。則鐵路之噸里亦必發展綦難。他如貨物性質不宜遠運。或實業中心與原料產地密邇之時。延噸公里自難望其發達。凡此種種。要皆非鐵路經營者所能挽救者也。雖然。就大體言之。延噸公里較延人公里易於伸縮。鐵路運價之鵠的。專在因應貨物負擔之能力。其或高或下。實與噸里息息相關。例如遞減運價。特別運價（我國稱專價）輸出運價等。皆爲鐵路吸收貨運之妙法。亦即發展延噸公里之工具也。他如路界與工商界合作。博諮廣詢。以圖運輸方法之適合。運輸設備之改良。皆足以左右延噸里數而有餘。要之旅行增減。須視旅客之好惡。票價縱低。設備雖美。亦仍有不願旅行者。貨運則不然。利之所在。人必趨之。如運價洽當。設備完密。則除爲天然狀況所限外。貨運未有不興者。是以延噸公里之增減。與鐵路管理雖無密切之關係。而終不無相當之影響焉。

國有十一路之延噸公里與所載噸數相較。有如下表所列。

年份	延噸公里指數	所載噸數指數
五年	一〇〇	一〇〇

六年	一〇四	九九
七年	一三二	一一三
八年	一五〇	一二六
九年	一七五	一三一
十年	一八〇	一四九
十一年	一四六	一二七
十二年	一七三	一六〇
十三年	一四六	一三八

上表中有可注意之點凡四。(一)六年所載噸數減少。而延噸公里反增。皆由每噸平均拖運里程增進之故。蓋是年除京漢道清汴洛三路外。拖運里程莫不延長也。六年以後。延噸公里逐年增加。至十年而極。同時所載噸數落後甚多。足見平均拖運里程增進之速矣。(二)十一年貨運頗有減少。其噸里與噸數僅與八年時相彷彿而已(三)十二年所載噸數之多。足為歷年之冠。而延噸公里倘較九十兩年為低。此則京奉路營業公里之減少。以致拖運里程縮短之故耳。(四)十三年所載噸數雖較不及十二年之多。然與他年相較。倘不為少。祇以拖運里程之短縮。其噸里僅與十一年相等而已。綜而觀之。除十一年十二年十三年皆非通常情形外。自自五年至十年。貨運確有與年俱進之趨勢。其增進之原因。由於所載噸數者半。由於拖運里程者半。足見在尋常狀況之下。鐵路所運之貨物。非特數量漸增。而行銷區域。亦漸有推廣之勢。欲卜中國鐵路貨運之前途者。於此不難窺其梗概也。

各類貨物延噸公里之分配狀況。亦屬大可玩索。茲將自七年至十三年(七年前無此統計)全國國有鐵路之各類貨物延噸公里。化為百分數而比較之。

年份	農產品	禽畜產品	礦產品	森林產品	製造品	地路材料	本路材料	合計
七年	三二・二	二・七	四〇・三	一・九	一二・〇	一・〇	九・九	一〇〇
八年	二六・四	二・七	四四・四	二・一	一一・三	一・七	一一・四	一〇〇
九年	三六・四	二・二	三九・〇	二・一	九・九	一・三	九・一	一〇〇

十年	三二・二	一・九	四〇・四	二・三	九・七	一・九	一一・六	一〇〇
十一年	二八・二	三・二	四〇・八	二・六	一三・八	一・二	一一・〇	一〇〇
十二年	二三・五	二・七	五〇・二	二・八	一一・七	一・〇	八・一	一〇〇
十三年	二二・五	三・〇	四七・五	二・九	一四・九	〇・九	八・三	一〇〇
各年平均	二八・八	二・六	四三・二	二・四	一一・七	一・三	九・九	一〇〇

觀上表。知我國鐵路所運貨物中。延噸公里最多者首推礦產品。占總數百分之四三・二。次為農產品。占百分之二八・八。禽畜森林兩項。為數有限。各佔百分之二有奇而已。製造品為數亦不多。占總數百分之一一・七。然其體小價昂。固不能與礦產品農產品並論耳。本路材料之輸運。前既言之。亦占重要部分。若與他路材料併計。其延噸公里竟與製造品一項相等。故鐵路管理者。苟能減省材料運輸之里程。實於鐵路財政大有裨益也。

尙有一事。深堪注意者。即延噸公里與延人公里之相追隨是也。試觀附圖。除民國十年外。凡第一年延噸公里增。則第二年延人公里亦增。減則亦減。吾聞美國鐵路之人里。亦隨噸里而升降。(註)論者認為應有之現象。良以人民之旅行能力與需要。輒隨商業之盛衰為轉移也。證諸吾國。殆亦可信。惟統計之時期尙短。未可據為定論耳。

(註)見Efficiency in Railroad Management, by Ven Way Woo

第二節　每營業公里延噸公里

每營業公里延噸公里。亦稱貨運密度。所以示一路貨運之盛衰。與各路貨運之繁簡者也。其效用與每營業公里延人公里相同。可不贅述。茲就十一路歷年總數比較觀之。

年份	每營業公里延噸公里(單位一千)	指數	延噸公里指數
五年	四八一	一〇〇	一〇〇
六年	五〇二	一〇四	一〇四
七年	六三四	一三二	一三二
八年	七一九	一四九	一五〇
九年	八三五	一七三	一七五

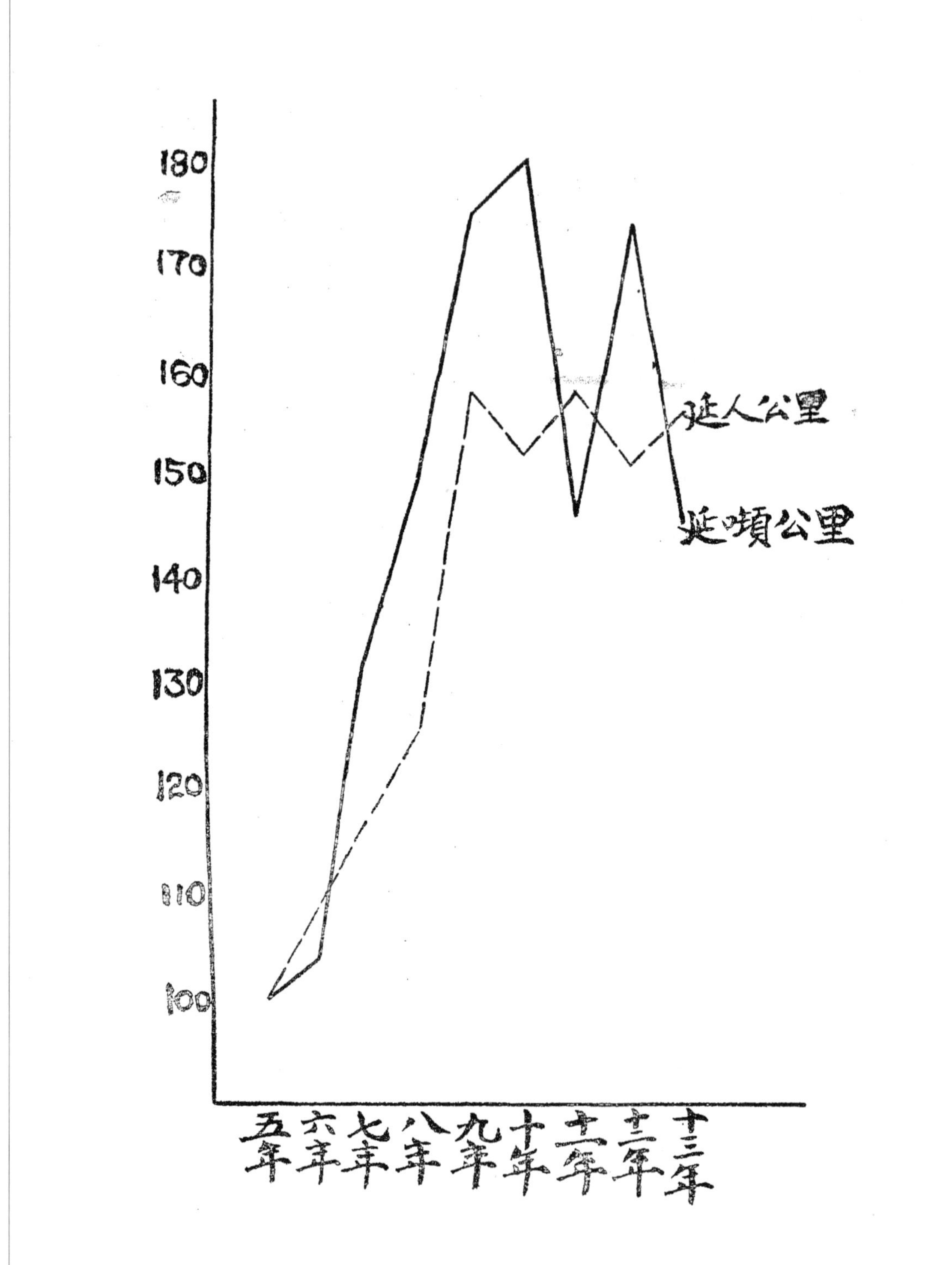
180
170
160
150
140
130
120
110
100
延人公里
延噸公里
五年
六年
七年
八年
九年
十年
十一年
十二年
十三年

十年	八六二	一七九	一八〇
十一年	七二五	一五〇	一四六
十二年	八四八	一七六	一七三
十三年	七一三	一四八	一四六

十一年以前。每營業公里延噸公里之增進。與延噸公里大致相同。以路線無甚變動故耳。十一年後。京奉路報告祇及關內一段。以致貨運密度指數。高出延噸公里指數之上。蓋關內貨運遠較關外爲密也。歷年貨運密度之增進。較客運密度爲尤速。自五年至十年。每公里延噸公里增加百分之七十九。足見路線之利用。五年之間。進步殊多。苟無戰事。則貨運之日繁。實勢所必然者矣。

復就各路每營業公里延噸公里比較觀察。則各路貨運之繁簡。即可瞭然。下表以滬杭甬路作基本。以其貨運數量最少也。(根據十三年之統計)

路別	延噸公里指數	每營業公里延噸公里指數
滬杭甬	一〇〇	一〇〇
京綏	三〇五	九七
滬甯	三三一	三〇五

京奉	九一六	五六五
津浦	九五四	二四六
京漢	一六三〇	三八八

京綏路延噸公里爲滬杭甬之三倍。而貨運密度反較滬杭甬爲低。京漢延噸公里爲滬杭甬之十六倍。而貨運密度尚不及四倍之多。六路之中。貨運最密者仍推京奉。次京漢。滬甯首當水運競爭之衝。而貨運尙如是其密。足見江南交易之繁巳。

第三節　每列車公里延噸公里

每貨運列車公里延噸公里愈多。則鐵路之貨物淨收入愈豐。在客運統計中。列車載客人數。路局無由控制。貨運則不然。列車載貨噸數。與裝車方法之巧拙。列車長短之排置。頗有關係。例如列車載重能與機車拖重率 Tonnage Rating 相適應。而貨物之裝置又無虛耗車輛容積之弊時。則每列車公里延噸公里自多。而行車之耗費自少。此鐵路管理者所應特別注意者也。惟若比較兩路之管理成績時。則每列車公里延噸公里一數。不能視爲準則。其故有三。(一)兩路勾配之高低與機車拖引力。或有不同。其勾配較低機車力較大者。則每列車公里延噸公里自較多。與管理方法無涉也。(二)甲路上行貨物。或多於下行。而乙路貨物。上下或無大差殊。則甲路空車里程既多。每列車公里延噸公里自少。(三)貨物拖運里程。兩路或有不同。試觀下例。即可知其關係。

甲路

每列車所掛車輛	20
每車載重	20公噸
經行里程	100公里
延噸公里	40,000
列車公里	100
每列公里延噸公里	400

乙路

每列車所掛車輛	20
每車載重	20公噸
延噸公里	
五輛行四十公里	=4,000
五輛行六十公里	=6,000
十輛行一百公里	=20,000
延噸公里總數	30,000
列車公里	100
每列車公里延噸公里	300

甲路每列車公里延噸公里爲四百。乙路僅三百。此非由於管理方法之巧拙。實因拖運里程之有短長耳。

若欲比較兩路之成績。則以用每車里平均噸里爲較準。例如上述兩路。若以車里比較。則甲路得車里二萬。乙路得一萬五千。以之除延噸公里。各得二十。即每車里平均

噸里爲二十也。蓋貨車之里程。往往與其所載貨物之里程相等。非若列車公里之有差殊也。在國有鐵路貨車容積各路相差不巨者。頗可適用焉。

國有十一路每列車公里延噸公里。可由次表覘之。

年份	延噸公里指數	貨運列車公里指數	每列車公里延噸公里	每列車公里延噸公里指數
五年	一〇〇	一〇〇	二二八	一〇〇
六年	一〇四	九九	二四三	一〇六
七年	一三二	一〇九	二五八	一一三
八年	一五〇	一一四	二七六	一二一
九年	一七五	一二三	二九八	一三〇
十年	一八〇	一三四	二八〇	一二二
十一年	一四六	一二五	二六二	一一四
十二年	一七三	一二七	二八二	一二三
十三年	一四六	一一二	二八一	一二三

民九以前。列車公里之增進。皆不及延噸公里增進率三分之一。故每列車公里延噸公里。逐年長進。而無間斷。十年起至十二年。列車公里之增進。皆當延噸公里增進率三分之一以上。如十一年之噸里尚不及八年之多。而列車

公里幾倍於八年。故每列車公里延噸公里又由增而減。殊非進步之象也。第主要原因。則在津浦路貨運發達。用小機車拖運貨物。以致列車載重減少之故。他如京漢一路。十一年每列車公里延噸公里亦形減退。其餘各路。或無甚變動。或轉有增進焉。

第四節 貨車每行駛日期每噸容積延噸公里

計算貨車成績。不能與客車強同。蓋貨物裝卸。頗耗時間。運貨愈多。裝卸所費之時間愈巨。例如甲路有車一輛。容積二十噸。全年載貨二千噸。平均拖運里程一百公里。故延噸公里為十萬。每噸容積延噸公里為五千。乙路亦有一車。容積相等。全年載貨一千噸平均拖運里程二百公里。故延噸公里亦為十萬。每噸容積延噸公里亦為五千。驟視之。似可等量齊觀也。然甲路之車。全年載貨一百次。(二千噸之貨以二十噸車載之共須裝載一百次)每次裝卸須二日。故該車行駛日期。全年僅一百三十五日而已。乙路之車。全年載貨五十次。裝卸僅耗一百日。是其行駛日期。全年應有二百三十五日之多。而每噸容積延噸公里。乃僅與甲路之車相等。其成績之遜。於此顯然矣。今若以一百三十五日及二百三十五日除五千(每噸容積延噸公里)則甲路得三七。乙路得二一。高下優劣。始可洞見。此行駛日期之所以不可忽也。每行駛日期每噸容積延噸公里之增減。原因甚多。如(一)裝卸時間之省耗。(二)貨車修理之緩速。(三)空車里程之有無。(四)貨車需供之關係。則其首要也。總之此數愈高。則貨車之調度愈靈。而鐵路之獲益愈多。要無疑義焉。

國有十一路之每行駛日期每噸容積延噸公里。其綜合統計如次。

年份	行駛日期	指數	容積噸數指數	每行駛日期每噸容積延噸公里	指數	延噸公里指數
五年	二三一	一〇〇	一〇〇	四五	一〇〇	一〇〇
六年	二三一	一〇〇	一〇〇	四八	一〇六	一〇四
七年	二一七	九四	一〇一	六四	一四二	一三二

八年	二一一	九一	一〇九	六八	一五一	一五〇
九年	二二一	九五	一二三	六八	一五一	一七五
十年	二一七	九四	一四〇	六二	一二九	一八〇
十一年	二五五	一一〇	一五五	三九	八一	一四六
十二年	二一七	九四	一四五	五八	一二〇	一七三
十三年	二三七	一〇二	一四四	四五	一〇〇	一四六

六年每行駛日期每噸容積延噸公里指數(以下簡稱指數)增百分之六。而容積噸數並無增減。足見較五年爲進步。七年。指數增百分之四十二。容積噸數仍無甚增減。而行駛日期反減百分之六。足見以同數車輛。在較短時間。運輸較多量之貨物。不可謂非進步矣。 八年。指數增至一五一。貨車之利用又見進步。自是年起。容積噸數漸形增加。蓋貨運日盛。貨車之供給已漸感不敷矣。 九年指數與八年同。此非貨運數量不變。實因貨車容積增多。而行駛日期又較多十日之故。是見運貨設備運貨數量俱有增進。而貨車之利用並無減少。 十年。貨車容積大有增加。而貨運增進較少。以致指數頓降。貨車之利用顯有退步。十一年容積既有增加。貨運又有減少。以致指數減爲八一。較五年尤低。貨車利用之退步以是年爲最 十二年十三年雖較十一年爲勝。然終不及十年以前之成績。此皆貨車容積與貨物數量相差較遠耳。總之貨車利用成績。以八九兩年爲最高。厥後徒見退步而已。

各路每行駛日期每噸容積延噸公里參差不一。玆順序列之。(十三年統計)

路別	行駛日期	每行駛日期每噸容積延噸公里
道清	一五〇(註)	九六·七
吉長	一九五	七四·五
滬甯	二一九	七二·〇
正太	一五七	五八·九
京漢	二五五	五六·四

津浦	二七九	四三・〇
京奉	二〇三	四二・八
廣九	二四三	三六・一
汴洛	一九三	三五・五
滬杭甬	二六五	二三・六
京綏	二九七	一七・七

（註）以一日爲裝卸期間

每行駛日期每噸客積延噸公里。各路之中。有高至九六・七者。有低至一七・七者。貨車之利用程度相差甚遠。此中原因。必甚繁多。其主要者。前段業已列述。然無論原因何在。其數過低之路。對於運用車輛一事。終大有研究之必要也。

第五節　每噸平均拖運里程

每噸平均拖運里程者。以所載噸數除延噸公里所得之商也。其增減原因甚多。舉其著者。則有（一）市場之變遷。例如貨物向利遠銷者。或變爲近銷。向爲近銷者。或變爲遠銷。皆市塲變遷之結果也。（二）運價之更動。如運價增則阻礙貨物之遠運。運價減則推廣貨物之銷路是也。（三）路線之延長或縮短。路線愈長。則遠運之貨物愈多。此定理也。（四）設備品或運輸方法之改良。例如鮮果蔬菜賴冰車而遠運是也。按每噸平均拖運里程。與營業進款營業用款至有關係。其影響於進款之處。明顯易見。姑不具論。其與營業用款之關係。可用兩例說明之。

（甲）例如有甲乙兩路。每年運貨各一百萬噸。其每輛貨車之平均載重俱爲四噸。惟甲路之每噸平均拖運里程爲三十公里。乙路爲六十公里。故甲路五日運貨一次。乙路六日運貨一次。是甲路一百萬噸之貨。全年須運七十三次。每次可運一三，七〇〇噸。以每輛裝四噸計算。每次共須貨車三四二五輛。依同法推算。乙路所需貨車。亦僅四〇九八輛。是乙所經營之噸里雖倍於甲。而所需貨車僅多六七三輛。尚不及原數五分之一。足見平均拖運里程愈長。則車輛愈省。而資本之利息愈輕。而設備品維持費亦愈少焉。

（乙）例如有一列車。掛貨車三十輛。每輛平均載貨二十噸。行經五十公里。有車十輛中途卸脫。餘仍前進。復駛五十公里。至終點車站而止。總計延噸公里共爲五萬。假令每列車公里運務費為五角。則列車行駛一次。共須運務費五千元。每延噸公里應攤運務費一厘。但若貨車三十輛一律駛達終點。則延噸公里當由五萬增為六萬。每延噸公里運務費。當減為〇・八三厘。較前節省〇・二七厘。蓋列車之長短。於運務費無大出入也。是以每噸平均拖運里程愈長。則每延噸公里之營業用款愈省。運務費其一端而已。貨物性質與拖運里程亦至有關係。如質重體笨或價格極低之貨。輒難行遠。又如銷路狹小之物。行程亦必甚短是也。

國有十一路每噸平均拖運里程及其指數。有如下列。

年份	每噸平均拖運里程	指數
五年	一五七	一〇〇
六年	一六五	一〇五
七年	一八七	一一九
八年	一八六	一一八
九年	二一〇	一三三
十年	一九〇	一二一
十一年	一八〇	一一四
十二年	一七一	一〇九
十三年	一六六	一〇五

自五年至九年。每噸平均拖運里程增進甚多。而以九年之數為最高。誠以是年所載貨物之中。農產品較多。礦產品與製造品較少。而各物之平均里程又較長也。每噸平均拖運里程。較每旅客平均行程增進更速。此則貨運之擴充。實較易於客運耳。十一年以後。指數驟降。則以京奉路關外未計之故。未可據為準則也。

各類貨物平均拖運里程之長短。分列如次。

年份	農產品	畜產產品	礦產品	森林產品	製造品
五年	二六〇	二七二	一二四	一五四	一八三
六年	二七一	二四四	一二五	一六四	一七七
七年	二七一	二三一	一五三	一五九	一九七
八年	二三九	二一一	一六〇	一四九	一九八
九年	三一五	二三五	一六二	一五七	二〇〇
十年	二六三	二二二	一六一	一五五	一八六
十一年	二一三	二五〇	一五八	一六二	二〇一
十二年	二〇九	二二九	一六二	一六九	一八二

十三年	二〇七	二三三	二五八	一六七	一九四
歷年平均	二四八	二三六	二五一	一五九	一九〇

平均拖運里程。以農產品及禽畜產品爲最長。其故不難想見。蓋農產品之由火車裝運者。多非就近行銷。泰半由產地運往集散市場。薈萃以後。復行分發各地。故其行程甚長。禽畜產品亦爲遠銷之物。如雞卵。如羊毛。如皮革。多由產地輸入外國。故其行程之長。亦屬意中之事。礦產品里程最短。殆以消費地點距礦區不遠之故。森林產品以木材居多。蓋爲體笨價低之物。不宜行遠。故其行程亦低。製造品里程介乎各種貨物之間。蓋其種類繁多。有遠銷亦有近銷也。然則拖運里程最長者爲農產品。最短者爲礦產品。是以正太道清兩路。以礦產爲貨運大宗。故其每噸平均拖運里程特短。（十三年統計正太爲八八公里道清僅六七公里）京奉路線長於滬甯。而拖運里程反較滬甯爲短。實以滬甯貨運之中。農產較占多數耳。

第六節 各路載運噸數超過起運噸數

載運噸數超過起運噸數。即爲聯運貨物噸數。其理與客運同。國有十一路之聯運狀況。可由下表見之。

年份	起運噸數	載運噸數	聯運噸數	
			噸數	指數
五年	一五，九六四，九〇一	一六，三一九，三五六	二五四，四五五	一〇〇
六年	一五，九三二，九一四	一六，一九一，八五八	二五八，九四四	一〇二
七年	一七，七五八，七五〇	一八，一六七，一一〇	四〇八，三六〇	一六〇
八年	二〇，〇三一，六九八	二〇，五五〇，六九一	五一八，九九三	二〇四
九年	二〇，八一八，六七一	二一，三二一，八二五	四九三，一五四	一九三
十年	二三，六七七，二三二	二四，二六〇，七三五	五八三，五〇三	二二一
十一年	一九，三六三，九三八	二〇，六八八，〇八一	一，三二四，一四三	五二〇

十二年	二三，四三九，四〇二	二六，〇〇六，〇三五	二，五六六，六三三	一，〇〇八
十三年	二〇，四四一，九六四·五	二二，四八九，六〇四·五	二，四七，六八九·五	八〇四

國內貨物聯運。創自十年二月一日。故十年以後。聯運噸數逐行增加。較諸五年之數。竟達十倍以上。以視旅客聯運。適得其反。此又貨運之發展與客運相異之處也。蓋貨物之需聯運。遠較旅客爲迫切。其舍分運而就聯運。實爲經濟界自然之趨勢。非若旅客好取捨自由。好惡不同也。使無內爭。則聯運噸數將必數十倍於曩時。觀其十年後發展之速。與目前貨物需求聯運之迫切。蓋可置信無疑焉。

各種貨物聯運噸數。多寡不同。茲就十一年十二年全國國有鐵路統計數字。計其比率。列之如左。

貨物類別	十一年 噸數	十一年 百分比	十二年 噸數	十二年 百分比
農產品	二八四，五七三	二〇·八	三一六，一八七·五	一一·三
畜產品	一三，四八四	〇·九	二七，六九九·五	〇·九
礦產品	八二四，九九八	五九·九	二，〇六六，四七九·五	七四·〇
森林產品	三〇，一六六	二·二	三六，三〇四	一·三
製造品	一八六，九六六	一三·八	三〇九，七八四·五	一一·三
他路材料	四，八三六	〇·三	一三，六〇五	〇·五
本路材料	二六，一五〇	二·一	二三，四九九	〇·九
總計	一，三七五，〇八三	100	二，七九一，四九九	100

聯運貨物。亦以礦產品居首。農產品次之。製造品又次之。礦產品平均拖運里程最短。而聯運噸數反屬最多。此無他。一以聯運貨物之里程。未必較非聯運者爲長。二以礦產品多近銷。而亦頗有遠銷者在也。

完

財務報告書之比率的觀察法

熊大惠

財務報告書(Financial Statement)大別分爲二種：一貸借對照表，(Balance Sheet)列舉一定期間內之資產·負債，而求得純資產幾何者也；二損益計算書(Profit and Loss statement)，則列示一會計年度內之損益，而確定淨利多少者也。換言之，一爲公司財政狀況之表，一爲營業進行之表也。有此二表，則公司之信用程度如何，可得而測驗。但吾人驟持此等表而觀之，不過徒覺數目累累，毫無趣味可言，於是觀察法倘焉。觀察法甚多，而尤以比率法應用最廣。茲將貸借對照表及損益計算書之比率法，分述如下，以與閱者諸君討論焉。

一　貸借對照表之比率

關於貸借對照表之重要比率有五：(一)純正運轉資金：(Net working capital)爲流動資產超過流動負債額。因流通負債之償還，端賴流動資產，故欲期事業鞏固，流動資產應常保持相當超過額，最低限度亦應相等，若負債超過，則破產矣，故純正運轉資金者，所以測定事業與破產距離之限度者也。(二)流動比率：(Current Ratio)係流動資產對流動負債之比率。可以測定事業支付能力。保持限度，視事業而異，通常應在二倍以上。(三)急速比率：(Quick Rates)因流動資產中盤存品(Inventory)，有時以時期關係，不能急切變現，有礙支付，除去不計，(流動資產—盤存品÷流動負債)——則事業之支付能力，尤爲急速。此與流動比率，同爲信用測驗之重要比率也。(四)固定比率：(Fixed Ratio)卽固定資產對固定負債。可供長期負債之債權者參攷。蓋長期固定負債，多以固定資產爲担保故也。(五)純正資本之比率，又復分爲三種：(A)對外部負債之比率，(外部負債，等於流通負債。固定負債·滾存負債。三項相加之數。)(B)對流動負債之比率，此二比率，同爲測驗股東出資，對於負債務責任之程度也。(C)對固定資產之比率，所以測定股東資金，置放於固定資產之成分。

二　損益計算書之比率

至於損益計算書之比率，分為三大類：(一)本身項目之比率，(二)對於貸借對照表項目之比率，(三)回轉率(Ratio of turnover　(一)本身項目之比率，又復分為五種：(A)製造成本 (Cost of Goods sold) 對總賣出額 (gross sales)(B)總利益 (gross profit) 對總賣出額•(C)營業費 (Administration expenses) 對總賣出額。(D)營業利益 Business Profit) 對總賣出額(E)純利益 (Net Profit) 對總賣出額•(A)與(B)有相互關係，(A)率大，(B)率自小，因成本重，利益自輕也。(C)與(D)亦關係密切，即(C)率高，(D)率自低，蓋營業費大，營業利益當然少也。(D)與(E)比較，可以知業務上之成績也。(二)對於貸借對照表項目之比率，亦有六種：(A)純利益對純正資本 (Net Capital)(B)純利益對資本金 (Capital) (C)純利益對總資產 (Total assits) (D)營業利益對純正資本•(E)營業利益對資本金。(F)營業利益對總資產。凡此六種，皆所以示運各種資金之收益力。此二大類『(一)與(二)』比率•均應與同業公司比較研究，則對於判定公司之營業成績，有莫大之効力也。例如通常某公司之營業利益為5%，今為6.04%，自是優良。但對總資產之比率，通常為7%，而此公司則僅4.%，此其營業手段，自較遜也。(三)回轉率，即某款數額對於賣出總額有幾何回轉次數之意。析為三種：(A)盤存品之回轉率，(B)應收款項(A-accounts receivable)之回轉率，(C)純正資本之回轉率，此三種，所以示營業成績或活動力也。

以上種種比率，如應用之於本公司歷屆決算，比較對照，可以測知營業之趨勢也。

三　舉例以證明以上種種比率之應用

A. B. C. 製造股份有限公司

貸借對照表

十七年十二月三十一日

資產			
流動資產			
銀行存款及現金		$9,832.60	
有價證券		15,000.00	
應收票據		20,205.00	
賒賣款項	$131,568.75		
除倒帳準備金	2,670.40		
其他應收款項			
盤存品		128,898.35	
製品	$176,336.16	4,621.85	
半製品	85,624.81		
原料	48,711.34	310,672.31	
流動資產總額			$489,230.11
固定資產		$5,000.00	
土地			
房屋	61,455.19		
機械及裝置	110,199.70		
除減價準備金	171,654.89	158,0037.59	
牌號費	13,651.30	53,375.00	
固定資產總額			
滾存及其他資產			216,378.59
預付費用		16535.00	
暫付金		4,832.76	
消耗品		9,303.18	
滾存及其他資產總額			15,770.94
總資產			$721,379.64
負債			
流動負債			
應付票據		$145,000.00	
賒買款項		42,625.82	
未付費用		16,587.83	
流動負債總額			$204,213.65
固定負債			
不動產抵押借款			120,000.00
內部負債			
資本金		$300,000.00	
公積金		75,000.00	
前期滾存		3,953.83	
本期純益		18,212.16	
內部負債總額			$397,165.99
總負債			$720,379.64

貸借對照表比率

1, 純正運轉資金
285,006.46 流動資產超過流動負債之額

2, 流動比率
2,39 流動資產對流動負債

3, 急速比率
0,874 急速資產(流動資產除盤存品)對流動負債

4, 固定比率
1,80 固定資產對固定負債

5, 純正資本比率 (內部負債)
A, 132,5% 對外部負債
B, 194,48% 對流動負債
C, 183,55% 對固定資產

A. B. C. 製造股份有限公司
十七年十二月三十一日

總賣出額		$520,245.09
除退貨及折扣		4,204.36
淨賣出額		516,010.73
除製造成本	(A)	412,928.88
總利益	(B)	103,111.85
除營業事務費	(C)	72,006.19
純營業利益	(D)	31,105.66
加其他收入		481,50
		31,587.16
減其他支出		13,375.00
純利益	(E)	$18,212.16

損益計算書比率

1, 本身項目之比率

A	製造成本對總賣出額	80.01%
B	總利益對 ,,,,,,,,	19.99%
C	營業事務費對,,,,,,	13.95%
D	純營業利益對,,,,,,	6.04%
E	純 利 益 對,,,,,,	3.62%

2, 對貸借對照表項目之比率

A 純利益之比率

對純正資本	4.58%
,,資本金	6.07%
,,總資產	2.52%

B 純營業利益之比率

,,純正資本	7.83%
,,資本金	10.36%
,,總資產	4.31%

3, 回轉率
某款對於總賣出額有幾何回轉次數卽以某款除總賣出額所得商數卽該款之回轉率

A	盤存品之回轉率	1.66次
B	應收款項,,,,,,,	3.36次
C	純正資本,,,,,,	1.30次
D	有形固定資產,,	3.17次

呼倫貝爾事件之研究

劉時敘

呼倫貝爾位於黑龍江省之西隅，為黑省之一部。其地勢西控外蒙，東扼北滿，關係至為重要，為俄國數百年來注目之地。俄國自革命以後，雖云已改變其傳統之侵略政策，然其潛勢力，在該處至為重大；故近來蘇俄亟欲利用之為宣傳赤化之一出發點，殆無疑義。自日人抱積極侵略滿蒙之政策以來，對於此扼滿蒙之要衝之呼倫貝爾，自思伸其勢力，於是情形更形複雜矣。我國方面，則因連年內戰之故，國防問題，絕少加以注意者；而歷年管轄東三省之當局，則更只知媚外，只知爭權，只知自肥，對於管治之下水深火熱之人民，棄置之不顧，致呼倫貝爾運動獨立事件，於本年(十七年)八月間，乘機爆發，語云『物必先腐也而後蟲生之』又云『履霜堅冰，其所由來也漸』故此次呼倫貝爾事件，初非如各報所云『鬧匪事』之簡單，其歷史，其背景，胥有可研究之價值，此事自八月發生以來，至九月及十月初間仍甚囂張近則漸寂然無聞，雖傳東省當局已與該地蒙代表商量妥協辦法，然吾人遠道間隔，殊有莫名真相之苦，際茲時代，蒙古問題，尚未解決，日人侵略滿州野心，尚未完全壓服，呼倫貝爾之風雲，日可發生，故現在若不注意國防問題則已，否則呼倫貝爾一地，萬不可漠視之也。

此次該地事變，日本宣傳謂有俄國在背後操縱，俄國亦宣傳有日本在背後操縱。呼倫貝爾蒙古青年團則聲明此次獨立運動，係民族自決與俄人無關係。惜我國報紙，對此事多語焉不詳，僅於電訊間窺得一鱗半爪，該地事件之真相與詳情，殊難知悉，致國人對之亦多不注意，此不能不引以為憾者。茲篇所述，係將該地之位置歷史以前之交涉等等，略為敘述。并就報章參考所得，略述此次事件之經過，倘因此而引起國人之注意，則幸甚矣！

(一)呼倫貝爾之位置

呼倫貝爾，屬黑龍江省西部，前清曾設呼倫兵備道以治之，轄呼倫(即海拉爾)臚濱(即滿州里)兩府及實韋縣。其東界為大興安嶺之山脈頂。西襟額爾古納河，與後貝加爾州接壤。北臨黑龍江本流，南連索岳爾吉山；西南則與外蒙古車臣汗部相接，面積之廣，南北一千餘里，東西數百里。其地土地肥沃，礦產豐富，森林亦多，一天府之奥區也。

（二）民國以前呼倫貝爾之歷史概述

十六世紀前呼倫貝爾爲外蒙古車臣汗之領土。（外蒙古區域，現分六部，車臣汗即其六部中之一）十七世紀初，俄國曾據其地。同世紀末葉，關於其地屬事，中俄間發生紛爭，至以干戈相見。一七九八年訂立奈金斯克條約，規定爲中國領土。中國獎勵移民其地，設立旗制，頒布自治制，於海拉爾設副都統轄之。一八九六年中俄間中東鐵路條約成立，實開俄人積極侵略該地之端。蓋呼倫貝爾在中東路未通以前尚在遊牧時期，其地全爲蒙部遊牧人民所居。中東鐵路通車以後，俄人知其地勢衝要，足以控扼北滿外蒙。特於海拉爾滿州里兩處，設置停車站，築設新式街市。經營數年，日趨繁盛。海拉爾滿州里兩地，一變而爲黑龍江省之重要都市。而俄人在彼之勢力，日漸伸張，該地境內之森林礦產，幾全爲俄商所壟斷，中國商民，反居客地，此乃滿清末葉時之情形也。我國因俄國勢力侵入漸盛，乃於一九〇七年（光緒三十三年）頒布黑龍江省制，簡派巡撫。翌年派呼倫貝爾副都統置道台，改該地爲黑龍江省呼倫道，派兵駐海拉爾滿洲里，取消其自治行政權，此該地屬黑省之經過也。

（三）民國四年中俄間關於呼倫貝爾之條約

欲明此點，不得不先述外蒙獨立運動之經過。因呼倫貝爾民族中，蒙古族實佔大部分也。外蒙獨立運動，發生於前清宣統三年（一九一一年）。當時我國南部各省，倡義改革，推翻專制，以建中華民國。外蒙乘此時機，亦宣告獨立，脫離中國關係，與俄締結俄蒙條約，引爲外援。其時吾國內部，方形多事，無暇北顧，逮及民國二年十一月間，袁世凱知外蒙問題擴大，殊足爲朔方憂，乃與駐京俄國公使，訂結關於外蒙之聲明文件與附件，民國三年，中俄蒙三方代表會議於恰克圖（蒙方能派代表出席係根據上述之中俄關於外蒙之聲明文件及附件）此會議自三年九月起至四年六月七日止，共九閱月，經四十八次會議締結中俄蒙條約，凡廿條。在此約內，中國所得者，爲外蒙承認中國宗主權之虛名外蒙古則依此約，確定完全自治制度。其實外蒙自治政府，非常愚昧，名雖自治，實受俄操縱。故若依此約觀之，我國固屬失敗，外蒙亦未受益，徒爲俄國鞏固侵略之根基，而增進其地位與勢力耳。（註，此中俄蒙條約，在一九一七俄國革命後，蘇維埃新俄政府，宣布凡舊政府與各國所締侵略性質之條約，一概無效，此中俄蒙條約，亦在無效之列，當時外蒙政府，亦知外蒙尙無自治能力，而俄舊黨謝米諾夫之部，又復竄入蒙境，迭肆掠擾。外蒙活佛王公等乃於民國八年十一月上請願書於總統請准外蒙取消自治，並請取消關於外蒙自治之中俄蒙一切條約，中央准如所請，外蒙獨立運動，至此告一段落。但民國十年二月，外蒙又倡獨立之幟，爲患朔方，迄今未除。）

於此欲述民國四年中俄關於呼倫貝爾之條約矣。自民四中俄蒙條約締結，俄於同年十一月六日更進而要求袁世凱，與締關於呼倫貝爾改爲特別地域之約。（當清宣統三年，俄人煽誘外蒙獨立之時，即令呼倫貝爾蒙部宣佈獨立與外蒙一致行動至此乃正式要求我國承認呼倫貝爾爲特別地域，許其自治）當時袁氏不惜遷就，復締此約，其內要點有如下述：

（甲）呼倫貝爾爲特別地域，直屬於中華民國中央政府。

（乙）呼倫貝爾副都統，由大總統擇該地三品以上之蒙員，直接任命，與省長有同等權利。

（丙）都統衙門設左右兩廳，廳長應由副都統擇該地四品以上之蒙員請中央任命。

（丁）呼倫貝爾之軍隊全以本地人民組織之。若遇變亂不能平定時中國政府須先通知俄國政府得派遣軍隊赴援。但秩序恢復後，即須撤回。

（戊）呼倫貝爾各種稅捐之收入，及其他地力歲入，皆充作地方經費。

（己）呼倫貝爾之土地爲同地人民共有之財產，中國人僅能取得租地權而止。並由該地官憲，認爲與該地人民之牧畜無障礙爲限。

（庚）呼倫貝爾將來敷設鐵道，儘先與俄國借款。

（辛）俄國企業家與呼倫貝爾官憲締結條約，經中俄兩國委員已審查者，中國政府應即承認之。

綜核該約內容，我國在呼倫貝爾一切主權受限制不少，且予俄國以種種特殊權利，遇事須中俄協商而後可行。幾若呼倫貝爾，爲中俄兩屬之邦然者。此當時外交當局瞶瞶之所致也。

（四）民六後之呼倫貝爾

自一九一七年民國六年三月，俄國內部革命勃發，羅曼諾夫皇室滅亡，勞集政府執掌俄政，凡舊政府與他國所締結帶有侵略性質之條約，一律宣告而廢棄之。於是呼倫貝爾之形勢，大爲轉移，民國八年末，呼倫副都統貴福承旗官吏及蒙民之意呈請東三省轉請中央取消特別地域並取消關於呼倫貝爾之中俄條約。中央亦隨即頒令，准如所請。自是呼倫貝爾，完全恢復前清之原狀爲黑龍江省之一部，而爲民國政府所管轄，以迄現在。

（五）此次呼倫貝爾事件鳥瞰

本年八月中旬間，呼倫貝爾又以獨立聞。八月二十三日申報所載之長春通信，較爲確切，茲錄如下：

『昨日（十五日）長埠交通界接黑龍江省來電云，呼倫貝爾南部民族，因受某種煽惑，宣佈脫離黑省關係，企圖獨立。該地都統貴福對於此事，非常重視。除派就地防軍嚴爲防備外，飛電奉黑兩省請示。萬福麟督辦聞訊，急調石青山旅前往防堵……』八月十六日

又八月十九日申報所載之北平電云：

『美人方面消息謂此次呼倫事件，係新舊蒙黨之衝突。舊黨背後有某國，新黨背後有蘇聯。中國不幸供東方帝國主義與共產主義當前陣，所犧牲者中國，殊可哀云。日方則云係外蒙赤黨希圖兼併呼倫貝爾，且有俄人指揮。』

觀上約略所述吾人可將其原因分析之如下：

一．日俄之誘惑　日本自抱積極滿蒙以來，見呼倫貝爾有機可乘，亟欲誘其發生事件，使我國辦事上感困難，此點自在意中之事。（按八月二十四日申報載電通社二十二日海拉爾電蒙古軍戰爭開始之時，呼倫貝爾及該地方之十民，對日感情甚佳，日僑無遭亂者足證此事背景。）至蘇俄方面，在呼倫貝爾之潛勢力，本已甚大。彼亦亟欲該地

獨立以與外蒙合併，而增加其勢力，此亦無疑義也。

二，外蒙獨立之影響　按呼倫貝爾都統自清季以來即由蒙古王公充任。近年行政事宜，表面上雖隸屬黑省，都統之任免，須由黑督同意。實則伊敏河克魯倫河流域各游牧地，其管轄蒙民大權仍在都統之手。故外蒙獨立之事件，影響於呼倫貝爾甚大。

三•民族之關係　在呼倫貝爾區域內，蒙古族佔大部分。該地蒙古族又分為布利亞，鄂洛特，索倫，鄂洛欽，巴爾柯等族。各族之人口分配，大概如下：

巴爾柯族　三〇•〇〇〇人

索倫族　二〇〇〇人

泰荷利族　三〇〇人

鄂洛欽族　三〇〇人

鄂洛特族　三〇〇人

布利亞族　二〇〇人

鐵路沿線，專為中俄人居住。土民多數昔由外蒙遷來，業遊牧逐水草而居，生性醇樸，亦有一部分，獷悍性成，從事狩獵，視他民族如蛇蝎。索倫鄂洛欽諸族中，尚有食人肉者。泰荷利族則專居海拉爾附近至滿州里之鐵路沿線，占該處官員之大部分。似此觀之，該地此次事件，民族之組織成分，不無影響。

四。我國東三省歷來當局措置之失當。　十數年來，中央對於東三省，徒有節制虛名。歷來東三省當局又只知爭權，對於東三省一切經營，漫不置意，致令俄人在彼得莫大之潛勢力，日人亦得乘機而入。且呼倫貝爾民族雖大部分係蒙古族，然與外蒙古不同種，外蒙多唐古特種，此則多巴爾柯及索倫種。近數年來，因與黑省交易，其人民已多與漢族同化。今乃因東省當局措施失當，及平日置之不理之故，致我國廿二行省版圖中，一再發生獨立事件，軍閥之罪，尚可逭乎。

五•最近之原因　呼倫貝爾情形之複雜既如上述，故無論近因如何，均不過為其觸發之機耳。茲非錄傳聞之數說以備考。

八月十九日申報北平電有云：

「教會得呼倫貝爾電，此次事變係內蒙推翻王公，運動內蒙國民黨代表右巴克沁等勸告副都統貴福放棄獨裁，組委員制。貴卽將代表誘致幽禁，其法卽云贊同委員制希望同人多來詳細討論，及期以便裝兵警將該代表等全拘。因之內蒙非王公喇嘛派，全部憤激，赴海拉爾反抗，並斷鐵路。貴福又以討赤爲名向萬福麟請兵。全蒙黨員則亦赴外蒙請援，似亦派兵。……』

八月二十二日申報有云：

『十七日哈爾濱通信鮑羅廷赤化遠東之計畫近已露骨進行。（據外人消息鮑現居庫倫。）……本月十二日，竟派遣外蒙共產軍千七百名，分作兩隊，沿伊敏河克魯倫河而下，直逼滿洲里海拉爾。欲以兵力脅迫呼倫貝都統轄下之索倫二旗鄂魯特一旗，歸附外蒙，設立蘇維埃政府……（下略）』

觀上述種種情形，可知。呼倫貝爾之背景實至繁複，不過此次事件自八月發生以來，海拉爾政廳對此極力斡旋，商量妥協辦法，東省當局因征剿失效已與呼倫貝爾蒙代表進行商量妥協辦法，不過有一點吾人須注意者，卽縱令此種妥協成功，呼倫貝爾事件仍未得謂爲解決；因現在外蒙侵擾黑邊，已經證實，其意非使呼倫貝爾獨立不止故滿州里海拉爾閒之形勢隨時可陷於險惡之境也。

（六）結論

以客觀態度敘述呼倫貝爾事件及其有關係之點既竟，不禁有感焉。蓋呼倫貝爾假使承認爲黑龍江省之一部，本無自治獨立餘地。不過吾人須注意此事不僅爲呼倫貝爾本身之問題，其背景實至複雜。現在雖表面上似已將平息，然危機四伏將來之糾紛實多。且外蒙騷擾黑邊至今未絕，癥結所在，誠不能不爲之懼。吾人誠欲完全解決呼倫貝爾問題，若以剿匪戡亂種種敷衍目前之辦法，必不能爲功，必先解決其背景諸問題，而後呼倫貝爾問題自隨之而永久解決。簡單分析言之，呼倫貝爾問題之背景，有三大端，曰軍閥，曰外蒙問題，曰帝國主義。換言之：

一．東三省若仍在軍閥掌法之下，呼倫貝爾事件可隨時發生。

二，外蒙問題不解決，呼倫貝爾之糾紛，隨時可起。

三．日本帝國主義之野心不完全屈服，呼倫貝爾有被利用誘惑發生事件之可能。

觀上述三大前提，吾人對於解決呼倫貝爾問題應有之辦法，其亦可以瞭然矣。

參觀滬寧滬杭甬二路後之整理與革談

士達

概論

鐵路之於一國，猶四肢之於人身。其爲用也，誠有不可思議者在。試觀各國之物質文明，政治進化，社會發展，何一非鐵路事業發達明效。回顧吾國鐵路，呻吟於帝國主義之下者，數十年於茲；束縛重重，制我死命。以言路線，則僅七千餘里；加以內治不修，發展無由，致生產不增，人民之智識力量，未能因團結而發展，交互以蝸和。政象之劣，爲夢想所未有。言念及此，能不惕然！竊念天下興亡，匹夫有責，余既從事鐵路管理之學，本屬分內之事，烏能無所建議？然非經實地攷察，發言必不能中救危之旨。茲將余此次參觀滬甯滬杭甬二路後，所得沿革現狀，個人觀感，幷應行整頓發展之處，彙編成册，以誌鴻爪，並爲供關係者參攷之用。惟此次參觀二路，爲時僅兩星期，走馬看花，遺憾殊多，尙希閱者指正焉。

第一第　歷史與現狀

(一)兩路建築沿革之經過及與承借者所訂之合同

(A)滬甯鐵路　該路源於淞滬路，當清同治十三年，英國邪臺馬其沙實業公司(今怡和洋行)，以上海吳淞間，商務日盛，而交通頗感不便，特發起建築淞滬路，於光緒元年四月竣工。但當時國人昧於鐵路爲交通利器，謠諑四起；加以二年三月三日，列車撞斃一兵，至成國際交涉。清廷乃命總督李鴻章相機辦理，幾經交涉，英威使始允以銀二十八萬五千兩由我國購回。二年九月圭日，實行拆軌。自是鐵路廢置垂二十年。至二十二年九月，兩江總督援北洋與修軍務鐵路之例，奏請創辦吳淞至金陵鐵路；同月二十五日，直督王文韶，江督張之洞，會奏先築淞滬，後築滬寧；以瑞記所餘借款二百五十萬兩及直隸海防捐五十萬爲資金，歸併鐵路總公司辦理。十月初五日，旨准。二十三年十二月興工，二十四年十月竣工，十一月開車。營業時，適英政府以俄德法均在我國獲有多數路權，特電駐京竇使，於同年閏三月初四日，向總理衙門以最惠國及利益均霑之理由，索辦滬甯。詞色俱厲，總理允之。於二十九年

參觀滬甯滬杭甬二路後之整理與革談

閏五月十五日(西一九〇三年七月九日)，由盛宣懷與英公司代上海領事璧理南簽訂合同二十五款；其內容如左；

借款總額　英金三百二十五萬鎊(僅發行二百九十萬鎊)

年　利　五厘。

折　扣　九扣者，二百二十五萬鎊。九五扣者，六十五萬鎊。

借款期限　五十年。自民國十八年十二月一日起還本，並自本年起，可隨時償還，不另加價。

担保品　本路財產及進款。

應用外員　總工程師一人，辦事員一人，又雇西人辦理重要事務。

酬勞金　購料經理費百分之五，餘利五分之一，以成本總額五分之一，預發餘利憑票，不給利息。

(關係該路歷史，可參觀曾鯤化中國鐵路史。)

(B)滬杭甬鐵路(含浙路蘇路)此路初名蘇杭甬，即清光緒三十四年准英商承辦五路之一。由督辦鐵路總公司大臣盛宣懷，與代表銀公司之怡和洋行，訂草合同四款，聲明悉照滬甯成例，並限以六個月內勘路估價，否則廢約。適

是時浙人李厚祐稟請集貲自築江干鐵路，而商辦之議，於是風靡天下。銀公司始催議正約，浙紳因之爭廢愈力，並於三十一年七月發起，籌辦全省鐵路，由商部奏派湯壽潛劉錦藻爲總協理。後幾經爭執，始由侍郎梁敦彥與銀公司定議，路由中國自造，除華商原有股本儘數使用外，即向公司籌借，另指的款抵押，公司不能干預路事。外部當即奏借款一百五十萬鎊，然蘇浙堅不承認。後經商定，以該款作爲部借，轉借於蘇浙公司爲調停辦法。卅四年二月初四日，經外部右丞胡惟德，右參議高而謙，鐵路總局局長梁士詒，與濮蘭德訂定借款合同廿四款，同日奏准簽押。其內容如左；

借款總額　英金一百五十萬鎊，

年　利　五厘

折　扣　九三。

借款年限　卅年。自民國七年十二月一日起還本。並可提前全數清還。

担保品　京奉路餘利。

酬勞金　購料金三萬五千鎊，還本付利行用九二五，

又在借款內扣提六萬七千五百鎊，以代草合同應得餘利。又如續借款，得於債票實價內，扣用費五厘半。

應用外人　總工程師，及運輸，機車，賬務，材料各總管，以滬甯路員兼充，並洋稽查一人，係收回國有後增訂。

加造路線　如建造枝路，需用外資，先儘公司承辦。

自浙路奏明商辦後，蘇亦接踵而起。倪思九，阮惟和等先後呈准商辦，並將蘇路公司章程立案。卅三年元月，實行開工；卅四年呈報勘築蘇路各線情形。大致謂南由上海至嘉興爲滬嘉線；由蘇州至嘉興曰蘇嘉線；北由清江至徐州曰清徐線；至瓜州曰清瓜線；至海州曰清海線。先築滬嘉，餘以次籌辦。總公司擬設上海，股本定二千萬元。宣統元年正月，滬嘉全竣。適是時公司以經費不敷，無由展築，於五月呈部募債接濟，維時部擬幹路均歸國有，股東因將滬嘉(上海至楓涇)讓歸國有，所有股本債款，六百八十餘萬元，由部如數歸還，換給有期證券，分五年交清。其贖路款由滬杭甬借款項下劃撥，朱德長與中英公司梅爾思特訂贖回上海楓涇鐵路條約六條，蘇路遂一變而爲國有矣。蘇路既歸國有，浙路亦爲滬杭甬之一段，勢難立異。適浙路財政已十分竭蹶，遂開股東大會，議決亦歸國有。當舉代表虞和德等與部訂約十二條，以已經營業杭楓線；江干至拱宸橋線；甯波至曹娥線；未築之杭州曹娥線；及擬築之甯波三北支線，悉數讓歸國有。所有股本債款一千六百餘萬，由部分三年照數清還，先憑股票換給有期證券。九月十九日朱總長與梅代表復訂收回滬杭甬之浙路條款。至是全線均經接收，設總局上海。五年十二月，滬杭滬甯接軌，工程告竣，兩路通車。

(二)兩路管理局組織之比較

各國鐵路所用之管理方法，約分二種；卽合治與分治是也。滬甯鐵路以路線較短，故用合治制。管理局設在上海。直接受交通部之監督。現設局長一人，爲該路最高行政長官；其下有洋總管一人，下屬機關共七；(a)總務處，爲全局事務總彙之樞紐，凡規章之編制，以及紀錄通信等均屬之。(b)會計處，爲全路收支款項之總彙，各項賬目及收支參攷之供給，均屬諸該處。會計處因銀錢出入，故與局長有直接關係，非若他處之由洋總管轉呈局長也。再因合同關係，局長不得自向所存銀行提欵，必先由局長簽字，再由會計處長副署方生效力。(c)機務處，掌管全路機車事宜，至修理損壞，亦有職責。(d)車務處，指揮全路行車以及租車等费。(e)養路工程處，掌管各項工程事務，整理路線，皆其職責。(f)材料處，負採辦各項應用材料之責(g)衛生處，專司旅客及全路員司之衛生事宜。此外尙有路警及計核處，均直接受局長管轄。以上各處，均應需要而再分若干課。茲從略。至滬杭甬鐵路管理局之組織，則與滬甯全同；僅在兼局長之下，並無洋總管，故該路局長得能直接支配一切，非若滬甯之有洋總管，凡事均由伊支配，局長不能直接顧問屬下各處也。

(三)兩路資金(即產業所担之債務)比較表

一路之資金，並不固定；有時因需要而借欵，則資金亦隨之而增；茲將一九二六年該路所有之資金列表明之。(第一二兩表)

(四)兩路線路里程之比較

鐵路里數包括二種性質；一爲實有里數，一爲營業里數。實有里數爲審核資本支出及資產負担之用；營業里數則爲估計運輸進欵與用欵之用。實有二字，含有建築上之意義，專指路線之長短而言；營業二字，含有運輸上或商務上之意義，專指各路因連合營業，常有租用路軌情事而言。故一路營業里數每多於實有里數，惟滬甯滬杭甬二路，除自有里數外，租用路線及公共路線，均付缺如；至該二路幹枝線之里數起訖則如下表(第三四兩表)。

(五)兩路建築物之比較

(1)滬甯鐵路

(甲)軌道路盤　雙軌三十英尺；單軌十七英尺半；兩傍斜坡一至一·五；軌間四尺八寸；鋼軌每碼重八十五磅；係扁底式。均英廠所製。能承受載重至一萬萬噸，多至二萬萬噸，軌枕均用澳洲茄拉木，最大斜度二百分之一，最小灣徑三度。

(乙)橋梁及涵洞　鐵橋二六四座，共長六一三九呎，共價三六七二六六元，平均每尺三八五元。最大者爲靑陽江橋石橋四五座，共長三五二尺，共價二一六〇〇〇元，平均每尺六一三元；木橋一座，長二七〇尺，造價二一〇〇〇

(一) 滬杭甬鐵路產業所擔之債務

Obligations on property of Shanghai-Hangchow-Ningpo Railway

債務之識別	股票		借款		政府長期資金		共計	
			規	已	規	已	規	已
尋常債券			$ 17,030,208	$ 9,792,352	$	$	$ 17,030,208	$ 9,792,352
政府撥墊					17,657,510	17,657,510	17,657,510	17,657,510
共計			17,030,208	9,792,352	17,657,510	17,657,510	34,687,718	27,449,862

（二）滬寧鐵路產業所擔之債務

Obligations on property of Shanghai-Nanking Railway

債務之識別	股票		借款		政府長期資金		共計	
	規定數	已發數	規	已				
尋常債券			32,028,309	28,178,309			32,028,309	28,178,309
購地債券			1,100,000				1,100,000	
政府撥款					5,686,900	5,686,900	5,686,900	5,686,900
共計			33,128,309	28,178,309	5,686,900	5,686,900	38,815,209	33,865,209

（三）滬寧鐵路營業路線公里詳要

Aalysis of Operated Kilometrage of S. N. R

別　線	幹　線	枝　線	實業枝線站內軌道及岔道	共　計
1.自有路線 單軌-4,-8½” 上海至南京	311,040		L 24,708 S 61,782	397,530
上海至炮台灣		16,093	L 0,877 S 0,653	17;623
2.租用路線				
3.公共路線				
共　計	311,040	16,093	88,020	415,153

（註一）自上海至蘇州爲雙軌路盤計關卅尺兩處距離爲85.778基羅密達現祇造成單軌

（註二）滬杭甬局爲便利與滬甯聯運起見曾築一路長3.209公里路線在北站與麥根路間此路作爲滬甯財產並於一九一六年十二月十二日開始通車此外滬杭甬局在北站之站內軌道及岔道5.176公里亦歸爲滬甯財產

（註三）一九二六年內該路（滬甯）曾加造站內軌道1.431基羅密達及岔道1.233基羅密達

(四) 滬杭甬鐵路營業路線公里詳要

Annalysis of Operated Kilometrage of S. H- N. R.

線　　別	幹　　線	枝　　線	實業枝線站內軌道及岔道	共　　計
1•自有路線 單軌4' 8½" 上海南站至閘口	186,150		L 17,986 S 20,917	225,035
龍華新站至上海北站	16,600		L 2,639 S 5,498	24,737
艮山門至拱宸橋		5,880	L 0,455 S 2,051	8,386
甯波至曹娥江	77,902		L 7,573 S 9,156	94,631
2•租用路線				
3•公共路線				
共　　計	280,652		66,275	352,807

In column 4. the letter stands for loops and the letter s for sidings

元，平均每尺七八元，涵洞四座，共佔地二千〇七十二萬方尺，共價一七五六七八元。

(丙)山洞　祇鎮江砲台山一座，長一三三二尺，造價三七四六四二元，平均每尺二八四元。(除破山工程。)

(丁)工廠　機器廠，設在吳淞，係光緒卅年所建，開辦費凡二十八萬六千餘元，佔地二十萬英方尺强。惟較膠濟路之四方機廠爲小，內有電力機八架，馬力共一百四十九匹，蒸汽機二架，曾裝配機車數十輛，改造客車一百餘輛。

(2)滬杭甬鐵路

(甲)軌道　路盤寬十八尺，鋼軌：滬楓，杭楓，江墅，係漢陽鐵廠製，每碼七十五磅，甬曹及接軌段係部定標準式，每碼八十五磅。軌間四尺八寸半，軌枕在建築時，均用日本接收，[illegible]〇七十五萬[illegible]公，最大斜度；幹線，三百分[illegible]四百餘元；但爲合同。最小灣徑，一千尺。

得崙之五分之一，計洋三十三[illegible]長五千五百七十五尺；石公司。是以，我政府所受損失，[illegible]八，共長六百四十三尺。

十餘元。至滬杭甬路，則同年[illegible]四十畝

十三元三角二分；但因過期[illegible]數量之比較

(本年尚虧折洋四十四萬九千[illegible]

(1)滬甯鐵路

(甲)機車　附炭水櫃者五輛，未附炭水櫃者四十八輛，計五十三輛輓力四七二九二〇(Kilos.)平均每輛八九二三(Kilos.)。

(乙)客車　頭等座臥車六輛，頭等車七輛，二等尋常車及合造車三十七輛，三等車四十輛，貧民小工車三十九輛。此外尚有租自滬杭甬局八輛，共一百三十七輛，總共載客容積一四一五四人。

(丙)貨車　貨車分有蓋無蓋及特別三種，有蓋車三二四輛，無蓋車一四八輛，特別車八十輛，從滬杭路租來者，一六一輛，計六二三輛，載重總數爲一八六一七二五三噸(Metric tons)。

(2)滬杭甬鐵路

(甲)機車　機車分客運貨運及例車三種，共四十二輛。總共輓力三七一四〇八(Kilos.)，平均每機車輓力八八四三(Kilos.)

(乙)客車　頭等尋常車一輛，頭等坐臥車二輛，二等尋常車六輛，三等車六十四輛，貧民小工車廿二輛，合造車四

（四）滬甯二路後之整理與革談

李車及郵車九輛，總共載客容量蓋一百九十輛，特別卅一為一三〇一九・九八二（Me

線別	幹
1•自有路線 軌距4'8½" 至閘口	

（七）

各項進款，約[illegible]為左列四款；

（甲），客運貨運渡船收入；（乙）互用車輛收入；

（丙），電報機廠贏利租金等收入；（丁），行李過重及郵政收入

（八）兩路歷年營業狀況與所運之貨物

滬甯鐵路，自光緒三十四年三月通車起，至民國二年；收入由九十餘萬增至六百九十餘萬，盈餘由三十餘萬增至二百八十餘萬；惟資本利息均不在內。以後各年迭有增加，而尤以民國十三年為最。歷年客運，佔三分之二，貨運僅三分之一。此乃該路之特點。其所運貨物，如：沿途龍潭之水泥，鎮江之豬，丹徒之牛，無錫之米麵粉棉紗為大宗。他若煤斤，焦炭等，[illegible]由津浦聯運而來。花生米棗子等等物，則由隴海而津浦而滬甯。聞某年該路曾備二列車，運由隴海路轉下之花生棗子等物。於此亦可見該路聯運之發達。如能將車輛增加，運輸利便，則營業之進步，固未可限量。惜，連年戰事，運輸停頓，隴海津浦等路之聯運已不可再得；否則，此時正在興旺之時，其影響於鐵路公司，國家收入者，至重且巨也。滬杭甬鐵路，則自通車以來，亦年有盈餘，據路局報告，該路積餘，截止民國十四年底，為九十五萬三千五百八十二元九角二分；但翌年即全部撥歸政府，至今則更無所謂積餘矣。其所運之主要貨物，在農產品中；則為荳類，棉花，玉蜀黍，米，茶，大麥等等；在禽畜產品中；則為繭子，蛋，魚，豬，羊，及家禽等等；在礦產品中；則為煤，炭，石膏，五金，石沙等；在森林產品中；則為竹筍，木炭，柴，火柴梗，及木料等等；在製造品中；則為荳油，竹木器，水門汀，土布，棉紗，麵粉，藥材，火油，五金器具，洋布，絲織品，香煙，酒，及其他雜品。此外，尚有他路及本路材料等等。是故，待運之貨頗多，只須多加車輛，營業定必異常發達；非若美國之鐵路公司，尚須向外求貨裝運也；惜

頻年多故，該路營業與滬甯路受同樣損失。

（九）兩路事業之潛伏危機

兩路經濟，其始即無財政以導其源，而惟從事業本身上輾轉挪湊。在昔政治情形較好，故亦無甚困難；蓋入多出少也。迨至近數年間，各方對之不獨不予以維護，反摧殘殆盡。如：包庇商運，積欠運費，扣留機車，濫填軍用免票等等；直接破壞路政之事，實難盡述。要知兩路行政，以受合同之束縛，故無處不與外人發生關係。至軍用免票之簽發，外人以利益所關，斷難承認；結果，該項免票應出之費，仍由我政府負担。列如：一九二六年，滬甯鐵路所得淨利為一六八三五七三元強，但此數內尚有不能收到之軍事運費洋二百〇七十五萬元有奇，二項相抵，尚虧洋四十九萬二千四百餘元；但為合同所縛，我政府尚須將帳所上得益之五分之一，計洋三十三萬六千七百餘元，付與中英公司。是以，我政府所受損失，實有八十二萬九千一百二十餘元。至滬杭甬路，則同年亦得淨利十六萬三千一百六十三元三角二分；但因過期帳之支出，（軍事運輸等等，（本年尚虧折洋四十四萬九千八百四十六元〇三分。用是一察今日兩路路政狀況：以言產業，則工程朽壞，機械窳敗；以言經濟，則入少出多，債務重重。其尤足制交通財政之死命者，則為經濟基礎之破壞，蓋從前外債尚能保持信用，上年則到期應付之利息已不能應付。凡此違背信約之事，深中人心。現狀如此，能不痛心，我恐更足以惹起外人之野心，非僅已失主權無由收回，抑且固有地位，將亦喪失。故於計議挽回辦法之先，其現有之危機，更不可不加研究。茲將兩路經濟之最近情形，一一揭之如左；

（a）滬甯鐵路　年來發達頗為可觀，而將來之希望尤未可限量。孰料軍事發生，為爭奪上海一埠，該路遂一變而為戰事用品。借款建路條約，成立於一九〇四年，共借英金二百九十萬鎊，已如上述。惟關於還本一條，並未訂明，至一九二四年中英續約決定，從一九二九年起，每年平攤還本金均十一萬六千鎊；旋又雙方訂定，在一九二九年第一次攤還前，每年應預提出二萬鎊，共五年，為第一次還本之用。自軍人把持該路後，收入頓減，僅提出二萬鎊；餘者，皆未照辦。原訂還本辦法，既未實行預提，則該路負債，仍為英金二百九十萬鎊。所有應付該借款利息金，計半年爲七萬二千五百鎊，均能按時付清。至去年六月到期之息金因軍人把持如故，車輛多被徵用，每日往來行車，或停止，或減少，收入當受影響，故未能照付。迨該路恢復原狀，六月份之息金，隨即補發，並滙倫敦四萬鎊爲補前次之失。下餘之四萬，正在籌備歸還中，不料北軍又復來攻，車遂停駛；該路方恢復時，又須籌備支付過期之利息三萬二千鎊；而去年十二月一日，又已到期之利金七萬二千五百鎊，至今尚無辦法；如不及早另籌他法應付，恐將別生枝節。但該路年來營業與常發達，一旦大局稍定，則對此區區息金，必能應付裕如也。每次軍閥占據鐵路，因彼輩既鮮智識，又無紀律，遂任意毀壞道路及車輛，並時有刼掠車站情事。軍人用車，每不付價，更隨意扣車致收入無形減少，故每次發生軍事後，管理方面最感困難者，厥惟財政。

(b)滬杭甬路　該路借欵合同，所有關於還本及付息之責任，係由我政府無條件担保，及該路收入，倘有不敷，另以京奉路之盈餘補助。行之數年，均能履行。迨至革軍入佔該路，京奉路局遂拒絕不理，而戰爭未了，該路無法應付，去年到期之本金，竟發生困難；但該路在倫敦之存款利息，尚充裕，即由該存款內撥付，該路每年應攤還本金，爲七萬五千鎊，係由該路每半年滙倫敦一次，所有去年付去之三萬七千五百鎊，仍未動用。該路應付中國十一月十七日到期，倫敦十二月一日到期之半年利息，二萬二千五百鎊，照常付出。惟去年六月一日，應還本金餘額及預付一九二八年六月一日之還本金，兩項，皆未能照付，現該路尚欠外款九十萬鎊。又六月一日到期應攤還之本金，七萬五千鎊，下次還本到期爲一九二八年六月一日。究竟該路能否應付，延期及將到期之本息，須視時局如何耳。按照現在時局觀察，彌補延期之本息，或有可能；但將到期之本息，頗屬疑問，該路已與滬甯路接軌，故受同等蹂躪。

上海楓涇路整理借欵約　此項借款，成立於一九一四年，因我政府擬將該全路收歸國有，贖回江蘇一段之抵押權；幷因該路因滬杭甬路借欵約有衝突，故訂此約。政府以國家各項收入爲担保，更益以京奉路之盈餘；一切如滬杭甬約，歷年均未誤期。一九二六年二月，因京奉路局拒絕撥款補助，是年利息有一部分未能照付。現時借款餘額，及到期應還之本金，及應付未付之利息，大致如下：（按英金一鎊約合中國銀元十元至十一元之間）

借款餘額	一九二七年六月卅日	英金	三〇〇，〇〇〇鎊
到期應還之本	一九二七年二月廿日	英金	三七，五〇〇鎊
應村未付利息	一九二六年二月廿日	英金	五，九二〇鎊
同　上	一九二六年八月廿日	英金	九，〇〇〇鎊
同　上	一九二七年二月廿日	英金	九，〇〇〇鎊
同　上	一九二七年八月廿日	英金	九，〇〇〇鎊

此外，一九二八年二月一日，到期應還之本英金三七，五〇〇鎊，及二月廿日到期之利息金九，〇〇〇鎊尚無消息。是故除履行原訂條款外，別無他法以維持對外信用。若職局長此以往，則鐵路財政不難完全破壞。是可治本方策不可不先息內爭，進謀鐵路協定之廢除。

第二章　個人觀察所及之應行整頓點

（一）關於同方面

(a)實踐固有合同　例如該路合同內，除規定應用總工程師一人，辦事員二人外；其他各處所雇之外人，一律能免，易以學識經驗豐富之國人充之。同時盡量整頓，使民衆有投資之信仰，務於民國十八年起，得能按約收回。

(b)廢除酬勞金之給與　察合同末項酬勞金內，列有英方於分餘利項下得另享餘利五分之一，並以成本總額五分之一，預發餘利憑票等等。查此項特殊規定，按之公司條文，無此先例；設不及早廢除，則收回時賠礁正多，因連年戰事影響，路局不堪負担，即每年應付之二次利息，尚在拖欠中也。

（二）關於路局組織方面

(c)兩路車務處之營業課應完善組織　鐵路之興築，其目的不外發展各項實業，及利商旅，而便運輸，故應有完善之營業機關組織。攷東西各國，雖至小之路局，莫不設立營業專課，以任其事。未有組織不完善，而營業可期發達者也。而我國鐵路獨無此完善之營業專課，以任其責，致貨物運輸，日見遲滯，鐵路歲入遭無窮之損失。是故，非急設營業專課不爲功，俾將營業上各種方法，盡心籌畫。如：貨物如何可使之繁多，連帶運輸何以得取報之便宜，統計規程何以得運算之準確，以及列車運轉之數，及檢查如何制定車輛內部佈製，及設置如何準備；盡心籌畫不遺餘力，如斯而營業焉有不蒸蒸日上者乎！至關於該課所屬之旅客，貨物，連帶運輸，統計，庶務，物品編查等項，又須分股以分担之；各司厥職，各專其責，事半功倍，有斷然者。如是而猶曰營業之不能發達，進欵之不能增加，吾不信也。

(三)關於興辦及添置設備方面

(a)興辦小包物之運送　鐵路運輸之利益，除旅客，貨物外，尚有所謂小包物一種。此種小包物，我國向由郵局寄送，未有由鐵路運輸者。攷東西各國鐵路，無不有小包物之運輸；其手續大概與郵局相同；惟郵局所寄之小包物，分量不能過量，若由鐵路，則百斤以內皆可代爲運送；而其運價與運行李之價相等。若及百斤以上者，則不作小包物運送；因小包物之運價，較大宗貨物爲昂，故不得不加以限制耳。此種小包物之收入，雖不及旅客貨物之多；然除旅客貨物外，此項入款，亦占收入之大宗。故各國鐵路之營業，凡小包物亦載在貨物運輸之內也。我國各路興辦此種運送者尚少，若能推而行之，在鐵路可藉以增加進款，在國民多一便利寄帶機關，一舉兩得莫逾於此。

(b)車站之電報宜備人民公用　鐵路電報者，與旅客及地方均有密切之關係。其主旨，專爲鐵路機關而設，然一面仍須兼顧旅客與地方人民之便利也。譬如，旅客在途常與各地方有相關係之事；若欲拍電致某地，而該處僻處一偶，苦無電局以濟其事；若由書信，則緩不濟急；有鐵路電報以供其用，則商旅與地方均受其利矣。按日本行之而已效，我國各路似宜仿辦。在鐵路兼營此業，亦一鐵路開源之道也。

(c)興辦車站之旅客手荷物暫時保管所　手荷物者，旅客乘車所攜帶之必需品也。如旅客中途有事，下車旋復乘車，所攜之物亦有二三十斤之重，攜以同行殊多不便，日本鐵路有鑒於此，故在各站設有旅客手荷物暫時保管所。其保管之事務，在大站站長兼任；其保管時間，以廿四點鐘爲限；其保管手續費，每件取洋二分；逾一日則倍之，價廉法美，旅客稱便。我國鐵路仿行者尚少，如能依法推行，不惟裨益商旅，亦鐵路生財之道也。

(d)三等車宜設寢台　鐵路之營業，既在便利旅客。則招待旅客不可不有十分之設備，如：列車組織之有行李車，郵便車，食堂車，寢台車等，即此意也。惟寢台之設置，僅限於頭二等車之旅客，致三等車之旅客不免有向隅之憾。查東西各國，列車之佈置，對於三等乘客亦備寢台，取費從廉，旅客稱便。其設置之法，可就三等客車內上層擱板略加改造，設擋板以隔斷，用粗氈作鋪蓋，雖不精美可安臥矣。如此設備有四利焉：寢台另收費，可增進收入，其利一；以板隔斷後，旅客多帶之物，無處可容，勢必悉交行李車保管，則行李車之收入亦可增加，其利二；隔斷之後，旅客攜帶之物大以二尺為限，逾限者不准攜入車內，則車內不至擁塞，其利三；設備既善，觀瞻亦雅，其利四。此猶就鐵路方面之利益言也；至於三等旅客，得此待遇，定必異常歡躍也。

(e)車站收發行李宜有紀律　旅客行旅於外未有不攜帶行李物者也，是故鐵路之對於旅客之行李，應收受之秩序，俾得無遺失之虞。東西各國之鐵路營業，對於旅客之行李物，無不非常注重，收受有方，照料周詳。其收受行李也，於車站之售票近旁，設有櫃台旅客買就車票，連同行李

送至櫃上，在櫃內員役，即收之過磅，隨將車票上蓋印，連行李之號牌，當交旅客。一面令長夫，將已落號掛牌之行李物，送交車上車守，蓋印裝車。而我國則不然，每當開車之先，人之異常雜物，收受行李毫無秩序，遺失之事，時有所聞；若不急起做行設櫃，則其流弊將不知伊於胡底也。

(f)實行終日賣票制度　各路宜擇旅客擁擠物貨頻繁之站，終日發售車票；如不謀變通辦理，勢必因發售車票之時間過促，以致擁擠不堪；年少力强之旅客，則還强爭購，而老弱婦孺者遂有購票難之慨矣。以故各主要車站，應實行終日賣票。惟開車前十分鐘，須即停止發售。此次列車之車票，以免行李處理上有所妨害，當旅客到站購票之時，須詢其需要之等級，到着站名，票類，票額，及列車性質(慢車或快車)。持票旅客，按票之通用期限內，搭乘相當列車，對於列車之次數上，不必加以限制。

(g)擴張車票通用期限　車票通用期限；自路局言之，自以短期為便；而旅客方面，則以長期為便也。考鐵路之設，非全以營利為宗旨，含有公共之性質。若如京奉，京漢

，定章；列車達到在廿四小時至四十八小時者，限用二日；自四十八小時至七十二小時者，限用三日。換言之即除列車走行時間外，含無餘日以備旅客中途下車遊覽景物之便，致旅行家遊歷者多憚於出遊。長此以往，不惟旅客之量無增，加之且有偏重於營利之嫌，實有違經營鐵路本旨也。其擴張之度，應按一百五十里未滿一日，三百里未滿二日以上，每三百加一日，較爲得當。

(h)擇主要站爲中途下車站　鐵車指定下車站，准予中途下車，亦便利旅客之要策。東西各國鐵路，遊歷者甚多，我國爲車票之通用期限太短，致使旅客無中途下車之暇。故一般人士，除因必要問題而乘火車外，其因遊歷參觀，而沿鐵路旅行者，爲數甚尠。推其原因，無非爲車票之通用期所限；且既無中途下車之辦法，其行李亦自無中途提取後再行託送之便。種種羈束，安得不令人裹足不前耶。若各路擴張車票通用期限，指定主要車站，實行准予中途下車，則赴沿線之各名勝古蹟之遊覽者，必倍於往日。夫如是，則營業方可期其發展，進款亦可增加也。

(i)設立荷物輸送所以利商民　[illegible]日本各大都市之車站，率皆設有荷物輸送所，除大宗貨物，歸轉運公司輸送外，其他行李零星貨物等，均可委託該所代爲運送，雖送達稍遲，而取費極廉，大概每件只收洋數分。旅客填寫件數，地點，姓名，然後取一單據；將來按單檢收，一百無誤。較之自行運搬者，所費幾不可以道里計。蓋鐵路營業，雖以利國爲宗旨；而完以利民爲要件。故苟便行旅，營業方面縱稍虧損，亦所不惜。我國此類營業，向付缺如，致被搬運者任意需索，甚且因照顧不及，被人盜竊損失殊多。似宜於京，津，滬，漢，各大站；從速設立，以利商民。

(j)列車宜裝置警備信機以保客貨之安全　客貨對於鐵路須納相當之費，始克乘載。是鐵路對於客貨，雖不能爲絕對之保護，亦應謀相對之安全；天災，意外，非可預測；但人力可盡之處，自宜杜漸防微，力爭設備，以冀補救於萬一。年來，國內各鐵路之出軌，撞車，竊盜，火災，等事；層出不窮；商民旅客，無緣受此重大損失，當事者未能防範於未然，實尸其咎。長此以往，實於營業前途，影響甚大歐美各國，列車中均設有警備信機，京漢行車且有武裝之護車隊，遇有火盜等不測事件發生，隨時警告站長輿司機者，立即停止，或施以相當之救護。此不僅減少商買旅客之痛苦，對於鐵路自身，亦裨益匪淺。似宜急爲設備，以免再蹈前轍，而謀相互之安全也。

(k)整頓行李取費方法　現行行李取費章程，條分縷晰，可謂嚴密已極，祇服務者視若具文，形同虛設，章程之威信喪盡，無絲毫効力發生，曷勝浩歎。每見行李較多之旅客，輒多方留難，至報以相當之利益，而後已，人皆敢怒而不敢言。病國病民於斯爲甚，改良整頓，誠刻不容緩者也。

(l)站內各項夫役工人宜着制服並編列號數　考日本車站內，應接旅客夫役，大都身着制服制帽，整齊劃一，胸前懸銅牌一塊，編列號數，故旅客不必問其姓名，但記其號數，即可將行李或手攜各物委託辦理，一切手續若距離開車時間猶有空隙儘可從容處置，迨事竣登車，則一切手續已代辦妥善矣。我國各路車站所有夫役，並無所謂制服制帽，僅着一黃布無袖短褂，污穢不堪，殊不雅觀。要知此輩夫役與旅客接觸最多，似宜酌仿郵局制服制帽等辦法，懸掛銅牌，編列號數；既昭乘客之信仰，復收劃一之精神。事輕易舉，亟宜從事改革，亦維持營業之一道也。

以上數端，不過就見聞所及，舉其大者。其他若行車時之準確，服務員司，之謙和，列車之清潔等，亦不容忽視者也。甚望當局者，實事求是，力予整頓，利國利民，而事業有不日新月異者未之有也。

(四)關於支配車輛方面

我國地大物博，人煙稠密，徒以鐵路事業適如尚未發達，以致實業不振，國人莫不引以爲憾。夫鐵路與實業，適如輔車之相依，無鐵路則實業無由發展，無實業則鐵路又安所附麗。加以沿路地方之出產，在均與民生有關，大率皆賴鐵路爲之運輸。是其責任之重大，可知矣。而鐵路所恃，以完此重大之責負者，厥惟車輛顧車輛不足，固有求過於供之弊，車輛過多，復不免供過於求，亦非經濟之道也。然則鐵路車輛需要之數，究以何爲標準乎？若根據營業平淡時期也，一遇營業繁盛，必不免於缺乏；若根據營業繁盛時期也，乃爲時不久，過此以往，亦不免於虛靡。然則，又當如何而？可據歐洲各國鐵路專家之意見，均以利用最少車輛，得其最高效力爲不二法門。惟欲達目的非有精密之方法與完備之機關，實不足以因應咸宜而爲適於經濟之支配。茲畧抒所見以備研究而已；

(a)支配車輛之機關及其權限　查我國支配車輛機關，爲兩級制。統名之曰調車員，分設於車務處，及各總段。意在中央集權，以免偏枯之患，用意非不善也。無如事實與理想往往不能相應，蓋一總段所轄車站不下二三十處之多，且相距最遠者，竟至一二百里之遙，又無電線直達，須由分段電報室代爲轉達。不特此也，此線非專爲支配車輛而設，所有各項公事，皆賴之以通消息，倘有佔用之處，仍須等候，展轉費時難免遲誤；一處遲誤，全段隨之，是不可不審也。是以欲圖改良，其道有二；其一，即添設速達電話機。其二，即借鏡法國，添設地方支配員於各分段，合總段支配員及中央支配員爲三級制，利用分段長辦公室原有之普通電話，並於每分段各置支配員三人，予以支配車輛之權，分爲三班，每班工作八點鐘，以便晝夜輪流支配車輛事務。所有沿途摘掛車輛，須由地方支配員開列清單，或電報，交與車隊長，按單摘掛。如有不在清單或電報之列者，不得擅自摘掛。此外尚有一法；最關重要者

，即將起訖兩車站停留時間及裝卸車輛時間，極力縮減是也。

(b)支配車輛應有先後　我國各路，對於支配車輛，向少研究，對於鮮貨牲畜等貨，毫無優先權，且對於特別價章之運輸，不特無延長期限之規定，且因若輩多有特殊勢力，竟得實際之優先權。其最感受痛苦者，惟彼小本經營耳，加以此輩率多販運牲畜，及容易腐敗之貨，遲延一日即多一日之消耗；更兼之以行情變遷，則其損失益鉅。是以交通當局，須從嚴訂定法規，除有關公益及本路運輸以及鮮貨畜牲並其他容易腐敗各種貨物，應即隨時發給外，餘均須按照請求車輛之次序，按平均原則，以分配之。

(五)關於鐵路財政方面

(c)嚴禁挪撥鐵路進欵　鐵路爲營業機關，其收入之欵，除營業支付以外，尚須以之增加車輛，添置設備，延展新線，改良工事，等。是以，鐵路事業，適用特別會計者此也。况吾國營業，諸線路多係借債築成，每歲應付內外債之利息，約在四千萬元以上。而各路收入，僅九千餘萬元，內除記帳約二千萬元，與營業支付約五千萬元以外，全

以償付債息，尙虞不敷。故實行特別會計，嚴禁挪撥路欵，尤爲目前路政之要圖也。夫鐵路會計之適用特別會計，世人皆知，且在昔十餘年來，已行之久矣。徒以管理不得其人，路欵之暗，更較普通會計爲尤甚。嗣後仍以力行特別會計爲要圖，并以法規保障之，俾任何方面均不得絲毫挪撥。如此，則陰謀家無以施其掩蓋之技倆，野心家無以啓其貪婪之遐思，路款之障礙旣除，則營業發達，而盈餘多，債務亦可逐年稍稍淸償；而國內幹支各線，亦可大事發展矣。路欵之關係鐵路命運，有如斯者。路政當局，可不注意及之耶！

(b)**整理鐵路運價** 鐵路運價之當否，於鐵路經濟及國民經濟，均有莫大之關係。苟運價得其平，則運輸事業日以發達，鐵路收入因之增加。查二路訂定運價之始，往往以借欵及建築難易之關係，定價之高下，頗不公允。考之美德之鐵道運價，凡官公團皆得參與制定。蓋一國之有交通事業，所以惠國便民，決不能專以營利爲目的也。

(六)關於防止工潮方面

年來勞動問題，頗成重要問題之一。蓋前此國家輕視勞工，保護無法，工人終日勤勞，所得工資尙不能謀一溫飽。資本家坐享其成，剝奪厚利，事之不平，莫此爲甚。是以，勞動神聖之說，一倡百和，而罷工風潮，蠭起雲擁。能工一日不解決，鐵路營業卽一日受損失；而國家財政，社會經濟，俱直接間接受其影響。解決之方，決非以威力壓迫，束縛箝制，所可奏效；要知以力服人，則日後蘊毒愈深，反響愈大。是以吾人應籌劃良策，而爲根本之解決。大略言之，可分五端；一曰明定勞工保護法，以除從前虐待工人之積弊。二曰斟酌社會情形，增加工資，以免工人有凍餒之虞。三曰提倡職工敎育，使知識淺陋之工人，得受敎育之薰陶，以免爲奸人利用，以遏若輩之野心。四曰聯絡路員與工人間之感情，以免上下隔閡，動生猜疑，因而激起風潮；且可舉和衷共濟之利。五曰規定工人懲戒法，以防工人之誤職，及監工人員之濫罰；而調和內部之衝突。上述五端，宜卽日施行，則罷工風潮不惟可迎刃而解，雖路政解體之隱憂，亦得籍以消除。是則目前之急務，何有逾於此哉。

(七)關於提拔人才方面

參觀滬甯滬杭甬二路後之整理與革談

(a)鐵路員司應嚴格甄錄　在昔，吾國鐵路設局之初，以事屬創舉，人材缺乏，是以員司之任用，並不以鐵路專門人才為限。登庸既易，流品自雜，往日員司之舞弊，直足駭人聽聞；嗣後交部直轄各校成立，人才輩出，而留學外國，研究鐵路者，亦日見增多，鐵路事業始有一線之曙光。然當局援引無方，或以管理家而派充技師，或以工程師而委任局長，倒置人材，學無所用，用非所學。蓋鐵路分工程，機械，管理，三門。是以所需專門人材，亦有工程，機械，管理，三類之別。而在營業之路；總務，車務，會計，材料，諸端；則較工務，機務，為繁。所用管理專門人才，因以特多。而鐵路管理，學有專科，事有專長，非管理或政治經濟專門人才莫能稱職。今乃畀之工程技師，是何異以治人為裘，玉人攻金，其不臨大事而失敗也，幾希。夫工程機械管理之三項人才倒置，然究以有鐵路專門學識者為限也。乃年來，每況愈下，竟施之於軍界矣。因鐵路為營業機關，外界不察，乃者視為利藪，均思染指，遂謬謂管理人人所能，對於任用局長員司，漫無限制，積學之士，或被罷黜，鑽營之徒，反登重位，或位置私人，廣布黨羽，或勾結軍人，把持路政。不知鐵路為國家命脈所關，職務綦重，豈容濫竽；況營業機關，措設失宜，則收入頓減，敗徵立見。邇來，路政岌岌可危，斯其總因乎！雖然，吾國年來，鐵路管理專門人材，日益增多，亦未始非路政前途之福。苟當局知目前路政之要圖，端在整頓鐵路人材，而毅然改圖，以救覆亡，於舊任各員，考其資歷，察其成績，各依所學，分別派以相當職務；其非專門畢業人員，稱職者，斟酌留用，濫竽者，立即裁撤。於是，路員任用之途澄清，而外力之侵蝕，亦借此可以制止矣。更進而為久遠之計，徵求鐵路專門人才，入路實習，其序補之法，純以學識經驗為標準。如是，則路員供職，任之既專，用之既久，人盡其職，各展所長；路務賴以改良，營業因而發達。不惟鐵路免破產之虞，且吾國幹支各線之建築，亦可於此預兆其成功焉。

(b)現有鐵路職員應加優遇　年來物價暴騰，路員之入不敷出者日衆，以致改業者頗多。為今之計路局方面，當按生活程度之如何，優與待遇，則其他之誘惑，自可消滅也。

第三章　發展與遷移

（一）應行組織聯運處之點

兩路前應合組一水陸聯運處，於南京，浦口，上海，杭州，鎮江，等處。俾出入口貨物之運輸，聯絡一氣。貨主可省舟車裝卸之煩，工商各界必極樂用。故爲公司前途發展計，水陸聯運處，亟宜及早組織，其由理爲；

(a)南京位處長江下游，兩岸最富饒之區，城瀕大江東岸，周七十六里，夙爲東南重鎮。自光緒廿六年，下關闢爲商埠，滬甯路未通上海京浦路北達京津，城內屋宇相望，遊人麕集，並有省城鐵路，爲之交通。工業出品，如絲綢等，頗負盛名。浦口則與下關隔江相望，當津浦鐵路之終點，有渡口汽船以聯絡滬甯鐵路，於民國元年開爲商埠，孫中山先生，曾在建國方略內一再申說，應將該地商埠擴充，並擬築一隧道，在長江之下，用鐵路聯絡滬甯路，俾北來火車，可直達上海，於此更可見該地之重要矣。

(b)杭州爲浙江省會，城跨運河，瀕錢塘江之左岸，鐵路北通上海；小輪直達蘇州，湖州，嘉興，紹興，桐廬，等埠。居民稠甯，市況殷闐，爲東南一大都會。所織紗緞，綾，羅，行銷極廣。杭州灣，亦孫先生所計劃中之大港。此處平均低潮水深卅六尺至四十二尺，世界最大航輪可以隨時出入，如能再將該地近旁與蕪湖間之水路加以改良，則前途更有希望。

(c)鎮江在昔爲南北水路之中心，亦黃河與長江流域間之樞紐，自來東南有事，必以此爲險要。城瀕揚子江南岸，當江其運河會處，從此處可由運河而至素稱富饒之錢塘江區域。

（二）應行遷移與擴充之點

南京車站，現爲客貨二運之終點，近來國民政府遷都於此，自與昔日不同。刻聞有人擬以中正街，爲滬甯終點，則省城鐵路之橋梁，均應重築，費必大。神策門車站雖小，而其位置確居中部，與下關城內三牌樓等處，交通均極便利，非若下關之在獅子山砲台之下，一遇戰事，調車卽感不便，且囿於一隅，實不能應大需要，而資發展。但神策門車站，本一小站，如以此爲終點，則各項興築，總數當在二百萬以上，當此庫款奇窮之時，此項計劃，不妨從緩進行之

(三)修治鐵路附近各道路

河道所以濟鐵路之窮；有集中各地農工商品於鐵路車站，並分散鐵路運至農工商品於需要者門戶之作用。其關係之切，有如人身體中之動靜脈，以故鐵路局應對於本路附近之道路，如滬杭甬之與杭富杭餘等汽車路，應年加修治，庶幾康莊四達，雖窮鄉僻壤，亦得其利也。

第四章　展築與添造支線

(一)展築杭州曹娥段幹線

甯波城瀕甬江，密邇東海，與外國通商最早，乃五口通商之一市場在江北岸，有小輪船通餘姚，奉化，及東海沿岸各埠，爲浙東貿易之樞紐。市肆繁華，貨物殷富；輸出，以茶，棉，絲，綢，爲大宗，木器亦頗精良。惜該處路軌僅通至百官，未能與滬杭段相接，以致甯波上海間之交通，仍須以商船爲之輸運。是故鐵路營業前途計，至少須於最短期間，完成蕭山至曹娥鐵段。至百官與曹娥間，則有曹娥江，滬杭甬鐵路將於此架橋而渡該處，以港闊流湍，工險難成，前經德人包辦，以歐戰中止，至今尙未落成。總之，該路終須展築，但展築鐵路，首在資本；以現

下我國情形測之，展築鐵路，勢難得國民投資之興味；吾之計畫，則係將滬杭甬段滬杭段，暫歸之商民手中，而騰出此一分之大資本，用以還本，及展築之用；至余主該路暫歸商辦之舉，係專爲發展而言，爲避免資本家之壟斷，將來一俟國庫充裕，仍須贖回歸諸國營。

(二)添造無錫至嘉興支線

余所擬添築之支線；則自無錫起，經宜興，長興，吳江，崇德，南潯，而至嘉興。換言之，卽築一環太湖鐵道也。其理由，爲；無錫據膏腴之地，所產米麥絲繭極豐；宜興則以紫沙陶器著；吳興則地接太湖，土地肥沃，蠶桑之利冠於江浙，所產之絲，細則輸出外洋，粗者織爲湖縐，行銷全國，馳譽遐邇；其東南潯，戶口殷繁，市肆林立，爲鹽商及絲商卜居之所；長興則位吳興西北，亦以蠶商著，爲濱湖繁富之區，以地通蘇皖。故占重要，其地有長興煤礦公司，開採煤塊，推銷江浙兩省，頗爲著名。以故若能築一支線，連絡以上各地，則鐵路營業，定必異常發達，至建築費用之由出，與夫鐵路材料之購置，則有如下述；

(a)**建築費用利用國際投資**　余所擬添築之支線，既如上述。但建築鐵路，首在資本，而借款築路，在我國目前現狀，當然係不可免之事。竊以爲與其完全向外國銀行承借，不如先儘本國銀行承募，至少亦有幾分之幾，由本國銀行經募。其原因有二(一)由本國銀行經募，可用銀本位，比用金本位之多虧耗者，撙節不少。(二)由本國銀行經募，其利息終在本國，現銀不至流至他國，若至萬不得已，而借款；則亦應利用國際投資法。列如津浦一路，北段爲德國資本，南段爲英國資本。川粵漢一路，係英德法美四國共同投資。惟國際投資，流弊甚多，所應注意之點，有二；卽(一)以不失管理主權爲前題，卽路線由我自擇，運費由我自定，材料由我自購，管理由我施行，用人由我支配，款項由我存儲，文字由我訂定，是也。(二)不可使單獨的勢力範圍，變爲統合的勢力範圍；卽某國投資某路卽欲管理某路，此係一國路單獨的勢力範圍，各國投資各路，卽欲共管各路，此係各國統合的勢力範圍。單獨的勢力，固不可使之增長；統合的勢力，尤不可不爲預防。凡此，皆共同投資之重要前題，必須充分考慮而後始能贊成之也。

(b)**鐵路材料之購置費應內外債兼用**　吾國交通事業，所需材料，殆有七成以上，仰給於我國。卽如軌枕之木，每年需用已不在少數，新工尙在外焉。余意，材料車輛等物，須向外國置者；更不得不用外貨。其利有二(甲)借款可存在外國，隨時撥用，無需滙水滙費。(乙)若用國內資金以購外貨，非但有匯水，並有時數目太大，一時難於卽滙。至國內材料，或器具，以及付工資等等，當然借用內債。其理由與上同，想亦可不言而喩。

結　論

以上所述，不過就二路應行整頓大綱中撮要言之。但以現下吾國情形而論，二路維持已屬爲難，政弦更張，更不得可能；非俟國市統一完成。軍閥澈底覺悟，實不爲功。茲假定二年內完成統一，三年後政治清明；則屆時人民對政府已有相當信用，籌備贖回，亦可易如反掌。斯時，我人卽可發行內國公債，用以收回該路，而求協定之廢除。債權者担保品，可卽以該路保障之。同時政府確定按期付息之責任，或逕將該路交債權者經營之，政府盡監督指導之責，一俟政府財政寬裕，當將債票逐漸收回，於無形之中歸諸國營，以免債權者之壟斷。以上所言各節，皆可求之自我，而爲該路應行整理之大綱；至能否見諸實行，則視路政當局之毅力爲如何耳！

中國鋼鐵事業概觀

池敬炳

我國之有冶鐵煉鋼遠自一千二百年前，徒以墨守舊章，進步奇鈍，致不爲世人注意，至十九世紀中葉英人李素芬(Rithofen)來華，見山西內地冶鑛爐之多，大爲驚異，謂我國若引行新法開採鐵鑛，獲利無窮，由是我國鐵鑛之富，遂著於世，改良新法，亦公認爲刻不容緩，迨張之洞設廠於湖北漢陽，開我國新法冶鐵之端，嗣後滿州江蘇江西各省亦先後創立鋼鐵廠，是爲我國鋼鐵事業發軔之始，迄今全國鋼鐵冶爐不下數十座，而小規模之土法鑄冶廠尙不在內，每年各廠煉鐵能力約達一百萬噸鋼十萬噸，然出產實數常不過其產力百分之三十，以我國儲鐵之富，區區數十座冶爐何足敷用，況交通不便，即從國外定購者亦無從運入內地，鋼鐵事業之不發達，實基於此。

一 中國之主要鐵鑛

我國每年約產鐵一百五十萬噸，其中三分之二出自新式鐵鑛，餘則出自舊式鐵坑，此項舊式鐵坑，晉豫四川各省爲數頗多，其確實儲量尤難估計，茲將國中各主要鐵鑛大略情形列表如次：

中國各主要鐵鑛一覽表

省分	地點	資本性質	主辦者
湖北	大冶漢陽及萍鄉	華股但有日債關係	漢冶萍公司
	象鼻山	完全華商股份	湖化官產公署(註)
安徽	當塗縣	華股但有日債關係	寶興公司
	繁昌桃冲	華股但有日債關係	裕繁公司
山東	益都金嶺鎮	中日合資	魯達公司(?)
奉天	本溪湖廟兒溝	中日合資	本溪湖煤鐵有限公司

	鞍山等八處	中日合資	振興公司
	遼陽弓長嶺	中日合資	弓長嶺鐵鑛公司
河北	宣化現龍關	中國官商合資	龍烟鐵鑛公司

註：大冶象鼻山鐵鑛已歸六河溝活鑛公司經營辦理

中國各主要鐵鑛數年來產額比較表

	民國九年	民國十年	民國十一年	民國十二年	民國十三年	民國十四年
大冶	八二四•四九一	三六四•二六五	三四五•六三一	四八六•六三一	四六八•九三	二四一•七八五
象鼻山	四五•六六七	一六一•三七五	四五•四三九	一四九•四〇六	一七二•一一〇	二二四•二七二
當塗縣	四四•三六九	八•〇〇〇	三四•五八三	七四•一九〇	五五•八四〇	四九•九〇〇
繁昌桃沖	六一•八一〇	一六〇•七六〇	二六七•四〇〇	三〇一•六五〇	二四八•七五五	三〇九•七三〇
金嶺鎮	二八•一六四	八八•二〇四	三六•三二五	七•六六八	—	—
廟兒溝	九〇•四四四	—	—	二五•五三三	六五•〇〇〇	六三•四〇七
鞍山	一五一•〇三〇	一六〇•一六四	一三九•五五八	一八八•二二八	一五五•一〇五	一四〇•九二七
合計	一•三六五•九八五	九六三•九八八	一•〇五九•四一六	一•二三三•二三六	一•二六五•七三三	一•〇一九•〇二一
估計其餘小鑛產額	五〇〇•〇〇〇	五〇〇•〇〇〇	五〇〇•〇〇〇	五〇〇•〇〇〇	五〇〇•〇〇〇	五〇〇•〇〇〇
統計	一•八六五•九八五	一•四六三•九八八	一•五五九•四一六	一•七三三•二三六	一•七六五•七三三	一•五一九•〇二一

註一 宣化鐵鑛於民國十六年開採十七年卽行停辦

二 中國儲鐵之估計

我國幅員廣大，儲鑛尤富，常爲世人所深道，徒以頻年內亂，百業凋零。組織既不嚴密，統計多付厥如，投資者無所根據，履足不前，厠身研究者亦缺之事實以資參照，即以鐵鑛一業言之，談地質學者，幾不知我國鐵產儲量於東亞佔有相當之地位，然究竟目前確有存鐵若干噸，無人能知其詳，據前農商部地質調查所調查，中國各省鐵鑛儲量大略如次，其餘交通不便難於開採，及儲量在三十萬噸之下者均未計及：

中國鐵鑛儲量表(單位千噸)

鑛	地鑛	石所含之鐵
本溪湖廟兒溝	八〇・〇〇〇	二二・六〇〇
遼陽弓長嶺等處	四四・四六〇	一四・二二七
遼陽鞍山站一帶	一五八・二二〇	六三・二八八
海城	二・〇〇〇	六四〇
復縣	五〇〇	二五〇
臨江	一・二〇〇	六〇〇
通化	一・二〇〇	六〇〇
以上奉天省	三八七・五八〇	一〇五・二〇五
龍關	四九・二〇〇	二六・六〇〇
懷來	四・〇〇〇	二・四〇〇
灤縣	一一・一二九	三・三三九
宣化	二〇・〇〇〇	九・六〇〇
井陘	五・〇〇〇	二・五〇〇(?)
臨榆	三五〇	一七〇
朝陽	三〇〇	一五〇
易縣等砂鐵	一・五〇〇	六七五
以上河北省	九一・四七九	四五・四三四
大冶	三五・〇〇〇	二〇・〇〇〇
鄂縣	一七・六六〇	九・七八〇
以上湖北省	五二・六六〇	二九・七八〇
銅陵	八・〇〇〇	四・四〇〇
繁昌	三〇・五〇〇	一五・〇〇〇
當塗	一一・〇〇〇	五・五〇〇
六安等處砂鐵	五〇〇	二二五
以上安徽省	五〇・〇〇〇	二五・一二五
銅山	五・〇〇〇	二・五〇〇
江甯	三〇・〇〇〇	一五・〇〇〇
以上江蘇省	三五・〇〇〇	一七・〇〇〇
盆都金鑛嶺	二九・三二〇	一三・八三八

費縣	六〇〇	三〇〇
以上山東省	二九・九二〇	一四・一三八
九江	六・〇〇〇	二・四〇〇
永新	九・〇六〇	四・七一一
萍鄉	三・〇〇〇	一・五六〇
以上江西省	一八・〇六〇	八・六七一
安溪	五・〇〇〇	二・五〇〇
建甄等縣砂鐵	二・〇〇〇	九〇〇
莆田	五〇〇	二〇〇
以上福建省	七・五〇〇	三・六五〇
武安	一・〇〇〇	五六〇
修武	四〇〇	一八〇
信陽一帶砂鐵	二・〇〇〇	九〇〇
以上河南省	三・四〇〇	一・六四〇
長興	三〇〇	一五〇
瑞安等縣砂鐵	二・〇〇〇	九〇〇
以上浙江省	二・三〇〇	一・〇五〇
其餘各省估計	二七三・八六[illegible]	三三六・九三〇
合　計	九五一・七〇〇	三八九・一二三

以上為我國鐵鑛儲量大略情形，惟據康君（*Olin R Kuhn*）一九二六年的估計，則中國鐵產儲量為一，三〇〇，〇〇〇，〇〇〇噸，約合巴西七分之一，美國六分之一，法國五分之一，其存額與英國之儲量相等，茲為清晰眉目起見，列表於下。

太平洋西岸各國鐵鑛儲量比較表（單位千噸）

國別	鑛石儲量
中國	九五一・〇〇〇
俄勞斯東部	五・〇〇〇
日本及高麗	八〇・〇〇〇
安南	儲量有限，無確實統計
暹羅	儲量有限，無確實統計
菲律賓羣島	二〇〇・〇〇〇
馬來半島及英屬婆羅洲	二五・〇〇〇
荷屬東印度	八〇〇・〇〇〇
澳大利亞及新西蘭	三四五・〇〇〇
合　計	二・四〇五・〇〇〇

三 中國之主要鋼鐵廠

中國鋼鐵事業以武漢為中心，漢陽大冶揚子機器各公司均會萃於此，其餘滿州晉豫蘇皖贛各省亦頗發達，全國各鋼鐵廠如能照常開工，則每年出鐵量數總不下一百萬噸，目前入超之鐵，當亦不難補救也。

漢冶萍公司 漢陽之設鐵廠始於前清光緒十七年，時張之洞督鄂，倡辦礦務，盛宣懷以所發現之大冶鐵鑛獻，乃議於漢陽設廠冶鍊，然因焦炭無着，未能開爐，迨萍鄉煤礦正式開辦，燃料來原有所出，規模乃以粗具。漢陽化鐵部原設舊式化鐵爐兩座，每座每日能出鐵七十五噸，新式化鐵爐兩座，每座每日能出鐵二百五十噸，民國九年又於大冶新建化鐵爐兩座，每座每日能出鐵四百五十噸，此外漢陽製鋼部有馬丁爐七座，每座每日能出鋼三十噸，以上各爐均以機器逐年枯窳先後停工，現在僅存者不過大冶之化鐵爐一座而已，漢陽之馬丁爐亦於民國十一年正式宣告停辦。

本溪湖煤鐵公司 該廠為中日合辦性質，日方由大倉組出面承辦，其鑛質採自奉天之廟兒溝鐵鑛，廠中原有化鐵爐兩座，每日各能出鐵一百四十噸，民八又建小爐兩座，出量均為二十噸，每年所出之鐵，大部分運往日本。近年又於南坟附近添設磁力選鑛機，將劣質之鑛石另行擇出，運至日本分利設廠製鍊。

鞍山鐵廠 依民國四年條約，該廠為中日合辦，其後乃竟由日人獨立投資，其承辦者為南滿鐵道會社，定名曰振興公司，廠內設化鐵爐兩座，每座每日能出鐵二百五十噸，擬逐漸擴充，以能年出八十萬噸為標準，並擬添設鍊鋼廠，以臻完備。

以上為中國重要之三大鐵鑛，鞍山與本溪湖兩處其產量即估全中國每年產額三分之一，今則或已停爐，或歸日人所有，他如龍烟弓長嶺各鐵鑛公司其產額則較次焉。

中國，主要鐵鋼公司（單位噸）

公司名稱	所有者	地點	化鐵爐數目	各爐每日出鐵能力	總額	每年最高產量	備註

（甲）鐵廠

龍烟	龍烟鑛務局	北平	一	二五〇	二五〇	九〇・〇〇〇	
漢陽	漢冶萍煤鐵公司	湖北漢陽	四	二—七五 二—二五〇	六五〇	二三四・〇〇〇	已停辦
大冶	漢冶萍煤鐵公司	湖北大冶	二	四五〇	九〇〇	三二四・〇〇〇	已停辦
揚子機器公司	六河溝煤鑛公司	漢口	一	一〇〇	一〇〇	三六・〇〇〇	已停辦
和興	和興鍊鐵公司	上海浦東	二	一—一二 一—三三	四五	一六・二〇〇	
寶清	寶清公司	山西陽泉縣	一	二〇	二〇	七・二〇〇	
本溪湖	中鐵煤鐵股份公司	奉天本溪湖	四	二—二〇 二—一四〇	三二〇	一一五・二〇〇	
鞍山	南滿鐵路	奉天遼陽	二	二五〇	五〇〇	一八〇・〇〇〇	
		合計	十七		二・七八五	一・〇〇二・六〇〇	

（乙）鋼廠

漢陽	漢冶萍煤鐵公司	漢陽	七座鍊爐	三〇	二一〇	七五・六〇〇	已停辦
和興	和興鍊鐵公司	上海浦東	二座鍊爐	一—三〇 一—七〇	一〇〇	三六・〇〇〇	
		合計	九		三一〇	一一一・六〇〇	

四　鐵苗生鐵及鋼之產額與銷耗及其進出口數量之比較

中國每年進口之鋼鐵二項數量遠在其出口之上，而鐵苗之出口則又多於進口。鋼鐵製造品已成中國每年進口之大宗貨物，此中大部份來自英美兩國。每年入超之數及全國產額，兩者總在五六十萬噸之間，我國近年來每年銷耗之數量也。以全國人口計算，每人每年消耗之鐵及鋼不過一・五基羅格蘭姆（約合庫平四十兩），約合日人十分之一，英德百分之一，美國一百八十分之一而已。下列統計，從民國元年至民國十四止，雖已遠隔數年，然亦足見我國銷耗之鋼鐵正逐漸增加也。

中國鐵苗生鐵及鋼之產[illegible][illegible]耗及進出數量一覽表單位公噸

（甲） 鐵苗

年份	產額（註一）	進口	出口	國內消耗總額
民國元年	七二一·二八〇	一四一	二〇三·一六五	五一八·二五六
民國二年	九五九·七一一	九六	二七一·八一〇	六八七·九九七
民國三年	一·〇〇五·一四〇	一〇·六七二	二九七·〇五九	七一八·七五三
民國四年	一·〇九五·五五五	四·八四六	三〇六·五二一	七九三·八八〇
民國五年	一·一二九·〇五六	二九·七四二	二八〇·七八四	八七八·〇一五
民國六年	一·一三九·八四五	二七·八一二	三〇六·七九一	八六〇·八六六
民國七年	一·四七四·六九八	一五·四八二	三七五·六六四	一·一一四·五一六
民國八年	一·八六一·二三〇	三六·八七一	六三五·三六二	一·二六二·七三九
民國九年	一·八六五·九八五	一九·九四二	六七七·五四四	一·二〇八·三八三
民國十年	一·四六二·九八八	五·九四七	五一一·〇三〇	九五七·九〇五
民國十一年	一·五五九·四一六	一·二七〇	六六七·一八三	八九三·五〇三
民國十二年	一·七三三·二二六	三·〇八四	七三三·六〇三	一·〇〇二·七〇七
民國十三年	一·七六五·七三二	一·五七四	八四六·八三三	九二〇·四七三
民國十四年	一·五一九·〇二一	——	八一五·九一三	七〇三·一〇八

（乙） 鋼及生鐵

年份	生鐵產額（註二）	鋼之產額（註三）	進口	出口	國內消耗總額

民國元年	一七七・九八九	二・五二一	一五一・二七六	一二・四九九	三一六・七六六
民國二年	二六七・五一三	四二・六三七	二四四・七三九	六七・〇八六	四四五・一六六
民國三年	三〇〇・〇〇〇	五五・八五〇	二三〇・五一一	六二・〇一一	四六八・五四〇
民國四年	三三六・〇六一	四八・三六七	一二五・六五八	一〇二・一二三	三五九・五九六
民國五年	三六九・一六〇	四五・〇四三	一四五・八四七	一五四・七四五	三六〇・二六二
民國六年	三五七・六三五	四二・六五一	一二三・二六八	一六三・二八三	三一七・六二〇
民國七年	三五四・一四四	五六・九九六（註四）	一四九・一一七	一八九・〇八五	三四四・一七六
民國八年	四四六・五八八	三四・八五一（註四）	三二五・一五八	一六六・四二四	六三五・三二二
民國九年	四二七・六四八	六八・二六〇（註四）	三六六・六二二	一九六・八〇七	六二七・四六三
民國十年	四〇二・七八七	七六・八〇〇（註四）	二七二・七八二	一六二・六九〇	五四二・八七九
民國十一年	三九三・六九四	三〇・〇〇〇（註四）	三六四・八七五	二〇九・六〇九	五七八・九六〇
民國十二年	三四三・四四二	三〇・〇〇〇（註四）	三〇九・八一七	二一三・五三九	四六九・七二〇
民國十三年	三三〇・五二一	三〇・〇〇〇（註四）	四九三・六二四	一六九・七〇四	五八四・四四一
民國十四年	三六九・六一七	三〇・〇〇〇（註四）	四〇五・二六六	一六一・三二九	六四三・五五四

（註一）各處內地鐵坑每年約出鐵苗五十萬噸（民五估計）

（註二）各處內地鐵坑每年約出生鐵十七萬噸（民五估計）

（註三）鋼之產額並不包括於國內消耗總額之內

（註四）和興公司及其他電器製鋼爐之產量合計每年約出鋼三萬噸

五 日本經營華鐵之野心

日本明治維新以後，國際地位，一躍儕於英美，海陸軍稱雄世界，雖富强如美利堅，亦不敢輕易與其挑戰。顧日本一島國耳，面積狹小，鑛存有限，其所以有今日者，完全基於剛毅之民性，與夫維新後國人之協力圖治耳。然海陸軍強盛之唯一要素爲鐵，而鐵產又爲日本稀少之鑛物，全年產額遠不足其需要，此實爲日本一重要問題，亦爲日人所朝夕深憂者也。日本國內既不能自給，則不得不謀向外經營，中國鑛產素爲世人所注意，地位又毗連日本，日本既欲吸收國外鐵產，捨中國其誰求。故其二十年來處心積慮努力開發中國鐵鑛，無非謀所以擴充其勢力，以遂其侵略之野心耳。今也滿洲三鐵鑛——廟兒溝，弓長嶺及鞍山——已完全在握，更進以謀侵入蘊存豐富之長江下游，於是大冶，當塗桃冲之鐵鑛亦先後以債務關係歸日人間接或直接管理矣，山東之金嶺鎮鐵鑛，由華府會議定爲中日合辦，而民國三年至八年中則完全歸日人辦理。然日本野心勃勃，並未認爲滿意，最近其三數大資本家，又大肆活運謀經營江蘇之銅山鐵鑛與河北省宣化之龍烟鑛務局。吾人如詳細分晰前列統計，卽知我國有百分之五十之鐵苗與百分之六十之生鐵運出國外，其銷路則全屬日本。中國儲存之鐵，受日本操縱或管理者幾達全數百分之九十！

六　結論

總之，鐵與鋼爲目前強國之要素，亦爲人生用不可或缺之鑛物。玆篇之作，卽所以示中國鐵與鋼之大概情形，其中統計容有未詳，或差最近一二年來標準。是則不能不向讀者抱歉。篇中要點，總括如次：

（一）中國鋼鐵事業尙在幼稚時期，每年出產鐵苗不過一百五十萬噸，生鐵不過四十萬噸，鋼則只三萬噸耳。

（二）中國蘊存之鐵鑛數量爲太平洋西岸首屈一指，足供全國之需要，將來邊陲擴野經過測量開發之後，鐵產儲量，或將起出目前之估計

（三）到底此鉅量之鐵鑛能否用以利益中國，誠屬疑問，因日本之野心經營華鐵，正有加無巳也。

（四）中國每人每年銷耗之鋼鐵數量雖小已有逐漸增加之趨勢。

鋁之研究 Aluminium

王叔龍

鋁之性質　鋁爲一種白色金屬物質極輕頗堅韌不易腐蝕在六七十年前世界產額每年不過三數噸其價亦甚高每磅約值美金十元自新製造法發明以來其價已降至每磅三角世界之需要亦增多在一九〇九年價值每磅僅一角四分

鋁之用途　鋁之爲用頗大以製各種算學用具光學儀器最爲相宜因其質輕而耐久間亦用製各種模型與他種金屬同冶而成混合金製造汽車輪船時亦多用之其最普偏之用途爲製造各種家用品及日常所用之物件如鍋鑊壺罐盤匙杯碗箸以及肥皂盒眼鏡匣火酒燈熱水瓶等皆吾人所習見之者

鋁之產地及製造法　鋁礦一噸與同量之煤并淨石灰同冶可得淨鋁半噸其製冶時需用多量之電最新製法每日一匹馬力之電可冶鋁一磅法德意三國共有五大廠美國則有三大工廠共用七萬五千餘匹馬力每年可產一萬八千噸

我國輸入量數　以前本埠所用之鋁板及器具大部來自德日兩國日本輸入約佔百分之七十惟質地不如德產爲佳故價亦較廉現時除德日外美國每年亦有輸入本埠有數公司已能自製各種物品最大者有義泰興記其次有華昌培興等公司每年出品之價值約在七十萬元左右鋁分有光及無光兩種有光多來自日本無光者多來自德國

茲將一九二五及一九二六兩年內本埠進口鋁數及價值列後

一九二五年

鋁板由本埠輸入者約	二三五七担	
由其他各埠輸入者	四六担	
總計	二四〇三担	值銀十二萬五千兩
鋁製物品約	一一一九担	

一九二六年

鋁板(由本埠輸入者)約	四七八五担	
由外埠輸入者	二九担	
總計	四八一四担	值銀二十五萬兩
鋁製物品約	一百八十一担	

再去年上半年日[illegible]本埠爲一七七四担內鋁板約佔一六五二担或百分之九十三可見自本埠各公司設立後鋁板輸[illegible]較前增加同時製造品則較前大減

鐵路用人問題之研究

沈孝明

鐵路爲交通之利器，一綫綿延恆數百里。開車以後，舉凡營業之擴展，車輛之調撥，會計制度之確立，盈餘及其他附業之運用，沿路民生文化之調查，器械車輛之修製，國內國際聯運之聯絡，無不需專才爲之擘劃一切。則人的問題自屬重要。凡欲振興鐵路之營業，及完成鐵路應有之使命，對於用人問題必須有一通盤之籌劃。庶使人無棄才，才無異用，則可收事半功倍之效矣。茲將用人問題分（一）用人問題不解決之損失，及（二）解決用人問題之辦法討論之。

（一）用人問題不解決之損失

在未入本題之先，吾人究欲知鐵路用人等類有若干種，及每類之居百分之多少。我國鐵路對於此項統計素不注重，今將美國聯邦商務委員會關於該國最長鐵路用人百分比之調查表列左，想以之衡吾國情形，當亦不甚差池也。

類別	職務	百分比
第一類	支配人及其助手	〇·七六%
第二類	文書及專門學者顧問	一八·〇〇%
第三類	車務會計營業及貨倉經理人員	三四·二二%
第四類	機務工務養路員工	一二·〇二%
第五類	運伕役工	三五·〇〇%
	共	一〇〇·〇〇%

覩上表則知鐵路本身最要之職務爲如何發展其營業及防止種種弊政，及不正當費用之發生。在乘客方面則求行車之安全，與車行時間之準確而已。故以車務，會計，營業，及貨倉管理人員居最重要之地位，而此部份人員之任用得當與否，與鐵路營業之盈虧大有相關。故坎拿大太平洋鐵路(Canadian Pacific)局長克蘭氏在該路之營業報告書中，曾有其日記之一段。錄譯如左；

『以余二十年來在鐵路無一日輟息之經驗與考查，深知在鐵路諸項工作中以行車，營業，稽核，爲鐵路之靈魂與主腦。他如機務工務不過供驅使之責。故本路以後用人方面，應按照歐洲大陸及鄰邦美國制度，極力對於行車營業稽核三者，加以培植及厚遇。則他日之餘，必能倍於今日可斷言者也。」

但各國鐵路對於用人問題，仍未能得到一滿意之解決者，其故有三；

(一)勞方常易新手，致貽鐵路莫大之損失。

(二)鐵路方面無能力以養成大批員工以備急用。

(三)對於任用安插調撥員工之研究，尚未臻科學化。

故鐵路時感員工，過剩或太少之苦。而適時令之需要，如秋收農夫須以穀移運各城市求售時，則車運擁擠，將致路塞。加以員工之多非熟手，手續方面，頗多停滯。故用人問題不解決之損失甚大，茲可將各方面觀察之。

(一)鐵路方面所受之損失。

(甲)鐵路之採購，因服務人員之常易，必致吃虧。

(乙)鐵路支出之員役薪水，因人員常易必有增無減。

(丙)貨運客運因人員常易，必致遲緩甚或誤事。

(丁)人員因地位不定，常存五日京兆之心，其狡黠者折爲違法之事。如包運私貨，私攬客運，串同盜匪刼車，[illegible]轉運公司竊貨行李等事。)

(二)服務鐵路員工所受之損失。

(甲)因自身職業之無保障，常引起生活之恐慌。

(乙)人員服役精神因地位不定，必呈衰敗之象。處處以敷衍了事。鐵路前途必無發展，而個人方面毫無所得。

(三)客人方面所受之損失。

(甲)因鐵路公役之非熟手，則貨運客運，必致遲緩。或竟至有貨無車運之現象。

(乙)因鐵路公役深慮其地位之動搖，而無實心擁護鐵路利益，貨運客運欲求迅速，不至失事，勢必須賄賂運動。此種損失惟客人方面負之。

(四)羣衆所受之損失。——凡以上所云各方面所受鐵路用人問題不解決之損失，羣衆自亦間接受之。其最要者爲；

(一)鐵路採買之變動。

(二)鐵路服務員工採購力之變動。

以上二種之變動，自與羣衆及一般商業不良之打擊也。

二)解決用人問題之辦法

關於用人問題不解決之損失，吾人既知其究竟矣。然鐵路勞資雙方所互求者，雖與普通商業機關不甚出入。（即資方之求勞方之黽勉從公，勤愼忠實。勞方之求資方能與以相當職業之保障，疾病傷亡之賑恤，及有秩序之升轉與待遇等。）；然其最關重要者爲（一）如何訓練鐵路人員使成專才。與（二）如何待使鐵路服務人員認鐵路職責爲其一生之生活。換言之；即鐵路最好不能輕易一人，而服務人員須興趣時加，各盡其心力以謀鐵路之發達而已。故關於解決用人問題之辦法，可分兩點研究之；

（甲）消極的—職業保險

近年來英美各國對於職業保險，均主官辦蓋以其規模大而流弊多也。職業保險公司之基金或由資方傾助或勞資雙方各居一份，或將未來之紅利押借巨款，於銀行，或竟由資方獨辦。各有其長處與短處。茲略不論不過可歸納之於二大類；

（一）完全由資方創辦，一切政策不容勞方參加者。

（二）勞資雙方合辦，一切政策須由雙方同意方能進行者。

鐵路對於職工職業保險，茲可舉一例以概其餘。美國德萊爾及赫孫鐵路(Delaware & Hudson)關於職業保險規定路局有全權處置保險事宜。職工之具有二年服務時間，及保有壽險或意外險者方能投保職業保險。其賠償費則由鐵路總收入內支付之，並無基金之徵集。凡每年薪金在一千元以上之職務祇務兩年以上者，若被停職（無論何故），公司償其每星期之十五元生活費，以六星期爲度。其在一千元薪水以下者，則祇有十元矣。至職工方面所付之保險費，各鐵路不一共法。或由資方代付　，或勞資平均分配云。

（乙）積極的——教育

鐵路教育者，所以訓練鐵路職工得使其本身適合鐵路之需要，而得升轉機會發展其才能者也。按美國八小時工作委員會之報告；『訓練』二字之定義，爲『使能服從車服之規則及公務人員之須知條例，及對於鐵路及同事間應有之同情與合作。』其訓練方法，或用白郎氏制度，即對於職工工作之優劣，加以記功記過以資獎斥也。（凡年在六十以上者即有被斥退之可能。）其主張和平者，則主採用家庭訓練法、即以勸誘引導爲法。然此祇可行之於短綫方能收效也。美國奧耳根鐵路副局長苦辣氏之言曰，『訓練所以希望其任用，其升轉，然除不能以私情賞賄賂爲則外，用人之標準，應以其智識，判斷力，責任心，服從規則性，合作力，品質嗜好等等爲斷也。』在鐵路中每有以資格可矜者，其實若雙方能力效率均同，然後再談資格。否則後起之秀，或不讓前賢。此在歐美爲習見之事。然均爲鐵路人員，其在機務處人員欲入車務處必須自練習生做起，反之亦然。故鐵路教育爲分工合作式之教育。吾人可舉聖他菲鐵路之教育方針而觀，即知其大概矣。按聖他菲（Sante Fe）之教育，分爲兩種（一）學校教育。（二）實習教育。關於學校教育方面，由大學教授主之。實習方面，由本路有經驗之各員工主之。練習生多爲大學畢業生。凡練習生之成績佳者，一年即可卒業。每星期祇上課二三小時，而注重於實習方面。蓋鐵路方面時與學校接洽畢業生入該路服務之數目，及學校所應授該生等之課程。故凡爲練習生，因卓有成竹也。練習生練習期滿後即授補實缺。在先數年多派赴外勤，俟後數年即多調內任整頓擘劃之責。其於鐵路舊職工亦時加指導及講課。且援照美國德律風電報公司之章程，將人員時加調換，俾不成畸形人才。是可足多也。

四

吾人今可返觀我國情形爲何如矣。鐵路用人在平常即乏保障，及局長一有更動，則大批人員即隨之而去。是豈鐵路之福耶。國家曾糜巨款以培植鐵路人才矣。然歷屆畢業生之派遣各路實習，類多成具文。練習期限，漫無標準。任用程序，所差極大。遂致學習鐵路事業之畢業生，無處安插。而鐵路中之人才，又皆自外求。才非所用，用非其才。鐵路前途，不想可知。茲者鐵道部新創。對茲路政，當有澈底改良之辦法，吾人拭目俟之。

新疆概述

時叙

引言　我國地處溫帶，十八省本部，固極富饒，即滿蒙西藏青海新疆等處，亦皆森林廣布，礦產深藏，而宜於農業之處亦甚多，近來滿州各地因界于日俄之衝各項富源，逐漸開發，至蒙藏青疆各處，仍屬荒野，而尤以新疆爲甚。大好富源，藏於地而不取，反啓外人之覬覦滋可惜也，近聞白崇禧氏有率軍隊赴新疆開墾之說，此誠實行總理殖邊政策之福音也，茲篇就參攷所及，將該地交通及經濟概況，略爲叙述，苟能因此而引起國人之注意，或進而教之，則幸甚矣，作新疆概述。

新疆爲中國西北部之一大荒原，面積約五，〇〇〇，〇〇〇平方里幾合十八省之三分之一。惟現在人口極其稀少，一切富源又未開發，國人多漠視之，其實該地雖爲一荒涼之地，若能積極發展，其利益實至優厚，因該地礦產極富，天然森林亦饒，而又極合宜於農業，所惜者該處沙漠區域，佔全面積約百分之四十，可耕種區域約佔百分之三十，其餘可百分之三十，則爲山湖所被，此不過一非常簡略之分析也。

新疆之西北境爲阿爾泰山，西爲葱嶺，南爲崑崙山，東則爲著名之大戈壁沙漠所屏障，而天山橫亙其中，分全新疆爲二區域，該地之大概形勢爲一高原，高出海面平均約爲二千尺至五千尺，然亦有極低之處，如吐魯番湖，竟低過海面達一百五十尺，河流均發源自天山，在天山之北者北流，在南者南流，伊犂河爲北流中之最大者，沿流有不少湖澤，塔里木河及其支流爲南流之最大者。

交通狀況　因崇山峻嶺之阻隔，缺少能運輸之河流，故雖在現代而新疆之閉塞如故，在北京及烏魯木齊間，雖有電線之設，然因新疆在政治上及商業上均與外隔絕之故，電線亦幾成備而不用，在烏魯木齊及喀什葛爾之無線電設備，依據一九二二年與瑪可尼公司之條約，現已完成，至新疆本地之交通，較之我國其他各省之交通，亦不能謂爲不及，全內地之交通，均有官道駱駝騾子及騾車，爲貨物運輸及本地郵政之媒介。

自北京至新疆有數路可行：第一爲自北京經過內蒙古甘肅而至烏魯木齊，在此路之第一段可利用京綏鐵路，其次可利用黃河作一小段之行程。第二路係由隴海路西行達該路之西段終點觀音堂，由觀音堂再經過陝西及甘肅而達新疆，第三路則先由西伯利亞鐵道達 Nonitolaisk 由該處入一支線西南行達 Semipalatinsk 自該處由郵政約六天可達塔倫包合台，(Tarpagatai) 再十二天即可達烏魯木齊矣。尚有一路則由印度北部以鐵道至Ranof Oindi 以馬車至 Srinagor 以駱駝至 Ladak, Ladak 即在新疆之西部也。綜觀上述，第一路約費時二個半月至三月之久第二路亦如之；第三路如沿途無阻礙及耽擱月餘可達，至由印度而往，沿途交涉甚多，未易行也。

在新疆以內有二大道，一在天山之北，一在天山之南，均東西行，各重要商業城市，在北路爲哈密科布多及阿姆斯客，在南路爲吐魯番和闐縣及蒲犂縣，均有支路分別與此南北二大道連接。

新疆之比較重要的商業中心茲略述如下；

（一）烏魯木齊（一名迪化）爲省都會及政治中心點，其商業大概爲二團體所掌握天津商人掌握城內商務謨罕默德商人在城外及鄉鄉貿易極佔勢力重要輸出品爲山羊綿羊皮革羊毛煤石膏鹽狐皮虎皮鹿角硝石等等日用製造品之輸入或由甘肅及陝西或由張家口及歸化後者較爲一般商人所喜，因厘金較輕也。

（二）哈密　哈密爲新疆門戶之一位置在東部入口之處極關軍事之重要其地土人幾全爲謨罕默德人因位置在大道之上城內驛店及駱駝到處皆是其地夏天奇熱冬日極寒雨水又不足故出產不多每年略輸出少數之羊毛及皮革不過哈密西瓜因其味美汁佳馳名遐邇在清朝時爲貢品之一

（三）吐魯番　在天山之南地勢高出海面僅三百尺爲新疆全省最低之地面，其南，即爲低過海面一百五十尺之吐魯番鹹湖因此之故其地冬季稍暖和而夏季則炎熱非常吐魯番與他處交通甚便因該地正在數路之交界處此數路東可至哈密西北可至烏魯木齊西南可至哈喇沙爾東北可至古城皆重要城市也其地出產以棉花及葡萄爲大宗而葡萄以美味著稱『品葡萄』。本地鹽業在吐魯番湖邊，亦很發達。

(四)塔爾巴哈台　位置在極西北之一隅離烏魯木齊有一千二百里。該地與中俄國界極接近，爲中俄商業交通之門戶焉。周圍之地極饒美，但因人太稀少之故，除畜牧以外無他用，滋可惜也，此處發達不久，自有城市以來不過百有餘年云。

(五)伊犂　伊犂並非一特別指定之地方乃新疆西北部多山區域內之一總名稱在有清中葉因軍事上的關係及因邊境起見曾連築七城以資防守此七城即惠遠綏定塔爾奇瞻德拱宸廣仁熙春是也。截至現在全伊犂區域內人口稀少物品不豐但此處能成爲一極好牧場惜無人經營之耳。

(六)喀喇沙爾(一稱焉耆縣)　在天山之南與天山之北之烏魯木齊遙遙相對，因位于大道之上商人多設總部于此。地雖富饒而農業極不發達馬極馳名稱良種商人多稱之。

(七)庫車(Kuche)　在喀喇沙之西。富於礦產，但未積極開發，時作時輟，故無壽出品可紀農業比新疆其他各處均較發達，據云因天氣較好之故。

(八)阿克蘇(一名溫宿府)　在新疆西部位於大道之上水道在此處亦稱便利阿克蘇三字以讀罕默德言語譯之爲『白水』意即此處灌溉極便故農業以米爲大宗出產而此處米爲新疆全省冠羊毛布及地毯亦爲重要出產印度或俄國之商人來此極多。

(九)喀什葛爾　位近於新疆之西境爲全省之主要商業中心城內有一官立商業辦事局管理中外商業貿易之事印度亦有一商業代表常川駐在此處肥沃之土壤及暖和之天氣使此處之棉花與羊毛特別發達尚有一種用土法所製之絲織品爲該地商人所稱道地商人所稱道

(十)葉爾羌(一名沙車)　葉爾羌新疆之西南門戶也有便利之道路北達阿克蘇及喀什葛爾南達西藏，西至阿富汗國地方甚小但商業極形活動而水果布及棉花諸業尤形發達。

(十一)和闐縣　在葉爾羌之南產玉金麝香絲毯等和闐自壁我國戰國時已馳名有歷史上之價值。

人口　新疆大部分土人之生活尚在遊牧時代故從來未有人口調查官廳亦未有紀錄據最近計算人口總數約爲三百五十萬其分配有如下述：

種類	數目	百分數
纏頭回人		五〇〇·〇〇

漢族回人	一五・〇〇
漢人	一五・〇〇
哥薩克人	一二・五〇
蒙古人	五・〇〇
滿人	二・五〇
總計	一〇〇・〇〇

該地回人舉行宗教儀式日必數次而舉行之時頭纏白布故名纏頭回人此等纏頭回人爲東吐爾克斯坦之土人散在天山南部各地多以農業或畜牧爲生活亞拉伯語在其中仍爲通行之語言漢族回人則爲吐爾克斯坦族與漢人互通婚姻所遺傳之後人彼等在風俗及言語上均與普通漢人無異不同者僅身體上之發育狀態處處表示其爲阿立安人種（Aryan Race）之遺傳耳在新疆之漢人約五十二萬餘佔全數之百分之十五彼等又可分爲三部因其大概來自天津湖南四川三處也湖南四川二部來新疆較早不過現在已比較無大勢力至由天津來者人數狠多商業上極佔勢力所以漢人在新疆雖僅佔可分之十五而政治軍事商業諸權均在其掌握而漢人中以天津來者佔勢力哥薩克人爲遊牧之民多在新疆之西北一帶彼輩尚未脫上古時代之性質人多以戰鬥爲職至蒙古人則散居天山以北以不潔淨及厭惡工作稱尙有少數滿人爲從前清朝在新所置之旗兵之後裔爲數狠少現日就消滅云。

礦產物　（一）金　新疆金產區爲阿爾泰山間之于闐西南之和闐西北之塔城及烏蘇縣綏來縣在喀喇哈爾附近亦有發見惟較大之金礦則推于闐及塔城二處。產出之金，常運至印度。

（二）銀　在焉耆縣哈密且末縣烏什烏魯木齊塔爾巴哈台西湖及伊犂區域均有少量出產。在新之銀礦前爲中俄合資開辦近因出產不足已早停矣。

（三）銅　伊犂區域之銅鑛自一七七六年卽行開辦惟自開辦以來出產頗減現在最大產銅區爲拜城在阿克蘇焉耆縣烏什縣及烏魯木齊等亦有少量出產

（四）鐵　伊犁河邊之鐵鑛在十六世紀之時已開發但後來停止。現在最佳產鐵區在東北部孚遠縣之水西溝其次爲北城縣

（五）鉛　從前清政府在伊犂所開辦之鉛鑛出產狠多惟近來出產亦減其他有鉛之地方爲明布拉克山（北城縣一帶）和

闐葉爾羌烏什及庫車

（六）煤　煤產豐富之區多在北部奇台伊犂及附近烏魯木齊三處尤著所出產尚足供本地人之需要至新疆南部不以多煤見稱僅在哈密及吐魯番附近之山有煤產之發見

（七）煤油　煤油產區爲烏蘇之獨子山庫車之紅銅廠山及天山在喀什葛爾之處惟因精煉之法土人既不知之而未經提煉之油燃燒時又有一股難受之氣味故雖有煤油礦實完全未利用之也現由巴沽有已提煉之煤油按時輸入以供需要。

（八）鹽　在新疆全省之內各處均產鹽而製法又極易故政府幾乎無法收鹽稅因家家幾乎均不購鹽自製自用當然無從收稅此亦一趣聞也不過該省最佳之鹽在阿克蘇之東北之山間該處之鹽晶雖未經製煉亦極潔白。

（九）其他　和闐之玉今古均馳名在葉爾羌南部山及河內亦有出產吐魯番沙漠之瑪瑙及鄯善之水晶亦正著名因作裝飾品之用又如烏魯木齊吐魯番北城縣之石膏庫車之石蠟（做蠟燭之用）亦正馳名。

總之，新疆各種鑛產雖多，但大半多完全未經開發，即最佳之鑛亦僅僚草掘出極多廢置之處貨藏於地良可惜也。

農產　上文曾言過新疆僅有百分之三十爲可耕之區但以新疆全面積之大即此百分之三十亦爲一大區域。雖以該地雨水常見充足耕種方法又極守舊人民習慣又極懶惰而每年之收獲以之供本地稀少之人民當不虞不足大旱災之事從未見也伊犂阿克蘇及西湖區域以產稻著但人民大宗食品爲麥產麥之區爲烏魯木齊庫車喀喇哈爾北城烏什等等高粱黍類胡麻子及豆類在全省各地均有出產水果及蔬菜之中最普通者爲梨蘋果葡萄杏棗栗核桃西瓜黃瓜茄子葱萊蘿蔔馬鈴薯等其他農產品如煙葉棉花茶絲等亦所在多有棉花出產以吐魯番鄯善爲最而和闐于闐葉克羌亦有狠可觀之棉產綜計新疆每年產棉總額爲二千五百餘萬斤一小部分爲本地棉織廠所消耗大部分均輸入俄國爲輸出之大宗僅由吐魯番一地輸入俄國之棉每年約值六百萬兩下表表示新疆棉產各地之分配（單位中國一斤）

地名	斤數	地名	斤數
涉車	六•五二二〇〇	伽什	七二八•〇〇〇
吐魯番	四三六五•〇〇〇	疏勒	六一六•〇〇〇
鄯善	二•四四四•〇〇〇	英吉沙	二九四•〇〇〇

巴楚	二五三七•〇〇〇	阿克蘇	一九三•〇〇〇
疏附	一九八〇•〇〇〇	于闐	一六七•〇〇〇
葉克羌	九九七•〇〇〇	洛浦	一五九•〇〇〇
烏什	九九四•〇〇〇	婼羌	一五二•〇〇〇
庫車	九八三•〇〇〇	尉犁	一二二•〇〇〇
和闐	八五五•〇〇〇	輪台	一〇五•〇〇〇
溫宿	七七六•〇〇〇	其他產地	二〇六•〇〇〇
	總計		二五•一九四•〇〇〇

觀上表莎車所產之數實居首位但莎車所產之棉其性質不及在吐魯番鄯善所產者吐魯番及鄯善之土地亦較莎車為優。該省種棉之季約在陽曆四月中間每五升種子大約可種一畝種子發芽後須為一二次除野草之工作當夏季雨水不足亦須行人工灌漑八月之始棉即發花直至十月初旬在發花期間隨時可收獲其已成熟之棉，亦有土棉美棉二種土棉佳者每畝可得五十斤淨花而美棉至多不過四十斤故土棉仍為一般土人所歡迎。水果之中以葡萄為大宗出產吐魯番即其主要產地也遠近馳名之新疆晶葡萄亦為該地所產不過晶葡萄僅能在本地行銷因此種之美味僅在新鮮時候若輸往外埠轉運需時則失其美味矣因此之故每年所產晶葡萄並不多僅足供本地之需要而已至大宗出產仍為普通葡萄所成葡萄乾葡萄乾僅有原來之葡萄之重量之三分之一故新鮮葡萄在新疆約值銀五兩至八兩而葡萄乾則須值銀十五兩至二十五兩。蒙古人最愛食葡萄彼輩於慶祝或宴客之時葡萄為不可少之物每年輸出之葡萄乾約有五十萬斤其中有二十萬斤運往俄國次於葡萄乾者為杏亦為輸出品大宗出產地在附近庫車阿克蘇莎車和闐等處在庫車之鄰近杏產之園連綿不絕當花盛開時極呈美觀除本地消費以外每年有五十萬斤乾杏之輸出杏仁為杏之副品每年輸出約二萬斤其他水果如梨桃蘋果石榴櫻桃棗西瓜花生等亦有出產但於商業上無甚重要故不具論

喀什葛爾為產絲中心每年所產之生絲約一百萬斤桑之種植亦極發展以適應養蠶之需要烟葉多產於葉爾羌及阿克蘇二處所產之葉烟味極強土人及印度人最嗜之茶產於和闐及庫車土人飲茶常和以牛乳及鹽每年出產之茶甚少不敷消耗故每年有大量之磚茶輸入罌粟前在搭爾巴哈台一帶為一重要產品但自官廳禁止以來已逐漸減少矣

森林　新疆多山故所有之森林此中國任何省分為多惟確實數目從未調查故無從知悉茲特舉數例以明其森林之多凡人從庫車至伊犁經過天山之時有十九日完全在樹林中行走又每在在斷消之夜間常能見極遠處之森林大火土人常引此為奇觀新疆各處多為天然森林。其中已經人斬伐者為天山南部自鎮西至哈密之二百里之間之塔及巴哈台之南之巴爾魯克山。(巴爾魯克在新疆土語即大森林之意)即在此數處亦僅一小部分為土人斬伐採用其大部分仍完全未動南部之崑崙山亦密佈森林但亦完全未動樹木之種類最普通者為松栢杉楓榆桑槐野棗紅柳白楊等有一種紅松俗稱萬年松極為名貴但此種亦僅少數被土人採用土人大率居住泥房木材不大需要也在平原及山谷道路之傍近來土人亦多喜植梧桐白楊及榆樹總之在新疆省內既無森林法律對於森林從未有甚注意及保護而大多森林俱能完全保存完全是因交通阻隔及無市場之故近來該地方當局亦注意保存並提倡種植而農夫亦漸能明瞭森林能吸收雨水以利灌溉各農區之間常相率自動保存之

畜牧業　新疆多畜牧地亦多遊牧人民故有四分之一人民完全藉畜牧為生活其已以耕種為業者亦以畜牧業副之最佳之牧場在新疆北部為伊犁及塔爾巴呼台在南部為喀喇葛爾烏什及蒲犁在清時政府曾在新疆各地設一畜牧場管馬牛駱駝羊畜養之事在省行政上畜牧為另一部至清政府之所以有此舉其目的有二一為改良畜種二為儲備官用當乾隆二十五年至嘉慶二十一年之間正當清室全盛綜計新疆各畜牧場隨時均有馬二萬八千匹牛一萬一千四駱駝四千一百匹羊十四萬匹以備應用各畜牧場之中烏魯木齊巴哈台巴里坤塔爾為畜牧場中之最大者至清季末葉新疆省內此種畜牧場因管理上之漸頹敗而不注意亦漸消滅至現在則僅虛有其名而已但在人民自身方面此種畜牧事業實有增無減對於畜羊尤見進步每年出產之羊毛約有一千四百萬斤其中大部分輸往俄國大概羊每頭每年所產之羊毛可得半斤則以新省所產羊毛推之至少有羊三千萬頭矣最佳之羊毛產於和闐烏魯木齊及喀喇哈爾所產羊毛較為次等但喀喇哈爾焉耆縣及 Chensi 所產之馬極良甚馳名外人稱之為伊犁馬其實為蒙古馬及由亞拉伯輸入之馬之混合種牛之佳者產於伊犁區域內每年由哥薩克人運往俄國不少駱駝大率為歸化種但亦有本地駱駝每

年輸出之精選駱駝毛約有五十萬斤。

製造業　在新疆狠少本地製造品所有者不過土人所極需要之數種而已喀什葛爾之絲織物係由本地生絲製成土名曰霞夷爲該省特別製造品之最著者此種絲織物除本地消費以外多輸往俄國在和闐製造之羊毛地毯及雙皮紙亦爲輸出之重要物品庫車之土製棉布劍及刀等大率僅行銷於在市上間有雕刻極精之玉石及加以裝飾之馬鞍出售然不多見也在伊犁自清季以來設一政府製革廠製關於騎馬方面之需要品以供本地之需新輸入之工業亦甚少僅有庫車之燭廠北城葉爾羌及庫車之皂廠而已其餘需要物品仍須倚賴外間之輸入新爾之紡織業實傳自東吐爾克斯坦及北印度但至現在出產品仍極幼稚不如現代機製之物遠甚惟出粉品之質甚佳因新疆羊毛原料甚多也現該地業製造者多注意於製造地毯及氈以供本地之需其原料皆取之土產羊毛地毯之尺寸闊自四尺至十尺長自六尺至十二尺花樣以花及花瓶爲普通間有出以特別花樣以備輸出者和闐于闐及莎車爲出產主要中心每年地毯輸出達一萬五千件新疆所製之氈尺寸及花樣亦有多種大概均供床褥之用最普通之尺寸爲長七尺闊四尺有半顏色多爲紅及紫紅新疆之氈因原料極廉之故多屬純羊毛所製比之他處所製較柔軟因他處多攙入其他物質也每年出產之氈達七萬件其中大部分均爲本地所消費此外尚有氈製之襪及氈製覆馬背之具因土人需用之故每年亦有出品本地所織之布質極粗劣其布每條闊一尺二寸長十四尺售價每條自銀五錢至一兩五錢每年所出約六十五萬條盡爲本地農人及工人所需用綜上觀之新疆之製造業尚在極幼稚時代一切製造完全守舊此其故亦不得不然因新疆人太稀少農業且尚未發達遑論工業此移民殖邊之所不容緩也

主要輸出品　下表表示新疆輸出品之主要物品其中大部分運往俄國

物品	每年平均數
羊毛	一四〇〇〇〇〇斤
駱駝毛	五〇〇〇〇斤
生棉	一四五〇〇〇〇斤
牛皮	三六〇〇件
葡萄乾	五〇〇〇〇斤
桃	五〇〇〇〇斤

乾杏子	二二〇〇〇〇斤
核桃	六〇〇〇〇斤
石榴	三〇〇〇〇斤
羊毛地毯	五〇〇〇件
羊毛氈	二五〇〇〇件
生絲	一〇〇〇〇〇〇斤
棉織物	二〇〇〇〇〇件
馬	一五〇〇〇頭
牛	五六〇〇〇頭
羊	二〇〇〇〇〇頭
羊皮	一六五〇〇〇件

（附註）此種爲前十二年之統計年代較近之統計極難收集不過在新疆省歷年以來無論在政治上商業上均未有若何變動故此種統計當有參攷之價值

由上表觀之羊毛居其首位故有甲論之價值在新疆羊有三種一爲尖尾羊和闐及巴里坤附近多畜之所產之羊毛曰細羊毛二曰圓尾羊俗稱『黑頭羊子』爲蒙古人所畜產者喀喇哈爾附近所產之毛曰達子毛第三種爲哥薩克人所畜之羊多在天山之北及阿爾泰山一帶所產之毛名哈薩毛羊毛亦分數等最佳者爲精選而得其筋長而有光澤潔淨而富有彈性第二及第三等之羊毛均含有粗筋第四等則大部分爲粗筋而成外觀極呈不潔以顏色論之細羊毛完全潔白達子毛之百分之九十爲白色百分之十爲灰色至哈薩毛色之分成百分之七十五爲白色百分之十爲黑色百分之十五爲其他顏色翦羊毛常在秋或夏間舉行夏間所翦之毛質料較好但秋間所翦較有光澤至貿易手續除有許多俄國商店有支店在新疆各處直接向本地商人收買外亦有所謂經紀人者彼等多依照預定條約在各鄉收集羊毛故輸出事業便利不少也

行名	國藉	資本	成立年月
滙豐	英	30,000,000元	1864
麥加利	英	3,000,000磅	1853
有利	英	3,000,000磅	1892
花旗	美	10,000,000美金	1902
東方匯理	法	72,000,000法郎	1875
華比	比	100,000,000法郎	1902
荷蘭	荷	80,000,000盾	1824
正金	日	100,000,000元	1880
臺灣	日	60,000,000元	1899
朝鮮	日	80,000,000元	1809
住友	日	70,000,000元	1912
三井	日	100,000,000元	1909
三菱	日	50,000,000元	1919

外國銀行在華所發行的紙幣，總數約有幾千萬。祇以一九二五年所發行的計算，有以下之統計：

滙豐	45,298,871元
麥加利	931,942元
東方匯理	1,476,290,420元
花旗	3,791,641元
正金	6,657,869元
臺灣	51,357,396元
朝鮮	83,924,884元
華比	3,749,167元
有利	192,104元
美豐	2,052,266元

以上調查，雖不十分詳細，亦足以表明外國銀行，在華金融實力之一般此外存欵一項因爲各行大概皆是祕不宣佈，故無從知其確數但據臆測當較辛亥年壹弍拾萬之存款有增無減也。

美國鐵路客貨運輸之預測

吳在中譯述

原著曰 Railway Freight and Pssenger Traffic Foucasts by L.A. Abbot, Statistical Analyst, I. C. C.

載 Railway Age Vol. 77, No. 6, August 9 1924

預測鐵路運輸之價值有三，(一)自鐵路公司方面言，可據此作爲今後應行發展及預算開支之標準。(二)自鐵路材料製造家方面言，可據此作爲今後製造量數之標準，(三)自一般人民方面言，則鐵路運輸預測，不啻對於其投資上有密切之關係卽因鐵路運輸增加而所起種種經濟上之變化，亦與一般人民有極大之影響也，

美國諸鐵路專家及經濟學家，對於美國最近一二十年間鐵路運輸之預測，前後頗不乏人，然仍因各人所用之法則不同，故其結果亦各不相同，本篇目的，卽在分別究察各人所得之結果，綜合而比較之，以觀何者最爲切近事實。

鐵路運輸預測之種類

(一)邦際商務委員會之預測

一九二一年，美國邦際商務委員會統計局，曾出版一種一八九〇至一九二一年期間，美國延噸哩及延人哩之統計及圖表，其預測運輸曲線之畫法，係根據於一九〇〇年至一九一五年間之實際趨向，不顧歐戰期內及歐戰期後各時期內之特異狀況，而延由一九二一年向前伸展，至一九三〇年止，該曲線之目的，據委員會所稱，係作爲一九二〇年減低運價之準繩云。

本法以後簡稱爲『I.C.C.』

(一)(A.)直線趨向預測法

在以上同一研究中，其副署者（The undersigned）爲比較起見，又依照哈佛大學批爾遜法則，（Dr. W.M. Persons method）推演得一直線趨向之預測圖表，該圖表在當時未曾出版，惟目下我人尚須討論及之。

本法以後簡稱爲『StrLine』

(二)鐵路經濟局之預測。

美國鐵路客貨運輸之預測

美國總商會某委員會於一九三三年十一月九日出版一預測一九三三年鐵路運輸之報告，題曰『美國鐵路一九三三年客貨運輸之或有量。』(Probable Freight and Passenger Traffic in the year 1933. Railways of the united States 該委員會白米里博士，(Dr.J.H. Parmelee即鐵路經濟局之事理）在其致『鐵路世紀』函中（登該雜誌一九二四年三月十五日期中），竭力推崇彼等預測之可靠云。

本法以後簡稱爲『B. R. E.』

(三)勃魯特氏之預測。

邦際商務委員會評價委員勃魯特氏（J.B. Blood)，曾投入一九二四年三月九日『鐵路世紀』一文，題曰『預測今後鐵路運輸量』((Forcasting Future Volume of Railway Traffic) 研究一九二三年至一九四三年間鐵路運輸之趨向。

本法以後簡稱『J. B. B.』

以上各預測所用之方法或公式各各不同。

(甲)在(一)及(一)(A)兩法中，其所用運輸上之統計，僅包括一九〇〇年至一九一五年之十五年，同時又不計及歐戰時期及戰後之特異狀況。

(乙)在(二)及(三)兩法中，其所根據者爲鐵路運輸量增加與人口數目增加之相互關係，同時對於歐戰時之特異狀況，亦均計及，而加以相當之損益。

二

實際上因商業變化之激烈，預測時期，不能過長，大概十年以內，已足敷實際之用，但本篇目的，在比較各預測方法之正確與否，故預測時期，達一九四三年爲止。

(一)邦際商務委員會預測法

(甲)計算法　先將歷年實在之噸哩數目繪出，然後依照移動平均法。求得一九〇〇年至一九一五年間最平易之趨向，再依此趨向，依照數學公式，求得一最適合之引長線。此引長線即表示今後鐵路運輸預測之數量，其所用公式之最適宜者，厥爲下列之對數拋物線式(logarithmic parabola)

$$y = a + bx + cx^2 + d \log x.$$

此處Y表示延噸哩億數， X表示一九〇〇年後之年數如將數字代入，則公式爲。

$$Y = 135{\cdot}368 + 12{\cdot}09424x - {\cdot}08833x^2 - {\cdot}15856\log x$$

（乙）結果之研究　邦際商務委員會所得之結果俱列表（一）（乙），至於歐戰期內及歐戰期後數年間實際噸哩，與由以上公式所求得之噸哩數目，可自下表以比較之。

進款延噸哩表（單位億）

年別	實際噸數	曲線結果	實際噸里數對曲線結果之百分比
一九一六	三六六·二	三一〇·七	一一八
一九一七	三九八·三	三一九·八	一二五
一九一八	四〇八·八	三二八·七	一二四
一九一九	三六七·二	三三七·四	一〇九
一九二〇	四一三·七	三四六·〇	一二〇
一九二一	三〇九·五	三五四·四	八七
一九二二	三四二·二	三六二·六	九四
一九二三	四一七·一	三七〇·六	一一三

上表八年之中如以曲線結果為常態(normal)則一九二三年之運輸量。不若一九一六，一九一七，一九一八，及一九二〇年之盛，惟較一九一九年，則勝一籌，再按該曲線結果，一九二三年之運輸量，當較常態數目增加百分之一三，為數並非過巨，當亦非不可能事耳。

表一（乙）

美國頭二三等鐵路進款延噸哩數(Revenue ton-mile)及預測延噸哩

（實際噸哩及各種推算結果之比較）

（單位億）

會計年度	實際數目	I C C 趨向	直線趨向	鐵路經濟局	漸近曲線公式	J B B 評價委員
一九〇〇	一四一·六	一三五·四	一三七·五	—	—	一三七·〇
一九〇一	一四七·一	一四七·四	一四八·六	—	—	一四六·一
一九〇二	一五七·三	一五九·二	一五九·八	—	—	一五五·六
一九〇三	一七三·二	一七〇·八	一七〇·九	—	—	一五五·六

美國鐵路客貨運輸之預測

一九〇四	一七四·五	一八二·二	一八二·一	—	—	一七五·七
一九〇五	一八六·五	一九三·五	一九三·二	—	—	一八六·四
一九〇六	二一五·九	二〇四·六	二〇四·四	—	—	一九七·六
一九〇七	二三六·六	二一五·六	二一五·五	—	—	二〇九·一
一九〇八	二一八·四	二二六·三	二二六·七	—	—	二二一·二
一九〇九	二一八·八	二三六，九	二三七·八	—	—	二三三·六
一九一〇	二五五·〇	二四七·三	二四九·〇	—	—	二四六·六
一九一一	二五三·八	二五七·六	二六〇·一	—	—	二五八·五
一九一二	二六四·一	二六七·六	二七一·三	—	—	二七〇·七
一九一三	三〇一·七	二七七·五	二八二·四	—	—	二八三·四
一九一四	二八八·六	二八七·二	二九〇·六	—	—	二九六·四
一九一五	二七七·一	二九六·七	三〇四·七	—	—	三〇九·九
	通歷年度					
一九一六	三六六·二	三一〇·七	三二一·五	—	—	三三一·一
一九一七	三九八·三	三一九·八	三三三·六	—	—	三四五·五
一九一八	四〇八·八	三二八·七	三四三·八	—	—	三六〇·三
一九一九	三六七·二	三三七·四	三五四·九	—	—	三七五·五
一九二〇	四一三·七	三四六·〇	三六六·一	—	三六六·一	三九一·一
一九二一	三〇九·五	三五四·四	三七七·二	—	三八〇·六	四〇六·五

一九二二	三四二・二	三六二・六	三八八・四		三九五・九	四二二・四
一九二三	四一七・一	三七〇・六	三九九・五	四二〇	四一一・七	四三八・六
	預測數目					
一九三〇	——	四二二・〇	四七八・〇	五一九	五四二・〇	六二二・〇
一九三三	——	四四一・〇	五一一・〇	五六四	五九六・〇	七一九・〇
一九四〇	——	四八〇・〇	五八九・〇	六七六	七四二・〇	一・〇〇九・〇
一九四三	——	四九四・〇	六二三・〇	七二七	八一六・〇	一・一六七・〇

（一）（甲） 直線法

本法依據數學法則，求得一最能切近實在情形之線，本線係一直線，故本計算法卽名爲直線法，哈佛大學經濟研究委員會，卽爲本法之闡明者，亦卽本法之利用者也。

（甲）計算法 本法之公式爲

$$y = mx + b$$

此處 y 表示若干億噸哩。

x 表示自一九〇七年以後之年數，（一九〇七年乃一九〇〇年至一九一四年時期內之中間一年）（參觀表二（乙））

m 表示一固定數

b 表示在一九〇七年時縱距在直線上之平均高度以上 b 之求得，係用下列之公式。

$$b = \frac{y\text{總和}}{n}$$

此處，y 表示噸哩之縱距。

n 等於一五，卽自一九〇〇年至一九一四年之十五年也。

將數字代入公式則，

$$b = \frac{3233-08}{15} = 215{\cdot}54$$

再 m 之求法，係根據下列公式。

$$m = \frac{xy''\text{之總和}}{x2\text{之總和}}$$

代入數字，

$$m=\frac{3122 \cdot 075}{280}=11 \cdot 15$$

將b及m之值代入直線公式，則

$$y=11 \cdot 15x+215 \cdot 54$$

由本公式所得之結果，見於表一(乙)

(乙)結果之研究　在畫圖時，如遇所畫各點，並無特異趨向之時。則此法最爲適用，以其最能表示所畫各點之平均趨向也，至於由直線所引伸出之線，是否眞能顯示將來鐵路運輸之發達情形。則現仍爲一問題，茲但就本計算法之結果而觀，則其所得之噸哩數目，較邦際商務委員會所得者爲高，然其一九二三年之常態噸數，仍不若實際噸數百分之四·四也。

表二(乙)

由直線法所得之延噸哩

年度 財政年度	X（自一九〇七年後之年數）	X^2	y'實際噸與哩（單位億）	y"（y'與b之差數）	Xy"之乘積	mX之乘積	y推得之噸哩（單位億）
一九〇〇	(−)七	四九	一四一·六	(−)七三·九	(+)五二七·六	(−)七八·〇五	一三七·五
一九〇一	(−)六	三六	一四七·一	(−)六八·五	(+)四一〇·八	(−)六六·九〇	一四八·六
一九〇二	(−)五	二五	一五七·三	(−)五八·三	(+)二九一·三	(−)五五，七五	一五九·八
一九〇三	(−)四	一六	一七三·二	(−)四二·三	(+)一六九·三	(−)四四·六〇	一七〇·九
一九〇四	(−)三	六	一七四·五	(−)四一·〇	(+)一二三·一	(−)三三·四五	一八二·一
一九〇五	(−)二	四	一八六·五	(−)二九·一	(+)五八·二	(−)二二·三〇	一九三·二
一九〇六	(−)一	一	二一五·九	(+)〇·三	(−)〇·三	(−)一一·一五	二〇四·四

一九〇七	〇	〇	二三六。六	〇	—	〇	二一五・五
一九〇八	⊕一	一	二一八・四	⊕二・八	⊕二・八	⊕一一・一五	二二六・七
一九〇九	⊕二	四	二一八・八	⊕三・三	⊕六・五	⊕二二。三〇	二三七・八
一九一〇	⊕三	九	二五五・〇	⊕三九・五	⊕一一八。四	⊕三三・四五	二四九・〇
一九一一	⊕四	一六	二五三・九	⊕三八・二	⊕一五二。九	⊕四四。六〇	二六〇・一
一九一二	⊕五	二五	二六四。一	⊕四八・五	⊕二四二・七	⊕五五。七五	二七一・三
一九一三	⊕六	三六	三〇一・七	⊕八六・二	⊕五一七。一	⊕六六・九〇	二八二・四
一九一四	⊕七	四九	二八八・六	⊕七三・一	⊕五一一・七	⊕七五。〇五	二九〇・六
總和	一五	二八〇	三・二三三，〇八一	—	三，一二三。一	—	三，二三三，〇八五
記號	N	X²總和	y'總和		Xy''總和		Y
會計年度							
一九一五	八	—	—	—	—	八九・三〇	三〇四・七
一九一六	九	—	—	—	—	一〇〇。三五	三一五。九
通歷年度							
一九一六	九。五	—	—	—	—	一〇五・九三	三二一・五
一九一七	一〇。五	—	—	—	—	一一七。〇五	三三三・六
一九一八	一一・五	—	—	—	—	一二八。二二	三四三・八
一九一九	一二・五	—	—	—	—	一三九。三七	三五四・九
一九二〇	一三・五	—	—	—	—	一五〇。五二	三六六・一

一九二一	一四・五	——	——	——	——	一六一・六八	三七七・二
一九二二	一五・五	——	——	——	——	一七二・八三	三八八・四
一九二三	一六・五	——	——	——	——	一八三・九七	三九九・五
一九三〇	二三・五	——	——	——	——	二六二・〇三	四七七・六
一九三三	二六・五	——	——	——	——	二九五・四七	五一一・〇
一九四〇	三三・五	——	——	——	——	三七三・五二	五八九・一
一九四三	三六・五	——	——	——	——	四〇六・九八	六二二・五
一九五〇	四三・五	——	——	——	——	四八五・〇三	七〇〇・六

所用公式：

$y=mx+b$

$m=11.15$

$b=215.54$

(二)『BRE』法

美國總商會之所以造此方法，其目的全在預測一九三三年時美國鐵路運輸之或有量。其預測貨物運輸之結果。為

一九三九年之進款延噸哩＝564.653億

茲為闡明比較起見，本公式亦用以計算一九二三至一九四三年間各年之預測噸哩。

(甲)計算法　先用美國人　十年間每人所占噸哩之比率，如下表。

比較時期(每十年)	每人所占之延噸哩	每十年間每人延噸哩數之增加
一八九〇—一九〇〇	二,七六七—一,八七七	八九〇
一九一〇—一九〇〇	三,八六七—二,七六七	一,一〇〇
一九二三—一九一三	三,八六五—三,一一六	七四九

由上表數目，決定每十年間每人延噸哩之增加，平均約為九〇〇，將此增加率(九〇〇)加於一九二三年時每人之延噸哩數目(三八六五)上，即得一九三三年時每人之延噸哩為四七六五。

既已定每人延噸哩之比率，其次即為求一九三三年時美國人口之數目，求一九三三年人口數目之方法，係根據已

往人口自然滋殖之記載，減去移民數目即得，依此計算，則一九三三年時之人口數目，當為一一八，五〇〇，〇〇〇，以此數乘每人延噸哩數四七六五，即得一九三三年時預測延噸哩數目為五六四・六五三億。

(乙)結果之研究　由本法所得之結果，較由以前二法所得之結果為高，其原因，由於所用每十年間每人延噸哩增加率之過於大，而此延噸哩增加率之所以過大，則由於未將歐戰期間及戰後時期內之特異運輸除外也，吾人若將(一)(A)法中表示人口之漸近曲線，(Asymetotic cureve表示噸哩之直線細細攷察之，則自一九二三年至一九三三年間每人噸哩數目之增加率，當為五〇〇而非九〇〇也。

(三)『J.B.B.』法

本法之適當與否，國立運輸學院批巴提氏，(L.E. Peabody, National Transportion Institute) 曾於一九二四年四月三日之『鐵路世紀』中論之甚詳，其主要之批評，即為本法所用表示延噸哩之指數(三・〇五)，為不可靠，因此指數在一九〇九年至一九二〇年間變動甚巨，足見人口與噸哩之間，其相互關係，殊不確定，故批氏結言，謂用本法預測今後運輸為不適當。

然本法之推算，既根據於人口之滋生，則於人口滋生方面，吾人不能不特別注意，茲分析述之如下。

(甲)人口滋生說之解釋及其計算，　人口增加率之計算，係根據於一八九〇年至一九二〇年間四次之人口調查，(每十年調查一次)在各十年期間每年人口之增加率，則由下列公式算出。

$$y=ar^{x}$$

此處y表示在每十年期末年時之人口數目。

a表示在每十年期間最初年時之人口數目。

r表示每年人口之增加率。

x表示一時期中最初年與最末年間所有之年數。

用對數以求九則。

$$\log y=\log a+x\log r;$$
$$\log r=\frac{\log y-\log a}{x}$$

將一九一〇至一九二〇年會計年度一月一日時之數字代入，得

$$\log r=\frac{\log 105{\cdot}710{\cdot}620-\log 91{\cdot}500{\cdot}351}{10}=00$$

626∪3r＝1•015

同上算法，得一八九○至一九一○年間每年之人口增加率爲　r'＝1•0193

根據以上所得之二增加率，一九二○年至一九四三年間每年之增加率，即以一•○一六爲準，此數與一•○一四五及一•○一九三之平均額(一•○一六九)相差不遠，但卽以此爲今後人口率增加之標準，亦未允當，蓋一則因此數之決定太近武斷，二則因過去歷年增加率之平均數，未必卽能確示未來增加率之狀態，在本問題情形之下，自一八九○年至一九二○年間，其每十年之人口增加率，逐次減少，尤足見過去人口增加率平均數之不適用，(如下列表一(丙)中一九二○至一九三○十年間每年之人口增加率爲一•○一三二，而一九三○至一九四○十年間每年之人口增加率則僅一，○一○八)。

(乙)延噸哩增加與人口增加之比率　既已求得每年之人口增加率，其第二步卽爲求噸哩增加與人口增加間之比率，此比率爲三•○五，其求法乃根據於一九○○年至一九一九年間人口及噸哩之數目，然此處用一九一九爲常態之

年，不甚確當，觀表一(乙)及表二(乙)可知。

詳細計算法如下，　用x表示人口與噸哩關係中之指數，則

$$y=a^x$$

此處y表示噸哩增加率。

a表示人口增加率。

所用之數字

年　別	人口(百萬)	噸哩(億)
一九○○	七○•六(六月一日)	一四○•五(一月一日)
一九一九	一○四•一(一月一日)	三六八•○(七月一日)

二期比較

$$y=\text{噸哩增加率}\frac{368\cdot0}{140\cdot5}=2\cdot62$$

$$a=\text{人口增加率}=\frac{104\cdot1}{76\cdot0}=1\cdot371$$

將y及a之值代入公式，$y=a^x$用對數求x，則

$$\log y=x\log a$$

$$x=\frac{\log y}{\log a}$$

$$\text{故指數}x=\frac{\log 2\cdot62}{\log 1\cdot371}=\frac{\cdot41830}{\cdot13704}=3\cdot05$$

以上所用數字，時間上略有出入，若將時間校正，則所得指數結果，當爲二・九，與用一九〇一年及一九一四年相比較所得之指數，結果(二・九)相同云。

表示延噸哩與人口關係之公式如下：

$$T.M.(億) = \frac{2.57P^{3.05}}{10,000}$$

此處TM表示延噸哩(億)

P表示人口(百萬)

固定數2.57乃$y=ma^x$公式中之m

若不用指數三・〇五而用二・九，則公式變爲

$$T.M.(億) = \frac{4.96P^{2.9}}{10,000}$$

勃魯特氏又推演一表示噸哩之簡單公式如下。

$$T.M.(億) = 440(1.05^y)$$

此處y表示一九二三年後到預測一年之年數。

又此處基年(一九二三年)所用之噸哩四四〇億，爲數太大，蓋該年實在噸哩，衹有四一七・一億也。

又本公式內，每年之增加率爲一固定之百分之五，此百分之五之增加率，係根據於每年一・〇一六之人口增加率，及指數比率三・〇五而得，如

$$1.016^{3.05} = 1.05$$

更用改正數目，以求一九二〇至一九三〇年間每年之噸哩增加率，則

$$TM = 1.0134^{2.9} = 1.039$$

而勃魯特氏簡單公式，即變爲

$$TM(億) = 366(1.04^Y)$$

此處y表示一九二〇年後到預測一年之年數。

366係一九二〇年時直線趨向上之噸哩數。

同上法一九三〇至一九四〇年間每年之噸哩增加率爲

$$T.M. = 1.0108^{2.9} = 1.032$$

勃氏簡單公式爲

$$T.M.(億) = 542(1.032^Y)$$

此處Y表示自一九三〇年後到預測一年之年數。

542(即541.7之槪數)係一九三〇年時之噸哩數。

由以上各式所得之結果，具見表一(乙)中『漸近曲線公式』項下之數目，其預測數目，較任何他法爲多，而且所

多數目，極爲巨大，恐於將來實情，不甚切合耳。

表一(丙)

美國人口實數與預測數目表(預測依漸近曲線)

調查年度	人口數目(六月一日)	依漸近曲線所得之人口	漸近典線：每十年之增加	增加百分率	每年增加率
一七九○	三，九二九，二一四	三，九二八，九九○	—	—	—
一八○○	五，三○八，四八三	五，三三五，九八○	一，四○六，九九○	三五·八	一·○三一八
一八一○	七，二三九，八八一	七，二二八，○一○	一，八九二，○三○	三五·五	一·○三○八
一八二○	九，六三八，四五三	九，七五六，七七○	二，五二八，七六○	三五·○	一·○三○五
一八三○	一二，八六六，○二一	一三，一○九，二六○	三，三五二，四九○	三四·三	一·○三○○
一八四○	一七，○六九，四五三	一七，五○六，○四○	四，三九六，七八○	三三·五	一·○二九四
一八五○	二三，一九一，八七六	二三，一九一，一二○	五，六八五，○八○	三二·五	一·○二八五
一八六○	三一，四四三，三二一	三○，四一二，一三○	八，二二一，○一○	三一·一	一·○二七五
一八七○*	三九，八一八，四四九	三九，三七一，四一○	八，九五九，二八○	二九·五	一·○二六二
一八八○	五○，一五五，七八三	五○，一七七，二四○	一○，八○五，八三○	二七·四	一·○二四五
一八九○	六二，九四七，七一四	六二，七六八，八四○	一二·五九一，六○○	二五·一	一·○二二六
一九○○	七五，九九四，五七五	七六，八七○，四○○	一四，一○一，五六○	二二·五	一·○二○五
一九一○	九二，一四九，一五四	九一，九七一·四○○	一五，一○一，○○○	一九·六	一·○一八一
一九二○	一○六，三○○，二四九	一○七，三九六，○三○	一五，四二四，六三○	一六·八	一·○一五六
一九三○	—	一二二，三九八，○○○	一五，○○一，九七○	一四·○	一·○一三二

一九四〇	—	一三六，三一八，〇〇〇	一三，九二〇，〇〇〇	一一•四	一•〇一〇八
一九五〇	—	一四八，六七七，〇〇〇	一二，三五九，〇〇〇	九•一	一•〇〇八六

戶口調查局佔計數目

『註』以上『漸近曲線』係由潘爾及里特二君（Messrs. Pearl And Reed)所演出，其所用之基年，爲一七九〇，一八五〇，及一九一〇年，其公式爲

$$人口=y=\frac{be}{1+ce^{ax}}=\frac{b}{\frac{1}{e^{ax}}\times c}$$

此處 x 表示一七八〇年後之年數

e 等於2•7182818

$$y=\frac{2,930,300\bullet 9}{e^{-\bullet 0313395x}+\bullet 014854}$$

（詳細計算法參看一九二〇年六月 National Academy of Science P.P.275—288—）

貨運預測概論

既已略述各種預測貨運計算之方法。茲爲便利比較觀察起見。作成『進款延噸哩圖』如後。（圖一）

由該圖可見在一九四三年時。各法所預測之延噸哩數目。出入至巨。我人當攷察各計算方法之根據。以及各預測曲綫之形狀。然的評斷何者最爲合理。何者猶有缺點。在上述諸法中。其以人口增加率爲根據而計算者。似與預測延噸哩少密切關係。故此法猶未盡善。

抑有進者。評斷將來延噸哩之變動。不能完全恃於分析過去事實與結果。而以爲過去種種原因。仍當繼續存在於將來。我人尤當攷察在最近數十年間之新勢力。對於今後噸哩上有何影響。新勢力之存在。有足以增加貨運者。有足以減少貨運者。其屬於增加貨運方面者。如人口之繁殖。(2)內國消費之澎漲。（由於物質生活及奢侈品須要之增加）(3)貨物運價之減低（由於技術上之進步）等是，反之其屬於減少貨運方面者，如(1)新運輸方法之競爭，（包括汽車及航空）(2)水運之競爭，（包括沿海內河及巴拿馬運河航行）（3）工業因運價高貴而遷易地址，(4)或工業向材料供給地點移動，（如電氣廠之位置於煤產中心地點是）(5)工業上新經濟方法之發明，）如營造工業中之以水泥代木材因而減短運載距離)(6）外國農產品之競爭等等均是，以上不過隨舉數例，然在預測今後噸哩之時，不可不細細較量，以得一正確之結論也。

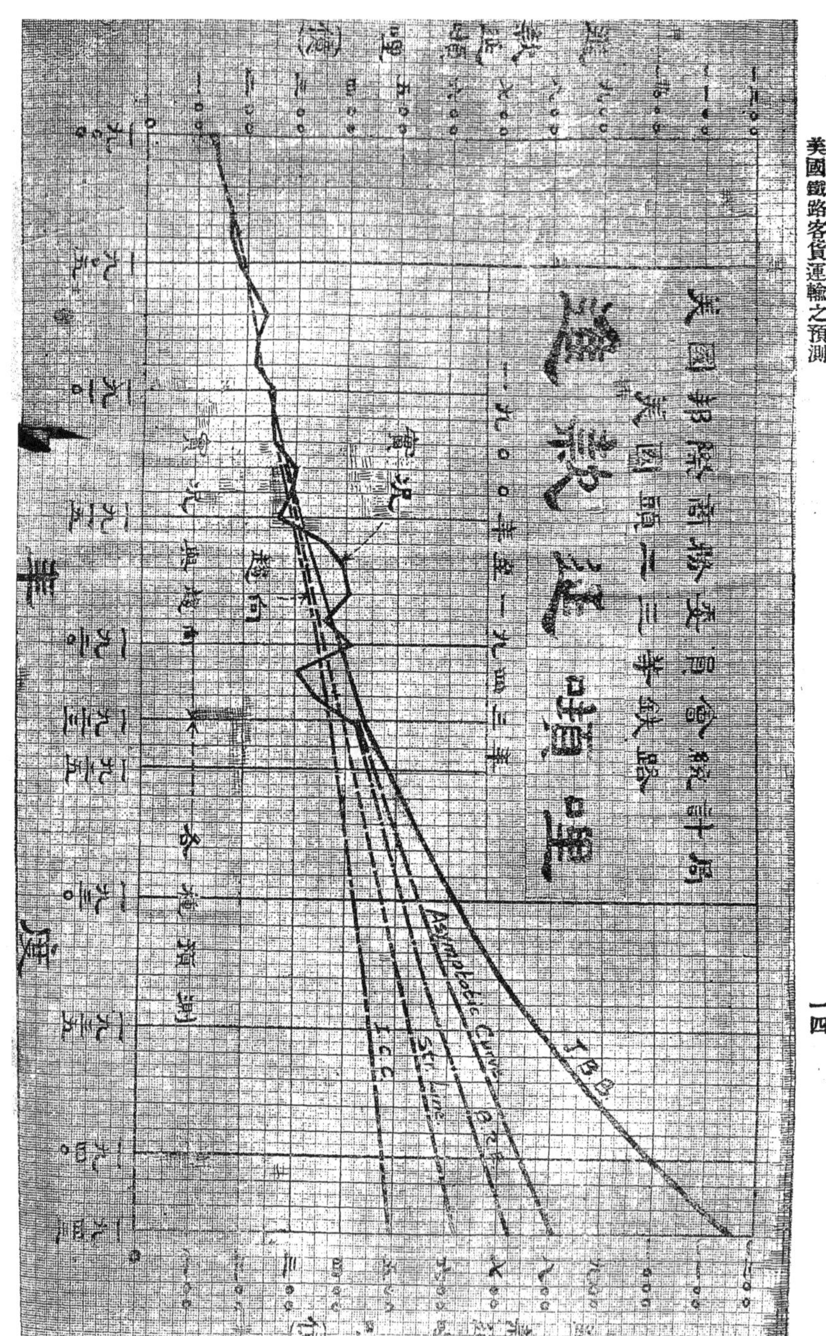
一九〇〇年至一九四三年
實況
趨向
各種預測
Asymptotic Curve
年度

延人哩預測法

預測延人哩程，仍依據上述四法，茲分別述之。

（一）『I.C.C.法』本法仍依照移動平均乒法，求得一九〇〇至一九一四年時期間之平順趨向，然後依照下列公式。求得一弧形曲線。

$$延人哩(億) = y = \sqrt{2842.7568+203.4182x-x^2-37.9307}$$

此處 x 表示一九〇〇年正月一日後之年數，

由上弧形曲綫所得之結果，有如「表一（丁）」所載，將此預測數目與實在數目相較，，則見一九二一年一九二二年及一九二三年時實際數目，係屬失常，預測結果，為實在數目百分之一一六百分之一二五及百分之一一九云。

（一）（A）『直線趨向法』 用『直綫趨向法』以預測旅客運輸，其手續與求延噸哩法無異，其公式或亦為

$$y = mx+b$$

此處 $b = \frac{399.501}{15} = 26.6334$

$$m = 1.43314$$

代入公式 $y = 1.43314x+26.6334$

由上法所得之結果，較由『ICC法』所得者為高，如表一（丁）。

（二）『鐵路經濟局法則』 the per capita method）美國總商會某特別委員會所推演之預測延人哩法則，完全根據於每人今後延人哩之增加率而得，該會假定自一九二三年至一九三三年十年間每人延人哩之增加率為五〇，故一九二三年每人延人哩為三五九，至一九三三年該數即當增至四〇九，再用一九三三年時美國估計人口數目一一八，五〇〇，〇〇〇人為標準，則

$$一九三三年延人哩 = 409\times118,500,000$$

$$= 48,468(單位百萬)$$

由以上每年平均增加率五為準，則今後各年之預測數目，有如表一（丁）所列。

（三）『丁BB法則』 延人哩對於人口關係，仍以指數二．九七表示之二．九七之來歷，與計算噸哩時所用之公式相同，即

$$y = a^x$$

此處 y 表示一九一九年與一九二〇年兩年間延人哩之

比率

a 表示同兩年間人口之比率。

預測延人哩所用之公式，亦即爲

$$y=ma^x$$

代入一九〇二年至一九一九年時之數字。則

$$延人哩(單位億)=\frac{4\cdot54\,P^{2\cdot79}}{10^5}$$

若採用一九二三年爲全年，則其結果較小。

$$延人哩(單位億)=\frac{3\cdot18P^{2\cdot97}}{10^5}$$

若更根據於人口增加率（假定）爲一。〇一六。及延人哩與人口相互關係之指數爲二•九七。則又可得一簡單之公式。以求延人哩之增加率如左。

表一（丁）

美國頭二三等鐵路進款延人哩數及其預測

（實在延人哩數目與預測延人哩數目(Revenue Passenger-mile)之比較

（單位億）

年別	實有數目	ICC法趨向	直線法趨向	鐵路經濟局數目	JBB估價員數目

$$延人哩增加率=1\cdot016^{2\cdot93}=1\cdot0483$$

應用此增加率。預測一九二三年後之旅客哩。則

$$延人里=38\cdot3(1\cdot0483^y)=38\cdot3(1\cdot05^y)$$

由上式可見每年旅客哩之增加率適與噸哩增加率相同。皆爲百分之五。

客運預測概論

爲便利觀看起見。上述各法所得之結果。均於後附『進款旅客哩』圖中表示之一。觀該圖。卽可見各法所得結果之不同。此處評斷孰爲最可信，孰爲稍遠實情。仍宜本乎詳細觀察。以及攷慮今後種種有關於客運之勢力。然後預測結果。乃不致過遠事實也。

年度		會計年度			
一九〇〇	一六·〇三八	一五·三八七	一六·六〇一	—	—
一九〇一	一七·三五四	一七·二五二	一八·〇三五	—	—
一九〇二	一九·六九〇	一九·〇三九	一九·四六八	—	—
一九〇三	二〇·九一六	二〇·七五五	二〇·九〇一	—	—
一九〇四	二一·九二三	二二·四〇五	二二·三三四	—	—
一九〇五	二三·八〇〇	二三·九五五	二三·七六七	—	—
一九〇六	二五·一六七	二五·五三〇	二五·二〇〇	—	—
一九〇七	二七·七一九	二七·〇一三	二六·六三三	—	—
一九〇八	二九·〇八三	二八·四四六	二八·〇六六	—	—
一九〇九	二九·一〇九	二九·八三七	二九·五〇〇	—	—
一九一〇	三二·三三八	三一·一八五	三〇·九三三	—	—
一九一一	三三·二〇二	三二·四九二	三三·三六六	—	—
一九一二	三三·一三二	三三·七六二	三三·七九九	—	—
一九一三	三四·六七三	三四·九九五	三五·二三二	—	—
一九一四	三五·三五七	三六·一九五	三六·六六五	—	—
一九一五	三二·四七五	三七·三六二	三八·〇〇九	—	—

通歷年度

美國鐵路客貨運輸之預測

一九一六	三五・二二〇	三九・〇五六	四〇・二四八	—	—
一九一七	四〇・一〇〇	四〇・一四八	四一・六八一	—	—
一九一八	四三・二一三	四一・二一三	四三・一一五	—	—
一九一九	四六・八三八	四二・二五一	四四・五四八	—	—
一九二〇	四七・三七〇	四三・二六四	四六・〇八一	—	—
一九二一	三七・七〇六	四四・二五二	四七・四一四	—	—
一九二二	三五・八一一	四五・二一六	四八・八四七	—	—
一九二三	三八・四〇〇	四六・一五八	五〇・二八〇	三八・九八七	三八・三
	預測數目				
一九三〇	—	五二・一六二	六〇・三一二	四五・五〇七	五三・九
一九三三	—	五四・四六〇	六四・六一二	四八・四六八	六二・四
一九四〇	—	五九・二三〇	七四・六四四	五五・六七八	八七・八
一九四三	—	六一・〇六〇	七八・九四三	五八・九三六	一〇一・六

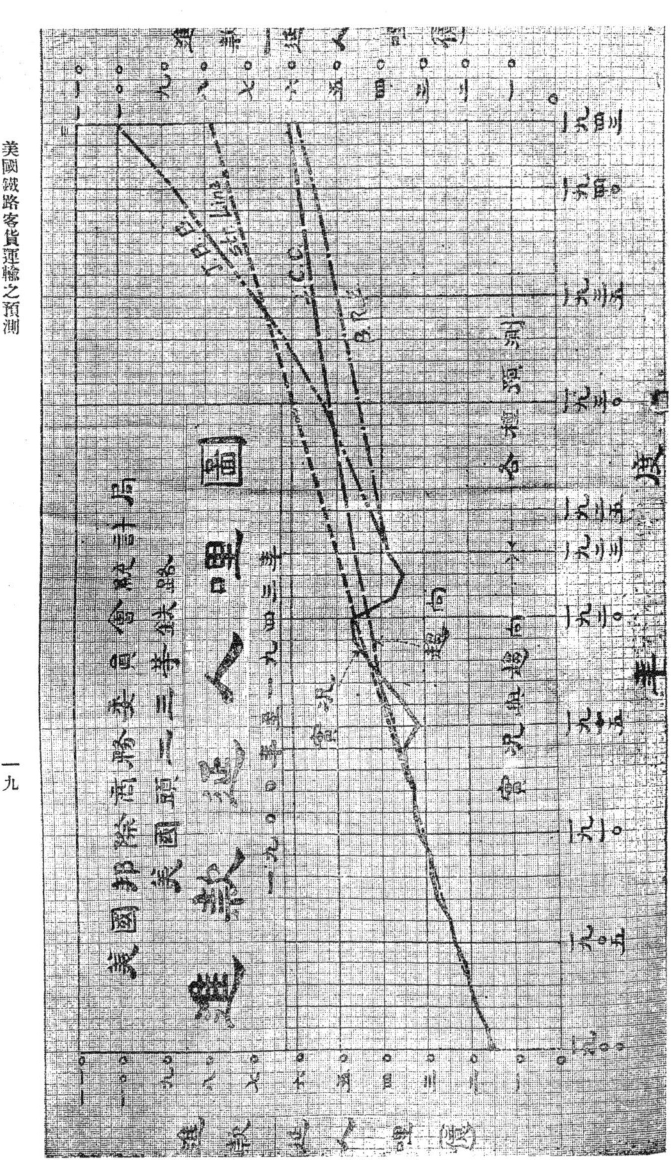
美國邦際商務委員會統計局
美國頭二三等鐵路
進款人里數圖
一九〇〇年至一九三三年
實況
趨向
實況與趨向 合理預測
年度
進款人里(數)

中東鐵路之主要貨運

中東路自中俄合辦後，一九二四年至一九二七年，營業驟增，貨運尤有起色，今將該四年之各項成績列后

（一）貨運總噸數

	單位一千公噸	比上年增加之百分數
一九二四年	三，〇二七	七·二
一九二五年	三，三八六	一一·九
一九二六年	四，三三三	二五·〇
一九二七年	四，八九七	一六·七

（二）出口產物運載額　上表內約百分之六十為輸出之產物，其實際數目如下：

	單位一千公噸	比上年增加之數
一九二四年	一，九五七	
一九二五年	二，三二八	一九·二
一九二六年	二，七二〇	一六·八
一九二七年	三，〇六一	一二·五

（三）豆類之輸出額　出口產物之運載，又以豆類為大宗，大豆，豆餅，豆油三者，幾佔全數三分之二，其實數如下：

單位一千公噸

	大豆	豆餅	豆油
一九二四年	一，一三六	四〇〇	三四
一九二五年	一，三八三	三四六	三四
一九二六年	一，五四六	四二七	四〇
一九二七年	一，六八五	五〇一	四四

物價保險及其保險公司組織法之優劣

王兆富

物價保險這個問題，大家都很少注意的，大概因爲這個問題是很空泛，不容易討論；而且牠與一般學者沒有發生什麼關係，所以大家都忽略牠，老實說，這個問題是一個很新的問題，在商業沒有發達的時候，交易很少發生，物價沒有什麼大變動，經濟上的危險自然不甚利害，現在商戰猛烈的時代，商品供求的關係，愈演愈複雜；非但耆於經商一道的人不明白，就是經濟學者，假使不知內幕，也一時說不出理由，自從物價的變動，可以用指數來表明以後，大家討論物價變動的因果之興趣，加增了十二倍，一般學者研究物價的變動，得兩個結論：第一個，物價的變動，是受天然律的支配，總免不掉的，第二個，物價的變動的影響是利害參半的，假使物價不變動，企業家不過是一種資本化的勞工，收入是穩固而不大的，這樣，商業沒有今日這樣發達，反一面講，假使物價變動太利害，許多商人或廠家因囤積及投機事業而失敗的，不知多少，總而言之，物價的變動在自由競爭的經濟社會，是不容易避去，也絕對不可避去。所以我們對物價變動的態度，一方面我們讓牠去變動；一方面我們用一個方法去賠償一般因物價變動而吃了虧的企業家，這個方法就是物價保險。

試問物價保險這個問題，我們爲什麼要這樣注重？在未回答這個問題以前，我們先分析物價保險與國家的關係。從經濟方面着想，假使物價保險實行以後，被保險的商人及廠家不致於折本，也不致於破產；這是個人的利益問題，不算什麼，最重要一點就是獎勵投資，增加生產；因爲經濟上的危險既然是轉移到保險商的身上，生產者可以專心生產；製造者可以專心製造；商賈可以專心通有無，都可以不必憂愁物價的漲落。因此一國的生產可以增加，投資額以也可增加，若果這時候的生產是超過消費，就是一國的興盛；美國經濟學家加弗爾 (U.N. Carver) 稱這種興盛是一國的經濟進步，還有一重要經濟論點，就是資本的活用，現在保險業上既然有了一種特殊保險——物價保險——吃這樣飯的人是完全靠在被保者的保險費。但是沒有物價保險，這種保險費也是要犧牲的，至若你對付物價變動的本能大不大，總而言之，無論你的眼光尖銳不尖銳，物價變動是無常的，一不留心，你的營業就要破產，這樣的損失，是比較每年或每時期所付的保險費爲重大，換一方面說，保了物價保險能夠使你安心營業；其他一方面代你負擔這種責任，而以保險費作代價所以我以爲保險費到了保險商的手裏，就變成保險商的資本，這是資本活用的一個證據。以上兩點，(一)獎勵投資，增加生產(二)資本活用，都是物價保險在經濟上的重要。

物價保險對於社會有什麼利益？我以爲牠當然造福社會不少！第一個好處就是提高商人道德在現在的社會上，我們聽了不少的生產者呻吟聲，商人的嘆息聲及企業失敗者的自殺；這些惡現象是與社會生密切關係的。還有一層，企業者因不善於預測貨價漲落，致於虧折，不得不取下流政策，不是欺騙顧客，就是逃債；不是尅扣夥友薪金，就是抗捐。由是以觀，物價漲落使企業者非但失去一已信用，而且累及他人信用；不獨一已受害，且還害社會。物價保險既能除去物價漲落的惡勢力，而能提高商人及製造者的道德，使他們維持他們的信用。

由國家方面觀察，物價保險也有很大的使命，國家稅源之大小，全靠工商農業發達的程度。換一句話說，一國稅收的多少，同經濟的進步成正比例。譬如企業者因物價漲落的害處而破產了，一國的生產便減少，一國的稅收也因此減少。國家的稅入，豈不是因企業者的失敗而寡薄？這是第一層。還有一點，一國國民的幸福，是同某種出產物有關係的。我國的米，麥，棉花及其他出產品，假使產米，麥，棉花的人，都失敗了，國民的生計就受影響。所以在主張用物價保險來保護這種生產。美國國會曾通過一件議案(Mc Nary Hangen Bill)內有一章是關於聯邦政府應用保險法，賠償棉花因不應時而跌價的損失。他項議案，多主張保護農產品，美國政府用意的深遠，我們可由此點明白。末了我要聲明一句，美國這種舉動，并不是國庫的損失，不過是『惠而不費』的意思。借美國財政學家（H.C. Adams）的術語就是『發展國家的用度』(Expenditure for developmental Purposes)，我們進一步討論物價保險的本身。

物價變動的危險性質與保險

物價變動的原因，大慨有五個，(一)貨物的供給過於需要，這是過剩生產的結果，(二)惡幣及紙幣充斥市面，這是幣量太多的影響(三)需要的改變，譬如我們現在不戴小帽子，(四)社會的消費慾望已經十分滿足，物價不得不降，(五)同業競爭趨於極端，以上五個原因，除去第二個外，都是不利於企業者，這四個不利於企業者的原因，都是自由競爭的商場裏的普通現象，又非人力所能阻止的，現在試舉新裝束公司作比方。兩年前的今日，上海沒有什麽著名的新裝公司，某甲就開了一所小規模的新裝縫衣作，因此賺了錢，後來擴充資本，變成一間大規模的新裝束公司。他自以爲新開的公司同往日的縫衣作一樣賺錢，殊不知這公司開辦沒有許多時候，新裝公司相繼開張的不知多少，新裝的供給也增加起來，某甲不能像從前一樣賺錢了。假使某甲的新裝式子，不合社會人士的心理，某甲的新裝公司，恐怕要折本的。又假使某甲的新裝之成本，是因爲原料價錢很大的緣故，售價訂了很高。一旦原料價錢跌落了，許多應時而生的新裝公司用了價廉的原料，製成新裝，他們所訂的售價是很低，某甲的新裝就不得不貶價出售；若果他不貶價出售，他的新裝藏在店裏，他的資本豈不是不能活用？由是以觀，物價變動的危險，眞是可怕！現在有許多大製造家大商家是很聰明，他們用「先期訂貨」的法子，把物價變動的危險轉嫁到其他商人的身上。譬如上海甲商向杭州乙商訂購紡綢百匹，貨未成交以前，紡綢的銷路是很廣大，售價也是極高；但是貨已成交以後，因印度綢在市面上的銷路很大，社會人士的心理，不甚歡喜紡綢，紡綢因此落價了；這種物價變動的危險由乙商移到甲商身上，但是轉嫁危險的方法，終不是一個好辦法。

保險的原理，是以多數人的財力賠償少數被害人的損失。物價變動的危險是一種經濟上的危險，當然也可以保險，試舉一個例子來證明物價保險所保的是什麼險。譬如某甲向保險公司保煤價險，當時煤價爲一千元（甲的煤量價值），保險期限爲六月，六月後的煤價若果比一千元低，保險公司就賠償某甲，物價保險所保的物價險有兩種意思。(一)保險公司擔保一定的物價，假使物價跌落，保險公司就負賠償的責任，這就是保物價跌落的險(二)　爲企業者向保險公司保物價險的時候，他必定曉得保險價額有是利於他的，例如某甲保煤價險一千元，這一千元的數目，一定是一個賺錢的數目，假使一千元是一個吃虧的數目，他可不必保物價險了，所以許多人說保物價險就是擔保他賺錢，如果物價跌落，保險公司就賠償他。總之，物價變動的危險是同別種經濟上的危險一樣的，但是牠的保險問題，與衆不同，牠的特點，可由下文見之。

物價保險的異點及種類的研究

物價保險是根據於『指數本位』(Tabular or Multiple Standard)的原理。沒有指數本位，就沒有物價保險。物價指數是計算物價變動的工具，也可計算物價變動的危險，這就是物價保險以物價變動的多少做賠償標準的緣故。物價保險有二種；(一)以某種物品價格的變動，作該種物品賠償的標準，(二)以各種物價指數的變動，作一種票據賠償的標準，

第一種的物價保險，是容易明白的，上文某甲保煤險是一個很好的例子。其他物品如棉花，果品等都可以保險。但是這種保險並不是保他們的不腐爛，假使他們壞了，保

險公司是不管的，保險公司最關心的一件事，就是保險期限將完的時候，這種物品的價格，有沒有變動。所以這一種保險是不適用於以下的物品；(一)價格變動不利害的(二)家常日用一切東西(三)社會的需要，是不甚改變的。(四)不受天氣限制他的需要的，如靴，鞋，一類的東西(五)有特別功用的。就是醫藥品一類的物品。有人對我說；『假使企業者都以物價變動很利害的物品向保險公司保險，保險公司，就賠不勝賠，豈不是要倒閉，還有那一個敢開物價保險公司』?我說，『物價保險公司能夠成立的理由有三個。(一)物價變動的危險是不一定發生的，這就是『單純概然數法則』(Principles of Probability)。譬如一個銅板，有正面，反面，我們拋擲他的時候，或得正面，或得反面，但是我們不能說我們必得正面，也不能說我們必得反面，物價的變動也是這樣，有時上漲，有時跌下，在一定時間以內，牠的變動，不見得一定低落，因此物價保險公司可以成立，(二)因為企業者向保險公司保險的物品，不見得一律相同，各種物品既然是不相同，他們價格的變動時間，也不一律相同，所以在多數物品的價格不跌

落的時候，保險公司就可以賺錢，況且企業者向保險公司保物價的數目（The face of the Policy），各不相同，那末，危險的『單純概然數』是更小了，(三)保險公司可以『單純概然數』的大小，訂保險費的多少就可多得一層的保障，假使某種物品的價格，有大跌落的趨勢，該種物品的價格是含有極危險性的性質，保險公司可以訂很大的保險費率，有以上三個理由，第一種物價保險，可以實行的。

第二種物價保險，是應用『指數本位』一部分的原理。『指數本位』的意義，是以貨幣的購買力作還債的標準。設甲向乙借銀一百元，當時物價指數爲一百，在償還的時候，物價指數增至一百十二，照『指數本位』的學說，甲應還乙一百十一元，算法如下：（物價指數跌落的算法，與本題無涉不詳）

幣值之減少$=100-100/112=100-89=11\%$

甲應還乙的數目$=100+100\times\frac{11}{100}=\$111$

我們可以注意乙所多得的十一元，是補償幣值的減少；第二種物價保險是根據這個原理發生，換一句話說，這種保險是保物價高漲的危險，因爲物價高漲，錢幣的購買力

，就縮小了。譬如某君有混合保險單一張（Endowment Insurance Policy）定期二十年，二十年後的物價必定有漲落的機會，他所領得的保險金（Sum of endowment）當然同時增減牠的購買力，某君覺得這樣危險，就拿他的保險單向保險公司保物價險，如果二十年後的物價漲了一倍，保物價險的保險公司應當照某君所收的保險金，賠償一倍，所以我們知道這種保險是塡補幣值的縮小，凡是一切靠錢幣表明價值的債票，票據等，都可向保險公司保物價險：但是這種保險的時限，却是有討論的必要。在一國有適中的經濟發展的時候，物價不會有極大的變動，所以短時期的債票，不必保這種物價險。講到長時間內的物價變動，是大家都不曉得，設某甲有公司債票一張，二十年爲本利清還期，某甲及保險公司都不能預料物價是漲是落。有些時候，物價因經濟恐慌而大變動，還有些時候，物價因特別情形而改變的，像戰爭，封港，商業凋殘一類的情形，所以長時期的混合保險單及債票，都適宜於這種物價保險，由以上的分析，我們可以分別第一種與第二種物價保險的不同地方：

物價保險及其保險公司組織之優劣

(一)第一種，是保物品本身險值變動的危險；第二種，是保一般物價變動的危險。

(二)第一種大多數是短期的，我們很少去保十年後的棉花價或煤價，因爲棉花及煤一類的東西，總一年或半年內售出。第二種是適宜於長時期的債票等。

(三)第一種的賠償，是塡補物價低落的損失；第二種是塡補幣值縮小的損失，換一句話說，就是因物價高漲而受的損失。

(四)第一種是適宜於商人，農業公司，製造廠及其他生產者；第二種是適宜於投資債票者及保長期混合保險者，

物價保險公司

物價保險的理論，我們已經討論過，而且承認物價保險可以實行的；現在分物價保險公司爲二種(一)友誼保險公司(mutual insurance Company)(二)股份保險公司，這二種保險公司本是很平常的，不過物價保險事業究竟是與那一種最適合？試逐個討論及解釋。

六

(一)互相保險公司。 這種公司是由生產者或商人大家拿出一定的欵項來組織，并互相選出董事及職員，處置一切事務假使有一分子受了損失，保險公司就撥欵賠償，這種公司完全沒有營業的性質如果大家沒有受着損失，這一年所付的款項，就算是下一年應繳的欵子，所以這種公司在原理上是很好的；但是，在事實上，是不適宜於物價保險的，以下是我的理由：

(甲)董事沒有保險事業的經驗，辦理這種事業，恐怕沒有成效。

(乙)準備金的數目，不容易確定；因爲應當賠償的數目，不是先知的，他們各人應繳的準備金，也不易規定。

丙、不適宜於性質不相同的商人或廠家。譬如製草帽的同製洋傘的，不能組成一個友誼保險公司，因爲他們各人所享的賠償權利不均等。他們各人應繳的準備金當然也是不相等。但是，誰應當多繳些準備金呢？應當多繳的數目又該幾多呢？這是很難解决的問題。

(丁)完全不適宜於同行的商人　家。譬如煤商同煤商。當煤價跌落的時，煤商皆受影響，互相保險公司的準備金也不够賠償煤價跌落的損失。如果煤商願意供給極大的準備金，這是他們自己的大吃虧，保險公司不是『形同虛設』嗎？有人說『不同在一塊地方的煤商，可以組織友誼保險公司，因為每個地方的煤價，不一定同時跌落的』作者說『不對，假使每個地方的煤價漲落不同，將來賠償的標準，當然是照以下這個法子：甲地的煤商，以甲地的煤價作標準；乙地的煤商以乙地的煤價作標準，這個法子是再好沒有了。如果甲地的煤價常常跌落，而乙地的煤價不十分跌落，這樣，在乙地的煤商斷斷不肯繳同樣的準備金，豈不是又發生了準備金的難題？所以不同在一塊地方的煤商，也不易組織友誼保險公司』。

(二)保險公司，　普通保險公司是徵集股本的公司，以營利為目的。因為牠們的股東，不是被保險者，牠們的準備金就不發生什麼糾紛。所以這種公

司可以免除『友誼保險公司』的缺點，也是很合宜於物價保險的，我的理由就是：

(甲)範圍廣闊。　什麼物品，什麼地方的物品，都可以被保的。因為各種物品，或各地方的物品不是同時跌價。(戰時是例外情形)

(乙)良好的成效，因為他們有保險事業的經驗，對於保險率的規定，物價的標準，及物品的性質，他們都可以有精細的研究，然後訂定賠償的標準。如果將來公司的營業是發達，社會及國家就受他們的利益。

結　論

在開端的時候，已經說過物價保險的重要。不但企業者依為保障；就是社會及國家，也同牠有密切的關係，現在我國還沒有統計學專家計算物價變動的損失；其他們國家，都有很好的記載。主持美國 National Bureau of Economic Researoh 的著名經濟學家克英氏『W.I. King』調查美國在一九二〇年秋季及一九二一年春季之間，因物價不堅定的緣故，財富減少的數目，在四〇，〇〇〇，〇〇〇

〇〇〇元以上；可知物價保險問題，是有研究的價值。

本篇參考用書

Davenport, H. J. Economics of Enterprise

{ 1. Chapter on Risk. Cost and Profit.
{ 2. ,, ,, the Adjustment of Price

The Annals: Vol. CXXXIX No. 228

Young, T. E. Insurance

中國之棉織事業

宣鄉

(一)原棉棉紗與棉布之生產與消費觀

棉花之入中國，據傳說是在宋元之間由印度流入，現在已成爲世界第三產棉國了。全國各行省幾無一省不種棉，而其中尤以江蘇，湖北，直隸，及山東西部爲最。每省植棉的地積和產棉的數量，據十四年調查，有如左表：

第一表 原棉產額及產地調查表

省份	植棉面積(畝)	棉產總額(擔)
江蘇	一二二六七二六七	二一〇四〇〇〇
湖北	四八一一五六〇	一一二一〇〇〇
直隸	四〇四二〇〇〇	一〇一五〇〇〇
山東	二八六二〇〇〇	七五一〇〇〇
河南	二五〇〇〇〇〇	七四〇〇〇〇
陝西	二五八七〇〇〇	七二〇〇〇〇
浙江	一七一九〇〇〇	三八五〇〇〇
安徽	一二五五〇〇〇	一七七〇〇〇
山西	七一七〇〇〇	一六〇〇〇〇
江西	八〇七〇〇〇	一五〇〇〇〇
湖南	二五三〇〇〇	五五〇〇〇

江蘇一省，因氣候地理等關係，產棉占全國第一位。如皋，南通，海門三縣所產幾佔全省產額之半。據華商紗廠聯合會調查，China Year Book 1928 所載，三縣產額如左：

第二表 如皋南通海門產棉面積總額表

地名	產棉面積(畝)	產棉總額(擔)
南通	一七〇〇〇〇〇	五六一〇〇〇
如皋	一三四〇〇〇〇	五一〇〇〇〇
海門	六六〇〇〇〇	一〇五〇〇〇
合計	三七〇〇〇〇〇	一一七六〇〇〇

又據華商紗廠聯合會調查，十四年來中國原棉之產額爲：

第三表 十四年來中國棉產統計表

十年 五四二九二二〇擔

十一年　八三一〇三五五

十二年　七一四四六四二

十三年　七八一一〇六二

十四年　七五七七五七三

至十四年以後的產額，據 Dresden Bank 的調查爲：

十五年　四五三六〇〇噸

十六年　三四三〇〇

查十六年全世界的產額總數爲五九八三〇〇〇噸。茲假定世界產額爲一百分，則十六年的中國產額對世界產額之百分比應爲百分之五·七。照以前歷年的估計，則平均在百分之八左右。較之占百分之六四·九的美國，和占百分之一五·一的印度，中國當然在第三位。

中國土棉的纖維非常短，只可作粗糙的拙劣的紗或布，不能用來紡造細紗。數年前輸入美國棉種，各方面亦努力改良，已略見進步，惟近復退化。不過中國土地遼闊，氣候溫和，雨水豐足，日光很多，凡合產棉的自然條件都齊備，只要能好地培植，棉織工業的前途正未可限量。

中國一方雖爲最大產棉國之一，然因棉質太粗，不能作

紡製細紗之用，不得不進洋棉。據民國十三年至十五年的調查，外棉進口總額達二百餘萬擔左右：

第四表　原棉進口表（單位擔）

年份	美棉	印棉	其他	總計
十三年	一四六八一〇	一〇三九〇四三	三三四三一	一二一九二八四
十四年	二三五〇一〇	一四六三七六〇	一〇八六八〇	一八〇七四五〇
十五年	—	—	—	二七四五〇一七

又據海關及華商紗廠聯合會調查，中國人民對棉織業消費量之巨，爲世界所未有，因此中國原棉之供給，不能滿足需要，致求過於供，故原料仍須仰給於外人。左列一表以十六年來進口超過出口的數字表示中國人對棉的消費量之巨：

第五表　原棉進出口統計表

年份	輸出擔數	輸入擔數	出超	入超
元年	八〇五七二一	二七九一九二	五二六五二九	—
二年	七三八八八三	一三四七三五	六〇四一四七	—
四年	七二六九五五	三五七八二一	三六八一三四	—
八年	一〇七二〇四〇	二三九〇〇三	八三三〇三七	—

十年	六〇九四八一	一六八三五三六	—	一〇七三〇四五
十三年	一〇八〇〇一九	一二四一八六一	—	一六一八六六
十四年	八〇〇八三一	一八〇七四五〇	—	一〇〇六一一三
十五年	八七八五一二	二七四五〇一七	—	一八六六五〇五
十六年	一四四六九五〇	二四一五四六二	—	九一八五三一

以上我們略論了中國原棉的生產與消費的情形。

其次，當論到棉紗的生產與消費。

中國人中，百分之八十屬農民，次多數便是遊民，工人，和小有產者。社會的購買力非常薄弱，所穿着的以土布爲主要品，所以棉紗的消費量，非常之大。全國消費的數量逐年增加有如左表

第六表 中國棉紗需要統計表（單位千擔）

年份	本國棉紗	輸入棉紗	需要總額
元年	八〇〇	二三〇〇	三一〇〇
二年	一二〇〇	二七〇〇	三九〇〇
四年	一六〇〇	二六〇〇	四二〇〇
六年	二六〇〇	二〇〇〇	四六〇〇
八年	三三〇〇	一四〇〇	四七〇〇
十年	四五〇〇	一二〇〇	五七〇〇

若以十四年出紗的總數和進出口的總數合起來加以計算，則知我國對棉紗的消費量約在七萬萬磅左右：

第七表 中國棉紗需要統計表（單位千磅）

華商紗廠出紗	四六七五八〇
日商紗廠出紗	二一七四八七
英商紗廠出紗	三三八二〇
共計全國出紗	七一八八一五
除去十四年棉紗出口	八七八一
加入十四年棉紗入口	八六三八一
總計棉紗需要	七九六四一七

按照人口多寡，以比例推測，中國約每一百二十八人始得共紗錠一錠。較之英國每人有一・二五錠的，眞要與望塵莫及之感。將來假使中國人的消費量再加大，棉織業的發達，眞不知比今日要大幾千百倍。

外國棉紗之輸入，在光緒初年，每年不過三萬至十萬餘包。輸入種類，以英紗，日紗，印紗三種爲最多。其後漸次增加，至光緒三十年卽大批輸入，至今復有衰落趨勢，

其情形如左：

第八表　中國棉紗進口表（單位擔）

年份	英紗	印紗	日紗	其他	總計
光緒卅年	八六	一六二八七八三	六三八七二九	五一四八	三六〇八六八
卅四年	二七三二八	一三五三七三	四〇〇八六六	二九二七	八三二七三五
宣統三年	七七一九	一〇五八二六三	七六七三四六	二六七九	一八六〇一二六
民國元年	一一三二	六二七八三	九二〇五八九	二八四三	一五八八一七四
三年	四三二〇	一一三七二三四	一三二一七三九	六八三三八	二五四一六二一
六年	五一	九五五七九八	一〇六五四四四	五五〇〇一	二〇七六二九四
九年	一三六五	六六一六三	六一一二四九	三九三三一	一三二五三七八
十二年	一九二	三九〇二五	四〇五六一五	未詳	七五二〇〇二
十三年	一五四六	二八五二〇	二八九二一〇	同	六六三八八一
十四年	六一五	三七七二七	三九六一〇四	同	四五九三五七
十五年	五七三九	二四二〇八	二〇九七三	同	四一四八三
十六年	一二九	一九三九一	六四五九〇	同	二七二八六四

觀本表，可知洋紗進口之衰落，可以反證中國棉織業之略有進步。政府際此時期，似應努力一點才是。

四

在前數節內，我們已經講過，中國原棉所造的紗，多數為十六支或二十支者，粗而不細。晚近因國人一種心理的作用，同時也因紗太粗的關係，中國紗所製的土布幾無人購買，而洋布則反盛極一時，非常暢銷。

此等洋布大都來自英美。每年進口總額常在一萬萬海關兩以上。近來各地也曾增設布廠，然出品終不敵洋貨之細而耐用，故洋貨的地位，非但不低，反見增高。茲錄十六年洋貨進口數量如左：

第九表　十六年來棉布進出口表

年份	進口（海關兩）	出口
元年	八六六〇四五四八	二八二六二二九
二年	一一四八二〇四六〇	二五七七五七九
三年	一一五〇九九一二八	一九六五一四九
四年	八二六八三八五六	二九五六〇四三
五年	七七二二二九七五	三六五七五二八
六年	一〇一二六八七七〇	四四六六四四六
七年	九九三〇八八二七	四三八四九四二
八年	一三六八三七五二三	四九六二四四六
九年	一七〇五八〇六七七	四九四九七三四

十年	一四三九五八九五二	五八七二六一七
十一年	一五四三三四六九二	五七五六八六九
十二年	一三三九〇二五一九	九八七九四八五
十三年	一五六六七一一一二	一二八六七一九七
十四年	一六七九四六七六二	一一七六七四八二
十五年	一八〇四九九三五六	一四三〇五七六一
十六年	一三八九九八七一二	一八七二七〇八九

棉布出口，多半銷行於南洋羣島等處。進口本以歐美布為大宗；然自歐美布因大戰而進口減少後，日本於是乘隙獲得地位；民國五年日布運華者為二千萬兩，至十五年竟增至一萬二千萬兩。

綜上以觀，我國棉花棉紗棉布均須仰給於外人，每年棉類進口總超過出口一萬萬兩以上。近來雖棉織工業逐漸發達，而每年棉貨進口額仍在二萬萬兩以上，利權外溢，真堪浩歎。左列一表，用數字表示每年棉類入超之巨，就作為本節的結論！

第十表　中國棉類進出口統計表

年份	進口(海關兩)	出口	入超
元年	一五四二二八九九三	一九八八一四六三	一三四三四七五三〇
四年	一五六四一〇七六九	一六八六〇五三二	一三九五五〇二三七
八年	二一六二六五四一〇	三七九一一七五六	一七八三五三六五四
十二年	二二七三三六四一二	四六八五五二一六	一八〇四八一一九六
十三年	二三七五七七三七〇	六〇八〇二七三七	一七六七七四六三三
十四年	二七六〇六六七〇三	四五三八五三三九	二三〇六八一三六四
十五年	二九九二一七〇七七	五四五一六七四二	二四四七〇〇三三五
十六年	三三四四〇三〇六三	八五七九四二八七	二四八六〇八七七六

(二)中國棉織業小史略述

中國棉織業發達的歷程，約可分為四大時期：草創的第一期自光緒十六年起至三十一年止；平穩的第二期自三十一年起至民國三年止；發達的第三期自三年起至十一年止；而停頓的第四期是自十一年後以至今日。

光緒十六年以前，中國尚在手工業經濟狀態之中，本無所謂紗廠，棉紗棉布幾全仰給於外人，每年進口的棉貨總平均在一千七百餘萬兩左右。當時愛國之士如李鴻章張之洞等於是首先設立紗廠於上海武昌等處。當日所立的紗廠凡六，紗錠凡一八三〇〇〇枚。一八九五年，即光緒二十一年，馬關條約簽字，外人因而獲得輸送機器入口，與在通商大埠設立工廠的權利。結果很多的紗廠建立了。一八九六，即光緒二十二年，據美國商務部出版的 Special Bulletin No. 488 所記，中國共有紗廠十二所，紗錠四一七〇〇〇枚，其中一五八〇〇〇錠爲外人所有；惟據我國調查，則廠數凡十五，錠數凡五六五〇〇〇枚。

在第一期裏，我們看見中國棉織工業剛在萌芽的時期，不幸遇着中日之戰，不幸遇着馬關條約，不幸在創業的時期就遇着競爭者。第二期裏，因金融機關的發達，交通的漸臻進步，棉田的推廣，棉織工業已漸趨平穩的狀態。此時增廠凡十七，增錠凡九七〇〇〇〇枚。

由平穩的民國三年，走進猛晉的十一年，是中國棉織業的第三期。這一期裏，歐戰開始，以棉織業稱霸的英國，正亟亟於參加鬭爭，對我國的輸出因而減少，直至九年才漸有起色，觀左列一表可知：

第十一表　第三期中英紗進口表

年份	進口數量(擔)	進口價值(兩)
元年	一〇九六五	四六四七〇九
三年	四三一〇	二〇一七三三
四年	三七〇	一五八三一
五年	—	—
六年	五一	一八六三
七年	—	—
八年	六六	六一九九
九年	一三三三六	一二五八八六七
十年	一三五七一	一〇六九六一六
十一年	三六六五五	三三六五二一二

在英紗進口額衰落的時期，日紗即排擠了牠而取得地位。及至民國八年五四運動一起，對日經濟絕交。結果，日紗進口的數量亦大爲減少。因此我國棉貨價格因外貨的缺乏而漲價；於是一般商人都爭設紗廠，以圖漁利。總計民十之末，全國紗錠共計三三六六〇〇〇枚；其已開車者達一九六六〇〇〇枚，內華商一三四〇〇〇〇，日商三六七〇〇〇，英商二五九〇〇〇枚。布機在民十一二月末共計一六〇〇〇架，內華商一〇六〇〇〇架。

本期猶有一可注意的事實，即日商勢力壓迫華商是。民國七年，我國共有紗錠一四一九〇〇〇枚，英商居百分之十七，日商居百分之二十一，而華商則居百分之六十二。至民國十年，日商錠數居然增至七年錠數的三倍。

第四期裏，從民國十一年到今日，歐戰已過，各國已漸次恢復戰前狀態，同時日商競爭力又非常之大。大體上可說是毫無進步。所以這一期是停頓時期。

總計這四期之中，中日英紗廠增加的狀態可用左列的數來表示：

第十二表　中國紗廠總數表

年份	全國紗廠總數			中國紗廠總數		
	廠數	錠數	機數	廠數	錠數	機數
光緒廿三年	十二	四一七〇〇〇	二一〇〇	七	二五九〇〇〇	一七五〇
宣統二年	三	一〇〇八九六六	四五六四	三	五四四〇一〇	二五一
民國十二年	一二九	三五八二二四	二二四七	七三	二二二二五四	一三六八九
民國十三年	一二八	三五六九四四〇	二二六四	六九	二〇三八一三	一三七四
民國十四年	一二八	三四一四〇六二	二五九三四	六九	一八六一八二三	一六六八一
民國十五年	一二八	三六七六八〇〇	二九七八八	六九	二〇七九一九八	一三四五九

第十二表（續）　中國紗廠總數表

年份	英國紗廠			日本紗廠		
	廠數	錠數	機數	廠數	錠數	機數
	四	一九五〇五六	九〇四	三	一六五九五二	八八六
	五	二五〇五一六	二八六三	四一	一二八五四四	五九五
	四	三〇五三一〇	二三四八	四五	一三一三〇四	五九五
	四	二〇五三一〇	二三四八	四五	一三二六九二〇	七二〇五
	四	二二二七九四	二三四八	四五	一三八〇三〇八	一三九八一

案：上表至少有三個現象值得註意：(一)從光緒二十二年到民國十四年來紗廠總數之突飛猛進(二)日本紗廠發達之迅速(三)中國紗廠之停頓與衰退。關於第一二兩個現象，在下面可所解釋：至於第三個現象，下一節當專篇討論。

關於第一個現象，美國駐滬商務卿 G.Howard 用四條理由來說明，非常倘當，特譯述如下：——

『中國紗廠總數迅速發達之緣因有四：

(一)中國產棉之數量及品質，足供製造土綿之用。

(二)人民對紗廠出產品需要之巨，超過世界任何一國。

(三)製造棉紗之原動力——如煤電等——取值低廉。

(四)人工低廉——工作時間非常長久』

至於第二個現象，全係因關稅之故。我們還記得在民國七年時，中國修正關稅，前此棉紗進口僅徵單一的從價稅，今則改爲以紗之粗細，定徵稅多寡之複雜從價稅。於是日本國內的紡織業者非常恐慌，結果拚命在華設立紗廠，製造棉紗，以免進口徵稅。

同時，中國的人工，非常低廉，而且剛受世界資本主義潮流的激盪，小手工業經濟漸次破產，農村的人們大部份集中都市。所以那時可以用很低的價格購買很高的勞動力；其低廉的程度，較之日本有過無不及。這或許也是日本在華增加紗廠的緣因之一。

(三)中國棉織工業之停頓及其救濟方法

總理講民生首重衣食住行。人類無食固不能生存，無衣亦不能生存。中國以農立國，百分之八十的人民屬於農民，百分之九？屬於工人。社會對衣的購買力太弱，只够買棉類品。所以對棉紗，棉布，以及一切棉織物的需要非常迫切而大。然而供給這四萬萬五千餘萬人的需要的紗廠只一百十八家，紗錠只有三百六十七萬二千餘枚，并且實際開車的只三分之二，并且百分之四十三的紗錠屬於外人，這已經可憐了。何况近年來，中國的棉織業一天一天在退化，在停頓，在衰頹！中國本無工業之可言，如今再這麼一來，其對經濟前途之危險，將不堪設想：

關於中國棉織業停頓的原因，不外：

(一)原棉不足　年來戰亂頻仍，人民沒有一天休養過，到處流離，荒地一天天地加多，耕種的地一天天地減少，弄得農產品及其副產品日益下墜。棉花產額也連帶減少，參看第三表可知。

(二)棉種退化　我國的棉種，纖維非常之短，長約英寸五分至八分，只够紡製粗紗。其後，美種輸入，纖維比較的略長，約八分至一寸二分，可紡四十支以下之細紗。然而近年來因棉農不知種棉的科學方法，墨守舊規，政府又不提倡，以致棉種退化至與中棉相等。結果四十支以下的棉紗，中國人也造不出，而必須進洋貨。

(三)交通不便　因交通太不方便，而沿路厘卡非常之多，常時一件東西要運三四個月纔能達到目的地，而沿途所受的捐稅反比本物身的價值要超過四五倍以致十幾倍。外棉進口只受一次稅，當然要比中國棉價賤一點，於是大家都爭去購買洋棉而置土棉於不顧。

(四)製造不精　用原棉來做成各樣的棉織品，必有一種製造的技術，決不只是開開機器，生產若干就可以製造好的。然而中國人都是交付一部機器於某工頭之手，聽他安排。所以機器容易損壞，而所產的棉紗等：也不完好。

(五)辦理無人　現在的大企業有大企業的管理法，不是任何人都能經理的。我們以前開辦紗廠的人以投機的居多，眞正有遠大計畫的簡直可說沒有。開辦之後，又漫不經意，置備機件，進花售物，都受損失，再遇着大資本一競爭，於是倒閉的倒閉，停業的停業。

(六)貿易不道德　中國人總是以道德之邦自豪，開口也是道德。閉口也是道德；然而中國人做生意，却最不道德。棉商有時將佳棉和次棉混合起來當作佳棉出賣；次棉和劣棉混合起來當着次棉出賣：有的把棉上弄些水，增加重量；有的更把砂子攙入棉內。諸如此類，不一而足。於是品質優美的洋棉竟占了中國土棉的市場。

以上只不過是大略的簡括的幾個原因。以後如果我們要振興中國的棉織業，一方面企業家要對原棉人工貿易道德三方面加以注意，一方面政府也要盡量提倡才好。

至於振興的方法，此處因篇幅關係，不贅，以後當作專篇討論。

十七，十二，三，於交大。

今日之蘇俄

工九譯

原著載在統計週報(The Statist)二六三三期（一九二八年八月十一日出版）及以下諸期作者爲一經濟學家(其姓名該週報亦未舉出)現方旅行俄國其中評論褒貶雜陳但觀其語氣則貶多於褒閱者請觀其事而略其意可也此文全篇至今尚未登完本篇所譯第一節至第六節係包括二六三三期至二六三八期所載以其能自成章故先爲揭載於后至譯筆不文之處希閱者進而敎之

譯者誌十七年十二月一日

（一）蘇俄工人的社會狀況

在理想上，蘇俄的工人——或者引政治上之名詞，稱之爲平民階級——實爲全國之有最高主權者。在一般國家之憲法上，有云一切權力，由國民而生；蘇俄則改之曰，一切權力，由工人而生。所以，無論描寫蘇俄之狀況，或觀察蘇俄對於政治經濟社會諸端之意見，均應以工人爲出發點，因爲工人乃全制度之柱石的緣故。

讓我們先來下一個斷論吧！就是說雖然蘇俄的工人有主權，但是他並不見待比從前更快活。不錯，他的權柄是很大，他的義務是很少。但是就實際上觀察，他的狀況若與其他歐州各國之工人相比，反不如遠甚，若與美國相比，更無論矣。不錯，各工廠都是爲他而設，他也能管理工廠。但是，這些也不能保障他不失業，有時因工資之爭執，而發生工潮其發生的情形與發生的次數若與歐州其他各國政治地位較低之工人相比較，亦正不相上下哩。

蘇俄全國的人口，據一九二八年一月官方之計算，約有一萬五千萬人。蘇俄的工人數目，約六百萬有奇僅佔全體人口之小部分。其餘的人中，農夫約佔一萬二千萬，餘則爲（一）各省中各國家信託機關中及各黨派機關之全部人員，（二）國防軍（三）各職業階級（四）無業人民。（遊牧人民包括在內）所以工人之直接勢力，只能施行於城市中及其鄰近之地。在這裏工人的意志，是很鄭重的，因爲階級自覺心的關係。現在蘇俄工人不能不承認蘇俄的政體是平民執政；工人獨裁，在從前戰時共產時代本極流行，到現在已成陳跡；因爲現在工人的權力，已被限制，僅能投票選舉及向管理社會瑣事之團體控訴而已。每種事業裏面工人之代表機關，爲工廠委員會或稱爲『法柏科姆。』(Fab-Kom)此工廠委員會仍有其他名稱；若代表大工廠之團體則稱爲(Sov-Kom)薩夫科姆，若代表辦事室中之職工則稱爲(Mest-Kom)麥斯提科姆。法柏科姆在從前有無上權力；至現在若關於私有事業及與外商交涉事件，仍佔有很大的勢力。不過在其他諸方面則大權已落，如歐州諸國中之工人議會差不多。在國營事業裏面，法柏科姆並不能保障工人不受刑罰或歇業之處分，故其存在與否，若在此方面觀之，實可云無足輕重。雖然當過着爭論工資之時，當裁撤舊職工及僱用新職工之時，法柏科姆仍爲工人方面之代表，但其權力甚弱，與管理方面爭論，總不能見效；槩之蘇俄政府現極注重於生產，對於工人，亦難滿足其願望。至法柏斯姆之中，以共產黨員居多。

俄國共產黨現只許一班『智識上及道德上』有黨員資格之工人加入。凡工人欲加入共產黨者，須先受共產黨義之試驗(所謂共產黨義，大都指馬克斯及列寗之著作)幷須於言語及宣傳方面有能力。因此嚴格標準之故，只有一百五十萬工人進了共產黨，其餘工人均隸屬非政治團體之下。不過俄國工人若進了共產黨，有種種好處；除了有升入政府中比較重要機關做職員之機會以外，屬共產黨員之工人，若未犯重大罪惡，是不會被裁撤的。

就大概而論，俄國工人的伶俐和技巧，是很不錯的。但是女工比男工還要好，還要聰明。這種情形的原故，有一部分是因爲男子飲酒太多。俄國工人常被裁撤，醉酒實爲其主要原因之一。尚有一種特別情形，也足爲俄國工人嗜酒之證明：在旁的國度裏面，工廠發生意外事件，常在一日之下午或在一星期之末；在俄國則不然，意外事件之發生，反常在星期一之早晨，當工人經過星期日的休息而復工的時候。因爲此種醉酒之故並因爲俄國工人之自由之故，工廠出品之質與量二方面，均受影響。作者曾親見一班工人在工作時間內或靠着一部機器看書，或吃食物，或談話，好像在閒暇時候一樣。有時工人被斥退，是因爲這些事的緣故。但俄國工人失業的大原因，還是在乎工廠之機器化，及某事業之破產。機械主義在俄國之進行甚力，俄政府現正注意如何而能減低出產之成本，至於如何影響工人之職業則殊未顧及。現代失業工人之救濟實為緊要，因俄國工人之工資，本甚低微，若再加以失業，則眞不堪設想了。所以俄工人現求工作之心甚急；設不幸而有失業之人，若予以任何工作，彼均願意承受。所以，在大戰後數年的時候俄國工人有一種懶惰之趨勢，現在可云已完全被克服矣。

工人的家庭生活，常有被干涉的地方：就是工人在星期之中，總有數晚要到俱樂部或他種會社裏面去，表示關於社會團體方面的一種有用的活動。並且在俄國遇有可紀念之事件，總有遊行和集會，這些遊行和集會，工人是必須參加的。在每個工人的房屋內，都要掛着革命的旗徽，關於中流社會的諷刺畫，及激烈的標語。每個工廠裏面，有個工人俱樂部，那裏是預備訓練會員關於社會上及文化上之知識的。有一處叫做列寧室的地方』(Le Nin Corner)是明顯的宣傳的中心。在這列寧室的中間有列寧的半身像，用紅布包裹着；像之四圍有共產書籍出售或出借；在這室裏，也有讀書的機會，也有討論政治的機會，也有作種種社會交際的機會。在現在差不多每個工廠，都有他自己的藏書室及電影機，這些均不管是與不識字宣戰。凡工人不在俱樂部和列寧室中讀書，必被逼迫往他處學習；所以每當散工之後，常有男女工人往學校學習讀書及寫字也。

關於俄國工人身體及智識狀況之增進，管理方面所用之力量，不為不多。但是無論俱樂部也好，列寧室也好，每星期末治療所也好，（凡身體健康較差之工人可於每日工作時間之後或星期日往該治療所裏面去，可受醫藥上的診斷）小孩子家庭也好，以及各種集會各種自由慶祝會也好，總不能將蘇俄工人大多數不快活的情狀遮掩得不露出來啊。

(二)工人職業的狀況

蘇俄政府，在他的『經濟計畫』中，有一部是關於工資之政策，此政策之原則為：凡工資對於生產的成本的總數，有一定的比例，工資不能超過此比例而增加。此種比例，因各生產機關不同而異；不過據政府方面大概之意思，似乎百分的二十五乃最大數。若無論何項工業之工人，需要較高工資，則必需要此工人先將效率增加，然後才可以加工資。但是，很不幸的，這種原則完全是一種宗教式的願望，因為增加工人效率，全靠着專門訓練，而專門訓練，又是很繁難的工作。所以，雖近數年來名義上工資（Nominal Wage）似有增加，但真實工資，（Real Wage）並未見有起色；工人效率一項就工人全體而論，亦未見有增加。

下面所列的表，以盧布為單位，係將一九二八年初期中各種主要的工業的工資，與一九二六—二七年同項數相比較。此種統計，係作者自俄國最高經濟議會中得來。觀察這統計，應注意之事項，為真實工資之計算。因為這統計裏面的真實工資是根據盧布購買力的『官方』的計算而得。盧布購買力的計算，係以一九一三年金盧布購買力為單位（一〇〇）據計算，在一九二六—二七年間，盧布購買力，合該時的百分之五四；在一九二八年初期，合百分之四八·五。

每月平均數

工業	名義上工資		真實工資	
	一九二六—七	一九二八初期	一九二六—七	一九二八初期
五金	六九·一三	七六·七一	三七·三三	三六·八二
工程	七六·七九	八五·六三	四一·四五	四一·一〇
電氣	九二·六三	一〇二·七一	五〇·〇二	四九·八二
化學	七一·〇一	七八·五七	三八·三四	三八·一三
紡織	四九·三〇	五四·〇四	二六·六二	二六·二一
糧食	六三·二七	七〇·八七	三四·一六	三四·四七

在上項統計之中，除糧食業以外，其餘各種工業的真實工資若與去年之平均數相比較，均已略減雖然所減的數目是很小的。自然，其間有不少時漲時跌之處，但就全體而論，近數年來的工資，實未有真實的增加；工資上名義之增加，僅不過能趕得上盧布購買力之下落而已。在上項統計的觀察中，我們尚須注意者，即上述之各項工業的工資尚屬較高者也。

工資最低的恐怕要算運輸界的工人和有些紡織業的工人了。那裏他們每月所受之工資，只值戰前十盧布之購買力者，實為常見。但是，這種工給，若與一班無業之工人所受的失業津貼相比較，則反覺得也可以過得去了。現在有受失業津貼之資格而受失業津貼者，有一百五十萬人。莫斯科本爲付工資最多的地方，所以也可以說是付失業津貼最多的地方，那裏最高級的工人每月所得的失業津貼，也只有二十七個盧布（註現在每盧布之購買力只合戰前每盧布之百分之四八・五）那末其餘地方的失業工人，其餘非最高級的失業工人所得津貼之低微，也就可想而知了。但是工資情形雖然是這樣，農夫還是不斷的遷到城中來，因爲鄉間狀況還要不如的原故。蘇俄政府視此種遷居可以增加勞工界的力量，故未加以禁止；所以每年之內，約有七〇〇，〇〇〇至七五〇，〇〇〇農夫，遷往城中作永久居住之計。

俄國自帝政時代，以迄現在蘇維埃政府，工資總是很低的。工人最多只能維持其必需的生活。在俄國工人的餐桌上，肉食是沒有的。工人所吃的，是湯，牛奶做成的食物，蔬菜，水果等。在大城中，工人的宿處，也是很壞的。每有四家到八家，共一個廚房。有時一間房子裏面，用布帷隔住，以便多住幾家。在這些地方，秘密和不方便的事情，完全談不到，久而久之，也就覺得沒有什麼秘密和不方便了。雖然住居情形是這樣，但工人爲房租之故，要花去他的收入的一大部分。

（三）蘇俄工業的大概組織

蘇俄的工業組織，是在政府管治之下；就是說，關於管理工廠方面，政府可以派代表；政府並發行一種『經濟設計』規定應製造何種物品；至物品出產的多少，亦經預定之計畫所規定。蘇俄工廠組織與西歐各國不同之點，可以用蘇俄政府所取的目的說明之。蘇俄政府之目的，就是儘量出產各種商品，其成本如何售價如何均不顧及，至出產之質如何，亦不注意。

凡往蘇俄觀察其工業制度者，其最易感覺之點，卽關於市場問題，事先絲毫不加注意。其實此亦無足怪，因爲蘇俄所出產的貨物，總不能滿足人的無窮的欲望。現在俄國工廠皆不斷地用其全力工作，以從事出產，而其現在唯一之目的，爲儘量增加其產量。假使蘇俄政府對於其所提倡的工業，現覺得只有一部分的滿足，假使在大戰後數年出產方面未依照發達之程序增加，並假使最近數年來之設計未顯出較大的進步，則其原因似乎要歸到其制度之三種缺點：卽(一)缺少適當的工作；(二)機器方面的缺陷；(三)捐助社會公共機關的捐欵過多。

自從一九二〇年以來，蘇俄工業總成績的偉大，是萬不能否認的事。現在蘇俄所有的工業，都是最近八年以來從根本上創造出來的。還有一事也必須承認的，就是蘇俄經濟界的領袖們，對於他們所負之偉大事業，亦曾供獻其理想，不屈的力量，和着很多專門的學識；但是，正好像一切任何管理事業一樣，一些卑劣的成分，還未被這些領袖們的熱心所感化；秉之一班地位較低的職員的智識上的惰性，又時與領袖們的在毅力相衝突。所以俄國現代工業之組織，殊不能給予其計畫者以成功之原因。我們無論從何方面觀察，覺得此制度是一個未成熟的計劃；差不多在各方面，均需要改良。

第一，現俄國工人所做工作的數量，是非常不够。關於這一點，讓我們來看看俄國官方的統計吧。我們不是在黑暗的顏色上疑惑着有油漆，事實自會很明白地告訴我們的。根據這個統計的證據，俄國近數年來，各種工業每年平均工作日數，只有二百六十一日。以一年三百六十五日計

算，則每年失去了一百零四日了。在這一百零四日之中，有六十日是因爲星期日及節日；有兩日是因爲意外事件而停工；這些事在旁的國度裏也是一樣的。又有十四日爲法律規定的假期；又有十六日爲因病而停止工作，此二種情形，亦不能謂爲特別，不過因病停工之數目，稍覺太多耳。在俄國特有之事件，爲因工會之關係每年有一日半的停工以便爲工會謀進益，——其實，因此而失却工作日數，不止一日有半，因爲工人常常在工作之際，而思及工會的事情，——又俄國工人每年平均另外有十天可以不到廠作工。此十日的時間，在蘇俄統計上，名之曰『失却的工作時間』。其實在此十日之內，只有二·四日是可以原諒的，(就是參與開會等)其餘的時候，都是『玩忽職務』。可是，雖然情形如此，奇怪的就是玩忽職務之舉，在一九二〇年中，竟大大增進；在那年中因『玩忽職務』而失去的工作時間，達二十三日。

第二，在各工廠內，機器設備不相合。蘇俄政府之政策，是在各工廠只裝置最新的機器；但是機器的裝置常不顧及該機器是否合乎工廠房屋之情形而能否用之獲利。故該

機器實際上所做的工作，比之若有合宜的管理和有技巧的工人的機器所能做的工作，相差遠甚。俄國工人學習最新式的進口的機器的用法，是從外國工程師學的；學過之後，常只能得着此繁複機械學的一些皮毛；所以不久機器的這一部分或那一部分就不能聽命令了。這些機器的配件又不能在俄國買得着；到外國去配，又須經過極麻煩的手續；所以機器常常有好久時候廢置而不能用。俄國工業出產，常不能與工廠機器應有的產量成比例，而生產成本又太高但是假使照上述的原故看起來也就無足怪了。在俄國工廠對於社會公共機關之捐款很重也，足增加生產成本。這種捐款，特別以衛生事項意外事件，失業及老年保險諸事項爲最。另外還有對於工會的捐款，對於法柏科姆的捐款。(按法柏科姆爲工廠委員會之意)再另外足以增加生產成本的地方，爲捐助關於兒童幸福之機關的捐款，工人假日之工資等。所以工廠對於社會事業之支出，也就不爲不多，尤其是與工人在此項支出中所受之利益比較起來，則更覺得多了。

在旁的國度裏，對於這種無節制的捐助，及低量的生產，其經濟的環境，總可有一個生效力的救濟方法。但是在俄國，有一理事會計畫及規定全國出產事業，牠對於出產的品質和價格，是不顧及的，並且因爲國外貿易被牠專賣專買之故，競爭無由而興。這樣，蘇俄工業界的改良，可以說是被那理事會阻滯了。將來的情形，自然會較佳；但是其進步的速率多分是慢的。

(四)工業的出產

蘇俄政府，自從握得政權以來，就有一種明白的認識；就是說，蘇俄現正與其世界的敵人相對峙，而其敵人現正企圖干涉其政策，故其能成功與否，全視乎能否將此種企圖加以壓服而定。因爲這個緣故，所以最先兩個目的爲軍事上的設備及鐵路效率的恢復。在這二方面上，蘇俄均已成功。現蘇俄的軍隊，已有完善的設備；而鐵路制度，差不多可以爲許多旁的國度的模範。但是完成此二種計畫的先決問題，是基本實業的恢復，和充足的化學工業的生產。對於這兩點，蘇俄政府的力量，是非常集中的。

蘇俄欲恢復或超過戰前的出產數，在各種工業中，最困難的，爲冶金工業和化學工業；戰前有許多重要的冶金工廠，供給俄國的需用，現在都在蘇俄版圖之外；（在波蘭拉提維亞厄棱尼亞三國）至於化學工業，能供給大量軍隊的需用的，在俄帝政時代，即屬少見。所以，在這種種情形之下，蘇俄竟能於很短期間，成立他的軍備上的工業，倒是可驚奇的。作者會經訪問其詳細情形，但迄不能發見。因爲蘇俄政府雖然關於他種工業的出產和情狀，很能發出種種的記載；但是關於一切軍備事項，特別的守秘密。不過蘇俄現一方面拒絕購買外國軍火同時又明白地準備對付一切事件，我們若從這點看起來，就可以曉得蘇俄現需用的對內對外的軍用品，在蘇俄自己的工廠內，定可有充足的出產了。蘇俄國防軍所需用之物品至多，每種貨物尙未製出，即已被國防軍所預定，所以俄國雖近來較入外國機器及大宗原料，而製造品仍甚缺乏也。

蘇俄最高經濟議會，遇有人詢請，即能供給關於出產方面的統計。此種官方統計究竟正確與否，外人無由測知，不過在沒有較可靠的記載的時候，此種統計，不得不用。關於軍備上的工業的數目，在此種統計裏面亦無有，其理由前已述及。按照蘇俄最高經濟議會的記載，一九二六—二七年的出產，値六・七五二〇〇〇・〇〇〇盧布，（係指戰前盧布而言）在一九一三年的時候，則爲六三五〇，〇〇〇，〇〇〇盧布。二者相較，一九二六—二七年的出產比之一九一三年（戰前）的數目略鉅。但是各種工業發達的不一致，有的工業還未到一九一三年的標準，有的超過那一年的數目甚遠。下面的表，即表示各種工業在戰前及現在相互的位置：

工業種類	一九一三年	一九二六—二七年	一九二七—二八年（預算的）
無煙煤（以百萬普得註計）	一七四四・〇	一九九〇・〇	二三一〇・〇
石油（以百萬普得計）	五六四・〇	六三〇・〇	七二〇・〇
柴油（以百萬普得計）	九四・八	九四・九	一一八・六
熟鐵（以百萬普得計）	二五六・八	一七八・二	二〇八・〇

鋼（以百萬普得計）	二六三・九	二一一・五	二三五・八
鍛鐵（以百萬普得計）	二一八・四	一六五・四	一八六・五
農業機器（以百萬戰前盧布計）	六〇・五	一〇九・二	一三八・〇
電氣製造品（以百萬戰前盧布計）	七九・四	一三七・九	一八三・三
水泥（以一千桶計）	一一四二〇・〇	一〇七一八・〇	一二六一一・〇
鹽（以百萬普得計）	一二〇・七	一二四・〇	一三〇・〇
精糖（以百萬普得計）	五八・六	五三・二	七五・〇
棉花（以一千噸計）	二八八・五	二七七・一	三一四・六
套鞋（以百萬雙計）	二七・九	三〇・六	三六・五
火柴（以百萬箱計）	三・九八	四・一	四・一

註每普得合三六・一一二八磅

據蘇俄最近的將來的五年中的計畫，對於各種工業希望中的發展，有如下表所述。下表亦係從最高經濟議會得來：

成本價值（以一九二六—二七年為標準）單位為戰前百萬盧布

工業種類	一九二六—二七	一九三二—三三	增加的百分數
燃料	七一二・四	一四二五・三	一〇〇・〇
礦產	六三・三	一三六・五	一一六・〇
五金	一三四二・八	三〇八七・五	一三〇・〇
電氣製造品	九六・〇	三〇三・九	二一五・五
建築材料	五八二・八	一一八七・七	一一〇・〇
化學工業	三九七・〇	九七二・一	——
棉花	一九三・四	四三五・四	一二五・〇
紡織工業	二四六八・二	四五四七・六	八四・四

皮革工業	三六九·七	七〇〇·〇	九〇·〇
製紙工業	九六·七	二三四·九	一四二·九
印刷業	五三·七	八九·〇	六五·七
磁器陶器	三七·〇	六五·〇	七六·〇
糧食	七四七·三	一六九八·三	一二七·〇

又據最高經濟議會得來的消息，欲使上表中各項工業得預料的發展，在這五年之內，所需的資本總額，達七·〇八八·〇〇〇·〇〇〇盧布。在此數目之中，有二·六〇〇·〇〇〇·〇〇〇·盧布，是用在購買和裝置應添加的機器和設備。蘇俄政府的本意，原欲在國內儘量製造專門的設備；但是照現在的計畫，進口的機器，爲冶金工程煤礦石油礦織機及其他之用者，很佔一大部分。

俄國近來取減少穀米輸出的政策，因爲這個緣故，反不得不限制可發展工業的要素的輸入；所以在這情形之下，俄國今年出產之增加，能否如第一表中所預定，殊令吾人發生很大的疑惑。但是俄國近年以來，工業出產，逐年均有增加，也是不可否認的。現在俄國的出產，以全體論之，已恢復戰前的狀態，此實可爲讚美之事實，因爲蘇俄政

府，苟能有充分的便利，自可使最近的將來情形，更較勝於現在；雖現在的出產，尚不足供給人民的需要，然此並不與上述之希望相反對也。

(五)農人問題

在蘇俄各種組織繁複的生長之下，農人方面與工人方面，大有區別。工人方面已經發動得利害，而農人還是不知不覺。農人在政治方面的活動，可以說完全無有，最多不過爲一生產者與一消費者而已。這不是因爲他缺乏關係心；這是因爲他沒有了解。最初他完全被陷入恐怖狀態，但是他一切並不追求，只完全付之命運。讓他日引爲懼的旱災回來吧！讓政府將他的穀物他的用具取去吧！但是他所能反應的，只有一個方法，就是和消極抵抗差不多的完全放棄，是他的唯一有力的武器。

在歐戰及正值戰後的一時期中，德奧二國，有中央局的設立，其目的在使以國家的權力管理生產及分配。此種中央局，成績是非常不好的。近今蘇俄的穀物政策，有很多地方，與這中央局相似。蘇俄軍隊及城市人民的麵包供給，無論如何是必要的：但蘇俄政府的意見，不是照穀物眞

正的價格付價向農人收買，而是任意地定一種較低的價格，向農人硬買，不遵命的，有嚴厲的處罰。此種政策的自然結果，就是使農人不想生產穀物，（指小麥等）因爲穀物若依政府所定之價格出售，對於農人反有一種損失，所以穀物的供給，亦只有減無增也。

其實蘇俄政府這種政策，已是錯誤。蘇俄政府，現正獎勵機器及原料的進口，但是俄國進口的能力，大半賴乎穀物的輸出，所以穀物輸出者俄國至爲需要。政府方面，雖已用過種種方法，以增加穀物之供給，但是最明顯之一法——就是說，農產品之自由買賣——又不適用於蘇俄的制度。蘇俄政府的意思，以爲農人在嚴重罰例之下，必須依照『規定的』價格供給穀物，不過『規定的』價格這樣的低在農人方面，自引起强烈的悲感，而無心去增加生產。現在蘇俄每一普特的麥，（按每普特合三六．一一二八磅）按照其所含的濕氣的程度，約值一——一．一盧布；而每一普特的黑麥（Rye）值六十五個『科百克』（按每個科百克合盧布百分之一）這種價格，只比戰前稍微高得一點。但是一班製造品的價格比戰前高過三倍至四倍。所以農人拿着一普特的麥，賣了一個盧布，而結果只能得到一普特的麥價在戰前所能買的東西的三分之一。

無論何人，若對於中歐諸國在大戰時及戰後之經濟有一些經驗，就可知道：凡政府若施行一種規定的價格，則不合法的市價，自應之而生。此種情形，在俄國亦何獨不然。在俄國麥的不合法的市價，漲到二盧布；就是說，在這數目之下，農人情願去賣。但是俄國自大戰以後，工業品的價格與農產品的價格，相差太遠，故雖每普特的麥無形中漲到二盧布，終不能不使農人感受痛苦。而且，農人除了不能以所產之糧食換得充足的製造品之外（因價格之不同）尚感覺貨物供給缺乏之苦。貨物供給之缺乏，既在俄國成爲一重要問題，不過農人在此所感的不便，較之工人尤甚。農人也沒有光陰也沒有機會去等在商店的前面，候着他所需要的貨物出賣，所以，每每有農夫所最需要的東西，他一點都沒有得到。在鄉村之間，各種紡織品，高靴，零細五金類，手用器具，醫藥用品，玻璃，以及其他許多日用物件，常常缺乏。有時，缺乏得太厲害的時候，則有一種所謂補救的方法發生；就是政府將城市中所能取到的一切貨物，大批的運到鄉間；但是在這許多東西的中間，常常有些不是農人所必需的。其實，俄國並沒有絕對的貨物缺乏像大戰時中歐諸國一樣。有許多時候，當俄國某處感覺貨物缺乏的時候，在國內他處，常有該貨物的存在。牠們有時亦能發現在其最所需要的地方，惟多少不等耳。不過牠們的供給，是沒有一定的，所以，農人常懼怕他賣出穀物，所得的價錢，不能買到他所最需要的物件。實在的，農人常有不能買到他所最需要的東西的事情。

在這幾種情形之下，農人所得的推論，自然是說：他所出產的穀物，只能維持他的生活或只用以買一些絕對必需品為度；若過了這限度，非惟不能得報酬，反要受一些損失。農人也知道在這種情形之下，除了為他謀食物或其他少數物件之外，若再加努力，似乎只是為別人謀利益。這種趨勢，因着蘇俄政府對於一班『庫洛克』的政策，而更加利害；『庫洛克』者卽較大的農莊之所有者之謂，他們所負的稅，是很重的。一班小田主，因着『庫洛克』的例子，都覺得他們若努力增加一點生產，這生產將要以增加的賦稅的名目而充公的。

蘇俄政府已經再三聲稱；農民所負的稅，已經減少。不錯，關於小田主或中田主方面，若單就納稅一點觀之，實已減少，但是這種減稅，在實際上的地位是極小的，因為蘇俄政府，可用別種方法使農人捐款，任意制定穀物價格，卽其例也。在去年一年中，蘇俄國內農民借款，亦為鄉間一般人的負擔。嚴格地說起來，這實在不是一種逼迫人民的借欵，政府且發有嚴厲的法例，禁止一切强迫人民認銷的舉動；但是有些地方，對於這些法例，視若弁髦，一班當事人關於認銷債欵對鄉人的勸導，在鄉人視之，直等於壓迫。鄉民既經認定之後，到了一定時候，須負責付錢；若到了期限不能付錢，則須被查抄，這時不獨所藏的穀物，被奪去，有時並且將種子及農具取去。自然，這並不是政府的意思，不過一班底下的執事人們，熱心太過之所致罷了。這些方法，對於穀物的出產，自然是有很大的影響的。

在俄國鄉間，有一種機關的設立，這種機關，叫做『自捐會。』因着這個『自捐會』，一班小田主與庫洛克（比較的大田主）的分別，較為明顯。有很多地方，賦稅所入，常不足供地方上的費用，（如教育醫藥等）在這種情形之下，鄉間常有一種自動的捐助的制度；這種捐助，不能過於納入政府的稅的百分之三十五。這種自動的捐助是由鄉間議會所決定，不過其負擔差不多完全落在一班『庫洛克』身上。他們所納的稅，常因此更增加百分之六十至百分之八十。有此種種情形，農人對於增加生產，自不起勁。最多他們只願不種穀物而改營他種農產品，（如煙草，麻，家禽等）因爲這些農產品，可以做自由買賣，且從此所獲之利益，亦較麥及黑麥爲佳也。

在蘇俄政府種種的補救的方法之中，土地稅是値得一述的。此土地稅不是在出產上抽稅，是在田畝上抽稅；所以一班田畝出產較低的農人，甚負擔反較大。並且根據此種稅則，凡農夫若因爲懶惰，或因爲消極抵抗，或因爲別的緣故，而致土地荒蕪者，其應付之土地稅，應照平常稅率加倍。政府方面，因爲想增加出產及使可種之地增加起見，將一地方的小田主聯合成一種合作的會社，受政府的監理和指導。這種計畫預備慢慢地擴張出去，若是有成效，就可以使政府管理農業的出產。這種計畫，若從農業出產的特別性質，一班辦事人的心理，和着鄉下人的意識諸點初看起來，似不見得能有很大的希望；不過蘇俄當局對於合作事業，在旁的範圍內，已經做了很多的勇敢的試驗，而且有些已經是有很大的成功；所以我們對於這事的判斷，暫時可以擱置起來吧。

假使我們因爲以上所述，而謂蘇俄農民對於其政府，一定有劇烈的反對，這就要錯了。其實，蘇俄農民一種像消極抵抗的舉動，也不是因爲政府政治的威力的關係，但是因爲他對於增加出產既缺乏關係，而聽天由命之說，信之又太深。不過，這種心理的趨勢，無論稱他爲完全放棄也好，稱他爲消極抵抗也好，對於蘇俄的穀物出產上，總是有很大的危險的。蘇俄政府，已經爲了這個緣故，在明年的時候將要從牠的經濟政策中把穀物輸出一項踢出來了。假使蘇俄政府能廢除穀物（麥類）的規定的價格及强迫的出售，則情形必將大變。恐怕俄國未必能忽然地改變其政策吧！不過就假使俄國能這樣做，農民問題，仍然存在，就是說：俄國現在有二千萬至二千二百萬的田場，有一萬二千萬的農民，其中之大多數，尚未接觸蘇維埃思想，對於蘇維埃制度到底是代表什麼，尙完全不知道。實在的，這一大堆民衆，因着信天由命的關係，已經使蘇俄政府對於其原來的主義離得很遠了。

（六）蘇俄之貨幣

俄國的貨幣情況，一班關心蘇俄國家經濟的領袖們，常引以爲慮。牠的新幣『歇奉奈茲』（Chewonetz）有幾年是非常安定的。可是到現在，雖對英美匯兌上的平價，名義上仍然維持，但是此種新幣在國內的購買力，已經迭次降落，到現在已經降到對外平價的百分的四十七了。

『歇奉奈茲』的產生，是在一九二二年十二月。那時候，蘇俄紙盧布價格大跌，蘇俄政府不願向他國求帮助，即成立一國家銀行，發行一種很可靠的紙幣，即『歇奉奈茲』紙幣。（按每一歇奉奈茲值十個金盧布）在此種新幣之下，對美之時價，據官方所稱每金元爲一・九五金盧布。假使我們若照上面所述盧布在國內購買力跌落的狀況看起來，則每金元實值四盧布。但是，據非正式的市價報告，每金元只值三盧布至三・二〇盧布。

現在蘇俄國家銀行是在衰曼氏管理之下，衰曼氏（Scheinmann）爲一最有經驗之人，其助理爲卡曾愛而巴氏，（Katzenellebaum）極富於理想者。現在他們的政策，有人稱之爲包含錢幣濫發之性質，但據蘇俄現在情形，此語實爲不當。現在蘇俄的紙幣，爲一十六萬萬盧布，而蘇俄之人數爲一萬四千七百萬。平均每人的紙幣所值，若依官方的匯率算爲五・五〇金元；若依非正式的市價爲標準而計算，爲三・三〇金元。蘇俄國家銀行管理方面常常聲述云，每人平均之紙幣數，既如此之低，而紙幣之發行，又只能根據現金及最優等的商業票據，則從何處會發生紙幣過濫而致引起物價的情形。爲證實上項言論起見，該國家銀行並稱於過去最近二年間，紙幣從一萬二千萬只增到一萬六千萬盧布。但是，另據極可靠之消息，則謂蘇俄現一俟現金及國外票據準備增多，即將毫不猶疑使紙幣增加至四萬萬盧布云。

假使依照後說，則自係濫發貨幣，除此也沒有旁的可以解說爲甚麼要增加到四萬萬盧布。大凡一個國家，牠的收入是非常的小，則萬不能純以算學上的公式謂他國平均每人的通貨多，己國平均每人的通貨少，而即以此增加其通貨，其實在他國中情形截然不同，非可一例而論。若是欲增加通貨，而不跟着國家出產的增加，僅云通貨增加，出產也會如預料中的增加，則其對於通貨的購買力的影響自不小。俄國情形，已經是很明白的一個例子。自去歲以來，通貨增加了百分之二十六，但是貨物出產，只增加約百分之八；結果貨物價格飛漲，換言之，『歇奉奈茲』在國內的購買力跌落。再有一種結果就是：人民對於貨幣的安定，似已失去一部分信用；無論何人，有錢在手，總想將他換成貨物，愈快愈好。很奇怪的，就是這種趨勢俄國視之，似尚有再增加通貨之必要，雖然他們不能不知道：若是通貨與貨物現存的關係有所變化，一種不良的循環必將因之而起。

上述的『歇奉奈茲』的產生，本不是為對外貿易而設，所以蘇俄政府也不必因此種貨幣之跌落而承認牠的貨幣政策的失敗。至此幣價跌落對於俄國人民之解釋，只有似非而是地歸到『指數』的變動。所以照俄國人民看起來，『指數』一事在俄國具一種奧秘的性質；就是說，牠可以為一事之解釋，而不是為記載之用。數年以前，蘇俄政府努力欲使『歇奉奈茲』在倫敦柏林維也納及他處得着時價，此種努力，會忽然停止，在現在更有一種相反的舉動，就是：現在蘇俄正思阻止俄幣與他國的匯兌。關於『歇奉奈茲』紙幣的輸出及輸入嚴加限制。蘇俄的國外貿易政府專利的政策和蘇俄信用制度的嚴格的集中，使此種限制，頗為有效。現在僅經過蘇俄與土耳其波斯貿易的關係，（此在蘇俄國外貿易專利政策中為例外）『歇奉奈茲』紙幣纔有少許流通於外國市場。因為蘇俄紙幣在國外並無公布的行市，所以凡持有此種紙幣者，一有機會，即亟思脫手；結果常常有『歇奉奈茲』紙幣交易在外國市場中受着不公平的低價格，而這種低價格，自然並不是因為俄國貨幣跌價之所致的。

上邊已經說過，『歇奉奈茲』已跌到其原來的購買力的百分的四十七，而蘇俄政府，依照貨幣法律的規定，反視其價值與原來一樣，完全未跌。所以若這樣看起來，一切蘇俄的輸出品，假使照着官方規定的匯率以美國金元表示之，（即每金元等於一．九五金盧布）則這些輸出品對於蘇俄反為一種損失。（因為實在的市況每金元約合二盧布餘）就是說，這些輸出品的出售價格，反低於其成本價格百分之二十二至百分之三十，若是這兩種價格都是照着官方規定的匯率而以金元表示出來。就反一方面說，若是這些輸出品的價格的計算係按照『歇奉奈茲』已減低的購買力，而定其用與金元的匯率，則情形似乎比較有利。有些人友好於蘇俄的，有時用後面一說以爲辯護，但是這裏面的錯誤，是很明顯，用不着詳細的駁詰。蘇俄政府因爲欲彌補上述輸出品約損失起見，不得不將輸入品的價格增加，而因之增高生活程度，這種事與減低貨幣的購買力是一樣的。

我們須注意『歇奉奈茲』在俄國內價格之跌落，並不是連續着往下跌，也不是一次跌得很快；這種情形，自然也是合乎貨幣跌價的原理的。有時有幾個月，俄幣完全安定；有時甚至於其購買力往上漲。不過在隔了差不多相當的時期中，通貨的總數，總是往上增加；致俄國幣價，因之一度一度的跌落。但是俄國幣價因此而致跌落，在國外一點也不覺得；一些與蘇俄有關係的國外公司也未直接地受着這變動的影響；因爲俄國政府對於貿易上付還欵項，是很

拘謹的。有時在俄國自己對於付還國外欵項的工具感覺得比較缺乏，卽限制進口，並極力增進輸出。這種法門，在現在是常用的。

現在蘇俄國內的信用流通，票據貼現甚多。假使蘇俄能將此票據貼現的一部代之以外債，則對於蘇俄經濟上（間接對於蘇俄的貨幣上）有很大的益處。蘇俄國家銀行，對於俄國各種事業的借欵，太形鬆散。這可以從牠的票據貼現看得出的：現在貼現的總數差不多有蘇俄紙幣總數一樣的多。關於蘇俄國內貼現的力法，現在的情形，是很特別的。蘇俄國家銀行公佈的貼現率自百分之五起至百分之十一止。就是說，那些機關，凡國家銀行認爲與社會有特別關係的，才能够享受百分之五的貼現率。其他機關，則須出較高的貼現率一直到百分之十一爲止。去歲之中，全蘇俄的貼現率，平均起來，減低了百分之一，但這是與國家銀行的意思相反的。國家銀行方面的意思，則爲：近來蘇俄的生產成本增加，其原因非常之多，所以將貼現率減低百分之一，是沒有用的，而且貼現率實無減低的必要云。

科學與人生

楊城

引言

今之主宰文化中心，能够支配人類一切行動的，不是科學嗎？自科學昌明後，哲學不僅以玄理而闡明宇宙觀；宗教不僅以神道而解釋人生觀；道德不爲情感習俗之所囿；政治不爲守殘抱缺之所拘。他若日用服御，沒有不與科學相繫綦密。所以人生問題，想得圓滿的解決，那末，只有探求左右人類活動之原動力—科學—茲分何謂科學，何謂人生，和科學與人生互相間之關係三節，逐一說明之。

（一）何謂科學

「科學」一詞，英語名曰 Science 源出於拉丁語 Scire，是求知識，及含作物有手段之意。所謂科學家，乃長於「作物」之人。故當拉丁時，「科學」這名詞，與其說牠注重知識，不如說牠是注重技術。及夫中世紀以後，這原意漸漸改變，由注重技術一方面，轉而注重知識，一方面。

「科學」這個名詞，在近時應用，有廣狹二義之分。在廣義一方面，是照觀察，實驗，和分門別類，以研究一切精確知識的學問之總名。像形而上學，神學，和一切物質的科學，都包含在內。在狹義一方面；是用觀察，實驗的歸納法，研究自然界有形的現象，求得精確知識的學問之總名。像天文學，地質學，物理學，化學等，都是狹義的科學之專名。至於「科學的」，是一種廣義的形容詞；就是說，無論是那一種學問，或事業，如果他們的情形，都是合乎有系統的道理，便可以說是科學的。然其分類，有純粹的科學，和應用的科學；原理的科學，和自然的科學；抽象的科學，和具體的科學；叙述的科學，和說明的科學；演譯的科學，和歸納的科學等。

總之，科學之特性，則爲專研究事實的現象，和求得眞理。但求得眞理之方法，必須注重有系統的觀察，實驗，計算，測量，歸納等。

（二）何謂人生

「人生」這個名詞，是指人類的「活動」而言。人類的「活動」可分精神與物質兩方面。精神方面：如哲學，宗教，道德。物質方面：如政治，和社會的組織，以及日常生活的要求等。茲分述之於后：

(1)宗教和哲學的活動

人類的意志；是日日求進步，及滿足慾望。欲達到此目的，當然以求知識爲第一要務。在初民時代，知識不發達，對於宇宙觀，和人生觀，神秘不能解釋的，只委之於天。所以宗教出，而能滿足人生的慾望。以後人類已經發動了智性，把從前解決宇宙和人生的問題，假托於神靈的責任，却拿到自己身上來；於是用自己的能力，創造知識，來解決向來所不能解決的一切問題，就是哲學。

(2)道德的活動

人類生存的目的，是求生存和發展。要求生存和發展，不能不顧及人與我之關係；所以道德；卽應運而生。當蘇格拉底時，主張感化作用，以知識爲主。拍拉圖，亦主張四種基本德行，——智義勇敢，和節制。——他說：「愚蠢是最大的罪過，是萬惡的根本。」以後基督教出，反對以知識爲標準的道德。以爲求得知識不容易。因人類的時間，金錢，才幹不齊，所以人人不能得到知識；卽道德不

能普遍。於是遂代以基督敎的「慈愛」，爲道德之標準。是偏於感情的。後來講道德的，又有主張以「知識」與「感情」須調和爲原則的。我以爲感情，憑一時之愛惡，不可恃。道德須先以感情爲動機，以智識爲鑒別。尙稱平允。至於我國提倡道德的標準，則爲忠孝，仁愛，信義，和平。倘這幾點能做到，却也能減少中國的亂源。

(3)政治及社會的活動

人類不能離羣而獨立，所以不能不有組織；其組織之完密的，則爲國家。當民智閉塞時，以爲國內的事，應付托一具有偉大才能的人，——君主——其餘的人，只有服從。因此養成一種奴隸性。以後「民約論」出，民治主義，遂以日昌；於是人類對於社會國家的活動，益以增加。由此觀之：國家治政之良否，責任是在全國的人民，不似以前的貴族政治。所以人類之於社會國家的活動，只有一天一天的增加，同時所負的責任，也是一天一天的增重。

(三)科學與人生相互間之關係

科學，與人生，究竟是怎麼一回事，大概如上所述。現在我們再求其彼此的關係，仍分科學與宗敎，哲學，道德

，政治，以及日常生活等數節，說明之。

（甲）科學與宗敎

自科學盛倡後，一切宗敎所信仰的神，——雷電巨風的災害，日月盈虧的現象，山川的崩裂，土地的肥沃，以爲都有神主宰其間。——可以用分析解剖的方法，證明是是一種尋常的現象，不能降福生禍；人類可以自由玩視。因此而減去畏懼的心理。所以現在宗敎上所信仰的神，不似以前盲目的拜偶。

（乙）科學與哲學

講哲學思想史的人，大概都承認歐美哲學，分作四大派：就是（一）緒統派，（二）理性派，（三）經驗派，（四）實驗派。這四派的思想，其支配人類哲學生活的先後，就是依照上列的次序。就第一派的哲學家說：亞利士多德可以算是這派的代表。他的求知識的方法，主張玄思妙想。這派的思想，在歐洲的勢力極大，經過的時代也極久。大概十五六世紀以前，歐洲人類的思想，都不能夠逃出這派思想的範圍以外。到了十六七世紀，培根笛卡兒那些人出世以後，都以爲從前的知識，失之渺茫，毫不實在。推究牠的原因，就是由於受了亞利士多德玄思妙想的毛病。要挽救這個毛病，所以都想設法求改良人類的思想。但是他們所主張的方法，極有分別。一派是主張以主觀的心內理想爲主，判斷事理眞確的方法，要注重「演繹法」。這派就成立了叫做「理性派」的思想，笛卡兒可以算是這派的代表。一派是主張以客觀的事務經驗爲主，判斷事理的方法，要注重「歸納法」，這派就成立了叫做「經驗派」的思想，培根，洛克可以算是這派的代表。

到了十九世紀以後，物質的學問，一日加甚一日，於是哲學中的思想，又爲之一變。大多數學問家，都主張事實上的經驗，再加以有意識的反覆實驗，以求得眞確的知識。這就是第四派的思想。屬於這派的哲學家極多，孔德可以說是主張極早的第一個人。就上面統括的講來，哲學的思想，可謂是由虛玄而進於實在，再由實在，而更進于眞確。所以十六七世紀以前，歐洲人的思想，除了摹倣古人注重式和緒統以外，另外沒有他項貢獻。到了十七世紀以後，一般學問家，才知道知識有眞假的分別，宇宙現象有進化的階級，推究這項影響的原因，自然不能不歸功于培根，洛克，加里雷倭，達爾文那些人所提倡的科學主義。

(丙)科學與道德

自來講道德者，以爲風俗習慣，是道德的起源；而且是承繼古人不可顛扑的。其爲不合時勢，和束縛人類生活的缺點，不待多言。所以近來科學倡明，對於道德的標準，完全視顛扑不破的原理爲轉移。如果起居動作，眞合乎原理的，就是古人或老年人不這樣做，我也必須這樣做。若是眞正與原理不合，就是古人或老年人，要這樣做，我也必須不要這樣做。於是道德就可看作照適用的原理，隨時變更了。

(丁)科學與政治

古來的政治，都迷信國家神權說。自盧梭的「民約證」用科學的歸納法做成後，政治學，始大放一光明。蓋民權說的產生，是用人民的權利義務，和事實做憑據，以求出眞理。所以「契約論派」的民權說，是受科學的感化。

赫胥黎斯賓塞等，專拿「自然選擇」，「適者生存」，「優勝劣敗」等科學的原理，來做政府的主義去治國。其餘如「社會主義」，馬克思的「唯物史觀」，皆由經濟革命後，社

會平富不均所致。然經濟革命，因大工廠應用機器。但產生機器的，是科學，所以社會主義，（民生主義，也是社會主義）。用來治科學底毛病。

(戊)科學與日常生活

日常生活，含義最廣，茲特提出幾種重要的，縷之如左。

(1)科學與人類之身體——我人的身體，固然離不了衰，老，病，死，這四個字。但能循序達到「自然死」的曾多，然，人因身細胞被細菌所侵蝕，致令暴死的也不少。自醫藥用科學的方法精進後，人類的夭亡率，已漸次減少。換言之，即人類漸達「自然死」的機會增多。（附註之自然死，即是人身內的高等細胞退化，至生活幾絕，呈衰老而死）。

(2)科學與人類的行爲——勒洛伊目科學爲行爲之全體。因爲科學爲已洗練，已組織的常識。其影響於行爲如左：

(A)對於事物的熱情——我和事物之關係，可以明白。

(B)研究的態度——事物和事物之關係，可以明白。

(C)論證的精神——事物本身之法則法，可以明白。

(D)行爲和法則聯絡起來，以養成一種規則的習慣。

(3)科學與人類的精神——科學由人類精神的啟發，而根抵更強；同時人類的精神，由科學的誘導，而奮發愈烈。於是「利用價值」之中，即含有「理想的價值」；而「理想價值」之中，即含有「利用的價值」，兩者相得益彰。

(4)科學日常的用器——科學發達，機器日新，那末，製造日常的需用品，日益多。所以我們處在現在的世界，和我們的列祖列宗比較起來，並不感覺物質供給的缺乏。

結論

「科學」的學問，是求真知，不重玄理，和拜偶像；牠解決一切問題，能夠澈底能夠滿足人類的慾望。所以解決人生活動的問題，用科學的方法是最完密的。

東三省計畫中鐵路一覽表

東三省之鐵路事業，近數年來，頗形發達。築成者固甚多，在計劃與建築中者，尚不在少數。將來交通上固益便利，但其中半由日人計劃承築，權不我操，我國人不可不知者也。茲將調查所得，列表如下：

名稱	起訖地	長度	計畫機關
齊拜路	安達至拜泉	一七三粁	交通委員會
安扶路	安達至扶餘	一八四粁	滿鐵
安克路	安達至克山	二二四粁	吉林人民
安嫩路	齊齊哈爾至嫩江	不詳	東鐵
嫩黑路	嫩江至黑河	三三〇粁	交通委員會
小林路	小蒿站至林甸	二七粁	東鐵
滿青路	滿溝至青崗	九八粁	東鐵
滿肇路	滿溝至肇東	三五粁	東鐵
呼鶴路	呼蘭至鶴立崗	四六三粁	黑省
齊扶路	齊齊哈爾至扶餘	二四七粁	不詳
黑安路	齊齊哈爾經林甸至安達	一一二粁	洮昂路
濱黑路	哈埠至黑河呼海路即其一段	不詳	黑省
會嫩路	海倫至嫩江	二七〇粁	呼海路局
海索路	海拉爾至索倫	四八〇粁	東鐵
三一路	三姓至一面坡	不詳	東鐵
達大路	達家溝至大和莊	不詳	東鐵
同五路	同賓至五常	一六八粁	東鐵
穆三路	穆稜至三姓	二六五	東鐵

密虎路	密山至虎林	不詳	吉省
一五路	一面坡至五常	九七粁	東鐵
一依路	一面坡至依蘭	二三五粁	東鐵
穆密路	穆稜至密山	一八〇粁	依蘭道
密富路	密山至富錦	二八八粁	依蘭道
穆牡路	穆稜至牡丹江口	不詳	依蘭道
洮索路	洮南至索倫	二一六	滿鐵
洮滿路	洮南至滿州里	六六八粁	滿鐵
開扶路	開通至扶餘	一四八粁	打通路局
開林路	開魯至林西	三四五粁	奉省
臨海路	即洮熱路之延長至連山灣	三二七粁	滿蒙五路之一
洮熱路	洮南至熱河	八八八粁	滿蒙五路之一
吉五路	吉林至五常	一六二	滿鐵
吉密路	吉林至密山	不詳	日人
潮濛路	奉海路之潮陽至濛江	一一六粁	奉省
南興路	奉海路南札木至興京	不詳	奉海路
興臨路	興京至臨江	三二〇粁	交通委員會
臨長路	臨江至長白	一八四粁	奉省
朝安路	朝陽鎮至安東	三五八粁	奉省
朝間路	朝陽鎮至間島	三四四粁	吉黑二省
扶哈路	扶餘至哈埠	二〇〇粁	吉省
德九路	德惠至吉長路下九台	四五粁	商民
長大路	長春至大賚	二一二粁	滿鐵
延琿路	延吉至琿春	九五粁	延邊商民
延海路	延吉至海林	二四八粁	同上
敦會路	敦化至會甯	不詳	滿鐵
敦海路	敦化至海林	不詳	滿鐵
敦五路	敦化至五常	不詳	不詳
遼闞路	遼陽至闞家窩堡	八六粁	滿鐵
阜闞路	即上路之延長至阜新煤礦者	不詳	滿鐵
奉熱路	奉天至熱河	不詳	交通委員會
鐵法路	鐵嶺至法庫	五六粁	滿鐵
四西路	四平街至西安	八六粁	同上
公伊路	公主嶺至伊通	五七	同上
開海路	開原至海龍	不詳	滿蒙五路之一
新林路	新邱至林西	不詳	同上
安貔路	安東至貔子窩	三二六	滿鐵
蓋復路	蓋平至復州	八八	滿鐵
陶扶路	陶賴昭至扶餘	一二五	東鐵

以上共計五十七路。由日人計劃者二十路。東鐵計劃者十一路。其中關於安扶路，係滿鐵計畫，備與東鐵競爭者。關於達大路，係東鐵計畫，擬抵制吉長路者。惟在我國領土之內，而日人竟欲壟斷交通如此。我國人若再不急起直追，力圖挽救，則滿蒙不爲朝鮮之續也幾希。

最近世界之航空

陳汝善

十餘年來，航空不僅爲戰爭之工具，且亦爲交通之利器，大戰以還，各國積極發展，政府提倡於前，民間踴躍於後，曾幾何時而航空事業已臻極盛時期，去歲林柏氏 *Col Linbury* 飛渡大西洋，結果之佳，足以預示吾人將來人類交通進步至何種程度，至以航空發展前途爲正比例，故今日各國幾無不以開辦航空爲當務之急者，本篇所言航空，乃專指空中交通而論，空中交通，民用航空之一部也，民用航空以主辦之性質言之，有國有及民業之分，以用途言之，有下列三種之別，

甲，空中運輸 *air Transpart* 如規定路綫，及時間之運載旅客，貨物，及郵件者，是也，

乙，事務航空 *air Service Operaton* 如

一，公共服務

二，空中攝影

三，水陸之測量

四，科學上之觀測及探險

五，森林及沿海之調查或監視

六，傳達緊急報告

七，魚業之指導

八，農業事務

九，救火事務

十，稅關事務等是也

丙，私人飛行 *Private flying* 如廣告宣傳，游覽飛行等是也。

各國現有民用飛機數及政府之補助金額

世界專供之民用飛機爲數甚夥，但可考者，爲下列日本所發表之統計(一九二七年)，

國名	機數	國名	機數
美	一二〇〇	法	八六〇
德	四〇〇	意	三一七
美	二四四	日本	九〇
澳	六九	比	六二

荷蘭	二三	波蘭	一九
坎拿大	五七	印度	五

航空事業，雖然重要，然危險性之大，亦非他項事業所能及，故各國政府，處人民之畏縮也，乃補助鉅款以獎勵之，其每年用於此宗款項，至少有如下之數目，

德	一〇，〇〇〇，〇〇〇元
法	六，五〇〇，〇〇〇元
美	四，〇〇〇，〇〇〇元
意	三，七〇〇，〇〇〇元
英	二，五〇〇，〇〇〇
日	三七一，八〇〇
澳大利亞	四〇〇，〇〇〇

各國航空事業實况

美國

美國民用航空，以十年前之郵件運輸爲嚆矢，迄至一九二六年始開辦旅客運輸，當時已有規定航空綫，一一〇六七哩，各國航綫長度，當以此爲第一，其一九二六年與一九二七年之成績，約爲同時全歐之半，下（所記即其情形也，

一九二六年	美國	歐洲
飛行路程	四，四六八，七三二哩	八，八五二，五五二哩
郵件重量	八一〇，八五五磅	二，八二三，五四〇磅
一九二七年	美國	歐洲
飛行路程	五，八〇九，九九九哩	三，六一六，七五二哩
郵件重量	二，三六一，五四七磅	七，七一三，八四一磅

美國航空首辦郵綫，時在一九一八年，適因大戰之後，軍用飛機供過於求，郵政部乃利用此項剩餘之機，輸送郵件於紐約華盛頓間，旋展至支加哥，不四年即用自備飛機，開紐約舊金山郵綫之航行，顧以草創之際，僅具雛形，遂同鐵路連合，日用空航，夜用路運，一九二三年八月，該部建築支加哥至 X *Cheyenne* 長一千哩之夜間航綫，開世界日夜航空之先聲，斯時也，商業航空仍在黑暗之中，該部復積極求進，無何而紐約舊金山間橫渡大陸日夜航空聞於世矣，該綫直達郵運至多祇須三十小時，業務之佳，效率之大，迥非昔比，茲後已開之各綫，亦可日夜通航，消息傳遞之便捷孰甚於此，一九二六年初，商辦航空，漸

俱規模，該郵政部得國會之授命，招商承辦航空個綫，以與其幹綫相銜接，果爾成效卓著，人民稱便焉，該部復將其橫渡大陸航綫，發交商辦，當此之時，全國各處已有十三綫，交錯航行，日運郵件超過二萬哩，比年以來，郵運航空如雨後春筍，此起彼興，據今年五月之調查，已有郵綫二十二，長度萬餘哩，平均每日飛行二二一一〇哩，郵件五七〇〇磅，至於郵費一項，已有削減，曩之每半盎斯，收費十分，今即減爲一盎斯，收五分，以後遞加每盎司加徵十分，此種改訂，將使營業增加三倍 ， 必毫無疑義也，

美國郵政航空既如是之發達，而其辦理客貨運輸需附帶郵件之航空公司，爲數亦不下二十，飛行路綫亦如之，其往日開辦經過，及公司名稱，毋容一一贅述，惟有三者，或及最近組織，或規模極巨，不能不爲讀者告也：

一，橫渡大陸空運公司(Transcontinental air Transport Co. Inc)

二，西方空中捷運公司 (Western air Express)

三，環球航空公司 (Universal AviationCorporadtion)

橫渡大陸空運公司，乃由六商業團體組織而成，其中包括鐵路公司，汽車公司，銀行團等，爲辦理美國東西岸之唯一航空機關，西方空運公司，乃辦理西北部最大航空機關之一，至於環球公司，乃由運輸公司，及飛機製造家，九團體結合而成，其目的有二，一爲接辦一飛機製造廠，(Fokker Corporation of America) 一卽開辦北美中美南美之空中交通，首開航綫四千哩，以後再展長七千哩，全美洲之航行，勢非短時所能辦到，故先行下列三綫。

一，由支加哥至 Cleveland及 Twin Cities

二，由支加哥至聖路易經Kansas城到Omaha.

三，航行 Minneapolis, Duluth及 Forge 之間

近年美國水陸交通，因航空之競爭，不免影響營業，如是悉欲與航空公司聯和運輸，鐵路與汽車同航空聯和已有成效，截至最近與航空聯運之鐵路，已有八條：

一，本雪文尼亞鐵路　二，北太平洋鐵路

三，大北鐵路　四，大西洋沿岸鐵路

五， Chicago, Milwaukee. St. Paul

六，*Atchison. Topeka & Santae Fe*

七，*Baltimore & Ohio*

八，*Florida Eost Cocst Line*

波梯莫奥黑阿鐵路之與西北航空綫大西洋沿岸鐵路及*Florida E. C. L.*二鐵路之與汎美洲航空綫即其例也。

美政府商務部於一九二六年頒佈一商業航空律，俾民間航空事業有所準繩焉，并于該部設一航空局掌其職務有四；

甲，審查飛機

乙，審查駕駛人員

丙，規劃航綫設備

丁，釐訂航空法規

本此職務，該局內部分爲四科，各科之權限如次，

甲，監理科（*air regulations division*）

一，考驗駕駛人員

二，飛機登記發給牌照

三，實施航空法規

四，調查意外預防危險等事宜

乙，路綫科（*airways division*）：

一，計劃航綫

二，建設航路標幟

三，修築停機場所

四，保護綫內設備等事宜

丙，實驗科（*Experimental division*）：

一，察驗飛機

二，支配飛機及駕駛員

三，巡勘綫路

五，規劃發展事宜

丁，情報科（*Air Information division*）

一，報告氣象

二，發表航空消息

三，分佈規章地圖

四，發表營業統計

除此四科外，近復在商務部內，設一專局，名曰航空意外調查局（*Air accident investigation Board*）司調查意外危險之原因，及預防危險之設施等等，航空條

例因時代之需要，陸續頒佈，各州之飛機不合標準者，不得領取 *Hederal license*，即絕對不許飛越州境，美國政府對航空之監督，既若是其嚴，民間之熱中是業者亦方興未艾，兩年前之航空全部價值僅五百萬元現在亦超過一萬萬七千五百萬元其新總統胡佛氏有言：『合衆國商業航空之進展，十二個月內定可駕全歐洲所有而過之，』(*Commercial aviation in the U. S. A. will, within 12 months Certainly reach a point of development greater than that of all Europe put Together*") 觀其航空現勢，斯言誠不誣也，

墨西哥，該國政府積極提倡民用航空，不待數年，進步之速，必有可觀，其已開辦之綫，爲墨西哥至 *Tampico* 一綫每月運客約三百人，郵件三萬件，今年該國交通部在墨西哥城購地基一處，約二百五十餘英畝，用建一最近世之飛機場，集中將開之航綫終點於一處，俾易監督，而省國帑，又於五月頒佈其關於航空之 *New Customs Law* 分別航空交通爲三種，由政府與人民分途開辦，三種爲何，下列者是也，

一、國際交通 (*International air traffic*)

二、國內交通 (*Interior air traffic*)

三、國際輸運 (*International air transit*)

歐洲諸國

歐洲航空，早已普徧各國，惟多限於國境以內之空中運輸，而進步又不若美國神速耳，歐陸國際間航空之舉，正在萌芽，鵬程萬里，意中事也，據美國所發表之歐洲航綫調查，全洲航綫不下三萬五千哩，德之所有約一萬，法國純用空運聯絡其殖民地，航綫之長，不少遜於德，英國之二千五百哩，乃英帝國航空公司所創辦，歐洲各國航空狀況，擇其要者略述之，茲先將一九二七年歐洲總成績，表之於次，

一九二七年歐洲航空之紀錄

	飛行路程（單位英里）	郵件重量
德	五，七一三，二〇〇	一，〇五七，七八二磅
法（一）	三，二四一，九八三	一，三一一，五六七，
英（一）	八四〇，〇〇〇	
意（一）	三二四，八五九	三，四六三

最近世界之航空

荷蘭	八一三，五一〇	七七，五九七
波蘭	六五四，八七三	二九，〇六三
奧	二四五，〇四三	三，七四五
丹麥	一一六，七九八	一三，一八一
瑞典	二〇六，七六六	
瑞士	四五九，七二〇	一〇三，五八八
	客運人數	載貨磅數
法(一)	一八，八六一	二，三五四，二六九
德	一〇二，六八〇	一，六四一，一二四
英(一)	二〇，三六七	一，五二〇，九六〇(二)
意(一)	三，九九一	九〇，一八三
荷蘭	一二，八一六	八八六，一一四
波蘭	八，一六〇	五九九，二一〇
奧	四，二七四	一三四，一一七
丹麥	一，六三〇	八四，一四三
瑞典	一四，〇六九	一六七，八九三
瑞士	一〇，八二三	二三五，八二八

註(一)一九二六之統計

註(二)過重之行李及郵件在內

德國空中運輸，歐洲之巨擘也，其飛艇 *Zeppelin* 之名，談航空者，無不知之，現在境內航空綫，多如蛛網，其繁密幾與其鐵路相埒，其所以有此驚人之發展者，實因有數航空公司規模甚大故也，*Dutche Luft Hansa* 即其中之最大航空公司，辦理德意志鄰國之各大都會，及城市間之空中運輸，*Deruluft* 爲德俄合辦公司，專辦柏林與莫斯科間之航空事業，尚有數大公司，或爲德人經營，或與鄰國合辦，若 *Luft Hunna* 爲德奧合組之公司，辦德奧間之航空事業，捷克斯洛伐克 *State air line* 之飛機，則行駛柏林，維也納，及 *Prague* 之間，晚近德西條約告成，德，西班牙，瑞士，三國之航空公司，訂立合同，辦理 *Madrid* 與 *Budapest* 及經過馬賽，日內瓦，維也納，*Munich* 等地之航空，一九二七年，德國民用飛機，共航路程六百萬英里，載客十萬人，載貨一六三三公噸，郵件及新聞紙四四九公噸，

英國民間航空，多蒙其政府之庇助，而獲今日之良好成績，一九二七年，政府及商政要人捐助於各航空公司，不

下二千萬金元，蓋彼等深知國內航運之振興，與將來本國謀發展越渡海洋之空中運輸，有深切之關係焉。英吉利帝國航空公司者，該國唯一之大空運機關也，開辦二千五百英里之航綫，飛行倫敦與歐陸諸大都會商埠，以及開羅與 *Burso* 等處，不列顛之計劃，欲以空中航綫聯絡其殖民地，而以航行英倫與印度為斯計之初步，然後再由印度以達澳洲，最近由埃及開羅至好望角之飛行試驗之成功，卽實行上項計劃之先聲也，一九二六年，英吉利帝國航空公司之飛機，曾在四七七次中，運客二萬餘人，載貨物六七九噸，飛行路程達八十餘萬英里，所載貨物，約值四千餘萬金元。

法國於歐戰之後，積極謀空中交通之發展，往來巴黎倫敦間之定期飛行，卽於一九一九年發其端，最近此綫之發達，已打破前此之紀錄，平均每星期運送旅客三千餘人，輸送貨物亦激增不已，不特是也，柏林，普魯士，倫敦以及 *Rotterdam, Warsaw. Constantinople, Casablanca, Rio de Janeiro, Buenos aires* 等處，亦常有法國飛機，飛翔於空中，邇者法政府從事籌劃極速之空中運輸，專載旅客及郵件，往來巴黎與其殖民地，以及友邦重要城市，其津貼各航空公司，一九二七年之數，已達一萬一千五百萬佛郎，今年又有增加，獎勵從 *Dakar* 至南美東岸各重要城市之航空事業，雖法之航空綫不及德國之長，然均屬國際性質，將來發達，與德國僅密佈境內者，其影響正有不同。

荷蘭航空，由海牙皇家航空公司主辦，一九二七年，航空綫發展自亞姆斯特丹，洛特丹姆，至巴黎，漢堡，普魯士，倫敦，以及哥本黑井 *Malmo, Bremen, Cologne, Basel* 等處，就該年之營業，與一九二六年之比較，已大有進益焉，

意大利之航空，祇限於國境以內，然亦同與國合辦維也納，雅典，與君士坦丁，等處之空中交通，歐洲各大國航空現狀，大致如此，他若那威，丹麥，芬蘭，匈牙利諸邦，亦積極促進斯業，特其規模較小，不必為之喋喋也，德國，及瑞士，已辦到空運與鐵路合作交換營業一步，但不敵美國範圍之大耳，

澳大利亞之航空事業，在澳洲，堪稱獨步，實以該國天

然環境優美，有以致之，*Sir Alan Cobban* 有言：『澳大利亞之天空，乃世界上之最宜於飛行者，』信乎彼邦朝野矢志提倡航空之如醉如狂也，去歲以來，其商辦之航綫有三，均由政府年助巨資以促其成，第一綫爲；

西澳航綫，此綫之長曾爲世界各綫之冠，由 *Perth* 至 *Derby* 長一四六七哩，乃西澳航空公司所經營，并受政府資助年約一二七五〇〇元，平均運送郵件每月約二萬，旅客亦祇須二日之力，由其南境之溫帶到北境之熱帶，（卽由 *Perth* 及 *Broome* 一二五〇哩）效率之大，於茲可見，其第二航綫爲；*Queensland & N. Territory aerial Service Ltd.* 所辦，連接 *Charlevill, Longreach* 及 *Cloncurry* 三處，長八二五哩，近又延至 *Comooweal* 幹綫之長，當不下千哩也，政府津貼年約八萬五千元，第三綫則航行人口稠密之地，由 *Adelaide, Sydney*至 *Brisbane* 長一三四〇哩，支綫亦在四五百哩之間，尙有四綫，其中一綫，乃國際航路正在籌備期間者，名 *Empire Service*爲與英倫傳遞緊急郵件之用，全程分二段，首段由英國飛至蘇彝士濱之 *Kantara* 由此直飛印度之 *Karachi* 次段至北澳之 *Darnin* 再由此，至新金山，計程二六二八哩，吾觀澳大利亞航空如是之急進，期年之間，沿海岸各地，航空之計劃必不難實現也，

我國此項交通，僅有籌劃，遲遲未見實行，蓋戰後財政困難所致，然朝野之努力，未可漠視，漢口軍事機關倡議於前，國府交部進行於後，且聞漢方已與英美諸國訂購飛行之利器矣，行見粵漢平三埠間，空中運輸不久將映入吾人眼簾也，本月粵方飛行家，飛行全國之成功，足以預示吾人交通革命將入於航空時代，國人其促成之，

一七，十二，二十，

物價漲落與借貸雙方

程振粤譯

物價漲落。爲經濟界習見之現象。其綜錯變化。有非可以常律繩之者。而影響所及。亦不第於貨物間。舉凡通商各國。幾無不與之有利害得失之關係。試述下例。當見一斑。今設有人發現巨大之金鑛。以彼所獲。赴造幣廠換取現洋。此項現洋。或彼自用。或則存諸銀行。如係自用。則貨物之需要。立感影響。零售價格。首先上漲。售人得資。復擴充其營業。向廠方定貨。定貨者衆。因之躉售價格。亦見騰起。如此輾轉相因。全經濟界無不爲之波動。如礦主以金幣存入銀行。則銀行之存欵過多。必設法出借於各企業家。一方低其利率。以廣招徠。於是證券市面。立見活動。商人及製造家皆以有利可圖。紛紛向銀行借欵。擴充其貿易。增加其出產。市面物價。乃逐漸增高。惟工資一項。常多不變。即有增加。終不能步武物價。因此一般得固定資薪者。莫不罹巨大之損失。此就本國言。今更述與國外之關係。本國之物價漲。則他國商人。盡思以貨運入冀博厚利。而本國商人。亦以國內市場較國外爲優。皆不願輸出。結果便致入口過於出口。不足之數。勢將以生金補償。對方金幣既多。亦生同樣之結果。俟雙方金量相等時。兩國物價。始可歸於平衡。

物價上漲。於商業界爲良好之現象。所堪虞者。生產過賸。投機者復從中播動。則物價暴跌。金融必感恐慌。破家亡身相隨屬矣。至於物價下落。則銀行保證金減少。前此所借出者。紛紛收回。利息奇高。出產減短。工人雖可暫時有利。然工商業停滯。工廠勢必汰裁工人。終至無惠可受。所能獲益者。僅一般債票或股票之主人而已。

綜上以觀。可見物價漲落。受其影響者。有工人・資本家・企業家・出產人・消耗者及投機者等。而最顯著者。尤莫如借貸兩方。設物價下跌金鋪之購買力增加。則昔一元可購一物者。今可購二物。債主即可坐蒙其利。反是則物價上漲。債務人即獲其利。此就貨物方面言。顧通常短時期內。物價上落甚微。經濟家陶西格(Prof. Taussig)曰・『普通物價指數。增減百分之五或十。對於借貸二方。

物價漲落與借貸雙方

殊無若何影響。且商人往來。購買或專指某種貨物言。指數雖有增加。此種貨物。或係仍舊。或竟與指數相背馳。苟非於短時期間有重大之上落。借貸雙方。均無利害可言。進而言之。凡屬使用硬幣之國家。金銀之增減。決不致有如此之速也。』陶西格氏之言。於短時期間誠然。至若時日過久。則問題即難於解決矣。今日商業市場。咸用信用。自幾月一年至數年不等。在此期中。又詎能保持其常態而不變耶。

關於補救物價上落。影響借貸一問題。曾經各經濟家不少之討論。結果得下述二法。

(甲)指數本位　執是論者。謂商人於借款時。記其金錢購買力若干。比還時祇須還同等之購買力。不必幣量相同。至於金錢購買力之大小。應照官廳所製之指數表為標準。質言之。貸方於還欠時。但求等於彼借時此款所能購之同量貨物。譬如在一時期內。指數由一百漲至一百十。則昔日借百元者。須依此歸還一百十元。此一百十元所購之貨物。適等於當日一百元所能購者。如指數內之百跌至九十。則借百元者。付九十元即可矣。是項辦法。弱點頗多

二

。跡其大要。約有六端。述如下。

(A)指數所計。僅物價之大概。其不實與未及處尚多。以此為標準。殊欠正確。且以金錢交易而有指數。今反以指數而定金錢之交易。本末倒置。此不合者一。

(B)成為物物交易制(Barter)。利益偏於一方。此不合者二。

(C)工資地租。毫不計及。此不合者三。

(D)此種標準。短時期內。既無所用。長時期內。又不準確。反不若金錢之便利。此不合者四。

(E)商人記帳。須用兩種單位。——貨幣單位。與指數折合之單位。收入計算。麻煩不堪。此不合者五。

(F)物價漲落不定。借貸雙方。各有戒心。市面反不活潑。此不合者六。

陶西格氏曰。『果實行此制。則人於借債時。當惴然不知他日還時須付若干。於是每月每季。注意官廳公布之指數表以自推算。夫商人於日常貨物之漲落。既須留心紀錄

。今又益此項煩瑣之手續。流弊所及。必至商業停滯而後已。』

除上述之指數爲標準外。亦有提議用麥•工作•利益(Utility)爲標準者。但弊端較上者爲尤甚。金銀之價值。雖不能固定。然與其他相較。終覺利多害少也。

(乙)輕重本位　求金錢購買力之不變。使借貸雙方不蒙其害。歐文佛肖氏倡議用『輕重本位』(The Compensated Dollar)　。其言亦頗爲經濟學者所注意此制簡單言之。即合併(甲)項之意見。與虛金本位法而已。氏之言曰。金錢購買力之不固定。商業界所受此不定之影響絕巨。今使一圓之所值。加以匡正。務求其購買力之不變。則其爲用。宛若尺之於長。磅之於重。劃一不紊。豈非莫大佳事。欲達此目的。則此圓之重量。須隨其購買力之大小而增減。雖然。此意並非將洋圓依購買力之大小而易其形式。則時時鼓鑄。大小不一。匪惟不易實行。抑且不勝其煩。予意以爲今日人民以金錢赴造幣廠鼓鑄者。率以同等之金換取同等之幣。國家絲毫不徵收鼓鑄費。以二五•八格蘭之金。付之造幣廠。所得仍爲值二五•八格蘭之幣。今設物價上漲。則是貨幣購買力下降。則人民須以二六或二七格蘭之金塊。赴造幣廠換取金幣一枚。此溢出之金塊。可名之曰鼓鑄費。其多寡視指數而定。則物價雖長。貨幣之購買力亦隨之而上。社會即無若何影響矣。』佛肖又言。『此制實行後。金幣將與銀幣同成爲輔幣。或成金兌換券。第此券不印於紙。而印於金葉上耳。如不欲時。儘可赴造幣廠兌取金塊。作出口或其他之用。此溢出之鼓鑄費。則國家存儲。以備人民之領取。』

佛肖氏之言。僅就物價上漲時而言。要知物價下跌。則人民咸以少量之金塊。赴造幣廠換去金幣。此金幣在市上所值。比原值爲低。於是人民紛紛將幣融成金塊。以博厚利。終至金幣不見而後已。佛肖氏亦嘗提出補救之方法。

(一)凡物價跌至百分之十以下時。可將各硬幣收回。而代以金兌換券。

(二)或將硬幣收回。重新鼓鑄。

但硬幣發出。欲於短時期內收回。實爲不可能之事實。且減輕幣量。惟戰爭時出於萬不得已而用之。國內安定時。行之必致弊端百出。紊亂市場。要而言之。佛肖氏之主張。有三弱點。

(A)指數爲金錢購買力之標準。已爲不可恃之事實。(理由見前)

(B)此制一國單獨行之。對外貿易。必多不便。國外匯兌。毫無標準。

(C)用此法後。依然不能使物價之不漲落。以及下落時而使之上漲。

綜上云云。可見金錢購買力。至難使之固定。此不固之現象。自予借貸二方之不便。因之引起二種學說。一欲以金錢購買力爲標準。依物價指數而增損。一欲以輕重單位爲標準。使物價永遠不變。二者各有困難。而此困難則較之用原有單位爲尤麻煩。用是物價漲落。對於借貸方之補救。迄未得正確解決之方焉。

第晚近信用往來。爲期咸極短暫。銀行放款。半年以上已不多覯。物價漲落。在短時期內。上下極微。充其極如無特殊情形。增減亦不過百分之十以下。就事實言。殊無須乎此種困難之補救。此其一。再則物價既定。商人及製造家。多以無利可圖。不顧生產。生產既少。物價自屬上漲。今強欲使金幣隨物價而增大。則物價愈高。金幣愈大。金幣愈大。物價愈高。終且不堪收拾。此其二。故就事實言。上述二法。即非不可使之實行。要亦無實行之必要也。

十七・十二・十日譯完

改良農村教育芻議

劉世恒

(一)農村教育之重要

我國幅員廣大。地多温帶。最宜於畊稼。幾千年來。以農立國。經濟命脈。系於農民。國家文明。亦由農民創造。農民實爲中國社會之底層。全國社會。支持於農民基礎之上。顧因循相習。不知改良。初則士農分途。近更重工商而忽農民。且也帝國主義經濟之侵略。軍閥政客之暴征。佃主惡紳之剝削。連年戰爭之摧殘。水旱災荒之殃患。天災人禍。重重刼摧。農業衰落。至今已臻極度。荒田日增。生產日減。竟至本國糧食。反仰給於外洋接濟。若不設法振興。勢必促成中國經濟基礎之崩潰。使國家陷於破產。是以本黨四次全體會議。鄭重宣言曰「吾黨今後必以强毅堅忍之決心。與不斷之努力。以發展中國之農工業」。我國產業落後。振興農工。自爲急務。惟農民佔中國人口百分之八十以上。倘農民經濟不能發展。購買力不能增進。則工業之振興。更形困難。故發展農業。爲今後黨國建設之重心。發展農業。其道多端。與水利。便交通。改良畊種方法。設立農民銀行等等。然若農民智識不足。則各種政策。仍無所設施。此從經濟方面觀。必需振興農民教育者也。

農民爲革命的主要動力。在外國史上。有不少事實。足以證明。中國每次社會紛擾。朝代變易。皆因農民生活不安定而起。歷次革命運動。莫不有農民直接參加。遠且不論。近如明末李自成。張獻忠流寇之亂。山陝河南山東之農民。因當時賦稅繁苛。連年飢饉。於是振臂一呼。蜂起響應。再如洪楊之役。義和團之役。大部份亦系農民。最近如河南山東之紅槍會。又系農民反抗軍閥之結合。過去歷史。顯示農民革命性之强烈。任誰不能否認農民與中國政治有重要之關係。然而農民教育不充足。智識不發達。組織不完備。平時只知鑿井而飲。畊田而食。與世無問。對於政治本無興趣。更不解革命爲何物。一旦受人慫恿。頓感生活上之種種受人壓迫。於是攘臂而起。揭竿斬木而出。但終以不知奮鬥之途徑。缺乏組合之力量。致難成功。

改良農村教育芻議

甚或受人利用。流入反革命自殺之途。環境惡劣。險象環生。言念及此。曷勝痛惜。最近海陸豐無錫宜興農民之暴動。即爲一例。現今農民生活困難。最易給共產黨煽動利用。後患之虞。不寒而慄。本黨革命。自賴民衆參加。三萬萬富於革命性之農民。當然係革命之中心人物。欲使彼等。齊來參加革命。不爲人所利用。自在開發農民智識。使明瞭黨的主義。革命的途徑。此從政治方面觀。必須振與農村教育者也。

本黨負有解放民衆的重大責任。但試看三萬萬農民現況何如。國家歲收。十分之七。均屬直接或間接取之於農民。農民負國家最重大之義務。而受最微小之權利。渡人類最下等之生活。餐風嚥日。胼手胝足。流盡血汗。用盡筋力。大有之年。尙祇能換得粗糠之飽。布衣之暖。歉收之歲。則流離顚沛。棄妻鬻子。至於在政治上。社會上之地位。更談不到。此皆非人的生活。國家最不平等的待遇。本黨欲解放民衆。自當首先解放此三萬萬農民。於重重壓迫之下。非人類生活之中。此即爲本黨對內政綱內「改良農村組織。增進農人生活」一條的宗旨。惟要提高農民之政

權。改良農民之經濟。必須視農民之教育程度若何。而後施行適當之策略。始能得到良好之結果。否則一知半解。即欲提高其政權。改良其經濟。亦必發生種種困難。要解放農民。更要農民自己起來求解放。要他們從事於抵抗列強與其他一切壓迫農民之特殊階級。使其認清敵人。努力向前奮鬥。要達到這種目的。必當開明他們的智識。從教育着手。從黨義及道德方面觀。必當振與農村教育者也。

(二)農村教育急應改良

以上從經濟政治黨義道德幾方面證明了農村教育的重要與急切。我們且把現在的農村教育情形看察。現在可以說沒有農村教育之可言。農人識字的。一千人中。難得一人。受過小學教育的。更爲鳳毛麟角。農村上連一個小學也沒有。間有一二學校。不過是冬烘私塾而已。本來農人久受了社會的鄙夷。政府的忽視。對於他們的教育問題。那裏有人來注意。近年設的農業學校。以及大學裏設的農業專科。農人那裏有經濟和智識去讀書。去讀書的人。都不是農家的子弟。畢業出來。又不去從事農業，耕者不學。學者不耕。所以對於農人的智識。終屬隔靴搔癢。對於農業

的發展。又風馬牛不相及。本黨要提倡農村教育。非改弦更張不可。試觀歐美各國農民教育之情形。以相比較。歐戰時。各國兵士大都為農工階級之青年。所有在學校之兒童。亦大抵為農工階級之子弟。當時比國新兵中。只有百分之八。未曾受過教育。法國新兵只有百分之四。英國百分之一。德國二千分之一。就在校兒童言。一九〇四年。美國全民有百分之二十三在學校內。德國百分之十九。英國百分之十六。法國百分之十五。假如兒童數額。佔全部人口四分之一。則全國兒童。幾全體均入學校。其普及教育如此發達。可知一般農民之智識程度矣。再若農業專門學校。美國農科大學共有六十七所。每州至少有一所。農業中學。更難數計。德國高等農業學校有五。其餘大學內業農科。及農民職業學校不計。法國在巴黎設農業學院。此外尚有無數普通農業專門學校。乳業專門學校。農業製造專門學校等等。俄國自一九一七年革命後。對於農民教育。亦頗重視。有青年農民學校。為農民十五歲至十九歲之兒童而設。十五歲以下之兒童。入勞動學校。規定自八歲至十八歲。為強迫教育時間。學生自青年農民學校畢業後。可進高等農業學校。現有百五十二校之多。其他如意大利。丹麥。瑞典諸國。農業教育。均臻完善。獨我國有如此廣大之土地。繁衆之農民。悠長之農業歷史。而農業教育。一至於斯。其應當急行改良。不待詳論矣。

(三)農村教育之方針

要改良農村教育。必需認識以下幾點。然後可以定下方針。對症發藥。切合現時的需要。收預冀之成效。(一)農民是現在中國智識最低一級。(二)農民的經濟狀況最多祇能維持生活。(三)農民應當做革命的中心人物。(四)農民是中國經濟的基礎。根據這四點。我們定下三個目標去訓練他們。這就是農民教育的方針。

智識　農民渾渾噩噩。不識不知。身受重大痛苦。還以為份內之事。而且是天經地義。子子孫孫。應當繼續地受着。他們不知道受苦的原因。更不知道去奮鬥改良環境。這就是農民生活衰落。農業不能發展的主要原因。農村教育之目的。就是要向農民普遍地灌施智識。人類之別於旁的動物者。就是人類有智識。旁的動物沒有了智識。有了智識就會設法向上。農民當然有同樣的理性。同樣的慾望。

他們智識充足了。自會把這理性顯出來。努力求他們慾望之達到。改造他們的環境。旁的勢力或階級去壓迫他們。自然會想法抵抗。農產不豐。自然會想法去改良耕種。增加生產。所以農村敎育的目的。不僅去敎育兒童。也要向成成人的農民。去灌施智識。

政治　農民佔全國人口百分之八十五。所以革命必需以農民做基礎。並且我們要政治明。也需使三萬萬的農民都有政治興趣與智識。所以農村敎育。必需注意農民的政治訓練。我們就以俄國作爲前車之鑑。俄國革命過渡時代。農民暴動。非常普遍。有時範圍擴大到全省。或幾省的地方。但是因爲農民沒有組織。沒有系統。沒有確切的主義。所以他們運動的力量。終究很薄弱。不能戰勝俄皇政府。三月革命。也不是他們造成的。蘇俄革命的成功。還是由布黨兵力的刼奪。迨蘇俄成立。雖號稱爲勞農政府。然而實際農民的政權很小。他們在城市工人與鄉村農民間。劃出很大的區別。又將大都會與小城市分別高低。農民十二萬五千人中。選舉議員一人。而勞動三萬人中。亦選一人。其理論。就說農民的程度低淺。並且因爲擧出來的議員學識太淺。一切設施。依舊由少數人去操縱。實際上農民一些也沒有享到政權。這就是蘇俄的失敗。我們革命要得到農民有力的參加。將來要使農民在政治上得到相當的地位。那末農民敎育。必需注意他們的政治訓練。使他們明白對於國家的關係。革命的意義。三民主權的眞諦。他們明白了。自然來參加革命。從事政治運動。但是要使他們的運動有力量。必須把他們組織起來。組織便是一種最大的力量。工人的地位。從前比農民更低。狀況更劣。因爲工人的組織。漸漸完備。所以勢力日增。環境日佳。農民個性較深。相處距離較遠。聚集很難。所以一向沒有組織。現在農村敎育之目的。一方面要灌輸他們政治智識。及本黨主義。一方面要鼓吹他們組織起來。團結勢力。來參加革命。改造環境。

經濟　中國雖然素來以農立國。但是對於農學方面。鮮加注意。加之士農分途。相習已久。耕種方法。拘守舊習。一點沒有改良。所以有人說：「中國旁的社會。差不多進了二十世紀的時代。惟獨農村社會。還在那裏過五世紀以前的生活。」我國要發展農業。必須注意農業科學。庶幾動植物之種類。可以改良。動植物之蟲病。可以防治。耕種之肥料。可以製造。民農的水利。可以振興。耕種之器具。可以改進。我們看歐美各國農業科學的進步。眞可驚嘆。一個農夫。可以很安舒的駕御一部機器。耕種幾百畝的田地。水旱的時候。就用機器來灌溉。雨多的時候。便用機器來抽水。所以不受水旱之災。用的肥料。也以科學來配用。所以出產豐富。家給人足。我們要農產發達。非改良耕種。介紹科學不可。農村敎育目的。不僅使農民成爲有智識。能革命的公民。也要使他們成功效率高的生產者。

（四）農村敎育實施之方面

根據以上三種方針。和現在農民的境況。我們定奪以下實施農村敎育的方法。

農村敎育運動　農民素來沒有智識。不知敎育的重要。現在要農村敎育發達。希望農民來求學。和送他們子女入學。必須引起他們對於敎育的注意和興趣。所以要有大規模的農村敎育運動。以宣傳鼓勵。實爲首先之要圖。如無錫蘇州舉行之識字運動。喚起了一般人的覺悟。與地方人士的注意。將來效果。一定很宏。農村敎育運動。也是這個意思。運動的方法。可以分遊行演講標語圖畫。總之目的在使農民注意與瞭解。方法可以隨時應用。

農村小學校　欲使農民之子女。均有受敎育之機會。則農村小學。自爲根本之圖。凡滿若干人家之村上。即設一小規模之初級學校。聘請曾受過新敎育者一二人訓練之。其目的在使兒童識字啟蒙。期限四年。每若干村。設一高級小學校。期限三年。其目的在使農村兒童得普通常識。但亦須酌量注意農事智識。與革命主義。此二級學校。期限共七年。假若兒童七歲入學。到畢業至晚不過成丁之年。對于田事工作。毫無阻妨。惟一切費用。均須免除。俾不使經濟壓迫下之農家。再增何種負担。致阻子女求學。政府一方面設法勸導農民送子女入學。一方面用强迫制度實行之。

農民職業學校　要使農產增加。必使農業科學化。農民職業學校目的。即在介紹農業科學之智識。使學生將來從事農業。可應用科學方法。改良耕種。凡農村高級小學之優良畢業生。得免費入學。其餘酌收費用務使農家無過重之負担。而於辦學經費。略有小補。如有家庭不能供給學費。而有志求學者。可與以校內工作。如清理教室。搖鈴供役。給以相當酬金。以資補助。

農民補習學校　以上均關農民兒童教育方面。但現在急切的農村教育問題。也要使沒有受過教育的成人農民。速即得到智識。所以農民補習學校。必需設立。這種學校。可分為二類。(一)夜校。(二)冬季學校。農民日出而作。日入而息。到夕陽西下的時候。他們就荷鋤歸去。安分勤作的。在家庭內消遣。或做旁的工作。貪懶喜逸的。就在村頭茶坊。去消磨光陰。冬季收藏時期。比較多些空暇。農民補習學校。就是要利用這些晚間和冬季的空閒時間。來教育他們。這種學校。不必拘泥於一定形式。一定課程。須參攷經濟能力。和農村狀況。伸縮施行。不過有極困難的一點。就是農民生活習慣已養成。一旦要他變更生活。用空閒時間來求學。是非常困難。所以一則收費須低。或完全免費。一則由政治實行獎勵辦法。

白話報　報章宣傳的效力。非常偉大。但是普通的報紙。不切合農民的需要。也非農民的智識所能閱讀。農民的經

濟所能購置。現在要農民都能了解。都能得到。則必需辦一種淺近分送的白話報。講些時事。以及淺近的農事智識。革命主義等。俾農民於歇工餘暇。人手一份。互相談講。自能使人人明瞭。效果定非淺鮮。日本起初提倡普及教育的時候。甚至在糕餅果袋之上。印有字句。苦力小工。均得閱讀。又在日俄戰爭之前。政府把各種宣傳言論。遍貼各處。甚至商店發票之上亦印對俄宣戰的言論。結果到底使全國人民。一致奮起。而獲大勝。所以我們現在用白話報來輔助農民教育。定可得極大成效。

宣講團　以上均用文字方法。施行農村教育。要收普遍而急速的效果。還要用言論來宣講。我們看宗教的勢力。都麼偉大。就如耶蘇教。自歐洲傳到美洲。再傳到亞洲。傳到中國還不及百年。然而至今窮鄉僻壤。也都為他們勢力所及。這全由宣傳工作的力量。我們要開發農民智識。灌施他們革命主義。必需注重宣傳的教育方法。美國發展農業竭盡智慮。也曾經用演講的方法。促農民的進步。他們有一種農民講演會。自一八六二年後。即頗盛行。在一九○三年。各鄉舉行此種演講會者。約有三千一百七十處。

聽衆在九十萬人以上。演講者均系專家而有經驗者。每次演講完畢。即有一番討論。農民所有疑難問題。均就詢問。所以著效極宏。現在我們提議的宣講團。也和美國的農民演講會。意義相彷。宣傳的材料。就是普通智識。農業常識。革命主義。宣講團成效既可卜其必宏。經費也不繁重。因爲每一宣講團。可以往來各村。到處宣講。

農民俱樂部　欲引起農民對於教育興趣。與養成他們團體組織的精神。則農民俱樂部。實爲最善方法。俱樂部可分爲幾部(一)影戲院。寓教育於娛樂。最能得人歡迎。深印腦海。況且農村生活。枯燥非常。一旦得着這種創舉。自必羣趨若鶩。蘇俄即利用此種影戲院。爲農民教育主要之工具。至於影片。則由政府負責攝製。以合農村教育之宗旨。(二)圖書室。農民向無智識。家藏書籍者。不能得見。且經濟困難。即欲購置書籍。亦非能力所及。是以俱樂部中。應設通俗圖書室。以供需要。而助興趣。(三)農產展覽室。將優良之農產物。或採自本鄉農家。或採自外國。陳列一室。因此可以互相比較農產品之優劣。及應用工具之巧拙。力求進步。以期優勝於他人。此對於努力工作。改進方法。督促農業進步。甚有關係也。俱樂部中。又可規定各種集會。以引團體研究的興趣。與組織之精神。

以上所言。雖屬舉舉大端。然能一一實行。則於農村教育之智識政治經濟三大方針。均能達到。固不必好高騖遠。反致不能實踐。徒成空論也。

世界著名的蘇巴兩運河成功後之效用

明培黃

運河爲匹古人民用以作彼往此來之一種交通工具，因先民久居寡民小國，漸覺封疆主義之不便人類，除於各地已有之天然河海可利往來外，另於其他原無天然水道之地帶，再加以人工，修鑿河道，以資補助交通，此中世紀後，世紀運河改以日益發達也。

至今計之，世界運河共有七處，我國運河亦佔其一，然以年久失修，加以上不講求，下不注意，忽至今日，幾已失運河之性質與能力矣。以交通本不發達之中國，而更以千百年前原有之古物，任其頹廢而忽棄之，亦可慨矣。今除我國所有者及專事運絡各商港或各國國際貿易之運河，如亞門斯脫登與曼且斯脫（Smsterdam and Manchester）等運河不提外，僅專就以縮短大洋航路爲目的之舉世咸知之二大河——蘇彝士（Suez）及巴拿馬（Panama）——成功後之效用，略加研究，亦以見歐美列邦之所以驟臻富强，水道實與有大力焉，至希臘之科林斯及德之北海，雖亦屬溝通大洋之運河，然以規模較小，工程稍細，故遺略之，茲僅舉蘇巴二河之情形如左：

1.巴拿巴運河

(a)自紐約	至舊金山	横濱	上海	西特里	伊基圭
原有航路	一三•七一四哩	一三•五六四	一三•五二四	一三•六二八	九•二三一
經巴拿馬運河航路	五•二九九哩	九•八三五	一〇•八六五	九•八一四	四•〇三一
縮短路程	八•四一五	三•七二九	一•六六九	三•八一四	五•二〇〇
縮短百分數	六一•四%	二七•五%	一三•〇%	二八•一%	五六•四%
依每日平均行三六〇哩計可省之日數	二三•三八日	一〇•三六	四•五三	一〇•六七	一四•四四

(b)自紐俄爾達斯	至舊金山	至横濱	至上海	至西特里	至伊基圭
原有航路	一四•一二四哩	一四•九二九	一三•八七九	一四•六二五	九•六二一
經巴拿馬運河航路	四•六九八	九•二三四	一〇•二八四	九•二二三	三•四二〇
縮短路程	九•四一六	五•六九五	三•五九五	五•四〇二	六•二〇一
縮短百分數	六六•七%	三八•一%	二五•九%	三七•〇%	六四•四%
依每日平均行三六〇哩計可省之日數	二六•一六日	一五•八二	九•九九	一五•〇三	一七•二三

(c)自利物浦	至舊金山	至横濱	至上海	至西特里	至伊基圭
原有航路	一四•〇八四哩	一一•六四〇	一〇•五八〇	一三•二三四	九•五九一
經巴拿馬運河航路	八•〇三八	一二•五七四	一三•六二四	一三•五五三	六•七六〇
縮短路程	六•〇四六	增九三四	增三•〇四四	增三一九	二•八三一
縮短百分數	四二•九%	增八•〇%	增二八•八%	增二•六%	二九•五%
依每日平均行三六〇哩計可省之日數	一六•七九日	增二•五九	增八•四六	增•八九	七•八六

2.蘇彝士運河

(a)自利物浦	至孟買	至巴搭維亞	至香港	至悉德尼
原有航路（即繞好望通）	一〇•九八五哩	一一•五一三	一三•四〇六	一二•九四〇
經蘇彝士運河航路	六•二四一	八•五六七	九•七三一	一二•〇三六
縮短路程	四•七四四	二•九四六	三•六七五	八〇四
縮短百分數	四三•二%	二五•六%	二七•四%	六•二%
依每日平均行三六〇哩計可省之日數	一三•一八日	八•一八	一〇•二	二•三

(b)自紐約	至孟買	至巴搭維亞	至香港	至悉德尼
原有航路（即繞好望角）	一一•四六五哩	一一•九九三	一三•八八六	一三•四二〇
經蘇彝士運河航路	八•一六五	一〇•四九一	一一•六五五	一三•九六〇
縮短路程	三•三〇〇	一•五〇二	二•二三一	五四〇
縮短百分數	二八•八%	一三•五%	一六•一%	四•〇%
依每日平均行三六〇哩計可省之日數	九•一七日	四•一七	六•二〇	一•三

訓政時期中之全國道路建設問題

於德綸譯

五十年前，美國鄉村新興馬路，尚未發達時，無論客運或貨運，均須經濘滑之馬路，以達附近車站。此種不方便之交通，其阻礙商業之發展，自不待言，於是居民改良道路之議起。熱心人士，紛紛成立各種團體，積極進行改良道路之運動。省市政府感於社會之需要，修造馬路，不遺餘力。今日美國五十萬里之新式馬路，遍及於各鄉各鎮，使美國成為一名副其實之聯合國家，彼邦人士，莫不以此自豪。

中國今日道路改良之需要，殆較五十年前之美國為尤切。中國內地幾無交通可言。舊式道路僅能供極笨重之騾車通行。一般人士，亦無旅行之興趣。各省互為獨立；即在同一省治之下，亦無道路可言；以故各城鎮雖相距極近，而交通至不方便；即有所謂石路，類皆寬不越四英尺，儻備初民時代交通之方法。

近今全國各階級，已漸識改良道路之重要。各處新修道路，均能努力進行；大半得力於商民農民之覺悟為多。數年前，上海卽有中華全國道路建設協會之成立。該會團體，政府機關，均廣為宣傳，不遺餘力。目下此種影響已遍而及於全國。

此中國道路建設之新趨勢也。試再就實際之情形而觀察之：據各方面報告，中國現在約有二萬七千華里之汽車道路；現在建築中者，約有一萬七千里。此種新路，大部份限於通商口岸，然亦有與內地城鎮聯絡者。四川省內成都重慶間之馬路建築，約相距二百五十哩，卽其一例。關於四川道路之建設，有某重慶通信員，曾如左列之敘述：

三年前省長楊森，曾在成都附近開始建築新路；但當時無人能識其重要。

四川境內，僅有石路，可通過舊式輪車，輿轎，或驢馬；搬運貨件，均須人力；既耗金錢，復費時間。

自新路開始建築，卽漸有汽車之輸入；今日全省，似已漸覺此種需要。成都重慶間已開始修築。將來結果，可使成都與全國各埠聯絡，而重慶可為全省輸出貨物之總滙所。

重慶約有居民八十萬，舊式街道，寬不及八英尺。刻新式街道均在建設，公園亦已計畫設立，公共衛生事業，亦漸知注意。

全國道路建設，近年受戰爭影響，進行不免停滯。各省成績最佳者，首推河北。尤以北平附近一帶爲甚。北平天津間八十英里之汽車道，最爲繁盛。以北平爲中心，各方面可及二百英里，最遠者可及數千英里。其與北平直接間接可相聯絡者，有奉天熱河（Khailar）張家口，西安，蘭州，加克託，拉薩，漢口，桂林，衡州，鎮江，福州等處。

張家口與庫倫七百英里之間，亦有汽車道可通。通常由交通部之 Northeastern Motor Service 經營，亦有私人設立之公司。

成都經漢口與南京，可與北平相聯絡，由漢口北行可直達 Zeisan，在俄國邊境，計途程二千八百五十英里；然此然僅可備緊急之用，有俄國旅行團初出發時，四汽車二大車，結果除二汽車尚可使用外，餘機件均損壞，不能復用。

山東濟南與烟台有汽車道可達。由濟南至周村，威海衛，青島，濰縣，大部份可通行輕便汽車；青島附近經德人日人修築之馬路不少；本省境內道路，八九年前，成功於美國紅十字會者亦甚多。

以上所舉，爲比較重要之路，茲復就各省已成之路，在建築中或在計畫中之路，分別調查於下：

東三省合奉天吉林黑龍江三省而言，面積約三十六萬三千方哩，人口約一百七十八萬三百零八人。道路最不發達，僅有由奉天至遼陽二百零八里之馬路。在北滿一帶，連內蒙古在內，約有四千一百九十三里之馬路。

河北省現有汽車道約五千零八十二里。茲將其通行地點列舉於下：

北平西山綫	三十里
北平（Tangshan）綫	九十里
北平淸華大學綫	十五里
北平通州綫	四十里
北平海甸綫	十里

北平遵化綫	二十里
北平固安綫	一百里
北平密雲綫	一百五十五里
密雲古北口綫	一百里
古北口熱河綫	二百六十三里
平泉州熱河綫	一百八十里
昌黎豐縣綫綫	四十里
北平天津綫	二百四十里
天津保定綫	四百五十里
張家口庫倫綫(蒙古)	二千七百里
大名邯鄲綫	一百三十九里
邯鄲武安綫	六十里
天津(Hsian Chan)綫	八十八里
順德南宮綫	一百七十里
南宮德州綫	一百九十里

以上總共五十零八十二里。其尚在建築或計畫中者，列舉於下：

北平至四郊分六路，共七百五十九里。

通州祁縣(Kihsien)綫	一百五十里
(Tsiaochan)大沽(Taku)綫	四十里
北戴河山海關綫	四十里
山海關秦皇島綫	七十里
石家莊滄州綫	四百六十里
金州衡水綫	五十里

總計一千五百六十九里。

近年因軍事運輸關係，平泉一帶，道路頗見進步。軍用汽車，可由平泉達熱河東山(Tungshan)兩地。一爲一百八十里，一爲四百三十里。東山係離平泉最近之火車站。此路僅有三分之一較壞，其餘俱通過平地。軍事終了，商人擬加修理，以資商運。

山西省夙有所謂模範省之名。境內道路，最爲進步。本省面積約八萬一千方哩，人口約一千一百萬。美國紅十字會開始修有一千二百里之汽車道。其後本國人士繼續與修。刻下通行之路，共三千四百六十二里，分列如下：

太原運城綫	九百五十七里
太原柳林綫	四百五十五里

太原大同綫	五百四十里
忻州五台綫	一百四十五里
太原汾州府綫	二百二十五里
汾州府永寧州綫	一百七十里
汾州府平遙綫	八十里
平遙太谷綫	一百里
太谷太原綫	一百一十里
太谷榆次綫	三百四十里
平遙柳林綫	三百四十里

其在建築中者，共一千二百一十三里；分列如下：

太谷潞安府綫	四百里
太谷遼州綫	二百一十里
遼州平定綫	二百二十五里
永城濮州府綫	一百八十里
濮州東關鎮綫	七十五里
永城猗氏縣綫	五十三里
溪口 Piulin 綫	七十里

總計一千二百十三里。

此種新興道路，便利商業，節省時間，至爲明顯。方今太原與洪洞間之交通，坐汽車一日或二日可達；昔時交通，至少需六日以上。

陝西省面積約七萬五千二百九十方哩，人口約九百萬，共有汽車道三百里。西安至潼關，計程二百九十里，汽車可達。西安與蘭州間，亦已測量；計分兩路：一經雁洋，醴泉，永壽，平縣，長武，以達蘭州；一經雁洋，武功，扶風，岐山，鳳翔等地以入甘肅。

甘肅省面積約十二萬五千四百八十三方哩，人口約一千萬。重要之路，僅有由蘭州至寧夏之一段，計共一千零一十里。刻下省當局正力謀新建設，將來必有猛晋之發展。馮玉祥氏近語某新聞記者：謂開發西北，以消容東南過剩之人口，爲改良民生之重要辦法。吾人以爲必須先投資發展西北之交通，然後種種計畫始可推行無阻耳。

山東省面積約五萬五千七百六十二方哩，人口約四千萬，汽車道共二千七百六十一里，其分配如下：

沂州府嶧縣綫	一百五十里
平原臨清綫	二百零五里

高唐武城綫	一百二十里
烟台濰縣綫	六百六十里
諸城高密綫	一百二十里
即墨金家口綫	一百二十里
禹城東昌綫	二百里
濟南歷口綫	十二里
恩縣臨城綫	一百八十里
恩縣武城綫	一百里
恩縣德城綫	七十五里
曹莊H sinhsin 綫	五十里
濟寧趙城綫	一百九十里
周村 Chin Chen 綫	一百一十里
W anhoya-szemuimiao 綫	二十五里
Tung Chhong	十里
東昌 Kwongtao 綫	一百三十里
麻灣周村綫	二百二十里
古治濟寧綫	九十里

河南省面積約六萬七千九百四十方哩，人口約三千萬，

全省共有二千五百七十九里汽車道。其在建築或計畫中者，有二百八十五里。其已通行之道，分配如下：

開封周家口綫	三百十二里
周家口偃城綫	一百二十里
信陽光州綫	二百四十里
歸德亳州綫	一百二十里
許州太康綫	二百四十七里
許州禹州綫	九十里
許州商城綫	九十里
商城臨潁綫	一百二十里
禹州商城綫	一百五十五里
坊鎮商城綫	二百里
坊鎮 Shaekichen 綫	五十里
南陽 Shaekichen 綫	一百里
登封密縣綫	七十里
孟縣 Chuntien 綫	三十四里
寶豐 Kaishien 綫	四十里
鹿邑	三十六里

魯山	二十二里
禹州 Yuuglin 綫	三十四里
鞏縣	二十三里
新安	四十一里
確山正陽綫	一百里
信陽	四十五里
南召	二十里
上蔡(分六路)	三十里
溫縣東關綫	八十里
陝州溫縣綫	一百六十里

其在計畫中者

陝州 Hwang Chow 綫	一百二十里
陝州固始縣	一百六十五里

江蘇省面積，約三萬六千六百一十方哩，人口約三千萬，全省共有汽車道二千里；其在建築中者，亦相當此數。

茲先將上海及其近郊之汽車道，分列如下：

上海南滙周浦綫	五十四里
上海川沙綫	三十六里
上海劉河綫	七十二里
上海閔行綫	九十五里
上海吳淞寶山綫	五十里

計共三百零七里。上海以外其餘各地分配如下：

南通州	一百五十里
南通如皋綫	一百二十里
南通海門綫	一百二十里
南京	一百里
楊州鎮江綫	二十九里
清江浦海州綫	二百四十里
海州 Sukeo 綫	一百二十里
清江浦淮安綫	三十里
清江浦邵伯綫	二百四十六里
清江浦宿遷綫	一百八十八里
清江浦徐州綫	三百里
清江浦安東綫	六十里
Funing鹽城綫	一百二十五里

以下爲計畫中者，其一部已開始建築：

沙頭鎮清江浦綫	一百里
響水口如皋綫	四百里
黃渡Kunyu綫	六十里
清江浦瓜州綫	三百五十里
南京宜興綫	三百五十里
鎮江 Nantangshan 綫	一百五十里
無錫江陰綫	六十里

計共一千四百七十里

此外則南京上海間汽車道亦在進行，並擬由此路再分各支路以聯絡全省各大城市。

安徽省面積，約爲五萬四千八百二十六方哩，人口爲一千九百八十三萬二千六百六十五。全省汽車道共一千一百三十里，然大半爲泥路，雨天卽不易通行。其分配如下：

蚌埠懷遠綫	二十五里
懷遠蒙城綫	一百四十五里
蒙城亳州綫	二百一十里
蒙城南宿州綫	一百三十里
古鎮泗州綫	一百六十里
泗州五河綫	九十里
南宿州靈壁綫	一百里
靈壁泗州綫	七十里
南宿州渦陽綫	一百八十里
渦陽亳州綫	一百二十里

其在建築中者如下列，共一千五百七十里：

安慶臨淮關綫	六百七十里
廬州巢縣綫	一百八十里
廬州正陽關綫	二百七十里
蕪湖寧國綫	二百六十里
太平縣石埭綫	六十五里
石埭青陽綫	八十五里
青陽大通綫	四十里

浙江省面積，約爲三萬六千方哩，人口約爲二千二百萬，密度僅次於江蘇，約每方哩有人口六百零一。其通行之道路，分列於下：

杭州及近郊	二十五里
杭州餘杭綫	四十五里

餘杭 Lingan 綫　四十五里（似係臨安編者註）

餘杭武功綫（莫干山）　五十里

蕭山紹興綫　九十里

杭州富陽綫　四十五里

杭州筧橋綫　五十里

黃岩 Tsekueh 綫　四十一里

Hwangyehkiao-Tiaoyukao綫　三十里

杉口 Hsilinglon 綫　三十二里

温州 Chwangyuankiao 綫　二十二里

平遙黃湖綫　三十三里

新昌嵊縣綫　四十里

（編者按：杭州至海寧一綫似缺）

計共五百四十八里。其在建築或計畫中者則有如下：

武功湖州綫　一百里

湖州泗安綫　一百二十五里

湖州南潯綫　六十里

寧波鎮海綫　四十里

天台台州綫　一百二十里

天台新昌綫　一百二十里

計共五百六十五里。

福建省居浙江之南，正對台灣海峽。其已通行及在建築中之道路，約為一千五百里。其已通行者，約為一千里。計畫中之最重要者，首推福州至厦門之路，其一部已成功。其已通行之路如下列：

福州　十五里

仙遊永春綫　一百二十里

泉州溪尾綫　四十里

泉州 Hunghai 綫　五十五里

Hunghai-Yungchun 綫　七十里

泉州惠安綫　五十七里

泉州安海綫　五十里

仙遊 Chikow 綫　二十里

仙遊賽岐綫　四十一里

賽岐惠安綫　四十二里

賽岐涵江綫　七十里

涵江法石綫　四十里

浮宮白水洋綫	二十里
漳州漳浦綫	九十里
漳浦雲霄綫	七十里
小溪南靖綫	六十里

以上共八百六十里。其在計畫及建築中者，計共一千六百里，茲分列於下：

興化 Hunlai	一百里
興化福州綫	三百里
龍岩漳州綫	二百里
延平福州綫	四百里
漳州廈門綫	六百里

廣東省面積，約爲十萬方哩，人口約爲三千七百萬。通行之路，約爲一千三百六十三里。其在計畫中者，約爲六百八十五里。汕頭有四里之汽車路，潮州府至廣州之汽車道，亦已測量，兩端均已有一部成功。此外則揭陽?與汕頭，潮州與汕頭，均有建築汽車道之說；然均爲短程，一約三十里內，一約四十里內。外則海南島有六百里之汽車道。茲將本省已成之路分列於下：

廣州及近郊	八十一里
海豐公平綫	三十里
海豐祿豐綫	三十里
澳門衝山綫	六十里
北海廉州綫	五十五里
惠州	二十里
汕頭	七里
新會	十里
鶴山浯口綫	十里
Hoiping-Changshatong 綫	十里
瓊州金江綫	一百二十里
金江 Linko 綫	一百四十里
瓊州 Wenchang 綫	一百四十里
瓊州嘉積綫	二百五十里
Linko-Madoa綫	一百六十里
金江Madoa綫	一百四十里
嘉積 Liamui 綫	一百里

其在計畫中者如下：

石硤澳門綫	一百八十里
廉州 Shihkan 綫	四十五里
北海南港綫	一百一十里
石龍惠州綫	一百二十里
揭陽潮州綫	五十里
揭陽汕頭綫	九十里
佛山樂昌綫	三十里
揭陽武功府(Wukungfu)綫	六十里

廣西道路建設運動，頗爲顯著；已成之路，約有二百四十四里。在計畫中者，有擬由本省築路直通三水，聯絡廣三鐵路。龍州白水 (Poshui) 綫，計程一百一十里，亦在籌開。龍州與交趾支那之交通，聞已闢有馬路，經過本省邊境各大城市。龍州與沿山一帶，亦均有馬路聯絡，惟尚難通行汽車；數年之後，本省交通必蔚然可觀，可爲斷言。茲將已成之綫，分列如下：

龍州 Nankwan 綫	五十四里(彷係南關 編者註)
龍州 Shuikan 綫	八十里
武寧南寧綫	一百一十里

湖南省面積約八萬三千方哩，人口約二千八百四十四萬三千。已成之汽車道，約四百四十五里，進步比較遲緩。近年官商各界，深知交通不便之阻礙發達，故計畫建設之道路甚多。長沙湘潭綫，已延至寶慶。長沙常德綫，經寧湘益陽等處，聞亦在籌畫進行。茲將已成之道，分列如下：

長沙湘潭綫	九十里
湘潭湘鄉綫	七十五里
湘鄉永豐鎮(Yunfengchen)綫	一百一十里
衡州瀏陽綫	一百七十里

其在計畫中者，約一千五百四十五里。

灃州津市 (Tsingshih) 綫	二十五里
常德 Tselihsien 綫	一百八十里
常德桃源綫	五十五里
瀏陽株州綫	一百三十五里
株州宜章綫	四十里
宜章永州綫	三百七十里
灃州 Tselihsien 綫	一百八十里
安鄉清溪綫	七十里

永豐鎮寶慶綫	一百八十里
劉陽安屯（Anteng）綫	八十里
永州劉陽綫	二百三十里

江西省面積約六十九萬方哩，人口約二千四百萬。現有汽車道，僅有由九江至牯嶺之四十二哩。景德鎮與九江，南昌，及安慶之聯絡綫，均在籌畫。南昌贛州綫，經撫州，建昌，南豐，廣昌，寧都等地，亦在進行。茲將計畫之路綫，分列如下：

南昌九江綫	九十里
南昌贛州綫	八百八十五里
南昌撫州綫	二百里
南昌景德鎮綫	三百四十里
南昌高安縣綫	一百二十里
景德鎮安慶綫	三百五十里

計共一千九百八十五里。

貴州面積，約六萬七千一百八十二方哩，人口約一千一百萬。地最貧瘠，故交通亦最不發達。由貴陽通本省內，有馬路六十五哩。貴陽至重慶之綫，曾一度提議，然因時局不靖，亦無人注意。吾人殊盼今後之當局，能努力建設，無使本省長落全國之後也。

四川省較爲進步。其在計畫及建築中之馬路，約二千六百四十里，分列如下：

成都全州（Chienchow）綫	一百六十里
成都潼川綫	三百里
金州（Chinchow）資中綫	二百八十里
嘉定資中綫	三百七十里
資中重慶綫	七百里
資中 Tselintsing 綫	一百七十里
重慶萬縣綫	六百六十五里

湖北省面積，約七十一萬方哩，人口約二千七百萬。其已成之路約三百七十里；計畫建築中之路，約一千九百里。本省交通，以漢口爲中心，漢口沙洋綫，大部已成功。茲將已成之路，分列於下：

河口樊城綫	一百八十里
樊城襄陽綫	一百三十里
漢口 Haitien 綫	六十里

未成之路如下：

施南宜章綫	五百里
河溶沙市綫	一百里
沙市新堤綫	二百八十里
沙市 Totsingshin 綫	二百五十里
沙洋漢口綫	五百二十里
八里灣 Shunpu 綫	三十里
新州 Shunpu 綫	五十里
Shunpu 陽邏（Yanglu）綫	一百三十里
武昌荆州綫	六十里

本篇材料搜集，飽經困難，其間不完備之處，自所難免。其原來根據之件，多有互相出入，經種種比較選擇，勉得如上所述。本文所謂在計畫或建築中者，在現時或已通行亦未可知。中國交通，較往時自有進步。然比之全國面積，交通事業，仍極幼穉。今後建設方針，仍以交通問題爲最重要且最迫切。

在目前交通狀態之下，欲發達人民之社會[illegible]共同意識，絕不可能。蓋便利之交通，爲一切合作之[illegible]礎。美公

使館參贊亞諾爾 Julian Arnold，於其所著之："Some Bigger Issues in Ceina's Problems" 書中，曾論及中國交通之不便，各省互爲獨立，互相戰爭，農民深受壓迫。上海麵粉商，可以在美國 Dakota 購買大麥，經七千哩之行程，其成本較往陝西購麥之運費反低，麥價尚未列入，此眞怪事！中國根本問題，在發展交通；交通事業進展至相當程度，然後實業方可振興，國家方可富强。舍此不圖，別無着手之可能。吾人敬祝今後建設之程序，以推廣汽車道及鐵道入手，則來日之國利民福，至無限矣！

（譯者註　篇中地名，無法可譯者，只將英文地名寫出；其可譯而有疑實者，在中文之下，附註英文。簡陋之處，尚希讀者指敎。）

二次大戰聲中蘇俄之軍備概況

官 鄉譯

一九二八年確是很不幸的一年。在這一年裏，資本主義表面上雖漸趨穩定，而其內部潛伏的暗潮却日益險惡，這種矛盾的狀態，實有引起第二次世界大戰的危險和可能。好在那些所謂『列强』也者，經過了十年的生息，十年的教養，疲乏的精力已回復了十年前的狀態，甚且過之無不及，大可厲兵秣馬，來大幹一番，殺個你死我活，橫竪有一班忠心耿耿，自命爲『爲祖國而戰』的人們前去犧牲性命。

蘇俄，雖敵不過資本主義的壓迫，被一股熱潮捲了去，而有向右轉的趨勢；然而照目下的情形看來，顯然仍是一隻可怕的野獸，全世界的公敵。

假如第二次大戰果眞爆發，蘇俄的地位，不用說，是十二分重要，十二分値得注意。因此，蘇俄的軍備我們有知道的必要。我們看見，列强現在對大戰正像煞有介事地加工準備，大家都拚命造兵船，造炮艦，加預算。風雲的險惡，正同一九一四年前沒有兩樣。在這樣積極的準備之中，在這樣尖銳的呼聲之中，我們對於參加這次實際鬥爭的一個強有力者——蘇俄的軍事狀況，尤其不能不清楚。因此，左面這篇文章我請借本刊一點篇幅介紹過來。

作者自誌

（一）

自一九一七年以來，每年在蘇俄的一四〇〇〇〇〇〇人民之中，有一〇〇〇〇〇〇人是到了應受軍事訓練的年齡；全國有四五〇〇所施行軍事訓練的機關。據最近的，也許不甚確實的調查，目下正受着軍事訓練的已有八〇〇〇〇〇人左右。

蘇俄的軍事制度，有兩個最大的特點。第一：共產黨中央執行委員會爲盡量縮小，以至於削掉軍事領袖個人勢力的造成起見，特倣照十八世紀法國革命時的例，在每一個軍事機關內，甚至於每一個軍事單位內，附設一個黨代表及一個政治部。第二：統率軍隊的機關非常之多，而沒有明白規定的權限和責任。最高層有共產黨中央執行委員會，具有宣戰，媾和，支配財政等權；有『人民代表蘇維埃』

來執行命令，還有什麼『勞工國防蘇維埃』『陸海軍蘇維埃』等等。此外還有一個『革命軍事蘇維埃』——這機關有管轄各軍事重要部份的大權；同時也能任命政治部人員去訓練軍隊以政治的智識。

總司令是由『人民代表蘇維埃』所任命，但他同時又爲革命軍事蘇維埃的一員。表面上，他是全軍主腦，一切作戰，擘劃，指揮都是他的責任；實際上，他却須把一切進行的方針處理的經過詳細地報告於——說得更深刻些——徵同意於『人民代表蘇維埃』與『革命軍事蘇維埃』。

關於黨代表的權限和責任，約有下列數種：

(一)代表共產黨監督各高級以至各低級的軍事長官之行動。

(二)代表共產黨監督各軍隊或軍事學校的軍事訓練及一切內務。

(三)代表共產黨對軍隊或軍事學校實施共產黨的政治訓練。

(四)副署各項命令決定軍隊之進止及一切行動。

(五)軍官如有反革命的嫌疑，黨代表有[illegible]非常手段，

或加以看守，送交高級長官審判，或竟自行處以死刑然後呈報。

(六)黨代表得於軍官陣亡之時，代理一切。

至於政治部則有三：

(一)對軍隊施行政治訓練。

(二)爲軍隊與民衆間之媒介。

(三)監督官長行動。

至於其他各項次要機關，我們不必一一詳細追述，只要我們緊緊地記着：從最高的一直到最低的每個機關都附設着黨代表政治部或政治指導員。

(二)

全俄如今共分爲九個軍區如左：

列寧格勒（Leningrad）；莫斯科（Moscow）；薩馬拉（Samhra）；加可夫（Kharkov）；羅斯拉夫（Rostov）；斯摩倫斯克（Smolunsk）；大斯干特（Taskant）；羅摩尼可拉伊斯喀（Novo Nicolayesk）；第佛尼斯（Tiflis）。

每個軍區都設着一高級機關——如司令部——來指揮各

議區的軍事佈置，防禦工作……等。兵隊仍分責袖入馬兵，炮兵，工兵，交通隊，護路隊，通訊隊，運輸隊……此外還有許多鐵甲車隊、化學藥品戰爭戰等等（海空軍在外）。

陸軍的編制，大概可分成兩方面來講．

（甲）步兵方面步兵以軍爲平時單位。每軍兩師，附大炮隊和工兵隊各一隊。每師三團，每團三營，附廹擊炮隊，工兵隊，鐵甲車隊，馬隊各一隊。

（乙）馬兵方面　馬兵平時同樣以軍爲單位。每軍兩師，每師三旅，每旅兩團，附大炮隊和工兵隊各一隊。每獨立旅是三團，但大炮隊却少些。

一直到現在，蘇俄陸軍的確實數目，還沒有精密的正確的數字報告。有人曾經這樣計算過：蘇俄陸軍，步兵共六十三師，一百八十九團；馬兵共十二師，四十三旅，六十九團；工兵共二十九營；大炮隊共有大炮五百零三尊。著者以爲計算時，步兵照原數加百分之十五，馬兵照原數減少百分之二十二，似乎來得更要精確些。

編制方面大概是這樣，但是陸軍——整個地說來——其實不止這麽一點而已，更包含着許多特殊機關。這些機關大都以不同的名義做着不同的工作；內裏所收羅的大都是些專門人才。在必要時，牠們是可以擴大組織的。同時還有所謂勞動隊——專致力於後方工作的集團，裏面全是無產階級者。在每一區內，還有什麽區防軍及特別隊，在政治部指揮之下工作。這種軍隊的隊員是已盡過了軍隊義務，而自巳情願告奮勇出來的人。至於充當軍士的人，自然差不多一大半是共產黨黨員。

情形雖如此複雜，但是，我們要知道，在蘇俄這種制度之下的軍隊，偏能很迅速地動員起來，在接得了動員令之後。下動員令的却又是一個機關了。牠的名字叫『各區縣軍事代表蘇維埃』。即此一端，我們也可以看得出蘇俄軍事機關職責之凌亂。

蘇俄的軍制還有一個特點就是：動員令不是單爲武裝士兵的，全國的民衆都要負起一部份責任，盡相當的義務。女人，同男人一樣，也須盡同等的責任。所以平時，每麽公民都須學習一種軍事動作；戰時才能受命去完成他的義務和責任。

（三）

蘇俄步兵所用的快熗，多半是一八◯一九式的，能放五粒彈子。還有 Choda 和 Feodoroee 式的連珠鎗，能放八十到一百五十響。一分鐘能放五百響的 Lewis 式輕便機關熗也很不少。手槍大半是勃郎甯式的。北外炮隊尙有七十六，一〇七，一五三耗口徑的大炮，和一二二耗口徑的迫擊炮。工兵裏除掉掘濠，造營，造船等兵外，尙有摩托車隊，摩托自由車隊等等。紅軍的武器雖然不十分新，火藥的供給雖然不十分充足，但是組織嚴密，訓練有素的紅軍的實力，却不可輕視。

參加實際戰鬥的武裝紅軍，全是無產者；至於內地守備軍和預備隊也差不多大半是無產者，這自然是因爲蘇俄有『惟勞動的無產階級，纔有武裝的資格』這麼一個信條。

據最近的統計，紅軍兵士中百分之二十屬于工人階級；百分之五十三．四屬于農人階級；而百分之二十六．六屬于中小階級。這些士兵都是很有智識很能革命的份子。因爲他們去軍隊之先，受過强迫的嚴厲的政治訓練；到軍隊去之後，又有許多刋物供給他們閱讀。蘇俄現在每連有連出版物，目下共計五千零二十八種；每團有[illegible]，共六百四十三種，所以士兵退伍之後，就是不認識字的也可以認識字，不會讀書的也會讀書。

軍官的成份是：百分之四十二屬共產黨員；百分之七．六屬候補黨員；百分之三．七屬共產主義青年團員；其餘的四六．六屬非黨員。

每個十九歲到四十歲的男子都被强迫去做一些軍事上的服務。『勞工與國防蘇維埃』便是每年指派人到軍隊裏去服務或受訓練的機關。這種訓練，每個從十九至廿一歲的人都須受的。

「請假」在紅軍裏也是允准的。但是『陸海軍蘇維埃』却得隨時命令請假的人立卽銷假，回到原任上去。因此，預備隊和候補者在名額和能力兩方面對紅軍幷不發生何等了不得的影響。這些預備隊可以分成兩種；一種是三十四歲以下的人，一種是三十四歲以上而仍然在軍隊內服務的人。

假使有充分的理由—或因家庭的關係，或因身體宗敎的關係—軍事服務也可以免除。在相當的情形之下，學生也可以把他們服務的期間延長。

在蘇俄這樣一個百分之八十的民衆全不識字的國裏，而且在這樣建築於恐怖之上的階級獨裁制之下，領袖人才是非常缺乏。所以在學校裏—尤其是在軍事學校裏—不得不學術兩科並重，以便造成專門的適宜的領袖人才。通常入這種軍官訓練所的學生必須先受八個月極苦的初期訓練，以養成耐勞，吃苦的性格；然後再受三年至四年的學術兩科正式訓練。

以上所述的乃是我們綜合各種公文報告上底記載而得的關於蘇俄紅軍的概況。

（四）

蘇俄的領土雖然有遠東的海岸，有黑海，北冰洋的海岸；但是因地近寒帶，沒有長年不凍的海港，同時又為『達但尼尼』所封鎖，不能直接到洋面去：所以海軍不能很健全。據最近的調查，我們可知蘇俄海軍分配的情形：

（甲）波羅的海方面

炮艦（附水雷四隻）　二隻（年齡十六，十二耗口徑炮十二尊）

潛水艇　九隻

巡洋艦　三隻

驅逐艦　十三隻

（乙）黑海方面

巡洋艦　二隻

驅逐艦　三隻

水雷母艦　三隻

潛水艇　四隻

（丙）裏海，阿耳葛河方面

雜色艦　二十隻

綜計以上，共有總噸數為十二萬九千噸。

海軍，像陸軍一般，也蜂房一般附設着許多政治部。每一炮艦裏約有九個政治工作人員—其中最高級的一員與艦長同為中將階級。據說現在尚有幾隻潛水艇在製造之中，此外便沒有什麼了。

至於空軍和化學藥品戰爭軍，我們還沒有確切的調查，不過蘇俄對於這些組織之擴充似乎是很注意的。大概飛機隊現有四十到五十中隊，共有六七百架飛機。對於化學藥品戰爭，蘇俄也非常注意地訓練的。

從一九二五—一九二六的預算看來，我們知道蘇俄對於軍備及人才訓練的費用是每年在增加。這一年總共用去的軍費爲六三五〇〇〇〇〇〇盧布，較上年增加約百分之四三。據說最近還在增加！

（五）

總而言之，推翻了舊俄羅斯的蘇俄政府有一隻很强有力的軍隊。照數字看，世界上簡直是莫可與京！據目下最精確的統計，有幾十萬以至於一百萬人正受着軍事訓練。凡同情於蘇維埃政體和共產主義的俄國人都有當兵的義務。正式作戰的軍隊之外，還有無數的政治兵—政治部人員。除陸軍外，還有一隊小小的，戰鬥力很弱的，但是却足以鞏固海防的海軍；一隊很可怕的空軍。

雖然蘇俄現在還沒有向外發展的能力，只借宣傳擾亂人家的後方，但她的力量畢竟是足以使世界瑟縮的。

十七，十二，七

五路交涉中之吉會路與東三省之關係

孟昭强

(一)緒言

慨自南滿鐵路爲日攫得（光緒三十一年）後。東省已陷於日帝國主義鐵蹄之下。年來日人經營侵略。不遺餘力。關東三省幾將爲其囊中物矣。及野心家田中組閣。對於侵略滿蒙更變本加厲。雷厲風行。查田中所抱滿蒙積極策中。鐵路網計劃。實爲其主幹。近高唱入雲喧傳全國之日本攫取滿蒙五路權交涉。即其實行之表現也。五路之中。尤以吉會路爲最重要。際此千鈞一髮。交涉重嚴之時。作者不揣譾陋。爰就調查所得。將吉會路之沿革。及其完成後與東省國防上政治上及經濟上之影響。擇其要者。介紹於后。聊供國人之參考焉。

(二)吉會路之沿革

吉會路之建築。肇于宣統元年中日間島之協定。該協定第六條載『清國政府。將來延長吉長鐵路至延吉南境。與韓國會寧之鐵道相接。其一切辦法與吉長鐵道同』民國二年。日人在大連開滿韓實業大會。議決速成此線自吉長改後。進行尤亟。七年六月。交通總長曹汝霖與日本興業銀行訂立借款合同。預支現款一千萬元以爲進行建築之資。中間時而停頓。時而進行。至今該路西端之吉敦段將告竣工。其東端自圖門江至天寶山一段。已設輕便鐵路。中間所懸置者。僅敦化老頭溝一段六十六英里耳。

(三)吉會鐵路路線之位置及其重要

吉會路線起自吉林省城。至朝鮮東北部之會寧。與朝鮮之清會鐵路相接。清會路長僅二十五日里。終點爲日人在朝鮮新闢之海口清津港該路橫貫北滿全部。聯絡滿韓兩地。足以抵抗中東鐵路及海參崴之貨物集中政策。此路成後再進接吉長路至長春。與南滿中東兩路成鼎足之勢。故其影響於吾國國防以及政治經濟之重要。殊不讓於南滿鐵路也。該路全線長二百二十五哩。自吉林至敦化長一百五十哩。已將告成。自敦化至會寧尚未建築。日人目下之所積極進行者即在此段之建築。及吉長吉敦之聯接耳。

(四)吉會鐵路與東省國防之關係

五路交涉中之吉會路與東三省之關係

吉會路東自朝鮮會甯。横亘北滿。而達吉林。與南滿鐵路成十字形可於八小時內。將大隊駐韓日軍。開至吉林。於旣日之間。可使北滿全入日軍之掌握。加以南滿安奉兩路。能於十小時內將日軍輸送滿南一帶。如此兩路進兵互爲聲援。一旦戰事發生。吉奉二省。全被包圍。黑龍江東蒙一帶。横被隔截。日人無亡矢遺鏃之費。而滿蒙已全被佔領矣。故吉會路之完成。非惟北滿防務爲日人所襲佔。而吾東北國防實受重大之不利也。

(五)吉會鐵路與東省政治上之關係

鐵路爲政治侵略之先鋒。凡路線所經之地。其一切地方行政事宜。無不受其把持。南滿鐵路。其明證也。日人對滿蒙久已視爲其唯一殖民地。自攫得南滿鐵路後。奉吉二省自長春以南至遼東半島之全部。已徧佈倭奴之履跡。全爲日人政治勢力範圍。但南滿偏于南方。對於本州北部日人之移滿者。有不便之處。倘吉會告成。則三島日人。可横渡日本海。自朝鮮東北部登陸。取道吉會。直入北滿全部。如此不數年間。北滿一帶之行政。將無不歸日人之掌握矣。

(六)吉會鐵路與東省經濟上之關係

吉會路横亘吉林東南部。其地土質肥沃。林礦豐富。以交通不便。多未開採。倘該路一旦完成。則此無窮之富源。將必盡爲日人所吸收。而東三省之經濟。必起劇烈之變化。茲就此二點述之於下。

(甲)被吸收之富源　該路完成後。所被吸收源之區域。約有六千方里。其所被吸收富源之種類。有下列數種。

(1)農產　該區域內可耕植之土地。約有四萬晌。其中已墾者。有一百五十萬晌。將來開闢後。其生產力發展至若何程度。雖難預定。但據民國五年農商部關於該區域內已墾土地農產物收穫數之統計推測之。則其將來生產力發達之量數。必有大可驚人者。茲將該統計內關于全區內各種農產品之總數。摘錄於后

(子)食料品

類別	單位石
大豆	一・四七一・六六二
小豆	二二三・三二九
大麥	六二〇・七三二

小麥	八一六・九二九
玉蜀黍	三五四・八五一
高粱	四八〇・五九二
黍	三一四・八八三
粟(穀子)	一・七五四・九四二

(丑)原料品　吉林土產。以廠烟廠麻爲最著。質優而量巨。佔農產物中之主要位置。廠麻分線麻青麻兩種。其莖爲纖維工業之原料。其實可作製油之用。據最近調查。該區內所產麻量。歲達一・二四三・一四五斤。廠烟分片子柳子把子三種片子烟最優。柳子烟次之。把子烟爲下等。此三種烟。每年可收二萬餘斤。交易額達五十萬元之巨云。

(2)林產　吉會路所經之松花江牡丹江圖門江上流一帶地方。森林繁茂。幅員廣袤。此帶森林中樹種。可分爲針葉及闊葉二大別。據日人中野氏之推算。此等森林。年採一千萬石。足供二十年之用。且此項被伐之樹。易生小樹。如能護育得法。數十年後。卽可利用。循環不已。其利溥矣。

(3)礦產　吉會路所經北滿一帶。礦產豐富。爲東省之冠。此項礦產。已發現者可分爲金銀銅鐵煤等數種。其中以金煤二項爲最多。目下雖未得可靠之調查。而此數種礦藏量之和。必爲一驚人之數量焉。

(乙)東省經濟之變化　該路完成後。東三省之經濟。必發生巨大之變化。約計之如下。

(1)路線範圍內經濟力之澎漲。　此區域內雖土質肥沃。資源豐富。然以山嶺綿亘。交通梗塞。土產不能運出外地。消費貨不易輸入。故該地農民。仍在自作自給之時期。人口稀少。購買力異常薄弱。鐵地完成後。在生產方面。因運輸便利。農民收穫之價値增大。必廣招人工。以擴生產。於是他省之移民。必將逐漸湧至。荒原日開。生產量日增。在消費方面。則因運費低廉。物價減落。加以人口激增。購買力必日趨强大。其經濟力之澎漲。必有與日俱進之勢。

(2)路線範圍內外力之侵入。　此區域內豐富之農產。及金屬礦產。可供工業原料。而繁多之山林及煤礦可爲工業燃料。但因搬運機械及輸送物品之困難。故此帶工業。尙極簡陋若此路告成。則所有障碍。完全消除。日人必在此地。極力經營農工業。以吸收其財富。而日商之勢力。必將徧及北滿。喧賓奪主矣。抑又有進者。此路成後。交通暢利。移民方便。日人必壓迫韓人。使之移住北滿一帶。而韓人持日人之土地商租權。復因自然之趨勢。必將蜂湧而至。於是日人移殖鮮民於滿蒙之政策。可得實現矣。

(3)吉會鐵路完成後與滿蒙其他各路營業之影響。 此路與中東路平行。由哈爾濱經東路支線出口海叅崴與經吉會線出口淸津其陸路距離相若。而減少淸津至海叅崴之海程。且海叅崴爲冰凍口港。冬季貨運全停。而淸津爲不凍港。四時貨運暢通。故此路若成。東路之一部分貨運。必爲此路所吸收。而該兩路運輸之競爭。必將愈趨愈烈。其於南滿鐵路。亦有重大之影響。查在日人深入我腹地之南滿安奉吉會三路中。若由彼邦對華經濟中心大阪至長春之距離言之。以吉會爲最近。自大阪取道吉會至長春。其距離較取道南滿安奉兩路近四百餘哩。省時二十餘小時。而運費亦必較廉。故此路成後。則南滿路開原以北之貨運。必歸吉會所吸收。吉長路輸出入貨物之方向。必與前相反。而未成之吉海奉海兩路。亦必受相當之影響也。

(4)吉會路成後。於三省木材前途之影響。 此路成後。日人將奪吾沿線林權。採取後取道吉會。運至日境出口。惟此項森林。關係吾國經濟文化。至深且鉅。目下建設開始。總理所擬之十萬哩鐵路計劃。須於最短期間。逐漸建築。則所需枕木爲數必巨。况現世木材之價値。復與人口之增殖而俱漲。吾國文化漸進。紙之用途日廣。而造紙原料又以木材爲最重要。如木料缺乏。則此修路造紙及其他一切工業建設所需之巨額木材。必須仰給於外人。我國中南等處。森林素少。且多已採伐。惟吉黑一帶。尙有未開豐富森林。供將來之急需。倘因吉會路之完成。致此帶之森林。盡爲日人所侵佔。則非特爲東省經濟之重大損失。抑亦吾全國將來經濟上文化上之隱憂也。

吉會路之貫通。對於東省經濟上之其他影響尙多。惟因限於篇幅。不能枚舉。上述數端。不過其犖犖大者耳。然即此四端。亦可窺其梗概矣。

（七）結論

綜上述各節觀之。則吉會路之聯通。實與東三省國防上政治上及經濟上均有莫大之影響與損害。其足以制滿蒙之死命。實較南滿路爲尤甚。此路若成。滿蒙全部。必陷於百刼不復之地。滿蒙不保則直魯晋豫等省。又必爲東省之第二。日人於此五路要求中。所以尤致力于此路之聯成者。其陰謀野心。昭然若揭。際此千鈞一髮之危機。若再不力爭。則噬臍莫及矣。甚願舉國一致力爭。積極奮鬥。取消此非正式喪權辱國之吉會路協定。勿使日人再闢一侵略滿蒙之工具。如南滿鐵路者。則幸甚矣。

日本全國商船統計

據日本遞信省發表，日本全國(日本本部朝鮮台灣及關東州)(譯者按關東州卽旅大日本竟列入其帝國之內矣)，現在註册之商船共有一萬九千三百八十六隻，總計五百〇四萬二千二百八十二噸。其中汽船三千六百五十一隻，共四百十二萬八千三百四十三噸，帆船一萬五千七百三十五隻，共九十一萬三千九百三十九噸，茲分別列表如左。

汽船

註册地	隻數	噸數
日本本部	三，三三三	三，七二五，七五九
朝鮮	一七一	四九，一七〇
台灣	二八	三，三三七
關東州	一一九	三五〇，〇三七
共計	三，六五一	四，一二八，三四三

帆船

註册地	隻數	噸數
日本本部	一四，九三〇	八八四，五二三
朝鮮	六四五	二一，六一三
台灣	一一九	六，五三九
關東州	四一	一，二六四
共計	一五，七三五	九一三，九三九

所有汽船帆船，每隻皆在二十噸以上，共在一萬噸以上者共十一隻，皆爲日本郵船會社所有。惟太陽丸爲日本最大商船，載重一萬四千四百五十七噸，因爲政府所有，故未列入上表之內。

日本經濟發展之趨勢

珧符

緒論

東鄰日本，蕞爾小國耳，自中日及日俄兩次戰爭後，竟能儕於英美法意諸強國之列，此不僅由於日本軍備之完善已也，其經濟進步之迅速，亦與有力焉，日本人民耐勞而好動，加之以疆土之狹小，環境之轉移，其奮發之心，非他種人所可比擬，溯自明治維新後，日本政治日益修明，社會較爲安定，故人民皆可致力於生產事業，此即日本經濟發展之醞釀時代也，自中日之戰後（一八九四年，）日本既得我國之賠款三億七千萬元，復得提高其國際地位，向他國借款，與辦各種事業；若鐵路，若銀行，莫不於是時舉辦說者謂其經濟發展，即萌芽於此，其後以交通便利，各種工業及商業相繼發達，於斯時也，其經濟發展之狀況，有一日千里之勢，蓋有以下諸原因焉，

（一）日人之毅力及野心， 日人野心勃勃，欲發展其工商業，企與英國相媲美，而爲「遠東之不列顛，」此其理由一，

（二）日人能利用歐美最佳之技術及方法，創辦各種實業，

（三）日人能取消一切不平等條約，并以保護關稅政策，使各種實業，得極大之發展，

（四）日人能利用工資極廉之勞工，製造商品，以與外商競爭，

自歐戰發生後，日本遂得稱雄於遠東商場，其經濟發展，已臻於登峯造極之境矣，及歐戰告終，日本經濟狀況，頓呈緊張之狀，若鈴木商店之倒閉臺灣銀行之歇業，及昭和二年之財政大恐慌，皆其經濟狀況將瀕於絕境之預兆也，茲先察其經濟發展之近況 ，然後研究其經濟發展之危機，

（一）農業狀況

日本自工業勃興後，農業益形衰頹，有一落千丈之勢，一九一三年全國進款內，純粹工業之進款佔百分之十九，農業之進款佔百分之二十四，至一九一九年，農業之進款

降爲百分之十五，工業之進歎則增至百分之四十六，近年來復發生地主與佃農之爭執，佃農要求耕權之獨立，而地主則主張耕地之發還，各不相讓，以致農產品之出產減少，由此亦可知日本農業不振之近狀矣，其出產品若蔴、烟葉，棉花等均無增加出產之可能，且其每年出產額極爲微小，無記載之必要，其最重要之出產物爲米與茶耳，按產米區域佔其耕種面積一半以上，其耕種面積雖略有增加然米之每年生產額，大不如前，此非農業不振之明證哉，

第一表　米之生產及耕種面積比較表

年度	耕種面積（一千黑克太爲單位）	米之生產（一千擔爲單位）
一九二〇	三一〇五	六〇八〇〇
一九二一	三一二六	六三二〇〇
一九二二	三一三四	五五〇〇〇
一九二三	三一四一	六〇七〇〇
一九二四	三一四八	五五四〇〇
一九二五	三一四二	五七二〇〇

由上表觀之，日本近六年來之每年產米額，最多不過六千三百二十萬擔，與米之每年消費額相較，[illegible]敷甚巨，在

一九一八年米之消耗爲六千萬擔，一九二一年至一九二五年，米之消耗，每年平均爲七千萬擔，故日本每年恆有大宗之米輸入，除一部分爲其屬國朝鮮供給外，其餘多向中國暹邏一帶採購，

（二）工業狀況

日本領土狹小，礦產不富，農產物亦不甚多，故其增加生產之方法，偏於糧食及製造品二方法，以供本國之用，所餘則以之銷售外國，其輸入品以機器及原料爲最多，蓋日本之土地，非常瘠薄，每年所出產之原料，不足供給其製造之用，至於機器之輸入，尤足表示日人引用歐美最新技術，致力於生產之意焉，無怪乎其國之工業相繼發達也，茲分論之如左，

（甲）纖維工業

(1)絲織物，　絲廠工人之數目，在一九一四年爲五〇二九八人，一九二五年爲二九〇七五人，一九二七年爲三〇二七六人，在此時期內生絲之出產自一，六五〇，〇〇〇磅增至一〇，〇〇〇，〇〇〇磅，按近來日本每年輸出生絲價約

七五〇，〇〇〇，〇〇〇圓，二十綿織物價約一四〇，〇〇〇，〇〇〇圓，故纖維工業論，絲織工業之發展，當首屈一指，

(2)棉織物， 在一九一四年日本只有紗錠二百五十萬枚，今則有紗錠五百萬枚，棉紗在一九一四年之紡出額爲一，六〇〇，〇〇〇包，今則增至二，五〇〇，〇〇〇包，故其棉紗之產量，有供過於求之勢，現下棉織物之出產額爲一九一四年出產額之二倍，至於棉綫織工業，其發達之程度，與棉織物有相同之趨勢，故棉織工業之發展，僅次於絲織工業，

(3)羊毛織物， 此項工業之發展，雖不及以上兩項之猛進，其最近趨勢，較前不同，日本近來積極鼓勵毛織工業，故一九二七年之羊毛輸額，略爲增加，而呢絨之輸入額，稍有減色此蓋毛織工業發展之特徵也，茲將近三年，日本之羊毛輸入及呢絨輸比較（以百萬圓爲單位）列表如左，

第二表

年度	羊毛輸入	呢絨輸入
一九二五年	一二一	五七
一九二六年	八六	二九
一九二七年	一〇二	三四

(乙)其他工業

(1)糖業 精糖之出產自四，二五〇，〇〇〇擔（一九一四年）增至一二，〇〇〇，〇〇〇擔（一九二七年）

(2)水泥 水泥之出產，在一九一四年爲四，五〇〇，〇〇〇桶，一九二六年爲一七，七五〇，〇〇〇桶，

(3)紙 紙之出產，在一九一四年爲二〇八，〇〇〇，〇〇〇磅，在一九二六年，爲一，一一〇，〇〇〇，〇〇〇磅

(4)化學品 化學品之製造，有一日千里之勢，如硫化鈉及硫酸鋁在一九一四年非日人所能製造，今則皆有極大之出產量，其他化學品之發達

至於日人所製造之機器，以發電機，電汽馬達，變壓器，爲最多，

(6)木料製造業，甚爲發達，主要出產品爲木梓紙，自來火梗，及建築材料，然日人多用木料營造房屋，本國木材雖富，仍須向我國之東三省，及西伯利亞與加拿大採購木料，

(三)國際貿易狀況

國際貿易上，日本仍爲入超之國，一九二三年爲日本國際貿易最衰頹之一年，實半由於大地震之摧殘，半由於國際貿易地位之不穩固，至一九二七年復受財政恐慌之蹂躪，由是其國外貿易，益無起色，而輸出有銳減之勢，此蓋日本經濟發展上之危機也，

第四表　日本近八年來國際貿易近況表(以百萬圓爲單位)

年度	入口	出口	入超數目
一九二〇	二三三六	一九四八	三八八
一九二一	一六一四	一二五二	三六二
一九二二	一八九〇	一六三七	二五三
一九二三	一九八二	一四四八	五三四

，可於下表見之，

第三表　化學品產量增加表(以百萬圓爲單位)

品名	一九一四年	一九二六年
硫强酸	二五二・〇	一〇四九
鹽酸	八・〇	四〇
硝酸	一・〇	一七
硫酸鈉	五・五	六〇
硫化鈉	無	二四
鹼灰	〇・五	三八
苛性鈉	一〇・〇	五六
硫酸鋁	無	三五
醋强酸	二・〇	一〇

(5)鋼鐵及機器，　日本以焦煤及礦苗之稀少，故鋼鐵事業之發展較遲，此實足影響其機器製造事業，然若察其近數年來之機器輸入額，較爲減少，可以證明其機器之製造，不無相當進步，按日本在一九二六年機器及零件之輸入額爲九千萬圓，在一九二七年減爲[illegible]八百萬圓，

一九二四	二四五三	一八〇[illegible]	六四六
一九二五	二五七三	二三〇[illegible]	二六八
一九二六	二三七七	二〇四四	三三三
一九二七	二一七九	一九九二	一八七
一九二七（一月至五月）	一〇五六	七六八	二八八
一九二八（一月至五月）	一〇〇六	七九九	二〇七

（甲）輸入之特點　日本近來輸入，以原料爲最多，

一九二五年原料輸入額佔百分之五十八，一九二六年，佔百分之五六•四一九二七年佔百分之五五•一，由是以觀，原料輸入額雖逐年遞減，仍佔輸入額中之過半數，原料品之輸入，就中以棉花爲最多、木材，羊毛及油渣餅次之，全製品之輸入，以機器爲大宗，而原料用品之輸入，以鐵塊，鐵管爲最多，

(1)輸入品　食料方面，爲米，麥，豆，蛋，及砂糖，原料方面，爲羊毛，棉花，木材，油渣餅及各種肥料，原料用品爲鐵管，絨線，及建築材料，全製品爲機器，毛織物，煤油及石腦油，

(2)製造品減少輸入之原因、

（一）日本人已能製造，不須他國之供給

（二）日人之需要已改變，而外商不識日人之心理，未能供其所求，

（三）日人愛國心，較前略重，社會心理，均以提倡土貨爲國民之天職，

(3)進口貿易國中，美國輸入棉花最多，遂佔首席，印度及中國次之，我國輸入日本之物品，爲棉花，鐵條，大荳，蛋，米，等，我國在一九二五年輸入日本之棉花價值二二，七八五，一五九海關兩，一九二六年爲二六，五五九，五〇六海關兩，其輸入額不爲不巨矣，

第五表，　一九二七年日本進口貿易國別比較表

（百萬圓爲單位）

國別	金額（百萬圓爲單位）
（一）美國	六七三
（二）英領印度	二七〇

(三)	中國	二二六
(四)	英國	一五五
(五)	南滿洲	一三三
(六)	德國	一三一
(七)	澳洲	一二一
(八)	荷領印度	一〇三
(九)	加拿大	五五

第六表　各國輸入日本之物品性質比較表，(以百分計)

年度	原料	原料用品	製造品	飲料及食料
一九二二	四三·八	二〇·六	一九·三	一五·三
一九二三	五〇·二	一八·〇	一八·二	一二·六
一九二四	四七·五	一八·四	一九·二	一四·一
一九二五	五八·〇	一二·七	一三·五	一五·二
一九二六	五六·四	一五·〇	一三·二	一四·七
一九二七	五五·一	一五·九	一三·三	一四·八

第七表　主要原料輸入日本比較表(百萬圓為單位)

品名	一九二五年	一九二六年	一九二七年
棉花	九二三	七二六	六[illegible]
木材	七七	一〇四	一〇四
羊毛	一二一	八六	一〇二
油渣餅	一〇七	一二四	九九
糖	七五	八四	七六

第八表　主要原料用品輸入日本比較表(百萬圓為單位)

品名	一九二五年	一九二六年	一九二七年
絨線	五六	三二	四四
鐵(塊，管等)	八一	一〇二	九〇

第九表　主要全製品輸入日本比較表(百萬圓為單位)

品名	一九二五年	一九二六年	一九二七年
機器及零件	八九	九〇	七八
呢絨	五七	二九	三四
煤油及石腦油	三一	三〇	二七

由以上各表，吾儕可見輸入日本之原料，有三種趨勢，

(1)各種極發達之工業，所需之原料，每年減少輸入，若棉花輸入額由九二三，〇〇〇，〇〇〇圓(一九二五年)減為六二五，〇〇〇，〇〇〇圓(一九二七年)，

(2)未甚發達之工業所需之原料，則增加輸入，若羊毛輸入額，由八六，〇〇〇，〇〇〇圓（一九二六年）增至一〇二，〇〇〇，〇〇〇圓（一九二七年），

(3)日人最需要之建築原料為木材，在一九二六及一九二七兩年間，輸入額不變，

(乙)輸出之特點　輸出品以棉織物絲織物及生絲為最重要，據一九二九年統計，輸出總額為一，九九二，〇〇〇，〇〇〇圓，該三種物品輸入額佔一，三二〇，〇〇〇，〇〇〇圓，其他輸出品，若麵粉，及茶亦頗為重要，麵粉在一九二一年之輸出額本甚微小，一九二七年，竟為三百萬袋至於日本輸入我國及遠東一帶之白鉛鋼板，本由英國輸入日本之鋼板，鍍以亞鉛，然後運銷遠東一帶，

(1)輸出物品，　食料為水產物，茶，精糖，及各種罐頭食物，原料為生絲，石炭，眞綿，雜品為火柴，陶器，玻璃等，

第十表　日本輸出品性質比較表（以百分計）

年度	食料	原料	製造品	雜品
一九二三至一九二五	六。三	四七・五	三八。二	八・〇
一九二六	七。一	四四・三	四〇・二	八・四
一九二七	七。三	四九・七	四一・七	一・三

(2)出口貿易國中，美國為日本最大顧客，在一九二七年日本輸入美國之茶為一七，五四五，〇一四磅，輸入美國之絲為四七，三一六，四五六金元，日本輸入我國之物品為棉紗，棉布，紙，陶器，水產物等，在一九二五年，輸入我國之棉紗為二四，〇二八，〇一一海關兩，在一九二六年為一三，•八九〇，二九三海關兩，去年更減為四，二九〇，〇六三海關兩，惟日紗輸入額雖逐年減少，反占我國洋紗進口額之首位，印度紗之輸入我國，已瞠乎其後矣，按在一九二七年印度輸入我國之紗，價值一，一九四，七八五海關兩，茲將日本出口貿易國別表列之於左，以資參照，

第十一表，一九二七年日本出口貿易國別比較表

（以百萬圓爲單位）

國別	金額（百萬圓爲單位）。
（一）美國	八三三
（二）中國	三三四
（三）英領印度	一六七
（四）南滿洲	九一
（五）荷領印度	八二
（六）香港	六六
（七）英國	六四
（八）法國	五四
（九）澳洲	五〇

（四）銀行狀況

自一九二六年下半年至財政恐慌（註）後之一九二七年上半年，日本一百一十九個銀行中，僅有三十個銀行增加其存欵，存款之增加總額爲五〇五，〇〇〇，〇〇〇圓，其餘八十六個銀行之存欵，則減少三一〇，〇〇〇，〇〇〇圓，惟三十行所增加之存欵額中，內有四七八，〇〇〇，〇〇〇圓爲三菱，三井，安田，第一，住友，五大銀行所占有，其餘爲二十二行之增加額，然五大銀行在一九二七年恐慌前，亦頗佔勢力，共占存欵總額百分之三五．八，及恐慌後，五大銀行存欵額增至存欵總額百分之四一．八，由是五大銀行之勢力，較前雄厚，蓋其吸收資金之結果，即爲壟斷銀行事業，其他中小銀行以資本不大，又受五大銀行之壓迫，勢難立足，而一般與中小銀行有密切關係之企業者所受之影響，良非淺鮮矣，

（註）因救濟臺灣銀行而起，

第十二表，一九二七年財政恐慌前後銀行存款增減表

（以百萬圓爲單位）轉載銀行年鑑

銀行數目	一九二六年下半年末	一九二七年上半年末	增加或減少
三十行	三五〇六	四〇〇五	五〇五增加
八十六行	二八九一	二五一〇	三一〇減少

第十三表 一九二七年財政恐慌前後銀行存款比較表，

（以百萬圓爲單位）

時期	存款總額	五大銀行存款額	與上百分比
一九二六年下半年末	六三九八	二二九〇	三五．八

一九二七年上半年末	六五二二	一•六

(五)交通近況

日本交通近況，亦有相當進

(甲)鐵路

(1)國有鐵路， 在一九二六年，國有鐵路里數為七九七八英里，一九二七年為八二五八英里，鐵路在建築中者共二八〇英里，在一九二八年二月底之電氣鐵路共一〇一英里，以路軌分析之，雙軌者共一一四五里，三線鐵路共九一里，國有鐵路軌制為三尺六寸。

(2)私有鐵路 在一九二七年共三三〇九英里，內有七八一英里為電汽鐵路，在建築中，共一〇五一里，內約五百里為電汽鐵路，其已得政府時許建築者，共二〇九〇里，內約一二三〇里為電汽鐵路，

按日本最快客車，行駛東京大阪間，每點鐘平均速率為三十二英里，其他最快客車，則平均行駛三十，二十七或二十四英里不等，至於貨車，則速率較小，在一九二八年一月地底電汽鐵路第一次在東京市內通車，長約一里半，生意甚佳，蓋由於日人之好奇心也

(乙)商船， 據最近報告，截至一九二七年十二月止，註冊之商船總噸數在一百者，共一八六二艘，最大之船為前屬德國之 *Cap Finisterre* 總噸數為一萬四千，其過一萬三千噸者二艘，為日本所曾製造之最大船隻，噸數在一萬二千及一萬一千之間者，亦兩艘，在一萬一千噸及一萬噸之間者六艘，一萬噸之船中，十一艘為五年內製造者，七艘為十年內製造者，在一萬噸以下之船中，在近五年內製造者八十八艘，在二十五年以上製造者共二百五十二艘，

(六)產業發達過度之影響

當歐戰方酣之際，日本以接近亞洲大陸，遂得獨占遠東商場，其他主要交戰國若英，若法，若德，亦無暇顧及其遠東商業，於是時也，日本之產業，因國外貿易興盛之故，其發展之迅速，殊可驚人，一旦歐戰結束（一九一九年）

，日本產業竟在沉滯之中，不獨此也，一九二〇年日本發生產業大恐慌，自一九二〇年至一九二七年財政大恐慌止，日本產業仍在危險期中，一九二二年內，交易所及小銀行之倒閉，一九二三年日本又受大地震之摧殘及一九二七年財政大恐慌之爆發，日本產業更難脫離沉滯狀況，茲將財政恐慌前後各種產業之收益率，列表於左，

第十四表， 日本近來各種產業收益率表

產業名	一九二六年下半期	一九二七年上半期
染織	〇・九五	〇・六七
化學	一・五五	一・三七
機械	一・〇八	〇・八七
飲食物	〇・九〇	一・六九
雜業	一・二四	一・一九
電氣	一・二七	一・一五
煤業	一・三三	一・五七
精鍊	〇・四二	〇・二八
鐵軌道	一・三一	一・二九
總平均	一・一六	一・一五

日本產業收益率減低之緣由，實淺而易見，日本產業之發達，已超過飽和點，而生產過剩之患，隨之而生，加之以國內購買力之減少，海外銷路之不暢，日本產業界更在大恐慌中，其所取之補救辦法有以下二種，

(一)公司之合併或訂立賣價協定， 如東京電燈公司與東京電力公司之合併，及三井三菱之訂立賣價協定，果爾，則三井，三菱可以握全國產業之支配權，夫昔日尚能與三井，三菱相競爭者，僅一鈴木商店耳，今鈴木商店倒閉矣，則握製粉業之獨占權者，舍三井，三菱，其又誰屬哉，

(二)實行生產限制， 日本產業界規定各種產業限制生產率(日人謂之繰短率)，

第十五表， 日本主要產業繰短率表，

產業名	繰短率
麵粉	四五
過燐酸肥料	三一・六
橡皮胎	二五
毛絲令	二五

紡織(註)	一三
絹絲紡織(紬線)	二〇
同上(絹線)	一二
麵粉	二〇
製紙(印刷)	一四·五
同上(新聞紙)	一〇

(註，日本在華之紡織廠，亦實行限制生產，在青島日商之紡織縲短率爲百分之二〇上海，爲百分之二十二）由上表觀之，日本產業之發達太甚者，若麵粉業，若過燐酸肥料業，橡皮胎業，紡織業等，莫不受限制生產法之處置，以期供求之均衡，說者謂日人致力生產之毅力，雖屬可嘉，而結果竟如是，不知日人作何感想也，不獨此也，生產過剩之影響企業者固甚大，而勞工所受之害亦不小，一九二七年之失業統計，吾雖不知，然據一九二五年各重要都市之失業統計，聞者莫不咋舌，東京之失業者共一八，〇一七人，其他都市之失業者，可於表上見之，

第十六表　一九二五年日本重要都市失業統計表

都市	勞働者總數	失業者總數	失業率
橫濱	七,六,二〇六	七,八一四	一〇·二五
長崎	三五,五九五	二,四五〇	五·八八
神戶	一四四,六三〇	七,六六四	五·三〇
名古屋	一四九,五七一	四,七一三	三·一五
八幡	三一,七八二	一,六三一	五·一三
東京	四〇三,三六〇	一八,〇一七	四·四七
大阪	五〇一二七〇	一八,一九四	三·六三

（七）日本將來經濟發展之困難

日本經濟發展之近況，既如上述，其結果則爲生產過剩，產業沉滯勞工失業，財閥及大企業者之壟斷，而產業界爲維持其利益起見，遂限制生產或將公司合併，此種經濟惡現象，未始非日本經濟基礎動搖之先兆也，夫日本，所恃以發展其經濟勢力者，一曰人民之毅力，二曰歐美之新技術，三曰保護關稅，四曰工資低廉，今則產業非常發達，不須保護矣，生活程度提高，而工資因之增加矣，故日人所恃以發展經濟勢力之四種利器，已失其半，然則其將來之經濟發展，亦已難矣，况日本經濟前程中之困難，已隱然在目乎，

(一)階級爭鬥， 日本近來之階級爭鬥，可謂極烈佃農與地主之爭減租，及爭耕權之獨立，（按一九二五年佃農減租之要求，共一千八百九十五件）勞工與資本家之爭執，此二種階級爭鬥，在君主立憲制度下之日本，實不可免之事，亦視其扶助農工之法，是否可消弭之於未然耳，然試察日本工人罷工數之激增，若一九二七年之船員大罷工，則日本產業界之糾紛，更無止境矣，

(二)國內貨物之滯銷， 周佛海先生在新生命第一卷第七號上分析日本社會購買力減少之原因爲，

(一)失業工人之增加(二)農業生產與工業生產之差額，相差太大，以致農村購買力薄弱，夫一國消費之多少，全視普通人民購買力之大小，普通人民中，工人及農民佔大多數，若工人及農村之購買力減少，則國內之消費額因之減少，又當此生產過剩之時期，無怪乎貨物不能暢銷於國內也，

(三)國外貨物之銷路減少， 日本出口貿易國中，除美國外，當以我中國爲最重要，今我國紡織，麵粉，絲織，及其他實業，先後發達，我國前所仰給於日本者，今皆能自給，雖尚須日本之一部分供給，然日本所輸入者，已略爲遞減矣，例如日本輸入我國之棉紗，在一九二五年爲三九六，一〇四擔，在一九二六年減爲二〇九，七二二擔，一九二七年更

減爲六四，五九〇擔，由此可知日本之輸出，將因工業落後國，（如我國印度等）之工業發達而減少，至於其他先進國之日本輸入額，亦無增加之希望，其最大原因爲各國厲行保護關稅政策，如美國對於入口之絹，課以五•五之稅，日本在美國之絹銷路，靡但不廣而且逐年減少輸入美國，有此二因，日本對外貿易，不亦危乎殆哉，

(四)工業先進國之競爭， 日本產業之發達，不過四五十年間事耳，其經濟發展雖極迅速，然於國外貿易上，日本實無鞏固之位置，除於世界大戰時，攫得遠東商場，稍得進展外，自一九一九年起，日本國外貿易，殊無進步之可言，雖因本國產業及財政發生大恐慌，抑亦由於英美之競爭耳，英國爲全世界金融之中心，又爲工業國之鼻祖，其本國雖無極多之原料，然其殖民地若印度，加拿大，等。均能供給極多之出產品，若夫美國，則地大物博，財源饒富，非日本所能望其項背，然則日本又安能與之爭雄哉，且日本所恃以競爭於遠東商場者，距離近而運費廉耳，今者，日本觸怒我國，鑄成濟案一大錯，猶復遣兵示威，此我國所以抵制劣貨，堅持到底也，果如是，日本在遠東貿易將受一大斃，而美國在華貿易，或從此駸駸日上，然則日本之國外貿易欲與英美相競爭殆亦南柯一夢耳，

土地之分析

沈孝明

土地爲主要生產之原素，若地能盡其利，一國之富盛可計日而待。國家爲釐定地租開墾擴殖及決定土地之民有國有起見，必須先有一詳細土地種類之分析，俾一切對於土地解釋之無謂糾紛皆可免除，而稅收方面亦得有一精確的根據也。茲將美國威斯康辛大學經濟學教授伊利氏之土地的分析一篇錄譯如左，以供參考。

(子)關於水利者

(一)乾燥之地，分半乾，全乾，沙漠三種。

(二)足以灌溉之地，與不足以灌溉之地（如木場，牧地乾草地。）

(三)土地之受潮潤者。

(丑)關於利用方面者：

(一)無用之地。

(二)可以墾植之地。

(寅)關於利用之種類者：

(一)地面中之有天然物惠者（如礦地。）

(二)地面上之利用品者：

(甲)土地之直接使用天然物惠者：

1. 天然樹林。
2. 天然牧場。
3. 卑濕之地，如鹽田稻灘等。
4. 土地之有地面礦產或沖積礦床者。
5. 禽類蓄場。
6. 肥料地。

(乙)經過培養之土地：

1. 農壤如草地，犁田，花園等。
2. 人工培養之森林。

(丙)房屋建築地。

(丁)公路：

1. 普通使用者，如尋常道路。
2. 特別使用，或屬市公用範圍者，如火車，電車路等，

土地之分析

（戊）沙灘。

（己）土地之在水下者。

（庚）急流之溪，或湖江河海。

（卯）關於人口之組織與密度者：

（一）城市土地：

（甲）商業用地；分批發區域，與零售區域。

（乙）製造廠區域。

（丙）住宅區域。

（丁）娛樂區域。

（二）鄉村土地。

（辰）關於土地之服務種類者：

（一）土地之以物質出產品間接供給人類者，如礦地農田。

（二）土地之直接供給人類使用者：

（甲）曠野娛樂場地。

（乙）公有或私有之人造公園。

（巳）關於所有權方面者：

（一）土地之爲政府或社會公有者。

二

（二）土地之爲私有者（如個人或公司）。

（午）關於質地之佳劣者：

（一）土地之屬最優等級者。

（二）土地之屬次優等級者。

（未）關於天然生長者：

（一）森林之地。

（二）草地。

（三）沙漠土地。

（申）關於氣候方面者：

（一）以植物生發時令之期長爲標準者。

（二）以植物生發時令間之氣候爲標準者。

（酉）關於地形方面者：

（一）平地。

（二）有波狀起伏之地。

（三）崎嶇之地。

（四）斷續相間之地。

（五）多山之地。

（戌）關於土壤方面者：

(一)以土壤之結構而言者：

(甲)粘土。

(乙)燒型用之土，(粘土與沙混合者)或壚土。

(丙)沙土。

(二)關於培養植物方面者：

(甲)土地之具有培養植物種種要素者。

(乙)土地之缺乏上列一二要素者。

(丙)土地之缺乏多數要素者。

全世界人口之新統計

總共十八萬萬八百萬人

每年平均增加百分之五

亞洲人口增率高於歐美

中國人口四萬萬五千萬

國際聯盟主持調查之世界人口統計，現已完成，據其統計，世界總人口之增加，頗堪注意，在一九一三年全世界人口共十八萬萬八百萬人，至一九二六年末，增至十九萬萬三千二百萬人，其增率為一百分之七，按每年平均計算，則為一百分之五，以此比率增加，數年之後，全世界人口即可達二十萬萬人之譜，至就歐亞美非四洲人口狀態分別觀察，亞洲人口增率遠過他洲，計亞洲現有十萬萬二千六百萬人，歐洲五萬萬一千四百萬人，美洲二萬萬三千二百萬人，非洲一萬萬四千六百萬人，大洋洲亦有九百萬人，而亞洲人口每年約增四千八百萬人，歐洲自大戰後，增率激減，每年只有一百分之三之增加，中國人口則達於四萬萬五千萬，較全歐洲人口只少五千四百萬人，又在歐洲，無國籍人頗多，白俄流民及匈牙利德國等各種流民之人口，陸續增加，每年至少增一百萬人云。

二億八萬三千三百五十八人

武漢各業工人概數

武漢各業工人，現經市民訓會調查詳實，茲將其各業名稱，及工人數目詳誌於下，武漢碼頭工人三四三九！，車夫工人，二六五三四，紡織工人，二九九六〇，店員，三二九二〇，印刷工人，二四八四〇，海員，一二〇〇〇，中外紙業，四〇〇〇，五金業，八六六二，墨業一五〇，衣着業一六八〇〇棉花業，三八六〇，酒飯麵館，工人四〇〇〇土木建築工人，一一四三六，五界市政工人，五〇四〇，洋務職工，五〇〇〇，旅棧工人，四一六〇，米廠工人，一七六〇，鮮果擔担工人，一五〇〇，理髮工人一〇〇〇，製革業工人，三〇〇，縫包工人，一三六九，屠業工人，二〇〇〇，屠宰工人，三三六，香藥工人，三九七，鐵業紅爐工人，三一二，燃料業工人，四四六〇，糧食業，七六四一，郵務職工，四六〇，遊藝場職工，一〇〇〇，染工人，一八三，絲烟工人，四二〇，洗衣工人六五六，盆浴業工人四五〇，池塘業工人九一八，製造紙盒工人三二五，糊油捆包工人，二二五，紙傘業工人，一二二，香業工人二二二，製造輪船工人一〇〇〇，竹藝工人，二〇五〇，縫藝工人，六九〇〇被服工人，三〇〇，鞋藝工人，八六〇〇，帽藝工人，一六九〇，茗茶工人一〇〇〇，裝油工人，八〇〇，豆貨業工人，一〇〇〇，染晒工人，一〇〇〇文具業工人，一四〇〇，漢口理髮工人，一〇〇〇，腸業工人，四〇〇，磨光電鍍工人，一六二，香閣廠工人，四〇〇〇，豬鬃工人，二〇〇〇，圓木泉桶工人，三〇〇，元宵工人，四一七，麵業工人，四一二，輪船負販工人二二五，烟業工人，四二二八，銀行行員，七〇〇，銀行職工三六八，蛋業工人，三五二，雜粮風色堆工，三〇〇，輪棧理貨工人，八九一，油漆工人一二九〇，石藝工人，三六七，製造玻璃工人三四六，麵粉工人五〇〇，麵業工人四五〇，製茶工人，五〇〇，乳業工人，七〇，洋行工人，五〇〇〇，洋務職工六三〇〇，蔴袋工人一二〇〇，堆棧店員，四六〇，印刷工人，三〇〇〇，厨業工人，二六〇〇，骨業工人，七〇〇，香燃冥紙業工人，五〇〇，裝璜藝術業工人，三〇〇，馬廠工人，三〇〇，粵漢鐵路徐家棚工人，一七五四，漢平路，江岸工人二五〇〇，陽夏清茶工人，一二〇〇，陽夏瓦磚鑛炭工人，六七三漢陽油簍工人，〇三八〇，咸寧烟業工人一六〇〇。

遺產稅之沿革

曼倩

訓政開始，百端待舉，吾國現下最大之癥結，當以社會上紈袴子弟依賴祖產之惡習爲最。不特淪千萬青年於不生產之消耗事業，且養成一種特殊之遊閑階級。其影響於全國人民之生計，不言可喻。查財產共有之說，雖不易見之於實際，而征收遺產稅方法，亦足以補救於萬一。茲特將此制之沿革，約略述之。按人類之生活競爭，輒以取得財產權爲歸宿。蓋財產權之取得，即致富慾望之表示。但此種慾望一經饜足以後，即設法保存以遺傳於後裔。法律上因鑒於人民慘澹經營，始能獲得財產所有權故亦承認其有遺遞之權。是則繼承法乃爲法律上之規定，而非天賦之人權也明矣。惟各國最初就財產上之一部分而征收之遺產稅，其原理則異是：謂個人未能純全以人類之本能，於出生時攜帶而來，本人死亡以後，財產應歸屬於國家。按照此說，凡憑藉血統關係而生活者，必致轉於溝壑，國家爲保存財產維持治安起見，覺政府之繼承私產權有不當之處。故最後承繼權仍歸宿於人民，僅就所遺之產征收遺產稅，以爲折中之辦法。故從遺產稅之沿革上觀察，遺產稅乃由一代遺傳至他代所征之稅。蓋遺產稅非征於財產之本身，而征於遺傳及繼承關係。

此制之沿用，年深日久。在巴比崙及羅馬史中，均有記載。當奥格斯達氏Augustus創行於維馬時，其目的在因羅馬軍需繁重，以此稅爲收入之一種。其稅率爲財產全額二十分之一。嗣後此稅即沿用於法德瑞比瑞典挪威丹臘意大利奥大利亞等國。在一千七百八十年英格蘭政府亦採用此稅，沿革至今，中間會經迭次增加稅率，今竟倍蓰於往昔。最後遺政稅制流入美洲，惟按照美國之遺產稅制，有各州遺產稅，及聯邦遺產稅。往往同一財產，經過二次之征稅。各州遺產稅，率於承繼人領受財產時，由受惠人Ben-eficiary付結。至聯邦遺產稅，則以財產爲單位，而由遺傳人繳納。在美之稅率，雖較英國爲低；惟年來亦有增加之趨勢。而以受惠人之與遺傳人之關係較爲疏遠者爲猶甚。在一千九百二十四年時，聯邦遺產稅之稅率，竟增加至

遺產稅沿革

一倍以上，至一千九百二十五年僅美英蘭 Maryland 一州有豁免直系子孫之遺產稅云。

至遺產稅征收之方法，可大別爲二。一比例法，二累進法。所謂比例法者，其稅率不因財產數目之多寡而異，例如美國本薛文尼州所採之制，將受惠人分爲二等，其一爲近親，其二爲其他關係。凡屬第一類者，則按財產之數目，抽收百分之二。至屬於第二類者，則抽收百分之十。是以無論財產之多寡，其稅率始終相同。主張提倡此種學說之人，乃根據於租稅利益說。A benefit theory of taxation 此說謂稅租之征收，半爲國家保護人民生命財產之酬報。故財產稅，應採用一定不變之稅率。所謂累進法者，又可稱爲迭進稅法。The accelerated tax method多數經濟學家，鑒於比例稅法獎竇百出，故贊成累進法。其第一單位由法律規定一定之率稅，至第二單位，則增加其稅率。依此類推。至奢侈品，復添加其稅率。此法在美國各州，頗爲通用。例如紐約省之累進稅是。其第一級單位爲二萬五千以上，稅率定爲百分之一。其第二級爲七萬五千元以上，則百分之三。第三級爲十萬元以上，則百分之四是。

二

最近英美各國，復有所謂遺產保險者，其用意在補償因遺產而發生之種種費用。蓋遺產經承繼人接收後，往往有種種支出，不敷應付。官廳於征收遺產稅時，須用強制執行方法，將遺產之一部出售，方能使其繳納。而承繼人亦即因之而受巨大之損失。故遺產人輒於生前保一壽險，以預防此項給付。此制不特於受惠人有莫大之利益，即政府於征收遺產稅時，亦可免其種種強制拍賣等種種手續。是以遺產保險之重要不言可喻。今吾國政局初定，遺產稅之施行，恐尚須時日，玆僅就遺產稅之沿革，略述梗概，以供立法者之參考。

中日談判中之濟案

李紀雲

高唱入雲之濟案談判，因撤兵問題而停頓。我同胞急起疾呼誓爲五三烈士復仇之熱烈亦漸歸沈寂。然魯人固猶在日人鐵蹄下度亡國奴之悽慘生活也。濟南之日兵固猶蠻橫如昔未嘗有一兵一卒之撤退也。外人每譏華人健忘，其言果不幸而中乎？作者之爲斯篇，即欲使我奮發有爲之同胞復憶及在水深火熱中之魯人也。

山東，我國之土地也。而日本竟藉口保護僑民而出兵。若是則凡有日人居留之地，日本皆可派兵而保護之乎？且濟南商埠除二千日僑外尚有他國僑民八百餘人，自國軍進佔濟南迄日兵暴行發生之日，皆安然無恙，初無絲毫之損失也。若日本政府愛民心切，則不妨出一紙之佈告，令其小本營生之二千僑民暫避青島，以待北伐風雲之過去。今乃派兵五千以保護之。以二兵保護一僑民，世界各國之護僑，亦有若是者乎？日人或可言曰『濟南除日僑外尚有財產及事業之投資在也。』查日本在濟南之財產及投資不過七百二十萬元，而日本出兵軍費截至今年九月份止已達五千萬元之鉅。且因濟案之反響，中日兩國間之國際貿易，幾已完全停頓。大陂之工商業，已受重大之打擊。抵制日貨不僅實現於中國境內，且普及於南洋各處之華僑。此種得不償失之護僑護產，日本政府何嘗不明知之。乃明知故犯，其爲蓄意搗亂，別有企圖，已無置辯之可能矣。

日本田中內閣既冒天下之大不韙而出兵山東，則其眞正之原因果安在哉？曰，山東位置之優越也。山東半島與遼東半島朝鮮半島合稱爲東亞三大半島。鈎心鬭角，相抱成勢，在海戰上有牽制策應之妙用。且將來濟順高徐二路築成以後，河北省之順德山東省之濟南江蘇省之徐州在軍事上聯成一道防線，則京漢津浦隴海三大幹線隨時有被敵人切斷之慮。如是則江河兩大流域之人民與山海關內外之人民，彼此不能相顧，彼此不能接濟。勢必如隔壁之觀火。此誠國家危急存亡之秋而關係我中華民族之生存者也。再就經濟上的價值言之。山東省平原農產之富，高原煤鐵之饒，沿海魚鹽之利，毋煩詳述。膠濟鐵路之外再有濟順高徐三線深入中原，使青島貿易之集散區域，西抵山西高原，南通長江流域。如此則青島商港必與上海天津並駕齊驅無疑矣。嗚呼。自中日戰爭以後，朝鮮半島遂向我數千年之故國而訣別矣。自日俄戰爭以後，遼東半島又爲日人所久假而不歸矣。自歐戰發生以後，日人又乘其千載一時之良機，强佔山東半島。當二十一條提出之時，日人已視山東一省爲其勢力範圍。及華府會議之結果，始怏然交還，彼固未嘗一日忘情於此。以迄今年，果捲土而重來矣。日本軍閥之所以野心勃勃，千方百計以攫取山東者，實因其位置之優越有以致之也。

日人既遂其侵略之慾，本無悔禍之心。乃至我國發表廢約宣言之時，彼即首先大聲疾呼，表示反對，且以爲關係各國誰不欲保其利益，此之抗議，一唱百和，厥勢彌雄，度貧弱如中國，決無倔强辨難之餘地；而不圖事有大謬不然者。美國乘其洋洋得意之際，突以承認修約通牒中國。昔日列强之和日者，今一變而趨附於美，紛紛對華表示好感，於是日本對華外交孤立無援，形成獨脚之戲。田中一方受西園寺公之詰責，一方見床次氏組織新黨深得輿論界及多數元老之讚許，始深惶懼，派矢田與我國談判。然此不過爲緩和環境之一種敷衍手段，初無對華談判之誠意也。不然。中日交涉中之主腦爲濟案，而濟案之先決問題爲撤退山東日兵，乃田中不先撤兵而僅派一總領事與我談判各懸案；縱使漢案寧案之談判順流直下，一遇濟案難關，能不停頓決裂乎？是田中對交涉之無誠意也明矣。

日本之出兵山東，毫無條約上之根據。其爲侵犯中國領土，破壞國際公法，瞭若指掌。不料於濟案之談判中，日方乃居然厚顏向中國要求處罰責任者，賠償，道歉，及保障今後日僑之安全。吾人殊不能不驚服日本人之缺乏人類理性也。夫濟南案件之最始的與最終的責任在於何方，世界之輿論，第三國人之調查報告，皎然分明，非曲折辯詳之事實。日本要求中國處罰責任者，中國不能於本國官民中覓得任何責任者，將處罰何人乎？日本要求中國賠償，中國除却在濟南等處被日本礮擊殘殺之生命及地方之犧牲之一篇總賬外，更無他物可以提供以爲賠償。日本要求中國道歉，中國除『不能承認他國軍隊無端派駐』及『不能保護自國人民於不可意料之外兵暴行』而外，無歉可道。至保障日僑之安全云云，以上文同樣之理由言之，中國方面只須提出其他未派兵未橫行各國僑民始終受中國保護而絕對安全之事實，即可爲最有力之保障。日本若誠意欲爲其在華僑民求安全之保障，其道應求諸日本之自身。故日本方面所提出之四點，中國政府縱欲滿足之，亦無從而滿足之也。

田中爲緩和其本國之空氣，乃不惜用外交上最卑陋之手段而作假惺惺之談判。迨夫彼國政界之風雲稍息，其個人之外相椅子可以安坐無憂，彼日本來之猙獰面目，自然復顯於世。乃彼不認其自己之改頭換面而反言中國之態度變強・大加宣傳，以冀改變其本國人民之對華心理。夫中國主張以撤兵爲談判之先決問題，始終如一。本無變強變弱之可言。田中藉口中國態度變強而停止談判，乃其預先算定之一步。而世人不察，或將諉過於我。田中之含血噴人，詭計多端，於此可見一斑。

中日交涉停頓後，最近日本又造出英日復盟之怪空氣，使我國感受國際地位之危險而速行屈服，以遂其侵略之大欲，英日同盟之能否復現，或用對華協調名義而協以臨我。國際關係，離合變幻，現尚難以斷言。惟英日聯和之大不利於我國則甚明。昔日英日聯盟締結後，日本即因之擊退俄帝國之東侵勢力，併吞朝鮮，侵略滿州，以蕞爾島國一躍而成五大強國之一。今日日本之鼓吹同盟，其目的之在侵略山東，灼然可見。山東位置之優越，既如上述，若一旦論亡於日，吾恐長江一帶亦無寧日矣。唇亡齒寒，理有固然，願吾同胞奮然而起，以大無畏之精神反抗日本之侵略政策，幸勿以爲風馬牛不相及也。

日本海外報紙的調查

日人中野氏著有『海外之日本報』一文，紀日人在國外所辦報紙情形，可供參考，茲譯述如左。

在台灣之日本報有四種，均用和文，其中台灣日日新聞係總督府機關報，內有華文版，樺太有日報十七種，最大者爲樺太日日新聞，樺太時事，在朝鮮有日報二十八種，其中一種用英文，四種用韓文，其餘用和文印刷，又有通訊社七家，銷路最廣者爲漢城日日新聞，係總督府機關報，漢城捷報 Seoul Press 亦係官報，用英文，新義州有鴨綠日報一種，在南滿有日報二十種，內有滿洲日報，用英文，其餘均爲和文，北滿有哈爾濱日日新聞一種，南滿之英文 Machuia Daily News 及日文之 Manchu Nippo（滿洲日報）皆係南滿鐵路局主辦，在中國本部，有日報九種。北平有順天時報，用華文印，天津有華北正報，用英文印，主任係渡邊氏，其他用日文印之報，有在濟南之山東新報，在上海之上海日日新聞，上海日報，上海每日新聞，在漢口之漢口日報，在廣州及香港之廣州新聞及香港日報，除報紙之外，日本在華之主要宣傳機關，爲東亞同文會，由日本政府撥欵津貼，在上海辦有學堂，養成在華活動之青年，又有同仁會，在中國辦有醫院，在美國發行之日報，在舊金山有日美新聞及新世界，近年新設有東洋新聞一種，西雅圖有北美時報及大北日報兩種，前者八版，後者六版，在綠杉磯有日本日日新聞報及日美新報兩種，皆八版，在沃岡州有沃雷岡新聞一種，在依達化有烏太日報一種，在紐約有紐約新報一種，每星期出版兩次，在考勞拉度有考勞拉度時報一種，一星期出版三次，又在紐約有紐約日報週刊一種，此外在舊金山及綠杉磯有用日文印之週刊數種，在坎拿大之溫古華有坎拿大日報及大陸日報兩種，在檀香有山日本時事一種，其所載東京特電，恆爲紐約報紙特載，又有檀香山報知新聞，每日新聞，朝日新聞等，此外又有週刊四種，及商業月報兩種，運動及汽車月刊各一種，在南美巴西有日報四種及農業月刊一種，在秘魯有晚報日日新聞一種，又有大南美週刊一種，在墨西哥有日文西班牙文合印之兩月刊一種，在新加坡有南洋日日新聞一種，在斐列濱有日報一兩種，又在倫敦數年前曾辦一種日文週刊，但不久即停版。

失敗

曼平

『我想她定不會如此的！』聿文對着自己這樣講，手裏拿着一張申報本埠增刊。一雙乾枯了的眼珠，被那紙上的字跡牽引着一動也不動。一盞昏黃的電燈，照在他那顴骨高聳枯黃而瘦削的臉上，愈顯出他那憔悴的模樣來。

這時已是正月底了，然而那窗外的西北風，却還逞着牠最後的餘威，颼颼的括着。有時還要從簷下木椽空隙間，或是破舊的兩扇松片釘成的短窗裂縫間鑽進來，吹得聿文全身的皮膚不時的起粟。雖是這微量的寒氣，然而牠的威權已足夠支配他身的肌肉了！——其實，這並不是風有特殊的權威，實在是因爲他身上保護體溫的設備太不中用了。

他是一個沈靜而富于情感的青年。自從十六歲入了C中學，他就認識了他同班B女士。他們倆那時年齡總還小，——她比他小兩歲——並不知道什麼是戀愛。然而他們因爲性情相合，愛好一致——他們倆都愛看小說，閒暇時也都歡喜講那有趣味的故事神話一類的東西，所以他們倆的感情，就一天一天的密切起來。後來他們到了三年級了；這時也知道什麼文學了。因此，他們接觸的時間愈加多了；他們的愛情也愈加深切了。他們倆每當散課後，老是兩個聚在自修室裏討論文藝。有時在那溫煖的夕陽裏翠綠的柳陰下，或是在那新鮮的晨光中，芬芳而燦爛的花叢裏也免不了他們不有文學的討論。他們聚首時間之多，可以說除了睡眠喫飯之外，更沒有其他的時間他們是不在一起的了。

這樣的四年中學生活已過去了，他們已經畢業了。可憐這兩個形影不離的至友——不是，一對情人，這時也不得不暫時分離了。他回到下城。她回到K鎮。

中國人向來的思想，總以爲女子是無求學的必要的，所以她自C中學畢業後，她的家庭也就致她不再繼續讀書了。那年暑假過後，她已是家鄉市立第三初級小學裏音樂圖畫教員了。

他呢，他受着經濟的壓迫，也不再有機會繼續讀書了。但是，他對于文學的興趣，却絲毫沒有減殺。他自已仍然不住的繼續着他文學的研究。

失　敗

暑假已過去一個多月了，但是他至今還沒有得一個位置。她也不時的對于這層寫信來詢問。所幸後來下城裏有位姓張的紳士，大發慈悲，把他薦到本城教育局裏當一個小書記的職務，每月倒也可得着三十元的薪金，現在他總可算是有了歸宿了。

那年冬天氣候特別寒冷。原來他父親是有痰飲病的，這年發起來，特別的利害，後來竟因此而長逝了。喪事過去了，結算下來，竟透支到一千多。第二年春天把幾畝薄田賣去六分之一，才把債務一律還清的。

還有一件不幸的事，可算和喪父那事同時發生的，就是他被同事們的傾軋，他書記的職務在那年冬天被辭退了。這時的聿文受着兩重的壓迫，幾次想自殺，後來都因爲他住在K鎮的愛人的緣故，才把自殺的念頭打破了。原來他到了教育局裏以來，他仍然保持着他在學生時代的生活，交際一些也不圖活，嫖賭是絕計不幹的，因此就不知得罪了多少人，所以這次被辭退，也不是無因的。

他自從被辭退後，羞怯心使得他不再有勇氣寫信給她了。後來她來了兩封信，然而兩次要寫回信，總是寫了一半就停止了。

二

這年的寒假又過去一大半了，他的經濟也愈覺沒辦法了，他的職業要求遂不得不一天急切似一天了。他想在這小小的下城裏是找不着什麼位置的，于是絕計到上海來了。

他到上海來後，經朋友W君的介紹，這學期裏在某小學校教課。他于是就在江邊上一個夾隘坑壕的小弄內，租下了一間破舊的小房間。一踏進門，那種黑魆的恐佈，太容易使住在裏面的增加愁悶了。朝外兩扇板窗，奮得連年輪都變成起伏不平的溝漕。板與板合縫處離開了一生的闊的長縫。從那窗戶裏看出去、短牆上還有些破碗破壺破鞋之類堆集在牆角裏。屋內剝落了的粉牆上，還懸着若干蛛絲與灰塵的結合體，一陣風吹來，有的搖蕩不已，有的兩端互相粘合起來　他雖一時過這非人生活，然而他因爲這半年有了一定的職業，心裏倒也比從前安定得多了。

大概是正月二十二的那一天吧？天氣忽然又冷了起來。聿文因爲這個緣故，老早的把晚飯胡亂的吃了。無目的的在房間裏踱了幾遍。後來覺得厭了，索性躺到床上，無聊的拿起一張報紙，想藉以消遣消遣。卻巧那報紙上載着下面一束新聞，後來他的生命竟被這束新聞摧殘了。那束新聞的標題是：『Y君與B女士的結婚典禮』。下面還有什麼Y君與女士在U中學本是同學，後來在K鎮小學裏又是同事等等經過事實。中間還夾着什麼純潔戀愛終身伴侶一類的套語。他這時受了如此強烈而深刻的刺激，他全身的肌肉頓時緊張起來。他頭蓋下的血流，突然洶湧起來，似乎衝破了血管，在腦子裏打了幾個迴旋。他那受了傷的腦筋，全部失却了作用，兩分鐘後，他的思想纔漸漸恢復過來。可是，思想纔恢復了一點，那煩悶又立刻纏上心來。他這時惟一的希望，就是希望報紙載的不是事實了。同時他還想了許多理由來證明報紙記載的不實：他想他的確能自信她和他的愛情比和Y深得多。不但如此，她和Y簡直可算是沒有愛情之存在。他更相信她的確真心地愛他。他想從過去的事實推測起來，她絕不會遺棄他的。他想到這裏，兩隻拿有報紙的手向膝蓋上一擊，不由的放聲說道，『我想她定不會如此的』！隨後側着頭又凝思了半晌，後來他想道，『或者我希望心太切了，所想到的祇是一方面的罷？——啊，她不是曾經寫了兩封信來的嗎？該死的我一封也沒有覆呀！——不錯，這的確是他倆結合的主要原因。——那麼，結婚一定是事實了！——唉，不幸的我……我……』。他現在完全失望了，他心中的痛苦到了極度；他全身的血流快沸騰了。他似乎被一隻大鎚打到頭上，崩的迸裂了頭顱一般。他的眼球漲得昏花了。一片銀白水面，光芒刺目，展開在他的面前，美麗而可愛的她，從水裏現出了半身，這時他要浮過去擁抱她，然而那水邊却一步一步的離開了他。同時他那瘦長的身軀，像用盡了全力似的，才慢慢的從椅中提起，蹣跚的跑出門去。

已是夜深了，黃浦江馬路兩邊的人家，沒有一家不把門關得緊緊的了。一盞散出寒光的慘白的電燈下面，映着一個精神病患者，蹣跚的穿過了馬路，再轉了個灣，直向江邊上走去。不到兩分鐘的辰光，從江邊上忽然發出一陣洪大的響聲，接着那水面上激起丈來高的浪花，但是隨卽又回復到舊時的寂寥。只聽得江水唱着更洪亮的凱旋歌，好似在說：『我們今天又獲着一個俘虜了！』

失　敗　　　四

明　天

番[illegible]

是誰說，明天還是我的？
好似他能看透
那雲霧茫茫的將來
而找出生命的道路：
明天！啊，朋友！也許是
虛空幻象不容你去追求。

明天日光，你安能料定，
仍會照耀于你的途徑?!
人世的工作，那時呀，也許你已完
在死神的懷中呀，你正安眠。
噯！不要再說了『明天還是我的』！
只有呀，目前的片刻纔能為你勾留

明天何在？深隱於
人們知覺之外；
誰將笑樂，誰將悲泣
世俗的凡夫，安能詳猜。
說『明天還是我的』人們哪，
那悲痛的苦酒，將浸透你的胸懷！

十七，十二，一

贈閱
交通管理學院
院刊
又名交通與經濟
第二號
交通大學交通管理學院學生會出版

中華民國十八年七月一日出版

交通大學交通管理學院院刊（又名交通與經濟）

第二號

每本大洋二角

編輯者 上海交通大學交通管理學院學生會出版部院刊社

發行者 上海交通大學交通管理學院學生會出版部院刊社

代銷處 各大書局

印刷者 新康印刷所 上海新聞路成都路口 電話 三六九一七

院刊社職員表

學生會出版部長 劉時叙

總編輯 宦鄉

編輯 李紀雲 劉應騏 程志政 徐明翼 徐宗蔚

撰述 劉時叙 孟昭强 吳祿增 孫照南 龔清浩 楊燮廷 陳汝善 於德倫 熊大惠 樊正渠 金祖輝 張迺修 錢 益 王以瑗 楊 城 唐曼平 方福熙 周杰銘 蔣 山

文牘 陶希仁

校對主任 陳 森

校對 錢輝賓 宋配年 吳善揚

總經理 胡可時

廣告 李荃蓀 史桂澄 程紹模 郁永常

發行 陳汝善 程開騮 孟昭强 王宗陽 李荃蓀 王同文 趙 淹 張孝炎 徐宗蔚

會計 邱鴻漸

交通管理學院院刊第二期目錄

（一）交通事業建設之程序　徐佩琨

（二）交大之使命　楊樊廷

（三）鐵路之人事管理問題　吳文蔚講　錢　益

（四）英國鐵路兼營汽車運輸經過　吳在中

（五）鐵路之軍事運輸問題及今後整頓大計　李紀雲

（六）對路政改良計劃略述管見　炳　哲

（七）歐戰後之德國鐵路制度　龔清浩

（八）鐵路財政與經濟機關工作之關係　熊大惠

（九）東三省鉄路概況　王慕蘧

（十）訓政聲中路政改良計劃　張迺修

（十一）道威斯計劃下之德國鉄路管理觀　劉時敍

（十二）東三省新築各路之沿綫營業概況及其經濟價值　孟昭强

（十三）鉄路資本與中國　徐明翼

（十四）國有鉄路將來營業之預測　伯　秉

目錄

(十五) 查帳之目的及效果 達偉

(十六) 六十年來中外貿易之迴顧 於德倫

(十七) 近代販賣稅概況 汝善

(十八) 美國國際投資的過去及未來 程志政

(十九) 民元以來中國對外貿易之迴顧 孫照南

(二十) 中國人口之壓迫及其饑饉之增長 方福熙

(廿一) 商業循環之解說 王敍龍

(廿二) 貨幣之研究 蔣山

(廿三) 詩歌 曼平

(廿四) 野鳥 (戲劇) 徐宗蔚

(廿五) 本院半年來大事記

交通事業建設之程序

徐佩琨

吾國自有交通事業以來。已六十載於茲矣。其間創辦成立。而得保存者有之。創辦後經戰事破壞者有之。創辦而中輟者有之。已經提議而未能動工者有之。創辦後未能善爲管理。而卒至虧本倒閉者有之。創辦後因管理不善。而須大舉借款以維持殘喘者有之。創辦後其業務未能充分發展。以供民衆之需要者有之。創辦後因使用無道。而未能予民衆以種種應有之權利者有之。創辦後對於全社會並無如何重要供獻。而反損及原有之經濟組識與文化者。亦有之。創辦後民衆未能享受相當之權利。而反爲外人經濟侵略之利器者亦復有之。要之。吾國之交通事業。誕生以來。備受挫折。未能臻於健全之地位。固無庸諱言。而未能普遍發展。與全社會經濟組織相依爲命。爲吾全民衆謀福利。亦極明瞭。揆其原因。雖至複雜。然則創辦之始。未能認識交通事業之特性。與夫建設未得其道。實爲已往交通事業失敗之焦點。現今補救之法。唯有從事澈底建設。使全國交通事業立於穩固之基礎。庶幾桑榆之收。或未爲晚也。夫建設云者。固何所指。以及建設之步驟若何。允宜明定。俾便按步就班。循序漸進。方不致誤入歧途。顧建設之種類。不外乎經濟與工程二端。而建設之程序凡三。最初設計。其次建築。而殿之以管理。試以興築鐵路爲喻。鐵路之應否興築。單雙軌制之審定。以及車站構造之大小。各項客車貨車設備購置之預計。行車速度之釐訂。客運貨運收入之預測。將來沿路發展之希望。凡此種種。皆屬經濟問題。而爲經濟建設之初步。必須經經濟家或有車務商業知識之人才。實地調查認可後。始可繼續第二步之建設。否則雖有工程建設。而不適合社會經濟以及自身營業之一切環境。則必遭失敗無疑也。如設計成立。然後進而至工程建設之時代。全路路線經工程師之查勘。預估其建設費用。設使工程與費用二者均無問題。即可着手動工建築。至於路線落成之後。除修理路軌橋樑機車種種外。盡屬管理事務。而以經濟建設爲重心。如何開駛列車。可以經濟。如何節省開支。而不妨碍正當之工作。如何增加收入。如何利用各項路款。如何聯貫各部組織。如何測驗各部辦事之効率。如何推廣營業。如何使民衆享用鐵路運輸之便利。如何使鐵路輔助其他經濟機關組織之健全等等。皆爲經濟問題。而負管理之責者。必須予以妥善之解决也。綜合言之。建設之道。須經經濟家精密之審查於先。然後鳩工庇材。開始營造。物質之建設藏事。使用之問題乃發生。使用果得其道。其事業未有不飛黃騰達。而其基礎遂益鞏固。於是事業與民衆。得納入同一軌道。共謀相互之福利。斯卽經濟建設要務之一端。顧建設性質之複雜如此。而其關係社會經濟又如彼。談建設者。可不愼歟。方今建設開始之候。敢以此意告諸國人。冀於建設之道。有所闡明。而免蹈往昔覆轍。則吾國交通事業。庶有豸乎。

交大之使命

楊燮廷

吾校以交通名，則發展與建設中國交通事業，自爲交大惟一之使命，惟爲完成是項使命起見，必有應經之階段與步驟，審舊察新，而知此說之不可忽矣！夫吾國自興學以來，專門學者純粹承襲西洋方式而對於中國國情習俗需要范焉不知，且智識狹隘之結果，祇能備例担任分工已全之工作，而無法自由應用學問，既無適應環境之能力又乏創造之思想，若以整個之社會機關交其支配，則武斷忘爲，卒至摧殘社會之生機，斲喪國家之元氣，陷於反動而不自知耳！所謂博士碩士之頭銜，多爲貴族之點綴品，而與社會生活之實質，隔不不相入，新學人才，不能見信於國人，固其宜也，然專門人才之擱置焉，每不自責學識未充，不能適應環境，而編與英雄無用武之嘆，甚且呪咀社會爲不仁，實則學者本負有改造社會之責，而不能以此責社會也，本校畢業同學，具有專門之研究，科學之訓練，而社會服務出路，有時返較滬上私立大學有遜色，其故亦足深長思矣！即或部派習實，二年三年，依然舊職，而鑽營之徒，長足進步，本末倒置，才學不得其用，非一日矣，實現理想，淸除積弊，既非所能；同流合汚，暴棄墮落，又非所甘；徒爲五斗米折腰，蹉跎少壯，阻喪志氣，淹沒人才，莫此爲甚、青年莫能自拔，而墮落，而苟安，而自餒，興言及此，不勝浩嘆！返觀中國現存之交通事業，如郵電鐵路，取費繁重，而服務每難使民衆滿意，且下級人員習气甚重，每以嫉傲不遜之態度餉民衆，夫民衆出重資以維持交通，而交通界之蔑視民衆有如此者，其能爲民衆所滿意耶？轉而一審民衆生計狀况，則以經濟侵略之結果，民衆大半失業，苟非有科學訓練，學術根基，世界認識，忠誠有爲之青年，作社會組織之中堅，謀生產的企業基礎之確定，安置一般同胞，以挽國運而息鑽營，實不足以救危亡而圖自强，交通之待整飭者如彼；而社會需要建設青年之急切又如此；然則吾校同學，將如何以負此重任耶？管見所及，縷述數端，幸指正焉，

（一）交通的心理建設

（二）謀中國學術之獨立

（三）籌設交通研究所

（四）社會服務——組織練習祕書所

（一）交通的心理建設　總理知難行易之學說，除少數智識

分子，多屬眼高手低或言行不顧外；一般民衆，堦適用總理學說，如政黨經濟之推廣設施，莫不以心理建設爲首要，交通亦何獨不然，民衆縱屬庸俗簡陋之平民，而軍閥政客竊權賣國弄兵黷武之結局，所負內外債款，最後負担償還之責者，乃爲民衆，故一國之政策，除受暴力之壓制者外，民衆之同情與否，政策之成敗繫焉，每興一事，得民衆之瞭解與援助，則成功多而實現易；否則：阻礙多而事悖矣，故民衆實有潛在的實力，具最高之威權者也，其於交通，則尤甚，鑒於今春杭州市之車夫風潮；與前清淞滬鐵道初創時，人民以迷信，認火車乃鐵牛耕地，爲不祥之兆，毀掘而投諸海，可見其一班矣，且焉交通之改進，固待社會輿論之援助，而提倡建設，尤賴民衆之投資合作，有堅實之信仰，明確之了解，苟不能認識交通之功能，及其與社會之影響，又安望其對交通建設有同情與援助耶？民衆確有潛在之能力，所以不爲者，不知也，今日各地縣長多任用新人物而於政治交通之所以不能積極改進者，非縣長之無能，實由民衆無智之惰性太甚耳，苟欲有爲，非自喚起民衆實施心理建設始。總理昭示吾人，蓋亦至矣！盡矣！有志交通事業者，當於交通學術意義之普通宣傳，加之意焉，然担任普通宣傳者，非僅持交通智識爲已足，必焉熟習社會心理，論理，中國之歷史，地理風俗，人情，與夫歌謠小說等等，必其宜傳文字，適合民衆之程度，引起一般之注意與興趣，乃能見效，故一般常識，實爲普通宣傳創造建設之必要工具也，此其一，

（二）近世交通學術，莫不日新月異，而吾國學術幼稚，瞠乎後人，交通學說，爲管理學生少數人所研究，即與交通有密切關係之工程學生，每不究其底蘊，而以工事自劃，一般民衆，既購不到中文書籍，又不能直接閱讀洋文，不明交通爲何物，亦固其宜，若爲補遍救弊計，則編譯尚矣，吾國大學之主接吸收西洋學術，每採用英文原本書籍以作教本，實則原本內容多關西洋制度，中土情形幼雅，未必盡適國情，且同類程度之原文本，各有其特點，若僅用一書作教本，未必能窺其妙，故第一步，先廢原本制，而採原文講議制，選購同類書籍若干本，由教授實行編纂，集各書之所長，摘其章制學術之適於國情者，並編採各雜誌之創說新論，神新舊學術，呵成一氣，輯爲一帙，由學校印行，作爲學生教本，國內各大學，或採用吾校講議，則版權可賣，或仿行吾校辦法，而由教授自纂，則原文書籍除圖書館及個人購買參考外，學生課本可以少用，舶來品，對於國家經濟，不無小補，第二步；則學校各科應注重譯述，凡關於交通之基本學術，及應用學術，普通概念，盡

量羯譯并出種種印刷品如左：

（一）普通譯述　凡外國交通消息，交通之功用，交通對生產之影響，交通與經濟管理，及其他淺顯學說；以初淺文字，印成種種單行本小冊子，分送或賤售於各省學校，各機關，團體，裨民衆皆知交通之重要，而知所提倡贊助也。

（二）課本譯述　吾國以科學落後。於是全國大小學校，皆習英文，而高中以上之課本，又全採用原本，若長此以往，必將由洋化而洋奴，慘不忍聞矣！夫吾人三年洋文，四年原本，國家培栽，社會厚望，當不以洋化爲畢事，彰彰明矣，然則注重大中學科學及交通學術之譯述，以謀中國學術之獨立，此種重大之責任，舍吾儕青年起而提倡促進外，將誰屬耶？國內同胞之有志研究交通者衆矣，乃中文本稀少，而交通專著之絕無僅有，如是而欲大多數同胞，識交通之梗概焉難矣，且最近建設之趨勢，將來需要四十萬人才，從事鐵路事業，則交通人才，急需時，將辦速成科專修科以應需要爲不可免之事實，而速成科與專修科之課本，非採用中文本莫辦，則課本譯述，對交通學術前途之供獻，未可限量，而舊社會觀念，每欲以門外漢担任交通要職，以隨貪污者，決不能存在於新式交通制度之下也。

要之：譯述工作，不僅在介紹學術，宣揚國粹，普通宣傳，促進文化已也，並於學術獨立，節省青年求學時間，使後生小子及識字之同胞，均可直接研究交通學術，不必再經習英文之階段，其裨益於學術文化國運者至鉅，此其二。

（三）設交通學術研究所　學術爲事業之泉源，有振頹起衰之功，且吾人固知交通建設完成後，人才必將奇缺，普通人才，可辦速成科以應急需，至高等人才，則有恃乎培養與保育，留學生與大學畢業生，爲數有限，而數十萬里之鐵路，非專才莫辦，故專門領袖人才亦須及早培養，苟教育經費略裕，則交通學術研究所之設立，實不容緩，在未成立前，不妨先辦星期日研究所。俾得公餘研究之機，以謀交通學術之促進，其研究員以性質論，可分甲乙二種：甲種以本校或他校畢業而服務交通界者人之，注重討論研究及實際問題之研究等，乙種以大學畢業，而長於交通學術者，經審查及格者入之，研究各種交通專門學術，除須實習者外，餘均由所長指定研究書籍自行研究，遇有問題，即於研究時間，提出討論，星期日本校向例休假，教室不成問題，祇須校中添聘數位專家，以充研究員之導師可矣，研究不定年限，以對中國交通有建設改良之計劃，交通界認爲有價値或研究交通學術確有特別心得之著作，供獻社會得由所長呈請大學院或交通學術會議審查合格後得頒給碩士博士等學位，以資鼓勵，學術研究，以利交通前途，此其三。

（四）交通學術之社會服務　交通學術，廣博而高深，歷年中國內亂，鐵路受帝國主義之侵略與軍閥之摧殘，有浸衰而無進展，營業減少，路員人浮於事，部派練習生，閒無所事，學無所用，將何表顯其學術於社會耶，本校工科畢業生，以服務洋行及工程界，成績易顯，然在校仍無服務才能之組織，與介紹服務之機關，今為在校時表顯交通學術之社會服務，以樹社會信仰起見，應籌設練習祕書所以資進行而利服務其組織如下

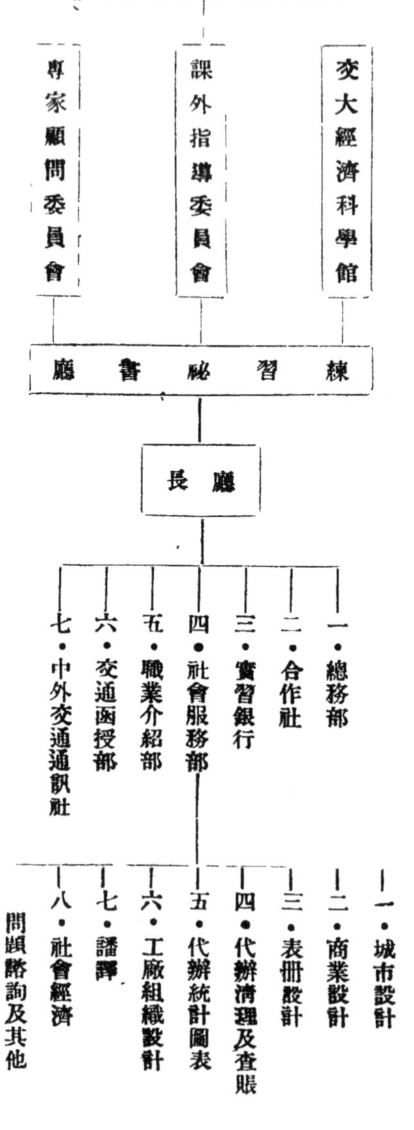

校中團體，乃經濟學會等，皆研究學術團體，平日所講研究，莫非紙上談兵，究竟何者爲重要，何者爲有用，皆屬茫然，且吾同學，每屆畢業，必憂機會，實則欲辦事業者，天天要人才，惟無相當人才以償其願耳，然則學貴應用，尤重實驗，是練習尚矣。惟練習秘書廳之組織，先認同學皆研究純熟，具備社會切用實際智識，復設爲種種課外活動，以資練習，并代辦社會種種服務，取低廉之報酬，以補助學費，樹社會之信仰，而著聲譽，則服務勝利，可操左券矣，除合作社，實習銀行等，可仿照國內各大學組織進行外，社會服務一項，由社會各處各團體委託本廳代辦，但吾院同人，未必盡能應付裕如，則經濟科學館之設立，具備完善之參考圖籍表册，以資參考，實不可緩；學生學力經驗，有所不逮，則由教職員匡助之，此課外指導委員會之所宜設也，至特別問題，有非請教專家莫決者，則由校中聘請高等職業界著名之專門家，任本廳顧問委員。廳中得隨時請其指教，並定每月開專家顧問委員會會議一次，以便隨時專門問題提出討論，並諮詢其用經驗理事之方法，以爲取法，如是則學行並進，生活豐富，所謂學術生活化。學校社會化者，蓋得之矣。至廳長職，以院長兼任爲宜，以利對內對外之進行，各部社行，各設正副部長，社長行長各一人，其主要職員由同學輪流担任，以實現德謨克拉西之個體健全活動之原則，餘如合廳事務，需要幫辦時，得向外招收練習生若干人，來廳練習，程度以初中畢業，或同等程度者爲合格，練習期間，以三年作爲滿業，由廳給與憑證，有任地方自治公務員之資格，是亦造就建設青年之出路也，

惟欲實現該廳之計劃，則學校之設備與人才，均感不足，故希望學校當局者：

（一）從速撥款建設經濟科學館。

（二）多聘著名學者，爲本校專任教授，並設流動講座，時請國內名人專門家來校講學，

（三）擴充學額，增加班數及科數，減少鐘點，此後各院每年招生至少每年百人，

（四）增加儀器及其他設備。

（五）設出版部專司印刷講議及出版物。

同時希望於同學者：

（一）注重礎基科學。

（二）注重譯述工作。

（三）注重課外研究。

交大之使命

（四）本敬愛之精神實現師生之共同生活，

（五）以互助合作練習公共服務。

夫高遠理想雖非一蹴可幾，然努力進行，有志竟成，是在吾校師生之奮勉何如矣。

末後須聲明者，廷既求學於管院，則所稱述者自多關管院，但非偏於吾院者也。凡工程學院如土木科航空科亦均望及早成立，蓋吾人將以高深之學術，爲革命之工具，而以學術爲一家，分工合作，無分彼此，建築機械管理各種人才各有其用，不可偏廢，若夫扶此抑彼，或挑撥學術界自身互相水火，起而鬥爭，則必受階級鬥爭之遺毒，而非三民主義信者忍聞矣。

十八·五·十二·

鐵路之人事管理問題

吳文蔚博士講演
錢益記錄

按吳先生爲美國本薛凡尼大學鐵路運輸學博士，歸國後卽在滬杭甬路任事務助理職，學識宏博，經驗豐富，實爲國內鐵路運輸學之泰斗，前應本院經濟學會之敦請，蒞校演講，卽以此爲講題，博士演詞清晰，而關於理論事實，具有極詳細之見解，惜記者拙於文解，而記錄尤覺匆促，遺漏之處，在所不免，尚請博士及讀者諒之。以下爲博士演詞　記者附識

貴校聲譽素著國內，鄙人供職路局，時思得暇前來，適昨日貴會派代表來此，囑鄙人於今晚到此演講，因得躬逢盛會，足償素願，幸何如之。惟是鄙人匆匆來此，事前並無預備，且素稔在座諸君，率皆鐵路學者，關於鐵路問題，自必有深切之研究，鄙人今晚所言，祇可當爲討論，與言演講，實愧不敢當也。

從鐵路組織上講人事管理問題之重要。　鐵軌蜿蜒機車羅列，斯爲鐵路物質之組織，人固重視之矣。抑不知鐵路組織中，尙有一問題，其重要蓋視物質組織爲尤甚，斯卽人事之管理問題。原鐵路管理，對於工程機務物質之維持，類皆有工程處 (Maintenance of way and structure department)及機務處(Maintenance of Equipment Department)之設，而於此更緊要之人事管理處之設置，(Maintenance of Men Department) 獨付闕如，是誠失去『物質文明爲人類所享受，而人類非爲物質文明之一種工具』之真諦矣。且鐵路非工廠之可比，蓋工廠範圍，雖至大者，其物質之設備，與職工之工作處所，僅集中於數十百畝地，尙在其主管人耳目之所能及，故對於職工工作之勤惰，生活之狀況等等，猶能覺察，及時補救，及時改善，而鐵路則綿蜒長則數千萬里，短亦數十百里，占地廣，需人多，組織繁，事務雜，投資大，獲利微，以較工廠管理，其難奚止千萬倍。故一人之易，一事之變，處置偶一不慎，足以影響全路之營業。是鐵路物質之組織，雖美且備矣，若

鐵路之人事管理問題

於人事之管理，而不以科學的方法組織之，處理之，猶不能盡管理完善之能事也。故鐵路先進之美洲，各大鐵路，近已採用人事管理處 (Personnel Department) 之組織，我國爲鐵路落後之國家，舉凡內部一切組織，自較諸先進國爲幼稚，鐵道部雖有惠工科之設置，其性質與範圍，不如人事管理處之大而且備，其他各路管理局，除滬甯滬杭甬兩路新設之人事課 (Personnel Division) 外，尙未聞有類似之設備。茲者我國鐵路正在發展時期，人事管理應如何設置，自成一重要之問題，鄙人今晚來此，爰將問題提出，以與諸君討論而已。

按諸一九二四年全國鐵路統計報告，供職全國鐵路之職員，總計約共十一萬三千餘人。設以每人平均須贍養家屬五人計算，則全國人民依鐵路而生存者，當不下五十餘萬人。是鐵路人事管理，影響國民生計至鉅。再觀吾國每年鐵路用欵支出，用於管理人事者爲幾何。按諸同年統計，該年鐵路各項支出包括車務工務機務各處經費，共約六千七百餘萬元，內中機工二處經費，已達三千餘萬，幾佔全數百分之五十，然關於人事管理所費，僅佔車務內絕對少數。近年以來，主路政者，深知人事管理在鐵路組織上之重要，故關於人事之處理及教育，輔助等等用欵，歷年逐有加，按諸最近數年全國路欵，對於是項所費，確較往昔增加，然所費如何，並無詳細報告，又乏科學分析，致無從研究，良可惜已。

我國爲鐵路事業落後之國家，前已言之矣。故個中組織，均襲仿歐美。現下景况，固不足與歐美各國相比，然細察他人已往發展之痕跡，就中捨短取長，固亦有我後進國之利也。譬諸美國於建設鐵路之初，對於鐵路網綫種種計劃，事前因缺乏經驗，一任私人辦理，迤延至今，致造成各路劇烈競爭無謂虛縻之局面。我國鑒此情景，知二綫並行競爭之不可免，故敷設鐵道之初，將各綫率皆成直角綫，冀免蹈美國之覆轍。卽此一端，足證我後進國家，固亦有我後進國家之利益。今此人事管理問題，歐美各國，旣頗皆添設協理，(Vice-President in charge of Personnel) 專司務鐵路人事管理之職，吾國當此正在發展之時，正可襲彼前例，添設人事管理處，與車工機各處相並行，以處理全路職員之事務。在座諸君，旣對於鐵路問題，有深切之研究，當可知此問題在鐵路組織上之重要，而有急不容緩者也。

從心理上講人事管理問題之重要。 人事管理之重要，更可於人之心理上見之。一般人之心理，泛言之，可得下列數端：（一）貪逸惡勞，人之常情，凡事可不勞而獲者，誰不樂焉趨之。然須知我既貪逸，人亦惡勞，設無一管理機關從中處理，則是職務較易者，咸將趨之若鶩，反之對於較難之職務，則皆裹足不前。人事管理重要，於此可見者一。（二）愛其妻孥，夫誰不然。見他人之戀戀家室者，輒加譏誚，而對己之妻孥，惟恐愛之不周。然不幸一旦身遭困厄，求助乏術，不惟妻孥受其痛苦，卽己身亦將難於維持，爲促進人類合作精神計，自應設一管理機關主持之。人事管理之重要，於此可見者二。（三）人皆富於創造能力，握籌運算，擘畫設計，是人類之特長。然身受環境之羈馭，命運之壓迫，每使人分其一部份精力，從事於己身之處置，苟有人事管理機關，從中代爲援助，予以充分之保障，則人人皆心無罣慮，自可充分運用其創造能力，從事於事業之發展。人事管理之重要，於此可見者三。（四）人之本性，皆喜佔有與積儲，其貪婪與耗濫，特其反象而已，吾人當應用教育的方法，啓導其善性，遏制其劣念，組織儲蓄機關督促之，獎勵之。人事管理之重要，於此可見者四。（五）聞人贊揚則喜，聞人抨擊則怒，惡諫善諛，此人之常情也。吾人當利用其人情上之弱點，爲正當的，開發的，建設的，利人的，努力，而不使其養成一種傲慢自是之態度，以滅殺同事間共同合作之精神。人事管理之重要，於此可見者五•（六）社交爲天賦本性之一，故對於結社集會交際友誼等舉動，吾人當運用學說上之理解，與事實上之可能，鼓勵之，助長之，使成爲高尚之組織，合法之團體，一方發展人間之社交天性，而實踐互助，一方無抑壓勞働現象，而勞資融洽。人事管理之重要，於此可見者六。以上所云，皆人性之彰顯者，可知人生存於社會，其利益固互相衝突，相爭不已，而輕忽人類在社會組織上地位之重要。是則人之問題，至今尚未能得完全解決。苟欲解決此問題，則非有一共同組織機關以管理之不可。鐵路爲社會組織中之一種，鐵路之設人事管理處，蓋亦鑒於鐵路人員利益之相衝突，因調劑幷解決此問題而設也。

人事管理之意義　人事管理之意義，及其範圍，可於梯墨二氏合著之（Personnel Administration）一書見之該氏曰：“Personnel Administration is the direction and coordination of the human relations of any organisation with a view of getting the maximum necessary production with a minimum effort and friction and with proper regard for the genuine will-being of the workers” 吾人於此定義中，可知人事管理，其目的有二：(一)曰增加生產之效率，一曰促進工人之幸福；且期以最少之努力與糾紛，以達此目的。試觀晚近美洲各種實業組織，率皆設人事管理機關，以共策羣力，共謀幸福。我國鐵路人員，既若是之衆，是人事管理處之設，必不可少。至其設立目的，亦無非冀集十一萬餘人之力，產生最良之結果，並以增進此十一萬人之幸福而已。

人事管理處之職務　人事管理之目的，既如上述，今請進言人事管理處之職務。該處職務，簡言之，有如下列：

(甲)鐵路人員之選擇　選擇人員，予以相當之職務，使其盡量發展，冀收用人得當之效，是為人事管理處首要之職務。學校中有指導員之設，用以察學生之性情之所適與旨趣，夫鐵路何獨不然。各職員才具不一，有為會計人才，有為車務人才，有為工務人才，各有所長，端賴人事管理處以科學之方法，分配選擇。就現狀言，路局用人，往往為感情所操縱，以致庸碌者流，籍親友之提拔，遂亦尸餐其位，輾轉因循，遂令鐵路。用人有不稱其職之歎。此等惡現狀，端賴人事管理處加以積極改良與整頓。

(乙)鐵路工作之研究　鐵路事業範圍廣大，非普通業務可比，故鐵路組織，亦較其他業務為大，如會計處掌理全路營業之記載；車務處司客貨車之行駛，與業務之擴充；工務處司全路工程之建築等等，各有所職。然欲求鐵路營業之發展，斷非泥執舊有組織所能奏效，必須審時度勢，逐加改良，以求脗合環境之需要，何者應須裁撤，何者應須添設，總期職無虛設，款無虛糜，是工作之研究，為人事管理處之另一職務。

(丙)未來人才之養成　工作既定，其次即須培養該項工作之人才。夫鐵路為專門之事業，非有專門人才供職其間，則決不能收發展之效，人才之養成，實為當務之急，關於此項，人事管理處，亦應負一部之責。

(丁)現下職員之訓練　職員之訓練，亦爲人事處緊要職務。美國各鐵路。類皆有徒弟制及補習職業教育制，以及其他訓練下級職工之制度。故美國鐵路總辦之由聽差（office Boy）　出身者，頗不乏人，他如開車之由出灰，而揩車，而學生火，而助生火，而生火，而學習開車，以至於正式開車，按級遞升，是彼等之得能有今日，其中蓋經過不斷之訓練之。吾國鐵路，關於訓練職員，皆忽而不視，職員往往既得其位，亦因循供職，不知發展。故目下爲改良計，應使各職員受長久之訓練，同時並予以充分之保障，使儘量發展已能，而有擢升之望，是亦人事管理處之職務也。

(戊)工資等級之確定　此爲最近吾國鐵路之一大問題，年來滬杭滬甯各路，先後均有此問題之發生，雖經當局銳意改良，然結果間尚不能稱滿。鄙意欲解決此問題，當先用下列原質確定工資等級表，（Wage Schedule）此項工作，亦應由人事處担任。

工資確定之原質　前言工資等級確定，爲人管理處職務之一。然各職員之工資，如何核定，（Schedule of pay）實爲一大問題。鄙意關於計算薪資，須按照下列原質而定，（按此項原質，係摘錄美國一九二〇年運輸法第三〇七款第四條之規定），

(甲)工資之大小，應與其他事業相類似工作之工資，有相當之比例。

(乙)工資與生活費（Cost of Living）之關係。

(丙)職務之危險。

(丁)所需之訓練與技術。

(戊)責任之大小。

(己)職務久暫之性質。

(庚)前次增加工資及改良待遇之不平等情形。

以上七則，皆爲確定工資之要素。至於如何運用，如何調查，如何改良，是非有一負責之機關，担任是項工作不可。人事管理處之設，此蓋亦一最要之職務也。

綜上所云，可知人事管理問題，在今日中國鐵路狀況之下其解決當如何重要。此外尚有其他數點，皆關於此問題本身之解決，惜鄙人所言已多，不便再行贅辭。總之，社

會各種之經濟組織，皆爲人而設，換言之，人類原爲社會之中心，社會各種經濟組織之本意，原以人類謀幸福爲目的。鐵路蓋亦社會經濟組織之一種，鐵路建設，當以增進人類幸福爲宗旨。今人但知鐵路物質建設之重要，而關於己身之幸福，反忽焉不視，是人類何異爲鐵路之工具。故爲增進人類幸福計，自應將人事管理問題，先行解決，使鐵路之設，非單爲物質的發展計，而亦爲人類之幸福計也。人事管理處設立之本意，其在斯乎，願與諸君共勉之。

（完）

英國鐵路之兼營汽車運輸事業

吳在中

英國鐵路兼營汽車運輸問題。起端甚早。報章往復辯論。且互數月之久。此次國會竟以大多數通過鐵路兼營汽車運輸提案。經皇命贊同。制成條例。公佈實行。此誠英國運輸界上之一大變化。其於該國鐵路營業上所生之影響。正未可輕易視也。本篇範圍包括

(一)英國鐵路力爭兼營汽車運輸之動機。

(二)鐵路兼營汽車運輸提案卒抵成功之經過。

(三)鐵路兼營汽車運輸條例之大要。

(一)英國鐵路力爭兼營汽車運輸權之動機。

英國鐵路力爭兼營汽車運輸權之原因。至爲複雜。然大體不外下列五端。請分別述之。

(一)鐵路營業條例上限制營業範圍之不合現況　處今日英國道路交通已湊發達之際。任何私人或任何商人之購有汽車者。祇須其車之重量，速率，等等。能適合於道路運輸規程。則均能通行於全國公路之上。獨鐵路以從前營業條例（Charter）限制之故。擯而不得同享其利。此爲不平。甚屬明顯。原國會創設鐵路公司之初。其目的固在便利運輸。但仍於鐵路公司營業條例之中。明將其所營事業。加以限制。故自名義上言。鐵路公司。雖並未有不准兼營汽車運輸之明白規定。但自實際上言。則鐵路公司。絕對不得將其資本之一文。用於條例中所規定之範圍以外。因是之故。鐵路公司之地位。頗爲不利。然試一考鐵路公司營業條例內之所以必將組織目的規定者。其目標不過爲防制董事等之濫用公司資本。以營分外之事業。換言之。其目標不外爲保護股東之投資而已。然今竟因此保護股東投資之規定。而將鐵路對於利用國家所有大衆可行之公路之權。亦擯而不得與分矣。更有進者。設在鐵路公司組織條例初草之前。假定英國已有如今日之機械道路運輸。則在當年之鐵路條例中未始不將鐵路兼營道路運輸一端。包括在內。故自實際上論。鐵路營業範圍有擴充之必要。鐵路營業條例有修正之必要。

(二)擴充鐵路公司營業範圍有前例可按　英國鐵路

公司。在從前屢因今昔情形不同、屢次請求擴充營業權力。而屢次經國會核准。實行。爲附開汽船，附設旅社等等均是。此外英國鐵路。又有一種在道路上接送貨物之運輸業務。此項業務。在法律上雖無明白之規定。但其實行之時期。則確己甚久。惟此項接送貨物之運輸。不能越出下列二類。(一)貨物之己由鐵路運到而由鐵路公司送出者。(二)貨物之將由鐵路輸送而由鐵路公司接來者。以上道路運輸。範圍極狹。在大體上。無關重要。故英國鐵路公司。對於國家限制鐵路開行汽車一端。認爲非常不平。蓋一方鐵路公司年納巨額賦稅。對於道路建築費之供給。爲數最多。例應有自由經營汽車運輸之權。而實際則鐵路公司之汽車。拘束最嚴。反不若其他私人或法人（汽車公司在內）之車輛。得以通行無阻也。且依現行習慣而言。鐵路公司。對於己經其路綫運輸之物。雖所運之程。僅一哩之遙。卽得以汽車聯運至十哩二十哩以外。國家並不加以干涉。今夫己經鐵路運輸一哩。與未經鐵路運輸一哩之物。其相差之點。僅一間耳。何故一則得享汽車聯運之利。而一則絕對不能有此便利。更以限制開行公共汽車言。夫鐵路自辦之公共汽車。與外間一般公共汽車同耳。何故外間公共汽車。得運載車站內出入之旅客。而鐵路自辦之公共汽車。又不能有此權利。此種限制。殊欠允當。今鐵路爲應實際上之需要起見。有擴充營業權力。兼營汽車運輸之必要。而擴充營業權力。兼營附屬事業。又不乏前例可按。

(三)汽車運輸競爭之激烈妨及鐵路營業之收入　英本國因壤地不廣。故路綫多短。因路綫多短。故汽車運輸。日臻發達。現在全國所有運貨汽車。己達二七五，〇〇〇輛。公共運客汽車。亦達九九，〇〇〇輛。曩時鐵路公司之所謂運輸獨占權者。至此早己名存實亡。目下鐵路短路客運。己日在轉向道路運輸一途。長路客運。雖未受短路客運同等之剝奪。但亦日在風雨飄搖之中。再自貨運方面觀。據英國鐵路公司新近稟呈鐵路運價法院（Railway Rates Tribunal）所稱。從前蘭開一區所用棉花。全由鐵路運輸。每年計達一，〇〇〇，〇〇〇噸。今則百分之八〇。己被汽車攫奪以去。依此類推。英國其他鐵路貨運之被奪者當亦不在少數。故自鐵路本身上言。欲保障其運輸業務之不致衰敗。則鐵路當有兼營汽車運輸之權利。

（四）國家待遇鐵路與汽車之不平等　國家對於鐵路及汽車待遇上之不平等。可自下列數端說明之。

1. 火車所走路軌。須由公司出資自建。而汽車所走道路。則大部均係公欵建造。在此築路公欵之中。尤足以示不平之點所在者。卽鐵路納稅。乃其欵項之大宗來源也。據英國鐵路界自稱。英國鐵路公司。對於購地，造路，建築房屋，購置車輛等等所費。共用英金九〇〇，〇〇〇，〇〇〇鎊。而路綫修養費。又年須一四，〇〇〇，〇〇〇鎊。信號修養費。年須九，〇〇〇，〇〇〇鎊。反之。汽車公司方面。在初創時。全英已有完成道路一七五，〇〇〇哩。現在且日增不已。查現下全英道路之建築及修養費。已達五千萬鎊。而修養費中三分之二。均係出自公欵。汽車公司所負者。僅其三分之一耳。此外鐵路行車。須自設信號。以自管理。而汽車駛行。則已有路警為之指揮。不須信號設備。卽不須該項建設與維持費之支出。此汽車待遇優於鐵路待遇之點一。

2. 鐵路須照章納付旅客稅。每年計達四〇〇，〇〇〇鎊。而汽車則無此項特稅。此汽車待遇優於鐵路待遇之點二。

3. 鐵路所得盈餘。地方官廳得徵稅之。而道路所得盈餘。不受此項徵稅。此汽車待遇優於鐵路待遇之點三。

4. 鐵路行車及保安辦法。政府監察綦嚴。又鐵路職工待遇。如作工時間。職工薪資等。均受政府嚴密監督。故均較其他工業為優勝。而汽車公司。則尙無此項嚴密監督。此汽車待遇優於鐵路待遇之點四。

5. 鐵路公司依營業執照規定。凡貨物之交由鐵路轉運者。不論其大小，輕重，以及所運路程之遠近。均不得拒絕。而汽車則並無此項規定。此汽車待遇優於鐵路待遇之點五。

以上數端。不過舉其大者而言。然卽此數端。已足發生重大影響。故當鐵路收入。方因此數端不利而日見侵削之際。汽車營業。則反蒸蒸日上也。

（五）鐵路營業不利影響全國利益　鐵路運輸。在英國運輸界上。創設最先。對於全國國民運輸上之需要。知之最稔。百年以來。組織日臻完善。凡屬運輸業務之係公共需要者。莫不聘請專家。主持其事。務使人民對於運輸上之需求。一一均得滿足。故自實際上言。鐵路事業。久己經緯萬端。設一旦鐵路蒙不良環境。營業衰敗。收入短拙。其影響卽足以妨礙全國生產事業之生機。英政府有鑒於此。曾於一九二一年通過一鐵路條例。對於鐵路收入。定一標準數量，設某年鐵路收入。超過此標準數量時。則此超過之數百分之八〇。應於來年減低運價。重還全體國民、其餘百分之二〇。准作鐵路公司之例外收益。用資鼓勵。反之。設某年鐵路公司收入短拙。不到此標準數量之時。則鐵路公司。得依一九二一年之鐵路條例。將來年運費提高。藉增收入。而資彌補。今者。英國鐵路運輸收入。因汽車競爭激烈之故。日在減削之中。他日競爭益烈。鐵路收入。不足標準數量。勢必出於提高運價之一途。然貨物運價一提高。則對於全英工商業之所依賴之大量而低價之基本原料。如煤鐵等類。（均必由鐵路轉運）必將發生問題。而影響全國經濟事業。抑不特此也。鐵路事業。亦時與代俱進。一新機械之應用。一新設備之裝置。若不有賴於大量資本。方克有成。設一旦鐵路收入不佳。則此等擴充改良事業。勢難舉辦。而況鐵路改善工程。在最初數年中。又往往祇有開支而無收入者乎。故除非鐵路公司營業興旺。收入宏大。則鐵路運輸業務。萬難改進。其對於全英國民經濟上影響之重大。可不言而喩。總之（一）全英人民。全英工商事業。旣以鐵路爲其主要運輸機關。而日求其改良完美。（二）而鐵道運輸業務之能否擴充改良。其又全視營業之盛衰以爲斷。（三）今英國鐵路營業。日見衰頹。而其主要原因。厥爲汽車競爭。（四）故爲全英人民利益計。爲鐵路本身營業計。英國鐵路。不可不有兼營汽車運輸之權。

（二）英國鐵路獲得汽車運輸權之經過

（1）歐戰前狀況

英國鐵路之兼開汽車。淵源極早。一九〇四年。當倫敦街上。尙未有今日之所謂公共汽車者時。大西鐵路(The Great Western Railway）已有公共運客汽車。往來於該路沿綫人口較疏之區域。其後他小鐵路。（狀均包括在四大鐵路系統之內）相繼獲得開行汽車之權。然此種小量組織。於當時運輸界上尙鮮重大影響。直至歐戰時期。汽車運輸。漸漸重視。戰後情勢一變。汽車運輸。自成一體。於是英國各鐵路公司。漸起而計議及之。當一九二一年鐵路條例起稿之時。英國鐵路公司。卽有請求加入鐵路兼營汽車運輸之一項。

（2）一九二一年請求之不遂。

當一九二一年英國下議院開會制定鐵路條例之時。鐵路公司。曾請求加入鐵路兼營汽車運輸一項。該會主席。當卽聲稱謂此次會議範圍。祇限於鐵路已得權力以內之事。不得旁及鐵路未得之新權力。所請加入一項。應另經立法手續討論辦理云云。鐵路公司經此一駁後。該問題亦遂擱置。

（3）一九二一年運輸部對於鐵路兼營汽車運輸問題之研究

同年正月英國運輸總長。爲鐵路兼營汽車運輸問題。特設一委員會以研究之。其研究之中心點。卽在英國鐵路。是否應有全部或一部份經營汽車運輸之權。如屬應有此經營汽車運輸之權。則應如何規定其權力之不致濫用。爾時委員長爲巴爾福勃隆氏。（J. H. Balfour-Browne）討論結果。意見紛歧。莫衷一是。乃分作三報告。備述各方意見。其第一報告。係該會主席與二鐵路代表所作。主張鐵路公司。應賦與有限制的權力。准其開行汽車。另用立法上之權力。維護其適當之競爭。以免除獨占及兼併之弊。第二報告。係四鐵路代表，及英國工業聯合會，及英國商會協會所合作。主張鐵路公司。絕對不能擴張權力。兼營道路運輸。第三報告。係英國運輸及車輛工人聯合會代表所作。主張將英國現有一切運輸機關。收歸國有。以爲本問題最後之解決。彼輩又以爲鐵路公司。雖有時爲開發農業或人口稀少地域起見。得特別准許其開行汽車。但在主要原則上。鐵路公司。不能兼營道路運輸。以上三報告之意見。旣如是紛歧。運輸部對此。亦無妥善辦法。鐵路兼營汽車運輸問題。因之仍未能迅予解決。

（4）一九二二年鐵路公司之提案。

當一九二二年國會開會之時。前倫敦西北及中州等鐵路公司。（Old London & North Western and Midland Companies）又向國會提出增加兼營汽車運輸權力一案。經國會熱烈辯論以後。二讀通過。並遴選委員會。從長計議其事。豈料一波未平。一波又起。鐵路兼營汽車問題未解決。鐵路貨物運價問題又接踵而至。自鐵路貨物運價問題發生後。鐵路兼營汽車問題。遂復擱置。然由此次委員會報告之中。鐵路方面。曾得一極佳評斷。爲今後請求本抵成功之導綫。該報告中之一節有云。

『此次請求之事。雖不盡在本會範圍以內。但爲消除不公平競爭起見。本會全體意見。僉以爲應儘量的使鐵路公司及其他運輸機關獲得道路運輸之權 。以維公衆利益。』

（5）一九二八年鐵路兼營道路運輸案之通過。

其後又因鐵路系統之改變。（根據一九二一年鐵路條例。將英國百餘小鐵路公司。合併成四大鐵路系統。）鐵路運價之討究。（鐵路運價法院對於標準收入數量及標準支出數量之討論。費時甚久。）英國商業之衰頹。勞働問題之糾紛。種種困難。英國鐵路兼營汽車運輸問題。久延不決。直至一九二八年國會開會。該問題始以三讀通過。數年來鐵路公司力爭之目的。至此方稱完全達到。

初在，原案經下議院多數通過之後。即交一由兩院代表所組織之聯席委員會詳加審核。待審核完畢。爲時計已三十七日。在審核時期中。反對方面阻力之大。可謂無以復加。凡屬可資辯駁。以及有關法律範圍之事。無不一一提出。藉爲反抗之動。在此千端萬緒。茫然無所適從之中。該委員會竟能有條不紊。一一詳加討論。心平氣和。而以公正之途出之。此誠有足多者焉。

（6）原提案之修改

當一九二二年英國鐵路公司要求增加道路運輸權提案尚在委員會討論之中時。曾有三項重大修改。第一項爲鐵路公司不得在倫敦京城區域以內。（即自 Claring Cross 向外半徑十七哩以內之區域）接送旅客之上下同在上述區域以內者。第二項爲鐵路公司在地方政府範圍以內。不得與市政府電車及汽車相競爭。第三項爲當運輸總長認爲鐵路公司有濫用其道路運輸權力之時。有詳查鐵路公司之權。（按本項修改係鐵路方面自己提出）除以上三項修改。及其他輕小限制事項數端外。原提案即付通過。

（7）轉移反對方面意見之功效

在此次通過鐵路兼營道路運輸案中。有足附帶記述者二事。一爲原有反對方面意見之被轉移。由反對而改爲贊同也。關於鐵路應有利用公路之權一點。反對方面。固無反對理由。惟其主要抗爭之端。卽在鐵路兼營道路運輸以後。應如何限制其濫用權力。防制其運輸獨占。並保障其他運輸機關之不被兼併。關於此點。一年餘來。鐵路方面。經報章等機關之解說及宣傳。頗能轉移反對方面意見。造成良好輿論。故在提案第三讀之時。竟能以多數通過。其議員之初在反對方面者。至此多改變見解。亦翻而贊同該案。故該案之卒抵成功。一方不得不歸功於輿論之協助也。其二爲在鐵路提案尚未送呈國會之前。英國鐵路職工聯合會。(Railway Trade Union)代表英國七十萬鐵路職工。一致擁護鐵路公司之請求。並在報章及其他各處積極宣傳。藉得加力不鮮云。

(三)英國鐵路新汽車運輸法

英國鐵路。除前述三數限制外。得自由開行運貨或運客之汽車。全英四大鐵路系統。各有一新汽車運輸法。對本路發生效力。然其內容。則大體相同。茲特將大西鐵路公司汽車運輸法。譯成華文如下。

大西鐵路公司汽車運輸法（以下汽車運輸法譯文）

爲授權大西鐵路公司設備道路運輸業務及其他目的之條例

（一九二八年八月三日奉旨依議）

茲以適合實際。大西鐵路公司。應授權設備道路運輸業務。及爲本條例目的而擬用其款項。

又以本條例目標。非經國會核准。不克實現。用特懇請皇上嘉許。准其制爲法律。並由皇上及此次國會上下議院之咨議與贊同。經皇上與上下議院之見證。制爲下列條例。(卽)

第一條　本條例定名爲一九二八年大西鐵路（道路運輸）條例。

第二條　在本條例內。除非另外指明。則「該公司」一辭。卽指大西鐵路。「商品」一辭。包括製造品，礦產品，牲畜，及其他動物。「該總長」一辭。指運輸總長「商人(Traders)」一辭。包括一切由汽車(道路)寄送，收受，或有貨寄送，及收受商品之人。「商人代表」一辭。包括一九二一年鐵路條例內第七十八條第一欵甲乙兩目內所述之當局或團體。

核准權力

第三條　該公司倘不違反定章。在京都警務區及倫敦城區(Meteripolitan Police District and the City of London)以內。運載旅客之上下於同一區域以內者。則得置有，並開，用一切獸力，電力，機械力之道路車輛。往來於該公司路綫，或該公司所代表之鐵路委員會所有，或所營之路綫以內。載運旅客。及其行李，包裹，與商品。

第四條

第一款　在本條以內。「地方區域」一辭。指一縣，一市，一邑，或一都會。「地方當局」一辭。指地方上之議會。並包括本條例通過前由國會特准組織之地方當局聯合會在內。此項地方當局聯合會。卽視爲(甲)由各小地方區域所合成之大地方區域內關於電車汽車業務上之地方當局。及(乙)開行電車或置備汽車業務之主體。此處「電車路綫」一名辭。包括「輕便鐵道」及「無軌電車路。」「電車」一名辭。包括「有軌電車」及「無軌電車。」

第二款　如遇(甲)在本條例通過之前。地方當局。在本地方區域以內已有或已開電車路綫。其業務又屬已經足用並滿意者。或(乙)在本條例通過之前。地方當局。在本地方區域以內。依照法定權力已設有足用並滿意之汽車

業務者。則該鐵路公司。在未經地方當局同意之前。不得於該地方區域以內開行或訂立合同。開行任何道路車輛。與電車或汽車相競爭。唯遇新開行之車輛。當其服務界限在地方當局區域以外。而所運旅客。又非同在一地方區域以內上車並下車時。則不在此限。

第三款　對於電車或汽車之業務。如何方稱爲已屬足用或滿意。如上所述。或如何方稱有或必致業務上之競爭。如上所述者。則當以該總長之決斷爲準。

第四款　現今於米特爾塞縣內(County of Middlesex)京都電車有限公司之電車軌道。因該縣議會。已經准許於將來得將該縣區域內電車路綫收歸縣有。故上項電車路軌，因本條例故。得視爲縣議會所有之路軌。

第五款　如因此次會議所通過條例之故。而地方區域上有所變更時。則此種變更。因本條例之故。得視爲本條例通過以前已有之事。

鐵路汽車運輸法與一般汽車運輸法互相附合

第五條　該公司不得允許任何道路車輛。遵照本條例而走用該公司或該公司所代表之鐵路委員會所維持之橋梁

。又該公司或該公司所代表之鐵路委員會。當禁止類似車輛之不遵照本條例而走用上述橋梁者。

第六條　第一款　該公司當規定道路運輸業務（包括試驗運輸）已經設備就緒後。應立即通知該總長。以資備案。

第二款　該公司在運輸業務已經備案後。不得將此項業務半途收歇。（試驗運輸除外）如欲收歇。須在「倫敦公報」(London Gazette)上。預將收歇後對於營業區域內商人團體，或地方當局（包括縣議會）之反對情況。及其反對時間。詳加陳述。倘遇前項反對。大勢必致發生。而且發生以後。又係有繼續性者。則上述運輸業務。非得該總長之核准。不得中途收歇。

第三款　凡道路運輸業務之規定於一年中之某特定時期者。則在按年能依期繼續營業時。不得以收歇論。

第四款　倘該公司不經該總長之核准。擅自將規定道路運輸業務。（試驗運輸除外）半途收歇。則每次犯規。或宣判犯規後繼續犯規時期內。每日。課以五鎊以下之罰金。

第五款　凡業務之是否爲規定業務。或爲試驗業務。均由該總長決定之。

第七條　在本條例範圍以內。該公司除自造汽車車身以外。不得製造或撥用款項以製造汽車上任何之其他部份。

第八條　第一款該公司得審察情形。遵照本條例。對於所運客貨徵收適當之客貨運價。及他項費用。

第二款　如遇該公司開行規定道路車輛。載運貨物時。則該公司應得該項運輸之運價，及費用等紀錄。暫時陳列於該公司接收貨物，或接近接收貨物之車站或停車場內。於適當時間中。任人檢閱。不取分文。

設遇該公司不能依照本款規定辦理時。則每次犯規。或宣判犯規後繼續犯規時期內每日。課以五鎊以下之罰金。

商人與公司均能顧問運價

第三款　如任何地方當局。（包括縣議會）對於該公司道路運輸所收之旅客運價。認爲不適當。或任何商人。代表團體。對於該公司所收之貨物運價。或他項費用。認爲不適當。或任何商人。對於某項特別運價，或雜費之徵收。認爲不適當時。則此任何當局，團體，或商人。均得隨時申訴，並請求鐵路運價法院。（本條內以下卽簡稱該法院）將前述之客貨運價，及費用。或前述之某項特別客貨運價，及費用。加以減削。該法院得將此種請求書。依其所定形式公佈之。並於各關係人陳述意見後。視公正所在。將前述客貨運價之全部或一部。加以修改。定期實行之。

第四款　設自修正運價實行後。該公司認爲新興情形。對於上述修正客貨運價，及費用之全部，或任何一部爲不適當時。亦得請求該法院審查前情。該法院宣佈請求書。一如前述。並於各關係人陳述意見以後。再審查此項客運價及費用之全部，或任何一部。而視公正所在。而修改之。

第五款　一九二一年鐵路條例第二十二，二十六兩條。關於該法院之責任與權力者。在本條內亦能適用。

公佈運價單

第九條　該公司因本條例所與權力而設立之道路車輛。對於運載旅客所收之運價。應擇車內觸目地位。表列公佈之。

第十條　第一款　該公司因本條例所與權力而開行之定期的電動力，或機械力之車輛。得依照一八九三年電車郵運條例之規定。輸運郵件。

第二款　凡路用車輛之用電力發動者。其車輛之裝置與開行。應與郵政大臣屬下，或其所用之電綫上之電訊交通。不相妨礙。（依照一八七八年電報條例之規定）

鐵路公司得與汽車公司合作

第十一條　設該公司與另一地方當局。遵照本條例規定。訂立合同。進行下述目的。而本條例所述。除（一）地方當局在國會所頒條例下，或遵照國會所頒條例。而有開辦公共汽車路綫之權。及（二）地方當局。在實行上項權力時。受有法制上之限制與義務者外。並無授與締結合同雙方。或其任何一方，以設備並修養道路運輸之權時。則該公司（甲方）得與其他任何地方當局，公司，團體，或個人之置，有，或開，行出租的公共道路車輛。以運輸旅客，包裹，或商品者。（乙方）締結，並實行下列全部，或一部目的之合同。（甲）締結合同之任何一方。得開行，利用之管理，並修養一切該公司有權設置，並有關道路運輸事務之車輛，土地，房屋，車場，宿所，車舍，及財產。(乙)締結合同之任何一方。得在實行，並繼續實行合同時期內。因合同目的上之需要。供給車輛，設備，並起用職工。(丙)關於該公司受權設置道路運輸業務之任何區域內一切有關已運或將運貨物之交換，安放，轉運，遞交，及起卸。以及由於上項運輸所入之票價，運價，雜費，及其他收入之支付，收集，及分派等事務。

財務上之設施

第二欵　該公司爲籌備，並便利籌集款項，依照合同而建設，並修養道路運輸業務。如本條第一欵內（甲）（乙）兩項規定之任何目的起見。則(一)得資助任何需要欵項。(二)得執有任何締結合同方面之股票，股單，及證券。及(三)得保證上項股票，股單，及證券上之紅利與利息。

第三欵　該公司一俟本條所述合同締結以後。卽當將締約各方之姓名，及合同之姓質。並是否有任何公司，團體，或個人。因股票所有權。或因董事之指定。或因債務。或財政關係或其他原因。而受該公司之管轄。報告該總長。

第四欵　任何道路運輸業務之由一公司，一團體，或一個人所設備。而暫時的由該公司所管轄。無論其管轄權之由於股票所有權。或由於董事之指定。或由於債務。或他項財政關係。或其他原因。在本條例各節邊註(Marginal notes)之爲「地方當局，對於本區域內道路運輸之保護。」「運輸業務，當通知該總長，並不得不經該總長之許可而收欵。」「客貨運價，及雜費。」及「公佈票價單」之下。槪視爲該公司所設之道路運輸業務。

第五欵　本條並無核准任何合同之締結。關於設，置，開，行並應用道路車輛。在京都警務區，及倫敦城區範圍以內。運載旅客之上下同在一區域以內者。

第十二條　該公司遵照本條例而設，有，開，用道路車輛。以及在本條例下，或遵照本條例而籌置款項。購買股票，證劵。並保證支付款項等等。均得視爲合於一九二一年鐵路條例第五十九條第六款規定之意義。而作爲該公司之附屬營業。

第十三條　無論何時。如該總長認爲本條例所與權力之實行，有礙於公衆利益時。得用書面通知該公司。說明原委。並得指導開一公共審查會。准許有關各方面加入。共同聽論。如果審查以後。該總長仍抱前見。而該公司又不能於規定時間內改進業務。以維護公衆利益。並滿足該總長之期望。則該總長得將此事報告於國會中之上下議院。

會計

第十四條　第一款　在一九一一年之鐵路公司（帳目及報單）條例下。『Railway Companies (Accouts and Returns) Act, 1911』該公司所呈報之帳目。當包括下列諸要點。(甲)關於該公司遵照本條例而設，有，開，用車輛之收支情形。(乙)關於該公司在本條例下，或遵照本條例內邊註爲「開行合同等」一條。而置備之款項。及執有之股票，證券。以及關於由於上項款項及股票，證券而所得之進款。及(丙)關於該公司遵照上條。於任何擔保下所付之款。

第二款　該公司應將由於本條例所設諸附屬營業之

帳目。依照規定方式。按年編造帳目報告。呈報該總長。該報告應另包括一切由於附屬營業所得純利益，及其所用資本之帳目。

第三款　上述各要點及帳目報告之編造。應合於一九二一年鐵路條例第七十七條之規定。該條規定。（除第二款外）即作爲適用於上述各要點，與帳目報告。並適用於該公司。

第四款　該公司應按照本條例所定程序。編製統計及報單。送呈該總長。上項統計及報單。得隨時因該總長與該公司間之同意。或經該總長參酌攷核一九二一年鐵路條例第七十七條第一款內所援引之委員會之報告後。隨時修改之。而該條例第七十七條第三款之規定。即作爲適用於上項統計與報告。並適用於該公司。

第十五條　該公司得將其款項移用於本條例內所定之諸目的。並得撥用其已經籌得，或核准籌集之款項用於資本上最稱適當之諸目的。

第十六條　第一款　本條例內（除邊註爲「廢除」一條外）絕未准許該公司對於任何已經或將經國會通過之種

種條例之規定。或任何已成或未成之命令，章程，法規，成計劃之規定。准予免守。又本條例內絕無一點對於一九二一年鐵路條例之使用。加以限制，擴充，或影響。

第二款　本條例所述。對於一九二四年倫敦運輸條例(London Traffic Act, 1924)所與之權力。或對於該總長，或任何發給執照當局，因修改上項條例而草成之任何條例。均無關係。再本條例對於上述各權之實設。並未賦與該公司以任何特權。或准其免予遵守。

以上所述。對於本條第一款之大體規定。並無妨碍。

第十七條　第一款　關於該總長實設其所接受之權力或職任。或用該總長在本條例下所發給之特許等。均能適用一八七四年商務局公斷條例第一編之規定。(Part I of the Board of Trade Arbitration &c., Act of 1874)該總長即假設為商務局。而該條例第四條內所稱「由運輸總長蓋章」一語。即代替「由該局總理。或由該局秘書一人手書」一語。

第二款　一九一九年運輸部條例(Ministry of Transport Act. 1919)第二十條之規定。得適用於該總長為本條例而所舉行之一切已過，或未過之審查。宛如前項審查。即為該條例之目的而舉行者。

第十八條　下列各項章制。此處一概作廢。（按此項章制。係授權與某特定鐵路上某特定地點內道路運輸業務而設。在本條例核准普遍的授權情況以下。不復適用。茲從略。）

第十八條　凡由於預備獲得及通過本條例或其他有關事項之一切直接，及間接費用。統歸該公司支付。（完）

鐵路之軍事運輸問題及今後整頓大計

如何使軍事運輸更有效率

李紀雲

一國軍備之強弱固視乎其兵士之多寡與鎗砲之利鈍，然苟無管理完善之鐵路以運輸之，則一旦有事，雖有百萬之衆，因一時不能集合，亦未有不僨事者。是以歐美各國欲謀國防之鞏固，軍備之充足，莫不汲汲於鐵路之敷設及管理之改良，其用意至深遠也。我國當茲訓政時期，凡諸設施，經緯萬端而發展鐵路實爲富國強兵之至計。然欲發展鐵路，必自整頓現有鐵路始整頓現有鐵路，又必自改善軍事運輸始。故改善軍事運輸實爲交通建設之第一步而刻不容緩者也。慨自民國成立以來，戰事頻仍，幾無甯歲，國內主要幹路，莫不遭軍閥之蹂躪——或分段割據，擅派路員，攔斷車輛，攫取路款；或假借軍權，濫收苛捐，擅增運價，摧殘貨運；或行軍所至，任意破壞路產，阻害民衆交通。此外如軍人私賣車皮包庇商運等弊，尤屬指不勝屈。方今全國統一，軍事告終，前在軍事時期爲謀行軍便利起見而設立之運輸司令部軍車管理處等機關，多已取消，整飭路政，正其時也。作者不揣譾陋，爰就我國鐵路已往之軍運慣例，及今後之整頓方法，臚列於後，掛一漏萬，在所不免，尚希閱者進而教之。

(一)軍事運輸之已往概況

我國鐵路已往之軍事運輸，適用甲乙兩種軍用執照，其性質及用法，各不相同，茲分述之如左，

甲種軍用執照，係軍用半價現款執照，適用於津浦平奉(現改北甯)平漢平綏隴海滬甯滬杭甬正太吉長道清株萍軍湘鄂四洮諸路。此種軍照又分爲甲種乘車執照，及甲種運輸執照兩。種甲稱乘車執照適用於下列各項：(一)單行人，身着軍服經行各路乘車時用之。(二)在不適用乙種軍用執照之路運送軍隊時用之，幷准照數塡入，不限人數。(三)平時軍人靈柩，經由各路運送時用之。甲種運輸執照適用於下列各項，但以附有陸軍部護照者爲限：(一)經行適用乙種軍用執照之路，運送軍隊平時必需之零星軍用品，而重量或體積不滿二十噸車，以零噸或公斤報運者用之

。(二)經行不適用乙種軍用執照之路，運送軍隊赴敵或換防時攜帶之零星或整車軍用品者用之。(三)經行各路，運送軍用電報電話軍用汽車及衞生材料等項時用之。此甲種軍照係半價票，凡軍人持用此種執照者，須按照各該路普通運價減半繳納現款，在車站換票上車；其軍照及特別護照，即由該站彙交路局，按月呈由交通部轉送陸軍部核消。持用此種軍照之軍人，不得乘坐各路特別快車，其乘坐尋常快車，如須佔用臥床，應另購床位票，不在減半之列，至攜帶行李之重量，亦仍照各該路定章辦理之。

乙種軍用執照係軍用半價記賬執照。其與甲種軍照不同之點，即在車站換票時，持用此種執照之軍人幷不繳納現金，僅由該站暫行記賬，按月連同軍照開單呈由交通部核送陸軍部轉咨財政部分別劃撥。此種軍照只適用於津浦平奉(現改北甯)平綏平漢四路，當時規定一俟庫欵稍裕即行廢止，此乙種軍照又分為乙種乘車執照及乙種運輸執照兩種。乙種乘車執照於運輸大批軍隊須掛車輛，或開專車時適用之，乙種運輸執照於運送軍隊赴敵或換防時所攜帶之軍用品而其重量或體積已滿二十噸車者適用之。

此外尚有一種特別護照，凡持用甲種乘車執照乘車之軍人，因有特別差委不便着用軍服時適用之，但須連同甲種乘車執照一併交站存驗。

前年革命軍誓師北伐，北洋軍閥望風披靡，驚慌失措，乃把持鐵大幹路，幾於專供軍運，置人民痛苦於不顧，當時幷發用軍人乘車執照，軍屬乘車執照，部隊乘車執照，軍需物品運輸執照，特准用車執照專車執照等各種軍照。名目愈繁，秩序愈亂，發用之機關愈多，軍照之眞僞愈難辨認，於是軍路雙方，時有衝突，毆打路員，視為常事。甚至擅扣車輛，用為營房，强迫開車，屢釀撞車慘禍，路員懍於淫威，無可奈何，而歷來之軍運慣例破壞無餘矣。此未統一前軍事運輸之大概情形也。

(二)軍事運輸之今後整頓方法

現在軍事結束，建設開始，國內各路於歷年來殘破之餘，極應恢復原有之運輸狀況，以謀民衆之福利。欲謀運輸之恢復，必先整頓軍運使鐵路營業入於正當軌道而後可。其整頓方法，約有下列數端：

一曰釐訂軍運規章以資信守也　我國鐵路之軍事運輸

，既無統一計劃，又乏詳細規章，遇事草率從事，各不負責，對於軍糧軍品之運輸，尤屬漫無限制，各軍各師均得填發護照，卽營連以下，亦以一紙便條，要求運送，其中確爲軍用者，固屬甚多，而勾結商人，冒充軍品者，亦復不在少數，行之漸久，幾成習慣，卽現有之軍運臨時辦法，亦多未能完全按照實行。故爲今之計，應從速釐訂軍運詳細規章，令軍路雙方切實遵行。否則運輸恐益紊亂，社會旣感不便，路政更不堪設想矣。釐訂規章之法，應一面採納列國成規，一面酙酌本國情形，詳加研究，嚴爲規定，舉凡報運索車開車乘車等一切手續，皆有一定不移之辦法，庶軍人路員不致發生惡感，彼此和衷共濟，互相維持，如此則鐵路運輸暢達而營業日盛矣。

二曰軍隊列車之組織及其載量應嚴加規定也　軍人缺乏路運常識，對於列車之組織及載量，毫不注意，每以機車之挽力無窮，車輛之載量無限，故其所掛列車長度莫不超越尋常列車。至於避車軌道長度若干，列車載重若干，機車牽引力若干，以及路線高低情形，輪軌種類等等，均所不顧。以致揷車出軌等行車事變，層見疊出。故欲善於運用車輛，必須將組織列車之權完全付諸路員，軍人未得擅自增加，以免危險。又各軍長官所用專車，常有掛機車二三輛者，殊不知司令部所用專車載重不過六百公噸，而鐵路最新式機車每輛卽能牽挽一千噸之載重，使用機車一輛，已屬綽有餘裕，今添掛至二三輛之多，豈不虛靡機力乎？且每車所載之軍隊人數，每不能達其最高運率，如四十噸蓬車一輛，往往只載十餘人，平車一輛，支架帳棚兩座，每座亦僅容五六人，遂使一旅之衆，本來用二列車卽可裝完者，今則須用六列之多，而他處軍隊或有因待車而不能出發者，軍行旣屬遲緩，路局無形中之損失更不貲矣。此外特種車之掛法，亦應格外注意。例如草車子彈車應掛於列車之末後，以免機車火焰下落，有燃燒爆炸之危險是也。

三曰兵車之行駛應完全聽路員指揮也，　軍隊開行軍用列車，往往藉口軍事緊急而爲毫無意識之舉動。例如連接開行兵車七列，每列挂車三四十輛，首尾相接，共長約二公里，過站所需時間覺達四五十分之久。質言之，其最大速度，每小時不過四公里而已。且如此銜接開行，倘遇第一列車出軌，第二列車勢必隨之出軌第三第四諸列車亦必同受影響，危險既大，時間亦殊不經濟。不甯惟是，列車既如此聯貫開行，則進站時，因該站岔道有限，除先到之數列得進入站台外，繼到者卽不得不停於站外軌道，且機車抵大站卽須添水加煤，先至機車在站內添水，後至機車卽須在站外等候，待先至機車添水完畢後，水塔之水或已用罄，勢必另行添加以供給停在站外之機車，因之路線堵塞，進退失宜，軍隊尚未下車，已自陷於絕地，倘敵人一經佔據附近地點，用大砲機關槍轟擊該站，如係步兵尚可臨時下車應戰，若係大砲子彈等項，則必爲敵軍盡行奪去或殲滅無疑。且該時正軌既爲後到列車所阻，雖欲向後退却，亦不可能矣。當歐洲大戰劇烈期內，軍運列車皆係夜間抵站，各種軍隊拂曉以前均須下車藏匿於附近村落，免爲敵軍飛機所見，迨甫黎明列軍早已駛回而車站已空無所有矣。若以我國兵車之擁擠狀況，行於歐洲大戰之時，能不全軍覆沒乎。故欲免車站堵塞之弊必有深悉務路之人員專司其事，關於兵車之開行進站等事，悉由該員指揮各軍長官不得妄發命令以阻撓之。

四曰軍人不得攀坐機車干涉防礙司機匠之工作也　軍人佔據機車，歷年以來，幾成習慣，每兵車一列，卽有二三軍士闖入機車，坐於煤櫃或機車之前面，恐嚇司機匠，任意調遣列車之行動。甚或拖掛空車，販運商貨，從中漁利，縱他站兵車因乏機車不能開出，亦所不顧。且押車兵士爲免開赴前線應戰，更有託詞加煤上水將機車押赴後方機廠，抵廠後又復藉口刷洗鍋爐逗留不去者，遺誤戎機，莫此爲甚，且軍人立於機車之外防礙司機匠之視線，尤易發生行車危險，故欲求軍運之安全敏捷，應嚴禁軍人干涉防礙司機匠之工作。

五曰兵車到達後，軍隊應立卽騰空，不得佔用也　我國行軍多利用車輛爲暫時營房，以致路局感受車輛缺乏，有供不應求之苦。有時此軍霸佔車上不許路員過問，彼軍則索車情急，其勢凶凶，路局人員實左右爲人難也。且專車開行過多，虛靡車輛無數，卽專車停在站上時，亦不許他軍或路局使用，每擱置數日，幷不開出，値軍運緊急車輛缺乏之時，爲統帥者理應以身作則，務使軍人曉然於火車專供運輸，運輸既畢，卽應交還，不得留作居住之用。

六曰應選定適當車站，分站下車，以免擁擠也　軍隊列車，欲求起卸敏捷，應用分站下車方法，以期增加車站之騰空量，便利列車之運轉，蓋各站相隔不過十餘公里，所有步兵列車均可開至最遠之站卸載，騎兵及輜重隊等列車，則應在步兵停車車站之後兩三站起卸。緣騎兵之卸載需時較多，而陸路行動則甚速，照此辦法，騎兵下車後，離步兵最多不過二三十公里，儘可於兩小時內，由陸路趕及，一併前進，而輜重兵在前敵車站後方下車，亦可從容佈置，力求安全。若同在一站卸載，恐兵車擁塞，行動不靈，各種軍隊一齊下車，秩序必致紊亂，反爲敵人所乘。

七曰修築軍用車站軍用軌道及裝設電報電話以利軍運也　考歷次兵車堵塞之最大原因，厥爲軍隊上車時車站之設備不適軍用，故大軍屯駐地方，應添築軍用車站，舖設岔道與幹線相連，此項軍用車站至少應備長五百公尺寬二十公尺之站台兩座，安設軌道四條，以便同時裝載列車四列。此項軌道之旁，更須設調車軌道四條，以便暫時停放空車之用。此外尤須修築軍用軌道，聯接各大幹線，一旦有事，縱使一處聯軌被毀其他一處仍可通行，庶交通不致斷絕，運輸不致停頓，俾益軍事，實非淺鮮。他如電報電話，無論各路大站小站應一律裝設，蓋當軍事緊急之時，倘電話爲軍人佔據，仍可利用電報傳遞行車消息。況軍運列車多向一方開行，各站所有行事路簽，往往盡數發交前站，爲行車安全計，自不得不利用電報通達消息以代路簽開車也。

八曰將鐵路行車規則印送各軍事機關使軍人皆能了解鐵路行車之情形也　當軍運頻繁之時，各路員司時與軍人發生誤會，揆厥原因，係軍人不明鐵路行車規則所致，故欲免斯弊，應由路局將行車規則，印刷若干册，分送各軍事機關，使軍人能切實了解行車之危險及遵守行車規則之必要。如此則軍人與路員間能互相諒解，合衷共濟，而誤會衝突可免矣。

以上八端，不過整頓軍運方法之犖犖大者；遺漏錯誤之處，恐所難免，然苟能將此重要諸端，付諸實行，不但軍隊調動迅速，行車日臻安全，即畏縮不前，包運商貨諸弊亦可免矣，

我國軍事運輸之外，尚有一事堪注意者：即我國鐵路承

辦外國軍運是也。緣自庚子與各國議和後，外兵之往來平津榆滬一帶，就中尤以經行平奉路者最爲頻繁，故自辛丑條約簽定後，又復訂立中國鐵路運輸外國軍隊諸章程，辱沒國體，妨害路政，興念至此，良可痛心。民國成立，外兵又藉口保護鐵路，添派大軍，竟以各國軍司令之決議停付運費，以迄今日，各國積欠平奉路運兵費，竟達七十萬元之巨，雖迭經交涉催索，彼則置若罔聞，將來此項欠款，如何清結，頗有研究之價値。惟我國鐵路承運外兵，本係根據辛丑不平等條約，而國民政府對外宣言，凡屬不平等條約盡在廢除之列，故根據辛丑條約而產生之外兵運輸辦法，亦應廢除無疑。至其僅憑駐津各國司令官之議決案、卽欠付運費，尤屬毫無根據，應卽責其償清。總之，外兵在我國鐵路運輸一節，關係國家尊嚴至巨，若仍舊承運，是不啻承認外兵運輸一事爲合法，且使基於不平等條約所產生之規則繼續有效也。尙望國內人士之關心路政者，加以審愼之研究焉。

對路政改良計劃略述管見

炳哲

第一 緒言

破壞之工作，現已完畢；建設大計，今方肇始。交通爲一切建設之首要，而鐵路又爲交通之首要。在目前中國經濟狀況之下，新鐵道之建築雖未必可能，然如能就已成各路，切實加以改良，切實加以整理，則對實業之發展，要亦不無小補。

路政之整理與改良，爲一極繁重之問題，蓋近百年來，人民智識尚未十分開發，管理專才又復缺乏，加以我國鐵路，十九係借外資興築，遂致整理改良，頻多掣肘；而政治未上軌道，連年戰亂，尤爲其最重大之原因。

今全國既已統一，訓政亦經開始。鐵道部專司路政事務，自必有通盤統籌之計畫。不佞個人觀察所得，以爲整理改良我國路政，似應分成期限，規定完成日期，由部於規定時間之內，按照分期程序切實做去，方爲最科學最經濟之方法。

部意擬分爲四期，作一整個之計畫。此計畫之完成，最長期間須於十年內完成之。第一期爲調查期，每路擬以六月爲限；第二期爲統一路政期，擬於三年內完成之；第三期爲整理發展期，擬於三年內完成之；第四期爲交通主權收回期，擬於五年內完成之。茲特分別引伸如左。

第二

第一期 調查期

在本期內，鐵道部應特派富有鐵路管理學識之專門人員，前赴全國各路，實地調查各該路情形。所有各路之資產負債，營業統計，管理方法，優劣各點，均應作成詳細報告，呈部察核。此種工作六个月內必可完成。

鐵道部於接得各種報告之後，當即研究改良之法。

第三

第二期 統一全國路政期

綱提而緒不紊，政齊而事易理。吾人欲使交通機關之能力得其充分的發揮，欲使各交通機關在一定系統之下受一律之指揮，第一必須使各機關在一定方針之下，互相聯絡，互相扶助，而為統一之活動。換言之，即各路行政均應統一於一定之路政方針耳。

我國鐵路內幕情形非常複雜，管理方法又龐亂無章，毫不統一，種種缺點，指不勝屈。茲特將路政之亟需統一者，略舉數條如后：

(甲)統一各路應用文字

以前國內鐵路，客貨運輸均用洋文製成各種票據，多數行旅，頗感不便。其後車票雖改為中西合璧，然儀客運貨各章程，線路里程等各表格，仍用西文，有時雖譯為漢文，而又密不宣示。甚至各種報告，統計，圖表等亦用西文；如平漢，正太等之用法文；北甯，滬甯等之用英文；津浦一路，南北兩段分用英德文；南滿之用日文；中東之用俄文—以本國之鐵路，而以數國文字參錯其間為主要文字，本國文字反棄置不用，豈特形政治上之紊亂，即發號施令，彼此紛歧，亦不能收整齊劃一之效。故今後必先統一各路應用文字，而後諸事方可進行。

(乙)統一各路用人行政

無論何種事業，必須有適當之人才經營維持之，始著成效。今日國內鐵道，冗員如鯽，而專門人才反多投閒置散未能應用。尤有甚者，各路高級管理人員，多非鐵部直接委任，而為有槍階級或其他有力份子所保用。因之毫無管理學識之徒，反得竊據高位，倒行逆施，惟利是圖，其為害於鐵路行政，良匪淺鮮。故今後對於用人行政亟須統一。統一之道頗多，茲舉其大要者四項如下；

(一)規定高級人員任免權及任用之資格。

(二)規定員工名額　視各路情形規定員工任用名額之最多數(The Maximum Number of Staffs employed)

(三)制止薪俸公費之浪費。

(四)制定國內專門人才升降之秩序。

(丙)統一各路定章

吾國鐵路向不完全，各種章制悉聽外人之自為沿襲。晚清雖經張之洞及郵傳部前後設法編纂，後又有交通部鐵路法規委員會及審訂鐵路法規委員會之設，然而制定公布者，仍屬寥寥無幾。

查鐵路法規大別有三，為：

（一）鐵路與國家及公衆關係之規定

（二）鐵路商法之規定　即鐵路與客商間運輸關係之規定

（三）鐵路內部章程

前交部所公佈者，不過尋常章程及臨時通飭二種。尋常章程爲營業，行車，車務，路警，路局……組織規則；出租地畝條例；路員懲獎條例；員司服制章程……等等。臨時通飭爲變通路政後之臨時通告，或續訂後之章程等等。對於前述三種法規之制定，著者謭陋，尙無所見聞，故今後鐵道部急宜設立專處，從事編纂。

（丁）統一各路機車構造及軌間距離

機車構造，各國不同，優劣互見，惟從未聞有一國之內，機車不同，竟有數種之多者。我國因借款關係，借甲國之款則購甲國機車，借乙國之款則購乙國機車，因之此路使用之機車，竟不能牽引他路之列車。將來全國幹線貫通後，聯運一層，辦理時必至鑿枘。故今後似宜研究各國機車構造之原理及方法，統一其構造。

抑尤有進者，不佞素反對由國外購買機車，蓋各國因路軌之不同（各國多因國防關係，使本國路軌寬度與鄰國不同，俾戰爭時，敵國不能以同樣之機車，行駛於我軌上，長驅直入）故機車之製亦異。我國路軌距離，除國有數幹線外各路懸殊，今後理宜統一路軌距離，然後設法自製合於本國軌道之機車。

（戊）統一各路建築設備

建築設備於鐵路所關頗爲重要，其方式各國恆以建設運轉等法規定之。我國交通部曾於十一年十一月公佈各項關於路軌，建築，材料選擇，以及修養行車……各事之法規。建設事宜，可謂尙稱統一。惟管見所及，有二點尙宜注意，即（一）轉轍聯鎖法之採用（二）鐵路總材料廠之設立。

（一）轉轍聯鎖法之採用　以前各站之轉轍機及各種行車號誌概用人力，現均改用聯鎖法。然此法之採用有二：（一）機械法　用人力轉動機關至應就之位。（二）機力動法　用電力壓汽力轉動各機關使就方位。我國目下使用此法多兩法並用而以第一法爲多。此後似宜採用機力動法，以經濟時間，節省人工，減少危險。

（二）鐵路總材料廠之設立　建築鐵路，材料需用至鉅。欲求採用材料之一律，似宜設立全國鐵路總材料廠以供支配。其利益有三：（一）可免利益入於兩重經理之手。（二）可免此路常有存餘而致腐朽，他路時虞不足之現象。（三）可免投標時商人壟斷及同謀抬價之弊。其廠內組織辦法，容暇時當專篇討論之，茲不再贅。

（己）統一各路會計制度

鐵路事業宏大，收支浩繁，苟無完善之會計制度，匪特無以徵信，且帳目棼亂如絲，事業亦無從整理。故必須有一系統的辦法，鐵部始可提綱挈領，集其大成；此路與彼路之間，亦有所比較；即一路之中，逐年營業之盈絀，用費之奢儉，路員管理法之優劣，均可於會計報告中覘之。且鐵路會計為一種專門技術，從事稽核者，非精於此道，頗難得其要領；若再不統一，即善於查賬者，除極精湛之會計學識外，又非熟悉某路情形，不易查核該路之帳。統一以後，則稽核較易，藏弊較難。

我國各路創辦之初，會計制度，尚無一定之成規，又因借款關係，極其紛歧。迨後朱啓鈐長交部，特派葉恭綽等組織統一鐵路會計委員會，統一會計制度，不二載而成效卓著。惟各種會計統計則例雖行公佈頒發各路執行，然十

數年來，交部徒有統一之願，而無厲行之策，遂致名存實亡，此種特別會計制度，終未見諸實行，良可浩嘆。今後務盼鐵部切實執行，全國鐵路財政，其可漸趨正軌乎。

（庚）統一全國各路人事管理

關於此節，歐美各先進國家現均設有人事管理處，專司職工勤惰生活狀況……等之考察。人事管理之重要，可分心理組織兩方面講述之，其理已及辦法詳吳文蔚先生「鐵路之人事管理問題」講詞中，茲不再贅。

以上各節，不過其犖犖大者，特提出藉作當局之參考。在七項亟應統一之辦法中，除統一各路定章，統一機車構造及建築設備等項略須時日外，餘均易於統一，故三年之內，儘可完成。

第四

第三期　整理發展期

鐵路之組織既已統一，系統制度亦已統一，然後方可進而談及改革內部與發展營業。改良與發展二者，本可同時進行，茲為便於敘述起見，請先論內部改革而後再論發展

營業運輸。

（一）各路內部設施之改革

我國鐵路之缺乏系統，雜亂無章，誠如前節所論。因之各局積弊極深；苟不立與改革，其影響於鐵路營業者，將非常重大。不佞管見所及，以為目下應行改革者為：

（甲）改善車站設備與管理

鐵路雖以運貨為大宗收入，然其便利行旅之功用，初不亞於貨運，故舉辦鐵路事業者，對於便利行旅之設備，宜特別重視；不然，旅客一度乘車，即感不便，奚願再度嘗試，而鐵路事業又非短期事業，豈可不思久遠之計。

便利行旅，改善貨運，其第一步自在改良車站設備與管理。改善之方不外：

（A）擴充車站務使包含下列各部（最低限度）（一）車務室（二）候車室（三）售票處（四）站長室（五）電報室（六）貨件提取室（七）站夫室（八）貨物升降所（九）信號機（十）水槽台（十一）機車房（十二）客車房（十三）貯炭所（十四）貯水所（十五）落炭渠（十六）轉車台（十七）計重台（十八）工役住室其他仕室（十九）起重機（二十）移車

（B）改良候車室　路局應體貼旅客心理，處處表示與旅客以優待之意，無令感受不快。故車室至少須清潔寬敞，椅櫈亦須多設，風景廣告等，均可懸掛；換言之候車室除佈置應合乎藝術原則外，尚須寬闊整潔。

（C）站內應揭示表規　路局為指示公衆起見，應於站內揭示下列表規：（一）票價表（二）時刻表與他線連絡換車之車站名稱（三）平常貨品及貴重品運送章程價格各表（四）鐵路營業法及運輸章程（五）優待券規則（六）其他公衆應知之表格。

（D）代送行李　旅客所攜行李，可由路局代為運送至旅客指定之地點，所收運費，依路程遠近而定。

（E）設立匯兌處或兌換處　路局須與各地交通銀行聯絡，設立匯兌處，俾旅客無庸身攜鉅款，諸感不便。

（F）車站問訊處職員之慎選　車站之設問訊處，所以指示旅客乘車之手續。故事無鉅細，凡旅客有所問，必須以極誠懇之態度詳為答覆；切不可自視甚高，視旅客為蠢如牛豕，有所問則要理不理，答覆時則不耐煩之神氣活現。（余初來滬時，某車站職員曾以此等態度對待）蓋此種誠懇之態度不僅為尊重個人禮節之表現，亦為路局增加營業信用之一法也。故路局對於問訊處職員應擇老成幹練之人才充任。

（G）電話收發處　電話處在車務上極關重要，須令敏捷之員司專掌其事，方可不致誤事。

（H）司磅員及收貨單之仔細視察　司磅員專司貨物過磅，職務雖小，責任甚大；收貨單係貨品運輸之一種票據，亦非常重要。吾國各車站司磅員每多舞弊取利，如一旦發生事件，貨主路局間之糾紛，即無法解決，故路局對司磅員過磅時，應嚴與監督，即收貨單上所書之貨物件數重量等，均須與以注意。

（I）購票之保持秩序　我國各地車站售票時每在開車前十分鐘或一刻（滬甯滬杭甬兩路除外），以致擁擠不堪；而售票又不依照車內座位數目，以致多人鵠立車中，殊屬不當。此層應亟為改良。售票期間最好能如滬甯滬杭甬兩局之終日開放，即使不能，亦應延長至一小時以上，售票時應按照掛車數目及全列車座位總數售票，方可維持秩序。

（J）販賣所之設立　車站販賣所應設在路局中心，舉凡日用物品，食物，風景畫片，沿路規則價目表等等均可齊備。

（K）站長應接受任何旅客之勸告　車站之設備與管理或為站長個人智力所不及者，則外界人士有將旅行所得之痛苦，函請改革時，為站長者應竭誠接受，在可能範圍內（指經濟範圍而言）立與改革。則車站設備之改良與管理或可臻盡善盡美之境。

（乙）實行處段混合制管理法

鐵路管理本有二法：一曰處管理法（Departmental Management）即以全路車務，機務，業務等事宜，分為若干處，處設處長，餘員分配於各段，直接聽命於處長。（二）段管理法（Divisional Management）即以全路分為若干段，設總段長一人，分段長若干人；分段長之下，設車務，機務，業務各部，直接受命於分段長。此二法中，路綫長者，宜用第二法，路綫短者，宜用第一法。鄙意以為此二法在歐美各國，瑕瑜互現，擬將二法混合為一，名為處段混合制管理法。其組織系統擬表如左

董事會—{ 各處長 / 或總管 } 總段長　分段長—{ 各段員 / 其他 }

段員須向分段長負責，分段長向總段長負責，總段長向各處長負責，處長向董事會負責。分工愈細，責任愈精，視察愈易，對於短綫，只須少用數人，諒無不便，對於長綫，則誠便利非常矣。（此段作者尚有意見，暇時當爲文詳論，今因篇幅關係，暫論如左）

(丙)剔除積弊

我國任何事業之通病，即在舞弊，而舞弊之生，類皆由於當局者之因循苟且，以及未能破除情面之故。我當局不欲整頓路政則已，苟猶欲求整頓，則剔除積弊一則，實爲目下唯一要圖。

整頓之唯一方法，在嚴厲稽核，杜絕弊端；酌加薪資，以養其廉。此外養老年金之實行，尤屬刻不容緩。

尤有不得已於言者，國人類多礙於情面，因循苟且，如俗語所謂『讓他媽媽虎虎過去』，此實鼓勵作弊之行動，以後務宜破除一切情面關係，須知公事應當公辦也。

是故對於作弊者應嚴定罰則，酌加薪資，以養其廉；對稽核者應鼓勵其工作之進行，明定賞罰各章程 有勤於職守者，路局當於給與獎勵；有怠於工作者，路局當給與懲戒。則今後弊端或可稍減也。

(丁)選用專門人才

查事業成敗之要素有二：一曰制度，一曰人才。無良善之制度，則組織不密而傾覆立見；無完備之人才，則雖有十全十美之制度，亦不能實現。

鐵路事業爲一種特殊事業，苟管理者無專門智識，則事業將只有失敗，而無成功，故對人才一項，選用之時，必須審愼。以前軍閥時代，每有以管理家而派充技師，或以工程師而委爲局長，人才倒置，學非所用，用非所學，以致路務大受影響，良堪惋惜，以後尙盼審愼將事；任之旣專，則人盡其職，各展所長，路務或可略爲發達耳。

查鐵路向分管理工程二大部。現制各路置總務工務機務車務會計五處，除工務機務二處應由工程家充任外，所有局長及總務車務會計三處均應由管理學者担任。乃世人不察，謬謂管理人人皆能，率以學非所用之工程家充任，幷有以軍人充任者，路務不振，此實其一大緣因。夫局長處長位居行政，應富於管理學識，而管理原則，又屬於經濟科學之範圍。各國慣例，如遇管理人才缺乏之時，類多以編濟學者補充之，未聞有顧及技師車人者。今欲各盡其職。各展所長，非各用專才不爲功，此我明達當局所當注意者也。

尤有進者，仲尼論政，必待三年，管子治齊，期諸五載。今用人如傳舍，爲職員者，類多抱定『走馬蘭臺類轉蓬』之觀念，席未暖而地已易，縱有滿腹計劃，將何所用。是故鐵道交通等部除部長及政務次長係政務官不妨隨政局轉移而變動外，常務次長以下之事務官應愼之於始，既任事有年，則非貪贓枉法，萬不可時常更換。換言之，交通事業非一朝一夕之事業，一計劃之實現，每需十年甚且數十年之久，爲實現此計劃起見，似不宜使政治化耳。

(戊)保障員工

鐵路事業，端賴員工輔助而行，輔助得力，路務必隆，營業必盛，而員工之得力與否，恆與保障之良否爲正比例，是故今後宜訂定各種法規，保障員工生活，使得專心服務，至對於退職員工，亦宜妥爲酬庸，以獎前功，而勵在職員工，熱心服務也。

至於保障之法頗多，其最要者莫若：

(一)劃一華洋員薪俸，以示平等待遇之眞意。

(二)改良職工員司待遇。

(三)舉辦退職員工養老金或慰勞金。

(四)舉辦員工救濟機關　救濟遇險疾病死亡等等。

至於罷工風潮，尤宜徹底解決；蓋罷工風潮發生一次，鐵路營業即受一次之損失，國家收入即蒙一次之減少也。徹底解決之法，簡約言之，約有五端：

(一)明訂勞工保護法

(二)斟酌社會生活程度，酌加工資

(三)提倡職工敎育，防止反動派利用

(四)驅除路員與工人間之隔閡

(五)規定工人懲戒法

總上所論，今後亟應整理者，大約有二類：(一)制度的改良(二)人事的改良。除制度的改良略須時日外，至於人事的改良，殊爲易易。

第五　各路營業運輸之發展

內部改革之實施，既如上述，茲當更進而論及今後各路營業運輸之發展。

（甲）發展貨運之規劃

鐵路營業進項，類分客運貨運兩種，創設之初，旅客恆多於貨物，及鐵路發達，貨運遂多於客運。我國鐵路之四大幹綫如津浦北甯平漢等大都以貨運爲營業進欵之主體，滬甯杭甬則客貨運幷重，其運輸方法，較之往昔，自屬進步多多，然鄙意尚有一二應行改良之點，略貢芻蕘，幸採擇焉。

歐美鐵路爲開發實業，招徠貨運運起見，每有專設實業處（Industrial department）專司其事者。我國鐵路則關於此等招徠事務，概歸車務處兼理，而各車務段長站長等均就地籌劃吸收貨物，詳呈車務處核奪辦理。查段長站長事務紛繁，恐未必能一一兼顧，措置裕如，而同時車務處又兼管運輸及客貨營業，決不能施行大規模之貨物招徠。故今後組織實業處（可附設於車務處之下），派遣貨物招徠員赴各地接洽營業，實爲急務。所謂貨物招徠員必須精通商業智識，日與商業或其他實業機關通聲氣，調查商業之消長而施以吸收手段。至於貨物招徠之方法與步驟亦有可得而述者：

（一）調查沿路各種貨物爲第一步　調查所以明悉物產之異象，及鐵路勢力範圍而定其進行之程序。調查時可分生產消費及經過三項，蓋其與市面結成需要與供應之關係也。調查既詳確，與本路運輸貨物兩相對照，即可知何者爲向不經由路運之貨，何者爲尚未盡由路運之貨，原因既明，自可着手招徠矣。

（二）設法接近貨商爲第二步　我國鐵路與各地貨商素缺感情，往往彼此不能聯絡一氣，因之由鐵路裝運之貨物、多託轉運公司代爲報運，徒使產物價格重其担負。故此後路局方面應多與貨商接近，尤其對於我國一般無智商人，應殷勤欵待，鼓吹鐵路之價値，使轉運貨物，安然無疑；如有不明運價規章者，應爲詳細解說，務使對鐵路有充分之信仰。凡此種種，皆實業處之責任，而路局所宜注意者也。

（三）核減運價爲方法之一　核減運價方法，有對於一般客商附以條件，公開發表者；有對於貨主協議條件，簽定合同，雙方共守者；有以每期繳納運費總數作爲標準算給回費者。我國鐵路，除第一法外，第二法僅行之於煤礦鹽商及大資本之公司，第三法僅行之於轉運公司，對於一般貨主，尚未顧及，故以後在競爭和緩地段且盛出物產之區，應採第一法，使一般客商，得以利益均霑。

(四)改良運送爲方法之一　發展客貨運輸之道有二：(一)曰減低運價(二)曰改良設備及運輸。近代各國之鐵路競爭已漸由低減運價轉爲改良設備及運輸，蓋前者爲招徠之法，後者爲永久之根本大計也。爲裝載平安起見，車輛之構造應有種類之宜添購；爲適合所裝貨物之性質，車輛之構造應有種類之別；其他如代繳厘稅貨捐，視市面供求之大勢而定貨運之遲速……等等均屬重要。

(五)提倡農業爲方法之一　我國以農立國，而鐵路經過各區，又多爲農業區域，故各路貨運目前除煤礦外，以糧食爲大宗，且逐年增加，將來必居貨物源流中最重要之地位，苟能加以提倡，直接當可影響民食，間接當可及於鐵路營業，我路政當局，似未可忽視之也。至於提倡之法，因地制宜，未必盡同。如將沿路所運各種農產品製成標本，陳列於各大站候車室內，備人展覽；或仿照美國辦法，開駛農事列車，聘請農業學校或農業試驗場人員往各站演講，并用標本儀器就地試驗；(按此法民國七年時，平漢鐵路曾試行一次，其提倡者似爲棉花—編者註)或其他方法等，均可使農業發達，各地食糧得以調劑，且使鐵路營業等得以充分發展，是在當局者之酌量施行耳。

此外如裁厘，如取消苛捐雜稅，對我國鐵路貨運營業之進展，均有莫大之關係，黨治下之政府，雖久有取消之佈告，然迄未見實行，口惠而實不至，直接使鐵路進款大受損失，間接危害政府信用及財政制度，良可嘆已。

總之發展貨運之方有二：吸收他路或水路之運輸一也；自圖發現新出運輸二也。在我國今日情況之下，第一法，因無鐵路競爭，而水路競爭又未嘗多見，尚可暫爲忽視，第二法則實爲當今急務，蓋新貨物之出產，爲鐵路兩重使命之結果。兩重使命者何？卽開發各處女地之實業，使利全國民衆是也。

(乙)發展客運之規劃

鐵路事業爲促進文明之先軌，舉凡政治之進行，文化之傳播，實業之發達，社會之進步，莫不胥類乎是，故鐵路營業，推廣貨運固為唯一要端，而利導旅客尤為急務，關於客運發展之方法，管見所及，謹述如左：

(A)招徠遊覽

(一)整理沿線名勝，著成專書介紹於世

(二)建設鐵路旅館，以最高貴之住所，收最低度之費用。

(三)設立旅行社或類似機關，引起國內外人士之遊興。

(B)減價票之發售

(一)關於學校者　春秋旅行時，或冬夏各假期中，鐵路必須先期選擇適當地址，團體票章程，印送各校，請其答覆，以資準備。

(二)關於貧民工農者　每當春秋節令，可勸匠役或貧民出外旅行或謀生，其票價務必極低。

(三)關於工廠者　工廠中人旅行時，可發售來回票，較平常票價低廉。

(C)擴行各種廣告　鐵路為營業性質，營業之發展，廣告為其首要，故各國鐵路對廣告一事，罔不竭力經營。我國各路廣告方法，多未注意，不惟世界各國未及週知，即國內人民猶有未能盡喻，以後似應取各國最新方法，改良舊日各種廣告。

(D)改良客運業務

(一)各車應依期到站——支配行車時，須竭力籌劃，布置妥善，必使每車依一定之時間到站。

(二)行車宜速　吾人旅行，未有不急於早達目的地者。身在車中，心已飛向目的地去矣，故行車貴速，滬甯鐵路特別快車四五小時應可抵甯，惟今需六七小時，皆宜改革者也。

(三)車輛設備務須清潔

(四)竭力設法免除危險　列車速度，務求增加，同時必求平穩，免除震盪，尤須設法減少行車危險，使旅客安心乘車焉。

(丙)完成水陸聯運

發展運輸之方法曰低減運價，曰改良運務，前數節內業已略述。至聯運與發展運輸亦有關係，可分兩方面如左。

第一方面　發展各路聯運之規劃

（子）關於旅客聯運者

（A）設立聯運處　我國自民二創辦聯運以來，凡關鐵路聯運之事，概歸各路自理，幷無適當機關，專理其事，故歷次聯運會議所條舉者，雖不無遠大計劃，然而欲爲實行之規措，其勢固有所不逮。今後如能設一聯運處，或聯運委員會，則可綜各路聯運之成績，察營業消長之原因，而有通盤之籌畫，以策將來之進步。

（B）舉辦直達客車　旅客聯運日益發達，各路往來人士，喜聯運之便利，向日取道海上者，多已改由鐵路，若有直達客車之開駛，時間方不浪費，交通方益覺便利焉。今平漢，北甯等路各已行駛直達客車，全國其他各路，亦未始不可效法也。

（C）聯運客票之制定　聯運客票之票價應比各本路票價總結之數低廉，幷應採減價憑證制（Certificate System），使旅客旅行任何路段時，均享有減價之利。

（D）推廣聯運路線　我國各大鐵路如平漢，北甯，津浦，平綏，滬甯杭甬等均久經聯運，道清，正太近始加入，隴海則以互通車輛關係，爲一部分之參加，此外各路輒因特殊情形，未能聯運。現在客貨車運輸通則，既已實行，他者行車技術諸問題，亦漸趨統一，應各路悉行聯運，使全國各線得以如一線之運用，鐵路之效用，斯完備矣。

其他如推行各種廣告，整理沿路名勝，等等均與聯運進行有莫大關係，是在當局之詳爲規畫耳。

（丑）關於貨物聯運者

（A）請求政府實行裁厘加稅　厘金本屬不良制度，各省辦法又彼此歧異，商貨轉運，每受抑壓，今聯運各路，有多至經過七八省者，故聯運貨物，每受阻礙，爲今之計，自以裁厘加稅爲根本救濟方策，現政府每以代表民族利益自居，裁撤厘金一節亦曾煌煌然宣佈於黨綱及對內政策中，然至今未見實行，豈特與鐵路營業有關，要亦與政府及整個國民黨之令譽有損也。

（B）添購車輛，添設貨棧　近今各路所以未能爲大宗貨物之聯運者，除上述爲根本原因，缺乏車輛，缺乏貨棧，亦爲其一原因。

（C）提倡長途聯運　聯運途程愈長，鐵路費用愈減，車輛缺乏，亦可稍爲調劑，各路對於長途聯運之貨物，應採用運價遞減制，以提倡之。

第二方面　鐵路與輪船聯運

講鐵路運輸政策者，皆以聯絡航運爲擴張之策及增進營業之要素，蓋鐵路與航政其勢雖相反，其利實相維。幷軌通航，固足以分利，且有時尤易行起劇烈之水陸競爭，若能互相諒解，通力合作，不特客商省臨時轉運之手續，且可抵制外人壟斷之謀，而貨物之流通，實業之開發，尤利賴之。

路航聯運之重要，既如上述，玆將舉一實例，以證其重要性。以南滿鐵路而論，其所以能操縱滿洲商業者，非僅辦理鐵路者之隱施陰謀，亦其聯絡津滬運輸各航路所致也。路航聯運，倘鐵路果能自置輪船，接運本路旅客貨物，則辦事統一，手續簡使，成效必著。然我國鐵路資本有限，恐不能兼籌及此，自宜與本國輪船公司協定合同，實行聯運。其聯運之法大別凡三如左：

(一)外與海輪聯運

(二)內與江輪聯運 } 只限於國人自辦之輪船

(三)與內河小輪聯運 }

聯運本屬有利之事，惜我國辦理航政者，知識多半淺陋，常有捍格難行之虞。民國四年第三次聯運會議時，曾議由滬甯鐵路與招商局設法聯絡，始已允諾，繼復推諉，其後仍由滬甯就近接洽，陳說利弊，以期加入。第八次聯運會議時，始提出路航聯運辦法焉。現在各路貨物聯運，方着手舉辦，輪船方面之聯絡，實未可稍緩也。

(丁)限制濫發免票

免票之濫，自前淸已然。雖屢有限制之議，然只係具文、從未眞正加以限制。因之流弊滋多：(一)不記名者可擅自借用(二)記名者可冒用(三)濫用(四)濫發。

至救濟之法有二：(一)公務者發給免費證，限定時日，本人使用，交付檢查用畢立即繳銷(二)優待者除上列數項外，倘須嚴禁借用。此外如(一)分誌號數以察發行之多寡(二)發行與平常車票不同之票劵(三)發出時規定限度(四)持劵人須着制服或攜帶充分證據(五)劵上須貼持劵人相片(六)不許佔用臥車(七)不准各機關自印之免票等等均屬可採擇之辦法。

(戊)興築支線

建築鐵路雖以幹線爲主體，然無支線爲之補助，則營業範圍不能擴充，實業發展不能平均。我國鐵路支線爲數甚鮮，故爲發展起見，似宜多築。

興築之法不外二種：(一)自修——建路資本，由政府籌集，或即由幹線每年贏餘中提出若干成作修築之用(二)商民承辦路局一時若無鉅款，可採商民承辦制度，惟須訂立收回期限及辦法，俾不負中山先生『大規模實業國有』之旨。

(己)增修公路

興築公路之可以增加鐵路運輸，至爲明顯，惟聯絡之點，似以鐵路兩端爲宜，蓋各方貨物須由鐵路運送者，必先集中於鐵路兩端之總站，其由鐵路運達內地之貨，亦必先在兩端之總站卸下，故鐵路總站如與通達內地之公路相啣接，則貨量客數，均可增加，歐美各國對於此種聯絡，異常重視，鐵路特備長途汽車及運貨車輛，以資接近，使距離鐵路稍遠之商民，亦不感運輸之困難，我國固不妨興築一二也。

今人盛倡化兵爲工之說，若當局有預擬全國公路路線計

劃，即可劃分區域，實行兵工築路，使公路遍及全國窮鄉僻壤，則工商事業，必能日臻發達，間接即所以培養鐵路之運輸營業，作者深願我交通當局放大眼光，對於增修公路，力加提倡，以求速成。

惟猶有一點須注意者，即在今日之中國，公路之汽車運輸與鐵路運輸絕對不可競爭是，否則，直是自殺政策，其理由暇時當專篇詳論之。

第六

第四期　交通主權收回期

內部之統一整理發展改良既已完畢，需時約須五六載，屆時我國情形或已較爲安定，吾人方可入於第四時期，即努力於交通主權之收回期。

本問題非常重要，茲因篇幅關係，姑不贅。

第七　結論

本文爲目前路政改良最低限度之要求，不佞撰述既竟，環顧國內情勢，不覺百般感慨，紛至沓來，骨哽在喉，不吐不快，敢冒萬死，爲諸君陳之，藉作尾聲焉。

我國今日處此重重壓迫之下，國防廢弛，經濟破產，內政不修，意見隔閡。北伐雖已完成，革命雖已入於建設時期，政治雖已入於訓政時期，而不平等條約仍未取消，外界壓迫，依然存在。國民政府名義上雖然統一全國，而交通仍遭破壞，厘金仍不裁撤，軍閥層出不窮，亂事年年未已。所謂黨的紀律，所謂黨的政策，未見一條施行。在上者只知縱橫捭闔，希圖滿足其的克推多或一派一系專攻之野心，在下者只知處心積慮，謀所以刮削小民脂膏，聊以自飽。一切情形，一切氣象，與十七年以前，實無大異。

嗚呼！無統一之政治，無修明之政府，無眼光遠正之領袖，無知識高尚之國民，而欲新的建設之實施，舊的事業之整理與改良，即退一萬步言之，欲此最低限度的計劃之實現，不難乎！不亦難乎！

（完）

十八，五，二十九。

歐戰後之德國鐵路制度

龔清浩

歐戰發生，世界各國之主要經濟組織，莫不受重大之影響，而首當其衝者，則以創深痛巨之諸同盟國爲尤甚德國之鐵路事業，即其一例也。大戰後之德意志鐵路制度，不但其組織方面，完全更變，即戰前與政府之關係，四十年如一日者，亦根本推翻。茲在未入本題之前，先將德國戰前鐵路發展之情狀，略述一二，俾讀者得互相比較而憶揣焉；

（一）一九一四年前德國鐵路營業發展情形之一斑

（1）自一八三八年至一八八五年

最初德國之鐵路事業，幾大半爲私人所經營，自一八三八年，德國最早鐵路，自 Nuremberg 至 Fuerth 間，在 Bavaria 境內，開始建築後，各地民有鐵路公司，亦相繼成立；一時風起雲湧，接踵而組織者，實不在少數。但此種鐵路之建築，初無預定之計劃，亦乏遠大之眼光，故只知爲公司本身謀利益，而不以公衆便利爲前提。即與一八三八年所頒布之鐵路法規 Prussian Railway Law ，亦多所抵觸。迨後德國各鐵路始能漸臻於完善之境者，實有待於『德意志鐵路行政聯合會』之成立也（Verein Deutscher Risenbahnverwaltungen）。原該會組織於一八四六年，當時發起之鐵路凡十，其主要目的，即欲使各鐵路，在建築上，管理上，及釐訂運價上，採用統一之方式與原則，以便各路間之聯合運輸。是年年底各鐵路之相繼加入者，增至四十；迨後該會益臻完善，國外鐵路乃亦有加入者，其所頒布之各種原則，幾爲全歐各鐵路所樂用矣。

德國鐵路在發軔之初，雖大半爲私人所經營，然同時亦有爲各邦政府所建者。其最早落成者，爲一八三八年 Brunswick 境內之鐵道。翌年 Hanover 及 Baden 諸邦亦相繼建築矣。德國鐵路統一管理制之實行，其遠因實兆始於北德意志聯盟 (Norddeutscher Bund) 之成立，按此聯盟之協定中，曾有一條關於各聯邦內之鐵路問題—其言曰：凡各聯邦境內之鐵路，除有特種情形者外，須採用同一之管理制度與同一之建築方式，迨一八七一年日耳曼帝國成立，此條例之規定，乃擴而施用之於全國鐵路。

(二)自一八八五年至大戰開始

自一八七〇年至一八七一年普法戰爭後，鐵路公有與民有問題，始漸為德人所注意。以大部分言，當時之民營民有鐵路，其所貢獻之職務，實不能與人民以滿意。管理者徒知增加運價，減少支出，為公司本身謀利益，而公衆之便利與否，反被置之腦後；甚至戰事中所用剩之破舊車輛，亦不加以修理，即用之裝載客貨，因此人民怨恨頗甚，輿論之攻擊，亦漸形激烈。至一八七三年帝國會議中乃提出討論，並另組一委員會，負責考慮此事，結果決定所有國內鐵路，分歸各邦政府，收回辦理，但因格於各路局之徘徊觀望，故遲至一八八五年，此項議案始能全部見諸實行。雖當時在普羅士境內，尚有一部分之枝綫，仍在私人掌握之下，然此特少數中之少數耳。

自此項制度實行後，各邦內之鐵路制度與運價，遂能漸趨於一例，而邦際間，業務上之互相聯絡，亦較易於從事。一八九六年普羅士與Hesse境內之鐵路，遂開始聯絡。一九〇四年普羅士與 BadenBaravia 及 Wuttemberg各邦訂定之合同，亦復相繼成立。所謂業務上之聯絡者何，即各路之管理權與主權。雖仍屬獨立，而業務上與建築上則採用同樣之原則與方式是也。但此種進於全國統一管理之趨勢，終未能於大戰前，見之實現也。

(二)大戰後德國鐵路制度之沿革與現狀

(一)自一九一四年至一九二四年二月

歐戰勃發，德國全部頓入動員狀態；國內各鐵路，咸供軍隊，軍火與糧食運輸之用。縱間有客貨運輸之存在，亦時停時續，祗為次要矣。迨後戰事告終，國內各事，須即回復平時狀態，但此時各鐵路而欲於短期間內，使復與戰前同一之情形，以適合通常所需要之客貨運輸，則誠屬困難。何則，大戰初罷，創深痛巨，商業情形，凋疲不堪，國內財源，點滴俱盡；車輛運具，完好者已盡為協約國強奪取去(計機車五千輛，客貨車十五萬輛，)剩下者，又復十九破壞，倉匆之間，何來巨款，以進行修理與補充。然交通為一國之命脈，交通而不能靈便，則各種恢復事業，更將不易着手。處此困難情形之下，德國新政府當局，認為最安善之處置，唯有使全國鐵路管理權，集於一聯邦政府之手，以期使於短時間內，恢復舊狀。於是遂有一九一九年憲法第八十九條與第一百七十一條之規定──除就地之極短支棧外，所有全國鐵路，悉歸於聯邦政府，在同一制度管理之下；並限於一九二一年四月一日以前，辦理完竣。為促成此二條憲法之實現起見，聯邦政府於一九一九年十月一日起，另設一鐵道部（Reichsver Kehrsministeurim），以司理進行，結果遂造成一純粹國有國營而統一管理之鐵路制度。

但此種制度自一九二〇年四月一日，見之實行後，未能運用順利。當時輿論之主張，頗不一致．有主張鐵路宜絕對民有民營，與政府不相統屬者；有主張邦有民營者，亦有主張聯邦政府，各邦政府與人民。共同經營之者。此種提議，雖未嘗見之實行，然不能謂與現行制度上，一無貢獻也。

(二)一九二四年二月十二日條例之頒布

所謂現行制度者何，特道威斯計劃中之一部耳。先是一九二四年二月十二日國會中曾通過組織一私人公司（Deutsche Reichsbahr）之條例。此條例准許國內各鐵路，悉有改歸此公司負責經營，惟各路產權，則仍屬於聯邦政府所有；但遇需要孔亟時，公司得以路產作抵，向外借款。乃此條例實行未久，即為同年八月三十日頒佈之另一新條例所追替。此新條例者何，即現行制度之所由產生也。在德文中名曰（Reichsbahngesetz）。自此條例通過後，德國政府對於各鐵路所有之管理權。乃復為剝奪，且從此而成德外合管，開德國鐵路史上之新紀元。

(三)同年八月三十日所頒佈新條例與道威斯計劃

新條例之頒佈，實由於德國政府有意將各鐵路之收入充作賠款，及各路上急於需款修理與補充之所致。前曾言之，戰後德國各鐵路上所有之車輛運具，類皆破舊不堪，難再使用；但同時業務方面，却有日漸增加之現象。處此情形之下，各路日望修理與補充之孔亟，自不待言。然而休戰迄茲，五六年矣，鐵路管理制度，曾經一變而再變──初則由邦而國，繼則由國而民──乃修理與補充二問題，因國內經濟之枯竭，仍未能有適當之解決。同時德政府復以戰敗而負債累累，應付為難，不得已，乃有願以國內各鐵道作賠款之意，當時美人道威斯氏主席之「國際整理德國財政委員會」(Committee to Stabilize German Finnace)，聞此消息，乃乘機向德政府建議一具體辦法，即以全德國鐵路管理權付諸一德外委員合管之公司之手，一切業務，建築上種種職務，亦概歸後者辦理，而同時公司即須以全國路產作抵，發行債券十一，○○○，○○○，○○○，金馬克，交與賠款委員會，抵作賠款之一部。此外並招添優先股二，○○○，○○○，○○○，金馬克，充各路上修理並補充之用。若是則數年來狐疑不決之難題，將一切迎刃而解。德政府自接受此項建議後，經再三之修正，數次之磋商。與鄭重之考慮後，始交國會通過而頒佈之，自該條例之正式頒佈後，德意志國家鐵路公司(Deutsche Reichsbahngesellschaft)，亦隨之而產生。

德意志國家鐵路公司之資本，為十五，○○○，○○○，○○○金馬克——其中二，○○○，○○○，○○○，為優先股，而十三，○○○，○○○，○○○則為普通股後者概歸德政府所有。依條例之規定，該公司主要之職務，除代理經營與發展各鐵路之業務，以適合社會之需要外，尚須償清此十一，○○○，○○○，○○○，金馬克之

債券。此項債券，通常稱為賠償債券(Reparation Bonds)，年利五厘，此外公司每年貯償還基金(Sinking Fund)一厘，自公司成立後第四年起，即開始償還，在最初三年中，其應付債券息與償債基金之數額，規定如左：

第一年，二，○○，○○○，○○○，金馬克，

第二年，五九○，○○○，○○○，金馬克，

第三年，五五○，○○○，○○○金馬克，

自第四年起，每年應付之款，為六六○，○○○，○○○，金馬克。此種款項，從公司之每年純利中付出，較任何支出為優先，如純益短少，則可挪用歷年公司之準備金，以補不足，反之，公司如尤有餘款，得徵求賠款委員會之同意後，再償還債券之一部，此種款項，悉經德政府為之担保，設有延誤，債權信託人(Trustee of the Reparation Commission)，得持券至(Commissioner for Controlled Revenues)處，將應得之數從政府收入項下直接扣去之。

一、德意志國家鐵路公司之職權

德意志國家鐵路公司之管理權所及者，不盡限於各鐵路

之本身，舉凡一切附屬於各鐵路之機廠及輪船公司如(German Steamship Service on the lake of Constance)等，無不歸其經營。不獨此也，遇需款孔亟時，如數額在二五〇，〇〇〇，金馬克以下者，公司且得自由售賣路產之一部以抵償之，如應出賣之資產價值在二五〇，〇〇〇，金馬克以上，則須得德政府與債權信託人之允許而後可，故在名義上，依此條例之規定，各鐵路之資產，雖仍為德政府所有，但實際上後者已無操縱與處置之權矣。

該公司除經營各鐵路之原有業務外，得視情形之需要與否，酌量擴張路綫，添加車輛，以應社會之需要。如收入不敷，且得仍以路產作抵，發行第二與第三次債券，以充路務擴充之用。惟在未得德政府與債權信託人正式許可之前，公司不得將其所有職權，轉授與第三者，蓋管理權如一經遷移，十一〇，〇〇〇，〇〇〇，〇〇〇，金馬克債券，償還之責任，亦將隨之而轉移也。

二、德意志國家鐵路公司之組織

德意志國家鐵路公司之內部組織，並不複雜，其最高統治機關有二：

（一）管理委員會(Board of Management)

（二）理事會(Directorate)

（一）管理委員會者，為委員十八人所組成，其中九人，為德政府所委派，餘為債權信託人所推舉。在政府委派之九人中，德籍之優先股德股東得占四席，凡屬會中委員，皆須具有多年之商業經驗，而非政府官吏者為限，蓋所以使公司之行政，不與德國之政潮，互相含混也。

管理委員會之主席，須為德人，蓋會中德籍外籍委員參半，設遇一事討論至不能解決，或表決而同票時，主席即有量事而左右之權。

管理委員會之主要職務，大別有六：

一、監察公司之行政。

二、委派理事長及理事。

三、決定公司之營業方針。

四、通過或修正公司之預算。

五、決定公司應否舉債。

六、限制俸給。

綜觀上列職權，管理委員會職權之大，於此可見一斑，論其地位之重要，與一普通公司之董事會相較，實有過無不及也。

（二）公司行政方針之實施，施悉由理事會負責。各理事與理事長皆爲管理委員會所任命，隸屬於理事會下之最高機關。於公司中各部握直接管理權者，則爲中央管理委員會（Central administration）委員長即係理事長，總務部下，復分爲六處，各處處長均直接對理事長負責：

一、Traffic and Tariff Depeartment.

二、Operation and Construction Department.

三、Machinery Department.

四、Staff Department.

五、Administration Department.

六、Finnacial and Judicial Department.

又爲全國業務之經營上便利起見，復設分管理處（Reichsbahndirektionen）三十處於各地，以使業務之集中。三十處者 Altona Augsbury, Berlin, Breslau, cassel, Dresden, Elbieteld,Erfurt, Essen, Fran kfortg on the main,Frankfort on theo odr Konigsbery. Ludwigshafen, Magdeburg Mainz Munchen, Munster, Nuremberg Oldenbury, Oppelun, Regensburg, Schwerin, stin, Stattgart, Trier, Wurzbug,Halle, Hanover, arlsruche, colcgne也。各分段管理處下得復分設各種辦事處（Aemter），以管理分段內各客貨車站及各機廠之工作。

綜觀上述，戰後之德意志鐵路制度，們較戰前爲良好，不但組織統一，管理方面能臻完善，即下屬機關之工作效率，亦較前大有進步，是可爲德人所慶幸者也。然而財政之權，悉操於外人，德政府手握一百三十萬之馬克之股票，欲分潤涓滴之微利，亦時苦不能，即以公司本身而論，已爲德外合管矣。即行政方面，亦仍須在在受債權人之干涉，我人試一觀債權人代表（Railway Commissioner）之職權若何，已能窺大概情形於一斑矣。

三、公司中債權人代表之職權，

債權人代表者，代表債權人之權利者也。由管理委員會中外國委員所舉出，其職權之大，幾與後者相並。茲略舉數條，已堪驚人矣：

（一）得出席公司中任何大小會議，並得隨意視察各部各處之工作情形。

(二)公司中各種財政或營業報告與統計表，以及其他各項改革計劃與建議書等，須交彼審閱。

(三)債權人代表之意見，如與理事長不能符合時，彼得提出於管理委員會議上解決之。

(四)如屆期而公司不能付息或償本，債權人代表得命公司增加運價或減少費用，同時且能通告管理委員會，更調理事長。

(五)如屆期後六月，而公司仍未付款，彼得徵求債權信託人（Trustee）之同意後，採取適當之措處，如接收公司之管理權，或轉租於其他公司經營，是也。

四、德意志鐵路公司與政府之關係

戰後鐵路公司與德政府之關係若何，諒亦為讀者所樂知者。在管理方面言，各鐵路雖已不受政府之約束，然後者之與鐵路公司尚有監察協助之權 (Right of Snpervision and Right of Cooperation) 存焉。所謂監察權者何，即政府得隨意派員往來視察各鐵路之車輛運具，是否完好，適宜與安全是也；協助權云者，公司如欲擴充軌道，抬高運價，減少車站或縮短里綫等，須先得政府之允許而後可，換言之，政府對於上列諸事，均有干涉之權也。又有進者，政府有時且得徇民衆之要求，令公司變更運價，以適合社會之需要，設政府與公司，有所爭論至不能解決時，任何一方得訴諸 Reichsgericht 之特種法庭，以求判決，如此項判決，仍不能予一方以滿意，則後者得於判決後一月內，上訴至國際公判法庭所委派之仲裁委員處，謀最後之解決。

(三)總結

德國鐵路制度之變遷，自發軔迄今，可由下列一表中表明之，至變更之劇烈，組織之複雜，則以戰後為尤甚，故論之獨詳，亦以為斯篇之題云：

時代	各路管理權之變遷。	各路資產所有權之變遷。
1929 — 1924,8,30	在一德外委合管之鐵路公司，統一管理之下。	完全國有時代，惟自一九二四年起，各路資產，已充德政府賠款抵押之用矣。
1924,8,30 — 1924,2,12	在一德 組織之私人公司，管理之下。	
1924,2,12 — 1920,4,1,	聯邦政府管理時代。	
1920,4,1, — 1885	完全邦營時代。	完全邦有時代。
1885 — 1838	民營與邦營混合時代。	民有與邦有混合時代。

鐵路財政與經濟機關工作之關係

熊大惠

緒言

月前鐵道部發表大規模築路計劃，以關庚兩欵為抵押，發行公債，披閱之後，不禁為我國建設前途慶，但覺其能否實現，全賴財政方法如何以為斷。理財有方，不但計劃實現有期，經濟機關亦交受其利；反之計劃未行，人民已先蒙影響。鐵路財政之重要，有如此者，吾輩習鐵路管理者，可不奮起而研究乎。茲本平日講師所授，研究所得，將鐵路財政與經濟機關工作之關係，闡明於後，以就正於邦人君子之研究鐵路學術者焉。

經濟組織之目的分類及關係

未入本題前，有二附帶問題，不可不一一為之討論，卽經濟機關工作之目的及其組織種類是也。俟此二題有相當之明瞭，有十分之認識，然後轉入本題，方有左右逢原觸類旁通之樂，毫無乾枯艱深望文生厭之弊。

經濟機關，如銀行也，保險公司也，信託公司也，鐵路也，輪船也，日夜工作，無時或息，此其故果何在乎？經詳細之經濟分析，方知其目的，皆在達滿足慾望之門耳。考慾望問題，古今一大經濟問題也，欲謀全體總解決，殊屬困難，因近今經濟制度，千瘡百孔，缺點太多，距完善公平之域尚遠。以余所見，恐終不能達十全十美經濟制度之境。倘望中外經濟學家，奮起研究，共謀解決之方。此問題幸能措置裕如，其他種種聯帶懸置之經濟問題，將皆迎刃而解矣。鐵路財政，解決其問題之一法也。其理由可由下列表解釋之：

人類慾望—生產—商業—交通—鐵路—鐵路財政

為滿足慾望起見，大事生產，誠屬要圖，所得出品，賴交換機關以銷售，於是商業起焉。而商業之推廣，尤非交通莫辦。鐵路，交通機關也，當推此中之巨擘，其勢力幾占全交通之半，經多年之經驗，鐵路問題之最屬難解決者，厥維財政。由此觀之，財政問題能得圓滿解決，慾望豈不一部分滿足耶。總之，經濟機關——鐵路財政——工作之目的，在滿足一部慾望而已。

貳論財政與經濟機關工作之關係

目的既明矣，請進而討論近世經濟組織及機關。所謂近世經濟組織者，實分三部：(一)經濟機關，猶如機器之不動部分。(二)工作，或稱之謂推動機器之原動力。(三)政府所訂定之法律，則係利用原動力推動機器之工作員也。茲為醒目起見，再為列表如下：

近世經濟組織之部分
- (一)經濟機關——不動部分
- (二)經濟工作——原動力
- (三)法律——工作員

經濟機關種類不一，然大體歸納如下列二大類：

(甲)實業機關

實業機關
- 原始實業
  - 開採實業——漁獵畜牧開鑛
  - 生殖實業——農業森林漁業
- 中間實業
  - 製造業
  - 運輸業
  - 堆棧業
  - 銷售業

(乙)金融機關

金融機關
- 1. 商業銀行
- 2. 儲蓄銀行
- 3. 保險公司
- 4. 信託公司
- 5. 股券交易所
- 6. 貼現機關
- 7. 債票公司
- 8. 承包銀團
- 9. 票據公司

經濟機關之分類既列表如前，而生產工作，亦可得臚數如下：即研究，勞工，競爭，合併，合作，獨占，供求，投資，存款，放款，儲蓄，投機，買賣，等，皆屬生產程序中之重要工作。

至於法律，則政府為統轄全部工作起見而訂立之，如有利競爭律，同等機合律，及獎勵補助金辦法等。其目的，一方固在監視全部經濟組織之發動，而他方又在補救此種組織之缺陷也。

今請進而研究各經濟機關間之關係。以上所列各經濟機關，相互爲用，息息相關。開採業及製造業所出物品，播往市場銷售。然此僅限於一地，欲求滿足他地消費者之慾望，勢必借助運輸機關運往。但際此商業興旺時代，各種交易，欲謀敏捷。不可不依賴存款放款工作，於是銀行業起焉。貨物航行海洋，危險孔多，則應保險海洋水火以資減輕負擔也。

抑猶有進者，各機關間之供求，自成一圓周，茲舉一簡例，以證明此律不誤：

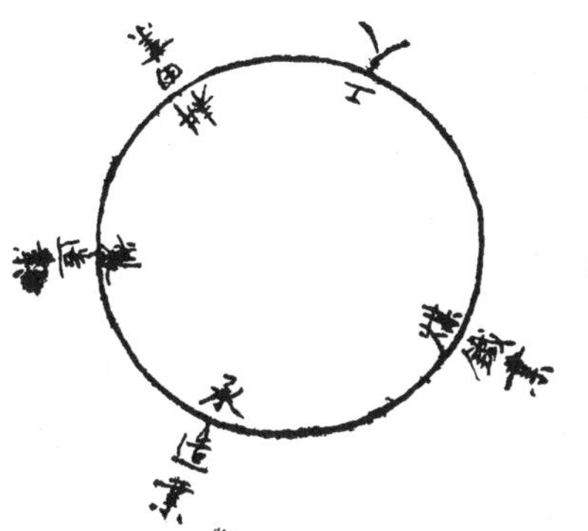

工人
耕田者
製造者
承造業
煤鐵商

鐵路財政與經濟機關工作之關係

說明——耕田者，向製造者求購農具，製造者，轉向承造者需要原料及勞工，而原料中之煤鐵，則來自煤鐵商，煤鐵之開採，端賴工人爲之，工人與以上各項工業人員，繼續耕田者之來，以維生命，如此自成一周，週而復始，誠一有趣味之現象也。

鐵路財政與經濟組織之關係

經濟組織概要已述見如前，一新鐵路財政出，究對此有若何影響，用經濟分析之方法，約得下列四款：

(A)影響證券市場

築一新路，勢必發出多量之股券或債券，而求得資金。此項證券，在證券市場中，與其他實業機關或商業公司之證券相遇，引起極大猛烈之競爭，而證券市價，亦必隨之漲落不定也。

(B)引起恐慌

鐵路財政與實業恐慌，有密切關係。何以言之。請以美國歷史事實證明，方知不謬。北美在十九世紀間，大舉趕築鐵路，因進行過烈，遂致激起不少恐慌，如西歷一千八百三十七年，一千八百五十七年，一千九百八十四年，恐慌是。（見美經濟學家托西克氏所著之經濟學原理）

(C)發生他種聯帶事業之財政

當籌畫新鐵路財政時，同時必須創立鐵路設備製造公司，出產火車頭路軌等，以備建築之用，此種製造公司之新財政，在市場中，無論直接間接，必大有影響於其他經濟機關之工作也。

(D)破壞他種運輸機關之財政

一新鐵路之建築，不但創立其他事業財政，且具有破壞其他運輸事業財政之特質。鐵路之較水道，優越良甚，夫人而知之。不但速度大，效率高，運價亦低廉，設置較舒適，是以人皆捨棄水路，而樂就鐵道。況造一新鐵路前，對於計劃中之鐵路，是否較其他已存在之運輸機關——水路汽車道路航空——佔優一點，加以慎重綿密之考慮，精細穩重之觀察，方斷此新鐵路有建造之可能，有財政籌資之價值。由此推敲之新鐵路財政出，余敢斷言，十之八九，破壞其他財政。

鐵路財政與經濟機關之關係

鐵路公司之財政籌款，與其他經濟機關工作之關係，可由下列表解尋繹之：

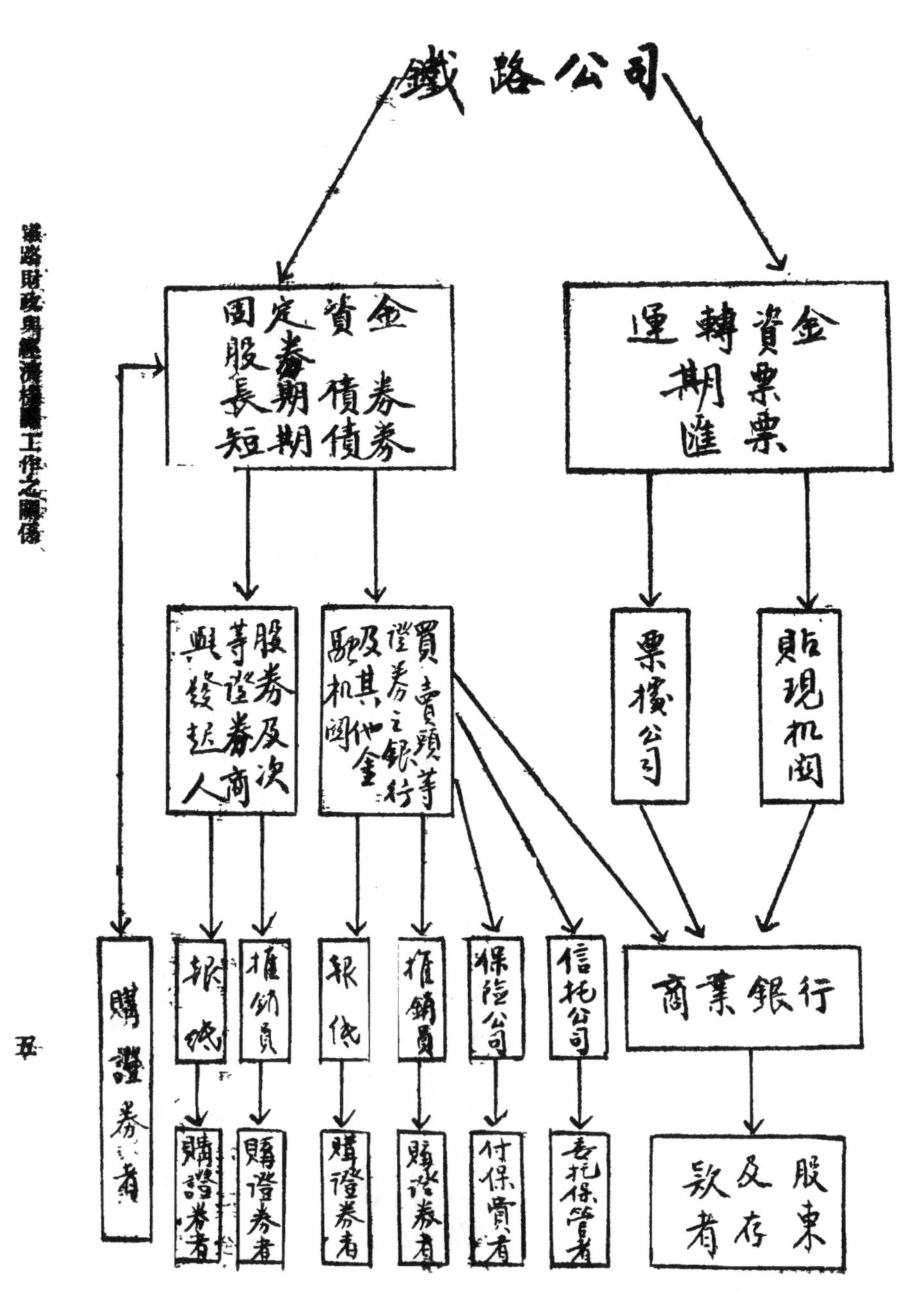
鐵路財政與經濟機關工作之關係
鐵路公司
固定資金
股券
長期債券
短期債券
運轉資金
期票
匯票
股券及次等證券商與發起人
買賣頭等證券之銀行及其他金融機關
票據公司
貼現机関
購證券者
報紙
推銷員
報紙
推銷員
保險公司
信托公司
商業銀行
購證券者
購證券者
購證券者
購證券者
付保費者
委托保管者
股東及存款者

說明

鐵路公司之資金，分爲二種：一固定資金，卽股券及債券是，二運轉資金，或稱票據。此兩種資金所需要之經濟機關工作截然不同。固定資金之證券，多由發起人及股券商應募，債券則大都由銀行信託公司保險公司購買，或有時股券及債券，逕由購證券者——個人——自行購置，無須中間人物從中兜攬也。

至於證券商及金融機關則不然，購進後，必藉售賣者之業務，或報紙之宣傳，推銷於「購證券者」間也。

信託公司投資之資金，來源，得自委託保管者。保險公司，則由付保費者所付之資金，提出一部，而購買債券，藉博得微利，以鞏固公司之根基也。

至於運轉資金之票據，或由票據公司承購，或向貼現機關貼現，皆無不可。票據公司及貼現公司購得此項票據後，復向高等銀行或中央銀行「再貼現」，銀行之資金，當然由股東或存款人而來也。

結論

以上所述，不過對於全經濟組織之目的工作及鐵路財政對此項組織之影響二點，加以簡明之敍述，所論多根據於平日授課所得及探究結果，謬誤之處，在所不免，尚祈閱者諸君有以指正。

（完）

東三省鉄路概況

王慕遽

禍每起於細微。患常生於所忽。滿洲三省。居關之外。遠在邊陲。國人鮮加注意。實則該處東南同朝鮮接壤。西北與俄國交界。日人西瞻。首佔大連旅順諸港。繼攫南滿路權。以爲其經濟侵略之根據地。近則更進而作五路之要求。以圖操縱全滿。而俄方東窺。欲於太平洋沿岸謀良好之軍港。以鞏固其東方海軍之基。故不惜資本。竭力經營其西伯利亞鐵路。顧海港雖得。鐵路雖成。而西伯利亞氣候嚴寒。地多不毛。殊難發展。而維持其經營之費。遂亦轉而向我。投資於滿洲。爲經濟之侵略。以圖東隅之失。收之桑榆。於是東三省乃變爲他人俎上之肉矣。故望國人。勿以彼處遠在關外。而忽略之。致與外人以侵奪之機。予之所以爲此文者。蓋以鐵路爲經濟侵略之利器。今日日俄之所重視。對於滿州之文化政治軍事實業皆有密切之關係。爲關心國事者之不可稍忽。故略述大概。希冀讀者諸君。能對東三省鐵路狀況之若何。發生興趣。而加以研究。更望我鐵路界之先進。不吝珠璣。將拙著施以斧斤。而後用爲楔子。續成宏文。庶我輩後學。研究東三省鐵路之時。得有南針。此則遽抛磚引玉之初衷也。否則予末學膚受。管窺之得。何敢作夏蟲井蛙之語。以貽笑於大雅哉。

東三省位於山海關外。南有渤海黃海。東南隔鴨綠江與朝鮮相望。東北兩面。則以烏蘇里河及黑龍江。與俄分界。其西既爲外蒙古察哈爾及熱河。綜計本區及屬地。凡二百八十餘萬方里。東南路有山陵。西北一帶。則沃壤千里。山川較少。極合鐵路建造。三省多古代遺留下之大森林。其一林佔地。每有廣袤至數十里者。吉省之老爺嶺。及張廣才嶺二大山蜿蜒近爲尤甚。該處巨森綿延。幾成樹木世界。旅行者。每入一林。行走終日。不達彼邊。而犬沙河附近。則多古老之黃花松。蔽日參天。直經多在三尺上下。幼樹殊鮮。故吉林一省。每年由俄烏蘇里鐵路輸出之木材。已達三百萬之多。全滿木材之出產。可想見矣。木材之外。大豆亦爲全國之冠。東三省南方諸口之輸出。以此爲大宗。近數年來。米之產額。亦漸增加。一九二七年之收獲。竟達三百八十四萬餘石。他如高粱麥穀之屬。出產亦豐。至於礦產。以煤爲著。現在開採之礦。凡十八九所。年出煤一千一百餘萬噸。然物產雖甚豐富。河流則只有黑龍江。烏蘇里江。綏芬河。圖們江。遼河。松花江。及鴨綠江諸水。而北地大寒。九月十月之交。河水業已結氷。直至翌春四五月間。冰始消釋。在此五六月之中。船不能行。運輸極爲困難。是以滿洲鐵路。乃如雨後春筍。應時而生。不數年間。已縱横四達。成爲路網矣。東三省鐵路之所以發達異常者。於以上諸因之外。蘧覺尙有兩說。一則日人俄人在滿洲之勢力爲最大。該地受帝國主義之侵略。亦最甚。彼土人士。目擊外人之魚肉我族。心痛國勢之日微。乃奮起作積極之舉。興實業。築鐵路。以圖富强。而雪恥辱。一則連年內戰。炮火幾遍全國。而滿洲三省。獨以僻處關外。得免兵燹。是以關內之鐵路。如津浦。平漢諸路。受戰爭之蹂躪。艱難維持其經營。機車也。路橋也。摧毀炸斷。不知凡幾。而關外諸路。則獲利頗厚。故該處人士。對鐵路事業。樂於從事。而資本家。亦樂投資於鐵路。此關外鐵路之所以發達異常也。

東三省之已成鐵路。截至今日。已十有七條。其中之最重者。當首推平奉南滿及中東三大幹線。蓋平奉鐵路。爲通滿洲與關內之唯一要道。西聯天津北平。東達滿洲中心。軍事文化。皆有密切之關係。南滿鐵路。縱連吉林奉天兩省。其南端有大連良港。在彼登船。不日可抵扶桑。更可由安奉鐵路。以至高麗。設我國與日本有戰事發生。則彼可藉南滿安奉兩線之力。水力並進。重軍立集。故於我國國防。有莫大之妨礙。而日人則經之營之。不遺餘力。今則該路已由單軌。改成雙軌。日人對於此路之努力。可想而知也。至於中東鐵路。則貫串三省。南接平奉南滿諸路。以達滿洲全部。北聯西伯利亞鐵路。而通歐洲。是以俄人對於此路之重視。不下日人之對南滿。蓋欲發展其東方貿易。欲與日人爭雄於南滿。必須賴此路之助。方能達其目的也。一九二七年冬。中東鐵路理事會會議決一可注意之案。即以二千五百萬添築三支線是也。其一由烏蘇河之一面坡間。經同賓方正南大特產區。而達於吉林。依蘭道之三姓。其二由哈滿線安達站車。至拜泉縣。其三則起於綏哈線之滿溝車站。迄於肇東縣。此三路建築之目的有二。一則近來日人要求滿蒙五路之聲浪日高。俄人爲保守其在滿之利益。乃有此相當之舉動。蓋此三路。與滿蒙五路。正相抗衡。足以抑制黑齊路齊昂路。而南滿鐵路之營業。亦將受其影響也。一則截我洮昂鐵路之貨運。並吸收松花江流域農產木材。觀乎此則俄人重視中東之目的益明矣。日俄兩方對於滿洲鐵路建築之努力。及彼等所抱之野心。即如上述。而我國人。豈可夢夢然漠不關心。以任日俄之侵略乎。玆將滿洲鐵路。分爲已成及未成兩種。略述於下。以作有心人研究之初階。

已成之十七條路線

（一）平奉鐵路　原起——除已毀之淞滬鐵路外。此爲我國最早之鐵路。初僅唐山至胥各莊一段。凡七英里。爲光緒三年(1877)。唐景星所築。用以運送開平煤礦之出產者。當時因國人反對鐵路。認火車爲危險物。祇用馬曳車。後四年。礦產日多。國人亦稍啓化。乃改用機車。至光緒十一年(1885)。由李鴻章奏准。展路至蘆台。並改組一鐵路公司。以與開平煤礦分立。十四年(1888)。築至天津。然公司之資本有限。至天津後。即無力續修。李鴻章乃起而另設北洋官鐵路局。接上路續修。十八年(1892)。天津灤州間之路告成。二十年(1894)。修抵綏中。值中日戰起。暫時停築。戰後於二十二年(1896)。李復奏准。修至北平。並將鐵路公司收買。改歸官辦。二十四年八月。（西1898十月）。以戰後國庫空虛。乃向中英公司借款二百三十萬鎊。以修榆關至新民屯一段之路。此段於二十九年(1903)完竣。時即日俄戰爭之前一年也。翌年日本以與俄開戰。擅自築一輕便鐵道。由新民屯以達奉天。三十一年(1905)。向日交涉。訂約以日金一百六十六萬元。買歸我有。允遼河以東修路用款之半數。借南滿鐵路之款。計凡日金三十二萬金元。以該段鐵路。及進款作保。由三十三年四月一日(1908)。該段由我國接收。管理。宣統三年。復展修至奉天城。以與南滿接軌。於是平奉鐵路。全線告竣。及民國十年(1921)。更向英借款二百五十萬鎊。以爲修築自錦州至朝陽支線，乃將唐山榆關一段。改爲雙軌之用。至今年三月間。錦朝支線之尚未成功者。僅二十一哩餘。不久當能全竣矣。

路線——此路起於北平。迄乎奉天。故名奉平鐵路。

東三省鐵路概況

管理局設於天津河北大經街。其幹線。自北平正陽門站。至奉天瀋陽城站。凡五百二十六哩一四。而在滿洲境內者則爲四百六十六哩全線分爲八十三站。關內四十一站。關外四十二站。關內河北省境支線凡三。(一)北平東便門。至通縣東站。長十三哩六。分爲三站。(二)北倉車站至西沽。長三哩八五。(三)北戴河站。至北戴河海濱。長五哩一九。關外支線。亦有三條。(一)錦縣車站。西北行至熱河朝陽縣。凡九十一哩七一。至本年間尙者二十一里餘。未能竣工。其已成者。共分爲十一站。(二)山溝幇子站至營口。長凡五十六里一。分爲五站。(三)打虎山至通遼縣。長一百五十五哩九六。共分爲十九站。關內支線。共計二十二哩六四。滿境支線。共計三百零三哩七七。其中之已竣工者。約二百八十二哩。總計平奉鐵幹路支線。凡八百五十二哩五五。

營業狀況——營業進款。二千四百零四萬七千六百七十六元〇六分。營業費用。一千三百二十一萬八千二百零四元〇三分。計得盈利。一千零八十二萬九千四百七十二元〇三分。營業費用。與收入之比例。爲萬分之五千四百九十七(54.97%)。旅客數目。六百三十一萬七千二百一十七人。貨運噸數。七百七十二萬零一百四十一噸。(註以上各項。皆指一九二五年者)。

四

經濟狀況——中國政府所投之資。凡二千三百九十萬三千三百九十二元。借中英公司之欵。尙未還者。一千三百一十萬元(£1,092,500)。借日南滿鐵路之款、尙未還者。四萬一千九百零五元(¥35,559)。公債金六千五百四十一萬八千九百零七元。鐵路設備。凡一萬三百三十萬零四百九十一元。但以戰爭之關係。機車貨車客車。多有爲他路借去不還者。而此佔有他路之機車車輛。爲特多。故其資產確數。頗難定算。(以上各項。皆一九二四年十二月三十一日者。)

與他路及要地之連絡——(一)在東便門車站。與北平之環城鐵路接軌。(二)在豐台。與平綏及平漢兩路接軌。由前路西北行。可至張家口。該處北通庫倫。西往歸綏。爲北部之一大關鍵。由平漢南下。可至石家莊鄭州漢口諸地。(三)在天津總站。與津浦鐵路相接。南通山東首府濟南。孔子墓地曲阜。兵家重地徐州。更渡長江而達首都。

(四)出榆關。至女兒河站。與通裕鐵路接軌。以通大窰溝。(五)在連山灣站。有一鐵路。約九哩。可通葫蘆島。葫蘆島爲東省著名軍港。而連山灣。則爲一尙未修築之良港。水深一尋至二十尋。可容大船。淸末袁世凱。曾有開爲海港之議案。一九二七年冬。奉天當局。亦曾議籌二千五百萬元以築此港。(六)在奉天。與南滿安奉奉海三路接聯。由安奉鐵路東南行。經安東以達鴨綠江。江之對岸。卽有至朝鮮部之鐵路。依南滿鐵道南行。可至旅順大連二港口。北行可通中東鐵路。四洮鐵路。由奉海東行。則可至朝陽。觀乎以上諸點。可知平奉鐵路重要之若何矣。

附沿路重要礦——(一)錦石紅螺蜆煤礦。距本路三十里。每年出產煤約三萬噸。由本路輸出。及銷於附近。其礦量則約二千六百萬噸。(二)黑山八道壕煤礦。距本路約六十里。(三)邱新新邱煤礦。距本路約三百里。年產煤三萬噸。(四)赤峯各煤礦。距本路二十至五十里。礦量共約二千萬噸。年產二百噸。(五)臨榆石石寨煤礦。礦量約八千萬噸。年產煤八萬噸。(六)灤縣開平煤礦。距灤縣約十八里。礦量約四億噸。年產約五百萬噸。

(二) 中東鐵路 原起——此路係當光緒二十二年(1896)。訂喀希尼條約時。許俄建築南滿鐵路之外。並訂合同。與俄合夥築此路。當由我國。出銀五百萬兩爲股款。該路產業從開車日起。三十六年後。我國可給價買回。八十年後。則無價收回。光緒二十三年七月初二。(西一八九七年八月十六日)興工。二十四年(1898)三月初六日。復在北平訂條九款。閏三月十七日。在聖彼得堡續訂六款。俄得租借旅順大連灣二十五年。及展南滿支線。自中東路上擇站至大連及旅順。光緒二十八年(1903)二月。開始營業。三十年(1904)日俄戰爭。三十一年八月初七。(西一九〇五年九月五日)俄以戰敗、將中東枝線。自長春之寬城子以南。連旅順大連灣。與煤礦業讓與日本卽今之南滿鐵路也。迨後俄革命起。波乃沿路。遂改用我國軍警護路。此由我交通部代管。今則有中俄合組之理事管理之。

路線——此路起於滿洲里(臚濱)。迄於綏芬河。在哈爾濱有大支線。至長春之城寬子站。管理局設在哈爾濱秦家崗大値街。軌寬五尺。幹線長凡九百二十哩四九。中分八十七站。支線有二。(一)哈爾濱至長春之寬城子站。凡一百四十九哩一四。中分十八站。（二）哈爾濱至江岸。長四哩三五。中分三站。總計幹支線共長。約一千零七十四哩。

營業狀況——營業進欵。三千七百五十五萬九千四百五十八金盧布。營業費用。二千一百八十七萬四千五百九十九金盧布。盈利。一千五百六十八萬四千八百五十九金盧布。旅客數目。二百三十一萬九千八百四十八人。貨運噸數。三百八十八萬零九百三十四噸。（註以上各項。皆一九二五年者。）

與他路及要地之連絡（一）在長春之寬城子站。有南滿鐵路。南達奉天旅順大連諸地。更可假平奉以入關內。由奉安而至朝鮮。（二）在滿洲里。與西伯利亞鐵路接軌。以通歐州。（三）在綏芬河城之雙城子。與烏里鐵路相接。北通伯利。南聯海參威。彼處爲俄東方之軍商要港。

附沿路礦產——（一）札賚諾爾之煤礦。距滿州里站。約四十里。年產煤約三十萬噸。由中東路運輸。以銷於沿線。（二）察汗敖拉煤礦。距滿州里站約五十里。昔曾開採。現已停工。（三）東寧煤礦。距五站約百五十里。每年產煤雖僅三萬噸。而礦量則頗大。

（三）南滿鐵路　原起——此路本爲光緒二十四年。（1898）中俄訂約。許俄建築。自中東路上擇站至旅順大連一段之路。日俄戰後。光緒三十一年八月初七日。（西一九〇五年）日俄訂約。將長春至大連一段。正式讓歸日本。而中俄約中。對大連旅順之權利亦同轉讓與日。同年十月。我國政府承認此舉。日人乃於三十二年(1906)。設立南滿鐵道會社。初定資二萬萬金元日幣。後以營業發達。改爲四萬四千萬元日金。其半數由日政府担任。餘爲商股。當時以我當局不願付股。故無中人股。昔俄有此路時。本爲五尺寬軌鐵路。光緒三十年(1904)。日俄戰時。日佔此路。遂改爲三呎六吋之狹軌。迨宣統元年。南滿既爲公司所有。乃改爲四呎八吋半之標準軌寬。初日俄交兵之時。日以由朝鮮進兵。曾修二呎六吋寬之狹軌鐵路一條。自安東以達奉天。戰後於光緒三十一年(1905)。向中政府訂約。將此路改爲工商鐵路。十二年後。由我國贖回。於歸南滿鐵路會社後。亦改爲四呎八吋半之標準軌。改稱南滿東線。及民國四年(1915)五月七日。强迫二十一條。遂將南東安奉均展、期爲九十九年。於是此路之贖回。幾無望矣。

路線——本路幹線起於大連。迄於長春之寬城子。其會社總局。設於大連市東公園町。全線共長四百三十八哩半。分爲七十七站。支線凡五(一)由奉天至安東。長一百六十一哩七。中分二十六站。(二)由大連周水子至旅順。凡三十一哩六。計分四站。(三)營口至大石橋。長十三哩九。(四)烟台煤礦支線。(註此烟台在奉天之南。非山東之烟台)。長九哩七。(五)渾河至撫順。長三十九里四。總計幹支線。共長六百九十四里八。

營業狀况——營業進欵。二萬三千零五十五萬八千五百二十四元日金。營業支出。一萬九千四百二十八萬四千二百元日金。計盈利爲三千六百二十七萬四千三百二十三元日金。旅順客人數。八百二十六萬三千人。貨運噸數。一千八百四十二萬七千噸。(註—以上各項。係指一九二七年四月一號。至一九二八年三月底。南滿株式會社全部之營業。故包括礦業。鐵工業及海港等等。其鐵路項下之進欵。則爲一萬一千三百二十四萬四千一百八十元日金。支出則爲四千五百二十三萬五千八百三十五元。毛利計當爲六千八百萬八千三百四十五元日金。)

經濟狀况——(一)資產—已認買而未付款之股。八四，八四四，〇〇〇・〇〇元。鐵路資產。六四四，八四一，七三四・三二。元公債五五，二八七，一八一・二四元。存欵四〇，四九〇，二二二・九六元。貸金五九，四五二，八五五・三二元。其他一一〇，〇三二，九八二・二四元。

(二)負債—股欵四四〇，〇〇〇，〇〇〇・〇〇元。特種準備金四一二七、四六三，九〇三・三八元。公債(Debentures)二七八，一五二，〇〇〇・〇〇元。路員保證金二七，五〇七，五三〇・六一元。盈利三六，二七四，三二三・〇八元。其他八五，六一五，一二二・三九元。(上項皆爲一九二七年者。)

與他路及要地之聯絡—(一)在奉天與平奉路接軌。(二)在營口。又有支線與平奉路接軌。由彼可達平奉幹綫溝帮子站。(三)在長奉與中東路聯絡。可通北滿全部。(四)在四平街。與四洮路相接。(五)在安東渡江後。與朝鮮鐵路相聯絡。爲至鮮之要道。(六)在大連。則有南滿鐵路會社組織之大連汽船社會。用郵船以與天津。上海。烟台。諸地聯絡。總觀以上。則滿鐵對於東三省邊防妨礙可知矣。

附沿路礦產——(一)撫順煤礦。距奉天約百二十里。本路有支綫通彼。礦量十億噸。年產煤五百萬噸。多由大連出口。(二)遼陽鞍山站有鐵礦。礦質爲百分之五十至三十。礦量約二三百萬噸。年產鐵十萬噸。皆在安山製鐵所製。(四)海城蓋平。有石棉。磁鐵。滑石諸礦。皆在沿路附近。磁鐵出產。悉輸出於日本。

(四) 吉長鐵路——原起——當俄索中東路之時。以此路重要。請亦允彼修築。經吉林將軍長順。嚴拒以自辦乃緩。至光緒三十一年五月(1905)將軍貴達。又奏請自辦。並指撥度支部銀。八十萬兩。吉林銀元廠。七十九萬九千餘兩。爲建築費。三十三年三月初三(1907)依照三十一年所訂關東三省事宜正約。簽訂收買新奉及自造吉長借欵條欵七欵。三十四年(1908)。續訂新約。向日借欵。計平奉路遼河以東用欵之半。三十二萬元日金。吉長路用欵之半。二百五十萬元。其欵皆由南滿鐵路借出。宣統元年十月二十日(1909)開工。三年(1914)十月路欵告罄。乃借吉林永衡官銀號款。吉平二十六萬兩。民國元年(1912)十月。續借二十四萬兩吉平銀。同月二十日。全路工程告竣。實行通車。民國四年九月(1915)。將永衡官銀號之借款及利息。改爲股票。折合大洋八十萬三千一百元。又保路會附股一萬元。民國六年十月。復向日本借日金六百五十萬。前次款由此扣去。由南滿鐵路會社借給。此路亦歸南滿鐵路會社代爲指揮。經營一切。其全路管理權。則屬於我國。由我國設局長一人。

路綫　本路起於頭道溝。(南滿鐵路長吉車站)至吉林江沿。長凡七十九哩三五。共設十五站。其管理局則設於長春。沿路多沃土。爲大豆。江粮。小麥之產地。

營業狀況——營業收入。二百七十九萬三千二百九十二元九角五。總支出。二百四十三萬零八百五十元二角一分。計得盈利三十六萬二千四百四十二元七角四分。旅客數目七十四萬五千四百七十七人。貨運噸數、爲七十四萬一千五百九十三噸。(以上諸項。皆係一九二四年者)

原有資本——政府長期資金。凡一百三十八萬一千六百五十元。商股。八十一萬三千一百元。日借款。六百五十萬元日金。（光緒三十四年之借款。已由此借款將其未還者扣去。故取消之）。

與他路及重地之聯絡——（一）在長春與南滿連接。可南達奉天。亦可由中東路。北通哈爾濱。（二）在吉林與新築之吉敦路接軌。而通敦化。更可溯松花江而上。以至內地、將來吉五吉密兩路成功。此路愈形重要矣。

附沿路礦產——（一）吉林馬家溝煤礦。距營城子站約十六里。每年出煤五千。銷於長春吉林等地。（二）吉林大嶺子。有一煤礦。距營城子七十里。中東路六十里。但產煤甚少。（三）雙崗石牌嶺及陶家屯。皆有煤礦。在長春有輕便鐵道相通。但現已停採。

（五）四洮鐵路　原起——此路爲光緒末年。清政擬錦愛路之一段。民國四年十二月二十七日。由交通部向日正金銀行。借款五百萬日金以爲修四平街至鄭家屯一段路之用。民國七年。四鄭段告竣。八年九月八日。復與日南滿鐵道社會訂約。借日金四千五百萬。然以債票不易發行。乃改由該會社墊日金五百萬元。以應急需。九年五月十一日。交通部呈准。借日南滿短期墊款。一千萬元。續修鄭洮段。並改名爲四洮路。十一年五月三十一日。續向南滿借日金一千三百七十萬元。以還八年借之五百萬元。及路工之用。至十二年十二月。全路告竣。

路綫——此路起於四平街。止於洮南。凡長一百九十四哩零六。中分二十二站、支綫凡二。（一）鄭家屯至通遼。長七十哩六五。中設七站。（二）自四洮路之洮南東站。至洮昂路之洮南南站。長凡二哩四二。幹支綫共長二六十七哩一四。其管理局。則設於遼甯四平街。軌寬四尺八寸半。

營業狀況——營業總收入。三百四十七萬八千四百一十二元半。營業總支出。二百零四萬二千零二十七元四六。餘利爲一千四百三十六萬三千八百六十元零四。旅客人數。五十萬四千三百二十四人。貨運噸數。六十五萬四千八百九十九長噸（metrieton）。此路南段。居民較多。其北段。則人烟稀少。故客運不佳。（註以上各項。皆指一九二四年。）

與他路接連處——（一）在四平街。與南滿路相聯絡。（二）在鄭家屯至通遼支綫之西終點。與打通聯絡。（三）此路北端。與新修之洮昂路相接。

（六）齊昂鐵路　原起——本路係於光緒三十三年十二月（西一九〇七年九月）開工。初爲官辦。用以救濟旗民生計者。宣統元年（1909）八月十二日竣工。十四日行通車禮。民國元年（1912）。改歸商辦。資金三十二萬兩。由八旗五司會議。稟請以通肯河找同省城官兵原以俸餉抵領之荒價撥充。現則將由齊齊哈爾。展路綫至克山。與計劃中之安克路相接。

路綫——齊昂路起於齊齊哈爾。以達昂昂溪。凡十八哩許。其工程局。設於齊齊哈爾。軌寬則爲一公尺。

（七）吉敦鐵路　原起——此路爲光三十三年（1907）。吉長合同中。提出吉會鐵路之一段。宣統元年（1909）。及民國二年（1913）。日人曾兩度請求。投資築吉會路。皆未之允。民國七年六月十八日交通總長曹汝霖。與日本股分公司。及日本興業銀行所代表之日本興業銀行。台灣銀行。及朝鮮銀行。簽訂吉會路預備合同。擬先借款一千萬元。並由三行代發公債。後以日人爭求用人問題。遂停止履行。厥後改爲吉敦鐵路。由南滿鐵道會社墊款一千八百元日金。於十五年（1926）夏開工。預定二年成功。後以工程日難。乃改工程期爲三年。並加借日金八百萬元。至十六年十月。吉林至額赫木一段告竣。在松花江上。築鐵橋一所。工程頗大。用款凡二百萬之多。十月十五日。此段正式通車。而路上人員。則由吉長路員兼任。十一月十日。與南滿吉長訂約聯運。日後吉敦吉長。或將合而爲一。以便管理。十七年八月。全路竣工八月二十日通車。

路綫及此路之重要——此路起於吉林。迄於敦化。長凡一百二十五哩。分十七站。軌寬四尺八吋半。沿路多荒地及礦。人烟稀少。每日入款。不過三千元。付日借款之利息。尚且不足。然其重要。則不亞他路。一則。沿路礦產林木極爲豐富。營業前途頗爲有望。一則在朝鮮會甯。有鐵道以達朝鮮內地。該處圖們江江上。有鐵橋一所。江之對岸。卽爲天圖鐵路。自地坊（卽龍井村）以至頭道溝（卽老頭溝）。爲日人所築。故昔日日人所欲築之吉會鐵路。未能實現者。僅敦化至頭道溝一段而已。設一旦中日有事故發生。則日軍將未築之一段。修一軍用鐵道，立達我吉林城。更由安奉南滿兩路分枝進兵。以至奉天。再由葫蘆島以海軍進攻。阻我平奉路之交通。關東三省不日可得矣。

附沿路礦產　(一)萬寶山煤礦。又名後窰。距蛟河鎮二十里。煤層自六尺至八尺。礦區十餘方里。(二)奶子山煤礦。又名前窰。在蛟河鎮南十五里。十年前出煤頗多。後以撫順之競爭遂一蹶不振。至今仍未用機器開採。故十四年份。出煤只十五萬斤。(三)唐家園子煤礦。在蛟河西南三十五里。煤層自十尺至二十尺。質煤優美。礦區三方里。(四)泉源溝煤礦。礦區二十餘方里。惜煤甚劣。(五)改集街煤礦。在吉林松花江南岸。礦區約五千餘畝。(六)石匣溝礦。昔有土人開採。但礦質礦區不詳。(七)大石頭溝金礦。位吉林東南。富太河之灣曲處。以埋藏甚深。不易施工。(八)胡家店金礦。在張廣才嶺西六十里。(九)煖木條子金礦。在額木縣東北六十里。由土人開採。(十)拉法銀鉛礦。在拉法河柳河之間。礦區十餘方里。(十一)北太平洋砂金礦。在北太平洋東南山麓。珠爾河之上流。清同治年間。年出金二千兩。今停開採。

附沿路森林地及蘊量表

林場	面積方里	林場	面積方里
(一)牛心頂子黃泥河等	一〇〇〇	(二)箭桿溝	一〇〇
(三)老爺嶺北道	二〇〇	(四)拉法站	三〇〇
(五)六道河子	五〇	(六)退團站	八〇〇
(七)大盔溝太平山	五〇〇	(八)龍鳳口	八〇〇
(九)黃花松甸子	三〇〇〇	(十)雙鴨子	二〇〇
(十一)西溝	一〇〇〇	(十二)臭松溝	二〇〇
(十三)東溝河	五〇〇	(十四)帽兒山	二〇〇

(註上表見十六年十一月念一日時報。詳細情形。請閱該日該報。)

(八)洮昂鐵路　此路係借日款官辦。起於洮南。止於昂昂溪。凡一百四十二哩九。共設十二站。於民國十四年三月起工。十五年七月竣工。軌寬四尺八吋半。南端與四洮路相接。北端則與齊昂。中東兩路相連絡。

(九)奉海鐵路　此路爲奉天民辦。其幹綫起於奉天。迄於海龍(朝陽鎮。)長一百四十五哩三五。共分二十站。自梅河口有支綫至西安。長五十三哩六九。幹支綫共計。長一百九十九哩零四。其公司設於奉天。軌寬爲四尺八吋半之標準軌寬。故可與平奉路接軌。興工於民國十四年七月。幹綫於民國十六年九月竣工。支綫則較遲數月。西安爲奉省產煤之區。糧食亦豐。距朝陽百里許之洮源。又有煤礦。將來營業之發達。可預期也。

(十)呼海鐵路——本路起於馬船口。(在哈爾濱臨近。)迄於海倫。爲官商合辦之路。長凡一百三十七哩四。設十九站。興工於民國十五年七月。由中東路經理包爾氏代築。及綏化後。以無資暫停。其已成功者。凡七十七哩。於民國十六年十月通車。其軌寬爲四尺八寸半。工程局設哈爾濱松浦。

(十一)穆稜鐵路——此路起於下城子。至梨樹鎮。長三十七哩。爲中俄合辦之路。以運穆稜煤礦出產之輕便鐵道。近將展至密城。軌寬五尺。民國十三年開工。十四年三月完竣。其總局則設於哈爾濱。蓋與中東有至密之關係。幾可視爲中東之支綫也。

(十二)通裕鐵路——此路爲中國商辦。起於平奉之女兒廟站。至大窰溝。長十八哩。開工於民國四年春季。五年六月竣工。軌寬四尺八寸五。距本路九華里之錦石。有江蜾蜆煤礦。年產煤約三萬噸。礦量爲二千六百萬噸、

(十三)鶴立崗鐵路——此路爲個人經營。起於蓮花泡。迄於鶴立崗煤礦　長三五哩。軌寬五尺。於民國十五年春季開工。冬季竣工。其總局在鶴立崗。彼處有一煤礦。年產煤一萬噸。銷於松花江沿岸。其礦量頗大。約一億噸。

(十四)溪城鐵路——本路在奉天東南。起於本溪湖。以至牛心臺。長凡九哩。爲中日合辦。軌寬僅二尺六寸。於民國二年十月開工。至翌年二月竣工。

(十五)開拓鐵路——本路在奉天省。聯絡西豐開原兩地。爲中國商辦。長二十九哩七。於民國十四年春季設公司於開原。當卽興工。十五年五月告竣。軌寬一米。係一輕便鐵路。

(十六)天圖鐵路——本路爲中日合辦。起於地坊。(龍井村)。迄於老頭溝。(又名頭道溝)。長六十二哩八。爲日人要求建築吉會鐵路之一段。係輕便鐵道。軌寬二尺六寸。民國十一年八月開工。十三年十月竣工。日本建築吉會路之要求。雖未達到。而心中終難忘情。故十六年冬。又有展築此路。以與吉敦接軌之請求。並一再要求建造圖

們江橋。該橋已於十六年十月十六日成功。天圖路已與朝鮮清會路接軌通車。此路若展至敦化。則吉會路成矣。

(十七)金福鐵路——此路爲大連中日商合辦。起於金州。止於貔子窩。長六十三哩四。民國十五年五月興工。十六年九月完工。軌寬四尺八寸半。其總局則設於大連。

(註以上九路。以時間所限。未能詳細調查。僅據時報所登戊辰社稿。及他報登載之消息。難免稍有錯誤。)

未成或計劃中之鐵路

(一)安克鐵路　在黑龍江東南。由安達至克山。約一百四十哩。黑省人民辦。

(二)海嫩鐵路　在黑龍江東部。由海倫至嫩江。長約一百三十七哩。呼海路計劃。官商合辦。

(三)安扶鐵路　在黑龍江南。吉林西北。自安達至扶餘。約一百一十五哩。南滿路辦。用以與中東競爭者。

(四)嫩黑鐵路　在黑龍江。由嫩江至黑河。長約二百零五哩。交通委員計劃。

(五)滿青鐵路　在黑龍江南。由滿溝至青崗。長約六十三哩。中東路計劃。

(六)滿肇鐵路　在黑龍江南。自滿溝至肇東。長約二十二哩。亦中東辦。

(七)呼鶴鐵路　在黑龍江東南。自呼蘭至鶴立崗。長約二百八十八哩。黑省計劃。

(八)齊扶鐵路　在吉黑兩省。自齊齊哈至扶餘。長約一百五十三哩。

(九)小林鐵路　在黑省南部。自中東。小嶺站吉林甸。長約十六哩。中東路計劃。

(十)黑安鐵路　在黑省南部。自齊齊哈爾至安達。長約七十哩。洮昂路計劃。

(十一)海索鐵路　在黑龍江西部。自海拉爾至索倫。長約三百哩。中東鐵路計劃。

(十二)三一鐵路　在吉林北部。自三姓至一面坡。中東路計劃。

(十三)達大鐵路　在吉省西部。自達家溝至大和莊。中東計劃用以抵制吉長路者。

(十四)同五鐵路　在吉省北部。自同賓至五常。長約一百零四里。中東鐵路計劃。

（十五）濱黑鐵路　在黑省南部。黑省計劃。自哈爾濱。至黑河。

（十六）穆三鐵路　在吉省中部。自穆陵至三姓。長約一百六十五哩。中東路計劃。

（十七）依黑鐵路　在吉省東部。自依蘭黑河。計劃官商合辦。

（十八）長扶鐵路　在吉省西部。自長春至扶餘。長約二百華里。商辦

（十九）鏡甯鐵路　在吉省中部。自甯安至鏡波湖。長約六十餘哩。我國商辦

（二十）密虎鐵路　在吉省東部。自密山至虎林。爲吉省計劃。

（念一）一五鐵路　在吉省北部。自一面坡至五常。長約六十哩。中東路計劃。

（念二）穆密鐵路　在吉省東南。自穆陵至密山。長約一百十二哩。依蘭道計劃。

（念三）密山至富錦鐵路　在吉省東部。長約一百八十哩。吉林依蘭計劃。

（念四）洮索鐵路　在奉黑兩省。自洮南至索倫。長約一百三十四哩。爲南滿鐵路計劃。（滿蒙五路之二）

（念五）洮滿鐵路　在奉黑兩省。自洮南至滿州里。爲南滿鐵路計劃。用以抵制中東鐵路者。

（念六）開扶鐵路　在奉省吉省北部。自開通至扶餘。長約九十二哩。爲打通路計劃。

（念七）吉五鐵路　自吉林至五常。約長一百哩。南滿路計劃。（滿蒙五路之一）

（念八）吉密鐵路　自吉林至依蘭道之密山。爲日人計劃者。

（念九）朝濛鐵路　自奉海路之朝陽站。至吉林南部濛江。長約七十二里。係奉省計劃。

（三十）南興鐵路　奉海路南札木至興京。係奉海路計劃者。

（卅一）興臨鐵路　在奉省之南。自興京至臨江。長一百九十一哩。爲交通委員會計劃。

（卅二）臨長鐵路　在奉省極東部。自臨江至長白山。長約一百一十五哩。奉省計劃。

(卅三)朝安鐵路　在奉省東部。自朝陽至安東。長約二百二十五哩。爲奉省計劃。

(卅四)朝間鐵路　自朝陽鎭北至間島。長約二百一十四哩。吉黑二省計劃。

(卅五)哈扶鐵路　在吉省西北。自扶餘至哈爾濱。長約百二十哩。吉省計劃。

(卅六)九德鐵路　在自吉長路之下九台站至德惠。長約三十三哩。吉民計劃。

(卅七)長大鐵路　自至省長春。經扶餘至黑省大賚。長約一百三十一哩。爲南滿鐵路計劃。(滿蒙五路之一)

(卅八)延琿鐵路　在吉林南部。自延吉至長春。長約五十哩。爲延邊商民計劃者。

(卅九)延海鐵路　自林林東南之延吉。經中東鐵路東綫至海林。長一百六十哩。爲延邊商民計劃。(滿蒙五路之一)

(四十)敦會鐵路　自吉林之敦化。至朝鮮會甯。與已成之天圖路及吉敦路相接。爲南滿鐵路計劃。(滿蒙中吉會路之一段)

(四十二)敦海鐵路　自敦化至中東路之海林站。爲南滿鐵路計劃。用以吸收中東之營業者。但俄商謝結斯。已與該地官商締結合同。修築自海林至甯安之路。故此路之滿段。已爲俄人捷足先得。

(四十三)敦五鐵路　自敦化西北行至五常。爲南滿鐵路所計劃。

(四十四)遼勵鐵路　在奉天城之南方。自遼陽至勵家窩堡。長約五哩。爲南滿鐵路計劃之支綫。近更擬延長至阜新煤礦。

(四十五)奉熱鐵路　由奉天至熱河。爲交通委員會所計劃。

(四十六)臨安鐵路　由臨江至安東。長一百六十哩交通委員會所籌劃。用以運輸鴨綠江沿岸物產。使由安東輸出。發達安東港。抵制安東鐵路者。

訓政時期中路政改良計劃

張迺修

導言

現在軍事告終，訓政開始，建設爲目下之急務，然千端萬緒，何者應興，何者應革，決非可以數計者。然交通爲百政之母，苟乏鐵路，則智識不能交換，教育於以廢；出產不能增加，農業於以蕪；運輸不能迅速，商業於以衰；銷路不能暢達，工業於以蹶；故當以鐵路之改建爲先。我國鐵路建設之幼稚，管理之失當，加以連年兵燹，運輸停滯，鐵路本身已有破產之虞；而各項生產事業，亦蒙莫大之損失。苟能删除積弊，努力改良，既可爲鐵路造無限之利益，亦國人之大幸也。茲將改良現有鐵路之方針，分別條述於左：

(甲)關於行政方面

會計獨立及公開——凡路政之改良，路線之發展，車輛之增置，胥於會計是賴。吾國鐵路會計，雖經前交通部頒布特別會計制度；但以歷年軍事頻仍，破壞殆盡，今訓政伊始，卽應厲行公開，其辦法如下：

一、鐵路收入，不得移作他用。吾國鐵路，大都借款築成，所負之債務甚多；前因軍事時代，截留路款，勢所不免，其影響於鐵路本身甚大；今應力除此弊無論任何機關，不得挪用。

二、鐵路收入，及其收益能力，全爲管理保養改良及擴充鐵路本身事業之用。所謂特別會計者，卽鐵路收入，不入尋常國庫預算內，現款不移作任何鐵路事業以外之經費；其收益能力，不作任何鐵路事業外之借款擔保。

三、出入款項，均應組織專門委員會，公開審核，以防泛濫。

統一車輛調配權——軍事時期，爲便利運軍計，調用機車，車輛均由運輸司令自行管理；此原係權變之計，致間有不肖軍人，扣用車輛，冒充商運，私賣車皮，於是路局受莫大之損失。現在軍事業已結束，則各路互調車輛之權，應受鐵道部之支配，視各路營業之狀况，以定其多寡；

則可免供過於求，與求過於供之弊矣。

規定用人標準　各路服務人員，大都缺乏鐵路專門知識；且以鐵路爲個人圖利之工具，以致上下敷衍，營私舞弊，數見不鮮。不知鐵路爲國家命脈之所關，而人才爲鐵路生存之關健也。其規定之辦法有二：

(一)嚴格甄別——舊任各員，考其資歷，察其成績，如係專門畢業人員，或辦事確有經驗者，斟酌留用。其他不全格者，視其程度，轉調他用，或撤換之。

(二)培養人才——提倡教育，以闢其源；然後始可期人才之蔚出。蓋以連年兵燹，人才問題，未遑顧及；邇來，各政日趨正軌則訓練人員，使有分工合作之鐵路教育，爲急不容緩之策。但學校之教育固重，而實習教育尤有甚焉；蓋學校所授者均係理論方面，其實際之利用，則有待於實習教育也。

(三)保障辦法——各路用人，既乏標準；而局長一有更動，則其他人員隨之而去，以致辦事人員，各存五日京兆之心。雖有偉大之計劃，亦乏實現之可能；且辦事之經驗，當視其任期之長短；苟無長期之訓練，而能有精確之經驗者，未之有也。故當規定實有時期，任期程序，罷免規則，人各安其事，而鐵路之改進，庶可有望矣。

(乙)關於材料方面

擴充漢陽鋼鐵廠——鋼軌爲建築材料之大宗，我國多購自歐美。漏巵之大，莫此爲甚。查川漢粵漢二路，所需之鋼軌，借欵條約，載明：由漢陽鋼鐵廠購買，然該廠以機器缺乏，每日出產不敷應用，不得已，仍以巨款傾注外國，實我國財政上之危機也，苟擬挽此危機，則莫若擴充漢陽鋼鐵廠；且鐵路所需者，不但以鋼軌爲限，其他橋樑之鐵料，房屋之鐵質，以及機件之原料，日漸增加，則更足以見有擴充之必要。如推廣漢陽鋼鐵廠，需由政府籌撥巨款，當此財政枯竭，百業待新之秋，恐非事實之可能，故只須各路將所需鋼軌，及一切鐵材之總價，預付該廠，令其添置機器，聘任專家；然後由該廠陸續繳貨作償；此亦挽回利權，提倡國貨之一法也。

籌辦木植公司——吾國鐵路所用之枕木，多仰給歐美；且枕木又係易於腐壞；而常須更換之物；故每年所需之數其衆，金錢之損失實堪痛惜。而我國東三省一帶，森林蔽天，木荀優良；惟以無人問津，貨棄於地，雖有小規模之木植公司，但均採用土法，出產既少，而不合實用。爲今之計，可將各路需要枕木之共價，籌辦一偉大完善之木植公司，採用機器鋸截，化學泡製，此亦兼施振興工業之策也。於國民之生計，實大有利焉。

(丙)關於設施方面

擴充候車室——查歐美各國車站，均有優美之候車室，內備新聞紙雜誌及餐堂，俾便旅客上下車之用。如是，則可以減去旅客之痛苦，而促進其旅行之興趣。對於鐵路之營業，亦有裨益焉。

設備意見箱以博採輿論——各路添設意見箱，以使旅客隨時發表對於路局不滿之處，及應行改革之點，以重民意，亦促進路政改良之一法也。

車中衞生設備——查各車站內，及車中，往往有旅客隨便吐痰，或在廁所旁遺溺，及其他種種不合衞生之舉，對於公衆之生命，頗有危險。此固由旅客缺乏公德性，然路局亦當有補救方法：

(一)增設痰盂。

(二)責成侍役，勤加洗滌，並放置防疫藥水。

(三)勸止旅客，任意吐痰，遺溺，及拋棄汚物。

(丁)關於行車方面

(一)添設電氣路簽——我國鐵路，多係單軌，以致撞車之事時有所聞。推其原因，多由管理揚旗之失愼，苟能採用電氣路簽，則路局方面，既可以免撞車之損失；而旅客又可不蒙生命之危險。

(二)取締旅客隨帶重大行李——各路每次行車，車中坐位多爲旅客所攜之重大行李所佔據；而後至者，有向隅之感。路局既受運費減少之損失，而旅客又有擠亂紛爭之痛苦。其改良方針有二：

(一)站上檢查——入站時嚴行檢查，除手提輕便之行李外，其他一概不准偕帶車中。如在法定重量以內，由路局免費運載，其超過數量，亦當從輕徵收運費。

(二)旅客行李之安全——旅客之行李，即交與路局；則路局概負完全責任，加意保護。觀今之各路，裝卸時毫不顧惜，橫加摧殘；而管守不嚴，時有被竊遺失之情，以致旅客恐懼之心。故去車中壅塞之弊，首當注意旅客行李之安全也。

(戊)關於生利方面

培植路旁樹木——我國各路，兩旁多荒棄不用，即種不過槐柳兩種，以其易生長俾美觀，供薪爨而已。苟能廣植桐茶二樹，其利無窮，實鐵路之一利源。蓋桐茶二樹，互相蔭護既可以堅固路基，以弭水患，而每歲所獲，價值又非常人之可料也。因桐茶二樹，均係必需之品，據農民估計，桐樹一株，年可產油三斤，一斤之價，以三角估之，則桐樹一株，年可生利一元左右。一里可植三百六十株，換言之，一里可獲利三百六十元。至於茶樹，產油量有倍於桐，而其價高於桐，即以同價計之，則一里可獲利七百二十元，則一里可獲利千元左右，十里萬元，百里十萬元，千里百萬元，現在我國共有鐵路七千四百六十九里，則每年可生利七百四十九萬餘元，以此築建新路，增加設備，皆綽有餘裕矣。

結論

四

以上所述改良諸端，僅就其重要者言之，其他組織之改良，與夫種種公衆利益之促進，不勝枚舉。今日我國人人有朝不保暮之變，到處興饑寒交迫之嘆，苟執政者能澈底了解人民歷年所受之痛苦，及國家生產事業之破壞，而能抱有整理路政之決心及放棄一切地盤私見之爭，則上述各點之實行，適如反掌之易，而鐵路事業，亦可撥重雲而睹青天。工商賴之以興，百政因之以舉，生產日增，國貨暢銷，則財源自裕；而中山先生之十萬里鐵道計劃，庶可望豸乎！

道威斯計劃下之德國鉄路管理觀

劉時敍

（一） 概論

德國鐵路事業。自創始以迄現在。簡言之。可分爲三個時期。

一、民有時期　最初德國鐵路之發展。全因人民之積極經營。迄至一千八百八十年止。德國鐵路之所有權及其管理。仍在人民手中。

二、邦有時期　自一千八百八十年起。至歐州大戰時止德國鐵路。除有數不關重要之綫仍歸私人經營外。餘則幾均收爲邦有。

三、國有時期　大戰之後。德國由專制變爲共和。在一九一九年德國憲法中。對於鐵路。規定德國鐵路所有權應屬於德國政府。政府將鐵路收回後。一面設專部以統一全國鐵路行政。自此規定之後。至一九二〇年四月一日。德國邦有鐵路。概收爲國有。而當時德國運輸部長(minister of Traffic)卽爲全國鐵路總辦焉。(Director general)但因該時德國幣值。逐漸低落。故德鐵路財政。在一九二三年之下半年及一九二四年之上半年。居於極困難之地位。德國內閣因之另決定一種方法。規定鐵路仍爲國有。但管理之職卻屬於一獨立機關。此機關卽名爲『德國鐵路。』("german Railway")但此項計畫。僅施行數月而罷。則道威斯計畫之所致也。按照道威斯計畫。德國每年應付賠款數目之中。鐵路方面之担負。幾佔三分之一。鐵路每年負担既如此之大。故管理及組織方面。亦不得不加以變更。以求適合新環境之需要。此道威斯計畫中之所以有改組德國鐵路管理機關之建議也。據道威斯氏報告中所述。依照此計畫。德國鐵路。雖然仍屬國有。但在賠欵未請之期中。管理之職。暫屬諸一商業公司。此公司董事會之組織。一半由於股東選舉。一半由於英美日法諸戰勝强國所指派、此議已經一九二四年八月三十日倫敦會議所承認。并先後經德國國有鐵路法(national Railwaylaw)及德國國有鐵路人員法規　(national law Railway Personrel law)以法律上之根據。其後德政府并通過一附則。表示對於該鐵路公司之組織及管理。加以承認。此附則及德國鐵路法。大都係根據道威斯委員會之意見。而成者也。

（二）道威斯賠償計畫及其效力

道威斯賠償計畫。以鐵路收入為一大源泉。故德國鐵路管理問題。實為該計畫中之重要部分。良以管理苟不完善。則預算中鐵路應負之賠款數目。定不能如期有着也。

按照道威斯計畫。德國每年須付賠款二十五萬萬金馬克。其來源為下列二種。

甲、出於國會預算之內者此數在標準年度中（一九二八—九及以後）可得一十二萬萬五千萬金馬克

乙、由於特種來源者　在標準年度中此項收入亦可得十二萬萬五千萬金馬克。若將此特種來源細分拆之。有如下述。

	金馬克
一、鐵路債券之利息及還本	六六〇，〇〇〇，〇〇〇
二、運輸稅	二九〇，〇〇〇，〇〇〇
三、工業債券之利息及還本	三〇〇，〇〇〇，〇〇〇

由上觀之。可知德國鐵路對於賠款之担負。幾佔全數

三分之一。為數不可謂不巨。然負担雖如此之重。所負款目。歷年均能按期清償。且德國鐵路運價。亦甚為平。而一切養路工程及車輛機車等均能維持良好狀况。此種成績。自應歸於良善之管理。故現制下之德國鐵路組織及管理誠有一介紹之價值也。

（三）現在德國鐵路之管理機關

因欲適合道威斯計畫規定之情形。德國所有鐵路。均暫歸一鐵路公司管轄。此公司名德國國有鐵路公司。（German national Railway）係依照德國鐵路法及其附則所組織者。此公司與一切普通商業公司不同普通商業公司之法律習慣。不能適用於此公司。因此公司是一種特別組織。其法地位。有關於公衆者。亦有關於政治者。非可與純粹商業機關所可同日而語也。此種特別組織。自道威斯計畫實行之日起至一九六四年止。在此四十年之中。德國國家。實不曾喪失其鐵路管理權也。

德國國有鐵路公司之資本合股票及賠款債券計之共為二六，〇〇〇，〇〇〇，〇〇〇金馬克。其分配如下。

金馬克

一、優先股	二，〇〇〇，〇〇〇，〇〇〇
二、普通股	一三，〇〇〇，〇〇〇，〇〇〇
三、賠款債票	一一，〇〇〇，〇〇〇，〇〇〇

歸賠欵委員會所指派之董事會收管

共計	二六，〇〇〇，〇〇〇，〇〇〇

優先股爲不記名股票。可以出讓。在賠款終了期後還本。對於股息分配。自有優先權。而德國政府亦担保其付息。如或某期公司不能付息。由德國政府代爲墊付時。則政府可令德國公家查賬機關。查該公司之賬。以覘過去之得失。而爲改良之標準。優先股售出之欵。四分之三爲鐵路公司財產。四分之一。爲政府財產。優先股之售出。以售與政府及公衆事務機關佔最大多數。在一九二七年六月一日時優先股共售出八八一，〇〇〇，〇〇〇金馬克。其中百分之八八·五爲政府及公衆事務機關所得。

普通股係以德國國家名義登記。其付息須俟下列各項付出以後。

一、鐵路賠款債票之付息及還本

二、其他債票之付息及還本

三、優先股息之清償

鐵路賠欵債票。共爲一一，〇〇〇，〇〇〇，〇〇〇金馬克，由鐵路公司無代價發與賠欵委員會所指定之保管委員保管，此債票年利爲百分之五。自發出起四年以後。每年並須還本百分之一。以德國鐵路之產業爲抵押品。

因德國鐵路公司地位之特殊故該公司之財政管理亦有特別辦法。依照德國鐵路法第三十條第二節德國國家預算法不能適用於該公司。一九二四年十一月八日。關於審查該公司賬目。特定一種新規則。在此時以前。德國鐵路查賬係爲德國國家查賬公堂（Company court of accounts）其責任歸該公堂負之。現在此規則定後。其責任由鐵路公司自負之。審查時最緊要之原則如下。

一、凡用款可省而不傷於鐵路之營業者。概須省去。

二、審查須隨時執行——與管理相並而行。不可落後。

三、審查事務指導員（Dinector of examinirey service）。對於會計股各事。更須注意。如遇必要時。對於該股各事得參加指導。

總之以上各端。無非欲使德國鐵路。日超於謀利之一途而已。

在一九二六年一月。德國鐵路財政管理上。又有一重要進步。即分區會計是也。依照此制。損益賬不以總公司為標準。而以各鐵路區域為標準。各區域各立賬目。各區域間如有收付項目。由一總清理處(chief settlement office)清理之。此清理處即附設於德國鐵路總局內鐵路公司之費用則歸各區域分別担負。故自記帳上言之。各區域為獨立經濟機關。此德國現行鐵路會計制度之特點也。依此制度。各區域之管理者比較負責。而中央機關亦可察視覘知各區域經濟之趨勢焉。

(四) 德國國有鐵路公司之權限

德國國有鐵路公司之權限約如下述

甲、凡前『德國鐵路部』所經營之鐵路。概移歸該公司管理。

乙、以後如有屬公共運輸之鐵路歸德國政府所有者。亦須移交該公司管理。

丙、德國政府如認為須建築屬於公共運動之新路。可隨時令公司承築。如公司認為此種新路。並未含有公共運輸性質或此種新路築成與該公已經營之路有不良之競爭。則此種新路之建築及營業用欵。統歸德國政府負擔。又公司苟因此種新路築成而致損失。則可請求政府賠償。

丁、未得德國內閣及公司保管員之允許。公司不得將鐵路全部或一部營業讓與第三者。

戊、至一九六四年十二月三十一日之時。假使鐵路賠欵債券及優先股本息均已償清。則公司管理鐵路之權。即自該時停止。所有一切原來德國政府財產及後加財產以及其他權利及債務均移歸德國政府。

(五)德國國有鐵路公司之組織

該公司之組織。可分為二部。(一)管理評議會 (Administrative council或稱 board of managers)(二)理事會 (Diectorate)茲分述如次。

甲、管理評議會

該會共有會員十八。其中九人為德國內閣所派。餘九人為代表賠欵債券債權人之保管員所指派。內閣所派之九人中。優先股股東可得四名額。其分派之法、每五萬萬金馬克優先股中特派一人。但該人以德籍為限。又保管員所指之九人中。德籍者可有五人。

評議會會員須精於商務或為鐵路專家。所以杜濫竽也。該會會員不得同時兼任德國政府閣員或省政府各廳長。所以防舞弊也。在每二營業年份之後。即有六人退出。以新會員補入。此六人中。政府所派及優先股代表佔其半。公司保管員所派亦佔其半。在第一次及第二次退出時。以抽籤定人。以後則以任滿六年之會員充之。因會員任期至多為六年也。該會會長為德籍。由會中互選。如優先股代表有三個以上時。會長即由此數人中選其一。所以示鄭重優先股之權利也。

此評議會之職權如下：

一、監督公司營業

二、決議各重要事件。如編製預算及決算。分配餘利。規定薪俸及條例等等。

三、凡公司中所須呈報政府核允之事。必須報告此評議會。

四、評議會得代表公司與理事會接洽。

會遇必要時。評議會得將其職權。移交於商務委員會。此會共有六人。概由評議會會員中選出內三人為代表優先股及政府所指派者。又三人為公司保管員所指派者。評議會亦可指派組織其他委員會。

乙理事會

理事會設理事長一人。理事一人或多人。俱以德人充之。其職權則在管治鐵路。正理事為評議會所派。任期三年。得連任一次。其餘理事經理事長之保薦由評議會委派之。理事會之理事。不得兼任評議會之會員。理事長及理事之委派須經德國總統之認可。如評議會發現理事不善。可隨時用四分之三多數免去其職。

理事長對於管理公司事務。須負責任。無論理事長或理事。除經評議會認可者外。不得兼任其他職業。

因為保護同盟國債權之故。評議會中同盟國籍之會員特委一鐵路委員 (Railway Commissioner)為債權人之代表。此鐵路委員權甚大。所以備為債權人特別謀利益也茲分述其普通職權及特賦職權如次。

(甲)普通職權

一、列席管理評議會會議及商務委員會及評議會下其他委員會之會議但無表決權

二、對於該公司所有鐵路有考察之權

三、凡鐵路收入及統計及一切報告，特別支出之建議，更改運價及允許特別運價，或其他須經過正理事認可之事，須報告鐵路委員，

四、鐵路委員如認爲必要時。可召集其他報告及統計。

五、如公司中建築行車及運價等事。鐵路委員認爲與賠欵債券有害或與賠欵委員會有害。則彼可與正理事討論此事。如正理事不聽彼勸告。彼可訴之於管理評議會。得該會過半數之票數卽可將正理事去職。

2. 特賦職權

一、如或某半年間賠欵債券付息及還本無着。鐵路委員可用巳意停止某項支出或增加運價以彌補之。彼亦可提議將正理事免職。在此時管理評議會必須允許之。此種權限。在此種虧空彌補以後，卽行停止。

二、如此種虧空在六月以內尚未彌補。則鐵路委員。

可得董事之同意。將鐵路行車收回自辦。或將一部分不急需之車輛機車及其他財產出售。

三、最末一步手段。鐵路委員會可將鐵路行車事宜全部或一部出租。但在此事執行以前。彼必得仲裁裁判之同意。認爲此事是必要而且合宜。可以擔保賠款債券本息之有着。此事方可執行。(關於仲裁裁判 (Judge of Arbitration) 後文詳述之。) 如鐵路委員將鐵路行車收回自辦。彼必須遵守關於管理鐵路一切法規及條例。

(六)德國內閣對於現行鐵路制度之統治

自德政府依照道威斯計畫施行現在鐵路制度以來。德國鐵路雖爲國有。實爲私人公司所辦理。故德政府對於該鐵路公司內部組織及管理細則。極少統治之權。但德政府對於鐵路並非絕對無權過問。亦有間接統治之權。如監督權等是也。

德政府對於鐵路。因欲求投資穩妥。行車安全。及服務良美。有監督之權。鐵路公司如欲改良或變更鐵路上專門之用件。或改變關於行車安全之制度。如欲收買或加入與鐵路本身無關之事業。如欲廢止現行客車之分類。凡此

等等。均須先得政府之允許。政府對於鐵路運價及客車時刻表得與公司協作。政府亦可要求鐵路供給鐵路財政性質之報告。及在政府監督範圍內之鐵路管理上及專門性質之報告。

在運價方面。政府有重要之統治權。鐵路公司如欲變更現行行車法或變更運價及其條例。或變更貨物之分類及運貨雜費。均須先得政府允可。關於制定改變或廢止國際運價及一切特別運價。亦須先得政府允可。如鐵路公司關於運價提議二十日後。未得德內閣負責監督鐵路之部長之答復。則可認後者爲默認。但德內閣常視此事爲重要。在接得鐵路公司提案後。常能於極短時間予以決斷。在內閣未有決議以前。運價仍照原狀。如遇內閣與鐵路公司有爭執之處。則須決之於特別法庭。如特別法庭仍不能決。則須決之於仲裁裁判。但運價改變或增加。須待完全解決之後。在未解決以前。仍照原定運價收取。

鐵路公司欲建築新路。或收買已成之路。或改幹路爲支路或改支路爲幹路。凡此種種。皆須先得內閣之允許。至新路建築之計畫。亦須經國會作最後之通過。

（七）特別法庭及仲裁裁判

關於解釋鐵路法及其附則之條例及其他問題。鐵路公司與內閣如遇有爭執情事則須取決於特別法庭。此特別法庭之組織如下

一、主席或其代理人

二、陪審二人

主席或其代理人均爲德總統所指派。任期五年。得連任。此二人均爲德國法官而具有特別經驗及學識者。陪審二人係某一事件發生臨時委派之二人。一係德內閣提出。一係鐵路公司提出。

如對於此特別法庭之判決。鐵路公司或德內閣認爲與賠款債券本身有害。則任何一方面在判決後一月內可以上訴至仲裁裁判。特別庭法授受一案在一年內未予判決。（在運價問題上祇三月）或法庭判決延遲致損及賠款公債。德內閣及路公司任何一方面亦可提起上訴。一經上訴法庭郎無權審判。

凡賠款委員會或該會所派之公司董事或鐵路委員與德內閣或鐵路公司有爭執時。均歸仲裁裁判處理。此種辦法

。至賠款債券完全收回時爲止。

此仲裁裁判係每遇一事件發生由海牙國際永久法庭庭長（Prosidert of the Permanent Court of Internationa Justice at the Hague)所指派。苟遇有關係之一方面請求。此仲裁裁判得擇一中立國籍之人担任。凡事經仲裁裁判判決之後任何方面均不能有異議。故彼之判決乃最後之判決。

（八） 關於德國國有鐵路人員之法律

德國一切國有鐵路。在賠款債券未完全收回以前，統歸一公司所辦理。但鐵路終屬國有。在鐵路供職人員。不能與其他私人公司相比。故德政府特定一法律。以定鐵路人員之地位。此法律名德國國有鐵路人員法。（National Railway Person-nel Law）

凡鐵路人員而爲德國籍者均適用此法。除事先明白表示者外。彼等在鐵路服務。均係終身性質。不過如政府令其轉入他種同樣性質及同樣薪水之職務。彼等不能加以拒絕。

德國國有鐵路人員法。內容甚多。此處不備錄。但其大意。不外使現在制度之鐵路人員與國家機關人員享受同等待遇。如終身服務之規定。養老金享受之權利。以及關於職工保險之權利及義務皆是也。

（九） 附屬於德國國有鐵路之經濟機關

鐵路爲一極大公用經濟機關。有種種附屬之工商業焉。如臥車之經營。飯車之經營。及旅行社之組織等皆是也。言鐵路管理者。對於鐵路之附屬事業及其與鐵路之關係。自須注意及之也。

在美國內。此類之附屬事業。均自行經營。在財政上。與鐵路無關係。在英國內。此類附屬事業。由鐵路自身兼營。在德國內。此類附屬事業。在名義上雖爲私人公司所經營。其組織似與鐵路毫不相干。實則一方面受控制於鐵路之收買其股本。一方面受統治於鐵路派代表參加其董事部。此種制度。不取其名而得統治之實。極有伸縮之餘地。比之英美之制度俱較優也。

德國現今鐵路附屬事業。最重要者。爲

一、中歐臥車及飯車公司

二、中歐旅行社

三、德國鐵路汽車運輸處

此外如出售報章及雜誌事業。經營酒店及餐館事業。行李保險等等。皆甚重要也。

德國有一種專門敍述關於鐵路管理問題之著作。其中有關於德國鐵路附屬事業及其所作事之調查甚爲完備茲錄如下。

一、德國中央旅行推廣部　以廣告事增加鐵路客運。

二、中歐旅行社

　一、報告消息

　二、代售車票

　三、指示一切手續及旅行應注意之點。

　四、供給行車時刻表

　五、代運行李至轉運公司

　六、行李保險

　七、銀錢兌換

三、鐵路指導所　供給行車時刻表

四、轉運公司　轉運行李

五、歐州貨物及行李保險公司　行李保險

六、銀錢兌換店　兌換銀錢

七、中歐臥車及飯車公司　供給臥具及食物

八、車站書肆　出售雜誌書報類

九、車站餐店　供給膳食

十、火車電話公司　供給交通上便利

十一、西斯達公司(Siesta)出租被褥以謀旅行之舒適

十二、德國汽車運輸公司　謀車站與他處之連絡

此外尚有供給廁所用具及供給住宿之公司等等

以上種種經濟組織。鐵路對之。或收買其股票。或派人參加其管理事務。實際上與鐵路營業者無異。但亦有數種如銀錢兌換餐店等等。係獨立經營與鐵路並無關係者。然即就上述而論。亦可見德國鐵路與附屬之業關係之大概也。

（附註：以上九段。係譯述自「德國政府及管理」(The Government and Administration of Germany)一書內之鐵路管理一段。該書爲一九二八年版著者爲(Frederick F. Blachly Ph. D. and miriam E.oafman A. M.)其出版者爲John Hopkins Press, Baltimore.

maryland)

(十)

譯述是篇既竟。不禁有感焉。德國於大戰之後。元氣蕭喪。鐵路事業。更百孔千瘡。且又須年担負賠款三分之一。達六六〇，〇〇〇，〇〇〇金馬克之多。而連年以來。竟措置裕如。所負數目。歷年均能按期清償。且運價甚公允。鐵路設備品亦能維持良好狀況。此種成績。自應歸功於良善之管理。嘗分析其現制度之成功。有數點可以注意者如次。

一、施行特別會計　德國鐵路。雖爲國有。在現在制度下。實屬商辦性質。故鐵路上之財政管理。自不與政府財政相混。自原則上言之。已屬施行特別會計。然鐵路之有此成績大部分可歸功於施行特別會計。良以特別會計。爲鐵路管理之先決問題。苟鐵路財政不能獨立。則管理任何良善。亦不易收良好之效果也。又德國實行分區會計。損益賬不以總公司標準。而以各鐵路區域爲標準。此制得成本會計之意。用之能得較精密之計算及結果。而隨時可覘最近將來之鐵路經濟趨勢焉。

二、嚴禁兼差　現在德國國有鐵路公司之組織。係分二部一曰管理評會。爲監察機關。一曰理事會。爲執行機關。評議會會員。不得同時兼任德國政府閣員或省政府各廳長。又理事會之理事長及理事。均不得兼任其他職業。此種嚴格禁止兼差。一面可增加供職人員效率。一面可防止舞弊。德國鐵路歷年能措置裕如此種規定亦其中之一助也。

三、注意鐵路運價之訂定及其變更　運價一端。一面關係鐵路收入。一面關係社會經濟。運價公允。匪惟社會受其益。即鐵路亦可因此增加貨運乃一舉而兩得也。現德政府對於鐵路雖只有監督之權。但在運價方面政府有重要之統治權。鐵路公司如欲變更現行運價及其條例須先得政府之允許；關於制定改變或廢止國際運價及一切特別運價。亦須得政府允可。於此可覘其對於運價訂定及變更之注意也。

以上三點，皆爲我國路政亟宜施行者。故於敍德國現行制度之餘。特提出之。以作愚者之一得。

東三省新築各路之沿線營業概況及其經濟價值

孟昭強

近年來日人爲貫澈其併呑滿蒙政策計對於東省路權，極力攫取，三省官民爲保持起見，乃積極自謀建築，以資抵制。計在最近三年中所敷設之新路，共有六綫，長凡三千餘華里。如在奉省者，爲奉天至海龍之奉海鐵路，及打虎山至通遼之打通鐵路；在吉林省者，爲吉林之海龍之吉海鐵路，及吉林至敦化之吉林鐵路；在黑龍江省者，爲馬船口至海倫之呼海鐵路，及齊齊哈爾至克山之齊克鐵路。茲將各該鐵路敷設情形，沿綫營業概况，及其經濟價值，就調查所得，略述於後，聊供國人之參考焉。

(一)奉海鐵路

(甲)沿革及其敷設情形—此路共長二百哩，乃合奉天海龍間之幹綫一四五•七哩，海龍朝陽間之延長綫十一•七哩•及梅河西安間之支綫四二•五哩而成。軌寬四尺八寸半，所有一切技術資本，完全取諸國內，由官商合辦之奉海鐵路股份有限公司敷設經營，額定資本爲大洋二千萬元，官民各半。所有官股，由奉吉黑三省分任，計奉天五百萬元，吉林三百萬元，黑龍江二百萬元；其商民所担任之一千萬元，除由與該路有密切關係之各縣商會出資一•七九七•二〇〇元外，其餘由三省商民，自由認股。股東僅限於國人，無論任何理由，不許將股票讓予外人。民國十四年七月開工，中途雖經種種障礙，幸賴官民努力合作，至十六年九月五日，奉天海龍間全部通車，而海龍朝陽鎭間之延長綫，及梅河西安間之支綫，亦於同年末，先後通車。現有車輛，計機車十六，客車十八，貨車三百九十三，守車十，行李車二，水槽車三，其沿綫各站距離里程，及現有之主要設備，列表於左：

(1)幹綫

站名	距離里程(公里)(以奉天大北邊門外車站算起) 各站間	累計	主要設備
奉天			
東陵	八•二	八•二	
舊站	一〇•一	一八•三	

東三省新築各路之沿綫營業概況及其經濟價值

撫順縣	一〇・一	三八・四	貨物倉庫
鞠甸	七・九	四六・三	
章黨	五・九	五二・二	貨物倉庫
營盤	一五・四	六七・六	貨物倉庫
南札木	一五・七	八三・三	貨物倉庫
蒼石	一一・一	九四・四	貨物倉庫
南口前	一一・四	一〇五・八	貨物倉庫
北三家	九・四	一一五・二	貨物倉庫
清源縣	一八・七	一三三・九	貨物倉庫車倉
英額門	一五・一	一四九・〇	
草市	一九・九	一六八・九	
山城鎮	一九・一	一八八・〇	貨物倉庫交易所磚瓦場
黑山頭	一三・四	二〇一・四	貨物倉庫
梅河口	一四・五	二一五・九	車庫
海龍縣	一八・六	二三四・五	貨物倉庫車庫
朝陽鎮	一九・〇	二五三・五	

(二)梅西支綫

二

站名	距離里程(公里) 各站間	累計	主要設備
梅河口			車庫貨物倉庫
東豐縣	一九・八	一九・八	擬設貨物倉庫
大興鎮	一七・七	三七・五	貨物倉庫
渭津	一五・〇	五二・五	
西安縣	一八・〇	七〇・四	擬設車庫

(乙)奉海路沿綫營業概況及其經濟價值—該路所經地帶，農礦森林，異常豐富，爲南滿著名之穀倉。柳河輝南海龍東豐西豐西安一帶，地味肥沃，產糧極多。農產品之大宗，爲大豆高粱玉蜀黍，他如小豆小米，陸稻等類，亦出產甚多。大豆品質極良，在大連市場，素著聲譽；陸稻多產於海龍山城鎮及沿海西支線一帶，水稻則產於撫順前甸北三家及興京柳河一帶。各地所產糧石，多聚於西安東豐海龍山城鎮等處，現在東豐有糧棧十四所，西安有糧棧十所，海龍糧棧七所。糧食而外，菸蔴兩項，亦爲出產大宗，其產地在草市以東，迄吉林西各縣，南迄通化柳河，北至西安一帶。東山菸葉，素負盛名，而尤以海龍通化以東

各地所產者爲最佳，味厚勁烈，現多運銷奉天營口天津等處，供各番烟工廠製造烟捲之用。蓋以輝南柳河一帶所產者爲良，自興京以東至吉林境內，森林密布，材料極佳。他如興京撫順通化一帶所產之人參黃蓍細辛木通等藥材，及柳河輝南朝陽鎮等處所出之木耳，蘑菇，均稱珍品。沿線礦產　煤最豐富，撫順千金寨煤礦，及阿金溝煤礦，爲世人所素知。日人廿一條要求中之杉松崗煤礦，即在朝陽鎮東南七十里。沿路煤礦現均有人開採，西安煤田區域，面積最廣，現由該路局與奉天兵工廠財政廳共同出資經營，規模宏大，產量甚鉅。梅西支綫，即爲此礦而設。阿金溝煤礦，現由奉海鐵路公司及商人周文貴合辦。目下該路所用之煤，即仰給於此。金礦亦所在皆有。蒼石營盤等處金礦現均有人開採，而石炭銀鐵礦等，現路局正籌備開取。現以該路通車不久，尙無完全統計，據十六年份報告，全年共運卅五萬二百七十八，貨物六萬一千七百一十噸，工事材料四十萬五千〇十一噸，客運貨運增加甚速，前途發達，定可預卜。該路因不通港灣，與南滿鐵路影響，目下倘不甚鉅，若將來該路與吉海路接連，更北進而與呼海路連絡，而他方面葫蘆島建築完成，則對於滿鐵，將予以鉅大之打擊。今試以奉天爲中心，比較葫蘆島及大連之距離，則前者較後者，約近一百五十公里。且奉海路貨物與平奉路有直通運輸之便，而對大連運輸之貨物，須在奉天換車，故葫蘆島之設施，即使不及大連，而滿鐵貨物之一大部份，必爲奉海路所吸收，固不難豫想也。

（二）打通鐵路

（甲）沿革及其敷設情形—打通路由平奉鐵站打虎山站（距奉天八十一哩）經黑山八道溝新立屯彰武而達四洮鐵路鄭通支路終點之通遼，長凡一百十六哩。軌寬四尺八寸半。此路敷設動機，始於民國十一年第一次直奉戰爭之後，迺時奉爲直敗，平奉路在山海關中斷，開灤煤炭，不能入奉，故八道溝煤礦，勢在必開之列，奉省當局，遂於該年秋開工敷設由打虎山至該煤礦一段路軌，長凡十八哩，於該年末完工。至十三年春，又開工延長至對蒙古貿易中心逐漸發達之新立屯，十四年八月竣工，同時更進修新立屯經彰武至通遼一段工程，至十年終，全綫工竣通車。此路建設經費，出平奉路盈餘，因平奉路性質，係借英款官辦，故打通鐵路，亦在官辦之列焉。

(乙)打通鐵沿綫營業概况及其經濟價值—本路所經過各城鎮，除八道濠富於煤產外，其他多爲穀粮及獸皮獸毛交換集散之重要地點。新立屯爲古來蒙古貿易之中心市場，戶數約一千八百有奇，人數一萬五千以上，爲黑山縣內之繁華市鎮，及獸皮有名集散地點。每年輸量，計有各種羊毛十萬斤，羊皮六千枚，牛皮千枚，猪毛五千餘斤，此處馬匹等類，爲數更鉅，而高粱及其他穀類運集該地者，歲約十萬餘石。此路既通，運輸便利，此後沿綫運出之貨物，當更增加，南滿及東蒙一帶貨物，可直達於連山灣，其距離較之運往大連，大爲減短，故此路目下對於南滿鐵路，其影響不無可觀。倘此路更北進而接連於最近計劃之由四洮路開通站至扶餘之開扶綫，將來再至哈爾濱與呼海鐵路連絡，努力吸收北滿之貨物，而同時葫蘆島築港實現，則對於南滿鐵路，將爲勁敵。今試以通遼爲中心，比較大連葫蘆島內之距離，由通遼至大連爲四百九十四哩四，而由通遼至葫蘆島，爲二百六十八哩，其間相差，有二百二十四哩之多。又即以鄭家屯爲中心，由該地至大連，爲四百二十哩，而其至葫蘆島，則爲三百四十哩，亦相差八十哩，故洮昂與四洮支綫一帶之貨物，以經打通路爲有利。一旦實現，則日本借款之四洮鐵路，殆將受致命之打擊，日人之所以頑強反對者，實以此也。

(三)吉海鐵路

(甲)沿革及其敷設情形—吉海鐵路，位於吉敦鐵路之對面，自吉林省城至奉天龍海，爲奉吉兩省溝通之要道，並爲政府計劃中自呼倫至葫蘆島主要大幹綫中之重要區段。綫長一百四十四哩八，軌寬四尺八寸半。民國十五年冬起，測量路綫，籌備建築，因南滿鐵路拒絕運料，故工程進行，較爲遲滯；十六年秋開始敷設，全線工程，分爲九大段，分別動工，以期早日完成，治綫溝山，朝陽鎮，烟洞山，及老爺山之四大隧道，於去年七月，均已先後完工。朝陽鎮至盤山一段，(約二十五哩)已於去年十一月十五日通朝車，今年五月一日，全綫正式通車，該鐵建築等費，係官商分籌，其額爲吉鈔二千萬元。

(乙)吉海路沿綫營業概况及其經濟價值—該路所經地帶，富於森林礦產，安西縣煤礦，品路極佳，著名於世。今此綫支路由東豐直達該區，將來不但兩路燒煤，取給於此，全縣商民，亦可用此國貨，藉以抵制本溪撫順之日本煤，而挽回利權，杜塞漏巵。現在吉省當局，爲開發該省南部之樺甸，濛江等處計，籌劃敷設由盤石或烟洞山，經樺甸至濛江之支線。該兩縣大部均爲林區，一旦此線告成，採運出境，既可開發地方，厚利民生，而吉海幹路經濟方面，亦可得不少補助。運輸暢旺，收入增加，定可預卜。此路與南滿鐵路平行，將來延長北接呼海路，南至葫蘆島，南滿鐵路之客貨運輸，必有一大部份爲吉海路所吸收，此實滿鐵之制命傷，日人對於敷設此路，所以始而極力反對，既而因反對無效，乃施以種種障礙，藉以阻窒工程進行者，良有以也。

(四)吉敦鐵路

(甲)沿革及其敷設情形—吉敦鐵路，橫亘吉林東南部，起自吉林省城，經老爺嶺，跨過松花江，而至敦化，長凡五百四十六華里，軌寬四尺八吋半，係前北京政府交通部向滿鐵公司借款二百四十萬日金，由日商東亞土木社會包築。民國十五年六月一日開工，全線工程，共分四大段，(一)自省城至額赫大，其最大工程，爲松花江大鐵橋，橋墩凡九，橋長四百五十米突，經十四月之修築，業於十六年十月十二日工竣通車。(二)自額赫木至磊門子，其最大工程，爲老爺嶺隧道，長約一千八百米突，於十七年三月工竣通車。(三)自磊門子至大砂河，於去年八月十五日完工。(四)自大砂河至敦化，予去年九月竣工。至十七年雙十節，全線正式通車。該路雖係墊欵修築，而路局內部組織，及管理權操自我。局長以下，分設六科，各科科長，除工務科科長爲總工程師日人田邊利野兼任外，餘如總務會計用度監會車務各科，以及路警督察等處，均歸我國管理，按照所訂合同，全綫敷設完成後，即移交我國政府辦理，惟日人以締結此項合同之北京政府，已歸消滅，故現將該路轉與東省當局辦理，但在該路債務未償清以前，路產一部，須作借欵之抵押品耳。其沿線車站，分爲吉林，北甸子，江蜜蜂，額赫木，六道河子，老爺嶺，小孤家子，磊門子，蛟河，南大范，二道溝，大砂河，威虎嶺，黄泥河子，臭梨溝，太平嶺，敦化，等十七站。

(乙)吉敦路沿線營業概況及其經濟價值—本路所經地帶

，土質肥腴，農產豐富，而森林礦產，尤素著名於世。惟因沿線多屬榛荒，故戶口今不甚多，茲據民國十六年份統計，沿路戶數共二萬七千九百五十七戶，人口共二十萬二千八百〇二八，其中以昌邑屯敦化二縣爲最多，幾佔全數十之八九，其他市鎮，多屬寥寥。農產以大豆高粱玉蜀黍爲大宗，歲出十二萬石有奇。大豆以新店至敦化一帶所產最多，品質亦佳。粮石而外，菸蔴兩項，亦爲農產要品，多產於老爺嶺慶嶺一帶，年產菸葉一萬五千餘斤，線蔴一千四百餘斤，而敦化老爺嶺等處，所產之人參元蓍貝母元蘑等藥材，均屬珍品，而尤以人參爲最馳名。此項農產品，及藥材，大部均運至吉林，分銷各處，惟敦化所產者，一大部份則運銷於延吉甯安二處。至於森林一項，面積極廣，長白山以北，賓州以南，縱一千三百餘里，橫亙數百里，綠天樹海，蔚爲鉅觀，洵爲世界一大林場，。種類紛多，概要分之，有闊葉針葉兩種，幹高直而闊，材料極佳，每歲輸出量數，約七十餘萬根，惟此項林商，多爲日人。經營資本雄厚，壟斷一切，我國木商之不免相形見絀。查沿線礦產，煤產最富，惟因交通不　，故多蘊藏未開。現已開採者，計有（一）萬寶山黃花甸子。（二）奶子山，（三）唐家葳子、（四）泉源溝，（五）省城改集街等五煤礦。此礦均由國人開採，惟規模不大，產量不多，他如石匣溝鐵礦，及大石頭溝金銀礦，現亦有人從事開採，惟因運輸困難，產量不多。總之吉敦路沿線物產豐富，產量甚鉅，向因交通不便，運輸阻艱，致多貨棄於地。現在該路既成，交通便利，運輸迅速，則此等久蟄思起之礦產，以及沿線剩餘之粮石，廣大豐富之森林，均將盡量開辦，產量增加，異日此路貨運，必如雨後春筍，蒸蒸日上，前途之發展，及營業收入之增益，正未可限量也。

（五）海呼鐵路

（甲）沿革及其敷設情形　呼海鐵路，爲濱黑鐵路之一部，起自哈爾濱對岸松花江邊之馬船口，經松浦，呼蘭，綏化，而至海倫，路長一百二十四哩六，軌寬四尺八吋半。此路設動機，肇於遜清宣統元年，迺時已設公司，募股籌辦，後因革命驟興，此事遂無形停頓。至民國十三年，黑督吳俊陞，曾與俄商協結斯訂立合辦契約，因該省議會及東省當局之反對，未能實敷。至十四年遂決定改歸黑省官商合辦，當即創立呼海鐵路公司，資本一千萬元，由黑省政府及廣信公司出資五百萬元，餘五百萬元，則募自民間。於民國十五年春開工，十六年春松浦至綏化一段工竣通車，去年八月，車已通至四方台，自四方台至海倫一段，路軌敷設，去年十二月初，業已完竣。今年一月五日，全線已正式通車矣。茲將此路沿站各路距離，及其主要設備，列表如左：

站名	距離里程（公里）各站間	累計（由松浦算起）	主要設備
馬船口			
松浦	七三·八	七三·八	車庫水櫃
徐家	九·六	九·六	
呼蘭	九·七	十九·三	
馬家站	七·八	二七·一	
沈家站	九·五	三六·六	
康金井	一〇·五	四七·一	
石人城	十三·一	六〇·二	水櫃
白奎堡	十二·三	七二·五	
興隆鎮	十二·六	八五·一	供給機車用水
萬發屯	一〇·八	九五·九	
泥河	五·四	一〇一·三	車庫供給煤水
綏化	十二·〇	一一三·三	
秦家崗	一八·三	一三一·六	
四方台	一四·四	一四五·〇	供給機車用水
張威屯	十六·三	一六一·三	
克音河	二一·八	一八三·一	供給機車用水
東邊井子	二〇·五	二〇三·六	
海倫	一一·六	二一五·二	車庫供給煤水

就技術之設備，及運輸數量而言，除馬船口及松浦兩起首站係出口貨物到載之地點外，則呼蘭興隆鎮綏化及海倫諸車站實其最重要者也。

(乙)呼海鐵路沿線營業概況及其經濟價值——呼海路所經地帶，素稱為北滿之穀倉，地味肥沃，農產森林，異常豐富，其主要都市，為呼蘭綏化海倫等城。呼蘭在哈爾濱之北二十公里，每年輸出糧石，均在十五萬噸以上，近年因綏化海倫望奎等內地市場發達，其繁榮雖不免稍為所奪，然以其爲呼蘭河流域農區之門戶，仍不失爲省內第一商業區，爲穀物雜貨木材等之出入地。綏化接近呼蘭河，有水運之便，爲上流農城，鐵驪地方之貨物集散地。近年來鐵驪縣開發日盛，每年輸出粮石，達十二萬噸以上，今鐵路既通，則此縣異日之發達，益爲有望。海倫位於通肯河之上流，在今已開墾地方之北端，地極肥腴，與拜泉同在北滿農產區域之中央，現在由此輸出之剩餘粮石，年約九萬餘噸。此路既通，將來該地移民日盛：輸出數量，定當增加。且由海倫站輸出者，異日除大量農產物外，尚有大宗林木，蓋海倫附近一帶，森林甚多，但似轉運困難，故其行銷僅限於克山拜泉海倫附近各地，未能運赴各大市場，今鐵路既通至海倫，則此項鉅量林木，必將由海倫站起運轉輸於其他遠地各大市場也。本路通經地方，既皆爲物資富饒之區，前途發達，極爲有望。據去年十月該路消息，其所備之機車八輛，客車五十輛，貨車四百輛，不敷分配，已擬於最近期內，添購機車五輛，貨車百輛云。

（六）齊克鐵路

（甲）沿革及其敷設情形－齊克鐵路，自黑龍江省城齊齊

哈爾，經楊家屯，台安鎮，而達克山。路長一百五十哩，軌寬四尺八寸半。此路敷設，早經發起。十七年春，前北京交通部曾與黑省當局商定該路建築經費，由北京交通部與黑龍江省兩方平均分担，將來修竣，歸交通部直接管轄。後北京政府銷滅，此項協議，遂成泡影，自去夏萬福麟任黑省新督後，對於該路建設進行事宜，異常努力，一面召集有力紳商，籌募敷設費用，計得六百萬元，同時工程方面，亦積極進行，於七月底，全線勘測工程，業已告竣，其土木及在齊齊哈爾站架設橋樑（穿過東鐵路線）工程，均已逐一招標承辦，即時開工。沿線敷設分段動工，從事工人，計在三千名以上，工程進行，異常迅速，全線土工，現已告竣，昂昂溪站及齊齊哈爾間，不久即可通車矣。茲將該路經過之地點，列述如左：

地名	與齊齊哈爾站之距離（公里）
齊齊哈爾	
大哈洲	二十二
小哈洲	四十二

八家子	五十八
三間房	七十四
楊家屯	九十九
貝子府	一百十九
莽鼐公	一百三十九
東興屯	一百五十五
台安鎮	一百六十六
托力屯	一百九十三
古城子	二百一十
克山	二百一十八

就各站之運輸數量而言，將來全線除齊齊哈爾運輸最盛外，餘如克山台安鎮楊家屯各地貨運，爲數亦甚可觀云。

(乙)齊克鐵路沿線營業概況及其經濟價值——本路所經地帶，林礦農產，非常富饒，爲北滿之大穀倉，夙以千年寶庫名於世。其主要都市，爲楊家屯，台安鎮，克山等。楊家屯附近，糧石甚多，現擬添築支線，通至拜泉，如此則不僅依安雙陽鎮境內之糧石，將運赴該站輸出，即拜泉之糧，亦將以該站爲集運地點。台安鎮現已爲克山訥河兩縣糧石集散之所，惟因交通不便，該縣附近及依安縣西南一帶幅員，多荒廢未墾，將來本線完成後，此項大批荒地，必將開墾，則台安鎮糧運及商號之增加，自無疑問。克山一帶，沃野千里，地味厚腴，不需肥料，而歲收豐富，每年輸出糧石，爲數甚鉅。該路告成後，此站除集散克山境內貨儲外，拜泉明水兩縣貨儲，亦將有一大部份集散於此，異日貨運數量，必將有加無已。本路沿線各地，均爲物產豐富之區，惟因交通不便，故多委棄未採，齊克路一旦告成，黑省經濟現象，勢必日見改善。黑省南部農產物集散地之拜泉安達兩處出產，皆將由該線通過洮昂南滿，運赴大連，東鐵方面，當蒙一劇大之打擊。而東行之烏蘇里線，與海參崴之商船，亦將受莫大之影響焉。

上述各路，除齊克鐵路行將通車外，其餘奉海打通吉海吉敦呼海五路，已先後全線通車，其他正在計劃籌備中之鐵路，尚有十餘，近年來東三省鐵路事業之發達，及國人對路權之重視，於此可見一斑。滿鐵公司爲謀保持其已佔特殊利益計，今亦積極投資，築設新路，現已擅將南滿全路，擴充雙軌，目下已修過四平街不久即可竣工，此外更大傭支線，如金福路（由金州至貔子窩）營口路（由大石橋至營口）烟台路（由烟台至炭坑）安奉路（由蘇家屯至安東）奉撫路（由奉天至撫順）等以達到四通八達目的，而期壓倒我國有各路，深望國路各當局，努力整頓，早謀發達，庶不致受日人之壓迫，而日趨於銷沉寂寞，則幸甚焉。

世界最大的十隻商輪

孫照南

據英國 "Lloyd's Register ot Shippia" 的紀錄，現在全世界的商輪，依着註册噸數為準，最大十隻的名目，噸數，及國別當如下表：

次序	名稱	註册噸數	國列
第一	Leviathan	五萬九千九百五十七噸	美國
第二	Majestie	五萬六千五百五十一噸	大不列顛
第三	Beungaria	五萬二千二百二十六噸	仝上
第四	Olympic	四萬六千四百三十九噸	仝上
第五	Aquitania	四萬五千六百四十七噸	仝上
第六	l/e The de France.	四萬三千五百噸	法國
第七	Paris	三萬四千五百六十九噸	仝上
第八	Homeric	三萬四千三百五十一噸	大不列顛
第九	Roma	三萬三千噸	意大利
第十	Columbus	三萬二千三百五十四噸	德國

照上面看來。大不列顛共有五隻，佔全數之半。法國兩隻，意，德，各一隻，美國雖僅佔一隻。而洽獲得首選。也是很有趣的一件事！

鉄路資本與中國

徐明翼

資本概論

股票與債票—股票係給與投資者之一種憑單，故鐵路局之財產實爲投資者所出之欵項；而投資者卽爲該局之主人翁。吾國鐵路多爲外人所投資，行政每多不便；幸有條約之約束，本利償淸後卽能恢復自由；此種投資係債票性質，因有抵押，有一定還本利之限期。此外尙有臨時債票爲發工資及購料之用，此種債票隨時可付現。

鐵路資本—原僅限於股票，在美國債票亦作資本之一。因債券有抵押，故佔資本之大半；但臨時債券則非資本。

債票之種類●一•抵押債票—路局可以車輛，車站，地產，及其他財產作爲抵押品而發行公債。故此項債票約可分之如下：

(一)準備債票

(二)車站債票

(三)地產債票

(四)普通債票

除以上四種外，鐵路局尙可發行臨時債票及其他債票。每種物品可作若干次之抵押，如地產原値十萬元，第一次抵押八萬元，第二次以其餘之二萬元再行抵押一萬元，第三次，第四次……均可；但還本時或破產時、其收回之手續，須分優先者與普通者；上例如第一次抵押卽爲優先者，償還時須先付淸第一次之押款，然後以其餘之欵，平均分配與第二三四等次之抵押。

二、担保債票—鐵路局更可另行委託担保者發行債票，此種担保債票約可分爲二種：

(一)担保利息債票　此項辦法英人多喜用之。

(二)担保收入債票　此項辦法與担保利息適相反，蓋其不担保利息而担保每年必有盈餘收入，其利息卽以此盈餘分派。

股票之種類—每年盈餘先須發債票利息，然後方能分股票股息；而股票又分優先及普通兩種，玆分述之如下：

一、優先股票—於分派股息時，此項股票之股息應先發給。

二、普通股票—此項股票須於債票利息及優先股票之股息發完後，方能領取或分派。

股票之貼送—股票有時可作爲贈送，無須購買，西人稱之爲 stock watering 。一八五〇年美國西南各處之股票空額甚多，皆係作貼送之用，因是股息乃漸減低。吾國鐵路局，民有者甚少，資本亦不大，故尙無此種現象。但此種現象實有害鐵路局之資本組織。

股票貼送之動機—一、贈送與減價—股票有時作爲贈送之用，如每人購股百份則另贈股一份；有時因欲速銷其股票故減價售之。

二、如預料將來營業繁盛時，利息過多，懼爲政府所干涉，故預發空頭股票，以爲將來藏利之地步。

三、贈送發起人—以股票贈發起組織路局或合併路局之人，作爲報酬，同時亦可按時收取股息。

四、贈送承辦者—如某路局以所有股票託一銀行代銷，路局卽時可以取得資本，銀行卽成爲該路局之承辦者；故須與以報酬，卽贈以股票。

股票貼送之方法，股票貼送之方法甚多，一世紀前，路局股票額之多寡，可由投資家隨時改易，以爲操縱市場之用。今人對此尤加輕忽，是以股票貼送之方法愈多，茲分述之如下：

一、使賣價抵於票面價，或作爲紅利之用。

二、改變臨時債票—路局有時可將工資薪水利息單改爲臨時債票，以掩藏營業之減色。

三、收回債票代以股票—當路局盈餘不多時常收回債票以股票代之，因股息係依盈餘而分派，利息則必須依定額付與故耳。

四、凡過分收入之利息作爲公積金，於是可以躲避法律之干涉。

鐵路資本之訂定

鐵路爲公共事業，故其資本必須受社會之管轄，卽管理其資本是否名不附實。但每路之資本數目，因需用及建築上之不同，故其資本總數，亦各不相同。如滬甯路多山嶺，滬杭多沃野；在滬杭路須多造橋梁，滬甯路則須開鑿高地；是滬杭之資本决不能依滬甯而定。總之，鐵路資本之訂定須賴其建築諸費及將來生利之多寡而定。至其訂定法，可分二部：一為物質的，如建築費材料費等；此項費用，因有實質，故易於訂定。二為非物質的，如行車費用及將來之進款等；此項因皆係未知之費用，故較難訂定。據美國教授愛但姆斯所言非物質性之資本訂定時，需注意下列三點：

(一)在進款總數內，扣減其行車費用。

(二)在進款總數內，扣減其租稅等費用。

(三)在其餘物件依一定之利率，折成資本。

以上三條，可幫助非物質性之資本訂定，再加物質性之資本，即成鐵路所需要之資本總數。

現在吾國之鐵路資本

鐵路資本之來源，不外官營私設內資外資四種。吾國鐵路事業，尚在初建時期，資本制度尚未能入正規；而商辦鐵路營業已失敗，故更無所謂公司集資。對於鐵路資本問題，現尚無人注意；然外資之不可恃，吾人已有確切之覺悟，況當現在國民革命成功，政府為建設鐵路為實現總理計劃，特設專部，以司其事。然資本之來源，實為鐵路之命脈。吾人欲建設鐵路之新生命，必須注意其新命脈即改造資本之來源。欲改造資本之來源，不可不注意資本之研究。

吾國鐵路資本之分析

吾國現有之鐵路，約可分為下列五種：

一、借外債築成者—如滬甯，滬杭甬，津浦正太等又平奉平漢今已贖回。

二、外人經營與合辦者—如滇越廣九南滿安奉四洮吉長吉會道澤等，膠濟中東現已收回。

三、自行建築者—如平綏平通新易永黃南潯萍株幣廠等。

四、未成而已借外債者　如滄石甯湘浙贛等。

五、未成而無外債關係者　如川漢閩粵等線。

綜上觀之吾國鐵路資本之來源，約略可分之如下：

一、外資—為吾國鐵路資本之主體，約居總數五分四以上。近年來各國欲宰割路權，故事先已謀預約；微聞英法日美四國新銀行團私議，其貸與吾國造路之款，歲以九千萬元為率，約可成路一千公里。是知外資之不可恃，且須受多方之拘束，故吾人現今之目光，應趨重於內資。

二、內資—分股本與債款兩項，此乃鐵路資本制度之正則，現今各國多採用之。惟中國商民對於入股觀念極爲薄弱，當清末時李鴻章創議招股築路，亦未得完滿結果。其後商辦鐵路雖風行一時，但其結果完全失敗。當時亦有股票之設，分優先股及普通股，普通股中分零股整股。此外尚有紀念股，如昔時浙江民有鐵路公司，留總理湯壽潛之紀念股等，其性質與優先股同。

三、鐵路會計項下之餘資—即所謂鐵路特別會計，以鐵路之盈餘仍作爲發展鐵路之用。

吾國鐵路資本之承辦者

吾國鐵路資本，既以外資爲主，故吾國鐵路資本之承辦者，多爲外國銀行，於是有各國銀行團之組織。各國銀行雖担任鐵路借款，而實際上僅爲承辦者；其資金實爲該國政府所出，其特殊權利亦屬諸該國政府，於是級級前進，欲陰謀達到其所謂之「鐵路共管」之目的。玆分述其組織之不同如下：

一、一銀行承辦者—如俄國道勝銀行（按此銀行現已破產停息）之承辦正清及東太借款。

二、一國銀行團承辦者—如比國銀行工廠合股公司之承辦蘆漢路，英國中英公司之承辦滬甯及滬杭甬等路。

三、合兩國銀行團承辦者—如英國滙豐銀行與法滙理銀行之承辦平漢之本，英之中英公司及德之德華銀行承辦津浦路資本等。

四、數國銀行團承辦者—如宣統三年英美德法承辦漢粵川之借款。

銀行團之利害

銀行團爲承辦吾國鐵路資本之專門組織，有新舊之分，舊銀行團先由英美德法四國組成，後日俄亦要求加入，至歐戰時德俄以無力東顧，退出該團，美國後以該團有妨害中國政治獨立之關係，亦憤然退出，於是遂成爲英法日三國之銀行團　此即所謂舊銀行團。民七以後。英法日懼美國單獨向中國投資，復要求美國加入，另行改組，稱爲新銀行團。

吾人已知：鐵路借款合同之苛，固由於外交失敗；然各國銀行團之故意要挾，尤令人疾首痛心。於民國八年時，國中有志者憤該銀團之侮人太甚，特起而組織中華銀行團，以資抵制。然力量過薄，卒不能與之爭雄。若欲爲將來計，一面應拒絕國際銀團之請求。如欲承辦吾國鐵路投資，須各國資本家單獨承辦；一面極力擴充中華銀團。注重內資，提倡及保護華僑及國內富有同胞之投資；則庶幾乎可矣！

外資還金時之虧益與將來之危機

現今各國多以金爲幣制之本位，吾國則爲銀；銀之漲落較有經常，金則毫無一定，故每年還本付息，常虧至十之一二，卽每百萬元需虧一二十萬。民國五六七八等年，金價大跌，各路以銀購金，交還本利，獲利至鉅；然將來金價之增漲，可以意想；則我國之預防意外虧耗，亦宜極早圖維。故爲預防將來危機，不可不有所準備；而爲永久之計，尤當一方清理外資，一方極力提倡內資。以內資爲吾國鐵路資本之來源，既可免外人之拘束，又可得管理及發展上之獨立自由，更可避鐵路共管及干涉內政……種種陰險政策之侵入。國人其勉諸！

結論

統上所言，吾國之鐵路，因只顧從事築造，缺少注意其資本，以至如此紊亂之情形。目今若欲整理吾國之鐵路，除從資本入手外，別無他法，此乃今日建設事業中之最重要；而爲吾人所不可忽畧者。至於資本整理之方法，不外乎下列數端：

一、提倡內資—制定鐵路投資之特別章程，如今日之獎勵華僑投資辦法等。

二、清理外債—外人野心及陰謀之可怖，已漸暴露，若欲避免其瓜分與噬食之慘痛，不得不努力清償外資，幷決定以後無論如何不用外資，以免引狼入室之禍。

三、實行鐵路特別會計。

四、政府應組織鐵路資本研究委員會—以從事制定投資辦法，及討論清償外資之辦法，與研究一切關於鐵路資本之問題。

交通經濟彙刊特刊號

第二卷第三期目錄

三民主義的經濟建設　孫　科

我國急需完成五大幹綫意見書　章　勃

帝國主義侵略下之電信問題　張心澂

我國航空事業之過去現在及將來　周詠雩

英國鐵路運輸政策之研究　鍾相青著　黃叔喬譯

新加坡築港問題　李積勳譯

近世各國造船業與中國　萬　琮

利用外資建設鐵路之研究　趙　楨

交通建設中各省築路概況　徐　克

貨車之分類及標誌　李應元

英國鐵路新精神　章勃譯

論粵漢鐵路之完成　徐協華

交通和文化（紐約通訊）　曾克熙

各國鐵路哩數調查（附各大屬鐵路營業比較表）　徐　克

中國東北移民概況　洪　濤

日本船政法規譯叢　王　洸

農業銀行與民生主義　龔玉衡

中國今日的經濟狀況　鮑運鸞

本刊爲普及起見雖此次內容特別擴大篇幅增多仍售原價存書無多購者從速

本刊價目　每期二角外埠郵費每册二分半優待長期訂閱

通訊及發行　北平交通管理學院內交通經濟學會

國有鐵路將來營業之估計

伯兼譯

原文載遼東時報本年第四期

發展中國之交通，首在延長已成國有各鐵路。回溯各路己往之生利能力，則將來十五年內之營業，可作下列之估計。

第一表，乃一九一五年，至一九二五年，國有鐵路之總財政狀況其中每公里路綫、營業進款，operating Revenue增加之平均率，在百分之六至八之間。一九二四，與一九二五兩年，鐵路營業，受內戰影響甚巨，然其增進率，仍爲百分之五・五。一九二五年之營業進款，約爲一二〇，〇〇〇，〇〇〇元，每公里正線及支綫，平均爲一七八〇〇元。苟政局大定，則明年（一九三〇）之收入每公里至少可達一六五〇〇元，依現有正綫八千公里，與實業叉道連接綫等三千公里計算之，營業進欵，當爲一萬二千二百萬元。玆後逐年可增加百分之九・五，至每公里收入達三五〇〇〇元爲止，此蓋一管理上之效率問題，大概無甚困難者。

前之京奉路，（今改北甯）營業爲各路之冠，每公里進款：

一九二二年　三二六八六元
一九二三年　三九三六〇元
一九二四年　三七六八四元
一九二五年　三二九九五元

估全國總路百分之八十之平漢，滬甯，津浦，隴海等路所經過之通都大邑，交通頻繁不亞於此。十五年或二十年後，每公里之進欵，必能與之相埒。

第一表，又示營業淨利，對營業進款之百分率之相互關係。一九一九年，爲百分之五八・八；一九二五年，則爲百分之四三・六九，一九一六年，至一九二〇年，大局粗安，營業漸佳，平均已至百分之五四・九八；一九二一年，至一九二五年，內戰頻仍，交通阻滯，營業淨利，僅佔進欵之四六・二四，而已。今後十五年，（一九三〇至一九四五年）之此項比率乃根據前數而估計之，并非武斷也

國有鐵路將來營業之估計　　二

一九三〇年至一九三四年，百分之四五；一九三五年，至一九三九年，百分之五十，一九四〇年至一九四五年，百分之五十五。

第一表　一九一五年　一九二五年鐵路營業狀況

年	營業進款 銀數(元)	營業進款 每公里之收入	營業用費	進出之比率	淨利或淨虧(息金不在內) 貸或借	營業淨利	淨利對進款之比率
一九一五年	五五，八〇〇，五一三	一〇，四七七	二九，五二四，八六二	五三	貸一〇四·七一〇	二六，四五〇，三五〇	四七，三五
一九一六	六二，六七一，七一〇	一一，四三五	二八，八四二，二七八	四六	借三七五，一九三	三三，五四四，一四九	五三，四五
一九一七	六三，八七三，七四四	一一，七一三	三〇，〇四〇，九六五	四七	借二，四八七，五六六	三三，三四五，五七三	四九，〇七
一九一八	七七，六五二，一五三	一四，一九五	三二，四三三，六一五	四四	貸四六五，六三五	四三，七九九，一七三	五六，四〇
一九一九	八二，八四八，九〇六	一三，八八四	三八，二七〇，九〇六	四六	貸四，一四〇，九四〇	四八，七六八，九〇〇	五八，八〇
一九二〇	九一，一八四，三一二	一五，二五七	四二，五九四，〇三五	四七	貸三四九，〇一三	五二，一八〇，三三九	五七，一六
一九二一	九八，四九〇，八三六	一五，六七四	五三，九六七，〇四八	五六	貸三，一八九，七四六	四五，六七三，五二七	四七，三五
一九二二	九六，三九三，三八八	一五，八四四	五五，二五六，〇八三	五七	貸一，四七三，九〇六	四二，五九一，三三三	四四，一八
一九二三	一二五，七一九，六一九	一七，六五三	六三，〇九一，三五九	五五	貸三，六五九，七四二	五六，二八八，〇〇三	四八，六四
一九二四	一四，三八三，四三三	一六，八四四	六五，六〇五，二〇三	五七	貸五，三六六，三一九	五四，一四四，三四八	四七，三四
一九二五	一一九，九八九，八二五	一七，八一八	六八，三四〇，八九一	五七	貸七八三，三四〇	五四三二，一二四	四三，六九

表中之數乃根據已呈送報告之各路其正在建築中各線之收支款項幷不在內

第二表中，假定一九三〇年，每公里鐵路之營業進欵，為一六五〇〇元，則八千公里之總額適為一三二，〇〇〇，〇〇〇元。此後之五年，（一九三〇—一九三五）可假定其增加率為百分之五・五，一九三六年後之十年，則假定為百分之五，直至一九四五年，每公里進欵，可為三五一二七元，必無疑義。蓋此項估計，實在其可能範圍中，而非臆造者。又起首之五年，淨利為營業進欵百分之四十五，卽一九三〇年之淨利；為五九，〇〇〇，〇〇〇元，至一九三四年，增至七三，〇〇〇，〇〇〇元。再次之五年，為百分之五十，卽一九三九年之淨利約一〇五，〇〇〇，〇〇〇元。最次之五年，為百分之五十五，卽一九四五年之淨利：為一五五，〇〇〇，〇〇〇元。苟一九四五年後，鐵路營業進欵能保持原有狀態，則現有路綫之每年淨利，將超過一六〇〇〇〇〇〇〇元，固彰彰明也。

過去十年間，國有各路不知遭過若干困難，毫無進展之可能，今後政治一入正軌，釐金不難廢除；關稅必可自主；豈特工商業之幸，亦中國鐵路事業之福也，其營業又豈祇下表所估之數而矣哉。

第二表　一九三〇年—一九四五年國有已成鐵路營業之估計

單位一元

	比上年增加之比率	營業進款 銀數	營業進款 每公里之收入	淨利對進款之比率	淨利
一九三〇年		一三二，〇〇〇，〇〇〇	一六，五〇〇	四五	五九，四〇〇，〇〇〇
一九三一	五，五	一三九，二六〇，〇〇〇	一七，四〇七	四五	六二，六六七，〇〇〇
一九三二	五，五	一四六，九一九，三〇〇	一八，三六五	四五	六六，一一三，六八五
一九三三	五，五	一五四，九九九，八六一	一九，三七五	四五	六九，七四九，九三七
一九三四	五，五	一六三，五二四，八五三	二〇，四四〇	四五	七三，五八六，一八三

一九三五	五，五	一七二，五一八，七一九	二一，五六五	五〇	八三，二五九，三五九
一九三六	五，〇	一八一，一四四，六五四	二二，六四三	五〇	九〇，五七二，三二七
一九三七	五，〇	一九〇，二〇一，八八六	二三，七七五	五〇	九五，一〇〇，九四三
一九三八	五，〇	一九九，七一一，九八〇	二四，九六四	五〇	九九，八五五，九九〇
一九三九	五，〇	二〇九，六九七，五七九	二六，二一二	五〇	一〇四，八四八，七八九
一九四〇	五，〇	二二〇，一八二，四五七	二七，五二二	五五	一二一，一〇〇，三五一
一九四一	五，〇	二三一，一九一，五七九	二八，八八九	五五	一二七，一五五，三六八
一九四二	五，〇	二四二，七五一，一五七	三〇，三四四	五五	一三三，五一三，一三六
一九四三	五，〇	二五四，八八八，七一四	三一，八六一	五五	一四〇，一八八，七九二
一九四四	五，〇	二六七，六三三，一四九	三三，四五四	五五	一四七，一九八，二三七
一九四五	五，〇	六八一，〇一四，八〇六	三五，一二七	五五	一五四，五五八，一四三

查帳之目的及效果

達偉

查帳(audit)者，查核他人所爲之記帳計算有無謬誤及不正，而檢查證明其決算報告表之編製是否表現其事業之眞實財政狀況及營業成績也。換言之，即先查核事業之會計帳簿及關係書類，研究其每日之交易，是否爲適當之記帳整理及正確之計算，以檢其記帳之實質及計算之正當與否，次考證貸借對照表及損益計算書之作成，是否以記帳計算之結果爲基礎，而叅以各科目之適當的查存估價，與夫各表之是否表現作成當日事業財政及其期間營業成績之眞實正當的狀況也。考查帳之意義，間亦有因其所行之目的不同，而有多少之差別。其因特殊之目的而行者如旨在發見會計上某部份之不正或在決定其收益力，以行營業之轉讓，或在決定其事業之牌號聲價，以便股東之入股或退股。凡此皆因其所行之範圍及手續，于查帳之意義有若干之限定，但在普通大多數所行之查帳，要在核定該事業會計全部之正否。故上述定義，實爲查帳之普通定義。

查帳之目的

查帳之目的，由上列之普通定義而抽繹之，可得下列三項：

(一)記錄之正否

(二)事業眞相之闡明

(三)不正之發見

(一)記錄之正否

記錄之謬誤，其發生原因，不外左列二種：

(甲)會計知識之缺乏

缺乏簿記及會計知識，遂發生違反會計原理之謬誤，其于損益帳及貸借對照表之雙方，常發生影響。普通發生最多者，爲資本的支出與收益的支出區別之謬誤。例如；修繕費之支付，記入建築物科目之借方，費用之支出，記入對手方人名科目之借方，他若各種財產之估價過當，對于折舊及呆帳不設充分之準備等，無一非原理上之謬誤。此種謬誤，查帳員應注意發見之，因其常非依查帳常規所能濟事，須本充分之會計學識，推考帳簿之裏面與帳目之實際，而澈底搜查之，始克有濟也。或就總帳固定資產及損益各科目而行分解，亦能發見之。

會計原理上之謬誤，固由於記帳者之缺乏會計學識，然亦有故意行之者，是屬於不正當行爲，其于會計上之影響爲尤大。

(乙)記帳計算之謬誤

不注意，粗心及怠慢，爲發生記帳計算上謬誤之根本原因。此種謬誤，更可分爲左列三項：

(1)由于過帳及總計之謬誤　此種謬誤，爲記帳計算謬誤中之發生最多者。前者由于各種分錄帳過入總清帳時之誤記脫漏，後者爲各種帳簿結算其合計額，或轉記其總計額于次頁時之誤記。其發生之結果，大抵只能影響于貸借之平均，故得依編製試算表，於普通簿記計算事務之範圍內發見之，不得俟夫查帳。卽屬不能，亦得依查帳常規發見之，蓋各種謬誤中之最易發見者也。

(2)由于記帳前記算之謬誤　此種謬誤，其發生或由于計算商品賣出代價時，因交易物品之種類項目繁多，數量金額有誤之計算；或在交付工資支付存欵利息行減價折舊時，其計算有誤。此種計算謬誤之全額，卽以之記入原始簿中，並由原始簿過入總清簿。其謬誤之發生，均起于記帳之前，欲檢查此種謬誤，不能驗之於試算表，唯有特別注意各種單據憑證書之計算，且依查帳常規而發見之也。凡會計組織上設有完全的內部牽制組織者，此種謬誤，一至某種程度，卽能自然發見。

(3)由于記帳之脫漏　此種謬誤，由于應記帳而不記帳。例如：進貨帳中脫漏某種進貨交易之記帳，賣貨帳中脫漏某種賣貨交易之記帳，及本期各種經費之未付部分不於期末爲記帳等是也。以視上述二種謬誤，其發見較爲困難，其在記帳計算謬誤中，關係亦較重要。故爲查帳員者，當費更多之時間與努力以搜查之。其查核之法，可就各部份之補助帳及隨便記錄之備忘帳與正式帳上之記錄相對照。如進貨可就堆棧經營者之物品發送帳及門衞之物品搬出帳之記錄與賣貨帳對照之。若其記錄過多，可擇其一部份行之，如不發見脫漏，卽可推定其他部分之正當。

(二)事業眞相之闡明

事業眞相之闡明欲明瞭事業之過去及現在之營業成績及

其財政狀態之內容也。斷而言之，則闡明如下列事業關係：(a)損益關係，(b)資產負債關係，(c)信用程度，(d)投資關係，(e)經營方針。

(A)損益關係

損益關係可由監察人報告書觀察之。每屆決算期向股東總會報告一次。此項報告書，係根據於各種憑證書類及會計帳簿而編製之。損益關係，可預示次年度之營業方針及其他財務上重要事項，是以損益關係之監查，在事業經營上，頗居重要。

(B)資產負債關係

資產負債之增減為事業家所最重視。然其查核之方法，增減之影響，不可不明瞭。查核現在之資產負債關係，可測知將來該事業之收益力如何。

(C)信用程度

英美各國設立徵信所，側面觀察事業之信用程度而測定一定之標準，銀行放款透支時，必得查帳員之準據證明書，證明信用程度如何，方准實行。

(D)投資關係

查帳員經過一番慎重審核後，編製財務報告書，闡明事業之真相，投資者得此報告書。可以作為投資之指南針。且因係查帳員所製報告書，投資者更可放心。

(E)經營方針

查帳員所編製之報告書，確實可靠，無虛造曖昧之弊，因此可預示將來所應取之經營方針，某項開支太鉅，某項管理不周，皆可由此報告書而推測也。

(三)不正之發見

查帳以發見謬誤為其重要之目的。而發現會計上之不正詐欺尤為其更重要之目的。且謬誤之發見，現已因會計組織之進步漸減其必要，故查帳員應注其全力，以發見不正詐欺。其在職業之查帳員，尤以此為委托者所最感賞。會計上之有不正詐欺，普通皆關于現金及其他物品之竊取耗費，但亦有不然者。故會計上之詐欺，可分為下列兩種：

(A)關于竊取耗費現金及物品之詐欺

此種欺詐手段，或當商品現賣或賒賣款收回之時，吞沒其現金，而不為收入之記帳；或假托支付經費或償還債務為虛偽之記帳，而竊取其現金；或就現金出納帳之借方合計，故意爲小于實際額之計算，就貸方合計，故意爲大于實際額之計算，而私取其現金；或中飽顧客付款之一部，用賒賣款之折扣或呆帳等事由記帳。此種欺詐行爲，如會計上實行有效的內部牽制組織者，一至某種程度，可得自然之防止；卽不然，以現金出納帳借貸二方之各記人與有關係之單據憑證書相對照亦可。

(B)非關于竊取耗費現金及物品之欺詐

此種詐欺，如公司董事或經理爲增高分紅率計，或爲加多彼等所受之酬勞計，或爲提高股票市價，欲以高價處分其所有之股票計，或爲希圖公司實力以上之信用計或爲表現其實在額以上之利益會計，故意爲前述原理上之謬誤，或某種記帳之脫漏。此種不正行爲之發見，較諸竊取或耗費現金與物品者爲困難，非有會計上充分之智識與積久之經驗，而爲詳細精密之查核罕有能發見之者。

綜上所述「記錄之正否」及「不正之發見」爲消極的目的，而「事業之闡明」爲積極之目的。何以言之。記錄之正否，就記帳計算上發見事務上或原理上之謬誤。不正之發見，則檢出不正之行爲而舉發之，因此檢舉，可以防止將來不致再犯其弊，縱令不發見，何等記錄謬誤或不正行爲，但因舉行查帳之故，亦足以警戒平日辦理會計者，對于記帳上不敢大意怠惰，而使其杜絕詐欺惡念而謹慎從事，此其所以稱之爲消極目的也。又如事業眞相之闡明，對于損益關係，查核確實，對于資產負債關係，審核明瞭，對于信用程度，因查核而得一層保障，對于投資關係，因明示眞相，可收吸取投資之效，而因透徹內容，可定將來經營之方針也。此其所以稱之爲積極之目的也。

查帳之效果

查帳之效果，可分爲兩種：一爲直接之効果，一爲間接之効果。直接之效果，與查帳之目的同，卽(1)記錄謬誤之發見，(2)不正之摘發及(3)闡明事業之眞相是也。其詳細說明，可參閱上述之查帳目的，無庸再述。

英美之職業的查帳員，有獨立不倚之精神，故當嚴正執行查帳時，常有多數間接之效果。茲列舉其著者四項如左：

(1)使利害關係者可以安心

行有效之查帳，而定期查核證明記帳計算及決算諸表之正否，則凡事業之出資者，債權者，經營者，乃至辦理會計者，均得因之安心。

(2)鞏固事業財政之基礎

行有效之查帳，可免不當之折舊及估價，損益計算因之自然正當，而用資本以分派紅利等不正當行爲，亦不致發生，財政之基礎，因之鞏固。

(3)改善事業之會計組織

會計組織上之缺點，常因查帳而收改善之效果，英美之職業的查帳員，因查帳而發見會計組織上之缺點，致有不正欺詐時，常于查帳報告書中指摘之，勸告其改善。考查帳員之爲此種勸告，原非有强制之權力，然委托者常樂于容納之。

(4)營業伸縮自如之便

公司得查帳員之報告書後可瞭然於事業之眞相，而得營業伸縮自如之便。如無有效之查帳，則因眞相不明，恐不能得此種效果矣。

結論

余述查帳之目的及效果既畢，尙有數語不可不附帶聲明，卽我國今日工商界，知查帳之利益者尙鮮。縱然有之，亦不過大規模大組織之公司，方知查帳之重要。茲爲發揚查帳之重要起見，特綴此文，所述多係普通原理，並無特別創見，倘祈閱者諸君，有以諒之

純正批評力之宜如何養成

楊城

毀譽何所自，始於一二人而已。何則？蓋一事之肇端也。其利弊不辨，其取舍待決，局部之影響尚不發生，遑論其他哉？設當此時，好事者鼓簧其辭，毀譽其間，初似等閒，無足輕重；孰知一二人倡之，而十百人和之；十百人倡之，而千萬人和之。於是道聽途說，衆口紛云，俄而遍及全域矣。久之，深入人心，非但習以爲常，不足爲怪，抑且起居行動，靡不軌循轍遵。由是觀之，愼哉乎其言也！

余嘗觀今之言論，偏詖譎詐，雲龍變幻：昨之所是者，今日非之；今之所非者，明日是之。黑白不明，是非顚倒，曷足以使頑夫廉，夫哉？推原其故，不外夫格物致知之習慣欠養成，而所議論者，多不免偏於感情之主觀見解而已。

夫感情猶河海之水，能載舟亦能覆舟。若不以客觀之理智以羈縻之，勢必入主出奴，橫議叢生，其不至玉石俱焚者，幾希！此所以月旦之評，不可不急於養成也。養成之道爲何？（一）曰注重事實之調查，以明事理之眞象；（二）曰運用推理之方法，以測事理之將來；（三）口博學審問，以佐判斷力之純正。 茲請申言之如左：

（一）註重事實之調查，以明事理之眞象： 蹴空風至，肉腐虫生，事之來也，豈偶然哉？故明察者，必窮源究根，實地調查，而後眞象乃明，可免妄測臆度之虞。試觀歷古亘今之學問家，發明家，及事業家，靡不若是。蓋事實，乃立論之根基。舍此其不流於閉門造轍者幾希。譬如現今環境惡劣，倘毅然奮發有爲，思有以改造之，其道爲何，是則非先從事於社會生活之調查不爲功。既調查矣，然後始知社會之缺點何在，[illegible]才可定循運用何種策略，以救濟之。再如今日憂國之士，每思介紹新學說，以匡此百孔千瘡之中國，然究之其所宣傳之學說，與我國社會，政治，經濟，何者。則弁不之顧。其結果，遂釀成思想衝突，主義戰爭之謬誤。前事殷鑑，可不愼歟。

六十年來中外貿易之迴顧

於德倫

吾國與西歐貿易，遠溯明初，當時通商國有葡萄牙西班牙英法等國，通商地有香港廣州等處，以迄前清，海路之外，益以陸路，通商國有俄羅斯，通商地有恰克圖伊犁等處，然正式開埠訂結國際條約，特許通商者，則始於一八四二年（清道光二十二年）之中英南京條約。其後則沿海內江，邊境腹地，無間水陸，相繼開埠。國際貿易，亦逐漸發達。其初則國人尚鮮知注意。自一八六四年（清同治三年）海關冊公布以後，於是國際貿易之內容及其重要，始漸爲國人所了解。論其趨勢，則極富彈力。一八六四年進出口總數爲一僞零五百三十餘萬兩，一八八八年進出口總數爲二億一千七百一十八萬餘兩，二十五年中已增至二倍有餘。一八九九年進出口總數爲四億六千零五十三萬餘兩，較一八六四年已增至四倍有餘。一九一三年進出口總數爲九億七千三百四十六萬餘兩，一九二六年造出口總數爲十九億八千八百五十一萬餘兩，六十三年之間共增至十六倍有奇。一九二七年較一九二六年路低。一九二八年度雖海關尚無正式之報告，據專家調查之結果，謂已突漲至二十一億七千餘萬兩，吾國國際貿易之激增，亦可概見。

自歷年進出口貿易比較以觀，一八六四年外貨輸入爲五千一百二十一餘萬兩，國貨輸出爲五千四百餘萬兩，出超於入。自一八六五年至一八七一年爲入超於出；自一八七二年至一八七六年復爲出超於入。自此以後，只有入超，而無出超。出超以一八七六年爲最鉅，計得一千零五十餘萬兩，爲六十五年來僅有之紀錄。自一八七七年以後，輸出銳減。在一九零一年以前，入超之數，尚不過數千萬兩，一九零二年，突增至一億零一百餘萬兩，一九零五年，增至二億一千餘萬兩。歐戰期間，外貨停滯，吾國輸出，則逐漸發展，入超之勢，亦因之稍殺。一九一九年，入。僅爲一千六百餘萬兩，爲一八九九年後三十年中最低之數。歐戰既畢，進口貨之來路恢復，吾國復變爲世界市場。一九二一年入超復增至三億零四百餘萬兩，一九二八年增至三億一千餘萬兩，——係據專家估計之數——增進之

六十年來中外貿易之趨勢　　二

速，較歷年爲甚。因我國近年新式企業特別發達，洋貨銷費量隨之進展，故貿易總數漲大，進口額增加。

茲將一八六四及一八七二至一八七六之四年，計共五年，及一九一二年至一九二八年計共十七年，每年進出口貿易及入超或出超之統計，表列如下，單位均爲海關兩，除一九二八年外。餘均據海關之報告：

年度	進口	出口	總計	入超或出超
一八六四	五一，二九三，五七八	五四，〇〇六，五〇九	一〇五，三〇〇，〇八七	二，七一二，九三一
一八七二	六七，三一七，〇四九	七五，二八八，一二五	一四二，六〇五，一七四	七，九七一，〇七六
一八七三	六六，六三七，二〇九	六九，四五一，二七七	一三六，〇八八，四八六	二，八一四，〇六八
一八七四	六四，三六〇，八六四	六六，七一二，八六八	一三一，〇七三，七三二	二，三五二，〇〇四
一八七五	六七，八〇三，二四七	六八，九一二，九二九	一三六，七一六，一七六	一，一〇九，六八二
一八七六	七〇，二六九，五七四	八〇，八五〇，五一二	一五一，一二〇，〇八六	一〇，五八〇，九三八
一九一二	四七三，〇九七，〇三一	三七〇，五二〇，四〇三	八四三，六一七，四三四	一〇二，五七六，六二八
一九一三	五七〇，一六二，五五七	四〇三，三〇五，五四六	九七三，四六八，一〇三	一六六，八五七，〇一一
一九一四	五六九，二四一，三八二	三五六，二二六，六二九	九二五，四六八，〇一一	二一三，〇一四，七五三
一九一五	四五四，四七五，七一九	四一八，八六一，一六四	八七三，三三六，八八三	三五，六一四，五五五
一九一六	五一六，四〇六，九九五	四八一，七九七，三六六	九九八，二〇四，三六一	三四，六〇九，六二九
一九一七	五四九，五一八，七七四	四六二，九三一，六三〇	一，〇一二，四五〇，四〇四	八六，五八七，一四四
一九一八	五五四，八九三，〇八二	四八五，八八三，〇三一	一，〇四〇，七七六，一一三	六九，〇一〇，〇五一
一九一九	六四六，九九七，六八一	六三〇，八〇九，四一一	一，二七七，八〇七，〇九二	一六，一八八，二七〇

一九二〇	七六二，二五〇，二三〇	五四一，六三一，三〇九	一，三〇三，八八一，五三〇	二二〇，六一八，九二〇
一九二一	九〇六，一二三，四〇九	六〇一，二五五，三五七	一，五〇七，三七七，九七六	三〇四，八六六，九〇三
一九二二	九四五，〇四九，六五〇	六五四，八九一，九三三	一，五九九，九四一，五八三	二九〇，一五七，七一七
一九二三	九二三，四〇二，八八七	七五三，九二七，四二六	一，六七六，三三〇，三一三	一六九，四七五，四六一
一九二四	一，〇〇八，二二〇，六〇七	七七一，七六四，四九八	一，七六九，九九五，一四五	一四六，四二六，二〇九
一九二五	九四七，八六四，九四四	七七六，三五三，九三七	一，七二四，二二七，八八一	一七三，五三三，〇〇七
一九二六	一，一二四，三二一，二五三	八六四，二五四，七七一	一，九九八，五三〇，〇二四	三二九，九七六，四八二
一九二七	一，〇三三，九三二，六六四	九一八，六六九，一六三	一，九五二，五五二，一二六	九四四，三二一，一九三
一九二八	一，二四〇，〇〇〇，〇〇〇	九三〇，〇〇〇，〇〇〇	二，一七〇，〇〇〇，〇〇〇	三一〇，〇〇〇，〇〇〇

各國對華貿易勢力之最大者，推日美英德四國。此四國之對華貿易，出入相較，常維持優勝之勢。日本現時每年對華貿易，總額約四億餘萬兩。一八九四年中日戰役以前，中日貿易甚微。一八九四年以後，漸見發展，民國以來，尤有突飛之進步。歐戰期間，各國對華貿易，一時中落，日本因利乘便，獨占商場，一躍而居各國之上。自日本進口貨物之大宗，爲棉紗，棉布，銅，煤，火柴，海味，紙，玻璃，糖，麥，酒類，鐘表等。往日本出口貨物之大宗，爲棉花，油餅，（用爲肥田料）豆，種子，生鐵，羊毛，

，生皮，猪鬃，麻，雞蛋，牛油，野蠶，絲，漆，包蓆洲草帽緶，木材等中美貿易，在大戰前，常爲出超。自歐洲大戰後，由出超而變爲入超，次於日本而居第二位。每年貿易總額約三億萬兩，進口貨以煤油，棉花爲大宗，鐵煙紙煙麵粉次之。英國每年貿易約二億萬兩，歐戰期間稍形減退，戰後即已恢復原狀。昔年於通商各國中，常居第一位，其後爲日本所奪，進口貨以棉花爲大宗，紙煙鐵路材料毛製品鐵類次之。出口貨以茶豆猪鬃植物油生皮草帽，麵粉爲大宗。中德貿易，在歐戰前甚爲發達，一九一三

年貿易總額，達四千五百餘萬兩。大戰發生後，逐年減少，自我國對德宣戰後，遂完全停止。大戰終止，卽迅速恢復。一九二四年已達五千餘萬兩。進口大宗爲製成靛五色染料鐵路材料鐵類毛製品紙等。出口大宗爲芝蔴生皮茶等

香港爲我國南部對外貿易之門戶。外國洋貨運銷我國南部各省者，必先至香港而後分運各處，我國南部各省貨物運銷外洋者亦亦必先至香港而後分運各國。故不明香港貿易之內容，則我國與外國貿易之眞相，殊難有正確之了解。然香港爲自由貿易港，向無貿易表冊可憑。據歐戰時所設之香港貿易管理局所公表之一九一九年香港貿易統計之結果以觀，各國在香港貿易上之地位：進口美國第一，安南第二，中國第三，日本第四，印度第五，海參威第六，英國第七。出口中國第一，日本第二，英屬海峽殖民地第三，安南第四美國第五，荷屬東印度第六，英國第七。此項統計，究非正確。何則。我國雲南廣西等處與香港貿易，多經由安南故也。據一般人之推測，香港貿易，惟我國與日美兩國，實佔其重要部份。故香港在我國貿易統計上

所佔之最大多數，其大部份皆爲我國對日美兩國之貿易。就香港進出口船隻比較之，除往來中國者外，亦以日美爲最多，英國印度次之。

我國對外貿易始終能維持出超狀態者，惟對於荷蘭法意俄諸國而已。中荷貿易總數，一九一三年爲一千餘萬兩，中經歐戰，頗受打擊。一九二零年，囘復至一千四百餘萬兩，一九二四年增至三千三百餘萬兩。出口貨芝蔴爲大宗。中法貿易在戰前一九一三年達四千六百餘萬兩，一九二零年減至三千五百餘萬兩，一九二四年復增至五千五百餘萬兩，向來出口最多。一九二二年度，進口且僅當出口十分之一，蓋因我國蠶絲運往法國最多，此外草帽緶生皮芝蔴綢緞茶花生亦爲出口大宗。中意貿易，亦向係出口超過入口，戰前一九一三年貿易總數爲八百九十餘萬兩，歐戰時略受影響。一九一八年爲九百九十餘萬兩，一九二四年增至二千一百餘萬兩，出口大宗爲蠶絲生皮芝蔴等，其中蠶絲最多。中俄貿易最爲複雜，有太平洋各口之貿易，往來經由海參威等處；——有西伯利亞陸路之貿易。有黑龍江各口之貿易，——往來經由黑海敖得薩等處。有歐洲各口之

貿易。四者之中，以太平洋各口貿易爲第一，陸路貿易次之，黑龍江各口又次之，歐洲多口貿易最少。約略言之，陸路貿易進口多而出口少，其餘三處則出口多而進口少。自中俄貿易之總數觀之，自一九一一年起，常在六千五百萬兩左右，一九一五年增至七千五百餘萬兩，次年更增至九千餘萬兩。俄革命後，總數驟減。一九一七年僅爲五千九百萬兩，一九一八年爲四千三百餘萬，一九二零年爲二千二百餘萬兩，一九二一年復回至三千餘萬兩，一九二二年增至五千六百餘萬兩。自來對俄貿易，出口超過進口，出口貨以茶爲第一大宗，豆雜糧麵粉牲畜柴種子植物油肉類次之。茶多運往海參崴西伯利亞及敖得薩，豆柴種子肉類多運往海參崴，植物油多運往黑龍江各口，雜糧麵粉牲畜多運往海參崴及黑龍江各口，進口貨紙煙煤油棉花蔴袋菸葉衣服等最多。

茲將自一九二零年至一九二四年五年間，中國與主要各國之進出口貿易及其總數，表列如下，其單位均爲海關兩：

國名		一九二〇年	一九二一年
英國	進口	一三一，七一九，九五二	一四九，九三五，六一五
	出口	四五，八〇四，五三六	三〇，九一三，九五六
	總數	一七七，五二四，四八八	一八〇，八四九，五七一
日本	進口	二二九，一三五，八六六	二一〇，三五九，二三七
	出口	一四一，九二七，九〇二	一七二，一一〇，七二八
	總數	三七一，〇六三，七六八	三八二，四六九，九六五
美國	進口	一四三，一九八，九六二	一七五，七八九，六五二
	出口	六七，一一一，四五一	八九，五四一，八一六
	總數	二一〇，三一〇，四一三	二六五，三三一，四六八
德國	進口	五，四一七，七四四	一三，三四八，八五六
	出口	一，七六一，三〇三	六，七七三，九一七
	總數	七，一七九，〇四七	二〇，一二二，七七三
香港	進口	一五九，三一三，三三五	二三一，一三八，〇八〇
	出口	一三六，四六二，〇四三	一五二，八七五，〇七七
	總數	二九五，[illegible]七五，三七八	三八四，〇一三，一五七

六十年來中外貿易之選顧

一九二二年	一九二三年	一九二四年
四五，二九二，五五○	一二○，三九七，二二九	一二六，○一一，○二五
三八，五○七，八七四	四三，二○七，一三○	五○，二五○，八百一
一八三，八○○，四二四	一六三，六○四，三五九	二，○六四，九○三
二三一，四二八，八八五	二一一，○二四，二九七	二三四，七六一，八六三
一五九，七五四，三五一	一九八，五一七，三四六	二○一，二七五，九二六
三九一，一八三，二三六	四○九，五四一，六四三	四三五，九三七，七八九
一六九，○○四，五三四	一五四，四四七，六五一	一九○，九五六，九四二
九七，五七九，○四六	一二六，八○三，七九二	一○○，七五四，四一一
二六六，五八三，五八○	二八一，二五一，四二三	二九一，七一一，三五三
二四，七四四，一三○	三二，四五六，○六七	三八，六八七，六三五
九，八○四，八○六	一一，九一四，七一八	一五，九四九，○○七
三四，五四八，九三六	四四，三七○，七八五	五四，六三六，六四二
二三九，三四七，六七一	二四八，○八三，四五六	二四三，九一九，三五七
一六九，九九五，六九一	一七五，七九六，二四九	一七三，一六二，九二六
四○九，三四三，三六二	四二三，八七九，七○五	四一七，○八二，二八三

六

國名		一九二○年	一九二一年	一九二二年
法國	進口	四，八七八，五一九	九，六三九，一三八	四，五五五，五一○
	出口	二一，○一六，四四四	二三，九四五，一五一	四○，七五五，八三四
	總數	二五，八九四，九六三	三三，五八四，二八七	四五，三一一，三四四
義國	進口	三四一，九三四	一，二六四，七三三	二，三一八，五七九
	出口	五，五一八，三九八	四，一三一，○○六	六，○五○，一八五
	總數	五，八六○，三三二	五，三九五，七三九	八，三六八，七六四
荷蘭	進口	三，三五七，三八三	四，五○五，二一九	七，六二八，二五二
	出口	一○，五六五，一二七	七，三九六，○二五	五，七二七，八三四
	總數	一四，三二二，五一○	一一，九○一，二四四	一三，三五六，○八六
俄國	進口	九，六二五，三三一	八，七五九，七一○	一四，二七六，二八一
	出口	一四，四八一，三九三	二二，八六三，四二八	三九，二四四，一四八
	總數	二四，一○六，七二四	三一，六二五，一三八	五三，五二○，四二九
印度	進口	三二，四九四，○五九	三五，三八○，六三五	四三，一三九，六二八
	出口	八，七五八，二五一	九，七三八，七二○	九，八一六，七三四
	總數	四一，二五二，三一○	四五，一一九，三五五	三二，九五六，三六二
新加坡	進口	七，八○三，○八三	八，○三一，二四六	八，一六八，七二○
	出口	一六，五三八，九九五	一九，四六一，三八八	一五，三一四，二四五
	總數	二四，三四二，○七六	二七，四九二，六三四	二三，四八二，九六五

一九二三年	一九二四年
七，五四八，六五四	一〇，五六〇，〇一八
三九，五七七，六五九	四五，〇九六，一五八
四七，一二六，三一三	五五，六五六，一七六
三，七三五，四七二	六，二七二，八六一
九，四六七，八〇〇	八，九四八，一六九
一三，二〇三，二七二	一五，二二一，〇三〇
三，九〇八，二二二	二〇，四五九，八七六
八，五一一，〇四三	一三，五〇〇，八八八
一二，四一九，二六五	三三，九六〇，七六四
一〇，二〇二，八一九	一〇，〇九八，五三八
三四，〇九三，〇二二	四六，三五八，八八二
四四，二九四，八四一	五六，四五七，四二〇
五五，二四〇，九八二	三八，八二七，六八八
一二，三二九，三〇六	一一，四三六，二三二
六七，五七〇，二八八	五〇，二六三，九二〇
九，二一三，七二二	九，三二一，六六四
一七，九二七，八一二	一九，六一七，二一二
二七，一四一，五三四	二八，九三八，八七六

吾國正式訂約之國際通商，始於一八四二年之南京條約，割香港，並開放上海甯波福州廈門廣州五埠。自後對外交涉，每經一次失敗，輒與訂結商約，開放商埠，一八九四年中日戰後，鑒於世界大勢，亦有自行開放商埠者。綜計全國商埠之數，合條約開放與自行開放二者，共百有餘埠。其中貿易額最巨者，首推上海，年達六億萬兩以上；次則大連天津廣州，達一億萬兩以上；又次則九龍漢口，年達五千萬兩以上。茲將此數埠貿易之概況略誌於下：

上海　上海距黃浦江入海處十二里，距楊子江入海處六十里。黃浦江寬二千尺，上海上下十餘里，可行大輪船；外洋各國與我國交通，皆關有上海航路。我國沿海及長江航路，皆以上海爲總匯，又爲滬甯滬杭兩路之起點。貿易區域，南起福建，北盡北部各省，西連中部各省，爲全國第一大埠。總計中部各省商埠，直接往來外洋貿易貨價，約佔全國貿易總數之半以上，而上海實爲其總匯。例如一九二四年度，自上海進口之貨，在四億八千三百四十餘萬兩以上，出口之貨，在二億七千六百四十餘萬兩以上，上海地位之重要可知。出口貨以絲茶棉花爲大宗，麵粉豆米蔴烟草靛羊皮羊毛植物油雜貨次之；進口貨以棉貨絨棉貨煤油糖煤五金雜貨爲大宗，海味紙烟機器棉紗木材[illegible]器火柴等次之。

大連　大連在金州半島南，有埠頭三，最大者長二千八百，寬呎七百呎，棧下水深二十六呎，接連南滿鐵路。一九二四年自大連進口貨價爲七千七百一十餘萬兩，出口貨價爲一億二千二百六十餘萬兩。進口貨以布棉紗爲大宗，麵粉米蔴包次之；出口貨，以豆及豆餅爲大宗，豆油煤雜糧野蠶絲次之。

天津　天津在運河與白河會合點之南，占北甯鐵路之中樞，又爲津浦鐵路之起點，綰轂水陸，交通便利。貿易區域，北控河北全省及內外蒙古，西連山西陝西甘肅新疆，南至河南山東之北部。範圍之廣，僅遜上海，故對外貿易，亦甚發達。一九二四年進口貨價爲七千六百一十萬餘兩，出口貨價爲四千七百八十餘萬兩。進口貨以布疋綿紗爲大宗，煤油糖紙油烟麵粉海味鐵路材料次之；出口貨以棉花爲大宗，骨牲畜羊毛駱駝毛羊皮雞蛋花生燒酒次之。

廣州　廣州綰東西北三江要樞，距香港九十四里，二十噸以下之輪船，可直抵廣州。貿易區域，由兩廣雲貴跨及湖南江西。一九二四年進口貨價爲五千四百餘萬兩，出口貨價爲八千二百七十七餘萬兩。進口貨以布疋五金煤油雜貨爲大宗，出口貨以藥材絲棉布糖烟草蓆地蓆爆竹水果茶土敏土爲大宗。

九龍　九龍係英人租地，與香港對岸，有廣九鐵路可通廣州，爲廣州與香港貿易之門戶。一九二四年度自九龍進

口之貨價，爲五千一百二十餘萬兩，出口之貨價爲二千零九十餘萬兩。進口貨以米煤煤油海味棉紗藥材布疋雜貨爲大宗，出口貨以地蓆舊蔴包鮮蛋花生油磁器木材包蓆草蓆酒乾菓餞菓鮮菓糖爲大宗。

漢口　漢口居漢水與揚子江合流處，上通四川，下連上海。溯漢水而上，可達陝豫二省；湘贛皖蘇有輪船聯絡，平漢鐵路橫越隴海鐵路，直達北平，與北甯平綏兩路聯絡，粵漢鐵路已達湖南株州。貿易區域，包括鄂湘豫晉陝甘川雲貴贛十省。一九二四年進口貨價爲六千零七十餘萬兩，出口貨價爲一千九百八十餘萬兩。貿易之巨，爲長江各口所不及。進口貨以布疋棉紗雜貨爲大宗，糖煤油染料五金火柴茶末蔴袋次之；出口貨以茶芝蔴爲大宗，皮革棉花桐油豆餅烟草柏油苧蔴絲藥材漆生鐵猪鬃麵粉次之。

吾國出口貨物以飲食品牲畜品原料品爲大宗，進口貨以工業品爲大宗。吾國近年來紡織工業，進步較速，故進口之工業品中，紡織機器，估額最巨，其餘各種機械工業，物理工業，鐵路材料等，因國內政治不甯，實業停滯，進口之量殊微。輸出品絲茶最著，然較之數十年前，亦無甚

突飛之進展可言。其有待於發展者，正無限量。關於各種進出口貨物其質量上價值上歷年之消長，本擬附以統計說明，惟因海關報告，殘缺不全。貨物分類之編製，又無十分精密之系統，若草草從事，仍不易窺知工商業之盛衰，不得已暫付缺如。俟將來有完備之調查，適當之分析時，再別爲專篇論之。

吾敍述至此，已粗陳吾國對外貿易之梗概矣。吾人就茲所述，當不勝慨然於每年漏巵之鉅者。唯事有所必至，吾國今日，現狀若是其蜩螗，民智若是其幼稚，一切發展工商業之條件，又若是其缺如，則對外貿易之虧耗，正其當然之結果。挽救之道，頭緒萬端，惟發展交通，改良幣制，則爲首先必具之要件。否則破產之禍，行且立見，凡我國民，當思所以急起直追也。

純正批評力之宜如何養成（續）

楊城

(二)運用推理方法，以測事理之將來：　夫事實既已調查精確，其臧否，仍未可遽以己意而立判，故推理之方法尚焉。推理之方法有二：即演繹與歸納二法是也。前者，側重純粹學理之研究。先有前提，揆之於理，乃得若干結論焉。後者以實事爲依歸，先行觀察某種事物，再證以平日之經驗，定出原理，以供世人之用焉。二法并用，亦無不可，惟各有利弊，不可執一而論，能兼用最佳。此一問題，無論中外思想家，皆有之。英國之經典學派，以善用前法著；而德國之歷史學派，則又以用第二法名於時。至言我國學者，若老莊排斥物質文明，而提出一理想的社會，所用方法，係屬第一種。若司馬遷父子著書立說，洞悉社會實情至深，能力矯儒家之弊，其所造詣，足與德人羅休斯穆勒等相媲美。若輩所用方法，固屬第二法也。方法問題既決擇，其研究後之結果，雖不可即稱爲精當，然揆之事理之將來，亦庶幾矣。

(三)博學審問：以佐判斷力之純正：　揆測事理，固有藉於推理之方法，然推理之結論如何？亦視乎各人之學識經驗而異。蘋菓墮地，意中事耳，惟牛頓能因以發見地心吸力之定律。壺中蒸汽，尋常事耳，獨瓦特即因以發明蒸汽機之使用。無他，蓋彼等學識經驗，較人豐富，而其所得推理之結論，亦畢竟高人一等。

以上三者，能含養有素，運用純熟，則炎漢郭泰之徒，當復生於斯世矣！

近代販賣稅概論

汝 著

一 小史

二 歐戰後各國之施行

三 徵收範圍

四 稅率

五 販賣稅之生產力

六 稅務行政

七 負擔之轉嫁

八 一般商業與販賣稅

九 消費者與販賣稅

十 販賣稅之公平問題

十一 一九二六年各國之販賣稅則

十二 結論

一

販賣稅（General Sales tax）之開創，由來已久，昔日埃及印度羅馬等邦，業已用之，中世紀西班牙之啊耳克發納 Alcavala，法國之消費稅等，均其遺制也，殆近代消費稅，始漸次推行於英法德墨諸國，歐戰之後，歐陸各國幾頻于破產，補救之方，厥爲開發新財源，由是販賣稅之採用漸廣，而其發達時代亦從之而興。

二

歐戰開始後，大規模之採用者，惟有墨西哥及菲律濱，兩年間，德國感稅收之不足以開支戰費，乃開辦印花稅以資挹注。商品之販賣及轉徙，均課千分之一。一九一七年，法之貧乏，不亞於德所謂現付稅 Tax on Payments 者，已開征三種外，又另制一種累進營業稅；超過百萬佛郎之零售商，均在彼征之列。同年十月奢侈品課百分之十，現付稅千分之二。年終復頒佈一新法令，創立復式的遞進現付稅。零售營業一仍其舊；惟對奢侈品稅徵收較高之率而已。一九一八年，德國財庫空虛，普通商品之販賣及使用，納千分之五外，奢侈品零售業，亦課百分之五。一九一九年終，德之國會，鑒于租稅推廣略具成效；遂修改營業稅制度，而頒佈一廣汎之販賣稅，其體制固未曾少異于

二

昔，所異者稅率增高而已。商品之販賣及使用，加至百分之一．五。奢侈品營業稅或出廠稅，則加至百分之十五。

是時也，販賣稅在意比諸國，亦漸實行。而法之辦法，有足述者。一九二〇年中，該國國會大更其原則之舊觀而于現代販賣稅制度，儘量吸收。所有普通商品營業，及一部分人之服役，均須完稅百分之一．一，負担此稅之人，爲零售業，製造業。及人民之職業能負一九一七年之工商利潤稅者。販賣人須對政府納此稅必直接責任。至于奢侈品零售業，課百分之十，批發業百分之一．一，以印花代現金完納；一切飲料征稅極苛。私人或貿易上之付現，在一佛郎以上者，即課以遞進印花稅。不特此也，販賣稅征收範圍復引而伸之。出產分配二方，靡不包入。營業範圍既廣泛，通常特爲激證之具，不外販賣，收欵，地租，酬金，利潤，等等。

一九二〇年五月，販賣稅不脛而入加拿大境。但其體制甚簡，無論製造業，與批發業，或零售業，抑爲製造廠之進口貨，均完稅百分之一。若製造業與零售業及消費者，或零售業與消費者之輸入，則完納百分之二。同年意大利亦開徵此稅，其現行遞進營業稅制，乃一九二三年，政府法令改訂舊稅制時所頒佈者。原料征千分之五，熟貨或半熟貨百分之一，奢侈品百分之二。

三

販賣稅徵諸生產業，批發業，及零售業。法德等國施行以後，甚爲便利。一九二四年春，加拿大對于數類熟貨之販賣，租貸，或過戶，統征一單一稅。開征之始，稅率略高。旋由百分之六減爲百分之五。奧國之制，普通商品在出產地完納產銷稅二次外，每次交易又完百分之二之基本率；其每種產物所負之稅，依生產或分配之周轉程度爲標準。意大利稅制之簡單，殆與一九二四年以前之加拿大相埒。征收範圍僅生產業與批發業而已。

豁免販賣稅之營業，各國不同。一國之內，而各時代亦不一致。加拿大免稅諸物：爲必需品，主要食料，工業原料，採掘機械，翻造貨物等。法國免稅物：爲農人之販賣，勞働合作團體之營業，政府獨佔企業，及烘烤食品，麵包肉等第。德之免稅物：爲銀行交易，公家用具，政府掌管之企業，通弊發行，秘密販賣等。意大利免稅品爲各種煤皆必需品，燃料，馬力，政府獨佔事業零星交易等。土耳其之免稅物：爲食品，政府獨佔事業，小商賣，及手工藝者，娛樂券，交易市場等，波託內哥之免稅物：爲一般食物，農人直接販賣，燃料，馬力，肥料及出版事業等。非律濱之免稅物品：則爲零售食料，農人販賣，小商買營業等。

綜計各國免稅之營業觀之。可概括爲數種：即農人生產，生活必需品，政府企業，及特種營業是也。

進口貨，常課以與國內營業同樣之稅，甚有一國必需之進口貨得享受免稅利益者。德國，捷克斯那威亞均有此制。若必需之進口貨稅，不得全免，則其稅率必亦甚低也，至于出口貨營業免稅之制，亦屬慣例，如奧，德，意，匈，波蘭，加拿大等。一九二七年，法國政府預算內，亦有此主張。總之各國進口稅政策之變遷，大都以其經濟政治情形爲依歸。如德法二國趨向于出口稅之豁免，以鼓勵國外交易是也。尤有甚者，德國且將奢侈品稅豁免之。

四

普通販賣稅率，平準爲百分之二。（見下文一九二六年，各國販賣稅稅賦一表。）然意大利之手原料，波蘭之手必需品，原料等。均抽百分之〇．五，至百分之二．五。後者之在土耳其，亦甚通行。至于奢侈品稅率，大致甚高。生產業及批發業之在意大利，課以額外之率。而在奧國，則僅收單一零售奢侈稅而已。

五

下節「稅務行政」中之各國販賣稅稅收狀況表內在奧此稅超過他項稅收。法，比，德加拿大諸邦，亦僅次于所得稅，或海關稅。他國販賣稅之生產力，亦必視稅率之高低，施行之廣狹，行政之良窳，及國民經濟狀況之順逆爲標準。法，意，葡諸國，試行之始，成績不著，法國于一九二三年，始入佳境。被征物品愈多，則稅收亦愈大。此不異之理也。若各項營業悉令完稅，即百分之．一之稅率，生產消費兩方，將受影響。德國有鑒于此，一九二六年即將前此百分之二．五稅率，減爲百分之．七五。國際聯盟之財政委員會，改造匈牙利財政，以當時實施之百分之三之販賣稅，將發生不良結果，加以攻擊。波蘭對於居間人佣金完稅百分之五，凱末耳委員會 Kemmer Commission

大不以爲然。謂稅率應行劃一，卽必需品與普通商品之間，亦不應有所軒輊。

物價漲，販物稅收增加。此種生產力之增長，常與通幣購買力之縮減相抵銷。商業市場沉衰，或物價低落時，販賣業恆感負担太重。因稅收依經濟而漲跌者，卽可爲商情變遷之公平指數。縱販賣稅之生產力，有時上落，然仍可在商情乖舛之下獨存。此無他，政府恃爲一大資產故也。

販賣稅之稅率與徵課，若規劃得度，則稅務行政效率必大。試與所得稅相較，在公平原則上似此優于彼。然在管理上則販賣稅性質單純，施行容易，又非所得稅所能比擬。此蓋前者注重營業總數，而後者注重純所得之故。

六

販賣稅巻在美國，一般反對者以其管理之是否合適，尙屬疑問，在徵稅漫無限制時，此層詢屬可慮，加拿大之商界，對此稅之不一致，費用之浩大，嘖有煩言。然其稅務行政率，及費用數目，幷無可非議之處，見者猶稱羨焉。法國徵課販賣稅，問題龐雜，解決之道，厥爲根據專門家之

建議，修改現行法規，使其更爲單純，更爲一致。昔波蘭請凱莫爾委員會整理財政，該會提出一種簡單租稅，對稅率一致，免稅例少二點，三致意焉。但此種租稅，姑無論徵收方法如何，其缺乏公平原甚爲彰明。

德法二國之販賣稅，由中央政府代徵，收入之一部，仍交予各該地方政府。法國欲適合國情，稅率紛繁，常有削踵適履之弊。一九二六年，該國專門委員會向其國會建議；劃一徵收辦法，廓清歷來集弊。德國所得稅，利潤稅之徵收，極爲辣手，旋鑒於營業稅之可靠，毅然增加其稅率，廣其施行；國內專家，不殫聯篇累牘，發揚而光之。一九二六年，又將稅率減爲百分之•七五，施行範圍加以限制，前此之困難諸點，遂無形消滅。

賣販之免稅，自身仍成問題，各階級，甚至个人，在法律上，胥有通融之餘地。法國與論對其農民生產之免稅，深致不滿。持之有故，言之成理，非可等閑視之，德國奢侈品出產家亦欲免稅，所持理由不外販賣稅對於奢侈品之生產與消耗二方，俱百害而無一利。然言者諄諄，聽者藐藐。奢侈品尙欲豁免，將于必需品何幾，必需品免稅之例

，國無多問題者矣。

小本經營，無完稅之能力，且所徵之稅，反不足以如開支征收費用。因此加拿大不抽零售商稅，其不征收之故，非僅因稅收太微已也。營業範圍既小會計制度必無法制，繁榮之區，小交易紛繁，一一而調查之，豈亦太不經濟乎。意國之印花稅，亦以免課零售業得施行之便利。奧國稅制如此。但稅率之高低，須視被課之商品週轉次數為斷。工業國家機械生產之複雜、方法及市場之改變，若欲施行販賣稅，達最良之成績，誠戛戛其難哉。下表乃示各國販賣稅稅收之狀況。

一九二一年營業稅收與他二稅之比較（單位一百萬）

國別	所得稅	關稅	販賣稅	總額
比（佛郎）	五〇〇	七五一	四二	一三六六
加拿大（元）	七九	一〇六	六二	三[illegible]〇
法（佛郎）	七四二五	一一九七	一九一一	一七二七一
德（馬克）	二九七〇〇	五九〇〇	一一五〇〇	一四九六〇〇
意（利拉）	三九八五		一二六一	

一九二五年販賣稅收與他二稅之比較

國別	所得稅	關稅	販賣稅	總額
奧（希林）	一二五	一七七	一八五	七〇五
比	七八九	二六七	三六〇	一六〇三
法	六一七二	二三〇五	四四四五	三三一三七
加拿大	五六	一二七	七四	三二八
德	二二五三	五九〇	一四一六	六八五六

意			七五三	二〇〇〇〇
菲律濱(披棱)	三	一五	二〇	五三
波蘭　(所特)	六二	二八五	一九七	一三二九

七

現行之販賣稅，有一弊病。即物價一高，輒使其稅担轉到消費人身上。成本本高之商品，亦不得不更抬其值。但通常事實，一商品所增之價，必少于稅額。若被稅之物，在成本減低時生產者，其所增之價，恆大于此稅。總之價格漲跌之限度，以社會需要之彈力爲依歸。需要愈大，則售價亦愈高，此經濟學中最鮮明之原則也。若某項商品在恆定成本中出產者，販賣稅使其售價上漲之額，恆不得超過稅額以外。

販賣稅負担本不應轉嫁于消費者，販賣人縱欲迴避又安能償其[illegible]。經濟市場衰沉，貨價跌降，販賣人完全不能轉嫁稅荷之任何數量，狡焉者亦不過獲一小部分耳。一九二一年，法國及加拿大之販賣商，不但未能轉嫁該項稅荷于萬一，反而負担甚重，怨言載道，然亦無可如之何也。販賣人轉嫁稅荷之可能，因各種不同之競爭要素而變更。甚有在買賣價格之差以外，雖高其值，而仍不能獲抵償者但物價漲時，商人得一轉嫁稅荷之機會，甚爲顯見。然而消費人亦不勝其苦矣。

販賣稅有使物價上漲之趨勢，物價高則需要少，因之一相反之動作發生，若世人不了解政府徵稅之用途，自必感受不快，乃提高價格，以謀抵償。是則政府之活動，若超過各个人或低于各个人生產力時，其所徵之稅，爲國民福利之用，抑爲償外債之需，不僅稅款之徵課，即稅務行政費用，莫不影響物價。然物價漲跌之原動力多端，通貨之澎漲及收縮，供給與需要之居間力量等等。無不爲物價之絲山，租稅一端殆小焉者也。

前德國實業部長，赫爾 Hirsch 說稱，一九二五年德國實行百分之一·五銷場稅，趨使零售物價上漲百分之十，至百分之十五云。此種預測，果然實現。意大利之棉花，完稅若增加百分之·五，生產者及批發商完稅增加百分之五，則棉布之價格卽漲百分之四，或百分之五。米蘭紗廠同業，以爲苛勳，深爲不滿。德之社會學家，亦以此流弊甚多，不表贊同焉。

八

販賣稅有轉嫁稅荷于消費者之弊。殆一不可免之事實。然販賣者僅須負担一部分，此無他轉嫁之慣性，彼輩亦不能制止故。若全部稅荷有轉嫁之可能。其影響商業累及成本，尤非淺鮮。蓋稅荷轉嫁結果，物價提高，物價漲則需要減少。販賣者卽受損失。苟政府用其稅收以代普通消費者之需要，則斯缺點或可得而補償之。稅荷轉嫁，誠含有破壞性。販賣與購買雙方無能倖免，卽生產與消費之現相。將完全受其整理，至二方互相抵償爲止。法德諸國之販賣稅，有此遺過，史乘具在，可覆案也。

販賣稅負担不僅課諸付稅諸商，且其他商人亦均受累，至各個不同之程度。均等的負担，甚至變爲不平均的負担，販賣總數，爲完稅之根據。其不合均等原則，莫斯過也。某種事業，販賣總額有時甚巨，然未必皆獲厚利，且有時非特無利可言，反而虧本若干。若批發業之周轉次數固大，而利潤甚微。又如製造廠以幾次販賣，而收利倍徙，今准將販賣總額作課稅之根本，則前者獲利小，反與後者獲利大納較多之稅，揆諸情理。豈得謂平。故持反對論者，藉此爲口實。誠不足怪。波蘭有見如此，准許批發商一特別稅率。德國未有此優待，其批發商所組之中央會社，常攻擊之。總之根據販賣數抽同一之稅額，其不公平任何人不能否認。但革新之道，厥在採用各級特別稅率。加拿大法德等國，商人極視此類租稅爲資本稅，而非利潤稅。良以其不顧獲利之大小，而僅注重資本之周轉，有以致之

通常之稅，課諸販賣契約運遞等項者。經濟家認爲有利於商業之積和 (Integration) 今有製造商二，均欲製造同樣之商品，乃採行分工制，各造一部分，而後集合爲一物，於此該物價須完稅一次。非然者，則各人均須納稅。在競爭場中、前例可居優越之地位。是則稅率愈高者，營業積合之趨向亦愈大；不如是販賣者不能迴避稅荷之任何部分也。商人對於販賣稅之態度，各異其趣，大概視其影響个人利益爲依歸。加拿大製造商之反對論調，前已言之

。惟此稅在該國之流弊，并不若他國人想像之巨。若一考其對於國庫之收益，固未嘗不令人心折也。法國之小商人無擔負之能力，迭次請求豁免。社會學者復從而左袒之，寧願政府改徵一較重之直接稅焉。德國情形大致亦然。

九

販賣稅之施行，不顧付稅能力如何，消費者之完納不本其純所得，而本其消費數目；無論實際上之物價漲跌如何，其促成生活程度之昂貴，減少消費人之購買力，則毫無疑義。不特此也，各項商品之賣買，俱課同等之稅率，必需品之價昂，而奢侈者之值反輕，消費人之反對實未可厚非。

十

吾人固知販賣稅，使交易兩方有不均等之負担，然現代採用有增無已者，其故有二：即其生產力之豐裕，與徵收手續之簡單是也。生產力既富，徵收又便，各國政府孰不樂之。或者曰：所得稅素為理想中最公平之租稅，安有不及販賣稅之理。豈知以公平原則言，販賣稅誠稍遜一籌，以徵收效率言，則比所得稅，確有無不及者。

法國昔日之財政家，在其國會報告中：謂國庫空虛時，救濟之法，厥為何以增加稅收，公平與否尚屬次要，販賣稅有大宗收入之可能，包羅各稅之便利，宜毫無顧忌的採用。德國重視之遠在他稅之上。惟在葡萄牙則列為二等稅。不幸歐戰期間，皆趨向消費為國課之大宗，公平原則毫未顧及。國民階級之痕跡益加顯著：富者未盡其納稅之能力，洵足嗟歎。若夫販賣稅之施行，人民間生利力量愈相似者，則其惡果亦愈小焉。

十一

下表乃一九二六年各國販賣稅稅則

國別	普通商品稅率（百分率）	徵收範圍	進口	出口
法	二	各種賣買	國內通用稅率	國內通用稅率
比	二	同右	同右	同右
菲律賓	一·五	同右	同右	同右
古巴	二	同右	同右	同右
德	·七五	同右	免稅	免稅
匈	二	同右	國內通用稅率	免稅

波蘭	二	同右	同右	免稅
意	·五——一	除零售業外	同右	免稅
加拿大	五	製造業	同右	國內通用免稅
捷克斯那威亞	二	各種營業	免稅	免稅
奥	二	生產人之販賣	特定稅率	免稅

表中各稅率俱係至高數，不過該一年間之則稅而已，各國財政經濟政治情形，年有不同，稅則亦隨之各異。至所徵收方法，及他稅務問題。前文已詳，茲不復贅。

十二

自上文各節觀之可作下列之結論：

一 販賣稅與普通消費稅類似，不顧人民之衬稅能力如何，故消費者負不平等之負担。法德比三國之累進販賣稅，其不公平猶爲顯著。若夫所得，遺產，及其他之公平諸稅，能與販賣并行不悖，則後者之缺點至少可消滅一半，雖仍有餘弊，然較昔之 Alcavala 又優越多多矣。

二、根據營業總數之課稅，無論其負担能否轉嫁，即或販賣人須全額担任，商業之相類出產，有趨向積和 ntegration 之勢，生產之積和是否須要，非本文範圍，姑置不問。

三、販賣稅稅率若輕，施行不濫，徵收手續簡單，例外條款有嚴明之規定，則社會之信仰堅，而稅務行政必合乎實際。

四、徵稅範圍，務須有精詳之規定，切不可橫征濫斂，行政亦有保障則稅收未富，風行環宇，不期然而然也。

五、販賣稅適合救急政策，縱有缺點，亦無所顧，故有不合現代共和潮流社會趨勢之處。在人民方面言之，實不合租稅中之公平要素。在政府方面言之，千百萬之國庫，可不勞而獲，各國政府無有不翕然採納。然現代歐洲，一旦躍出經濟苦海，國庫有着，販賣稅即不取消，亦將改爲特種消費稅。至於美洲諸國堅信其爲獨一無二之財源，亦不過一時之潮流耳。吾人固不希望其延用於數百後，惟期將來其不公正不平均諸弊，一舉廓而清之，生產者之幸，抑亦消費者之福也。

註：本篇原文爲 A. G. Buehler 所著之 Recent Developments of Genenal sales 去年，「美國經濟季刊」所載。

美國國際投資的過去及未來

（程志政）

歐戰以後，美國由債務人而一躍為債權人，近年以來，美國投資世界各國，日見其多，但是我們要問：為什麼其餘各國要向美國借款呢？美國投資的是那一種事業？是什麼原因？在什麼地方？這些都是值得討論的！要回答以上的問題，在未有詳細分晰以前，却不是易事。不過大部分看來，外國人向美國借欵，不外兩大理由：一是使國外匯兌趨於鞏固地位，使銀行庫存增加，或是為了政府收入不足。二是利用美資來開發國內利源，發展工商業。

現在美國借出的欵項——對外投資——已超出一〇・〇〇〇・〇〇〇・〇〇〇金元以上，其中以私人投資為多，就地域來分，那麼照最近商務部的統計，至一九二七年止，美國海外長期投資總數，約為下列：

中美洲	四・八〇〇・〇〇〇・〇〇〇元
歐洲	三・五〇〇・〇〇〇・〇〇〇元
加拿大及紐芬蘭	三・三〇〇・〇〇〇・〇〇〇元
亞洲澳洲及其他	一・〇〇〇・〇〇〇・〇〇〇元
總計	一二・六〇〇・〇〇〇・〇〇〇元

從上面分析起來，大概有一半是投資在礦業，石油，森林，鐵路，實業，商務方面，而是由美國公司經營的！其中尙包括政府借出債款等等。此次胡佛大總統到南美去，因此我們也想起一件事。歐戰以前，南美洲一帶的借欵，都是由歐洲各國一手包辦的，現在可不然了。一九一四年前，美國投資市場，祇限於近區，如墨西哥，加拿大，古巴等處。英國在巴西，投資額極巨，從一九一〇年到一九一三年，三年之間，增出八九〇・〇〇〇・〇〇〇元。至歐戰開始的當兒，一躍而達一・一〇〇・〇〇〇・〇〇〇元。在其餘南美各國的，有二，三〇〇・〇〇〇・〇〇〇元。勢欵真令人可驚！餘如德法丹比等國，也個個突飛孟晉竭力的把勢力擴張。戰爭開始，南美各國素來仰給的歐洲投資，便無形中止，此時南美各邦經濟上突感困難，於是美國乃出面相助。到一九二六年止，據美國金行投資聯合會的統計，美資的流入南美的，有五〇八・〇〇〇・〇

○○元之巨總而言之，美國已代替了歐洲各國了！照上面的表看，美國在中美洲的投資額，共達四八○○·○○○·○○○元。我們姑且把中美和南美各國所獲得的美國資本，分列在後面，用一九一二年和一九二八年二年比較一看，情形不難更明顯了！

國別	一九一二年	一九二八年
阿根廷	四○·○○○·○○○元	四八八·○○○·○○○元
玻里維亞	一○·○○○·○○○元	九○·○○○·○○○元
巴西	五○·○○○·○○○元	四○○·○○○·○○○元
中美及巴拿馬	四○·○○○·○○○元	二二五·○○○·○○○元
智利	一五·○○○·○○○元	五○○·○○○·○○○元
哥倫比亞	二·○○○·○○○元	二一二·○○○·○○○元
古巴	二二○·○○○·○○○元	一·三二五·○○○·○○○元
愛古多(Encuader)	一○·○○○·○○○元	二五·○○○·○○○元
幾亞那(Guionas)	五·○○○·○○○元	七·五○○·○○○元
海地及多米泉根(Haite & Dominican Republic)	七·五○○·○○○元	五五·○○○·○○○元
墨西哥	八○○·○○○·○○○元	一·一九五·○○○·○○○元
巴拉圭	(註一)	一七·五○○·○○○元
秘魯	三五·○○○·○○○元	一七○·○○○·○○○元

烏拉圭	五•〇〇〇•〇〇〇元	八〇•〇〇〇•〇〇〇元
委蘇內拉	三•〇〇〇•〇〇〇元	一二五•〇〇〇•〇〇〇元
總計……………………	一•二四二•五〇〇•〇〇〇元	四•九一五•〇〇〇•〇〇〇元

（註一）巴拉圭一九一二年統計未詳，但紐約泰晤士報載爲一•〇〇〇•〇〇〇元。

（按一九一二年的數目，是Gohn Ball Osborne在北美觀察報上發表的）

戰前美國資本的所在地，多半是美國在加拿大和歐洲的分廠，墨西哥的智利秘魯礦務，墨西哥的油井，古巴的糖廠，中美的菓園，以及遠東等處的分支。戰後情形便不同了，大部分的借欵，都是供給各國作政治上的費用用在實業上的，却狠少了！其餘作銀行整理費的也不在少數，這些上面已經說過，還有供各國整理幣制的，也爲數狠多，私人投資於外國公司的，自一九一四年一月一日起至一九二八年一月一日止，十四年間共有三•九〇〇•〇〇〇•〇〇〇元。平均每一個美國人民。有一百二十元，一九一四年祇有二十元罷了！由此看來，竟增加了六倍。爲數亦自可驚了！

近年以來，美國已入於外交式的投資一途，就是要設法使每一塊地方，都有美資流入——尤其新開闢的國家——最近商務部依照實業分類法，把一九一四年至一九二八年間美國所有國外公司的股票面價數目統計如下。

公用事業	七二二•九二五•〇〇〇元
鐵路	七二〇•一一四•七五〇元
銀行及信託公司	四九二•七二九•〇七五元
糖廠	三四七•六七三•九九〇元
紙廠	三四六•七六九•四五〇元

礦業	二三九•四二五•五〇〇元
油業	一七五•五二四•七四五元
鋼鐵業	一三五•九三〇•〇〇〇元
輪船公司	•八二•五九五•〇〇〇元
化學工業	七〇•九六五•五〇〇元
火柴廠	七〇•一〇五•三五〇元
雜項（如橡皮木材紡織水泥玻璃等）	六九•二一七•六四九元
機器廠	六三•三四〇•〇〇〇元
碼頭及船塢	二八•二二五•〇〇〇元
汽車公司	二〇•七五〇•〇〇〇元
烟草公司	二〇•〇七三•六五〇元
教堂及學堂、	一六•四一〇•〇〇〇元
水菓公司	一五•〇九二•五〇〇元
堆棧	一四•〇三三•七五〇元
海底電報公司	一二•五五七•〇〇〇元
游戲塲及影戲	七•三二〇•〇〇〇元
旅館	六•二九〇•〇〇〇元
地產公司	四•一二〇•〇〇〇元

食料公司	二・四七〇・〇〇〇元
商業公司	二・一五〇・〇〇〇元
其他	二・一五〇・〇〇〇元
總計	三，七一三・三〇七・九〇九元

從上表看。可知各種事業之中。美國人最喜歡多投在公用事業上。各國公共事業的借美國欵子的狠多狠多。大概因爲這種事業。比較穩妥的原故。計十四年間，美資流入歐洲公用事業的，共値二九〇・〇〇〇・〇〇〇元。其中德國佔一四九・〇〇〇・〇〇〇元，義大利佔七八・〇〇〇・〇〇〇元。西班牙佔二五・〇〇〇・〇〇〇元其餘加拿大佔去一九一・〇〇〇・〇〇〇元。中美洲一二八・〇〇〇・〇〇〇元。遠東各國一〇一・〇〇〇・〇〇〇元。

就大勢言，美國投資的趨勢，在歐澳及加拿大則用於發展機器業，在端典則用於火柴業，在挪威則用於肥料業，在西班牙古巴墨西哥及南美等處則用於發展電車，電話，電報事業。至於船塢碼頭等。則以加拿大及中美洲爲最需要。石油事業，美國辦得已著成效的已有二十國，水泥事業，則有四國，糖菓業則有十二國，在二十五國內，美國自已有製造廠，在十六國內建築公用事業，在三十國內行駛鐵路，在二十五國內開礦，勢力的雄厚，怎令人不舌撟不下呢？

現在要研究的，就是否今後美國之外投資，還要進上去？自然這是可能的，因爲美國的富力，獨在伸張時代，錢太多了，自屬要向海外發展，關於此點，目前有兩種意見，一是英國著名經濟家 Sirjosioh Stamp 說：「除非美國將投資數量減少，否則將來德國一定要爲美國所有了」，一是美國財政專家 R. C. Leffingwell 的意見他說：「今後美國向歐洲的投資，必不能再如從前的樂觀了！因爲現在歐洲各國，元氣已逐漸恢復，從前借來整理幣制的，現在已整理好了，經濟上，他們全可自給，以後還用得着向美國借債嗎？」

至於美國政府今後對於美國人民國際投資的態度。也是很値得注意的。我們可以用前國務卿凱洛格對外交委員會的訓話來看。(這是一九二五年十二月十四日的事)。他說：「政府近來許多要求借欵的信。但是我們對和債務未淸的國家，是不准往來的。其次對於借款作不正當用途的，如擴充戰備，壟斷市場等，也應當絕對拒絕。」美國政府經濟顧問楊氏(D.Arthur N. Young 在萊克利夫大學開外交會議時也說：「他希望借款的各國。都拿錢用來生產。不要用着在戰爭上。」關於私人借欵不能收回。是否要用政府的武力一層。楊氏的意見。認爲絕對不可能。因爲美國自有歷史以來，沒有因爲人民的錢收不到，便開戰端的！新任總統胡佛，他在一九二七年也有同樣的意見發表。所以我們推測今後美國國際投資，前途遠不如往昔的光明，理由是：

一、舉債國經濟能力已恢復

二、政府對投資已有限制

三、政府對私人投資，並不担任任何保障。

但是美國駐墨大使孟祿却說：Morrow「國際人民，對債務格守信用，况且每一塊金洋流到的地方，卽是美國勢力伸張的區域，國際投資，仍當賡續進行！」話雖如此說，然而比較十年前，總悲觀多了！

節譯 (Current) History

民元以來中國對外貿易之迴顧

孫照南

近數年來，吾國對外貿易額，突飛猛進，增長不已！雖去歲（一九二八）進出口貿易總額之海關統計，尚無從得知，但據專門家估計，去歲一年間進出口貿易總額，當為二•一七〇，〇〇〇，〇〇〇海關兩；其中出口額為九三〇，〇〇〇，〇〇〇海關兩，較上年顯增一一，〇〇〇，〇〇〇兩，入口額估一，二四〇，〇〇〇，〇〇〇海關兩，較之上年，則增加二二七，〇〇〇，〇〇〇兩。由以上之估計，可知去年一年間中國貿外貿易之入超，實達三一〇，〇〇〇，〇〇〇海關兩。此種鉅額之入超，實為中華自有對外貿易史以來六十五年間絕無僅有之第一次新紀錄也！

吾國對外貿易，自一八八六四年以還，除一八六四及一八七二——一八七六，五年外，每年均係輸入超過輸出。一八七六年為吾國對外貿易結果最佳，一年之然其出超總額，不過僅為一〇，〇〇〇，〇〇〇兩而已！自一八七六以迄一九〇一，每年均入超數千萬兩不等；迨至一九〇二，入超額忽增至一萬萬以上，一九〇五年則竟達兩萬萬兩以上矣！入超額登峯造極之後，其額量又漸趨漸下。然至一九一四年，入超額又增至兩萬萬兩以上。後此則中國乘歐戰之便，輸出激增，故結果於一九一九年間入超額竟降至一六，〇〇〇，〇〇〇兩，而造成最近三十年來之最低紀錄焉。歐戰以後，中國再度為世界商品之閭尾；故一九二一年間，入超額乃顯第二期之進步而達三萬萬餘兩。如果估計不謬，則此駭人之紀錄，將又被去歲之結果打破，而退避三舍矣！

茲將民國紀元以來十七年來吾國對外貿易之輸入，輸出，出入總額以及每又入超之總額以海關兩為單位列表如下：

年
一九一二
一九一三
一九一四
一九一五
一九一六
一九一七
一九一八
一九一九
一九二〇
一九二一
一九二二
一九二三
一九二四
一九二五
一九二六
一九二七
一九二八
共計

出口	入口
三〇四，〇二五，〇七三	一三〇，七九〇，三七四
六四五〇五〇三，三〇四	七五五，二六一，〇七五
九二六，六二二，六五二	二八三，一四二，九六五
四〇一，一六八，八一四	九一七，五七四，四五四
六六三，三九七，一八四	五九九，六〇四，六一五
〇三六，一三九，二六四	四七七，八一五，九四五
一三〇，三八八，五八四	二八〇，三九八，四五五
一一四，九〇八，〇三[illegible]	一八六，七九九，六四六
〇〇三，一三六，一四五	〇三二，〇五二，二六七
七三五，五五二，一〇六	九三四，二二一，六〇九
三三九，一九八，四五六	〇五六，四九〇，五四九
六一四，七一一，二五七	七八八，二〇四，三二九
八六四，四八七，一七七	七七〇，〇一二，八一〇，一
七三九，二五三，六七七	四四九，四六八，七四九
一七七，四九二，四六八	二五二，一二二，四二一，一
二六六，九一六，八一九	四二六，一三九，二一〇，一
〇〇〇，〇〇〇，〇三九	〇〇〇，〇〇〇，〇四二，一
四〇二，三八〇，二二四，三一	五二九，四六八，四一二，三一

入超	總數
八二六，六七五，二〇一	四三四，七一六，三四八
一一〇，三五八，六六一	三〇一，八六四，二七九
五五五，四一〇，二一二	一一〇，八六四，五二九
五五五，四一六，五三	三八八，六三三，三七八
九二六，九〇六，四三	一六三，四〇二，八九九
四四一，七八五，九八	四〇四，〇五四，二一〇，一
一五〇，〇一〇，九六	三一一，六七七，〇四〇，一
九六二，八八一，六一	二九〇，七[illegible]八，七七二，一
〇三九，八一六，〇二二	〇三五，一八八，三〇三，一
二〇九，六六八，四〇三	六七九，七七三，七〇五，一
七一七，七五一，〇九二	三八五，四一九，九九五，一
一七四，五八四，〇七一	三〇三，〇二三，六七六，一
九〇二，六二四，六四二	五四一，五九九，九八七，一
七〇〇，二一五，一七一	一八八，七一二，四二七，一
二八四，六二九，九五二	四二〇，〇一五，八八九，一
二六九，一一三，四九	六八二，一五五，一三九，一
〇〇〇，〇〇〇，〇一三	〇〇〇，〇〇〇，〇七一，二
二二七，三七六，二九七，二	九二一，〇三九，六三六，三二

（註）一九二八年之數係估計者

據上列之表，吾人可尋出過去之十七年中輸入超過轉出之總數，在二，七〇〇，〇〇〇，〇〇〇兩以上；以墨元計算則約當四，〇〇〇，〇〇〇，〇〇〇元！

茲再將去年各大對埠外貿易詳細情形，分述如下：

（一）輸入——上海總數達六二〇，〇〇〇，〇〇〇兩，較上年一九•二七增加百分之四十。漢口總數爲六〇，〇〇〇，〇〇〇兩較上年（一九二七）增加百分之三十以上。大連與天津總額各爲一五〇，〇〇〇，〇〇〇兩；較上年各增百分之十。青島總額爲三九，〇〇〇，〇〇〇兩，較一九二七減少百分之五；此蓋受濟案影響所致也。

（二）輸出——上海總額三五，〇〇〇，〇〇〇兩，較一九二七年增加百分之五。漢口總額爲一七，〇〇〇，〇〇〇兩，較上年增百分之四十。大連總數爲一六〇，〇〇〇，〇〇〇兩，較前增百分之五。其餘各埠，則均較上年減少。

去年以濟案之故，日本之對華輸出，大受影響。據可靠之調查，去年日貨之因受抵制而囤積於上海者，總數達一八，〇〇〇，〇〇〇日元，其預備輸入中國而停滯於其本國者達二五，〇〇〇，〇〇〇日元。且去年爲吾國提倡國運動進行最烈一年，政府人民，互相提攜上海國貨展覽會之轟動一時，可爲明證。綜此而觀，則去年三萬一千萬兩之入超，實爲種種阻力下之結果，使無提倡與抵制運動以爲之阻，則入超之額，當有更巨於此者！國富日促，漏卮日大，苟不速事國貨之提倡，與實業之保護以杜漏卮，吾恐大好河山，不亡於政治，不亡於武力，而將斷送於經濟侵略耳！

鐵路世界

第二卷 第二期出版

本會發行之鐵路世界月刊係徵集專家著作純以研究鐵路學術傳播鐵路知識爲職志茲第二卷第二期業已出版主要目錄如下

總理遺像……

關於交通事業之遺訓……

插圖 總理靈柩車……

鐵路世界題詞……鄭洪年

革命建設與民生主義……孫科

爲鐵道部新設育才科進一言……曾麗順

鐵路不宜政治化……鄭寶照

發行鐵路公債展築滬杭路以成東南重要大幹線說(附圖)……司徒錫

鐵路行車統計之研究……沈奏廷

十八歲吾國鐵路之有抵押外債觀……劉時敘

英人口吻中之吾國鐵路狀況……文若

德國城市鐵路一瞥……卽安

鐵路警察(續)……鄭家槩

來件……津浦鐵路管理局

國外鐵路新聞……

國內鐵路新聞……

▲零售每册大洋二角▼

中國鐵路學會啟

代售處 上海棋盤街民智書局及各埠各大書局

中國人口之壓迫及其饑饉之滋長

方顯熙譯

在昔我國人口號稱四萬萬，是爲世界人口最繁盛之國家。然時至今日，爲數實已過之，茲據郵局最近之確計，我國人口爲四八五，〇〇〇，〇〇〇。可知我國歷年來處於兵燹旱災浩刼之餘，其人口尙且增加，倘不有災難之摧殘，則其爲數必不只於此者。雖然人口之低減，或不能增進之根本原因，厥有數端：若社會經濟之壓迫，而不能自維生計，或其他生理之影響，天災之流行，戰事之陷害，是皆直接或間接減少人口繁殖之利器。夫我國地大人衆，甲於環球，然最近十餘年間，天災人禍之頻乘，此影響於人口問題者甚巨。嘗觀各地兵燹匪刼之後，常繼之以旱災饑饉，而民人罹此災害，卒至顛沛流離。餓殍盈野之慘狀，往年北五省之災區，此明證也。茲就我國人口之壓迫及其饑饉之狀況，一詳言之。

饑饉爲人類最不幸之一事，水旱之災，爲直接傷害五穀之收成；而間接影響人類之死亡，蓋饑饉爲天災罕有之事，而國家當籌經濟預防之法，而豐年之蓄積，以維歉歲之荒蕪，雖非務本之策，然亦足補救於萬一，在昔賈誼之論積貯，鼂錯之言貴粟，均是意也，查各地糧食生產者，居多不定，豐歉之年，在所常有，而所謂饑饉之年者，並非五穀不登，但在於一地內，因五穀不登，而人口頓然銳減者，或云然耳，此外如水災地震疫癘等，更不在饑饉之列，此理之所顯然著也。

中國人口之壓迫，實基於饑饉之一因，經濟討論處（一九二八年一月期中）有載過山東省之饑荒，並詳言該省人口壓迫之情形，該區爲中國極好之農地，計人口每方哩爲五五〇有奇，在昔該地爲中國人口最繁盛之域，但饑饉之事在所常見，計自一四一二年至一六十一年之間，相距二百十九年，饑饉凡二十一次，平均每次爲十年餘，當地人民罹此困苦者，概可想見，時至近代，其勢伊然，每丁饑饉之秋，受他省之賑救後，損失雖多，而其人口仍然繼續增進，但人口發達旣盛之後，復有荒年之事發生矣，計在一七四九年該地人口尙不及二四，〇〇〇，〇〇〇，及一八四二年人口增加至二九，五〇〇，〇〇〇，而近日則為三五，〇〇〇，〇〇〇，若統計其田地之數則與之相反矣。計兩世紀以來，其田地之減少在一七六六年平均為三・八畝至一八一二年為三・四畝，而今日則為三・三畝矣。

人口之增加

凡受有教育者，莫不知近日我國人口較昔為多，在清季末葉人口圖表居多錯誤，而尤以江蘇江西四川廣東四省為明顯者，我國人口之增加速率，與歐洲比較，實遠過之，或謂中國人口照現時速率而定，則五十餘年內，必有倍於今日者，蓋我國今日之人口，將等於歐洲，倘照此率增進，則百年之間，未有不倍於歐洲者矣。

我國今日人口增加之正確準率，難於審定，據十年前郵局之報告，計中國人口蒙藏兩省在內者，有四三八，三七三，六八〇。迄一九二八年則為四八五，五〇八，〇〇〇。其每年之比率殆一百分之一、一與百分之一、二。又據中央大學Dr. Buch及C.M.Chiao之精鑿計算，謂中國十一處之四千二百十六家之農戶其天然人口之增加每年為百分之一、三。又據海關人口表與郵局之比較，相去不遠，而其生產比較之速率，則均同耳。其五年前之圖表為四四四，六五三，〇〇〇。其數實較前者為多，可知中國人口之長進，於比較式上為速耳。

在十八世紀及十九世紀之初，我國逐年皆有調查戶口之舉，其考查所得，為每年增加百分之一、五，此種調查，較見確實，但稍有疑問者，當十九世紀中葉，其時太平天國暴亂，蔓延幾遍國中，各地人民遭難者，奚可勝數，不特此也，人民處於兵燹餘生，尚且繼之以饑饉之年，及疫癘之流行，同時俱湊，其人口增加之比率為一・一及一，五相較，大有差異！

人口不發達之原因

天災之足以滅人口者，如饑年疫癘以及地震水災等，其傷害人類獸畜，在所常有，天災之濫行既已如此，而人類當思所以預防或避免之法，始可以保持人類之生存，然事實大有不然者，人工之摧殘，更有甚於天災之播害，如墮胎及溺斃嬰孩等事。

中國人口不甚發達之原因，除天災之流行外，尚有戰禍之摧殘，以及饑饉之蔓延廣佈，是皆歷來年常見之事實，

當歲歉之時，餓殍盈野，而與戰爭之後或匪患之餘相比較，其受害之慘，則結果則阻礙人口之增進者一也

我國人為之阻止人口增進者，厥為陷害嬰兒之一著，人民受社會經濟之壓迫，或環境之關係，兼或因憚忌而殘害之者，在昔此等風氣盛行，而遺害之影響，又常為女性者，蓋中國重男輕女之風，有以使之也，此種陋習影響之數目，誠難稽考，就Dr. Buck之精密計算，墮胎男女性之比率為一一四與一〇〇之較。

墮胎一事在中國亦有之，而未甚盛行，人口之受此影響者，為數極微，至於一妻多夫之制，則各地或有之，福建省即其例也。

譯者按福建原有之種族為無諸，或有此制，蓋其民性愚鈍，完全未開化之民族，裝束既形特殊語言又多隔閡，所以難於同化，該族居省之北部，丈夫專事田獵，婦女則編蓆為帶，售於市，得資自給，而有時或賣草藥為業，亦稱和講，現時隸籍閩省者，大部由外省遷徙來居，以年代遠久，遂隸籍焉，而多夫之制，則絕無而僅有矣。●

天災為阻撓人口增進最大之一因　戰爭雖為直接擾亂人口之繁殖，然為數較少耳，若中國歷年來人民受各種災害之壓迫，然以今日人口之計算，尚且稱雄於世界，以前各種之災害，未必盡影響人口減少之重因，而饑饉之一事，其為害實甚焉，

中國饑饉之域

饑饉為壓迫人口發達之絕大原因，舉凡我國曾經罹有饑饉之域，其為數並非僅有一次而已且有繼續一次二次以至於多次者，如我國之陝西山西河南直隸山東等省，皆為曾經幾次劇烈之饑饉者，此五省者係中國之最古省分，雖經幾次災害之阻撓而其人口尚且增加，以較諸南方各省，可謂有特殊之性質者焉，

中國古書所載，謂陝西為我國發達最早之區，彼時人口亦稱最盛者，嗣後漸漸東延，以及南北各地，而蔓延至於河南山西山東等處，在昔未有歷史以前，該地之生活情形，無從稽考，就以記載於書者而言，其事關於陝西旱災之數次，亦未甚詳細據歷史上所述，不若專門災年測驗術量及人口統計報告之精確，惟有概言其時人民因旱災或蝗饑

而滅亡耳。

人口壓迫之確論

憶昔三十年前，Arthur Smith嘗謂我國人口之調查既無根據，又乏事實，然時至今日，此種議論，不足爲信，但近日研究中國人口壓迫之問題，可謂萬難之事者耳。

今者以中國田地之原論，爲研究此問題之最有價值者，由比例之方面言之，倘人口增加之數，超過固有之人數者，則每人平均之田地必然減少，在中國經濟月刊內，曾有討論我國田地之統計，謂均分田地之制，由歷史上觀察之，則均分田地之數，隨時代而遞減，即是人口之繁殖，隨時代而增進，蓋田土之地有限，而人口雖幾經天災人禍之淘汰，然其生產仍是猛進，茲就四書所載，夏時一夫受田五十畝，周時一夫受田百畝，迄於明季，其均分之數，未有確定，大概其時國家多故，人民之遭難滅亡者頗多，是以其數或高或低，大約平均每人在十畝與三十畝之間，而以十四畝爲最常見者也，迨乎清季均分之數銳減，蓋人口之增高逾於固有所耕之田地也。

在十八世紀中葉，由戶口調查所得，人民較前爲多，在一七六六年均分之數爲三、五五，及一八一二年其數爲二、一三，至一八三三年爲一、八五，然計自彼時五十四年之後，其時即爲太平天國大亂之餘，山西省復遭饑饉之浩刧，因之人口驟減，其均分之數爲二、四一，而其田地之統計爲九一一，九七六，六〇六畝也。

人口壓迫之救濟法

國家均分田地之數，較之往年所得爲低，即是人口率澎漲之現象，亦即糧食發生恐慌之表徵，今有直接補救之方，惟有改良耕種之法，使其生產較多，而充所供之量，使供求可以相應，庶幾得絕饑饉不幸之事發生；而間接補救法，則有魚業之擴充，森林之墾植，礦務之開採，工業之振興，俾廣製貨物，以與異土之富於糧食者相交換，使貨通有無，俾免積貨不銷之弊，是亦補救之善法者也

改良耕種之法或擇新地耕種之法，皆使其得有較多之收成，是爲唯一救濟之善策，處於我國近日情形之下，尤宜講求，應視爲當務之急者。我國黃河揚子江橫貫中部，實爲灌溉之天然絕好設施，在兩江之間，爲全國最膏腴之土壤，宜於耕稼，其收穫之成効，較優於朔土，若在相等之

面積土地耕種之，則南方之收成必較北方為多，或為百分之七十有奇，蓋南方土地為膏腴之域，每年可以兩種，而北方之土地，惟有一年一種，甚或三年兩種者，其相去為何如耶？

若以振興工業為救濟人口壓迫之策，或開墾天然之生產物以為交換之一步，兩相進取，當為佳舉，但此係捨本務末之策，而非所尚者。且也，中國漁業之省分甚少，而人民之從事於此業者為數亦寡，而礦產物及森林不發達之原因，又復與之處乎同一之情形，在昔我國茶業之發達，尚未能救濟人口問題於萬一，至於近來新工業之振興，僅能維救一區而已，上海為中國工商業之唯一中心點，然其力所及，不外無錫蘇州及其他毗連各地之工業出產品耳，試觀四十年前，江蘇省人民增加為一三，〇〇〇，〇〇〇，而今日計算無均分之人民者為數達至一一，〇〇〇，〇〇〇，可知偌大之工商中心點，尚不能維及本省之問題，奚暇顧及於一國也哉？

以上所述救濟之辦法，除改良耕種外，別無應用之可能，現時我國處於各種災患劇烈情形之下，其人口之增加，倘見其猛進，而田土之均分，亦於是乎而低減，倘此時不加考慮，籌備善後救濟之辦法，誠恐發生絕大之禍患，而莫知所措矣！

饑饉之滋長

陝西為我國開化最早之一省，其地屢遭饑饉之災，在明季時，有一次饑饉二十年之久，然其人口仍甚繁盛，當時人民漸次南徙或遷西南各部及東方沿海各處，而其時人口，生長率極速，但在太平天國擾亂之後，復繼以饑饉之災，而人口頓遭摧殘，為數頗鉅，厥後人民漸次繁殖，使南方及西方各處，亦時有人口壓迫之事發生矣。

近世學者，徒事空談，未切實用，而阻抑人口過多之建議，適是著題之確論，於數年之間，力事鼓導及宣佈普及生產教育，使其知所禁制之法，行之既久，則各地之效法者亦多，同時亦改革社會經濟之方略，使兩相並進，則十年或二十年內，必有良好政治之產生，完善之社會乃見，而可佈饑饉之災，庶可消滅於無形矣。

十八，五，四

商業循環之解說

王叔龍

定義及與四季之比較　何謂商業循環？簡單言之，卽商業上盛衰起伏之現象，循迴往復，所造成之環也。夫一年可分為四季，曰春夏秋冬；商業循環，亦可分為四期，曰鼎盛期，降落期，衰頹期，復興期。氣候由春而夏而秋而冬，冬盡而春又至循環不已；商業由鼎盛而降落而衰頹而復興，由復興更達鼎盛，循環亦無已時。如與四季分別相比，則鼎盛期可譬之夏，降落期可比之秋，衰頹期與冬相似，復興期與春相同，何也，夏日草木暢茂，萬物得時，猶之鼎盛期間百業勃興，一日千里，入秋金風颯颯，木葉漸脫，猶之降落期內市面蕭條，漸趨不振，冬日霜雪紛飛，勁搖植枯，亦如衰頹期內百業凋敝，達於極點，及春至則風和日暖，草木萌蘖，猶之復興期內各種事業逐漸發展，俱有轉機。以上所述各點，均相類似。所不同者，四季循環，為期僅需一年，而商業循環一周，則需數年或十數年不等耳。茲將商業循環四時期內所發生之一般現象，臚列於後，閱者試參證之，或更易明瞭焉。

鼎盛期內所發生之一般現象：

（一）各種物價騰貴。

（二）社會失業之人絕少。

（三）工人工資優厚。

（四）利率特高。

（五）各公司營業大獲盈餘。

（六）鐵路運輸大忙。

（七）銀行匯劃極多，放款亦特別增多。

(八)各種股票價高漲。

降落期內所發生之一般現象：

(一)各種物價跌落。

(二)社會失業者漸多。

(三)工人之工資低減。

(四)利率逐漸低落。

(五)公司盈餘減少。

(六)鐵路運輸減色。

(七)銀行存款減少放款數亦收縮。

(八)各種股票價漸跌。

衰頹期內所發生之一般現象：

(一)各種物價大跌。

(二)社會失業者極多。

(三)工人之工資甚低。

(四)公司營業幾無盈餘。

(五)利率甚低。

(六)鐵路運輸清淡。

(七)銀行存款大減，欵數大縮。

(八)各種股票價大跌。

復興期內所發生之一般現象：

(一)各種物價漸漲。

(二)社會失業者漸少。

(三)工人之工資漸多。

(四)利率逐漸加高。

(五)公司營業盈餘漸多。

(六)鐵路運輸漸忙。

(七)銀行存欵增多，放欵數亦加多。

(八)各種股票價漸漲。

夫四季往來，乃天道之運行，人知其然，而少知其所以然。但天文家視之，亦不過日光直射斜射地面之關係耳。商業循環，亦商業上自動產生之現象；其中雖變化萬端，在經濟家視之，亦不過商業信用與銀行信用居中作祟耳，欲明作祟之理，不可不先明生產與消費之關係。

生產與消費之關係

生產與消費，在經濟學中佔最重要部分，即謂經濟學爲生產消費學，亦非過論。惟言經濟者，每將生產與消費分別立論，而忽視其間之關係，此實大誤。夫吾人生產之目的爲何，在供給吾人一切之需要，及滿足吾人之各種慾望而已。設無需要及慾望，則必無生產，換言之，無消費則無生產，無物價，可斷言也。故消費者，實生產最重要之目的也。

吾人旣爲滿足需要而有消費，因消費而有生產，有生產而後有消費，是生產消費互爲因果，無待言也。但世界之上，生產者爲誰，消費者又爲誰耶。如以一國言，則全國消費之人，大部卽直接或接間從事生產之人；如以世界言，則理亦正同。何也，試思世界之上，不事生產者容或有之，（如老病殘廢之人等），烏有不從事於消費者乎。惟消費者須有一種收入，或購買力，方能從事於消費。但此種收入，果何自而來乎？曰；來自生產，蓋吾人直接或間接從事於生產，則分售生產品時，應有一分收入，（捨此外別無他種收入）此項收入，卽供消費之用。換言之，吾人生產所入，仍用以購買吾人自產之物品，而自產品之售價，卽爲吾人獨一之收入，故以全世界言之，則生產者爲全球之人，而消費者亦爲全球之人，同時生產消費亦循環壽已。在此環中，吾人自生產而自消費之，金錢不過爲交換時之用品耳。

吾人生產所入，旣供消費之用，而消費所出，仍入吾人之手，是不啻取左袋中之錢，置之於右袋，少選，復取自右，而納之左。如是，雖一日間轉移百次，而錢數固未嘗有增減也。世界經濟財力，亦猶袋中之錢，無論生產消費轉移若干次，而全數固不變也。茲舉例以說明之：譬有一孤城，彷彿世外桃源，內有居民十萬人，設此十萬人，均能直接或間接從事於生產，計其生產力共爲一百萬元，（生產力包括一切直接或間接生產事業，原不能盡以金錢代之，茲爲便於設喻，姑假定如此），則每人平均所得於生產者爲十元，以此十元用於消費，則結果一百萬仍流通於此城內，未有增減。在此情勢之下，倘每人能長保持此十元之收入，則永無貧富階級發生，設此城中人一部分或半數，於生產消費數度循環之後，每人收入已由十元增至十五元；（原因或由勤奮，或善經營等，）則此所增之數，定係其他一部分，或半數人所損失，（原因或由懶惰，或不善理財等）并非由天外飛來也。故一城之內，損於此必利彼，彼所得必此所失，但無論此損彼利，彼失此得，而財力總數，仍爲一百萬元，絲毫未有增減也，一城如此，推之世界，又何獨不然。

事雖如此，理雖如此，但大千世界，芸芸衆生，終日熙來攘往，無不惟利是圖者。士農工商，以及地主資本家，其所操之業雖不同，其營利之目的則無異。然利於己必損於人，既如上述，故利之所在，人爭趨之，雖喪其道德弗顧焉，雖損及他人之生命弗惜焉。有時亦有利己而毫不損人者，但此種事極少，而於世界商業循環毫無影響，故於世界財力，仍無大增減。

夫世界財力，既不增減如上述，但在商業鼎盛期內，各種事業勃興，且獲厚利，工資物價，兩俱上騰，而銀行存欵激增，尤足爲商業真正發達之表現，一切事物，俱顯示經濟財力激增，則是與前論不無矛盾之處，是果何道而致此耶？曰。不過兩種信用居中作祟耳，茲分別言之。

鼎盛期之起因

商業信用(Mercantile credit)

商業信用爲何？卽一般生產者「如製造家、躉批及零售商人之類」，對普通消費者所行之一種信用也。夫生產消費之循環，及財力不增不減之理，既如前述，則此種信用如何能居中作祟耶？欲明此理，則應先說明物價與成本之關係。設以全世界之金錢，用之於生產，而將生產所得原數耗之於消費，如依生產消費循環之理，則產物之成本與售價相同，無待詳說矣。倘吾人欲將物價加高，使物價總數超出原有銀錢總數之外，則全數物品，決非此金錢所能購，倘必欲照此價售出，則惟於金錢之外，增加商業信用，以補其不足。再設吾人爲生產者，將由生產所得之收入，保留一部分，或窖藏之而不用，則吾人用於消費之錢，(或購買力)勢必減少，購買力減少，則買物時必不能照以前之售價，結果物價必須跌落，但此時欲維持物品以前之售價，而不使之跌落，亦唯有行使商業信用以彌其闕耳。茲仍以前例說明之，城中居民，每人平均收入既爲十元，今以此各購必需物品十種，設每種物品成本爲一元，而售價亦係一元，則此百萬元物品，恰有百萬元購買者。倘欲將物價提高，每件加洋五角，則總數必爲一百五十萬元以全城一百萬元現金，欲購價在一百五十萬元之物品，豈知其不可，蓋兩者相差有五十萬元也。但有一法，可使物品售罄，其法爲何，即使商業信用補此五十萬元之缺，如此，則以成本一元之物品，售價在一元五角，則顯然獲利甚厚也。再如城內居民，將生產所得扣留二十萬元，而窖藏之，則流通現金僅賸八十萬元，倘物品每種售價，仍係一元，則八十萬元現金，決不能購買價值百萬元之物品。如欲出售，則物價勢必跌落二角，改爲每種八角。但今有一法，可以維持物價不至降落，則仍以商業信用彌此二十萬元之闕。此闕既彌，則物價如前，自一般窖金之生產者觀之，物價既未跌落，而窖中已得現金二十萬，則營業盈餘，豈不大哉？總上觀之，商業信用，行使之結果，足以增加吾人之購買力。(此購買力即從生產所得者)。此力既增，則吾人常能購買較高價之物品，而全數財力似亦增多，依前之例，則城中財產增加五十萬元，依後一例，亦增加二十萬元，豈非最顯明者乎。雖然，商業信用行使結果，是否妨礙生產與消費間之關係，實爲一疑問，試再以前例研究之，城內生產者既將生產所入扣留五分之一，則用於生產之款，爲數八十萬元，另行使商業信用二十萬元，在此情形之下，倘物價成本穩定，則生產消費一度轉移之後，而營業者仍能收回次前用於生產之款。毫不短少，故結果絕不阻礙生產消費實最簡明之答案也。

銀行之信用(Bank credit)

銀行信用則大異於商業信用。後者完全以貨物而行使信用，前者則純屬虛構，銀行以開發支票方法，可以貸出大宗款項，以增加吾人之購買力，而實際上銀庫中之存款絲毫未曾移動，豈非最神妙之法乎。譬如前述之城中，有一銀行，辦理全城商業上收支事宜，全城居民之款，除少數窖藏外，悉存儲於此銀行，設有儲戶某甲，付款與某乙，開一銀行支票與之，在普通理想，總以爲某乙接到支票後，必持向銀行兌取現款，但實際上并不如此，某乙持甲之支票，多半到銀行請其轉賬，銀行收到支票，僅在某甲賬上付出支票之數，而在某乙賬上收入支票之數，故一支一收，僅在銀行賬上一轉移耳，并不用現金往來。倘有某丙欲向銀行借款，而所借得者，非并現金，不過一種開發支票之權耳，即令有時借得現金，一轉瞬間，又經巨商之手，仍入銀行庫中，故銀行之現金毫未移動，而能貸出大宗款項，以擴張其信用於無限量也。

不獨此也，而銀行信用，更足增加吾人之購買力，且所增之數，較商業信用所增爲尤大。夫吾人從生產所得之收入，本屬有限，今商業信用增之於前，銀行信用復增之於後，一增再增，總數遂大，故物價雖高，仍能照常購買。自另一方面言之，則吾人售出之物價，遠在成本之上，豈非大獲盈餘乎。例如城中每人入爲十萬元，物價漲至一元八角時，因有商業信用以補其缺，結果物品仍得銷售，已如上述，倘物價後又漲至兩元五角，則全城財力，又短百萬元，而物品勢必停滯，於是吾人又向銀行借款，以增加購買力，此百萬之差，又被銀行信用完全填補，物品仍能照常銷售，然在此情勢之下，以成本一元五角之物，而售至兩元五角，盈餘之大，亦可見矣。（成本所以增至一元五角之故，因物品成本隨生產與消費程度膨脹之故，亦行增高）

銀行放款原爲有利可圖，惟此之故，遂願以大宗款項（此指信用，并非現金）資助消費之人，消費者既得銀行之資助，購買力大增，購買力增則物價雖高，亦能購買，於購買者方面遂起競爭，但競爭購買，足以促物價上騰，物價上騰，則消費者之生活程度加高，生活程度既高，則消費者勢必向銀行借款以增加購買力，以維持其生活程度，因此物價愈高，而銀行信用愈形擴大，信用愈擴大，而物價亦隨之增高，二者相因以增，相互以長，而達於極點。

綜上所述，不外下列數點：

（一）吾人從事生產，應得一份收入。

（二）此種收入加上商業信用，再加上銀行信用，遂造成充分之購買力。

（三）購買力既大，則物價雖高，亦能購買。

（四）物品能在高價售出，則顯然有利可得。

（五）全數財力，似已增多。

此商業鼎盛期所以造達之根本原因也。

衰頹之原因

信用既分兩種如上所述，但此兩種信用，祗有購買力，（Pnrchasing Power），而無清償力（Paying Power）。換言之，卽兩種信用僅能作暫時購物之用，而不能作最後清償債務之用。何以言之，從事生產之人，行使信用於消費者，營業上能獲厚利，已如上述。但僅行使信用，而交易程序尙未終了，蓋消費之人，非以現款作最後之淸償不可，即今消費者可以簽發支票期票，及行使鈔票，但至最後，支票期票終須付款，而鈔票亦須兌現也。故交易最後淸算，多歸於銀行，而銀行實際上一變而爲債權人，兩種信用既無最後淸償債務之力，則勢非現金不可。此應注意之點一。

吾人營業所以能獲利者，在乎兩種信用之擴大，前已述之甚詳。信用繼續擴大，則營業方繼續有利可得，一旦信用中止擴大，而利亦歸烏有。何耶。蓋物價增高，而成本亦隨之俱增，不過信用之擴大，恆較成本之加增爲速，倘信用不能擴大，則成本與物價必至相等。此應注意點二。

銀行信用與商業信用皆有一定之限度。信用擴大到達限度後，無論如何不能再行擴大，且今世界銀行事業發達諸國，對此銀行信用限度，每以法律規定之，例如銀行放款不得超過若干，但在法律未明白規定之前，銀行信用，亦有自然之限度，且極顯明。商業信用之限度，雖不若銀行信用限度爲顯明，但兩者之關係，極爲密切，至兩種信用擴大之時，銀行信用首先到達限度，而商業信用亦隨受限制，不能復伸，當此之時，信用既不能增加吾人之購買力，則物價亦不能增高，經生產消費一度轉移之後，則與成本相等。物價既與成本等，則各業顯然無利可圖，商業至此，全成僵局，蓋已達到最危險之時期也。此時銀行或因法定信用限度已過，或因存戶提款，勢必向生產者要求淸償，而生產者因須向銀行淸償，勢必向各消費者追索前欠，於是最後淸償之時期至矣。在此期內，吾人之收入不惟不能以信用增大，反須提出一部以作淸償之用！則結果必較前減少。收入既減，則購買力亦縮，購買力縮，則物價必隨之跌落，於是各業紛紛崩潰，遂至不可收拾，此時淸償一債，則收入必減少若干，收入減少一次，則物價必須跌落一次，如是繼續不已，直至原來之地位爲止，鼎盛期內所賺得之錢至此時適已斲折淨盡，而生產與消費之循環，絲毫仍未突破也。即有少數善於經營者，幸無損失，或少獲盈餘，然此盈餘，必係他人所損失無疑也。由此觀之，商業上之起伏興衰，恰與小兒之玩弄輕氣球相似。氣球之薄皮，譬如商業全體；小兒口中之氣，譬之兩種信用，而氣球之膨脹力，比之信用之限度。小兒以口吹球，則氣徐徐而入，球身已漸脹大，譬如各種事業，受兩種信用之資助，逐漸發達；小兒吹氣愈力，而球身亦愈見緊張，猶之信用擴大，而商業亦勃與；迨氣球膨脹之力己足，則不能復脹，猶之銀行信用，到達限度，不能擴大；倘小兒以指按之，則球必澎然而爆烈，亦如商業一屆清算時期，物價跌落，各種事業，忽告崩潰，而至於不可收拾之地步也。總上所述，則銀行信用實爲商業興衰之主動物，但有少數經濟學者，謂商業循環不根於銀行信用，因其起始固無關於銀行信用也，此論殊謬。夫商業循環，固不僅爲銀行信用所造成，（因商業信用亦負一半責任）但亦不能遽謂與之無干，衰頹期內各種事業不振，至復興期內，逐漸恢復，此普通現象也。雖無信用行使，而此兩種現象亦不能免，而論者每據此爲理由，遂謂商業循環并非信用居中作祟，可謂知其一，未知其二。銀行與商業信用，既能增高物價，則鼎盛之時期，必爲信用所造成而無疑。夫鼎盛者，衰頹期之對象也，不有鼎盛，何來衰頹，信用既直接造成鼎盛時期，則間接釀成衰頹現象，不得謂與復興期無關，而與商業循環亦無關也。商業循環根本之起因，既在乎信用，則欲謀補救之法，非根本鏟鋤信用不可，但亦有主張對信用不必鏟除，而根本上使其固定，亦可。因信用一旦全除，則各種事業無利可圖，足以阻礙吾人向上意志之發展，此亦不正確之論。何耶。蓋信用擴大，吾人雖能得利。要亦不過紙上之空利耳，一轉瞬間，仍歸烏有，何如鏟除信用而得實在之眞利爲勝乎。

此篇之作大半取材於經濟評論，（Economic Review）十八卷第四期中之商業循環之解說一文，（Explanation of the business cycle）并參以作者之意見，作者附識。

貨幣之研究

蔣山

余研究經濟。前後不過二年。對於經濟之主要原理。粗爲涉獵。固不敢妄發議論也。前蒙主持院刊諸君不棄。來函索稿。不便推辭。爰整理曾麗順先生上學期所教授之札記。參以圖書館中之所得。草此一文。聊以塞責。班門弄斧之譏。在所不免。尙祈閱者加以指教焉。山附識

二十世紀之世界。一經濟之舞台也。舉凡政治之設施。工商之發展。與夫國家事業之進行。及社會問題之解決。無不以經濟爲重心。視經濟爲轉移。然經濟之命脈。完全操之於貨幣。故貨幣在經濟學中實處有重要之地位。茲分別論之如左。

（一）貨幣之定義(Definition of Money)　古人關於貨幣之意義。其說不一。歸納之不外廣義及狹義二說。

1.廣義說　貨幣者。一切交換之媒介物也。此說塞底威克(Sidgwick)威加耳(A. Walker)黑夫里(K. Helfferich)等主張之。

2.狹義說　法定支付之用具。謂之貨幣。此說僅限於法律所承認之貨幣而已。紙幣等不在此範圍。寇納布(Knapp)及金來(Kinley)等主之最力。

除上列二說之外。尙有通貨。正貨二說。總之。貨幣乃財富之一種。必具有交換之媒介及支付之用具之必要條件。質言之。貨幣乃共同通用之物品。以之爲交易之媒介。及價值之標準者也。

（二）貨幣之起源(Origin of Money)　貨幣之起源。由於交換(Exchange)。原始時代。穴居野處。民至老死不相往來。既無交易。故亦無所謂貨幣。及後人口漸繁。慾望漸加。交易之事。遂成必要。至於交易進化之程序。可分三期。

1.以物易物經濟時代(Period of Barter Economy

交換時代之第一換。尙無交換之媒介。大抵以物易物。互相直接交換。卽我國歷史上所謂日中爲市也。以物易物。其不便之處厥有數端。

(A)物品有異同。雙方之需要與供給。不易投合。

(B)無一定之標準。以定交換之比率。

(C)物品不能分剖者。不易成交。

(D)物品之易變形質者。不能搬運或貯藏。

有以上種種困難。以物易物之方法。遂不能應時勢之需要。貨幣經濟時代。於是乎勃興矣。

2.貨幣經濟時代(Period of MoncyEconomy) 以貨幣爲交換之媒介。所用之物。因人種，土地時代，習慣而不同。漁獵之民。多用皮貝，畜牧之民。多用牛馬。農業耕稼之民族。多用五穀，茶，烟，之類。要之貨幣發生以後。其所用之材料。非必均爲金屬。不過取其地民族間共同喜愛且爲一般所需要之物品而已。

3.信用經濟時代 (Period of Credit Economy) 智識進步。文化發達。商業之範圍。逐漸擴張。交易之機會。日益增進。如每次貿易。必用現金。非特於商業發展方面發生阻礙。即檢點搬運之際。亦有種種不便之危險。是故信用經濟之促進，乃工商

業發達之結果。交用國家必有之現象也。

三貨幣之分類 (Classification of Money)

1.硬幣(Metallic Mo ey) 硬幣之主要者。可分金銀二種。各國中有採取單幣制專用一種者。有二種兼用者。其中利弊。因不在本文之範圍。茲即從略。

2.紙幣 (Papar Money) 以紙爲幣。信用經濟時代之特產也。鈔票，證券，契據等均屬之。

四貨幣之性質 (Characteristics of Money) 貨幣之性質。分二方面論之。

1.價值方面

(A)貨幣自身之價值 金銀銅錫。各有一定之價值。且因其價值之高低。而分貴賤之等級。若土砂瓦礫。及其他自由貨物之類。因自身無價值之可言。故不適於製造貨幣也。

(B)量少而價高 貨幣既爲交換之中間物。故不可不用便於攜帶及易於貯藏之金屬。而量少價高之金銀。遂佔無工之優勢。

(C)價值不變 貨幣之價值。必須一定。否則交換

者幣因之而受意外之損失。此點雖在金銀。每所不免。惟不若其他各物之易於變動耳。

2.物質方面

(A)品質均一　貨幣為價值之標準。又為借貸之基礎。故各個各部份。須有劃一之品質。及具有同一之價值。易言之。即同一之分量及樣式也。

(B)經久不壞　貨幣如易於損壞。則其分量將不能一律。分量既不一律。價值之間。自無一定之標準。

(C)易於移動　易於移動。即易於攜帶貯藏之意也。貨幣乃流通之物。若過於笨重。何能以之為交換之媒介耶耶。

(D)易於分割　貨幣須可隨意分割。且不因之而損其價值。否則不能供大小諸種交易之用矣。

(E)有伸展性　金屬均有伸展性。大小方圓。可以隨人之意志鑄成各種不同之形式。

(F)易於認識　銀幣之樣式。雖孩童亦知之。至於因光澤音響之關係。易與其他贋鼎相區別。使僞作者不能施其技。猶其餘事也。

五貨幣之功用(Functions of Money)

1交易之媒介　(Medium of Exchange)　以物易物時代。交換物之種類，品質，數量。稍不一致。交換即有所不行。今則人人皆將任意貨物。不必問其種類，品質，數量，如何。先可與貨幣為交換。然後再以所得之貨幣。易所欲得之貨物。此貨幣之職務一也。

2價值之標準　(Standard of Value)　在昔以物易物。毫無一定之標準。故交換之間。深感不便。自有貨幣以來。買賣即可用貨幣之數目。標明貨物價格。此貨幣之職務二也。

3價值之貯藏(Store of value)　通常物品因改變形質而易損失其價值。又因體積過大而感貯藏搬運之不便。惟貨幣則適於價值之貯藏與搬運。吾人可藉此以遂其『財產之積蓄』與『資本之貯藏』且得以環境之關係相機而動以備將來不時之需此貨幣之職務三也。

4信用之基礎　((Basis of Credit)　世無貨幣。信

用卽根本不能成立。試觀銀行之印發鈔票也。必備相當之現金。蓋不如是不足以堅外人之信用。有礙鈔票之通行此貨幣職務之四也。

5 遲付之標準 (Standard of deffered payment) 吾人有時因衣食之不足經濟之困難勢不得不出於借貸之一途。顧借貸價額。若無一定之權衡。則將來歸還時。易致發生價值上之糾紛。此貨幣之所以爲遲付之標準。亦卽其職務之五也。

六貨幣之本位制度（Monetary System） 貨幣本位制度之種類。有單本復本，跛行本，金匯兌，及經濟學者理想之萬國複本五種。玆將其中最普通者二種。約略言之。

1 單式本位制(Singlestandard System or monometallism) 單式本位制者。採用一種主幣之制度也。斯巴達以鐵錢爲唯一之主幣。俄國與瑞典在十八世紀以前。以銅幣爲唯一之主幣。近世各國。已無復採用銅鐵單式本位制者。故今日言單式位制。不過金銀兩單式本位制而已。

2 複式本位制 (Double Standard System or bimetallism) 復式本位制者。卽二種主幣制度之謂。詳言之。卽於金銀兩種貨幣之間。預設『法定比率』（Fixed legal ratio）。準此比率。而與兩幣以無限法貨之資格也 在此制之下。人民能各從其所欲。或以金幣或以銀幣爲任何巨額之支付。法律上皆得而爲之而無若何阻礙焉。

七貨幣之鼓鑄 (Coinage of Money)) 貨幣鼓鑄之權。爲防制擾亂金融起見。大都均屬諸政府。政府鼓鑄貨幣之方法。亦有二種。

1 自由鼓鑄（Free Coinage） 自由鼓鑄乃政府應人民之需要而給與合法之鑄造。並不加以限制之謂也

2 限制鼓鑄（Limited Coinage） 鑄造額及辦法。一任政府之意志。而加以限制人民不能過問者。謂之限制鼓鑄。其分別有三。

(A)政府代人民鼓鑄。不收費用。

(B)政府爲經濟起見。略取足夠開銷之酬金。

(C)政府多收鑄費。以限制私人之鑄造。

關於自由鼓鑄及限制鼓鑄之利弊。因學識淺陋。未便加以評判。

八關於貨幣之定律（Laws regarding of Money）

1貨幣價值論 『貨幣之價值。常與商業之盛衰成正比例。與貨幣之數量及流通速率成反比例』。此說之證據甚多。試以中國內地之商業。與上海相比較。即可知貨幣之價值與商業之大小。實有密切之關係。蓋商業繁盛之區。人口較多。需用較廣。貨幣之價值因之遂較商業凋零之區爲高。然貨幣之供給。如過於求。或其流通之速度。有增無減。則貨幣之數量最多。而其價值反因之減少。此上海通常銀圓價值之高下。恆視銅元之多寡爲轉移也。

2貨幣之地域分派 『貨幣有向物價低處流通之趨勢』夫利之所在。人爭趨之。物價低微之處。或因生活程度較低或因物產豐富一般。營業者展轉販運大可從中取利焉。

3貨幣之伸縮 『貨幣之需要增加則其流通之數量亦增加』此說已於價值論中略言之且可於國際投資中覩之、實業發達建設伊始之國家。需要大量之資本。於是不惜加高利息。向外國商借。外人亦因有利可圖而踴躍投資。反之貨幣之需要減少。則流通之數量亦必減少也。

4古勒褻定律（Gresham's law） 實價相同。質地相異之二種或二種以上之貨幣。使之流通於市場。其優良之一種。必爲惡劣者所驅逐。或鎔解。或輸出。卒至絕跡於市場。而交易將惟劣幣之是用。此即古勒褻之定律『劣幣驅逐良幣』之意也。考劣幣之所以驅逐良幣。亦利慾使然。因良幣之成分或質地。較劣幣爲佳。以之改鑄或易換。可獲較大之利益。前清靑銅鏤幣之消滅。與現近廣東雙毫之充斥。皆劣幣驅逐良幣之原因也。

5貨幣之數量理論——設各種情形不變。貨幣之數量與貨幣之價值常爲反比例與普通之物價常爲正比例。換言之即貨幣之數量愈多。則其價值愈小價值而愈高。蓋物價本身並無價格。所謂貨幣即指購買力而言。按理値購充斥之市場。其貨幣必較缺乏之物標之市場爲歸。物價既昂。則貨幣之購買力弱而其價值必降低。惟通常市面之情形。異常複雜。此種理論不易於顯著耳。

以上種種。不過爲研究貨幣之初步。閱者請以大綱視之可也。

夜鶯歌

唐曼平試譯
R. Barnefield 著

彷彿是一個澄澈的月夕
那正在綠蔭深濃的五月，
銀白的涼光射不透的石榴
我倚息在牠蔭下意態悠悠。
地上的動物在歡欣躍跳
園中的靈鳥在婉轉歌叫；
一切的生物都各自趕走了憂鬱
獨有我可憐的夜鶯呀日夜抑抑。
她感着絕望，玫瑰的針刺呀！飛向
奮力的刺呀——！刺呀——！刺入胸膛！
呵，那兒發出了悽切的哀音
哀音呀，我不忍逆聽；
聽她那啜泣哀訴
不禁的熱淚湧注；
這樣呀，我深深的感動
觸起了我自身的創痛。

我說：你凄咽也是沒用
有誰[illegible]情你的苦痛；
無知的林木能了解你的訴說？
殘忍的野獸又那肯給你安慰？
Pandion 國王早逝
你的密友呀也總辭世：
你在伴侶(Fellow birds)在唱
并不是爲你悲傷；
就是我，可憐的夜鶯
也沒人憐惜並同情。
五，十八，一九二九。於交大。

世界末日

曼平

地球在爆裂呀！地球在爆裂！
呵，痛快呀，上帝聽信了我的祈禱，

夜驚歌

看，朋友，那兒山岳在動搖，
那兒大海在咆哮，
溶岩在空中舞蹈
人們在地上奔逃！
虛偽自私，欺騙，殘暴…………
一切都毀滅在今宵！
偉大呀！痛快呀，
那穢濁的暗黑的大體呀——沉淪遙渺！

2，25，1929，心潮怒激之際。

野鳥

這本劇本原名是 wild Birds ，原文是分三幕七場，爲簡便起見，把他改作四幕，劇中人物詞句佈景也都改，爲要比較適合於中國之情形。我自已覺得太胆大了，毫無經驗的，平生第一次敢來改譯劇本了，眞可以說是未讀 Principles，先來做Lab.，我爲了自己興趣，想得一個實現機會，所以冒險的做了。

劇中一切的錯誤當然是不免的，希望閱者能夠指出，公開告訴我，我是無上喜歡接受的，仝時也祈閱者能夠鼓勵他的興趣。

這本劇本是從『The Best Laiys of 1924-25』改譯的，因爲一時找不到原本，但是在這本書裏的簡斷很多，無從照譯，所以無形中我把他重編一下，這點也希閱者原諒。

譯者誌勞動節

劇中人物

野　鳥

美國Dan to (Tolheroh) 原著
徐宗蔚改譯

蘭香……施老大家的使女，天眞未熟，眞是個可愛的小女兒。

賴孫……富於情感的少年，上帝創造了他到世界上，可沒有叫他到人羣裏去。

施老大…中等階級的地主，固執橫蠻

施大娘…他的夫人，丈夫一句話叫他死，她就會去自縊的。

施古蓮…他們的女兒，强暴儒弱的產兒，已經定給前村的浦雙泉了。

浦雙泉…古蓮的未婚夫，平凡的男子，什麼小的事都會使他束手的。

馬堯士…一個從事鄉村教育的學者，在施家村的近旁。設立了個鄉村小學，爲人愛好文藝。

桑得安…鄉村的一個瘋子，似乎有許多往事刺激了他的神經，每天信口亂道，所以人家把他鎖在屋子裏，叫他女兒守着，但是人很乖覺，常常被他偷逃出來。

桑阿娥…他的女兒

第一幕

地點…在離城市很遠的一個村落

時間…一個初春的時光

佈景…遠遠看去到似乎此地該是隱士之家．兩旁的樹木有粗有細，裏着斑剝的鮮片，錯雜的站在黃土上林際草地一片，正當春來時，綠草茵茵，到是可愛，草地上放着幾只木桶樹節之類，因爲不大移動，所以也就當他櫈子了，草地左邊有菜地一小塊。菜花正黃外邊有籬笆圍着，草邊有井一個，巨大而昏黑，白天望不見底，祇有在星光滿天的夜間，可以從井中找出星的影子來，從樹林中望去隱約可以看出裏面的房子，草屋幾間，年久失修，勉强的支持着。

幕啓時古蓮坐在草地上的木桶上，眼睛望着樹林的那端，看見遠遠的來了個男子，她以爲是浦雙泉，誰知却是鄉村教師馬先生。

古蓮…馬先生幹嗎？

馬堯士…姑娘我覺得我不能幹下去了我就要離開此地。

古…你幹嗎要離開呢？小學生們不是跟你很好的嗎？

馬：可是我有別的事故，蘭香呢？

古…她在屋子裏，我說馬先生。你現在就走嗎？

馬…小學生們的家裏我都已經告訴了他們了，我打算現在就動身。我去那邊張家走走再來。

（馬漸漸走去，古蓮低頭深思，蘭香自內跳躍出）

蘭香…喈，小姐，鷄跑了菜園裏去了。

（知道她沒有注意菜園，所以取笑她），

古…你好好的去燒火去吧，別來管菜園子了。回頭又要打你。

蘭（在古蓮背後一跳一跳的走來）…小姐，我正在想我現在已經十七歲了，至少我也得快了，你說對不對？

古（微笑）…你怎樣知道的呢？

蘭…我問梅姑的，她她對我說，我是十七歲了。

古…不對的吧，沒有人能知道你今年幾歲了，你媽死了好久了，你又沒有爹。

经管卷（第五册） 交通管理学院院刊 第二号（1929）

蘭：啊！爹是有的，只是他——他不要我了。

古：那麼誰領着你教着你的呢？

蘭（怪可憐的）：沒有人呀，一切都是我自己想出來的，找出來的。小姐，我今年十七歲了，本來該有人來領着我教着我了吧？

古（不耐的）：瞎說，進去吧，我要告訴媽了。

蘭：我眞快活有那位馬先生在這裏，他告訴我好些，我想了好久找了好久而沒有知道的事。

古（笑）：他不願意住在這裏，他要走了。

蘭（面沉沉）他幹嗎要去呢？

古：你這小孩子，他不高興住下去了，所以要去了。

蘭：我……我……

（旋轉了面哭起來）

古：你哭又幹嗎呢？今天早上，不是你跟他談得很高興的嗎？

蘭：今天早上？沒有，可是我早知道了他了。

古：你這小孩子，（走向籬笆面朝着路上）你也想有個男子做你的丈夫嗎？

（古蓮很得意的走去，馬堯士上）

馬（溫柔的）：蘭香，你出來送我嗎？

蘭：我沒有知道你要走，還是古蓮小姐告訴我的。

馬：我希望我們能談一會兒；我將永永的記着我發現的小野鳥兒，她是多麼可愛呀！

蘭（很感動的）：小野鳥？我嗎？

馬：是的，你是被鳥籠密密重重關閉着的小野鳥，我希望我將來能够打開籠子，放你出來。

蘭（走向他）：你……你眞的這樣想嗎？

馬（拍着她）：蘭香，你相信我吧，我們要再見了。

（拿手摸着她的頭髮）

蘭：再會了，每天晚上在那個井邊我會從星光裏盼望你；記得有一次我瞧見我媽，她的面多麼慘白呀！我相信我會瞧見你的。

馬：你說的是早上我們談話的那個井邊嗎？

蘭（指右）：是的，在那大樹底下。那個井是圓的，像你說的地球一樣。我每每喜歡往下看。咳！白天是漆黑的，到夜間可以看星的影子反照着。

野　鳥

馬：蘭香，好，你天天瞧着我吧，再見了，你送我一程。

（二人走去漸漸不見，施大娘入，後跟着桑得安）

施大娘（隨走隨叱化），桑得安，你又要什麽？

桑：唏唏唏唏

（施老大入面帶怒容）

大：你在幹嗎？

施老大：馬堯士這個東西現在倒想走了。

（阿娥跟了來找她父親）

桑：唏唏，你又來了，儘鎖着我幹嗎？哈哈。我是癡了嗎？好姑娘。

施（盛怒）：叫他出去。

（施大娘與阿娥牽桑得安下施大娘復出）

施：晚飯備好了沒有？

大：差不多了，我去開去。

施：今天眞眞累死了，年紀大了這不中用，做一點的事也做得我精疲力盡的。

大：去找個人來幫幫忙，別累壞了身子。

施：找長工！說得多容易，你們女人家眞不懂事。

四

（同下。蘭香自外入，且行且思，立台中注視遠處忽悲從中來，雙手抱頭而泣。聞內室呼聲，疾趨入。稍息復出，手提水桶，往井邊汲水。賴孫上，衣衫破壞不堪，見蘭香汲水，趨前，）

賴孫：好姑娘，我眞渴，我跑了不少的路了，好姑娘給些水喝喝，我決不傷害你的。

蘭（注視他）：水！你取好了，噲！我說，你幹嗎跑這許多路呀？

賴：我嗎？我逃走的。

蘭：逃走的？從家裏嗎

賴：不是，我不會從家裏逃走的，我是從城裏感化院逃出來的。

蘭：感化院是什麽？

賴：就是專放壞的小孩子的地方。

蘭：可不就是孤兒院嗎？

賴：也差不多，不過感化院裏的孩子全是壞的。

蘭（驚奇的）：都是壞的嗎？

賴：是的（悲痛）昨晚我同另外一個壞孩子，同逃出來，他往西，我往東。我不停的走着，昨夜我一夜沒有睡呀，咳！我脚也痛了。

蘭：我眞替你痛心，我給你些水喝吧。

賴：謝謝你，姑娘。你爹和媽都在嗎？

蘭：我媽嗎？她早死了，爹又不要我了，我現在給人家做丫頭。

賴：誰家裏？我想他會要我做男用人不？

蘭：你能耕田嗎？你人倒很强壯的。

賴：我很會的。

蘭：那嗎我們主人也許會要你。

賴：要是他知道了我是個壞種子呢？

蘭：這個我可不知道了。咳！你嘴太乾了，說話怪不方便的，我再給你些水吧。

賴：姑娘。你也想，要是我告訴了他，我是從感化院裏逃出來，他會送我回去嗎？我想不告訴他。但是媽教我不要說謊的，雖然在感化院是常常說謊的。

蘭：我想他不會的。

賴：那多好呀！在家裏我常常耕田的，我媽常常看着我，見我累了，她叫我休息一會，她自己還拿水給我喝。

蘭：快別多說了，坐下來休息一會吧，你脚不是很痛嗎？

賴：你看我在這裏做工好嗎？

蘭：怪冷清清的，工作也苦，但是…………

（施大娘出來阻止了他們的談話，施大娘一見賴孫，就叫他丈夫）

大：喻！你快來。

（施老大上見賴孫很喜歡他，賴孫戰慄的趨向施老大，跪下），

大：幹嗎？

（賴悲泣）

大：他哭起來了。這麼大的孩子還…………

施（拖他起來）：幹嗎？唏唏哭哭的。

賴：我叫賴孫，我是從感化院裏逃出來的，求你不要送我回去。我能耕田，我可以替你做工。（聲碎的）別送我回去吧：

施（覺得他是在他掌握中）：哼！感化院裏逃出來的孩子，

還不送你回去。

賴：天呀！天呀！（哭更甚）別送我回去吧！送我回去，我就會跳在河裏去死，你別送我回去吧。

施（不動的）：我不能收留你！

賴：媽呀！（哭倒地上）

（蘭香在旁怕得很，雙手抱着頭）

施：你現在到那裏去？

賴：到家裏去見我的媽，咳！太遠了，太遠了，媽又會駡我，天呀！天呀！（重伏地下）

施：起來！（賴起來）我現在就收留你。你好好的替我做工。進去吧。

賴：那麽你不再送我回去了吧。

施：你好好的就是了。（用手拍他看看他的筋骨）你到很有力的。

賴：我眞餓呀！

大：蘭香，快些汲水。

蘭：是。（取桶）

賴：讓我來吧。

施：進去，用不着你。

（三人同入蘭香目注他們去後，呆之一會，忽的哭起來。高舉兩手，向井邊奔去）。

（幕落）

第二幕

地點：同上

時間：第一幕後十餘日晚間

佈景：同第一幕

幕啓時，蘭香和賴孫並坐着談天，他們都看古蓮出嫁去了，施老大入，見二人，面頗厭惡，

施：畜生，小姐今天出嫁，大家都忙着你倒安適。記着：你得好好的，你想逃走我把你打個半死，還送你回去，聽清楚沒有；

（手緊執賴臂，賴以兩手下垂，牙齒嚙着嘴唇，防哭出來）

賴：我：我知得。

施：蘭香進去。

（蘭俯首下，施自往前村去，賴立台中泣。少頃，蘭偸偸上見賴獨在叫他，）

蘭：賴孫你幹嗎呀？你想睡嗎？這樣的月色，這樣的星光，多可愛呀！我想一個人總得有人領着他，教着他，使他知道許多神秘偉大的事纔好呢！

賴（揩淚）：是的。

蘭：啊你哭嗎？（也流淚）

賴：蘭香你的話眞有趣，你現在沒有人領着你敎着你嗎？

蘭（搖頭）：沒有人呀？從前有位馬先生他告訴了我許多我不知道，我想不出的事，但是他現在又去了。賴孫你總懂得一切吧！你會告訴我不？

賴：我懂得！我懂得許多壞事！

蘭：你自己以爲壞，我看你一點也不壞。

賴：蘭香我是眞壞的。我在家裏是個好人，後來就變壞了。他們送我進感化院，想我變好，然而我却反而更變壞了。

蘭：他們又怎樣會送你進感化院去的呢！

賴：因爲我打了我的父親，打得他，伏在地上出血了，他們就說我是壞孩子，送了我進去。

蘭：那你又幹嗎要打他呢？

賴：他太可惡了，無緣無故的把我媽打、還把我媽的手臂反折轉來，害得我媽哭起來，他還不停止，我恨極了，就打他，很命的打他。

蘭：這樣的打也是應該的，他多殘酷呀！

（蘭香的面伏手中）

賴：可是他們說我不應該！（見蘭香哭）唷！蘭香別哭，不要……

蘭：你可憐的媽！

（像小孩樣的倒在賴孫懷裏賴孫用手抱着她）

賴：我媽定歡喜你她說過她要一個女孩子。

（賴孫把頭緊插蘭香髮際）

蘭：這個樣子幹嗎？

賴：我喜歡這樣。你柔軟的頭髮，親着我的臉怪有趣的。

蘭（稍停）：那沒你的臂又幹嗎抱得我這樣緊呢？

賴：…，蘭香，蘭香

蘭（逃開奇怪的注視他）：你害我你的聲音……

賴（緊握雙手）：蘭香，蘭香。

蘭：幹嗎你又儘叫着蘭香，蘭香？

(重復走近他)

賴：別近我蘭𡟇，我……是壞的：你：別近我：：(走向籬笆)。

蘭(跟着他)：但是我要你領着我教着我呀！你還得告訴我許多世界神秘的事。我聽前村的阿容告訴我不少了。但是我不信、我不信世界是這樣的。你得告訴我些美麗的事。

賴：咳，蘭香，阿容的話是眞的。

蘭：不對的，賴孫，不對的。他的話使我聽了會哭起來，你得告訴我許多美麗有趣的事，你得使我快活。賴孫，你來了之後使我感覺到從來沒有的快樂呢。

賴：眞的嗎？蘭香。

蘭(趨近)：誰誑你呀。

賴：蘭香，我也覺得非常的快樂雖然工作是這樣的苦，樣樣的，苦但是我也不憖。我能近着你，蘭香，我是快樂的了。

蘭：(引開話頭)月色眞好呀星光也亮。賴孫，我們到井裏去看星去，看看馬先生來不？

(蘭跑去，賴隨之。桑得安蹣跚上，今晚因爲看守他的人去看熱鬧去了。所人給他逃了出來，他身上蓋着一件紅衣裳，手裏拿着根竹枝。)

桑：晞晞，他們去遠了，今天又被我逃了出來。晞晞(見蘭賴)哈哈！快樂的孩子們，來吧，趁他們都去遠了，我們來玩玩吧。記得我的年輕的時候，還同鄰家的女孩子捉捉迷藏，唱唱山歌，多有趣呀。

(蘭香爲他的話所動，走近台中，賴不悅。)

賴：你滾開去吧。

桑：晞晞別動氣呀！小孩子們就得像個小孩子大人們也得像個大人，告訴你人生離合不定的。(哭)天呀，天呀，楓樹上的葉和柏樹上的棗，怎樣的被風一吹，吹在一起，就不能離開了。可憐呀，這葉子，可憐。

(此時蘭香身內取出些食品來。借着星光他們也吃了。)

蘭：桑得安，你也喫些。

桑(在吃)：哈哈，想起了，我們來玩吧。玩個捉蝴蝶的玩意兒，蘭香披了我這件紅衣裳做蝴蝶，賴孫去捉牠。

嘶嘶，多麽有趣，我在旁邊看着。哈哈，

蘭賴：好吧

（他們吃好了。蘭香穿了紅衣，像蝴蝶一樣的向草野裏奔去，賴孫追着她。）

桑（拍掌大笑）：追呀！追呀！別放過她，你的美麗的蝴蝶。哈哈，

蘭（在林中）：賴孫，賴孫，你追不着我了，你捉不着你那蝴蝶了。

桑（手舞足蹈的）：追呀！追呀！小孩子，別錯過了機會，機會錯過了是不會再來的！嘶嘶，

蘭：賴孫，賴孫，

賴：你說我不能夠嗎？你看呀！

（他向林中跑去，他那瘦長的身體，很可以看得出，蘭香一面跑，一面笑，桑得安坐着看他們，舉動奇怪的，也不曉得是眞還是悲，忽而又長嘆了。賴孫捉着了蘭香。他們的影子來往了一會，聽得他們的笑聲。）

蘭（走出。沾了一會，手指緊按着她的嘴唇，面上紅紅的眼光很柔軟的射出）：桑得安桑得安：賴孫他……

桑：嘶嘶嘶嘶

（幕落）

第三幕

地點：同上

時間：後月餘，正當春風靡漫時，草野上開滿了野花。

幕啓時，施大娘和古蓮並坐在木桶上。

大：古蓮你又有什麽苦呢？

古：媽，你不會知道，苦是說也說不盡。

大：雙泉不是待你很好的嗎！

古：他是好的，但是他的娘眞利害。他人又老實，一點主意也沒有，忒小的事，他都沒有好法，何况家裏的事。唉，媳婦眞難做。

（二人默然）

古：我要去了，回頭他娘又要罵了。蘭香的蛋還不拿來。

大：蘭香快些。（微嘆）娘也有娘的苦處，你爹的古怪剛强的脾氣，你難道還不知道，我也無從勸他。勸勸他反

而要被他罵一頓蘭香現在也長大了，天天跟賴孫在一塊兒，也不是道理，萬一發生了什麼，又怎樣呢？你爸是不管這些事的，我又不好管，我真担着這個心。蘭香近來天天打扮得花花綠綠的。

古：媽總得處處嘗心他們，別讓他們常在一塊兒就是了。

（蘭香入與致冲冲的走來，頭上滿插着野花，手裏拿着一盆蛋）

大：蘭香，頭上戴着這許多花幹嗎？去拿掉了，怪難看的。

（蘭香不語下，古蓮拿了蛋就去了。施大娘也進屋子去了。賴孫自外入，手裏拿着耕田的東西，放在籬笆旁邊，蘭香自內出）

蘭：賴孫，你幹嗎呀？今天早上，你看也不看我，你可知道我藏了一束你給我的花。昨夜我睡的時候，在我頭髮裏，找出一朵小小的花來，想起日間你拿着許多花放在我頭上。咳…可愛呀，這些花。

賴：蘭香，別提起吧。一切都是過去的了。

蘭：賴孫，別這樣，這樣使我傷心的。昨晚我找到了這朵花，我快樂得哭起來。我覺得我是命苦呀！我…你…

（蘭香向籬笆走去，埋頭在手中）

賴（心中交戰的）…蘭香，蘭香。

（蘭香伏在籬笆上）

蘭：我們怎樣好呢？

賴：蘭香，蘭香。

蘭：我們能不能常在一塊呢！

賴：蘭香我們也像古蓮小姐和浦家少爹一樣，不是很好嗎？他們常在一塊兒的。

蘭：我們又怎樣去做去呢！

賴：我去對老爹說，我要娶你，你肯嗎？

蘭：你又怎樣的對他說呢！他是很兇的。

賴：我會細細的告訴他，我們要常在一塊兒，他一定肯的，我今天就對他說、

蘭：賴孫，不要　樣急呀！我很怕。

賴：別怕，不要緊的，你放心吧。（走近她）

（施老大自外入見賴孫怒）

施：畜生，你到好。人家在田裏忙着，你到會偷閑。（見

蘭香）蘭香，你又在這兒，(看二人)你們幹得好事，哼！怪不得……

(賴孫跪下)

賴：老爺，不關她的事，是我。老爺我要娶蘭香，我們要常常在一塊兒。

施　混蛋！你這畜生也想娶親了，怪不得你們鬼鬼祟祟的在一起，你們幹得好事，眞把我恨死了，今天來打發你一下。

(取木幹打賴孫賴孫跪伏地上)

賴：老爺！我們并沒有做什麼呀！

施：不許多說。(重聲之)蘭香，你這丫頭也好。回頭我再來打發你（正在打他，施大娘自內聞聲出，也不敢勸浦雙泉倉徨入）

浦：不好了！不好了！前村起火了！起火了！

施：那裏？你說那裏！

浦：張家的柴堆裏，很大的火？

施：快去救去，快去。

(施老大急忙入，施大娘也出，蘭香伏賴孫肩上哭)

蘭：怎樣了？賴孫打傷了那兒沒有？

賴：沒有打傷，你放心。

蘭(哭)：賴孫

(桑得安上，因爲前村起火，又被他逃了出來)

桑：哭呀！哭呀：別哭呀！逃走了就是了。唏唏，孩子們眞傻呀！(賴孫漸漸的抬起頭來目視蘭香)

賴：蘭香我們逃吧，

蘭：逃嗎：…

賴：到我家裏去，我媽一定喜歡你的，

桑：逃呀！逃呀！有趣呀！在樹林中俯俯摸摸的走去，我年輕的時候還同一位姑娘逃跑的呢！逃呀！走過這個林子，便是一個山洞。藏在那兒，到晚間不是很好嗎逃呀！唏唏。

賴：我記得那裏有條路可以晚上走的，現在先去伏在洞裏等到夜晚吧。

蘭：好！我去帶些吃的東西，你餓了吧？

桑！好呀！逃了。

賴：還帶些水菓來吧，我去汲水去，快一點，等會他們來了。

桑（倚籬笆）：火多大呀！火發得多麼大呀！水儘是壓上去，還有什麼用呢？還不是逼他走絕路嗎！止不住了，止不住了，唏唏，

賴：快呀！快呀！

桑　還不想方法挽回，火燒得不能止住了。唏唏，

賴：快呀！快呀！

蘭：好了，（自內出）走吧。

（二人向林子走去，桑得安大笑立台中）

桑：唏唏，火燒了，火燃燒了，你們可能救熄？你們無用的了。

（幕落）

第四幕

地點：同上

時間：五月後，已是秋天了。四圍的樹葉，片片的落下來，草地上不見了青的草色。

賴孫和蘭香的逃走，倒被追了回來，回來後更苦了。打還不算，還把他們遠遠的隔開，不許見面，但是又怎能禁止得住呢

一個傍晚時光，蘭香正去汲水，賴孫自外入。

賴：蘭香，你每晚哭幹嗎呀！我聽了怪難過的！

蘭：我也不知道。賴孫……我覺肚子裏有東西爬着，一動一動的，我從來沒有這樣感覺過。

賴：啊喲蘭香：蘭香你……

蘭：什麼呀？你幹嗎這樣抖呀？

賴（搖頭）：我：：我不能說。

大（自內）蘭香，蘭香。

蘭：來了（對賴孫）你快走開吧！別讓他們看見，老爺說，再看見你跟我在一塊兒，他要打得你死。你去吧！

賴：好！讓他打吧！

蘭：賴孫，不要這樣，你替我想想呀！你走吧，

（賴無語低頭向林中去，蘭香呆立深思，施大娘自內出）

大：蘭香，叫你也不來，在這兒幹嗎，別給老爺看見了又是打，（蘭俯首，古蓮入）

古：媽，你好嗎？

大：古蓮你又什麼閒工夫來娘這裏？

古（含羞的）：我要告訴媽我…… 肚中常常覺得有一點爬動似的，媽，這可怎麼好？

大（笑）：孩子，恭喜你呢，有了喜了，還說怎麼好，別這樣孩子氣呀！裏面去吧，蘭香，快些汲水。

（母女二人入，蘭香瘋也似的走向前，兩眼直視的）

蘭（哭聲）：爬動，爬動，我知道，有喜了！天呀！賴孫你……

（搖搖的走來走去，全身無力的，漸漸跪在地上，又漸漸的睡倒了，賴孫自林中返見蘭香）

賴：蘭香，蘭香，

（以手握之，抱她起來，叫她，蘭香漸漸醒來）

蘭：賴孫我知道了。天呀！

（賴取水飲之，漸漸起立）

蘭：賴孫，我知道了，每晚肚中這樣的爬動着。

賴：什麼？賴香！

蘭：我已經有了小孩子了，像古蓮小姐一樣的，我一定要告訴你賴孫，我已經有了孩子了！

賴：天呀！

蘭：幹嗎你也說天呀！

賴：因爲我眞是個壞人。

蘭：壞人？什麼是壞人，我不懂得。

賴：我是壞的。

蘭：壞的？什麼是壞的？小孩子是壞的嗎？空氣是壞的嗎？

賴：蘭香當心給他們聽見了！

蘭：賴孫你別拋了我呀！我得你領着我教着我，賴孫告訴我呀！

賴：蘭香我自己也是胡塗了我不知道什麼是好的什麼是壞的。蘭香。

蘭：賴孫我們怎樣呢？我們怎樣呢？肚中的小孩子，可憐的孩子：我們再逃吧？

賴：現在又逃到那兒去呢？

蘭：賴孫賴孫，腹中的！

（施老大上見二人怒極）

施：畜生你又來了！好，不怕打的東西！今天我要打得你半死！

（取木幹痛打，賴孫伏地哭，蘭香慘叫，施大娘古蓮䠀出來，也不敢動。）

施：你這東西，非打死你不可。（重打，賴孫伏地上聳動）

施：你這小丫頭也好，今天也得打你！

賴：天呀！天呀！別打他，她有了孩子了。

施：哼！你的壞種，你做得好事。（再打，賴漸漸不動。）

蘭（伏賴孫身上）：賴孫；賴孫，

施：還要裝腔作勢的！

賴：蘭……蘭香我……我！

（賴孫死了，蘭香哀號數聲，）

蘭：賴孫賴孫！

（起立，眼睛向上的，頭髮散亂的，一步一步往後退，倒在樹旁，施老大走近賴孫，拉拉他）

施：啊喲！死了，

大古：死了嗎！（哭）

施：哭什麽？

（遠遠走來一個人；是馬堯士，施老大急急的想設法藏去屍首，）

馬：施老大，你好嗎？許久不見了，你們都可好？

施：多謝多謝！

馬：你們在幹嗎？蘭香呢？（見屍首）啊！誰呀，施老大，他是誰？

施：馬先生，這些狗男女幹的好事，他跟蘭香幹的好事。

（馬了然一切，聞水聲，急奔向井邊，遇桑得安）

桑：唏：。你呀！蘭香井裏去了。蘭香井裏去了。

馬：什麽？你說，

桑：哈：蘭香！我看見她爬到井裏去的。我去看看漆黑的看不見人。

馬：壞了，來不及了！（推開他）

桑：別去了，看不見的，漆黑，漆黑的井裏。

（施老大頭漸漸祗下來，走向籬笆去，古蓮緊依着施大娘，大娘戰慓着。）

馬：蘭香，蘭香。

桑（見賴孫）：噲、幹嗎？她去了，她去遠了！你捉不住她了，井裏漆黑的，到晚上月光星光裏去，找她去吧。

嗆起來呀！

馬：遲了遲了。我眞不知道究竟怎樣會事。我得打聽清楚，你，老大，你殺死了兩個人了！蘭香那麽嬌小的小鳥，你也殘惡的去殺死他！你好，你好！她還是沒有開眼的小鳥，你就殺死了她！

大：他沒有殺呀！先生。

古：但是關你什麽事呢？先生。

馬：我當初在這裏敎書的時候，就知道她是很聰明的人，我知道她是受苦，我就想救她出来，所以我就離開了此地去設法，我現在已經找到她的父親，我正想把她要同去，誰知她却如此慘死了！天呀，人爲什麽這樣的殘酷，天又爲什麽這樣的不明白？（大家默然）

桑：孩子，起來吧，起來玩玩吧！你的紅蝴蝶向草裏飛去了！追上去呀！她是永遠屬你的了，追呀！追呀！

（幕落）

（全劇完）

野鳥

特載

本院一年來大事紀

本院自去夏交通部全國交通會議議決以上海北平唐山三校改組爲交通大學後，將原有交通管理科擴充爲交通管理學院，仍派徐佩琨先生爲本院院長。教務完全獨立，秉承校長辦理；本院一切事務俱取決於院務會議，及院務會議常務委員會，迨鐵道部成立，本校遂隸屬於鐵道部，茲將本院一年來大事分述於下：

(一)北平交通管理分院同學請求轉學，經院務會議議決，請求者應將原校成績書繳驗，再由本院院長教授加以考試測驗，以定插入班次，此次各級插入者計於德倫等十九人。

(二)本院經濟科學舘成立已久，因經費問題，未能充分用人，故一切管理之事，俱由本院助教共同義務担任，但負責不能無人，經院務會議議決，請院長商同該舘執行委員會，推舉主任一人，結果推本院助教曹麗順先生暫行担任該舘主任之職。

(三)本校圖書舘所藏參考經濟書籍極少，即有者亦陳舊不適用，茲者校當局已向鐵道部請得巨款，作爲本校添購新書之用，本院現已由各教授儘量介紹新書，送舘訂購矣。

(四)本院一九二八級畢業同學郁仁充君由美來函，報告近況，此後本薛文尼大學當局已允本院同學如能在一年內，完畢論文，及所選各科，即給予MBA學位

(五)本學期新聘鄭寶照王志剛沈孝光楊石湖諸先生爲本院講師，鄭王諸先生俱係鐵路及銀行專家，故本院深慶得人。

(六)組織擴充設計委員會，擬定本院擴充計劃大綱，由院務會議舉出徐佩琨張直夫周德熙王鈞璈王季常五先生爲擴充設計委員。擬定計劃如下：(一)經費劃分(二)交通管理科課程分四門(三)建築完備之經濟科學館(四)增加學額(五)設立研究院(六)添置書籍雜誌(七)增設電郵航管理各科。以上各計劃已有一部份由鐵道部核准施行

(七)本院一年級新生應試科目，自本年起，增加簿記一門，原有高等代數改爲數學(三角幾何代數。)加試簿記，因本校預科三年級管理班，已讀該科。爲免除新舊生程度參差起見，故入學新生至少須有簿記門徑。

(八)四年級增門，課程，請張直夫王志剛王鈞璈周德熙武書常唐樹屏鄭寶照李榦諸先生担任擬訂，以備下年實行。

(九)本院一切設備，殊形欠缺，關於統計，會計，國外滙兌，應用儀器，亟須購置。前經呈請鐵道部撥款購辦現已由本校經費內暫撥貳千元，作爲添購儀器之用。

（十）西湖博覽會籌備甚久，分向各界徵求各種出品，以供陳列。本院統計一科，向由徐院長親自担任，歷年搜集鐵路及各種經濟材料。繪製圖表，精密正確，素爲外界所推許。此次該會有特稱陳列所，專事陳列各種圖表，本院亦已檢送歷年所繪圖表數十架，運杭陳列，以供衆覽。

特载

四

交通管理學院學生會出版部鳴　謝啓事

逕啟者交通管理學院院刊自去歲印行以來經費極感缺乏幸承　諸師長熱心捐助克底於成除另奉收據外謹此鳴　謝

捐款台名列左（以收到先後爲序）

台名	捐款
徐叔劉院長	叁拾元
王鈞璈先生	拾伍元
沈孝光先生	拾元
張直夫先生	拾伍元
唐樹屏先生	拾元
陳俶達先生	拾元
周德熙先生	拾伍元
唐謀伯先生	拾伍元
王季常先生	拾伍元
戴麟藻先生	拾元
周振聲先生	拾元
武書常先生	拾元
曹麗順先生	陸元
李　榦先生	拾元
祝世康先生	拾元
邱正倫先生	拾元
朱仲銘先生	拾元
達思儉先生	叁元
蔣士麒先生	叁元
何壽孫先生	叁元
鄭寶照先生	拾元
王志剛先生	拾元
楊石湖先生	拾元
吳維翰先生	叁元
施家俊先生	叁元

《交通大学实业管理学会会刊》简介

该刊由交通大学实业管理学会于1939年11月创办，仅出版一期，为中英文合刊，由老校长唐文治题签封面。交通大学实业管理学会成立于1938年10月，由管理学院学生杨天龄、杨宝蝶、张芝祥、苏挺、邓津梁等人发起组织。目标是“提倡科学管理精深之研究，及赞助中国实业之发展与改进”。当时，中国实业与管理落后，国弱民穷，以至屡遭帝国主义欺凌。基于此种背景，该刊呼吁“海内实业先进，农工专家，幸共起而启迪之，匡教之，督促之，探讨之，异日我国实业得与欧美各国相抗衡”①。其发刊词明确指出：

> 今之谋国之士，筹救亡之策者，莫不曰振兴实业，夫振兴实业确已，然使徒有机器之发明，而无管理之方法，无益也。同一之实业，往往外人营之而辄赢，国人营之而辄绌，此无他，缺乏科学之管理方法耳……交大于我国实业教育，夙有建树。民国二十年，校长黎先生复创设实业管理科，以研究实业管理之学术，八年已还，弹(殚)心竭虑，不敢稍自懈怠。以期有所贡献，盖亦发行专刊之本意也。②

该刊主要收录有关工业、财务及交通运输管理方面的论文，包括顾炳元的《人事管理概要》、杨吕龄的《实业军用化危仪》、郁仁充的《实业运输管理问题》、熊大惠的《成本会计之新趋势》、周宝稣译的《中国工业三年计划》、张积仁的《战时工资问题》等。此外，还介绍了交大实业管理学会的简史。

---

① 《发刊词》，交通大学实业管理学会：《交通大学实业管理学会会刊》(1939年)，第2页。
② 《发刊词》，交通大学实业管理学会：《交通大学实业管理学会会刊》(1939年)，第2页。

交通大學

實業管理學會會刊

民國二十八年十月

交通大學實業管理學會會刊

乾坤橐鑰萬彙競萌

極深研幾丕揚耿光

唐文治題

交通大學實業管理學會會刊

目錄

民國二十八年十一月

題詞……唐文治
發刊辭……（一）
本會簡史……（三）
祝實業管理學會會刊之前途……盧志學（五）
國際勞工組識與中國之關保……程海峯（七）
人事管理概要……顧炳元（二一）
全國工商會計制度簡易改良之方法……謝霖（二九）
輓近各國之輸出信用保險業……李權時（三三）
實業軍用化芻議……楊昌齡（三五）
成本會計之新趨勢……熊大惠（四四）
科學管理與今日之勞資合作問題……張宗謙（四七）
實業運輸管理問題……郁仁充（五〇）
我國新工業政策之檢討……黃宗瑜（五四）
書報介紹……王烈望（六四）
中國工業三年計劃……周賓穌譯（七一）
戰時工廠應注意的幾個問題……呂聯元（七五）
美商合豐企業公司生產統制制度概論……楊天齡（八四）
品質之標準化……許相如（一〇〇）
戰時工資問題……張積仁（一〇七）
鳴謝啓事……（一一七）
編後……（一一八）
廣告欄

發刊辭

我國自古以農爲立國之本，孟子曰，五畝之宅，樹之以桑，百畝之田，勿奪其時，管子曰，一夫不耕，或受之飢，一婦不織，或受之寒，以至於書之無逸，詩之豳風，皆以農事爲不可緩也，蓋人民既無飢寒之虞，天下自可郅隆致治，然而數千年來，土地之生產物有限，人民之繁殖率日增，若於農業之生產，工業之製造，不能力求改進，徒恃墨守陳法，而欲奠國家民族於磐石之上，其可得乎。

近世歐美各國，科學昌明，利用機器，增加生產，故雖中稔之年，而農產物往往因豐饒而過剩，於是科學家乃更轉而研究工業之製造，百餘年來，競以製造品輸入工業落後之國家，而我國則爲其最大之消耗市場，以地大物博，天然生產甲於全世界之我國，利用厚生之道，而反形危亟者，何也，蓋我國之農產物僅爲原料之供應，而一切工業製造品，仍須仰給於舶來，利權外溢，歲以數萬萬計，若不急起直追，迎頭趕上，以謀塞此漏巵，坐使經濟命脈，日趨枯竭，則無待侵略國之堅甲利兵，我國家民族之淪亡，亦將計日而至矣。

今之謀國之士，籌救亡之策者，莫不曰振興實業，夫振興實業尙已，然使徒有機器之發明，而無管理之方法，無益也，同一之實業，往往外人營之而輒贏，國人營之而輒絀，此無他，缺乏科學之管理方法耳，是以不欲振興實業則已，如欲振興實業，其於管理之學術，尤宜三致意焉，管理者何，舉凡人事也，工具也，以及生產製造也，運輸消費也，在在皆須有通盤之籌劃，縝密之分配，負擔儘使其減輕，效力儘使其增進，夫是之謂管理。中山先生有言曰，人盡其才，地盡其利，物盡其用，貨暢其流，然則人何以能盡其才，地何以能盡其利，物何以能盡其用，貨何以能暢其流，是又管理實業者之所應深切研究者也。

我校——交大於我國實業教育，夙有建樹。民國二十年，校長黎先生復創設實業管理科，以研究實業管理之學術，八年已還，彈心竭慮，不敢稍自懈怠，以期有所貢獻，蓋亦發行專刊之本意也，惟是學識經驗，兩皆空乏，雖抱匡濟之懷，難逃孤陋之誚，甚望海內實業先進，農工專家，幸共起而啓迪之，匡教之，督促之，探討之，異日我國實業得與歐美各國相抗衡，當以此爲左券矣。

本會簡史

憶本校自民國十八年改組後，僅有鐵道管理一門，至二十年，始因交通實業之需要管理人才，而改鐵道管理科爲管理學院，內分鐵道管理，實業管理，財務管理，公務管理四門，至是管理學院基礎始奠，規模乃具。嗣後至民國二十三年，本校各學術團體均在蓬勃滋長中，本院之經濟學會，亦有擴充進展之趨勢，而本會亦即於此時誕生，當時即由李君震聲主持其事，組織分總務，參觀，學術，出版，體育五部，以推進本系同學之一切活動，平時除敦請名人專家來校講演外，復參觀京滬各地工商組織，以資觀摩，而增智識，翌年由董君寅初負責，事變以後，本會一因經費拮据，一因環境特殊，而學校又在亂離動盪之中，一切工作勢難推進，故會務即告停頓，迄今一年有餘矣。國家多事，工業有畸形發展，實業管理教育之需要，於是乎更切。是以上年十月初，本系同學楊天齡，楊實濂，張芝祥，蘇挺，鄧津梁等，特發起重行組織實業管理學會，其最大目標，即在提倡科學管理精深之研究，及贊助中國實業之發展與改進，俾爲來日復興中國實業之先導，第一次全體大會，召開于上年國慶日，蓋所以示意義之重大也。重組以來，初以格於環境，且本會正在滋張濟發之中，各項工作一時難以進行，此時可謂本會重組後之萌芽時期，迨今春開學，本會負責人因鑒于切實工作之不可稍緩，故即不揣冒昧，開始工作，當于二月二十二日，召開第二次全體會員大會，重申本會之意義與使命，並通過本會章程，至是本會基礎始奠，開始發展，同時復因取得學校當局與滬上工商各界領袖之提攜愛護，會中氣象，更形蓬勃，先後參觀工廠，計有中新紡織第九廠，大中華橡膠廠，晶華玻璃廠，沙利文餅乾廠，新華影業公司等，深得各方贊許，並先後敦請潘序倫先生，李權時先生，程海峯先生，鍾偉成院長來會講演，實一改往昔同學專攻課本不求實務之風尚，而開本校學生活動之新紀元，同時本會工作，復秉承校長院長訓示，一本服務精神，故名義雖分，但爲全校服務之精神，會內會外固無分軒輊也，是以每次參觀演講，會外同學之加入者輒數倍於本會人數，此固全校師長同學之愛護維繫，抑亦本會同人團結互助爲全校上下服務之精神也，是時本會同人，因無刊物不足以示提倡，更不足以切實贊助中國之發展與改進，幾經籌劃，決議出版會刊，惟因重組伊始，基礎未固，經費方面尤感拮据，會刊出版屢遭阻撓，然卒經月餘之考慮與籌劃，本刊誕生始克實現，至是本會務艱難困苦時期，始得轉入於坦途，憶本會由創立而停頓，由停頓而重組，由重組而至今日，其間數年之歷史，所經人事世事之變遷，滄海桑田，實不堪回首，本會之生命，亦惟有隨環境與事勢而滋長，自重組迄今，爲時適値一年，自不敢有何成績可言，但覺本會實有蓬勃之趨勢，値茲會刊出版之期，顧念其意義之深遠，使命之重大，而記其史實，俾與全國各界協力進取，庶得于國家社會有所貢獻，豈僅吾人之素願、亦國家前途之幸也夫。

祝實業管理學會會刊之前途

余之世交交通大學教授殷礪平君日前介紹該校實業管理學會楊天齡君來談，邀余爲該會會刊寫一文，余以素不能文辭，而楊君堅請要余寫幾句關於中國近幾十年來實業管理上各種問題，余爲楊君殷勤誠意所感，勉强寫幾句藉祝該會會刊之前途。

三十年前余遊學歐洲，曾到英德比等國工廠實地練習，其時正各國工廠之進步者開始注意科學管理方法，提倡研究，其目的在人事上求職工服務之安定，工作之勤懇，技能之適用，在製造上求出貨品質之優良，成本之減輕，效用之增高，是爲近代工業競爭之結果，非改善管理方法不足以達到上述各項目的，美國汽車工業之能如此發達，科學管理之功也，德國化學工業之能如此進步，科學管理之功也，近年來日本紡織工業之能如此擴充，亦多科學管理之功也，中國近年來有幾種工業頗見發達，亦皆得力於採用科學管理方法，工業之範圍愈大，對於科學管理之需要亦愈切，如家庭工業範圍較小者，或無科學管理之必要，若職工人數多，用料廣，出品繁，處處應注意於其管理方法是否適當，一有失漏或錯誤，小不可以多計，所謂失之毫釐，差之千里，科學管理方法之精深，卽在此也，余有親戚某機器工程師，曾在上海設修理廠，以代修紡織機器配件爲專長，一日曾告余曰，上海紡織廠甚多，本國人與外國人多有經營者，其中以日人經營之廠內管理方法最爲科學化，英國廠家亦有不能及之者，至於中國廠家甚少講究管理方法，以人情爲重，弊端甚多，往往廠長工程師甚至機匠老軌，各營私利，多要好處，無怪出品劣而成本貴，難與外廠競爭，中國欲求工業發達，必須辦事職工自上至下均能忠實無私，管理方法必須科學化，庶幾出品精良，成本減輕，民國元年余在漢陽鐵廠任職時，接余師英國機器工程師曾任上海製造局總工程師彭脫先生由英來信，內稱辦廠固須講究技術，而管理方法亦須注意，否則雖有極高之技術人才，因管理方法之不良而遭失敗者甚多，可見管理方法之重要，不亞於技術，余聞吾師之言，遂注意於管理方法，而加以研究，出貨成績確與管理方法同見進步，民五年余任湖南礦務總局事，亦曾邀集各礦廠之負責人員討論改良管理方法，注意研究，亦得到相當之效果，惟須因時因地，求其適宜，不能固執一法，死守不變，此點應加以注意也，民國廿一年以來，余被聘入五洲藥房服務，常至固本皂藥廠，與廠中幹部人員討論管理方法之應如何改良，欲求科學化，須先訓練而繼以試驗，成績當然由努力而來，余在此三十年，中所得實業管理上之經驗，覺得最難者，爲人事根本上欠缺教育，服務中欠缺訓練，加之國人特性重情而不重法，重私而不重公，大至國家政治，小至工廠實業，此爲最大弊病，此病不治，一切管理方法，無論如何科學化，均失去效用，余故曰，實業管理應求科學化，而中國人之心理，應求公法化，如不重公輕私，重法輕情，則根本上不能使科學管理方法之見諸實行，余同學丁在君氏，數年前在上海留英同學會演說「中國之青年，」曾說過世人有批評中國之青年，尤其自外國留學歸來者，徒有皮毛，毫無實用，不知其病在用之者方法之失當，或望之過奢，或求之過急，或束縛過甚，或信任不專，雖有才能，無法表現，丁氏自己之經驗，適相反，頗能證明中國青年之有爲也，惟在用之適當耳，今午余在中華國貨產銷協會中，聽交通大學教授沈三多氏演說「近世機械工業之進展，」其結論希望中國實業家多能注意管理方法之改良，則中國實業之前途方有希望，國家民族之富强，亦賴乎此，余拉雜書此數行，敬祝實業管理學會會刊之前途遠大。

盧志學　五月五日

國際勞工組織與中國之關係

程海峯

國際勞工組織與中國之關係，可由兩方面說明之，一爲國際勞工公約與建議書對於中國勞工立法之影響，一爲國際勞工局對於中國勞工事業之協助。茲特分述如左：

（一）國際勞工公約與建議書對於中國勞工立法之影響

中國自海禁開放以來，機器生產逐漸發展，惟對於勞工之保護頗爲忽視，此種情形與先進各國在工業革命初期之狀況相似，是以國際勞工組織成立之初，即注意中國勞工狀況之改善，一九一九年在華盛頓舉行之第一屆國際勞工大會所設之「特別國委員會」曾討論中國之勞工問題；該委員會提出建議二項如下：（一）希望中國政府採取以工廠法保護工人之原則，（二）主張國際勞工大會向各關係國交涉，使其在華享有之租界及租借地仿照中國政府已訂之勞工法，採取同一辦法，或由各該國家決定凡中國政府制定之勞工法，得由中國政府在租界及租借地內執行。該委員會要求中國政府於一九二一年向大會提出關於如何實施勞工保護原則之報告書。中國政府對於此事雖未能如期實行，然至一九二三年三月，曾根據第一屆大會特別國委員會之建議，頒布暫行工廠通則。該通則之要點如下：（一）男童工之最小年齡爲十歲，女童工爲十二歲；（二）童工每日工作時間不得超過八小時，成年工人每日工作時間不得超過十小時；（三）女工生產前後應各有五星期之假期，並應給予相當津貼；（四）童工每月至少應有三日之休息，成年工人每月至少應有二日之休息。上項通則中之重要條欵，大部均係在適合當時中國情形之條件之下，參照國際勞工大會所定標準而規定者。該項通則之缺點甚多，其最要者爲過於簡單，且無強制執行之規定。上海公共租界工部局頗注意於上項通則，曾於一九二三年組織一童工委員會，調查界內各工廠之童工雇用狀況。次年該委員會將調查經過情形報告租界當局，並對暫行工廠通則加以研究及批評。該委員會最後曾向租界當局建議租界內施行上項通則之條件，該項建議並以實施華盛頓勞工公約爲目標。嗣因工部局職權所限，上項建議未能實施。

中國國民黨向以提高農工之地位及改進農工之生活爲目標，而對於農工羣衆之組織尤爲重視。一九二四年中國國民黨第一次全國代表大會宣言對內政策第十二條明定：「保護勞工團體，並輔助其發展。」國民政府以此項宣言爲政綱，制定工會條例二十一條，於是年十一月由孫總理以大元帥名義頒布之。該條例第一條明定：「凡年齡在十六歲以上，同一職業或產業之腦力或體力之男女勞動者，家庭或公共機關之雇傭，學校教師職員，政府機關事務員，集合同一業務之人數在五十人以上者，得適用本法，組織工會」由此可見政府當局對於勞工之集會結社權已予確認，此與國際勞工組織普通原則第二項所定：「勞工與僱主皆有結社之權利，只須其宗旨合法」精神完全相符。國民政府奠都南京以後，對於勞工之保護，進行甚為積極，而尤致力於勞工法規之頒訂。一九二九年十二月國民政府正式公布工廠法，規定一九三一年八月一日施行，並於一九三二年十二月予以修正。該法共分十三章，包括總則、童工女工、工作時間、休息及休假、工資、工作契約之終止、工人福利、工廠安全衛生設備、工人津貼及撫卹、工廠會議、學徒、罰則及附則等項，凡七十七條，內容頗稱完備。該法各條款多半係參照歷屆國際勞工大會所通過之國際勞工公約與建議書而制定者。此等條款對於目前中國工業狀況，一時縱或未能完全適合，然假以時日，必能推行盡利也。

歷屆國際勞工大會所制定之公約草案共六十三個，其經中國政府批准者計有十二個。一九三〇年二月二十八日國府批准規定最低工資辦法公約（第二十六號，一九二八年）此為中國所批准之第一個公約。然在當時中國之經濟狀況之下，欲實施法定最低工資辦法，實甚困難，故行政院延至一九三四年三月始頒布國營企業最低工資暫行辦法，而私營企業則並不適用此辦法。至一九三六年十二月，國府公布最低工資法，以期上述批准之公約得以普遍實施。最低工資法自頒布迄今，尚未施行，當局原擬將該法在若干重要工業區域中早日付諸實施，旋以中日戰事爆發，戰區工業悉遭燬損，後方工業方始萌芽，故暫時不克實現。一九三一年四月十八日國府批准航運重大包裹上標明重量公約（第二十七號，一九二九年）。為實施該公約，行政院曾於一九三二年十一月公布標明航運包件重量章程，並於一九三六年十二月加以修正。一九三四年二月九日國府批准農業工人之集會結社權公約（第十一號，一九二一年）。為謀農會會員資格之規定與該公約第一條條文相符起見，特於一九三七年五月將一九三〇年所頒行之農會法予以修正，規定佃農及一年以上之雇農自得為農會會員。一九三四年二月九日國府批准外國工人與本國工人關於工人災害賠償應受同等待遇公約（第十九號，一九二五年）。惟中國工廠實際上從不雇用外國工人，且中國工廠法對於災害賠償之規定，原無中國工人與外國工人之分別，故無另頒單行法規之必要。一九三四年二月九日國府又批准工業工人每週應有一日休息公約（第十四號，一九二一年）。工廠法第十五條規定，凡工人每七日中應有一日之休息，作為例假，與該公約所定之標準相符，故亦未頒布單行法規。一九三五年四月十五日國府批准船舶起卸工人之災害防護公約（第三十二號，一九三二年修正）。為實施該公約起見，行政院於一九三七年四月公布船舶起卸工人災害防護規則。一九三六年十月十日國府批准禁止雇用婦女於一切礦場地下工作公約（第四十五號，一九三五年）。據一九三六年六月公布之鑛場法第五條之規定，女工與童工不得在坑內工作，故與該公約之宗旨相合，惜鑛場法迄今尚未施行耳。一九三六年十月十日國府又批准下列五個海事公約：遣送海員回國公約（第二十三號，一九二六年）、規定幼年就雇爲船舶上扒炭火夫之最低年齡公約（第十五號，一九二一年）、規定兒童就雇於海上工作之最低年齡公約（第七號，一九二〇年）、海員雇傭契約條欵公約（第二十二號，一九二六年）、就雇海上之兒童及幼年受强制體格檢查公約（第十六號，一九二一年）。此等公約所定之標準，與中國海商法、海員管理暫行章程、整理中華海員辦法、中華海員工會組織規則等法規中所規定者大致相似。如海商法第六十五條規定：海員於受雇港以外其雇傭關係終止時，不論任何原因，船長有送回原港之義務，其因患病或受傷而上陸者亦同；中華海員工會組織規則第三條規定：海員之年齡至少須滿十六歲；海員管理暫行章程第十六條列舉海員雇傭契約內應載明之事項等皆是。一俟戰事結束後，政府將繼續考慮擬訂實施此等公約所必需之其他法規。此外，中國政府對於國際勞工大會所制定之建議書，亦曾擇要採用。一九〇六年伯恩會議通過之禁用白燐製造火柴公約，由一九一九年第一屆國勞大會制定爲建議書（第六號），國際勞工局曾促請各會員國加入該公約。中國政府於一九二五年加入，禁止輸入及銷售含有白燐之火柴，並於一九二九年重申此項禁令。一九三六年七月二十八日實業部將一九三五年第十九屆大會所制定之救濟青年失業建議書（第四十五號），呈國民政府行政院，請擇要實施。又一九二三年第五屆大會所制定之組織工廠檢查制度以實施各項保護勞工法規建議書（第二十號），對於中國工廠檢查制度之設立，頗多影響。

自國民政府成立以來，爲時雖僅十餘年，然對於各種勞工法規之編訂，其規模既已粗具，其涉及之範圍亦日見廣大。如關於工廠鑛場及檢查者，有工廠法、鑛場法、工廠檢查法、工廠安全及衛生檢查細則等；關於勞工組織者，有工會法、各種特種工會組織規則及農會法等；關於勞資關係者，有團體協約法、勞動契約法及勞資爭議處理法等；關於最低工資者，有最低工資法及國營企業最低工資暫行辦法等；關於職業介紹者，有職業介紹法等。其他如關於勞工教育、僑工、工人儲蓄、災害防護、國民工役等，亦均分別訂立法規，頒布施行。然上述各種勞工法規，除少數因須適應中國國情，不得不有特別規定外，其餘各種法規中之重要條欵，無論直接或間接，大都均係在適合當時中國情形之條件之下，參照國際標準而訂定者。由此可知國際勞工公約與建議書對於中國勞工立法影響之重大。

（二）國際勞工局對於中國勞工事業之協助

中國雖爲國際勞工組織原始會員國之一，但在北京政府時代，與國勞之關係尚不密切。迨國民政府北伐成功之後，對於國內勞工狀況之改進漸加注意，因此逐漸認識國際勞工組織之重要，而日趨接近。一九二八年十一月國際勞工局首任局長多瑪氏來華觀光，曾參觀平、漢、京、滬、粵等處，與政府主要機關、勞資組織、學術團體均有接洽。多瑪氏來華訪問之後，中國對於國際勞工組織之宗旨與工作愈加重視，因此對於歷屆國際勞工大會均派有完全代表團出席，以期國際勞工組織儘量合作。同時國際勞工局對於中國之勞工狀況亦因多瑪氏來華之結果而更加注意，乃於一九三〇年五月在中國設立分局，其重要任務為與中國政府及各團體聯絡感情，增進合作，及搜集國內之勞工經濟材料，介紹世界各國之勞工消息等。於是中國與國際勞工組織間之關係益日臻密切矣。

中國政府為使工廠法推行盡利起見，曾於一九三一年春函請國際勞工局派遣專家來華襄助設立工廠檢查事宜，國際勞工局乃於是年九月遣派彭恩及安德生二氏來華，彭、安二氏抵滬後，曾赴各地工廠參觀，並將工廠法及工廠檢查法詳細研究，以其經驗擬具備忘錄，建議於國民政府實業部，作為中國設立工廠檢查制度之參考。中國政府乃於一九三三年八月設立中央工廠檢查處，辦理全國工廠檢查事項，並指導監督各省市政府所屬之工廠檢查員。其後中國對於工廠檢查制度之推進，在技術方面曾屢得國際勞工局之指導，而尤以工廠安全及衛生檢查細則之擬訂，獲得該局之協助者特多。

中國推行勞工法規之最大困難，厥為外人在華工廠及外國租界與租借地內之工廠不受中國政府之管轄。中國政府為普遍實施工廠法與工廠檢查法起見，曾向第十二屆及第十七屆國際勞工大會提議，要求外人在華工廠一律遵守中國之勞工法，但因種種關係，未獲通過。當一九三五年舉行第十九屆大會時，國際勞工局理事院中國政府理事李平衡除在開會之前與國際勞工局局長伯特勒詳商協助解決此問題之辦法外，在大會討論局長報告書時，復將此案提出，喚起有關各國代表及勞工局之注意，並請予以切實之幫助。勞工局局長在答覆時，謂該局願盡力協助，以謀此案早日解決。勞工局長復應李氏之請，於會期內邀請中國及英、美、法、意、日五國出席大會政府代表商談，首由局長報告，謂該局有協助解決此案之義務與必要。繼由李氏說明此事之經過及中國政府之態度，最後由勞工局提議，以該局中國分局局長程海峯是年所提出之調和草案為根據，由勞工局分函各國，請其贊助，使此案早日解決。各國出席代表對此提案均無異議。又二年，中國出席第二十三屆大會勞工代表再度提出劃一保護中國勞工案，卒經大會一致通過。關於租界工廠檢查問題，政府除屢向國際勞工大會呼籲外，並曾由上海市政府與上海公共租界當局數度直接談判，其間且得國際勞工局中國分局局長之協助，惟終因領事裁判權關係，領事團於一九三七年六月對於雙方議妥之協定草案未予贊同，以致談判未有結果，而卒歸停頓。

國際勞工局，除首任局長多瑪氏來華觀光之外，尚曾派二人來華。一九三四年三月助理局長莫勒脫來華訪問，遍歷廣州、上海、南京、杭州、北平、天津等處，而於四月離華。一九三六年四月海外部部長伊士曼來華訪問，遍歷上海、杭州、無錫、南京、北平、天津等處，而於五月間離華。國際勞工局前局長伯特勒原擬於一九三七年冬來華觀光，旋因中日戰事爆發而未果。在另一方面，國際勞工局曾先後聘請華人數人担任該局所設各委員會之委員，如陸京士任工餘諮詢委員會委員，鄧裕志、丁懋英、鍾韶琴、劉蘅靜任婦女工作通訊委員會委員，鄒秉文任永久農業委員會委員（本年之第二次會議由陳立廷出席），趙班斧任聯合海事委員會勞工組之副委員。此外日內瓦國際勞工局並曾聘用王治燾、陳宗城、吳本中、譚天一、于程九等五人在局任職（王、吳于三人業已先後離局）。凡此種種，不但可使國際勞工局對於中國勞工狀况獲得進一步之認識，且使中國對於勞工事業之推進亦能由國際勞工組織獲得更多之協助也。

第十五屆國勞大會中國政府代表曾向大會提議，請理事院實現第四屆大會所通過之「修改凡爾賽和約第三九三條及其他和約之相當條欵，將國際勞工局理事院人數由二十四人增至三十二人」之議案，當經大會通過。一九三四年六月第十八屆國勞大會依據第三九三條之修正案改選理事院，中國政府被選爲政府組理事，勞工代表安輔廷被選爲勞工組次副理事。當由國府令派李平衡爲理事院政府組理事，並在日內瓦設立辦事處。一九三七年六月舉行第二十三屆國勞大會時，理事院又值改選之期，結果中國政府連任政府組理事（國府仍派李氏充任），林康侯被選爲僱主組副理事，勞工代表朱學範被選爲勞工組次副理事。自中國正式參加國際勞工局理事院之工作後，兩者間之關係益趨密切。當一九三八年六月召開第二十四屆大會時，中國雖值戰事方殷之際，然仍派完全代表團出席，頗博國際間之同情；由此可知不但中國政府對於改進勞工狀况之努力未因抗戰而中輟，且中國與國際勞工組織依然保持密切之聯絡也。

交通大學實業管理學會會刊

一二

人事管理概要

顧炳元

第一章 導論

管理與實業的關係 管理是推進工商機關內所有物質的事物之不可見的力量，實爲現今工業時代最大的要素。機器可以使之轉動，材料可以加工，工人亦可以令其工作；但如無適當的管理方法，以嚴密其組織，指導其工作，使之通力合作，努力生產，得最大的效果，並將其所得的利益，作有效與公平的分配，則其工作必趨於效能低劣，弊端百出，糾紛疊起，或竟至於停頓失敗。這種因管理不善而致失敗的事實，在我國實業界中見得很多。雖然有幾家工廠單靠一時的機會僥倖的成功，但一經波折或受不景氣的影響，終歸於失敗之列。所以一般進步的工商機關，近來都認爲管理是事業上一種基本的要素，因此都竭力提倡科學管理，使實業合理化，實施人事管理，使事務盡用人才，職工樂其職業。

科學管理與人事管理的區別 科學管理與人事管理是近幾年來的新名詞，兩者時常混合並用，使初學者容易誤解，究竟兩者有什麼區別，不得不分辨一下。科學管理，簡單說來，就是用科學的原則和方法，去解決工商機關中一切管理上的問題。除了關於機械的，原料的，例如原料的選擇，貨物的製造，出品的運輸等等以外；所有關於事務行政的，如機關的設計，會計的核算，人才的選用，辦事的手續等等；關於業務的，如貨物的推銷，產量的分配，市場的調查等等，都是屬於科學管理的範圍。人事管理祇限於與人事有關係的部份，用科學的原則和方法，去研究一切關於人的問題，所以人事管理可以說是科學管理的重要部份。

人事管理的定義 一般人對於人事管理常有幾種不完整的觀念，例如，第一種觀念以爲管理職工的僱用，即是人事管理，凡採取合理的方法選取人才，都認爲實行人事管理，其實管理職工的僱用是人事管理的第一步工作，以後還有很多需要注意的部份。第二種觀念以爲擬訂章程規則，規定工作標準，作爲獎懲的根據，就是人事管理，其實規定標準，考查成績，也不過是人事管理中一部份日常的考勤工作。第三種以爲辦理職工福利事業，如職工膳食，住宿，醫藥，儲蓄，保險等，就算是人事管理，其實這也是一部份的服務工作，不能代表全部的人事管理。所以人事管理的定義，簡單說來，就是用科學的原則和方法，去計劃，監督，指導，協調一切關於人事的工作。目的不但是使事務盡用人才，增加效率，並且要使各個人得展其才能，樂其職業。

人事管理的起源　人事管理的起源，在美國也不過最近三十年內的事。在一九〇六年至一九一五年的十年中，有兩種獨立的運動在做同樣的工作，就是職業指導運動和僱用管理運動，目的都是謀改良工商界職業介紹的方法。但是職業指導運動祇能致力安插學生於工商界，而僱用管理運動則由工廠商店聘請專家僱用學生和成人，各個人能發展他的才能，樂於他的職業，所以成效較著。當時還有兩種運動，即是職業訓練和職業教育，也有顯著的影響，因之使工商界方面對於專門職業的訓練更爲注意。不過這種人事管理的工作，都附屬於其他管理部份，沒有獨立的組織。在歐洲大戰的時候，美國加入協約國，對德宣戰，徵兵入伍，而軍隊的職務種類也很繁多，究竟那一種人擔任那一種職務最爲適宜，就成了很重大的問題。假使分配不得當，使兵士學非所用，用非所長，則不但兵士感到困難，即工作的效率減低，並且還要影響到全部軍隊。因此就設立了一個人員部 Personnel Department 專門管理人員的調遣，職務的分配，請了許多心理專家擔任研究工作，並且規定許多管理人員的科學方法，於是人事管理才成科學化了。到了大戰告終，工商界鑒於軍隊中人員管理方法的成績很好，於是大家就提倡採用。

人事管理的發展　人事管理雖然從軍隊中實驗成功，工商界相繼採用，但他的發展，實在也靠各種科學和管理運動的協助，才能成爲今日各公司機關行政管理的重要部份。

（一）科學方法的發明　從前工商界曾經有人注意到人事管理，但因爲知識的缺乏，無從發展。近來科學發達，關於人的科學，如心理學等，使人對於人的研究有了根據，於是就利用科學的方法，幫助人事管理的發展。

（二）工業衛生運動　醫學界方面鑒於工廠僱用職工人數衆多，而對於職工的健康和衛生，不很注意，於是竭力提倡工業衛生運動，設立工人診療所於工廠區域，尤其對於職業病的調查和防止方法，更爲努力。因此有許多工廠爲謀勞資雙方的利益起見，改良設備，在廠內設置診療室，爲職工醫治疾病。這種工作也爲各廠當局所重視，現在也屬於人事管理範圍以內的工作。

（三）工業安全運動　在工業界有人提倡工業安全運動，改良工廠的安全設備，預防災害的發生，施以工人消防的訓練。此種安全運動對於工廠方面很有利益，所以規模較大的工廠都漸採用，現有也成爲人事管理的一部份。

（四）科學管理運動　自美國泰萊氏提倡科學管理運動，改良機器，大量生產，實施工作研究，職務分析等，更需要人事管理去推行，因此人事管理就成爲科學管理的重要部份。

（五）勞工福利運動　近代勞資糾紛的增加，大多是勞工方面要求改良待遇，僱主方面爲謀勞資協調起見，曾提倡職工福利事業，並且對於職工的生活和待遇，都由人事管理部去研究和改良，使職工生活安定，樂其職業。

現在歐美各國規模較大的公司，大多有專門管理人事的部份。非但工商機關已經實行，而政府機關，如各院部等，金融機關，如銀行保險公司等，交通機關，如郵、電、鐵路等，其他營業機關，如旅館報館等，凡是對於用人多的機關，也大多採用。所以人事管理的發展已很普遍了。就是在我國，因為近幾年來重視科學管理，工商界，銀行界和交通機關，對於人事管理實行的漸多，但是辦得比較完全而有成效的，確是很少。

第二章　人事管理的組織和任務

人事管理在工商機關裏既很重要，而其工作又很繁複，每一個職工，從進公司服務起，以至退職時為止，都屬於人事管理範圍以內。具體的說來，一個機關有了許多的職工，應該要有系統一致的人事管理政策和計劃，才可以維持整個的工業行政，這種工作需要有人事管理的組織，才可以完成。不過各公司機關的情形和環境不同，所以人事管理的組織也應視各公司機關的需要而決定，但是其職權應以集中化為原則。

現在一般公司的組織，可以分為縱的，橫的，和縱橫混合的三種。縱的組織，或稱之軍隊式，是由經理一人獨攬一切，各科主任和管理員，祇負傳達經理的意旨，所以對於工作的指揮，另有系統，管理簡便，但其缺點在經理一人的精力有限，不能兼管全部事務，在小規模的工廠商店，尚可維持，倘在大企業中，則實在難行。橫的組織，或稱之為專責式，總經理的權力，依職務的性質而分配給各部主任，副經理，各就他們的所長，負一部份專責，各部份分工辦事，有精益求精的機會，但其缺點在各部份有獨立散漫和事權不能一致的弊病，所以實施的時候十分困難，而收效也很微。至於縱橫混合的組織，是把以上兩種制度的長處合併而成的，以工作性質為標準，應該採用縱的，可以設立縱的組織，應該實行橫的，可以規定橫的聯絡，就是一方面有縱的組織，而於縱的組織中，倘因管理人力所不及，或不宜兼顧的事務，則另請專家顧問，更可以組織委員會，以謀意見的溝通。這種制度，現在各大企業中採用的很多。

人事管理部份，既然是一種專門服務，所以在無論那種組織制度中，都是一種橫式的部份。但是人事管理部份的本身，也有內部是縱的組織，更有縱橫混合式的部份，不過在大企業中終須有集中的組織。因為總經理或廠長的精力有限，不能一一親自担任這種事務，而各科主任或管理員也難於兼顧，即使能兼顧，必使各部份對於人事的指施不一，反足以引起糾紛，況且人事管理是需要專門的學識和能力，非普通人才一概能够勝任的，大企業中既然要集中的人事管理部份，那末非要有專門人才來處理這種事務不可。雖然人事管理固要集中化，而人事科所有計劃和工作的實施也不能一一都集中，因爲各部份以至各股課的主管人和他們所屬的職工，每天都在一處工作，接觸最爲密切，所以有許多人事的措施，要他們傳達到職工方面，他們將觀察所得的，可以隨時報告人事科，貢獻意見，作爲將來決定或修改人事工作計劃的根據，比較由少數專家的理想設計來得有價值。

人事科的內部組織，可以按照工作性質分爲僱用、訓練、福利、保安、和研究等各股，分別担任各項工作。這種任務的範圍，須視各公司機關的規模經濟狀況和職工人數而決定，並非各業都能一律採用。譬如在歐美工商業機關，最初因爲感覺到招僱職工任務的繁重，就設立僱用科，專門管理招募、考選、進用、訓練等工作。現在還有不少公司機關的人事科，祇管理職工僱用的任務。規模大的企業，他們人事科的服務工作，甚至注意到職工的家庭和日常生活。總之在組織人事管理部份以前，先要研究各公司的需要，規定工作範圍，然後方才可以進行組織。

人事科的任務既然不是局部的，所以須要和其他各部聯絡，互相協助，才能進行順利，收效也大。倘然沒有固定的聯絡方式，實行的時候，也有種種困難，尤其在舊式工業組織中，人事管理方才正式列爲公司組織的一部份，雖然人事大權屬於總經理，但事實上各部份主任，對於自己部份裏的職工進退和獎懲，都是有相當的權力。現在人事管理集中於人事科，明達的主任認爲是公司整個行政管理的改進，而誠意合作，偏執的或者以爲是剝奪他們的權力而發生不快。所以爲謀人事管理的實施便利起見，最妥在人事科之上，另外組織人事委員會，由有關人事主管人員和廠長參加，並由副經理或年資較高的科長担任主席委員，人事科科長爲書記，這樣可以藉此公開交換意見，所有職工進退和獎懲，都可以趨於一致，且各部份的情形，也能更加熟悉，於決定人事管理的計劃和設施，更爲切合實際。

第三章　人事管理的範圍和內容

人事管理的內容是很複雜，任務是很繁重，包括的事務很多，凡關於職工個人，職工和機關，職工相互關係的事務，都在這裏面。所以人事管理的範圍，按任務的種類說，可以分爲職工僱用職工服務職工待遇職工訓練衛生設施安全設施福利事業和人事研究等八項，作爲討論的根據。

一、職工僱用

職工的選擇　人事管理的第一步工作，是選擇人員。這步工作的好壞，可以影響到全體職工的品質，所以非常重要。如果進用時稍有疏忽，其他的管理工作無論辦得怎樣好，仍然無效。僱用職工應該根據實際需要，徵求適當的人才，研究個人技能的長短，分配相當的職務，照這樣做來，人事適宜，更換很少，消費節省，事務效能增加，生產也必加倍。

人員的來源　普通人員的來源，不外左列五類：

（一）熟人介紹　我國商業機關，進用人員，向來必須經過熟人介紹，直到現在，仍舊十分通行。這種來源雖然有許多缺點，也有許多優點，足以維持他的存在。

（二）自荐人材　往往有許多青年因爲家境困難，沒有熟人介紹，祇能自己繕寫履歷，向各大公司機關，寫信自荐。不過這種來源選用的機會很少，所以大家不很注意。

（三）公開招考　這種招用人員的方法，是最爲普通。在廣告上載明資格的限制，職務和待遇，可以給應考人員一個充分的考慮，這樣可以在許多的謀事人裏，選擇最適當的人才。在理論上這種方法有許多優點，不過在事實上却未必盡然，因爲當此失業恐慌的時候，一經登報招考，謀事的人紛紛前來，單單辦理登記，就得用許多人手，方能應付，加上考試等等費用，似乎太不經濟。

（四）向職業介紹所徵求　這種方法在我國還沒有發達，普遍採用。他的優點在介紹所能够先代徵求機關，選出一批比較合宜的謀事人員，再行考選，可以省却許多麻煩。

（五）向學校徵求　各公司機關需添用專門人才時，可以向各種專門學校當局接洽，請他們在每年畢業生裏排選幾人介紹應試。這種方法的優點，是能够選擇最適當的專門人才，不過如需要有經驗的專門人才，那末還是要向職業介紹所徵求。

上面五種來源，各有利弊，應當根據事實的需要，採最相宜的一種或者數種來應用。譬如招考大批練習生，可以由登記的人才，或向各初級中學校徵求；假使要添用會計員，可以向商業中學或職業介紹所徵求。這樣因時制宜，必能事半功倍。

甄選的方法　職工甄選的方法，普通可分五種：

（一）登記　對於無論那一種來源的謀事人，第一步先請他填明登記表，填明履歷、經驗、志趣等等，並附證明文件，以便審查有沒有應徵的資格。

（二）考試　現在普通的考試，大多用筆試，除了有特別技能和高級人員之外，普通的人員都應當用考試的方法甄選。考試的項目，普通注重國文，算術和外國語三項；對於專門人才，還須加添其他專門科學。

（三）測驗　測驗的目的，是供給客觀的才能計量，以輔助一切主觀的觀察，如智力測驗，職業測驗，特能測驗等。這種方法是最新採用的，所以實行的機關尚很少。

（四）口試　凡經過筆試之後，認為有錄取可能的，可以用口試的方法，詳細詢問謀事人的個人情形和志趣，並且可以觀察他的外表，舉止，態度，性格等等。

（五）身體檢查　凡新進人員考試口試及格後，還要經過指定醫師檢查體格證明沒有缺點，方才可以錄用。

進用的手續　人事科在甄選合格的人材裏，按照各部份所需人數，提出同數或較多的候選人開單提請人事委員會審核，經議決後，再由總經理核准進用。新進的人員應該覓具保證，如經管銀錢的人員須繳納保證金，如練習生學徒須親填志願書，並與人事科訂立試用契約或交換試用憑信，再定期到公司實習。試用的期間普通以一月至六月為限，在這期內，公司對於試用職工，指導他們辦事程序，或派至各部份實習，並由主管人員隨時審察他們的工作，是否稱職，以決定去留。試用期滿後，倘經主管人員認為滿意，再報請總經理核定，正式進用，於是人事科就和他商訂契約，高級人員可由總經理簽訂聘約，普通職員可由人事科訂立僱用契約，工人可訂工作契約，計件工人訂件工契約，學徒可訂學徒契約，這樣職工進用的手續才算辦完。

職工的移調　職工移調，就是由一種工作遷換別項工作，從甲部份調到乙部份，而對於待遇、名義、權限並不增減。這類移調的重要原因，大多由於公司事務上的需要，或者由於個人的興趣、才能、性情等，與工作的性質，需要等等，不很適宜。目的無非是為維持職工個人的利益和保全其工作的效率。

職工的升職　職工在就職之後，成績特優的，應當有相當的獎勵，能力特大的，應當設法利用，升職即是獎勵利用的一種方法。升職的目的，是求人與事的適合，使個人利益，工作效率，更能增加。升進職工，最重要的理由，可略列如下：

（一）可以鼓勵職工對於工作熱心，使其奮勉前進。

（二）可以使人才得以展用，發揮個人的專長。

（三）可以使人才不致淹沒，事業得以發展。

因為這種種原因，所以無論何種機關，應認定升職的事，是管理上的一部份，用有系統合理的方法去辦理。職工的升進應該規定等級，作為升級的標準。升職是調劑性質的，所以實行的時候，必須採用整個處置的步驟。對於升進的職工，應由各方面審查，對於升入的工作，應加以詳細的分析，兩方面彼此洽合，方可實行。

職工的退職　職工因公司縮小範圍，解除僱用契約，或因年老退休，病故等自然的退職，都是不得已的，無法避免。對於職工中途辭職，和被公司開除等的退職，其原因和損失，應該研究一下，並且還要設法避免，可以減少公司許多損失。

（一）退職的原因　可以從自動和被動兩方面分析。關於自動退職，往往因爲對於職務、酬報和升調等的不滿意，而另有收入較高的機會。有時因爲個人興趣的轉移，家庭情形的改變，或身體衰弱等的原因。或者對於同事間或上級職員的不滿意，這種種都能引起職工中途退職。關於被動退職，大多因爲職工成績不佳，行爲不端，或品性不良而被解僱。

（二）退職的損失　職工無論因何種原因退職，公司所受的損失很大。公司對於退職人員的訓練，完全耗費。退職後的遺缺，必須進用新的人員塡補，又要費一筆進用和訓練的費用。新進的人員對於工作不能熟練，效率必低。因之影響到其他工作的進行。往往退職的人員，有洩漏公司中秘密的危險。

（三）退職的避免　職工退職既然對於公司有許多損失，自應設法避免。對於被動退職的原因，應當在進用時，愼重辦理。那末能力薄弱，品性不良的人員，根本不能錄取。同時在訓導方面教導得宜，可以提高職工辦事的能力，糾正不良的品性。對於自動退職的原因，應當在考勤方面隨時注意。倘有發現職工遲到或請假特多，應即設法改正。在待遇方面注意改進，使職工健康，不受妨礙，生活所需，不生困難。在升調方面，糾正人事不宜的地方，增加職工向上的希望。那末退職的原因，自然可以減少大半。

二、職工服務

工作時間　職工的工作時間，往往因工作性質或公司所在地方情形的不同，略有分別。否則大概都是一律的。工廠工人的實在工作時間，工廠法已規定爲每日八小時，必要時可以延長到十小時。關於工商業店員的實在工作時間，上海市工商業店員待遇規則規定爲每日十小時，必要時，可以延長到十二小時。這是法定的工作時間，在規模較大的工商機關，都已實行。在小企業中因爲人手缺乏，所以大多數比較來得長。甚至在手工業或家庭工業裏，工作延長到十二小時以上的還很多。

職工考勤　在新式的機關或規模較大的廠號，組織繁複，人數衆多，工作時間都有規定，所以職工的遲到或曠職，對於公司方面，不但損失時間，妨礙工作，並且擾亂秩序，破壞紀律，於整個的機關影響很大。因此職工考勤是人事科的一部份日常工作。

（一）考勤的範圍　考勤可以包括到勤、缺工和出勤等三部份。到勤可以分爲遲到、早退和中缺等三種。缺工又可分爲曠工、事假和病假等三種。除因公出勤之外，其他都和工作效能、經濟、紀律很有影響。職工遲到、早退或中缺，是短時間的曠工，情形較輕，懲戒亦寬。曠工是指缺工一日以上而未經主管人員的許可而言，情形較重。職工因事或因病並經主管人員的核准，作爲事假或病假。各公司機關，訂有條例規定和限制；其中以遲到和請假最爲普遍。

（二）考勤的方式　茲將各種考勤的方式，就各公司機關的組織和需要分述於後，以便選擇採用：

（1）關於到勤方面可用簽名記時或打鐘片的方式。簽名記時，就是職員每日到職時在簽到簿上簽名記時報到，至規定時間，由主管人員蓋章證明，遲到的則須加填所逾時刻，並填具遲到理由，送請主管人員核准登記，並轉錄考勤簿。這種方式，用於機關職員，最是普通。在少數職員的機關中，如有嚴密的監督和準確的記錄，這種方式行之尚無多大弊病。打鐘片就是各職工於進出廠號時將其鐘片親自插入打時鐘（Time Clock）的鐘片槽內，以一手撳動機關，片上即可印出時刻。然後把鐘片按各人的號數或姓名，插在到工牌上。這種鐘片，檢查極便，可於每週或半月一結，將曠工、事假和病假的日數時數分別記入印就的空格內，再一一錄入考勤簿或職工記錄卡片中，以備日後成績考査的根據，並可製作遲到、曠工、和請假人數，損失時間及其原因等各項統計，以備調劑工作的參考。此項打時鐘，對於職工考勤，極爲便利，計時準確，並且可靠。

此外還有劃名牌、工牌、記工摺等等方式，不能認爲完善，所以無用詳述。

（2）關於請假方面，職工的請假手續，各機關另有專條規定。如因私事而需請假的，事前應向主管人員聲明事由，填具請假單，經核准後，交人事科登記。倘假期已滿，尚未畢事的，應先續假。如在外臨時發生重要事故或疾病，不及備具請假手續的，應以電話或其他最迅速的方法通知廠號主管人員，隨後仍應補具請假單。凡在假出之前，應將經辦事務經管的鑰匙，交託主管人員。其有前項情形不及預先交託的，亦應隨時設法辦理。凡請假未經核准，即不到工，或假後補開請假單，而廠號認爲無相當理由的，作爲無故曠工論。

（3）關於出勤方面，經主管人員的指派，或事務上有出勤的必要時，可填具出勤單，載明出勤事由，起迄時間，以便稽考。公畢應即報告主管人員。出勤時間較多的，可請前往工作場所的人員註明時刻，以免流弊。

（三）考勤的實施　考勤方法事前應該鄭重考慮，明白規定。一經施行，除非確有困難，不宜常常變更。實施時應注意下列兩事：

（1）監督要嚴密　考勤方面既經實施，主管人員應嚴密監督。如規定上午七時上工，逾五分鐘作爲遲到，則應飭門警深切注意，有時由人事科密査有何徇情等事。但實施時，有一先決問題，即主管人員應該以身作則，做領班的不守時刻，何以服其他工友；做主任的不守時刻，何以服其他職員。此外尤須處置平允，如遲到的應予警告，曠工的予以記過。如何辦理，不得隨好惡而有所出入。

（2）記錄要準確　考勤方面種種簿冊，應每日記錄，因為人事的勤惰、勞逸、疾病、傷害，在在和廠號有密切的關係，所以不可不詳細記載。普通填寫請假單，往往僅寫事假病假，含糊其辭，不肯詳註事由及病情，致登記時無從記起。這種不澈底的記錄，難以編製各種比較表統計表，更不能供主管人員的參考，這是不合的，辦理人事的不可不注意。

（四）防止的方法　職工的遲到曠工等，對於工作極有關係，最好能設法避免，至少限度，亦須加意防止。防止的方法，可分下列數種：

（1）懲戒法　懲戒法即是訂定種種罰則，來限止職工遲到曠工的發生。例如扣除工資，是最適用的懲戒方法，其次如警告，記過等以為規戒，均屬此類。廠號在擬訂各項規則時，可以參照現行勞工法令，但須顧到各廠號的情形及其環境。因為工廠有工廠的環境，商店有商店的環境，不可一概而論。但是這類方法是消極的，祇能限止職工的惰工，而不能鼓勵職工的勤工，所以還需用獎勵的方法來補助。

（2）獎勵法　獎勵法即是規定種種辦法，來獎勵職工的勤工。獎勵的方法可分名譽和獎金二種。例如職工在一定期間內不遲到不請假的，給以分數，嘉獎或升工等；或在一年中不曠工不請假的，記功或加給獎勵金等。這類方法是積極的，並且合乎教育心理的原則。

（3）調劑法　對於職工，須經過長時間的訓練，方能合用，實非易事。除非違犯重大過失，決不願輕易解僱。因為開除一名工人，在其個人生活，因受影響；在廠號本身，亦蒙損失。職工之甘冒不韙，致有遲到曠工情事，乃是一種服務病態，辦理人事的，尚須探究其病源。如某工人時常遲到，須加以調查，始知該工人晚上好賭，以致不能早眠早起，知其原因，乃可對症發藥，予以糾正，一面施以相當的處分，一面代謀改變其環境，使其無可賭的機會。每逢病態發生，即須查明其原因，設法防止。這種個別調劑法，為防止遲到曠工的治本辦法，也就是人事管理的最終目的。

職工獎懲　關於職工工作的獎勵和懲戒，大多在職工服務規則或廠規中詳細規定。這種服務規則，都是根據工廠法和上海市工人服務通則，或上海市工商業店員服務通則的規定，並參酌公司的情形所擬訂。獎勵的方法可以分為嘉獎、記功、記大功、獎現金、加薪五種。懲戒的方法也分為警戒、記過、記大過、賠償損失、解僱五種。職工工作的勤惰的考核和其他的獎懲，應由各部份的主管人員負責報告人事科審查，再由人事科提出人事委員會討論，經總經理核定後，才算確定。於是由人事科填發獎勵知照單或懲戒照知單，通知任職部份和各該本人。這樣的慎重辦理，無非是使賞罰分明，大家心服。

成績考查　職工考績制度，其可以明瞭職工辦事成績和工作效能的優劣，作為獎懲的根據，所以是管理上很重要的工作。成績查考可以分為平時考績和年終考績，或在契約滿期之前，舉行考績，作為續約的根據。

（一）成績考查的根據　因爲各項工作性質的不同，所以考查成績的方法也不能一致。但爲求此項考查的準確，應當儘量採用科學方法。作客觀的判斷，將主觀的成分減至最低限度，因此考查必須依據各項和工作有關係的事實上的記錄，參照各部份主管人員評判的意見。最重要的就是訂定各項工作標準，以爲考查成績的工具，再輔以別種方法，俾能完全和實際相符合，免除隱徇偏頗等弊病。

（1）工作標準　現在歐美各國實施科學管理之廠工商店，依工作考察——動作研究和時間研究——所得的結果，參考一般職工的工作能力，訂定各項工作的標準能率。凡職工實際工作能力，和此項標準符合的，作爲及格，超過此項標準能率的，特別嘉奬；低於此項標準能率的，那末予以訓練或懲戒，這種辦法很能收到激勵職工的奮勉。但是我國公司廠號實行的還是很少，實則經過詳盡的考察，所有工作方法，工作環境，和職工待遇，都可隨之改善，而疲勞和意外災害，亦可相當避免。

（2）工作記錄　事務方面，營業方面的各項工作，不易訂定工作標準的，其成績的考查應當依據各人的工作紀錄，營業紀錄等，表明其工作的量度，但是在質的方面也應當注重。

（3）考勤記錄　考勤的紀錄，在考核成績時，應當特別注意，方才可以使職工明瞭公司對於平時考勤的重視。

（4）研究或補習成績　公司機關當局爲增進職工的服務知能起見，每舉辦職工訓練或補習教育，對於這種研究或補習的成績，必須注意，在考核工作成績時，應該加入一併計算。

（5）主管人員的意見　各部份主管人員和職工接觸的機會最多，對於其品性能力以及家庭環境等，知道比較詳細，所以人事管理部份宜訂定考核表或評量表，按時送請主管人員加塡意見，供作參考。此項對於已有工作標準的，固非若何重要，而對於事務方面和營業方面的職工，那末是必不可缺少的。

（二）成績考查的實施　實施成績考查，可有兩項原則：

（1）要集中　考查成績既須有前述各項的根據，辦理必須審愼，所以應該有專人或專部主持其事，負責紀載和保管各項紀錄，並且對於各部份主管人的意見加以總的評判，以求全體職工考績的公平，而免除各部份各自爲政，偏倚不全的弊病。

（2）要準時　成績考查的目的在於增進職工的工作能力，所以要時時在進行之中，考查所得應奬應懲，必須迅速決斷施行，否則將失其刺激性，並且應該按照各種情形規定特別考績時期，準時舉行。

三、職工待遇

職工的待遇，普通除了薪金或工資以外，還包括休假和其他金錢上的酬報。合理的待遇可以引起職工的好感，增加工作效率，對於公司很有利益。

（一）薪資　薪金或工資是職工最合法的酬報，凡是正式的人員，都有薪金或工資。他的多少，就可以代表職位的高低。以前一般工廠因爲職工的要求，大多每年普遍加薪，失掉了獎勵的功用。現在的趨勢是斟酌服務的年限，辦事的成績，決定增加的數目，成績低劣的，竟然不加。

（二）津貼　凡是公司的練習生和工廠的學徒，或試用人員，臨時短工等，都不支薪金或工資，祇給他們一種津貼，以表示和正式僱用的職工相區別，對於其他的種種待遇，他們也不能享受。

（三）休假　職工的休假，依照工廠法規定有星期假、紀念假、和特別休假三種。無論公司的職員，發行所的櫃友，工廠的工友，每星期日都給假一天。以資休息，倘使照常工作的，加給薪金或工資。年節大多規定給假三天，各地分店須依照當地情形酌定，紀念節假期是遵照國民政府規定辦理。年節，紀念節假期內如適遇星期日，補假一天，紀念節假期內如適遇年節假期，不另補給，此外還有特別休假的規定，給假期間各公司不同，大致七天至三十天爲標準。在職不滿一年的職工，按照服務月數計算；請假滿一月的，按月照減。

（四）膳宿津貼　舊式工廠商號，大多由廠號供給膳宿，至今沿用這辦法的，還是不少。有的公司不供膳宿，另外加給津貼，也有不供膳宿，不另給津貼，而把這種待遇已經包括在薪金或工資之內，免得計算上的許多麻煩。商務印書館就是採用這種辦法，但各地分館職員仍舊供給膳宿。

（五）醫藥津貼　職工患病，如住公司指定醫院治療的，公司補助相當的住院費和醫藥費。如患病不住醫院而赴公司指定的醫師處診治的，公司補助門診費。和醫藥費如患病須請醫師出診的，公司補助相當的出診費藥資。公司除補助住院費，診費，藥費外，對於職工因病扣去的薪資，也補助三分之二，但以一個月爲限。有的公司對於職工因病請假在規定期內，有薪資照給，或祇給半數。這是隨各公司的情形而規定。

（六）公傷津貼　職工確係直接因執行職務受傷的，因公司給予醫藥費，在治療期內，每天給予薪工三分之二的津貼，如經過六個月尚未痊愈，他的津貼減爲薪工二分之一，但總計至多以一年爲限。因執行職務受傷致成殘廢，公司認爲不能繼續工作的，可以按照殘廢部份的輕重。酌給津貼一次或分期支付的撫卹，以一年的薪工爲限。因執行職務受傷致死的，公司給予五十元的喪葬費，並酌給特別撫卹。

（七）川資津貼　規模較大的工商機關對於派往外埠分店或分廠的職工，每年或間年可以回籍一次，公司津貼來回川資，其數目視路程的遠近酌定，不回籍的，每年也酌給津貼。如在遠省服務，依照各地生活程度的高低，酌給其他津貼。總之要使在外省服務的工職，得到較優的待遇，可以安心工作。

（八）奬勵金　公司每年結賬在盈餘裏提出一部份分給職工作爲奬勵金，就是俗稱花紅，我國工商機關已普遍採用。奬勵金可以分爲普遍和特別兩種。普遍奬勵金就是把全公司各個職工的月薪數目比例分配，以普遍爲原則。特別奬勵金以奬勵成績優異的職工爲原則。分配的方法，以各部份上年度和本年度的開銷與營業數量或生產價値的比例作爲標準。如此較爲公允。

四、職工訓練和教育

近幾年來，新式的工商機關，對於職工的訓練，已很注意。根據以前的經驗，單靠進用時的考選，往往不能使職工完全適合於各公司的需要。因爲各公司有各公司的歷史背景組織系統辦事手續業務方針等，要使職工適合於這種特殊的情形，必定要先加以相當的訓練。職工是組成公司的份子，必定要職工能夠隨時代進步，公司方能進步，所以對於普通的職工應當每年輪流加以相當的訓練，對於技術的工人應當施以特殊的技術訓練，對於練習生學徒應當授以學識訓練和德育訓練。訓練的方法和內容，須視各部份的需要和職工的程度而決定。

（一）新進職工的訓練　公司對於新進職工，既有規定三個月至六個月的試用期間，在這時期內，應當加以相當訓練。對於才從學校考進公司的人員，可以施以一年至三年的練習。如大學程度的練習員，可以由公司聘請高級職員担任管理主任和指導員負責訓導；中小學程度的練習生，學徒，由公司指定業師負責訓練。

（二）練習生學徒的訓練和教育　練習生和學徒是公司的基本人才，對於他們的訓練和教育，更加應該特別注意。

（1）指定業師　練習生學徒在他們的習業部份指定某職員或某工友做他們的業師，負責訓練或傳授職業，並且還要舉行謁師禮，以昭愼重。

（2）補習教育　練習生學徒大多是小學畢業，初高中肄業程度，學識較淺，所以在工作時間之外，應受補習教育。各公司倘因人力財力有限，不能自己舉辦，那末可以分別資送入附近職業補習學校，學費各費都由公司負担。他們的補習成績，應與工作成績併計考核。

（3）特殊訓練　關於打字，簿記，珠算等技術工作，可以舉辦特殊訓練班，或資送他們到專門學校學習。

（4）工讀學生　爲輔助淸寒學生起見，每年可以招收各中學商科肄業的工讀學生，在暑寒假期內或星期日分派門市部實習，酌相當津貼。如成績優良的，即可收用爲練習生。

（三）管理員的訓練　工廠中的管理員，所處地位非常重要，所以公司要培養管理人才，舉辦管理員訓練班，定期開演講會，或討論會，使他們可以在管理方法上，有所改進。

（四）業務人員的訓練　關於業務方面的人員，也應當有訓練，如舉辦營業員講習班，外國語訓練班，業務講習班，定期演講會，或討論會等等，使他們可以明瞭業務管理上種種問題和方法。

五、衛生設施

職工的健康既然和工作效率有很大的關係，因此各公司對於衛生設施也漸十分注意，並且認為人事管理的一部份重要工作。增進職工健康的具體計劃，可從積極的和消極的兩方面着手。積極方面的工作是改良衛生設備，舉行健康檢查，提倡個人和公共衛生，來預防疾病的發生。消極方面的工作是舉辦醫藥設備，施行急救訓練，聘請醫生治療職工的疾病。

健康檢查　如欲具體的增進職工健康計劃時，先要對於各個職工的健康狀況，有詳細的紀錄，那末就要靠健康檢查的工作。這種檢查，一是對於新進職工，一是對於原有職工。對於新進職工的檢查目的在察看新職工的體格是否能勝任他擬担任的職務，這種職務於他的健康有無妨礙，新職工是否有傳染性的疾病。對於已經進用的職工，應該每年全體輪流受檢查一次，倘使發現健康已有不良傾向的職工，可以通知預早請醫生治療或調養，使健康早些恢復。

健康宣傳和指導　健康宣傳和指導的目的，在喚起一般職工對於個人健康的注意，灌輸以衛生常識，並且幫助解答他們健康上的問題。因為增進職工健康的最經濟而有效的計劃，莫如使各個職工能隨時自動增進自己的健康，預防一切疾病的來源。這是增進健康的真正意義，人事科應在平時注意健康宣傳和指導的責任。普通有左列幾種方法：

（一）健康演講　每一週或兩週舉行一次，演講普通健康常識，在相當季節時，講演特別有關的問題。如春季提倡種痘，夏季提倡打預防針，並講夏令衛生常識，秋季講防痢方法，冬季講預防治凍瘃和中煤毒的方法。演講時可以用幻燈說明，增加興趣。

（二）健康運動週　健康運動週宜於每年春夏之間舉行，分發傳單，張貼標語圖畫，喚起職工對於健康的注意。並可由各部份主管人員檢查職工清潔狀況，亦可舉行各部份清潔比賽，晚間開映健康宣傳的電影，舉行健康演講。星期日舉行健康展覽會，陳列各種衛生宣傳品，圖畫和模型，歡迎職工家屬參觀。

（三）定期刊物　定期刊物討論健康常識，較爲完備，且職工可以每期保存，隨時檢閱。這種刊物的文字須淺顯而多興趣，每星期出一張，或每月出一小冊。其內容大概是普通健康常識，各種疾病的預防和簡便治療，家庭衛生，育嬰法、公共衛生，烟酒的害處等等。

（五）健康顧問　有時職工欲於健康問題有所諮詢，爲應付這種需要起見，公司可聘請或約定一健康顧問，指導一切。倘使職工的健康必需經診驗治療的，可以勸他立即就醫。倘公司中已有請定的醫生，可以請他兼任健康顧問。

衛生設備　公司方面對於房屋設備，工作環境，都應該適合衛生，不致有妨害職工健康的影響。工廠方面在工廠法和工廠安全與衛生檢查細則都有規定。玆略舉幾項計劃於左：

（一）工作場所溫度的調和　工作場所的溫度和職工工作效率也很有關係。過熱則心緒煩燥，工作時常停頓。過冷則手足不靈活，舉動迂緩。通常工作場所，應當維持華氏寒暑表六十度的溫度（即攝氏十五度）。冬季增加溫度，可用熱水管、蒸氣管、煤爐，或電爐。在夏季減低溫度的方法，可用電扇或冷氣的設備。

（二）工作場所的光線　工作場所應多設備窗戶，儘量使天然光線透入，牆壁天花板也應粉刷潔白，以使散發光線。對於從事精細工作的，尤須安排工作地位，使光線從左手方面射進。倘使天然光線不足，可用電燈或煤氣燈人工光補救。

（三）工作場所的通氣　新鮮清潔空氣，在人多的工作場所中很是重要。多設窗戶是自然流通空氣的方法。倘有經濟能力，可用旋轉扇，是通氣的簡單方法。

（四）盥洗室和厠所的設備　每一公司機關除應酌量人數設備充分够用的盥洗室和厠所外，尙須注意其清潔。能力充裕的機關，最好用抽水便桶，否則也可用水槽，或時常冲洗。盥洗室所用的揩手布也應注意，以防傳染疾病。最好各人自備手巾或者用紙代替。

（五）飲水的清潔　供給清潔的飲水，也是和職工的健康很有關係，所以也應當注意。

醫藥設備　醫藥設備的規模，當視各公司機關的經濟能力而決定，但絕對不應視這種爲意外的費用，因爲恢復職工健康，使他工作，和修理機器使他轉動，至少也有同樣的重要。我國規模較大的公司機關，大多有醫藥設備。

（一）急救室　急救室是任何工廠應有的最低醫藥設備。倘職工發生輕微疾病，或輕微傷害，可以在急救室內立時施行治療，以免加重，且可不必赴外間就醫，躭誤生產時間。急救室內應備普通必須的藥品和器械，可施以急救治療或人工呼吸。任急救工作的，不必定需要醫生，曾經受過訓練的護士都可担任。或職工中選擇一二人施以急救訓練，也可担任。

（二）職工醫院　職工醫院是工廠裏粗具規模的小醫院，除了包括上面所說的急救工作外，凡是新職工的健康檢查，舊職工的定期或不定期健康檢查，健康宣傳和指導，以及全公司的健康設備和增加職工健康的方法，都由職工醫院担任或主持計劃。這種醫院受人事科直接管轄，其辦法約有兩種：第一由公司聘請醫生和護士，藥品和治療器械也由公司購置；第二由公司估定醫藥費用，交給醫生承包。關於醫生的支配，護士的僱用和藥品及治療器械的購置，都由承包的醫生担任，人事科則依據合同立在監督的地位。

（三）指定醫院和醫生　公司機關除辦急救室外，倘無他種醫院設備，則須指定外界醫院或醫生，爲職工治療疾病。治療付費辦法，可由人事科接洽訂定。

（四）各機關合作辦法　這種辦法比較經濟，倘使規模較小的公司機關，無力獨自舉辦醫藥設備，又無相當醫院可以指定，可由同一區內的工廠合作辦理，或共同聘請醫生，担任健康檢查，並輪流治療。

疫病的預防　在春夏兩季時疫流行，如天花、霍亂、傷寒等疫病傳染很快，更加應該預防。所以每年三四月間，可和衛生局接洽，施種牛痘，或注射霍亂傷寒疫苗。

職業病的防止　有許多工作可以使職工發生疾病，或由於特殊的工作環境，或由於特殊的工作用具，或由於特殊的工業原料，因此發生的疾病，就叫做職業病。職業病在初期徵象時，職工自己往往不易覺察，就是他人非有這種知識的也無從發現。然逐漸加厲，甚至有傷害生命的可能，所以對於職業病應設法防止。

（一）職工在處理有毒的原料，或有害光線的工作，應著用防護服裝或器具。

（二）請顧問醫師研究職業病的原因和預防方法，通知職工特別注意。

（三）定期檢查有職業病的職工。

六、安全設施

關於安全問題，現在我國工商機關都很注意，因爲工業意外災害和火災的損失很大，一般雇主都知其厲害。職工因爲工業意外災害所受的損失，依照工廠法規定，應由公司担負，所以公司對於安全設施，應當組織專門委員會，計劃全公司的安全設備和職工的安全訓練。

安全組織　公司的安全設施和計劃比較須要有專門人才方能勝任。所以除指定各部份主任爲委員外應當聘請公司內外工程專家担任委員或顧問，組織安全委員會負責和指導全公司各種安全設備防火工作和安全訓練。每月舉行會議一次，各委員按期輪流到各辦事處所各廠棧實地視察，人事科科長担任該會書記並執行該會的一切決議案。人事科應該辦理關於這類事件的登記，調查和統計工作。

安全設備　關於機械和用具上的安全設備，在上海市社會局所頒布的工廠安全設備須知內已有詳細的規定。關於消防上的安全設備，在各辦事處所或廠棧，可裝置警鈴、藥沫滅火機、沙箱、救火龍頭等，以備應用。

安全訓練　安全訓練是以保障職工生命和公司財產爲目的，所以要喚起職工對於安全的注意，指導避免危險的常識，和避免危險的敏捷而有秩序的能力。最普通的方法，是利用標語引起職工對於特殊危險的注意。通常特殊危險警號，都當用紅字，或用紅燈掛在危險的地方。關於防火訓練，尤其重要，除雇用消防員外，應當訓練全體職工對於消防設備的用法和避災的常識，並舉行定期演習，規定火災警號，將職務分別派定，一部警報，担任救火的，担任救護的，担任搬運重要物件的，或担任警報的，都可各管其事，這樣或可減少人命和財產的損失。

七、福利事業

職工的福利事業和「慈善事業」不同，因爲福利設施是替職工生活上服務，所以最近歐美工商機關對於福利事業，也有改稱爲「職工服務事業」。福利事業的主要目的，在謀職工整個生活安定和愉快，以收獲職工方面自動的勞力貢獻，並且可以減少職工的移動。茲將各種福利事業列舉於後：

（一）儲蓄　我國工商機關對於職工的儲蓄，都以較高的利息來獎勵他們。有的並且在薪工內，強制提出半成或一成，代他們存儲。爲獎勵起見，有的照所扣數目，加倍收帳，在相當時期以後，或職工退職時，可得一筆鉅款的儲金，以備不時之需。

（二）保壽險　新式的公司機關，大多爲職工辦理團體保險，保費由公司担任，或者徵收半數。這樣可以增加職工的感情，使他們安心辦事，不再顧慮到身後的問題。

（三）消費合作社　舉辦職工消費合作社，供給職工日常生活的需要，可以減少職工的生活費用。

（四）職工宿舍　住居問題於生活極有關係，倘公司能力寬裕，不妨購買相當地基，爲職工建造住宅或寄宿舍，規定低廉的租金，租給職工。現在銀行方面舉辦很多。

（五）職工食堂　公司當在可能範圍內舉辦職工食堂，注意職工的飲食營養，對於職工的健康很有關係。

（六）業餘娛樂　業餘娛樂計劃的實施可分兩種辦法：一是由公司方面出資舉辦，所有籌劃事務都由人事科主持；一是由職工團體舉辦，由公司撥給運動和娛樂場所，或酌量補助其經費。這類的娛樂如球類運動隊，游泳隊，拳術團，戲劇社，音樂團，旅行團，攝影社等等。還有可以參加其他社會團體如加入青年會，精武體育會，國術館等等，使職工有業餘消遣的機會，可以減少其他不正當的娛樂。

八、人事研究

人事管理的方法，須時時以實施經驗的分析為根據，而謀改進，必須明瞭管理上實際所得的結果，方可了解應用方法的效力。所以人事管理中一切事務，平時都需有確切的紀錄，而其科學方法的研究尤不可少。人事研究的工作可以列舉幾項於後：

（一）職工調查　關於職工的工作興趣，業餘消遣方法，對於公司各部份改良的意見等等，每年應舉行調查一次，人事科將調查表格整理分類，詳細分析編製統計，研究改良的方法，以供主管人員的參攷。

（二）職務分析　倘公司的範圍較大，除總公司部份外，有分廠和分店，設在外埠，因為職工人數衆多，各人所任職務也很複雜，所以應當舉行職工職務的調查，並分析各人的職務，作為調劑和升進職工的參攷。

（三）人事統計　人事管理方面的工作和紀錄，都應編製統計，以供人事管理計劃和研究的參攷。

（四）職工生活費調查　關於職工的生活費，工資率和其他狀況，當隨時調查，編製統計，作為決定職工薪資待遇的參攷。

（五）搜集人事管理材料　關於國內外工商機關的人事管理設施和新方法，當隨時搜集調查，以作參攷，並可參加國內外工商機關所組織的人事管理學會，共同研究人事管理上種種問題和改進的方法。

全國工商會計制度簡易改革之方法

謝霖

改良會計制度，早爲全國工商界所注意，故羣起主張，自所得稅及營業稅實行以來，尤感必要，因此工商界之會計制度，究應如何改革，遂成當前之急務，亦最有研究價值之問題。鄙人設立正則會計事務所，如上海南京鎮江揚州杭州蕪湖南昌長沙漢口重慶成都廣州濟南青島天津太原均已先後成立，共有合作會計師二十餘人分駐各地，執行會計師條例所規定各業務，曾於適應所得稅徵收利便之中，研究得有工商會計制度簡易改革方法，似足爲全國工商界之參考，茲分述之：

(甲) 營利事業繳納所得稅應遵守之條文

一 稅額申報

營利事業之所得稅，依所得稅暫行條例第八條及施行細則第二十七條，以由納稅義務者，於每年結算後三個月內，自行報告繳納爲原則，而營利事業上所用職員之薪給報酬，在所得稅條例中稱曰「從事各業者」，依條例第十條及施行細則第二十七條，應由直接支付之雇主，按月代爲扣繳。

二 申報表式

申報各表格式，應遵財政部徵收機關所規定。

三 帳目之證明

依所得稅施行細則第二十四條，申報人於申報之時，應提出資產負債表，損益計算書，財產目錄，或其他足以證明其所得稅之帳簿及文據。

(乙) 會計制度應改良之原因

據上所述，足見無論自繳稅及扣繳稅之申報，莫不以其帳簿爲惟一之計算根據，而所提之資產負債表，損益計算書，及財產目錄，須與帳簿，容易核對，又爲事實所必要，吾國工商界之簿記，論其原理，與新式會計無甚出入，然其記載之方法，則無組織統系，不易一目了然。所得稅之徵收，既須根據帳簿，作爲徵稅之標準，則簿記之考查，自有十分必要，否則不特難供調查，抑且容易發生誤會，所得稅條例之中，訂有各項罰則，更宜注意。

(丙) 會計制度改良之愚見

工商各界，會計制度有改革之必要自無疑義，但在改革之前，愚見以爲應先注意三項原則：（一）不能因簿記之改良，而使管舊帳者失業。（二）不能因簿記之改良而增管帳開支。（三）不能因簿記之改良而置國貨文具紙張於不用。在此三項原則之下，祗須辦到眉目清楚，性質明白，則在營業本身已可受其益處，卽所得稅條例中所需之資產負債表，損益計算書，財產目錄，亦可據以編製，卽使有時必須提出帳簿以供調查，亦無扞格。爲達此目的起見，酌擬四種改良方法。

一　設會計科目

吾國舊式記帳，祗分戶不分類，故在平時，不知其具體情形，自宜設立會計科目，并將會計科目分爲資產，負債，利益，損失四類，以資隨時表示帳目之情形，惟工商各界因營業性質之不同，會計科目自應各異，鄙意以爲每一同業公會，宜訂一種標準會計科目，不特帳目可資統一，而司帳員亦易辦理。

二　改良簿記系統。爲日記帳分類帳分戶帳之三種。

吾國賬簿向祗兩種階級，曰流水（卽日記帳）曰總清帳（卽分戶賬）之兩級。現宜依據會計科目添設分類帳一種，以明概括之狀況，則資產負債表，損益計算書，財產目錄之編製，自有根據。

三　帳簿內之金額。改爲上收中付下餘等三段。

吾國帳簿向用上收下付之金額，不易隨時察知各戶之餘額，爲不便之最大原因，而查對上困難更多，宜卽就中式帳簿，將其原有二段之格式，改爲三段，「上收」「中付」「下餘」卽與新帳作用完全相同，此事若由各地商會通知各紙店刻板改印，發售不難立卽奏效，擬式如後。

改良帳簿

科目或戶名	

年月日	事由	收方	付方	存或欠	餘額

四　結帳時將資產負債及損失利益分爲兩表

所謂資產負債，卽舊帳中之存欠，所謂損失利益，卽舊帳中之盈虧，新舊帳記法不同，而其理則一，惟舊帳之結帳格式，各家不同，宜將資產負債損失利益分爲兩表，前者稱資產負債表，後者稱損益計算書，不特與所得稅條例之規定辦法相同，按照辦理，內外俱無困難矣。

以上四者，似爲改良舊有簿記方法之最易者，行於普通工商事業，極能奏効，倘能見諸實行，不特所得稅之徵收足爲根據，而營業稅之繳納，亦有便益，卽每屆年終，經理對於股東報告結帳情形，亦較往昔紅帳爲得要領。

輓近各國之輸出信用保險業

權　時

自人類分工之程度愈細，即其互賴之程度愈增，亦即信任風險 Confidence Risks 之程度愈高。在吾人日常之經濟活動中，對方能不負吾方所託乎？能不食其言乎？能履行其諾言與契約乎？此皆信任風險也。供給材料與原料者能按時交貨乎？起造房屋者能及時完工乎？工人能善用器械及愛護工廠乎？僱員能善用主人所賦與之權力及愛護主人所託管之金錢乎？定購者果能及時取貨並能及時付納貨款乎？亦皆信任風險也。

上述各種信任風險，於國內貿易然，於國外貿易尤然。國外貿易信任風險程度較國內貿易為高之理由可約略述之如下，其一，國外商人商業態度之有異於國內也。其二，國外商人商業道德之有異於國內也。其三，國外信用調查較國內為困難，尤以國外最近消息之不易獲得也。其四，國外聯絡之較國內為鬆弛，如若干國家之商人之僅於國內不景氣時始行設法推廣國外貿易也。歐戰以還，國外貿易之信任風險更屬惡劣。此其故蓋在（一）許多國家戰後更形窮乏，（二）戰後各國商業道德大不如前，（三）戰後各國之內亂與外患反較戰前為頻甚等三端。各國輸出商同感此種痛苦，而尤以中期及長期信用輸出商（如工廠設備運輸工具及國防設備之輸出商）為甚。故過去廿年來各國信用險之需要者多為工業國之輸出商。工業國之輸出商互出保費以充賠償基金，設若將來工業國之經濟情形轉劣，則信用險之需要或將來自農業原料國之輸入商亦未可知也。

各國之輸出信用保險業，多由民營信用保險公司經營，如比利時、法蘭西、德意志、英吉利、意大利、荷蘭、西班牙、瑞典及美利堅等國是也。他若瑞士，則由他種保險公司兼營。

查信任保險約可分為二類：其一即信用險

債權人自為要保人及受益人，保費亦由其支付，而以債務人為被保人；其二即保證險 Guarantee insurance 債務人為要保人及被保人，而以債權人為受益人，保費即由債務人負担。各國信用保險公司對於保證險多不願承保，而其對於信用險，亦以追求最大利潤之故，選擇風險，異常慎重，凡無利可圖之信用險，概行避免。其選擇標準甚為嚴格，限制條款極夥，因之各國之國內貿易商得益非淺。

至各國民營信用保險公司對於輸出信用保險之限制，約有下列數端：

一、不保定貨者，到期不來取貨，對於售貨者之損失，

二、不保購貨者到期不付貨欵對於售貨者之損失，而僅保購貨者宣告破產時對於售貨者之損失，蓋惟破產現象爲具有可用大數法則以測量之性質耳；

三、不保中期及長期信用輸出貨欵（如機器及工廠設備之輸出）之受呆賬損失而僅保短期信用輸出貨欵之受呆賬損失者；

四、不保信用調查未發達國家之輸入商信用風險，而僅保信用調查已發達國家之輸入商信用風險；

五、不保非常時期之輸出信用險，而僅保平常時期之輸出信用險。

在上述限制條欵之下，民營信用保險公司之經營輸出信用保險業者以英、美、法、瑞士、及瑞典等國爲最發達。

民營信用保險公司對於輸出信用險之承保既有如許限制，故其營業範圍自屬狹窄，而工業國重工業品輸出商必有向隅之嘆，可想而知。爲彌縫此種缺陷起見，於是此種輸出商之政府乃不得不自告奮勇起而代之，如比利時、德意志、英吉利、意大利、荷蘭、西班牙等國政府之經營輸出信用保險業是也。

各國政府承保輸出信用險之限制，大致不如民營信用保險公司之甚，舉凡輸入商之平時及戰時破產風險，輸入國之宣布延期付欵令之風險，輸入國之貨幣貶值及外匯管理等風險，胥無不承保在內。

英國國營輸出信用保險業機關稱爲不列顛輸出信用保證局 British Export Credit Guarantee Department 其營業大都經由經紀人介紹；其簽訂保單也，其收費也，其淸付賠償金也，蓋在在與民營公司無異，故可謂在相當範圍內與民營公司處於競爭地位。

其他如丹麥、拉脫維亞、挪威、波蘭、及瑞典等國之政府，對於人民之輸出信用險亦相當承保，美國則由輸出入銀行間接經營輸出口信用保險業，蓋其營業之對象爲一般銀行，而非輸出商自身也。

德國、及荷蘭政府對於人民之輸出信用險亦不直接以輸出商爲對象，乃與民營信用保險以再保險之便利耳。

比利時與意大利兩國政府對於人民之輸出信用險則直接與間接二法兼而有之，即普通破產險則與民營信用保險公司以再保險之便利，而特殊政治險（如國外政府及公團違約不付欵或國外輸入商私人以其國內外政治起變化致不克踐約等）則由政府直接爲之承保是也。比利時政府則設有一局，意大利政府則指定一公司以專司此事。

至法國與瑞士政府對於人民之輸出信用險僅直接承保特殊政治險，而不間接與民營信用保險公司以再保險之便利。惟法國與瑞士之辦法又稍有不同，即法政府向一切要保人征收相當保費，而瑞政府對於特種要保人（如特種輸出商，其輸出品係與瑞士國民經濟有重要關係者）免征保費是也。

附註：本文取材，大致係根據巴黎萬國商會去年十二月份出版之「世界商業」內 D. Hans Karrer 所著 How Credit Insurance Helps Exports and Imports 一文併此聲明。

實業軍用化芻議

楊昌齡

編者按本文係楊昌齡先生十年前舊稿根據歐戰時列強之「物力動員」以供論國是者之參考語略意長有獨到之見今雖事變境遷非復平時從容之可比然實業與軍事息息相關實業之興衰軍事之勝敗繫焉國家之存亡繫焉故此文要亦戰時值得國人之一讀也用特介紹於次

小引

歐戰之第四年，美以「大義，」亦對德宣戰。協約軍以其旅不振，初不冀其任鬥，旋以創甚需生力，遂分遣英法負傷之軍官多人，渡海作巫臣之教戰。美人亦奮勇耐艱，舉國努力。砲式圖樣，皆訂約依摹。凡十六月，美遠征軍第一集團成立。獨當一面之聖米愛（St. Mihiel）及模司埃共（Meuse Argonne）二役，頗奏功績，各國亦遂不復小視。休戰以還，發展不遺餘力，以成今日雄立之局。整軍躋强，似不甚難乎？，曰否，視其潛力之運用如何耳。得其道，則以地大物博之古國，稱雄世界，綽乎有餘。否則徒見其奄奄，無補於大局也。他山之石，可以攻玉。明於斯旨，其庶幾乎。其道維何？，曰實業之軍用化是也。何謂也？實業為軍事之命脈，能軍用化其命脈，則思過半矣。其義雖簡，其說則長。芻蕘之見，不敢言文。苟國人能益求其精焉而實行之者，則菅蒯之棄，固所願也。

攻城野戰，得寸進尺，戰術也。運籌帷幄，決勝千里，戰略也。術無略以指麾，雖勝而無功。誓師出征，調兵遣將，將略之行也。安民用衆，審內應外，政策之處也。統帥任勝敗之責，而政府負存亡之機。戰略無政策以控御，則不知進止，勞民傷財而無益。歐洲古兵家克拉祖佛次(Clausewitz)窮米尼（Jomini）咸主戰略宜視政策而轉圜之說。俛近論戰者，亦一再申述。蓋政策以定，略始有所向，略有所向，乃可言眞勝。易師卦九二（將）爻辭曰「在師中吉，無咎，王（政府）三錫命。」古人之言「師」也亦然，其要也蓋可知矣。政策指麾戰略。戰時則然，國防云何？，曰，國防之須有定策，更何待言。政府無定策，則散漫無端緒，人民其何從哉？定策有道，上下一心，勾踐之所以沼吳也。

國防政策又可別而為二焉；一曰，對外，「認清敵人」是也。歐美列強之備戰（Preparedness）計畫，必有一定之敵國，外交方針亦為之遷就。

戰前之德法是其最著者。卽英之聯法俄以抗德，亦豈得已。（英自一八九五年後請盟於德者凡三，德皇意氣用事，三拒之。）甲辰之役，日本先盟於英，得外交之勝利，然後戰俄。故政策在先，戰略隨之，晨絕外交，及暮兵可臨境。兵貴神速，亦在先發制人耳！故敵國之形勢險要，民情財力，以及將材兵力等，均及時爲詳細之考察，務使敵情畢露。一旦有警，應付裕如。知彼知己，兵志之訓。美國參謀本部第二局（Intelligence Office）中，舉凡各强鄰之將材，不論其在職在野，均有冊籍，詳錄其性情思想學業經歷，由駐外武官妥爲調查，以備戰時制心，良有以也。二曰，對內振軍練兵，以固國防，人而知之，無待贅言。海陸空三軍視其制服空間時間之能力，而定其發展之程序。空首要，海次之，陸又次之，知所輕重，（Sense of proportion）得矣其道。惟今日之戰爭，乃全民族之戰爭，（Nation At Arms）婦孺將不得例外，毒氣無孔不入，民屋戶牖，能不戒嚴？（愚按毒氣施放，國際公法所嚴禁，惟爲國防計，曾無一國忽視之也。）乃經濟之戰爭。舉國之人力財力物力，務用其極，方得致勝之道。克拉孫（Clarson）歐戰時美國之國防會議主席也。其言曰，「昔日可歌可詠之沙場漫史，今日視之，已不復足道。其足稱者，乃運用全國物力之精緻耳。」威爾遜亦言「今日之戰，非可以衆勝，非可以氣勝，制勝之道，惟在科學法之施用全國實業。」由是觀之，實業顧不重於戰士耶？蓋實業國之命脈，餉器之所由出，餉饒器利，始可言戰。科學日進，血氣之勇，遂更無其用武之地，而今日之餉之器，非復昔之簡約。昔日用兵，數萬數十萬而已，局部之動衆也。（甲辰日俄之役兩軍亦僅百餘萬，×已目爲大戰。）今日之戰，以機械之進步，範圍之廣，遂爲昔人所不能夢想。舉國皆兵，數千萬數萬萬之人民，直接間接，皆將披甲從戎。軍械又復複雜稱是。亦見其工作之大矣。作戰之猛銳持久，遂更賴全國實業之運用。劉邦功人功狗之言，今而益信。故國防大計，練兵治標，振治實業，則治本者也。謂之命脈，其誰曰不可？善用兵者，以全取勝，是以貴謀而賤戰。戰而百勝，非善之善者也，故「先爲不可勝，以待敵之可勝」實業軍用化，我之不可勝也，明乎此，可以言守矣。

夫實業軍用化，何謂也？全國實業，包羅萬象，有直接軍用者，有間接軍用者，有非軍用者。政府須以其適軍用之程度，而定獎勵之差等，成一種有組織之提倡以指導之。無論官辦商辦，咸由政府遙制。務使各業發展，與軍用成正比例。一旦有事，適於擴充，而不失平衡。然後全國潛力，有所統系，進退裕如，有所目標，先後以定，是最經濟之辦法也。歐戰方興，各交戰國之實業動員（Industrial Mobilization）均無組織，無統系，商人本求過於供之原則，故昂其價。政府經多方挫折，知國家指管與精密組織之刻不容緩，遂先後分部治理，奇效以奏。美國入戰較晚，殷鑒不遠，設戰時實業部綜理各業，與國防會議並立，直隸大總統。觀其內函之十三局六十五科，光怪陸離，如入雜貨肆，亦見軍用實業之廣且繁也。

蓋戰時國家物力財力既甚孤立寡援，（國際法戰時軍用品中立國不得接濟，）資產勞工又失常態，無精確之組織，能免浪費得全力，亦難矣哉！故其總問題爲：

（一）全國壯丁咸任軍役，服勞前線。

（二）備辦各軍軍需，衣之食之。

（三）衣食後方之工廠服務人員。

（四）食品原料製造物之本國不能自製者，企謀向他國購置。

（五）出售無關軍用之物品，以助收入。

全國人力物力，須同時動員斂以出之一以用之，務堅我勢，以速敵敗。用科學之方法，期得最經濟之效果。分言之，則為：

（甲）人力

（一）壯丁任戰，老弱婦女移置工廠及原料之工作。

（二）嚴禁或限制工作於非軍用之工廠及職業。

（三）勸令或強迫非軍用業之人員移置有關軍用之職業。

（乙）財力

（一）嚴禁或限制資產施用於非軍用之職業。

（二）嚴禁資產之輸出，及債券等之輸入。

（三）管轄國外貿易，專以資助有關軍用之進口貨為標準。

（四）穩定物價利率及工資，以障實業不安狀況及爭執工資之事。

（五）各業盈利及額外贏餘，使作淨軍用品之用，法以國家壟斷及稅權，或由政府借貸之。不得已，強迫借貸之。

（丙）運輸

（一）航務路政集權中央。

（二）限制無關軍用之進口貨。

（三）限制鐵路用於非軍用之貨物及人民。

（四）食品原料等分區組織以免重複及背馳之跋涉。

（五）軍用要品之運輸一律免費。（商辦鐵路及輪船由政府補助。）

（丁）出產（物力）

（一）重要原料之管理權分配權集中政府或政府治下之公司。

（二）主要實業收歸國有或由政府監督之。

（三）出產程度視其關係軍用之深淺而定。

（1）軍用品由政府限制市價。

（2）人民最低限度之必需品亦由政府限制市價。

（3）使出口貨能得最善價而仍不失貿易平衡。

（四）集中統治各業使原料運輸勞工皆得最經濟之分工作用。（如最敏最便之工廠使其日夜開工，次者停工。）

（五 壟斷各業之成本及贏利，使各得同等犧牲而廠工順利。

（六）醜斷秘傳製造法及專利品，使各業咸得以最新法出品。

（七）考察物質及成本，宣佈其比較觀，以資勸誘，使各廠自相競爭，而有團體精神。

（戊）消費

（一）設法製造次要貨物之替代品。

（二）蔽衣敗具設法收集修理。

（三）人民家用必需品設定市價，作有組織之分配。

（四）禁止奢華品之買賣，及施行節儉律令。

（五）限制人民家用燃料。

（六）鼓勵及勸誘必需品之替代物。

（七）戢禁浪費及人畜糧食之限定。

此乃專就戰時立論。施諸平時，則非特人民應有之自由權見褫，且政府管理，利弊並存，有宜官辦者，有宜商辦者。要不出軍用化政策之規定，由政府指導及督察行之可耳。蓋平時實業，以贏利爲標準，應供求之原則。戰時實業則不然，以軍需爲鵠矢，但求足用，不問資本勞工等計算也。故歐戰罷兵，各交戰國實業驟落，經濟失所，工人失業，遂成大問題。若能平時卽以實業軍用化爲國防定策，成新實業發展之嚆矢，有政府之統率，對於救濟失業問題，如「工作加增」「交換工人」等措置，未庶不無小補，且對於戰時澎漲，則有所本，舉一而數利存焉。

日本自明治中興，以還勵精圖治，發展軍事實業，列爲經濟首策，他業皆隨之而轉圜，其施用科學之機械工業，間接直接，無不爲其枝葉。卽有單獨創設者，不得其援助，亦無以發達。故影響所及，不僅全國之金融市價工資而已，卽教育方針，人民日常生活，亦靡所遺。

夫所謂軍用品者，豈僅軍艦飛機大砲槍械而已哉？兵卒之器固要矣，而利之之道，手續繁而包函廣，不能以其間接而稍忽之。兵卒之體健固要矣，而其戰時之衣食住行，所以保其體健履行勝敵者，寧不更爲重要？故科學愈發達，機器愈進，而軍用實業遂愈廣。蓋兩軍相遇，鈎心鬥角，機待情變，然其根本端賴器之利，行之速，力之毅。器利然後攻無不取，毁敵無遺。行速然後出入神沒，乘人不備。力毅然後士無懈志，反敗爲勝。三者缺一不可，而所賴者實業也。何則，利器在原料之廣，且精工製之巧，且神。原料工製實業也。速行在運輸之巧，便車載之精良。我以步行，彼以卡車（Truck）則勝負可知矣。我以牲口，彼以燭車。（·Caterpillar Truck）則勝負又可知矣。無機器以代足代力，則兵貴神速之言，不足道也。而運輸車載亦實業也。毅力在軍士衣食住之得宜，務使少受天然及無謂之痛苦，以堅其力。衣所以制天然之氣候，食所以貯體力，住所以調濟生活，此三者亦無非實業也。實業之軍用範圍，顧不大耶？故軍用品之研究，負政府之責者，尤所宜察。於全國實業有一合時之發展步驟清單，庶可以用餘以補不足，條理亦易明晰。以言乎合時，則方今科學昌明，一日千里，今日之無用於軍事者，他日或爲不可少者，而今日之主要者，他日或已無所用矣。政府不總攬而督察之，焉臻盛治？

實業軍用化之設施，無論其爲個人企業，抑國家經營，端賴政府之督責，已如上述。其措置之道，企宜注意者有三焉。

一曰，分類以視緩急也。　軍用實業，既廣且雜。直接間接之用而外，有其用顯而明者焉，有其用隱而藏者焉。茫然治之，有無端緒之苦。不施以科學方法，奚以下手哉？而科學方法，首重分類。今分類視緩急、審所輕重、取有餘以補不足，實足以得物力之全濟也。徵法既定，守備乃固。全國實業可分爲五等焉。

（甲等）軍事實業。　軍事實業，仍指實業之純粹軍用，能立應軍事行動者而言。軍隊有之則生，無之則死。存亡係焉，精益求精，萬不可忽。爲國防計，不可須臾忘者也。其中砲艦軍械等之宜急求改進，夫人而知之矣。往往而忽視者，軍衣軍食是也。夫軍衣軍食，制服自然，培固銳氣之根本，而全軍戰鬥力之源也。軍行餉糈不足自大恨事。使士卒受過劇之辛苦，窩頭高粱，且視爲當然軍食，資養不足太甚，遂無以出全力。故中國內戰幾十餘載，能反大敗爲大勝者，闃其無聞焉。敗軍之氣，不足以挽既倒之狂瀾也。其困獸猶鬥者，亦皆外强而中乾，如用機器而不上油，愈動乃愈滯矣。有徒以耐勞耐苦爲惟一軍訓，而不足其資養以培植其氣者，道士鍊氣吞丹之流亞耳！夫十萬半饑之軍，難敵五千有調之卒。但求有衆，不云能養，惑之甚也。軍衣食之增進，不亦爲振軍之先決問題哉？例如革鞋一事，事雖小道，關係全軍體健實深。士卒出槍林彈雨，匍匐泥潭岡阜間，兩足之濕氣，動牽全身。布鞋草履雖儉德，奈人身非木石，自然限制之不除，曷足以集全力以禦敵。我國軍隊半因經理之困難，無穿革鞋之規定，軍官而外，穿者且目爲奢華，因噎廢食，不思之甚也。故軍事實業，非特爲用居首，其應精求之處，亦亟宜先事提倡者也。列第一。

軍械業。類如：

飛機製造及修理　海軍工場　兵工　營寨建築　軍用醫具　馬具

運輸業。類如：

鐵路　商船　大車　牲口

燃料業。類如：

油站　木料

軍衣業。類如：

被服　軍用毛毯

軍食業。類如：

麵粉　食物製造及保存

（乙等）軍用原料及軍用器具之製造　根本原料，若鐵若煤若油若木，各業之基，固不限於軍用也。我國物產豐富，而其農業林業礦業尙在幼稚，以軍用之急需，尤宜先備其主要者。我之所無，則有購買或思所以替代之者，務求其全。原料者國家生死之所繫，軍器之所由出，決不容稍忽也。如樅木質輕而耐堅，爲製飛機翼翅之上品。安徽福建江西浙江陝西所產甚多，而尤以湖北爲最。然我國飛機製造廠之樅木，類皆舶來。何也？蓋我國樅木內多蛀損，不適應用。林業不振，有之而不能用，國人其能孰視無睹哉。至軍用器具之製造，亦根本之尤者。故並列第二。

礦業。類如：

煤 鐵 煤油 銅 銀 鉛 錫 汞 硝 磺 鈥 錳

林業。類如：

橡木 核桃木 桃花心木

化學品業。類如：

人造染料 柏油 木質化學品 酒精

製作業。類如：

皮革 造纖 木廠 鐵釘 油布 帆布 電線 製藥及醫具

（丙等）間接軍用原料，及根本製造品。間接之爲用雖不如直接，要其根本於軍用則一也。所異者，先後輕重不同耳。用列第三。

礦業。類如：

鋅 鎳 銻 鎢 鉑 鈦

製作業。類如：

直接軍用器具之製造 翻砂 縫工 造胰 金工

（丁等）出產大宗及民用必需品。出產大宗，關係全國經濟，及國外貿易。雖無關於軍用，而間接之影響至彰。戰時外款之得以輸入者，無非藉我特產。故亦有其軍用之相當價值，是亦不可忽也。民用必需品則關係人民生計及社會狀態，遂並列第四。

出產大宗。類如：

蠶業 絲 茶

民用必需品。類如：

鐘表

（戊等）普通用品及奢華品。由平時立論，各業皆自有其經濟價值。然由軍用觀之，普通業及奢華品，遂爲有損而無益。故用以殿是表。雖其他有藝術觀之職業及有關文化者，以軍用之程度而分類，則列第五。

普通業。類如：

菓園　花圃

奢華品業。類如：

綢緞　珠寶

有藝術觀諸業。類如：

樂器　彫刻

二曰，保護以資鼓勵也。實業商辦官辦，各有其利弊，言者莫衷一是。重視民權之歐美，則傾向個人企業。歐戰告終，各業皆復還其主。而國家社會主義者之流，則力主國家經營之說。固各自有理由，亦視其職業之性質及政府之目的何如耳！不可一概而論也。歐美各國，即軍械之製造，亦商國兼舉。其改進發明，亦多賴商廠。焉日本兵工，其始純爲國有，自日俄役後，軍業需求日進，遂鼓勵商辦，以輔官廠之不足，立效昭著。由是觀之，官督商辦，依政府之政策，視其類別之差等，而定保護之輕重，厥爲上策。夫國家獎勵法律保護，爲振興實業之惟一步驟，何待贅言。故厘金之廢止也，幣制之統一也，關稅之自主也，亟以趨之。雖然，不依類以別保護之程度，即不足以實行軍用化。何則，貿易者惟利是求，國內外之投資，亦必選最有利之途，保護有差，方足以鼓勵軍用實業之發展，以適應政策而保護促進之道，則如：

（一）獎金津貼之頒給。

（二）納稅之輕重，

（三）專賣之特許，

（四）減價供給原料，

（五）政府爲雇專家或設法試驗室，

（六）提倡戰爭器具之能爲和平器具者之民用，

皆是也。夫然後始可望實業之軍用化，武力國防之骨髓以堅。國際地位之增進，其庶幾乎。

三曰，勞工之分配也。實業日進，勞資相持問題，往往不可免。故勞工法律之定也，政府之調停仲裁也，皆無非促進雙方之和協。而軍用化實業問題又增二焉。為軍用計，皆不可少忽者也。

（一）勞工之訓練。為軍事計，勞工之訓練，刻不容緩。職業教育之提倡，亦宜傍此政策而行，以期勞工之能立應軍用。蓋今日之中國，軍械工鐵工等少數專門工作而外，類皆不得直施急用。農夫之墨守成規，不能增速率無論矣。即如就縫工而論，其能用縫機者，尚如鳳毛麟角。一旦有戰，軍服廠擴充，彼等大半將愛莫能助。他業亦往往類此。故軍用訓練，強迫授以一二年有關本行之職業教育，顧不要哉？而女子職業教育亦宜訓練以能服務各種機器及有關之軍用業之智識，庶男子服兵役，女子出而代作勞工，上下竭力，其功將不亞「敢死隊」矣。

（二）勞工國家觀念之提倡。勞工無國界，社會學者主之，多象政治學者亦主之，蓋亦為二十世紀之世界趨勢矣。然歐戰初起，各交戰國之勞工，言論而外，並未有任何之抵制軍事行動。油然之愛國心，有以致之也。我國人國家觀念民族思想本弱，勞工尤甚。新說之來，更為醒目。故勞工國家觀念之提倡，須與軍用化職業教育雙管齊下，並駕而驅，庶勞資可公而忘私，一致對外。我國本無階級之可言，水火之見，亦在政府之善澄其源耳。

實業軍用化之設施，略如前言。果其效何如哉？譬如造屋，得圖樣焉，使工匠有所本而行。必先審其效用，務求不妄耗資財而有實功，見良焉，然後施行，乃可無尤而無悔。今實業政策方向如此，措置又如彼，時日之積，必有所造就也。其效用之最著者，厥有二端，請分述之：

（一）物力獨立。歐美列邦，土狹產瘠者，尚日謀其所以得戰時之物力獨立。故保護關稅，不合乎純粹經濟原理者也，各政府孰視無睹，亟以行之。夫何故哉？無非軍事之自衛計也。吾國實業若誠能以軍用化為目標，關稅保護於外，政府保護於內，一以發達軍用業，實踐國防為職志，免除人民資財施於他事，則成竹在胸，事半而功倍。物力能獨立，國防之至策也。

（二）臨機從容。美國常備兵士十二萬五千人，軍官一萬二千人，為數十萬一集團而已。然一旦總動員，可立得有組織之六集團，有後備軍官為其擴張之骨骼也。如建築之有屋架，泥磚加之，新屋成矣。其瘁力於後備軍官之造就及組織者，曾不須臾忘臨機之擴充也。愚之所謂實業軍用化者，按類指導，定策在心，亦猶是耳。骨骼之成，屋架之築也。庶一旦倉卒擴張，各業有所依歸，不致棼亂失序，未雨而綢繆，臨渴而從容矣。

夫真崇和平者，自善守其境始，以不可勝待可勝、以不可攻待可攻。使帝國主義者自息其野心。否則條約是條約，地位是地位，何有於待遇之平等。實業軍用化者，直善守其境之根本耳。政治腐敗得重振，作事散漫得條理，振我元氣，理我萎症，用躋富強，莫可或疑。他日世界大同，國界消滅，人人張其愛國之心，以愛人類，軍爭不見於大地，則我不得而知之矣。

一九二九年五月脫稿於華盛頓國會圖書館

成本會計之新趨勢

熊大惠

會計學術，近年以來以成本會計爲最發達，研究者日多，是故各種制度方法範圍等等均較以前大不相同，國人守舊成習對於成本會計新的理論及制度不甚採討，深爲可惜。作者本習運輸對於會計亦喜研究尤好成本會計最近常與本校會計講師龔季壽先生互相切磋得益良多此篇資料得力於龔先生助力不少玆就範圍方法目的制度觀點及組織六項逐節申述其新趨勢如下，以供關心成本會計最近發展者之參攷。

一 範圍

成本會計範圍，最初僅適用於製造方面，計算成本只能將製造上一程序，一工事之直接工料與間接費用分別計算，但計算製造成本有二大缺點：其一，工廠設備各種機件器具後，不能隨意更動故成本計算影響於事業之伸縮，實際效力甚微，其次製造成本單位單純，只有一個，或以程序爲標準，或以工事爲單位，是應用範圍上並不十分複雜，近年以來，漸有趨向於售貨成本之計算，一則因此種成本單位甚多，推銷區域，推銷方法，顧客分類等等均可採用，此外因售貨事項可以隨時伸縮，不如工廠之艱難，故其應用上之效力比較甚大，至於總務或管理成本固有其單獨計算之必要，惟此項費用多屬固定，不易節制，暫不適用成本計算，綜而言之，照現在趨勢而言，整個損益計算書，均係成本會計之應用範圍也。

二 方法

成本計算，自方法而言，以前偏重於實費成本方法（Expenditure Cost）各項成本均係經過各種程序臨時算出，並非事前預定者，此種方法之缺點，在費用大而與往年比較無所憑據，故欲比較其效率之高下，大有無從着手之苦，因有以上二缺點，故工廠近年來條件上之可以採用者，皆採用預定工作成本，亦即標準成本方法（Predetermined Operation or Standard Cost）如製造工作程序，不標準化，則絕不能應用標準成本方法

三 目的

成本會計，以前目的着重於存貨估值（Inventory Valuation）亦卽幫助普通會計編製財務報告書之用，在此種目的之下，成本會計不過係附屬或聯鎖於普通會計之內（Inter locking）同時欲達到此目的，多應用實費成本方法，嗣後逐漸變更傾向於規定售價一途，售貨成本應分析爲兩種，一種與出產量作比例之增減，一種係固定不變者與出產量毫無關係，如此目的方可達到也，現在又有偏重於效率一方面之趨勢，則比較現在與過去之成績，有賴於標準成本會計制度之實施也。

四 制度

往者工廠會計制度，只有程序成本及工件成本兩種制度。（Process Cost and job order Cost Systems）前者適用於程序之有繼續性者，後者則工廠若常有大批或特殊工件時用之，此兩種制度因創辦費用甚大，現今不甚適用，工件成本制度，現在只有特殊工作甚多之工廠，如修理廠，營造廠，裝配廠等用之，程序成本制度，亦多放棄，改用標準成本制度，一則因費用較省，二則過去與現在工作效率可以比較也，標準成本制度之特點，在於着重每一工作程序，而不在出品之每一部份，如此則何處經濟，何處浪費不難而知也，此項制度凡工作程序標準化者，可以應用之，最初僅應用於間接費，現則工料成本亦適用矣。

五 觀點

至於成本會計之觀點，今昔亦有不同，以前着重於手續上之機械工作實施結果，並不見得十分準確，實際收效極微，今則着重在成本會計，主持者之判斷力，機械手續，所得之結果，尙須經過一番之審核，則比較上可靠而效力亦較大，故現在學校所授成本會計，亦分兩種，一爲普通成本會計，專述其手續之如何辦理，主在養成成本會計員而已，今則美國大學會計專科，如西北大學，有高等成本會計之學程，其講授目的，則在養成成本會計各種問題之判斷能力，以期將來充任成本會計主任也。

六 組織

最近成本會計組織，亦有變更，以前與普通會計混合一起，地位上只多一股一課而已，因地位關係，效力發揮不大，此所謂聯鎖組織也（Inter locking organization）換言之，即與普通會計不分之謂也，嗣後以迄現在，則成本會計組織地位逐漸提高，在美國工廠，凡主持成本會計者，則多兼任副總經理（Chief Cost Accountant and Assistant General Manager）；一切普通會計購料營業等部分，皆可授其指揮，如此，則成本會計實施上便利不少，而收效亦甚宏大，此種組織，可稱之為統計的組織（Statistical Organizatiou）亦即所謂與普通會計獨立組織也。

結語

綜之成本會計之趨勢有六：

一 範圍由製造成本而趨向售貨成本，而整個損益計算書，

二 方法由實際成本方法，而趨向預定標準成本方法。

三 目的由普通會計之目的，而着重於規訂售價及比較效率。

四 制度由程序工件成本制度，而趨向於標準工作程序成本制度。

五 觀點由機械手續，而着重於問題上之判斷。

六 組織由聯鎖於普通會計組織，而趨向於普通會計分離之統計的組織。

科學管理與今日之勞資合作問題

張宗謙

一　我國勞動界的激刺

我國係工業落後之國家，故數千年來，勞動界受資本家之壓迫與剝奪，始終無法反抗，迫至近十數年，歐美工業革命，逐漸輸入我國，影響所及，勞動界頓呈活躍之象，加以孫中山先生之民生主義，江亢虎氏之社會主義，及陳獨秀氏之共產主義，在在均與我國勞動界以極大刺激，於是工人之階級意識，日漸流行，民國十一年香港海員罷工勝利，一九一八年蘇俄革命成功，推翻貧富階級，工人地位增高，我國共產黨又借此機會廣作宣傳鼓吹之能事，一般勞動界終日胼手胝足，尚不足以圖溫飽，觀乎蘇俄之景況，能不稱羨。於是勞資糾紛，如風起雲湧，大有不可遏止之勢，直至現在已直接影響於社會治安，非積極籌謀解決之方法不可。

二　勞資糾紛與勞資合作

我國勞動界既因上述種種激刺，而與資方常常發生衝突，當應如何調協之，曰惟勞資合作於前，始能避免勞資糾紛於後，查勞資糾紛之癥結，不外乎兩大原因。（一）工資太低。（二）雙方因事權隔閡而產生之種種誤會，今所謂勞資合作者，應即從此兩點着手，（一）提高工人工資，使最低限度能與生活程度相平衡，（二）對於工廠內部管理及對外政策，應絕對公開，並於可能範圍之內，得請工人代表參加管理，使雙方由前此相對的立場一變而為痛癢相關，禍福與共之局勢，然後合作可以真正實現，糾紛可以無形避免矣。

三　勞資合作與科學管理

勞資合作之需要既如上述，絕非空談可以了事，應由資方發起，並製訂一種具體的計劃，方可成功，查現下工商業對於勞資合作辦法，事前既一無規劃，事後則茫無頭緒，每遇勞資糾紛醞釀之際，輒倚賴第三者之調停或仲裁，此為治標方法，固可救急於一時，然非根本之計，至治本方法，著者認為非藉科學管理之原則，不能收效，泰洛氏嘗云「科學管理之目的在於督促勞資合作之實現，俾勞資雙方均能得到最大之福利」又云「科學管理之基本原則在於使雙方之利害關係如出一轍，一面使勞方得到較高之待遇，一面使資方得到較低之成本」勞資雙方既並立於同一陣線之上，其素來互相敵視之精神即可完全掃除，其眞正與永遠之合作自無問題矣，本文因限於篇幅不能詳述科學管理與勞資合作之種種關係，但就目前所急需討論者兩點分述之：

（甲）關於報酬方面——據一般統計，勞資間之衝突，大多係由於爭論工資而起，如民國五年至十七年，我國東三省爲工資問題而發生之糾紛，計有三百十件，占全體百分之六十三，（國立中央大學商學院經濟叢刊勞資合作之研究第六——七頁）民國十五年上海一隅，工人爲經濟壓迫而罷工者，計有二百五十次，占全體百分之四十六，（上海社會局編上海特別市罷工停業統計商務印書館出版）此種爭執在資方極度憤慨，均認爲勞方屬於無理要求，萬難承認，或以爲廠方所付之工資已屬萬分優裕，不能再事增加，或以爲勞方得隴望蜀，一旦破格許之此後即有例可援矣，結果各趨極端，在資方則寧願遭受罷工停業之一切影響，而不肯讓步，在勞方則寧願失業，而不願容忍，其實追本窮源，應知勞方實爲生活所逼迫，不得已而出此，非有意與資方爲難也，故其根本解決不在勞方之容忍，而在資方之諒解，凡有無理之要求自應加以拒絕，若夫其所要求者，僅爲當時最低之工資，則應絕不猶疑而予以接受或考慮，各國政府有鑒及此，均紛紛頒布所謂最低工資律，以防阻資本家之剝奪使血汗業有所依據，如紐西蘭 New Zealand 在一八九四年即採用最低工資制度，維多利亞 Victoria 一八九六年，英國一九〇九年，美國一九一二年亦皆通過最低工資立法，我國於十八年十二月三十日國民政府所公佈之工廠法中第廿條亦謂「工人最低工資率之規定應以各廠所在地之工人生活狀況爲標準」惟政府雖有明令而一般資本家陽奉陰違所謂最低工資者迄今仍屬有名無實，蓋因其不明瞭科學管理之原則，以爲工資增加，贏利必因之而減少，故對於最低工資之法令不願遵照施行，結果工人忍無可忍，罷工風潮，依然紛至沓來，而資方又不甘示弱，於是停業相抗，雙方俱蒙鉅大之損失，爲資方着想究竟是否勝算不言可知，今科學管理原則一方面既能增加工人之待遇，一方面又能減輕資方之成本，可謂兼籌並顧，一舉而兩得矣，查最低工資之意義在歐美各國尙包含「正當生活物質上所必需」及「物質以外精神道德及幸福上之享樂」等兩種，如澳洲最低工資律，規定最低限度之工資爲「本文明社會中人類，所應有之享受，使彼輩亦足以應付其需要」今我國勞動界受資本家數千年之壓迫，對於第二種慾望暫時固談不到，但若對於正當生活物質上之所需亦不能顧到，則妄談勞資合作，其能成乎。

（乙）關於管理方面——勞資合作既非科學管理不能成功，科學管理亦非勞資合作不能實現，關於此點，科學管理方法中有所謂工廠議會制者，即由勞資雙方聯合組織一管理委員會，藉以共同參與管理工廠之事務，此制創自歐戰後之德國，政府方面並有强制規定，其原則曾於一九一九年規定於憲法第一六五條中。一九二〇年即有工廠議會法之頒布，該法規定每一工廠必須組織一工場委員會，該委員會由各獨立部與工人選舉同人及工頭各一人，和廠主或廠主之代表組織之，其任務如下：（朱通九「勞動經濟」二九五頁）

（一）調解雇主及工人問題之一切爭議。

（二）接受或拒絕雇主訂立之工廠規則。

（三）創立及管理疾病扶助金欵項。

（四）監督廠內童工之工作，並負彼等之教育責任。

（五）代表工廠出席於地方廠際聯合議會。

蘇俄自一九一八年革命成功以後，所有工廠雇主盡被驅逐，工廠事務乃由工人組織議會管理之，此亦可謂一種法律强制之規定，惟蘇俄革命以後，工廠均歸國有，其性質當然與德國之工廠議會不同。他如英國之 Whitley Council 美國之 Shop Committee 雖係勞資兩方自動的組織，並無法律强制的規定，但其功效則一。自隨科學管理制度實行以來，對於調解雇主與工人間之一切爭議，如工資、工作時間、工人福利等問題，均頗有成績可尋。總之，今日之工人既已富有階級意識，絕非昔日基爾特式之工人所可比擬，如資方仍一味抄襲故技，對於工人以壓迫為能事，則將來勞工運動愈趨愈烈，勞資合作永無實現之期矣。

實業運輸管理問題

郁仁充

辦理實業者，莫不知運輸之重要；凡原料之運入，製造品之輸出，與及一切貨品於製造程序中在廠內外各部門之運轉，在在須賴運輸工作。運輸工作效率之高低，費用之經濟與否，影響於事業之利益與發展者殊鉅。是以從事實業者對於運輸問題，必須審慎考慮；對於運輸設備與服務之利用，必須精密選擇。

更有進者，貨商與運輸者間之關係，在過去常處於敵對地位；貨商惟運費低廉，服務優良是圖，運輸者惟收入增加，費用減少是求，各自爲謀，衝突常起。要知運輸事業須有充足之收入，然後可有良善之服務。苟收入不足，則業務維持已有困難，枉論發展。苟運輸事業服務不良，發展不易；則貨商之便利與實業之發展均將受其影響。運輸者苟祗知提高運價以增收入，減少費用而設備不周，則使貨商負担增重，維持爲艱，物價增高，消費減少，實業之發展不易，運輸數量，反見減少，運價收入，何由增多？是故貨商與運輸者，實有共存共榮，相依相輔之關係。運輸業務自當以良善爲準，運輸價格亦當以合理爲則，相諒相助，各得其利。運價問題固應有相互的合理處置，然後得有公允之解決。運輸業務之進行，欲求其工作效率之提高，亦非運輸者單方面努力克奏膚功；在在需要貨商能明瞭事實，推誠合作。不作過份要求，強人所難，不爲一己私利，妨礙整個業務之進行；探討利弊之所在，研求改進之所從；貢其所見，以爲運輸者之採擇。

近來各國政府對於管理運輸事業，處置運輸問題，均以不偏不倚，調整貨商與運輸者間之利益爲旨。運輸者與貨商間亦已改變其向所持之敵對態度，而謀所以合作之道。是則運輸問題在實業管理中决非一個單而不重要之問題。爲採用經濟與有效之運輸工作起見，爲調整與運輸者間之關係起見，爲謀事業之利益與發展起見，辦理實業者對於運輸問題必須有專門之管理也明矣。

運輸管理工作

實業運輸管理之工作大概可以分爲下列五項：

一、行政管理工作　如運輸政策之决定，與運輸公司之聯絡工作，運輸競爭情形之調查與注意，本公司貨運性質之測勘，各部份間有關於運輸方面之合作辦法，製造廠貨棧等關於運輸上之位置選擇，與及各項運輸問題之研究與實驗等。

二、事務管理工作　一部份係各公司不論有否運輸管理處必須辦理之工作如填寫寄貨單據，貨物交運後之追查與催速貨物損失之追償等。一部份係有運輸管理處設立後方辦理者：如貨物損失發生之預防代替顧客關於貨運工作之服務集零擔貨物改爲整車交運以節省運費支出等含有建設性質之工作。

三、運費管理工作　如運價表，貨物分等表，貨物運輸規則等之搜集與研究，運費之計算與核付，運價溢收之抗議與收回等。

四、運務管理工作　即實際寄貨與收貨工作；如貨物之包裝，標誌，過磅；運貨車輛之請求，檢查與整潔；貨物之裝車與卸車；裝貨後之封車，貨物到達後之驗收與分發等。

五、自辦運輸工作　如自置或租借輪船，鐵路，汽車，飛機，貨棧，等運輸設備之經營與管理工作。

運輸管理方法

實業運輸工作之管理方法可以分爲：

一、由原有各部份兼理。

二、委託外界運輸機關代理。

三、專設運輸管理處辦理。

四、以上各法兼用。

一、由原有各部份兼理　凡不專設運輸管理處者其工作大都由有關係各部份兼理：如收貨工作之隸屬於購料處，廠內貨品運轉與貨物包裝工作之屬於製造處寄貨工作運貨汽車與貨棧管理之屬於推銷處，貨物損失追償與運費計核之屬於會計處。但工作分散各處重複與遺漏之弊在所難免；人力物力兩不經濟。管理不集中事權不統一，隔膜與誤會容易發生，影響於工作效率者殊鉅。

二、委託外界機關代理　上述運輸管理工作之第五項自辦運輸，是指自置或租借運輸設備之管理工作而言。惟除如洗衣作，麵包店，牛奶公司等其貨運範圍限於本地者可完全自理外其他實業雖大規模者有鐵道或輪船等之設備，其貨物之運輸仍有須交由鐵路輪船公司等代運者。即自置之運輸設備，苟不自行管理亦可委託外界代理。第四項之運務管理工作，如收寄貨物，包裝標誌等，苟不自理，亦可委託轉運公司等代辦。至於第一至第三項行政事務，與運費管理工作，亦可委託外界代理。此種代理機關在美國頗多，有地方與同業之組織，除爲地方或同業辦理上述三項運輸管理工作外，亦有接受私人之委託者。有商業性質之組織，專爲代辦各界運輸管理事務而設。其代辦事務有範圍廣泛者，有限於指定之事務者，如運費計核，貨物損失追償，運價及賠償損失之法律事項等。有政府之組織，爲地方人民服務，以備關於運輸問題之諮詢。有運輸者如鐵路公司等之組織，特設服務處，代貨商辦理一切運輸事宜，或備貨商諮詢關於運輸之各項問題。上述各種機關，雖其性質與服務之範圍各有不同，給予實業管理者之便利則一。凡規模較小之實業或以需要關係或以經濟關係未設運輸管理處者，可以委託代辦，即已設運輸管理處者，亦可隨時利用，以爲臂助。但如確有自設運輸管理處之需要與可能者，不自爲謀；而惟委託外界代辦，則亦非是。蓋以此種機關受人委託，代人服務，對於各委託者間不能有所歧視，故祗能其在職務範圍內盡責，而不能有何特殊貢獻之希望也。

三、專設運輸管理處辦理　凡規模較大之實業，其運輸事務較繁者，當以專設一運輸管理處，自行管理一切運輸工作爲是。因爲（一）關於寄貨，收貨，貨物之包裝，廠內貨品之運轉，寄貨單據之塡寫，貨物之追查等工作，原屬應有之工作，即不設管理處亦需辦理。其他關於運輸之工作待辦地頗多。如設立一管理處專理一切，自較妥便。（二）設立管理處後，所有工作能集中管理，工作之效能可以提高。（三）設立管理處後可以減少耗費，增加利益。譬如關於貨物因運輸而發生之損失，既可因管理有人，追償手續辦理妥速，減少吃虧；更可有專門研究工作，以避免損失事故之發生。（四）設立管理處後，管理工作可以不必委託外人，實業管理之組織更臻完備。（五）由已設管理處之各實業組織所得經驗，可證明確有設立之價值。至於實業管理組織中未設立運輸管理處者，不外乎下列各種原因：（一）事業規模較小或經濟上有困難，尚無設立之必要與可能。（二）在整個組織制度上，認爲未便增設運輸管理處。（三）因所採用之推銷與進貨政策，對於貨物之運輸費用與責任均歸顧客或貨商負担，故無自設管理處之需要。（四）因貨運數量較少，貨的種類簡單，或運輸地點有限，故管理工作單純，無設立專處之必要。

運輸管理組織

實業運輸管理處之組織胥視事業與貨運之性質，規模之大小，工作之繁簡而異。有祗辦事務與運費二項管理者，其內部之組織，最爲簡單。大概於運輸管理處主任之下，分設下列各股：（一）運價股：掌理各種運價表，貨物分等表之搜集，保管與研究，運費之計核。（二）追償股：掌理貨物損失與運費盈收之追償研究貨物損失發生之原因與預防。（三）車輛股掌理運貨車輛之紀錄，車輛延期費之計核，與車輛問題研究。（四）催查股掌理貨物之催運與追查工作。（五）事務股掌理一切文書案卷與統計工作。

如於事務與運費二項管理工作外並辦理運務工作，則於上述各股外，增設寄貨與收貨二股。寄貨股掌理塡寫寄貨單據，貨物包裝與標誌，貨物過磅與檢查，貨物之送站與裝車等工作。收貨股掌理貨物之接收與卸車，貨物過磅與檢查，提貨單據之保管，貨物短少與損壞之調查與報告等工作。

凡實業廠家自置運貨汽車，辦理當地之貨物運送工作者，可於運輸管理處內設立一汽車管理股，掌理運貨汽車之修理與保養，司機人員之訓練與管理，車輛調度，路線選擇，與運輸費用之統計等工作。如大規模之實業有鐵道或輪船之設備者，更可設立鐵道管理股或輪船管理股，任用機務運輸管理人員，以專司其事。

至於運輸管理處在實業組織中之地位，當與其他各處如製造推銷會計處等相同，不分軒輊。運輸管理處主任之地位與職權亦應與其他各處主任相等，得參與公司一切重要事務之討論與決議。蓋以運輸管理工作與其他工作同樣重要，運輸問題與其他工作之進行關係密切。如決定製造程序與推銷方法等，對於與運輸有關問題，必須詳加商討，採擇運輸管理處之意見，否則實施時易生困難，影響於工作之進行，此則於計劃運輸管理處組織時不可不加以注意者也。

我國新工業政策之檢討

宗瑜

抗戰軍興，工業中心相繼淪陷，數十年來慘淡經營之民族工業蕩燬無存，言之至堪痛心，而後方都市，或以迫近戰區，時遭空襲，或以交通梗阻，轉輸爲艱，前者如宜昌沙市長沙西安福州，後者如重慶成都昆明貴陽蘭州，皆爲現時我國之較大都市，但就生產設備，及發展能力言之，不逮淪陷區域遠甚，然抗戰須賴建國，建國與抗戰同時並行，而後可促最後勝利早臨，復興工業實爲建國之重心，以故政府於萬分困難之中，環睹國外情況，體察後方形勢，爰有新工業政策之釐訂，舉其要旨，約有四端。

一、樹立重工業之基礎

二、鼓勵新工業之經營

三、發展手工業之效用

四、保護舊工業之存在

以上四者，除第四款外，餘均爲抗戰建國綱領中所規定，實爲我國新工業政策之根據，至釐訂此項新政策之動機，亦有可得商言者：

一、我國工業之肇興，垂九十餘年，惜以外患侵凌，內戰頻起，工業基礎，至爲薄弱，且國內實業家所經營者，亦均以民生工業爲限，而國防工業之倡導，實不多覯，以致戰事爆發之後，一切軍事上之需要，均不得不仰給外人，非特金錢外溢，漏巵難塞，且國外資源之供給，亦最不可恃，欲求長期抗戰，實有賴於重工業基礎之確立，政府有鑒於此，因之規定以後我國重工業建設，應以國防工業之樹立爲首要。

二、戰前我國工業之分佈，大都位置於沿海沿江及沿鐵路之地帶，戰事爆發，此等地帶，首當其衝，政府雖竭力設法便利工廠之內移，然以運輸困難，原料缺乏，原有工業欲在後方重新建立，其費用之浩大，工作之煩重，不啻與設立新工業等，且內地豐富之資源，亟待開拓，若工業家移其遷徙之費，而樹植新興工業，則事半而功倍，是以政府政策於協助原有工業內移之餘，兼行鼓勵新工業之發展。

三、我國工業部門，昔以手工業及半機械化工業爲主，而其一切設施，實寓於農村及中下級城市之中，商店農村，多設工廠，以爲副業，此項情形，值茲敵方空襲嚴重威脅之下，工廠不宜集中若干區域之際，工廠分散於多數農村之中，實爲最上之策，況我國小工業之製造，技巧更有勝於機械生產者，而積聚若干小工業之生產成績其數量亦頗爲可觀，以故政府除建立重工業外，兼及農村之手工業與小工業之發展也。

戰後我國新工業政策建立之意義已如上述，茲再進而研究新工業政策推行之辦法。

甲　實行工業統制

我國重工業發展甚遲，戰前已設立之重工業亦以營業不振，形致停頓，政府早有通盤籌劃，以謀改進，自戰事發生以後政府爲適應戰時需要，并以促進戰時重要工業之生產起見，因之有「非常時期農礦工商管理條例」之訂定，對於全國農礦工商業擇其重要者作整個之統制，其應受統制企業，指定爲下列之四類：

一、棉，絲，蔴，羊毛及其製品。

二、金，銀，鋼，鐵，錫，鉛，鎳，鋁，鋅，鎢，銻，汞及其製品。

三、食糧植物油茶糖皮革木材，鹽煤焦炭煤油，汽油，柴油，潤滑油，紙，漆，酒精，水泥，石炭，鹼酸，火柴，交通器材，電工器材，電汽機器，工具，教育用具，藥品人造肥料，陶器磚瓦，玻璃等項。

四、由經濟部呈准行政院指定之企業。

以下四類爲應受統制之企業，其實施辦法約述如下。

一、限令停業及創業　根據上項條例規定：

甲、某工業所用原料爲軍用所必需或其所製造之物品非必需品而所用原料爲國內供給缺乏者，政府得令其停業，并得將其土地，房屋，機器，動力，材料，工具等項移作其他用途。

乙、政府對於製造奢侈品或其他非必要物品企業之經營，得分別限制或禁止之。

丙、企業原有之設備足以改製軍用有關的物品者，政府得令其改製或收買。

丁、各指定企業及物品其生產或經營者非政府核准不得歇業停業停工，并不得有投機壟斷及操縱行爲，其已歇業，停業或停工者，政府亦得限期令其復業。

戊、在戰區及鄰近戰區之指定各企業政府得令其遷移。

二、限制輸出入及貿易　根據上項條例規定。

甲、對於指定之物品其輸出輸入，政府得因必要分別限制或禁止之。

乙、對於指定之物品政府得因必要分別禁售或爲平價之處分。

丙、對於指定之物品政府得按其供求實況，分別調節其消費幷得迫令生產者或經營者設法儲藏或移置他處。

丁、凡指定之企業，政府爲適應戰時需要得按公平價格分別收買其全部或一部份。

以上二款乃採干涉政策以限制軍事有關工業之建設與貿易藉以適應戰時之需要。至促進生產之方法則我政府採行下列三種方式，以資統制。

一、採國營法以促其進展。經濟部曾經呈准行政院將上列各種指定企業中有關下列各種企業陸續分別收歸政府辦理或由政府投資合辦。

一、戰事必需之各種企業。

二、製造軍工品之各種企業。

三、電汽事業。

四、生活日用所必需之企業，經濟部應各地方之需要亦得分別種類及地域直接經營。

二、採監督法以糾其缺點政府對於指定之企業作下列之監督。

甲、經濟部於指定之企業技術上或管理上有改善之必要，得令其改善之。經營方法有不改善時，經濟部得代管理或經營之。

乙、經濟部對於指定之企業或物品得將依下列各項明定適當之標準。

一、生產及經營方法。

二、原料之種類及存量。

三、工作時間及勞工待遇。

四、品質產量及存量。

五、生產費用。

六、運銷方法。

七、價格及利潤。

丙、指定之企業，政府得令其增資合併，或縮減範圍。

丁、指定之企業有特殊發明或專利者政府得令其報告試驗或禁止其公佈與洩漏，幷得收歸政府利用，或由政府投資合辦。

三、操協助法以速其重建　政府對於指定之企業或由戰區及鄰近戰區自動遷移之企業，爲促其早日建設起見，尤於下列各欵加以協助。

一、資金之擴充

二、材料之供給

三、建設之規劃

四、設備之補充

五、技術之指導

六、動力之供給

七、出品之運銷

八、勞工之供給與調劑

乙　發展小型工業

我國原有重要工業多孕育於農村及各都市中，抗戰以前，小型工業（包括手工業及半機械化工業）在我國工業生產量猶佔重要，自戰事發生工業中心大都淪陷後方各城市其所有工業大都均爲此項小型手工業或爲農村經營之副業，此項小型工業於原料產地，人力供給諸多便利，且其製造廠所多屬分散，殊少集中，避免空襲，尤多便利。政府有鑒於此，以故抗建綱領中有發展各地之手工業之規定，最近復由經濟教育內政三部會訂推廣小工業設計委員會章程。欲在可能範圍之內，盡量引用現代科學方法新式工具及機械，藉以振興各省原有之小工業，增加其生產能力，其規定應辦事項約述如下：

一、釐訂各種小工業推廣程序，以期適應地方情形及抗戰需要。

二、對於各種小工業採用「完全手工業及半手工業」機械或主要部份採用機械之設計，由政府指導，以促小工業之機械化。

三、規定設立小型工廠地點，以求適當分配，幷盡量利用各地方物力及人力。

四、規訂實施某縣區地方基本職業教育之計劃，藉以養成技術人材及工藝人材。

五、介紹及訓練小工業工人工作，減少難民及失業人數。

六、獎勵小工業之創設及資金之借貸，由中中交農四行根據改善地方金融機構辦法與以便利。

七、在適中地點政府自辦小型模範工廠或設工業指導員，以爲民營工業之楷模。

八、組織工業合作社，辦理原料之購買與加工及製造品之出售。

以上爲政府發展小型工業之辦法，而實際輔助之小工業幷非一律普及，其大致規定多以下列三種工業爲限：

（一）與軍需品及生活必需品有關之工業。

（二）與機器生產無直接衝突且可同時並存之工業。

（三）在海外有推銷市場之工業。

丙　發展國防工業

國防工業就其廣義言之，包括一切有利於戰事進行之工業而言，舉凡：

一、給養士兵及人民如衣食醫藥等工業。

二、供給器械如鋼鐵軍器及化學等工業。

三、維持交通如製車製軌煉油等工業。

四、輸出外國如鎢鐵錫汞之採冶及農產品如茶絲桐油之製造與加工等是也。

以上四者指廣義國防工業，政府對於此項工業之發展，採用保息補助辦法，其要點如下：

甲、規定保輔工業種類——凡國人所辦下列工業其實收資本在一百萬元以上者得呈請保息或輔助，至此項保輔工業名目規定舉如下：

一、製造各種原動力機械業。

二、製造各種電機業。

三、製造各種工作機器業。

四、冶製各種金屬材料業。

五、採鍊各種液體燃料業。

六、製造各種運輸器材業。

七、其他經政府認爲應予保息或補助之重要工業。

乙、實施保息補助方法——國府爲切實執行上項獎助工業條例起見，復行公佈「非常時期工礦業獎勵暫行條例」內特訂定獎助工礦業之詳細辦法其要項如次：

一、保息以年收資本年息五厘債票年息六厘爲限度期限至多五年。

二、補助以出品每年生產費及市價爲標準酌量給予現金。

三、減低或免除原料稅。

四、減低或免除出口稅。

五、減低或免除轉口稅及其他地方稅捐。

六、減低國營交通事業運輸費。

七、租用公有土地免除地租以五年爲限免租期滿後得按照當地租金標準予以酌減，酌減之數不可得超過租金標準二分之一。

八、協助向銀行或以其他方法借用低利貸款。

九、協助向交通機關謀材料或因機件及工人生活必需運輸之便利。

丁 利用國家資本

政府因戰事發生軍需浩大，國外資金如借款匯款均須用以補充軍實，而工業發展之資金則有待國民自身之努力，因之有利用國家資本之計劃現所頒行者有下列三種：

甲、獎勵華僑投資 軍興以來，海外華僑踴躍輸將，增加我國國際收入，俾益國家抗戰其力甚鉅，政府爲鼓勵海外僑胞投資國內實業，開發富源起見特定「非常時期華僑投資國內經濟事業獎勵辦法」其重要規定爲凡華僑在非常時期投資國內農礦工商及國防有關之經濟事業其華僑資金佔資本總額百分之六十以上者，得呈請經濟部予以左列各款之獎勵。

一、經營上及技術上之指導與協助

二、捐稅之減免

三、運輸便利及運費之減低

四、公有土地之使用

五、資本及債票之保息

六、補助金之給予

七、安全之保障

八、榮譽紀念之頒給

除以上之規定外，國營之經濟事業得由經濟部呈准後亦特許華僑投資合辦且華僑投資之經濟事業如遇特殊困難亦得呈請經濟部救濟，即至戰事結束以後華僑依照本法律既得之權利仍得繼續有效。

乙、推行建國儲金 政府爲吸收人民資本起見特推行建國儲金辦法根據此項建國儲金條例第五條規定各銀行及郵政儲金匯業局所收建國儲金之運用以投資於指定左列事業爲限。

一、有關國防之生產事業。

二、開墾土地興修水利發展農業畜牧事業。

三、發展工礦業。

四、交通事業。

五、聯合產銷事業。

六、其他有關經濟之建設事業。

前項各款事業之投資須呈經財政部之核准施行之。

三、發行建設公債　以上二種國家資本之募集均採勸募及鼓勵法其來源至不確實，以故政府爲便利建設重工業起見，特發行建設公債六千萬元預定自廿八年五月一日起發行專以供後方建設之用。

戊　維持原有工業

以上三節，爲統制及鼓勵新工業之政策，至戰區原有工業或仍在淪陷區中較爲安全地帶之工業如津滬租界內之工業，則政府所採行辦法，約有二端。

一、維持現狀——政府對於戰區，或經濟部核准接近戰區之農工商各團體爲維持其現狀以免糾紛起見，特作下列之規定：

甲、會員大會之舉行及職員之改選均延期辦理，在延期改選期內，原任職員不得解除責任，并須將延期辦理情形，呈部備案。

乙、凡營利法人股東會之召集及董事監事之改選，除官商合辦之官股董事監察人不在此例外，均得延期辦理，在延期內原任之董事監事，不得解除責任。

丙、凡公司法上所規定應向股東會報告之事項，在延期內執行業務之股東及董事應以可能方法，通告或公告各股東。

由是可知政府對於現狀較爲安全之工業以維持原有狀態爲目的，但對於各該項工業其在現狀之下之經營情形政府仍隨時加以注意令其呈報以免發生不合理不合法之事件。

二、協助內遷——政府爲貫澈長期抗戰計決將沿海各省工廠遷至內地，因之特設中央遷廠建設委員會，協助各廠計劃遷移，並令各公路各鐵路及民生公司等，儘先撥給車輛船隻以便運輸，對自身無力經營之工廠政府復酌量給予遷移建築購料等借款，同時國府鑒於接近戰區尚有少數工廠因限於環境迄今未能遷移近特再令飭各該地區之各地工廠由各該省政府積極辦理登記，設法內遷各工廠如本身無力遷移，則由地方政府代籌運費或估價收買再將機件遷至內地各省省政府對於遷移各廠亦多遵照政府計劃，概予補助截至上年十月底止僅由四川省府貸與各廠之經費，已達一百廿餘萬元之多，該省對於工廠遷川時，復予以下列各種援助。

甲、器材運輸問題省府已與交通部水道運輸管理處撥木船一百五十隻代爲轉運。

乙、器材安置地點省府已選定北碚爲工廠區。

丙、運輸保險問題省府已介紹中央信託局代辦保險事項保險費爲器材價格千分之二十除由廠方負担千分之四外其餘千分之十六由省庫撥款補助。

丁、地畝收用問題省府已指派江巴，渝及北邊地方長官，組織土地評價會評定地點，使廠民二方各得其平。

戊、動力問題，省府決將北碚發電廠規模擴大，俾能供給各廠所需之原動力。

己、原料取給成品轉銷等問題，省府亦將組織機關代爲解決。

巳　推行新政策之機關

綜合以上各部爲戰後我國新工業政策之輪廓，政府釐訂此項政策，不特見諸法令，抑且有健全之組織，採統一制度，分別推行，現時執行此項政策者，有下列各機關。

一、經濟部工業司　隸經濟部爲行政機關。

二、資源委員會　原隸軍事委員現改隸經濟部爲事業機關。

三、工礦調整處　隸經濟部爲促進機關。

四、中央工業試驗所　隸經濟部爲技術機關。

五、中央遷廠建設委員會組織不詳，其工作爲指導及扶助戰區工廠內遷。

六、西南經濟建設委員會直隸行政院主持今後西南經濟建設與開發富源事宜。

結論

以上指陳各端，爲我國新工業之建設政策，亦即我國經濟建設新動向，惟欲於萬分困難之中，樹立新興工業，維持舊有工業，以達抗戰建國之必勝必成，必須經濟建設其他部門同時並行，如發展農礦畜林以求原料供給之便利，擴展交通工具以求原料與成品運輸之便捷，改善金融機構，以謀資金之流動，調整勞工組織，以謀人力供給之充分，健全防空設備，以免敵人之破壞，凡此均與工業建設政策之推行，有密切之聯系，在此非常時期中，應如何聯合推動，應如何集中力量，以督促其振興，以增厚其基礎，實有賴於政府當局工商鉅子技術專家與全體民衆之共同努力。

民國廿八年四月作於交大

書報介紹

Keynes 之就業利息與貨幣論

G. M. Keynes

王烈望

這篇東西，本來預備在經濟學季刊上發表的，因季刊停止出版，這篇東西就被塞在抽屜底裏，八一三後，搬了幾次家，在校外宿舍時，所留存的參攷書，統計資料，和幾篇稿子，失去了一大半，只有這篇東西，還被夾在亂書堆裏，然而已經不見了最後一部份，（利息論，我的計劃本來想把現代權威經濟學者的理論，作一番深刻的研究和批判，可是那時候，我自己還沒有一個堅定的立場，並且曾經一個時期，被 Keynes 的理論迷惑着，所以只有介紹而沒有批判，這篇東西就是那一時期的產物，也許還可以作為研究經濟理論的參攷，因為讀這本書是相當費力的。 烈望附誌

（一）著此書之動機

著者於一九三〇年，出版貨幣論，（A Treatise on Money）二大冊，該書之核心，卽在其貨幣購買力之基本公式，其式如次。

$$P=\frac{E}{O}\times\frac{S-I}{O}$$

P為以消費品價格指數所代表之物價水準，E為所得，O為生產額，（以物質單位計算者，）S為儲蓄，I為投資，此公式所以表示P之短期變動，由於S與I變動之故，長期變動，則E負其責任，余曾在經濟學季刊，六卷二期，及三期，為文介紹，可取以參照，此處不再詳述，現在著者，以為此一公式，乃係假定在某一單位時間內，生產額（O）不變，因儲蓄與投資之失其均衡，發生利潤或損失，而後生產額，亦隨以變更，但經濟之動的行程，若以此公式為解釋，而起誤會，因儲蓄與投資之變動，受所得多寡之影響，而所得之多寡，又須視生產之多寡而定，故「假定生產額不變」一點，根本有懈可擊，至於生產之多寡，則又視就業數量而定，著者有鑒於此，乃先從就業論下手，蓋所以改正前書之缺陷，此為其著本書之動機一。

著者又感到從古典學派之思想，及其研究方法所得之結論，與現在之事實，相去甚遠，如欲推翻古典學派之傳統觀念，非從理論上，作一根本改革

不可。此爲其著本書之動機二。

（二）本書與貨幣論 A Treatise on Money之異點

本書之思想，與著者五年前之貨幣論，仍屬一貫，（此點要論到本書之大意時，才能說明，）惟其所用之研究方法，所用之學術名詞不同，此爲著者所自認，但余讀本書以後，覺其利息論，與貨幣論亦與前書大異，此或因其研究方法不同之結果，玆就此數點略述其不同之處。

（1）研究方法之不同　前書之研究，直接從儲蓄與投資之變動下手，而後分析經濟循環之現象，其結論乃謂欲求經濟之穩定，必須銀行利率與自然利率相一致，蓋自然利率者，卽爲儲蓄與投資平衡時之利率，而經濟之安定，必須求之於儲蓄與投資之平衡也，本書之研究則異乎此，本書分析經濟結構之變動，直接從供求理論入手，但其供求理論，並非如古典學派之所稱述者然——有供則必有所求，此點當於下節論之，要之前書之研究方法，係從投資與儲蓄之變動，推論生產額之變動，而本書乃從就業數量之變動，推論生產額之變動，儲蓄與投資則認爲必係相等，此因所用名詞之不同而起，故與前書似若大相逕庭也。

（2）所用名詞之不同　本書所用名詞，與前書最大之分野，厥在「所得」一詞（Income），前書之所謂「所得」，卽爲企業家之生產費，企業家之生產費，從生產要素之所有者觀，卽爲所得，而企業家之利潤不與焉，本書之所謂「所得」，有二點與前書不同，第一本書之「所得」，包括企業家之利潤，第二本書之「所得」，爲減去前期資本，在本期中因生產所消耗之數之淨所得，此點實爲較前書之一大改進，蓋前書之所謂投資，卽爲本期所增加之淨投資，（Current Investment = Net Investment of Investment during this Period）但前期所消耗之資本如何補足，未有說明，遂爲 Hawtrey 等所攻出，今此書乃先從生產額總值。Value of Output——亦卽社會之總所得。——減去前期資本之消耗，此缺陷乃補。故供前書之定義，儲蓄與投資之差數，卽爲利潤或損失，依本書之定義，儲蓄與投資，必係相等，此可以算式表示之。

（甲）不包括利潤之所得

所得＝生產額總值－利潤（或＋損失）

＝（消費＋投資）－利潤（或＋損失）

儲蓄＝所得－消費

＝生產額總值－利潤（或＋損失）－消費

=（消費+投資）—消費—利潤或+損失

=投資—利潤或+損失

投資=儲蓄+利潤（或—損失）

∴ 利潤=投資—儲蓄

（損失=儲蓄—投資）

倘投資與儲蓄相等，則企業家無利潤，亦無損失，經濟結構，在均衡狀態中。

（乙）包括利潤之所得

所得=生產額總值

=消費+投資

儲蓄=所得—消費

=（消費+投資）—消費

∴ 儲蓄=投資

此因所用名詞含義之不同。而致結論之異也。

（三）本書與古典學派立論之異點

著者自明其理論之異於古典學派者。有三點。

（1.）就業論

（2.）儲蓄與投資

（3.）利息論

玆依次分述之

（1.）就業論　古典學派以爲在自由競爭的場合之下。工資必等於勞力的邊際生產品。而勞動者所得之工資。其效用必等於其邊際反效用。所謂工資的効用，卽其所能購買之實物，欲僱一工人給付工資，至少須能滿足其最低限度之需要，如工資低於此，最低限度之需要，則工資之効用，卽低於其邊際反効用，勞動者如肯接受與其邊際生產品相當之工資，斷不至於失業，今日之所以有失業者，不外乎二種原因。

（a）不協調失業 Frictional Unemployment 如生產者因預計之錯誤，營業失敗，工廠倒閉，或因轉換職業，其間不免有難於銜接之處，而致有若干時間之賦閒，此在動態社會之下，在所難免。

（b）自願失業 Voluntary Unemployment 凡勞動者，不願接受與其邊際生產品相當之工資，卽爲自願失業，例如現在工會，不許會員接受較低之貨幣工資，遂致有許多勞動者找不着工作。

因此依古典學派之說，就業的數量，應該定於勞動者邊際生產品之効用，與其所得貨幣工資之邊際反効用，平衡之處，在此處，就業數量已達飽和之點，亦卽所謂「充分就業」 Full Employment。

著者以爲這是一種特殊的情形，而非事實之所常見，古典學派對於事實，沒有認識清楚，他們以爲減低貨幣工資，使與勞動者邊際生產品之價值相等，則企業家不致於虧本，勞動者不致於失業，然按諸實際，貨幣工資減低以後，邊際生產費必減，邊際生產費減，則售價因競爭之故，亦必削減，結果卽爲物價降低，在企業家仍無好處，在勞動者亦無損失，以其貨幣工資雖減，而實物工資反增故也，所以減低貨幣工資，並不一定能够救濟失業，古典學派之錯誤，卽在認定貨幣工資與實物工資爲同一方向之變動，而不知其實乃相反也。

古典學派還有一個錯誤的信念，卽爲有供給者必有需要（Supply Creates its own demand）由此一前提推論，則企業家之生產費，結果必用以購買其產品，無論消費品與生產品，故供給與需要，常自趨於平衡，然而事實果如此乎，非也，著者以爲在就業增加之時，假定貨幣工資，及其他成本要素（Factor Cost）不變，則總共實物所得必增，總共實物所得增，則總共消費亦增，但不及所得增加之多，所得之增加，卽爲企業家支出之增加，倘所得增加，而消費之增加率不及之，如僱傭人數之增加，全在消費品工業方面，則其企業主必將遭受損失，企業主遭受損失，則又必減少僱傭之人數。就業數量，仍難望有增加也，如欲增加就業之數量，惟有增加投資，使總共生產額中，減去社會所擬消費之物品，餘剩之數，盡充投資，斯就業人數，不致減少，蓋因就業人數增加，所多產之物品，有投資者爲之吸收，企業家自不致於虧耗也，故除非此差數（卽總共產量減去消費之數）盡爲投資，企業家之收入，必將少於僱用此許多工人所產之價值，結果，彼惟有減少僱用之人數，由此推論，假定社會消費趨向，（The Comunity's propensity to Consume）爲已定，則就業之平準，（意卽在此一平準之下，全體企業已無增加或減少僱傭人數之引誘）將視本期投資之數量而定，本期投資數量則須視投資之引誘而定，投資之引誘，則須視資本之邊際効率與夫利率之種種複合作用而定，假定社會已達充分就業之境，必也投資數量適能彌補總共產額減去消費量之差項，此充分之就業平衡始能維持，否則必不可得，事實上必無如此湊巧之事，此缺額常屬存在，故事實上在社會未獲充分就業之前，就業平準即已成立，此時即使實物工資減少（即生活費提高），共願接受現行貨幣工資而就僱者大有人在，然而粥少僧多，此一部份人惟有摒諸門外，是有「非自願之失業」（Involuntary Unemployment） 其事至爲明顯。古典學派見不及此，以爲有勞動者願意接受與其邊際生產品相當之工資，斷不至於失業，今之所以有失業者，不外乎一時生產狀況之失調，與夫工會或立法之限制，使勞動者不能或不願接受較低之工資，非然者，充分就業固意中事也，是彼之不承認有所謂「非自願之失業」者至爲明顯，蓋依彼之說，有供給者，必有需要，供給與需要固常相等，有許多生產，自有許多需要，雖一時有所失調，終必自趨均衡，彼之所以不承認有所謂「非自願之失業」，極與其理論之邏輯相符，惟其與事實相去則遠矣。

故古典學派之就業論與著者之分野，即在前者不承認有「非自願的失業」，而後者則認爲有之，假定用N數人工，從事於生產，其所需之總共供給價格爲Z，N增加則Z亦增，是Z爲N之函數。

$$Z=\varphi(N)$$

用N人所生產之財貨，預計能賣多少錢，此預計之售價如以D爲代表，則D亦爲N之函數。

$$D=f(N)$$

著者名$Z=\varphi(N)$爲總共供給函數（Aggregate Supply function）

$D=f(N)$爲總共需要函數（Aggregate Demand Function）故如D大於Z時，則企業家必競爭人工，結果N之價值抬高，Z亦隨以增加，直至Z與D相等，此相等之處，亦即爲企業家預期利潤最大之處，（並非實現的利潤），亦即爲總共需要函數曲綫與總共供給函數曲線相交之點，茲設例以明之。

依著者之說，就業數量即定於OA，假定謀工作之人數共有On，則An部份即爲非自願的失業，如欲達到充分就業之境，則Z與D之差數G，必須以投資來填補，否則此部份（An）非自願的失業無從救濟。

依古典學派之說，有多少供給，即有多少需要，Z與D常屬相等，如在圖上表示，Z線與D線將合而爲一，n增至何處，此合一之線，亦伸至何處，必至n停止增加，此線始亦停止伸展，n停止增加之點，必在勞力之邊際反効用，與其所得工資之邊際効用相等之處，亦即充分就業與均衡之處。

$Z=\varphi$ (N)							
N	1	2	3	4	5	6	7
Z	0.5	1	1.5	3	4	5	6
$D=f$ (N)							
N	1	2	3	4	5	6	7
D	1	2	3	3.5	4	4	4.5

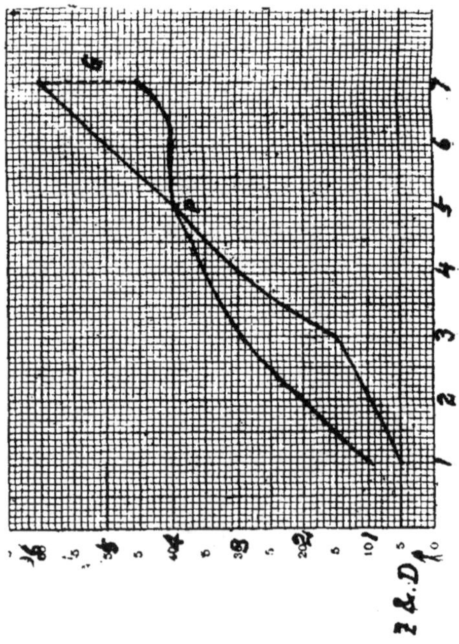

是著者之就業論所不同於古典學派者，即在未到充分就業以前，均衡亦能成立，其在均衡成立以後，即使實物工資減少，尚有願意接受現行貨幣工資率而未能獲得工作者，即爲非自願的失業。

古典學派之就業論，蓋有「供給自造需要」一語，爲其前提。個人之所得，不用於消費，必用於投資，是即儲蓄增加，投資亦必增加。此似與著者「儲蓄必等於投資」之意相符，實則古典學派之推論，仍與著者不同。其不同之處，即在古典學派從個人之立場推論，著者則係從整個經濟結構推論。古典學派以爲個人之儲蓄增加，社會之儲蓄亦必爲同數之增加。但個人增加儲蓄，即爲減少消費，消費減少，消費品工業之收入亦減，收入減，則其儲蓄亦減，如屬嚴格本則并須損及前期之儲蓄，故消費者之儲蓄雖增加，而消費品工業之儲蓄則減少，結果社會之總共儲蓄仍未增加。因

儲蓄＝所得—消費

如果所得不變，消費減少，儲蓄自然增加。但事實上消費減少，必使消費品工業之所得亦隨以減少，故儲蓄亦不能增加。儲蓄不增，投資亦不能增加。反之如投資增加，所得亦必增加，所得增加，則儲蓄亦增，故投資與儲蓄終屬相等，此爲著者之意。

讀者至此處，必有一疑問焉，依著者之說，儲蓄與投資既係相等，而所得必卽等於生產額之總值，則生產額總值減去消費卽爲儲蓄，何以上述之Z，能超過於D，蓋Z之增加卽爲所得之增加，所得增加雖依著者之說，消費之增加率不及之，但所得與消費之差數卽爲儲蓄，而儲蓄則必等於投資，著者又何爲以投資不能塡補所得與消費之差額爲慮，此點與其謂爲疑問，不如謂爲誤會，蓋消費之增減，視所得之多寡，尤視消費之傾向，投資之增減，則視投資之引誘（Inducement of Invsetment）已如上文所述，Z之大小決定於企業家之意志，企業家必須預期D之多寡而定Z之多寡。故所得之增加，受Z之限制，Z則又受D之限制，所謂儲蓄與投資相等者，乃爲所得水準既定之下之情形耳，倘所得增加，消費率之增加不及之，投資又不能塡補所得與消費之差數，則企業家無利可得，或且虧本，結果彼必減少僱傭人數，就業數量因之減少，就業數量減少，所得亦減，所得減少，儲蓄亦減，終必與投資相等，明乎此，則投資與儲蓄之相等，與就業數量決定理論，當知其並無衝突之處也。

中國工業三年計劃

周寶龢譯

今年六月間重慶方面官方發表文件，敘述政府爲決心開發國內富源，已致力興辦工廠，共有四十五單位，經營十二種重工業，是項工廠泰半爲在中國工業三年計劃中所籌劃者。上述計劃向未公開宣布，而於今年七月底已告完成矣。是項計劃在二十五年七月中即已啓椗進行，詎料發動甫及一年，中日戰起，致使全盤計劃幾成泡影。原定之目標雖未能完全達到，然其所完成小部分之收穫，實亦足爲中國工業化之前途樹一不可泯滅之基礎，而於四萬萬人之生活更有其遠大之影響也。

前述文件之作者非他，即錢昌照氏。錢氏早年爲留英學生，現任資源委員會副委員長。彼在文中並未宣佈各廠之能力及其地址，只敘列其單位如下：該四十五廠中，共有冶金廠四，電工廠四，化工廠四，金鑛廠五，銅鑛廠二，鐵鑛廠二，錫鑛廠三，錸鑛廠一，煤鑛廠八，煉油廠二，電力廠八，水力廠二。此外政府並組織機關統制鎢、銻、鋁、銅、錸鑛事業。以上各廠之數目係今年四月底所開列者，其他如已關閉者，暫時停工者，及尚未開工之廠皆未計算在內。而爲適應戰時之需要，其中數廠有須照原定日期提前開工。二十七年春建設委員會裁撤後，其所屬之電力廠亦歸併入於資委會所成立之工鑛業部分中，資委會者即負責實施並完成該三年計劃者也。經濟部長地質學家翁文灝氏現兼任該會委員長。

三年計劃中十項主要設計

中國重工業三年計劃，爲在二十五年三月幾經研究考查始行決定者，其主要原則係遵照政府政策，主張利用外國資本及技術以爲計劃實施之輔導。全盤計劃含有十項設計，按會方估計需用資本約二萬三千萬元，其中七千二百萬元由政府供給，此外大部份之一萬五千八百萬元則將由外資補足。

資委會所定之該項計劃仍以適應國民一般需要及助成國防建設爲前提，同時對於中國之經濟及物質能力亦經慎重考量，於是規定下述之三年計劃：

一、組織統制中國鎢、銻鑛業之統制機關，並設立煉鎢廠，預期年產鎢二千噸。

二、在湖南湘潭及安徽馬鞍山設煉鋼廠每年擬出產上等鋼三十萬噸以應國內每年需要總數之半。

三、開發湖南茶陵及臨湘之鐵鑛預期年產鐵三十萬噸。

四、開發湖北省陽新大冶及四川彭縣之銅鑛同時成立煉銅廠年擬產銅三千六百噸以供給國內年需之半。

五、開發湖南水口山廣西貴縣之鉛、鋅鑛年擬產五千噸足敷國內年需總數。

六、開掘河南禹縣及高崗（Kaokong）天河（Tierho）各地之藏煤預計每年當能出一百五十萬噸，以防華中華南各地之缺乏。

七、設立煤炭蒸溜廠同時開發陝西延長縣及四川巴縣達縣之油田預計年產二千五百萬介侖以供給國內年需總數之半。

八、設立年製五萬噸之琉化亞摩尼亞廠及充足之琉酸硝酸供給以充製造軍火之用。

九、成立機廠以便製造發電機日常用具及飛機馬達。

十、設廠製造電線真空管電話機以及一切國內需用之電氣器械。

利用外資以輔助工作之進行

關於應否利用外資問題，錢副委員長之意見以爲中國普通國民之收入甚屬微薄，若恃彼等之力以完成此項計劃以徵足資本恐將相去過遠，同時中國又缺乏强有力之銀團以供給資金，因之不能不抑給外資以爲基礎。戰事終了後有待建設之事業爲數甚夥，需欵尤亟。政府對於便利友邦投資之一切條件亦皆加以修正，以示奬勵友邦之投資焉。至於需要友邦技術之協助，其迫切程度實亦不下於金錢，錢氏謂資委會在二十五年曾聘用德國技術專家於中國之煉鎢廠、煤炭蒸溜廠、及淡氣廠，又經聘用英國及德國專家於製鋼廠，美國及瑞士專家於機器廠，英美專家於電氣用具製造廠等。

該項三年計劃開始之時計有發動資本一千萬元，其後政府陸續交付截至二十八年三月止共有三千六百六十萬元，其中八百四十萬元係自管理鎢、銻、等鑛事業上所得之利益。錢氏並言外資亦收得相當數目於工作之進行便利實非鮮淺。

在開始之一年，一切工作胥能按照預定計畫順利進行，惟湘潭鋼廠之完成曾稍延日期，飛機馬達之製造，則以特殊原因歸於停頓，其餘則煤炭蒸溜廠及淡氣廠之設立與貴縣鉛、鋅、鑛之開發皆尚擱置未經實現。

民國廿五年中曾受有數度困難阻礙進行，其較嚴重者厥爲缺乏適當之人才，缺乏之原因係因國家對於重工業向未注意，同時又缺少實際之經驗。工業管理人才亦同樣感覺不足，其原因自亦屬相同。

訓練專門人才以從事各項工作

爲補救上述缺憾起見，資委會出資特派本國技術人員約二十餘人至國外及國內各地考察，更爲訓練高深技術人才起見，會方又錄用八十至九十名之大學畢業生分派在本會或各工廠服務，俟相當期限後其成績優良者得提起較高之位置或資助至外國以求深造。同時該會又允補助十二國立專門學術機關添購器械及儀器以爲研究之用。

此外各種困難使工作難以順利進行者則爲缺乏可靠之參考資料及確實之報告。譬如計劃開掘鑛苗若僅恃一地質之考察報告，決不能卽用以佈置一詳細之計畫。再如計劃設立工廠若僅有關於原料來源之知識，亦決不足以定廠務進行之方針，蓋對於世界市場之詳細情形等等皆須有深切之認識及研究也。資委會有鑒於此經獎勵並資助數處學術研究機關俾彼可供給有價值之材料，但其結果尙未能十分滿意。

在技術方面，雖有如上述種種之困難，但資委會仍充分確信，設無日本之侵略，是項計畫在本年夏季定能獲得絕對之成功，而於中國工業化之前途上更能有長足之進展。所可幸者友邦技術得有協助若干困難問題早得解決，故戰事開始之時各項工作均能按照原定計劃分別進行。計劃開始後甫及第二年卽遭受戰事之打擊幾使全盤計劃橫遭毀滅。尤其湖南江西湖北各省之鑛工事業，嗣後該省業已淪入戰區。

戰事發生所予各方面之打擊

戰事既已發生，鑛業卽不能不遷移他地或停止工作，例如煉鎢廠經兩年之籌備，原擬在二十七年八月一日開工，嗣因七月閒江西前線吃緊，遂不得不撤除內遷以免被毀。又如湘潭之鋼鐵，經德技師之努力幾已完全佈置就緒。廠址之地基亦已修築完畢，碼頭一座亦已建造竣事，而自戰局西移後一切工作皆停止進行，原該地鄰近戰區故也。且以同樣之原因，機器廠中種種貴重之裝置以及電工廠等皆不能不向內遷移以避損壞。高崗天河等地之煤鑛早已開始產煤，亦隨之放棄，而開掘陽新大冶銅鑛以及水口山銅鋅鑛之計劃亦皆一併付之流水矣。

曾有一時期，中國重工業發展前途甚感黑暗，但熱心份子絕不因各種打擊所造成之種種障礙減少其前進之決心。因之經資委會盡最大毅力所完成之建設其根深蒂固之基礎竟未絲毫因之動搖。

目前資委會正受命進行非常時期之工作，諸如燃料統制，戰事原料之購買以及輔助私人企業之內遷等項直接間接皆於國家經濟有巨大之利益者也。

資源委員會爲經濟部之附屬機關，會址現設重慶。因該會百折不撓之努力所有自戰區遷出之機件皆已集齊裝配完畢照常進行工作，同時各新廠亦皆在遠離戰區之各地紛紛成立云。

原文登載七月份大陸報星期刊作者 Fabian Chow

戰時工廠應注意的幾個問題

呂聯元

戰時之工業與平時之工業，即就戰時與平時二字思之，亦有其不同之意義在焉，此種區別，可於下列數點中，得知大概。

一、戰時經濟區域自然縮小，不論交戰國之戰場，屬於何國經濟區域，總歸減縮，經濟區域既形減縮，影響於工業則殊大，無論原料之採購，機械之增設，產品之推銷，均屬不易。

二、戰時勞動力減少，因國家動員，勢必向外吸收無數勞工，使軍事之行動舒暢，於是在戰時是否須採用女工童工，增加生產，此點卽值得考慮。

三、戰時之生產方面，必須有計劃，以適合抗戰之需要，而消費亦必須有統制，以防止混亂之發生，此兩點若不注意，則至少發生下列兩大弊害。

1. 軍事上之需要與人民所需要者，互相衝突。

2. 不需要之工業品，每多阻礙抗戰之生產力，而消費若無統制，則不僅生產力多爲之浪費，卽物價亦將爲之抬高，使後方發生糾紛，能影響前方之作戰能力。

四、戰時無論水陸運輸，均用之於軍事，因之對於工業上原料與產品之運輸，卽增加困難，對於工業上所發生之影響爲：

1. 運輸費用增高，產品成本加重。

2. 原料不能按時到達，則生產能力減小，甚至生產完全停頓。

3. 產品貯積過多，不能外運，則資金呆滯，週轉不易，失去活動能力。

五、戰時工業常易於受敵機之摧毀，故必須注意防空，而實行工業防空，各種設備，必須增添，如建築避彈室，避毒室，增購滅火機，僱用防空人員，以及隱蔽工廠建築之設備，防護重要機件之設備，凡此均須增加工廠之費用，此在平時均可以節省者。

吾人於上述各點，可知戰時之工業組織與管理，自與平時略有不同，惟我國本農業國家，所有工業以輕工業居多，重工業佔少數，雖云輕工業國家之統制，較其他大工業國家爲難，然政府亦宜有統盤之籌劃與管理，政府對此亦頗注意，故於廿六年十二月廿二日，「頒佈戰時農礦工商管理條例」復於廿七年十月六日頒佈「修正非常時期農礦工業管理條例」同年六月七日，又復頒佈「工業獎勵法」及「特種工業保息及補助條例，」同時國府又特設中央遷廠建設委員會，協助重要工廠內遷，又復設立中國工業合作協會，以求農村工業之發展，訂定「非常時期華僑投資國內經濟事業獎勵辦法」，獎勵華僑投資國內實業，增加抗戰之力量，凡此均係我國爲適應戰時之工業需要而訂定，吾人從此可知國家對於工業之注意與希望。故工廠本身除遵守國家所頒佈之統制辦法外，亦宜對於下列各問題加以注意，並從而研究之。

1.工廠地點之選擇問題。2.工廠規模之大小問題。3.原料與燃料之採購運輸及貯藏問題。4.產品之推銷問題。5.戰時之勞工問題。6.工業之防空問題。7.工業技術人才問題。

工廠地點之選擇問題，——吾人在討論此問題之先，必須先明瞭平時工廠區域之決定條件，此種條件即

1.接近市場

2.接近原料之出產地

3.燃料與動力的供給便利

4.運輸便利與運費低廉

5.勞力的供給容易且工資不高

6.氣候適宜

7.接近金融機關

8.早日工業發達的影響

9.法律的限制不嚴且無苛刻之租稅

上述條件，平時之工廠區域，大半賴之以決定取捨，惟在戰時，則上述條件即不能完全運用，蓋在戰時，海岸爲敵人所封鎖，交通亦多遭破壞，昔日之市場，或已爲敵人所佔領，則原料與燃料之供給，及產品之銷售，自較平時爲難，而且運輸困難，運費高昂，廠址之決定，在戰時言之，固非易事也，戰時廠址決定之條件，約可分爲下列數點。

一、安全——工廠在戰時易受敵方之摧毀。如廠址接近於戰場，則安全性極少，有時甚至無法生產，故大規模之工廠，在戰時宜設於較安全之後方。雖然今日之飛機，可以襲擊數千里外之城市，但若廠址距離敵機之根據地較遠，則可預爲之防，亦可使所受之災害減少也。譬如在雲南貴州四川等省，設立工廠，其安全性，即較之設立工廠於江西湖南等省爲大。

二、交通——交通之便利，無論在平時戰時均爲選擇廠址之必備條件，蓋原料之供給與產品之推銷，均恃交通之便利，乃可順利無阻，在戰時若設立工廠於交通不便之處，至少有下列數弊。

1. 原料之供給不易，則工廠不能盡量生產，有時生產即完全停止，亦屬可能。

2. 交通不便，運費加高，出品之成本既增，則推銷自非易事。

3. 推銷不易，則增加貯藏等間接費用，且使資金呆滯，生產自亦難於繼續。

故在戰時，雖因環境關係，不能選擇廠址於交通極爲便利之處，但亦不能選擇與外界交通極爲不便之地。譬如戰前有若干工廠，今多遷往重慶北碚等地，蓋亦以其地交通較便利也，若設立工廠於西康多山之地，則比較安全，但因交通極爲不便，即處處遭遇困難也。

三、原料——戰時之交通，總不如平時爲便利，若廠址距離原料之出產地過遠，則生產即因原料關係，而不易繼續，此於工廠極爲不利；我國除若干種特種原料，如汽油橡皮化學等藥品，必需國外供給者，其他如煤，鐵，錫，銅，等礦產，棉麥等農產，其藏量及產量均多，舉例言之，如雲南箇舊產錫，東川產銅，若設立鍊銅鍊錫工廠於東川及箇舊之附近地區，則不僅對於其工廠之本身極爲有利，亦且有助於其他有關之工業也。

四、勞力——勞力是否充分，亦爲決定廠址之必要條件，若工廠設立於人口稀少之處，則雖有廠屋機器等設備，亦無法生產也，惟此問題，在中國則較易解決，因在平時勞力之獲得，較其他國家爲易，戰時由戰區逃往內地之民衆，以及殘廢兵士，均可加以訓練，使爲有技巧之勞工。

自抗戰開始後，有多數工廠，雖立即籌劃工廠內遷，以適應戰時之需要，藉免受敵機轟炸之損害，惟遷往何處，則均未作審慎之考慮，永久之計劃，以致遷往一處，又復再遷，此種由於遷廠所受之損失，甚難估計，故無論工廠從戰區遷往安全地帶，或即在內地設立工廠，在其未決定地點之先，對於以上之條件，必須首加考慮，同時搜集各種有關之資料，以爲決定廠址之幫助。

（2）工廠規模之大小問題——平時之工廠，因無戰爭之威脅，除有若干重工業，如鋼鐵廠，兵工廠等之必需大規模外，即有若干輕工業，因求其出品形式劃一，生產方法與程序之簡單，及分工之必要，皆從事於大量生產，故工廠規模極大，惟在戰時，則迥然不同，蓋戰時對於大規模工廠至少有下列數害也。

1. 大規模之工廠，廠屋建築巨大，且多集中一處，是無異作爲敵人轟炸之目標。

2. 大規模工廠因機件重大設備繁多，如一旦於必要時需遷移後方，則運輸極感困難，設爲敵人佔領，則更有資敵之害。

3. 大規模工廠需用原料與勞力極多，在戰時是否易於取得，甚是問題。

4. 大規模工廠，必須設立於安全地帶，距離前線較遠，對於軍需物接濟的效用極淺。

吾人就上述數點，可知大規模工廠除設立於安全地帶且得政府之協助外，就我國之目前經濟情形，生產機構而言，均非所宜，至於小規模工廠之設立，則極合目前戰時之需要，茲將其利益述之如下：

1. 小規模工廠，資金不大，易於收集，且極適合戰時人民之投資心理。

2. 小規模工廠廠屋建築較小，且多不集中一處，不易遭受轟炸。

3. 小規模工廠之機件輕小，故一遇情勢危急，即可拆卸遷往別處，另起爐灶。

4. 小規模工廠因遷移容易，故可接近戰區，對於軍事上之需要物供給便利，藉以增加作戰力量。

4. 戰前大量資金，均集中於少數工業中心，而內地則極端貧乏，形成經濟不平衡之現象，若目前能大量推行設立小規模工廠之計劃，不僅吸收遊資，將來中國工業之發展，亦可以此爲根據也。

6. 戰前農村經濟破產之呼聲頗高，而在戰時大量人口，均由城市遷往農村，人口增多，則需要亦增，若設立小規模工廠，動員民衆從事生產，調劑供給與需要，則農村自可繁榮，裨益於農村經濟，自必甚大。

7. 戰時難民增多，不僅減少生產力，且使國家增加負担，若能大量的設立小規模工廠於各地，則自可吸收難民，從事工作，化消費爲生產也。

惟小規模工廠之設立，其利益雖多，然亦有數點須加討論：

1. 小規模工廠，需要小型機械，惟此種機械，目前我國製造甚少，最近穆藕初先生曾發明七七小型紡紗機，甚有助於小規模之紡紗廠，惟其他小型機械，需要尚多，而發明者則甚少，故對於此種小型機械，政府宜聘請專門人才，爲之設計並設廠製造。

2. 小規模工廠，若設立於農村，或鄰近戰區，或即在游擊區內，如不獲得當地軍隊或游擊隊之保護，則極易遭受損失，毫無得益，因此政府必須訓令各該地之軍隊，或游擊隊負責保護之。

3。小規模工廠之設立，須有計劃，不能盲目設立，故在設立之先，必須調查目前軍事與人民之需要如何，再從而調查各該地之資源，譬如某地產棉，則可設立小規模之紡織廠，庶幾生產能適合需要，而同時有原料之供給，亦可繼續生產，故政府對於某地，應設立何種小規模工廠，必須詳加分配。

（三）原料燃料問題——原料與燃料爲工業上生產之重要原素，平時之採購運輸及貯藏，均爲極易解決之問題，而在戰時，則極感困難，蓋在戰時取給於國外之原料，則因海岸線爲敵方所封鎖，海道運輸爲不可能，若取道安南緬甸新疆等處，則輾轉費時，且因運輸成本加重，原料之成本自必隨之俱增，取給於國內之原料，則在淪陷區域內，原料亦難獲得，故惟有在我所扼守之土地內，搜求原料，其中物產蘊藏頗富，就農產物而言，則有湘鄂滇粵之米穀，四川之棉茶烟絲，雲南之茶豆蔴糖，就礦產物而言，黃金則四川之大小金川，雲南之金沙江兩岸，湖南之平江桃源，西康之康定，雅江，膽化，理化，九龍，德格，道孚，得榮，鑪霍，等縣，新疆之阿山，和闐塔城等地，以及青海，蒙古，西藏等地，藏量甚富，鐵則卽鄂黔湘三省，儲量約十一萬萬噸，而新疆蒙古等省尚在外，煤則如四川之巴縣湖北之宜良其他湘粵新等省，儲量亦富，石油則新疆，甘肅，等省，海鹽則浙粵閩三省，井鹽則川滇各地，石鹽則湖南湘潭及新疆，吐爾番與阿克葛等地，均負盛名，此外如雲南東川之銅，箇舊之錫，四川彭縣之銅，青海西康之森林，蒙古，新疆，寧夏，青海，西康，西藏，甘陝，肅西等省之畜牧，貴州，湖北之洞硝，凡此均係工業上之主要原料，故我國在戰時之原料問題，除若干種特種原料之必須向國外採購外，其他原料則政府可以加以統制，其中採礦事業政府並須加以協助，用機器開採之，而後再由政府將原料分配於各工廠。至於燃料一項，更爲每一工廠所必需，主要燃料如柴油，汽油，煤油，國產可說絕無，必需向國外採購，此可由政府設法，惟必需統制各工廠之消費量，並設法以植物油代煤油，以棉子油或木炭代汽油，煤之產地在戰前連東三省在內共約一千三百萬噸，其產煤區域除東三省外，山西之煤可以供給華北及武漢一帶，山東之煤可以供給浦口，南京，上海，杭州等地，惟在目前則以上之產煤區域及工業中心均被敵所佔領，而在四川等地則採煤均用手工開採，產量不大。補救辦法惟安南之無烟煤可以補給，但價格太高不合經濟。此外則惟有加緊生產，在現在非戰區內如已有之湖南廣東之煤礦外，並開發四川合川天府煤礦及巴縣，白市驛煤礦，使煤之產量達其最高點原料燃料之採購，政府既行統制，而其運輸問題政府亦宜設法協助。各工廠解決之，務使各工廠有原料燃料之繼續供給，不致中途生產停頓，各工廠亦宜特設專員辦理原料與料燃之採購及運輸事宜。

（四）產品之推銷問題——戰時交通因軍運關係每易阻塞，致使產品堆積廠內，不能外運，卽使運出，中途亦多躭擱。由此可知運銷國內已不若平時之舒暢，運銷國外更無論矣，產品堆積過多而生產仍行繼續，使供給超過需要，對於工廠極爲不利，故在戰時工廠對於產品之推銷勢不得不加注意焉，下列數點卽係工廠所應注意者：

1. 所生產之產品是否切合戰時人民與軍事之需要。

2. 須訂定一適當之生產量，既不宜過多，亦不宜過少，過多則在推銷發生困難，時使資金呆滯，過少則不能適合需要，且徒然失去獲利之機會，兩者均非所宜。

3. 須設法獲得政府之協助，使無論水陸運輸方面均不致發生若何困難。

4. 省與省間，縣與縣間，或沿海至內地，必須獲得相當聯絡，故工廠對於推銷方面必須有一中心組織，則推銷之機構可以靈活，運用不致發生阻礙。

5. 若工廠之產品能推銷國外，則更須得政府之協助，由政府統制規定種種獎勵辦法，如出口貨物之投保兵險，其保費可以記帳，出售時遇有虧折，由政府代繳保費或減輕其出口稅，如此則出口貨物之成本可以減輕，海外售價可以降低，且所有風險大部份轉嫁於國家負担，外銷自必容易，此不僅工廠本身獲利，且國際收支可以平衡，國際收入增加，裨益於抗戰殊非鮮淺也。

（5）戰時之勞工問題——戰時勞工在其他國家則因國家總動員關係多為軍隊所吸收，使勞工突然減少，惟在我國則不然，我國人口甚多，勞工並不成為嚴重之問題，反有勞工過多不能完全利用之感，蓋我國在目前工廠之被敵人所摧毁者，不知凡幾，工人失業人數亦多，加之每一城市為敵所佔領後，其難民之避往後方者為數亦不少，國家對於此輩無依無靠之難民，必須盡扶養之義務，支出一筆鉅大之扶養費用，此就國家觀點而言，卽浪費國家之生產力，增加國家之担負，且失業之勞工反有為敵人所利用之危險，故在戰時，工廠對於勞工不能任意解僱，增加失業人數，而戰時物價抬高，工資亦應依物價指數成比例的增加，俾能維持其個人及其家庭之生活，並須使工人瞭解其個人之工作，及其在抗戰中之地位，盡每個國民本位上的責任，如此則可以避免勞資糾紛，罷工怠工等現象，已失業之勞工與難民傷兵，工廠亦宜協助政府盡最高量的容納責任，並宜設立機關作失業勞工之登記，同時訓練難民傷兵，使成有技術之工人，能為國家所應用。

（6）工業之防空問題——當戰爭時期，一國之重要工業區域均為敵空軍之破壞目的物，而當時之空襲可以使原料運輸困難，加之人心恐慌，所需之產品將不能如期如數造妥，且夜間之工作亦將被迫而完全停止，設若工廠建築設備遭有破壞，則完全停止生產亦屬可能，而工廠工作人員之死傷數額亦必比例增加，但若工廠能注意防空，使防備充實，則敵人空襲之目的亦未能完全奏效也，故工業防空為任何工廠所必需研究之問題，今就

其組織設備及防禦方法略述之於後

（一）工業防空之組織

防空部長
- 救火組——組員
- 偵察組——組員
- 警衛組——組員
- 醫務組——組員
- 燈火管制組——組員
- 訓練組——組員

防空部長可由廠長自兼，或聘請專門人員担任之均可，救火組可由工廠消防隊擴大組織之，警衛組在空襲時維持秩序，警衛工廠可由原有之警察組織之，醫務組專司救護受傷人員及消毒化驗毒氣等工作，亦可由原有之工廠醫務人員担任之，至於偵察燈火管制訓練各組均須另行組織，其中以訓練組之教導工人防空知識，訓練各組工作人員作防空之演習尤為重要，偵察組平時宜與當地之軍事防空機關聯絡，並設有電話無線電等，設得有警告，即行通知防空部長，同時通知各組人員防備，一切無關人員則均令彼等儘速避往附近之避彈室，或防毒室內，毋令驚慌而致擾亂工作。

（二）毒瓦斯之防禦

根據已往歐戰之統計，中毒氣傷者僅佔傷兵全數百分之三，受毒氣之傷害而死者僅死亡總數千分之三，此即表示毒氣雖烈而防禦得法，則並非如想像中之恐佈，若事先有完善之防毒設備以及工人遵守防毒規則，雖敵機亂投毒瓦斯彈亦無所懼。毒瓦斯有窒息性，催淚性，噴嚏性，中毒性，糜爛性之分，故必由化驗人員化驗之，決定其為何種毒氣，普通有經驗之化驗人員由其顏色狀態即可斷定其為何種性質之毒氣，立即從事防禦之法，工廠中人數衆多，防禦之法可以分為二種，即個人防禦與集團防禦是也，玆分別述之於后：

1. 個人防禦——此種防禦工廠採用之者頗少，因需欵甚鉅也，故工廠內之個人防禦僅限於主要之工作人員，如防空部之工作人員，高級職員，救火員，救護員，均須為之購辦防毒面具，防毒衣。鞋，手套，氧氣筒等，防毒塗劑。藥浸紗布，因成本較輕，故亦可作普及的個人防禦。

2. 集團防禦——即多數人逃入防毒室之方法也，防毒室之建築與設備須聘請專門人才為之設計，務使建築堅固，設備完美，有充分防毒之效，惟我國工廠多數均因經濟關係未能有設備完美之防毒室，普通多築一石灰製之地窖，上設濾器，掩蔽窖內並有下列應用物件：

1. 防毒藥箱內藏紗布防毒藥水塗劑等。
2. 病床及椅櫈等。
3. 用乾電池之電燈。
4. 水乾糧。
5. 臨時便桶。
6. 修理工具及漏補材料。

至於工人若因躲避不及而致中毒，則救護人員宜立卽將其移出有毒區域，立請醫師檢驗爲何種毒氣之中毒，而施以相當之急救方法，切不可盲目從事亂投藥物。

（三）燃燒彈之防禦

燃燒彈對於木材之建築最易着火。蓋其彈殼及彈殼內所裝之藥物均爲自燃及可燃燒之物質，故除水泥鋼骨之建築外，其他各物遇之均易燃燒，防禦之法卽將工廠中之重要建築無論其外部墻壁，內部地板天花板等，均宜用水泥鋼骨造成，如地板天花板爲木料者。亦須用砂塗於其上，最好屋頂設有避彈裝置，平時每一建築之附近均宜置備乾砂若干桶，以及鐵鈎鐵鏟等物，乾砂與救火用具，均須示以特別標識，置於乾燥及顯明之處，並須常時檢查砂量及是否含有濕砂，燃燒彈所發之火，滅火劑及水均不能撲滅之，且易引起爆炸，此種常識務須使每一工人知之，至於倉庫內之易於發火及有爆裂性之物料，更須加以特別保護。

（四）爆炸彈之防禦

輕量之爆炸彈能破壞普通之建築物，重量者有超過二千公斤之炸彈，彈中建築物卽爆炸，雖水泥鋼骨亦必受毀壞，是可斷言也，且爆炸彈之彈壳極厚，炸彈爆發後其碎片極易損傷人之生命，我國工廠在戰事發生之後受敵方飛機之轟炸，生命與財產之損失不能以數字統計之，其受害之慘烈，主要原因恐係下列數端：

1. 工廠房屋大多集中一處，目標過於顯露，故一經受炸，損害殊烈。

2. 工廠當局事前毫未籌思防備之法，被炸與否諉之天命，故損害有加無減。

1. 工廠之管理不嚴，工人缺乏防空知識，以致一遇轟炸，秩序紊亂，不僅財產損失，工人生命之傷害亦極多。

但工廠若能注意防備，則至少損害可以減少，防禦之法略如下述：

1. 建築避彈室如建築於室內，則大多設於棧房機廠及倉庫之地窖內，如建築於室外，亦必設於鄰近工人作工之處，避彈室之上部均須覆以五十至六十公分之鋼骨水泥，蓋避彈室之出口宜有二處，若工廠人數衆多，避彈室並須多設數點。

2. 工廠之重要部份如鍋爐間，發電處以及重要機器，均須特別加以隱護，有時且須護以鋼板。

3. 工廠之建築時建造鞏固，設有避彈裝置外，其墻壁屋頂均須漆以防護色。

4. 夜間若遇轟炸，則工廠宜管制燈火，使敵機不至發覺工廠之所在，主要處所如防空指揮之室內，可使用困難燈，以免完全黑暗，發生錯誤。

5. 訓練工人並教導其普通防禦轟炸之知識，努力使之遵守防空規則，則工人工作無論在室內室外均可迅速逃入避彈室或即時臥下以避之，以免臨時慌忙，不知所措。

6. 避彈室除建築鞏固外，其他內如電話，電鈴，通風機，指揮燈等設備均須完全。

（七）工業技術人才問題——工業技術人才非短期時所能訓練成功，中國除已在國內外大學工科畢業生外，其數量仍少，故不妨仿蘇俄先例，借用國外之專家，一方面請其担任開發中國工業之責，一方面請其担任訓練人才之責，想國外同情中國之人士甚多，此點甚易解決，此外我國技術工人亦不多，如能製造飛機發動機之工人佔極少數，故必須設法訓練之。

結論

戰時有關工業之問題甚多，非僅上列七端所能包括，如工業組織問題，工業設備問題，工業節約問題等，不勝枚舉，惟個人能力有限，即上列所述亦非確切不移之答案，故甚望讀者能共同提出加以指正也。

合豐企業公司生產統制制度概論

楊天齡

一　緒論

生產管理是應用合理的科學方法使一切生產，自採購原料至製成貨品所經過的若干程序和手續，力求其簡單迅速務使以最低之成本最少之人工，與最短之時間，而得最優良之成品俾能易於銷售易於獲利，而在事業上亦可賴以發展。

在繼續性之工業，如製糖，製紙，紡織業等，完全使用機器，原料入機器後，自動進行經過一定之製造程序而成出品。其所需時間完全由機器之能力，與步驟之多寡而定，其生產統制之方法，自較容易，但間斷性工業或定製之工業，如製造機器，製造槍砲，製造輪船等，因係無數零件所裝配而成，各零件之大小，製造方法，與所需時間，均各各不同，故非詳細設計，使用各種圖表單據與工具，復按照機器人工之能力運用已有之方法，根據工程之設計與標準，計劃製造之程序與時間，派定工人，並統制其進行狀況，使所有工作得平均分配，順序進行，而如期完成。

所謂生產管理，要可大別為五：

（甲）原料採辦與存儲之管理　原料採辦之數量，應適應需要為準，其品質亦應適合需要，他如採購之方法，收驗之手續，堆存之地位，發付之步驟，均應一一加以統制。

（乙）工作進行之統制　分配工人工作，規定工人工資，分析工作之件數，釐訂標準時間，工作之專門化，標準化，以及工人賞罰之方法，在工作進行之前，與工作進行中，均應加以精密統制。

（丙）機械之管理　機械排列，機械選擇，機械速度，機械效能，以及其運用之方法，保全之方法，工程之過程，亦須由設計部預先支配，始可收全部統制之效。

（丁）產品檢查　產品檢查包括品質之檢查，數量之檢查，式樣之檢查，以及包裝法之檢查等。

（戊）貨物管理　貨物在出運時，對於貨物之點驗，貨物之堆存法，以及貨物發付之手續等，應施以科學管理法。

科學管理，自美人泰洛氏倡導以來，迄今不過數十餘年，而先後經英，美，法，德，日等國，相繼採用，成效卓著，生產效率增加，故其價值已爲世所公認，無庸贅述。我國實業工商各界，或因資本之薄弱，或因人材之缺乏，而難以推行科學管理，或推行之而成本反較增加，貨品不易銷售。在戰前已採用科學管理方法，而稍具成效者，計有康元製罐廠，商務印書館，龍華水泥廠等數家，施行以來，似已稍具成績。輓近我國新興企業甚多，惟確能採用統制生產方法者，爲數甚少。最近創設之合豐企業公司，其鐵工廠一部份已參照歐美各國之生產統制制度，採取適當之科學管理方法，且所用各種圖表單據及用具，能於原理及實際兩者並重，似爲國內各工廠採用生產管理法之先導，茲將該廠各種圖表工具單據，一一加以說明，以資紹介而爲參攷。

二　該廠生產統制制度之實務

（一）製造通知單

公司營業處，在接得定戶客單後，即根據客戶定單所規定之貨品，數量，式樣，填寫製造通知單。將客戶所需貨品數量，式樣大小，客戶定單號數，發單日期，及通知單號數，填入相當項下，此單應開具一式三聯，正聯送交設計處，爲製造工作之原始單據，設計處根據此單編製動作單與程序單。第二聯存發單處，以備與貨品製成後之送貨單核對。第三聯送交成本處，由成本處根據此單所填數量與備註欄內所規定式樣大小，估計該品所需成本。

（二）動作單

組織複雜之製品，必先將原料製成零件，配裝各零件成一分件，然後將各分件製成完全之製品。故設計處在接得營業處送來之製造通知單後，即根據該單所列尺樣大小，編製動作單，先以製品之圖樣及說明書爲基礎，剖解其組織，並酌量各分件之先後次序，劃分若干製造單位，再進而研究各分件之構造，以決定需用何種原料，數量多少，用何法製造，使用何種機器與工人，需要若干時間，一一分析明瞭後，逐項填入。如製造布機，第一製造單位爲牌樓，第二單位爲牆板，牆板又可分爲四動作：一模型，二翻砂，三車牀，四鉗牀，每一動作之工作處所，及機器號數，均須加以規定。此單目的在分析該製品之動作與時間，根據此標準時間，可與實際情形相較，而視其差異之程度如何，差異之原因何在，俾能增進工作效率，且可由此而釐訂工資與工人等級，此單共一紙，設計處編就後，留存該處，同時復根據動作單編製程序單。此程序單，連同營業處送來之製造通知單送至工場或製造科，再由製造科支配工人工作，並填製工作計時單。

（三）程序單

合豐企業股份有限公司

製（或修）造通知單

品名		數量
通知單號數	客戶定單號數	發單日期
備註：		
發單處		

動作單　號數 No.

定貨名稱	應入帳戶	製單	日期
符號	開始日期	排時	日期
需要數量	完成日期	核對	日期

件數 Part No.	名稱	動作次數	動作名稱	機器號數或工作處所	工作等級	準備時間	准許時間	副裝配 Sub-Assembly

程序單						號數 No.	
件名		材料名稱		製單		日期	
件號		動作單No.		核對		日期	
動作次數	動作名稱	機器號數或工作處所	工作等級	準備時間	工具	准許時間	備註

程序單由設計處根據動作單編就，其功用在統制工場中機器與工人，按照所分析之動作與時間進行工作。動作單詳列所製貨品之總件數，而一一加以分析，已於上節詳述。程序單即將該貨品每件之動作，規定後交製造科，使工人按件製造。例如第五號動作單，製造布機十二台，每台經分析後，共計三二四件，每件又分若干動作，在編製程序單時，一單詳列一件之動作，即將此程序單連同製造通知單送交工場或製造科管理員，工場或製造科管理員即根據程序單開具工作計時單，並按照設計處所規定之工人等級及工作處所，分配工作，使每一工人，其工作與工作之時間，完全統制，復應用工程管理板，(Control Board) 與分派板，(Departmental Dispatch Board) 如此則某號工人其正在進行之工作，以及每件工作進行至如何程序，若干動作已完成，若干動作尚未開始，均能一目瞭然。

(四) 工作計時單

工場或製造科，接得設計處送來之程序單與製造通知單後，即編製工作計時單，以便統制工人之動作，而核計每件工作進行之程度，以及每一工人每日工作時數及工資。工作計時單上所應註明各事項；為填單日期，機器號數，製造單號數，件名，動作名稱，件號，動作次數，送至機器所在件數，每日完成件數，每日工作時數，每時或每件之工資，工資總數，工人號數，工人姓名，儲藏所，以及下次工作機器號數，下次動作次數。此單亦為一式三聯，正聯在該件完成後交工帳處核計工資，第二聯存設計處，以便與動作單核對，以視工作進行之狀況，是否與設計處規定者相同，若有差異，則可考查其差異之程度與原因何在，而為改良設計之方針。第三聯送交成本處，連同製造通知單，領料單，退料單，估計成品之成本。工作計時單與程序單在工場之作

合豐企業股份有限公司

AR 工作計時單

日期	機器No.	製造通知單No.
件名		件號
動作名稱		動作No.

送至機器所在件數					準備時間	
結轉件數	完成者		破壞者		上午起止	
本日完成					下午起止	
共計完成件數					共計工時	
檢查	儲存數				每時/件工資	
領班	儲存員				共計工資	
工人	下次動作				結轉工資	
工號	下次機器No.				積計工資	

分派板　　工程管理板

用須與工程管理板和分派板相附並用，茲再將工程管理板，與分派板在工場中之功用作一簡單解釋。工程管理板與分派板須懸掛在工場顯明處。工程管理板爲一木板板上釘有若干排列整齊之鐵夾（如圖）凡屬於第一號之程序單與工作計時單均夾入第一項鐵夾，屬於第二號程序單者，夾入第二項鐵夾，如是則工程管理板按照程序單之號數分爲若干項，每項表示每一件工作之進行狀況。在每項中又分爲若干列，每一列表示一動作。如第一夾表示模型，第二夾表示翻砂，第三夾表示車牀，第四夾表示鉗牀。每件工作須按動作之多寡開具若干工作計時單，按照次序分配工人工作。如第一工作單（模型）完成後，即將該單夾入第一項第一列鐵夾，如此則每件工作若干動作已完成，若干動作未完成，均可一目瞭然。製造員可根據之與程序單核對，視其能否按時工作，按時完成，兼可使機器能繼續工作，不致空閒。而製造員亦易於監督，能於機器現行工作尚未完成前，即預知此後所應做之工作。

分派板爲一木板上釘若干排列整齊之鐵匣，匣分爲三層，（如圖）其第一層外面亦裝有一鐵夾，此匣每一工人一隻，某號工人，其正在進行中之工作計時單，連同圖樣，指導單，夾入相當號之鐵夾中。鐵匣之第一層，插下次動作之工作計時單與圖樣，同時下次動作之所需工具，亦可預先準備。第三層，按次插入該號工人所應做之工作。如此則製造員，或管理員可依照程序單上所指定之工人，考核其工作進行之情形，有無怠工曠工，同時又可使每一工人，在第一件動作完成後，立刻着手下回工作，而無時間上之浪費。鐵夾上之工作計時單完成後，由管理員填寫件數與時數並核算工資，夾入工程管理板之相當鐵夾上，俟該件動作完全完成後，連同程序單，送交設計處，作爲該件工作業已完成之報告。而工作計時單則送交工賬處核算工資，故以上四種單據及兩種工具，可完全統制工程方面之製造程序，以及工人工作時數，兼可收管理機器之效，以下當再詳述各種在事務方面之單據。

（五）收貨單

廠中申請購買部，將所需貨品之數量與品質，填就購買申請單，交公司購買處，由總經理核准後，購辦股即按申請單號數，決定承辦商，編製購貨定單。一份送至承辦商，一份留作存根，一份送交廠中物料處，物料處收到定貨時，即將所註明之定單，自擋案中抽出，作爲驗收之根據，藉以決定其收到之貨物，是否即爲定單上所開之貨，然後將收到之貨檢驗其品質及數量，并填就收貨單。將材料符號，材料名稱，收貨日期，購買申請單號數，購買定單號數，承辦商姓名，送到運費，以及收貨後之存數總額，及總值，一一列入。然後再由驗收員，核對員簽字蓋章。此單亦爲一式三聯，正聯隨同發票送交公司購買處，作爲貨物收到之報告。第二聯隨貨交材料處。第三聯做材料賬。有時購買處送來之購買定單，不開列貨物數量，則收貨員在收貨時，對於定購數量並不預知，故必需將所收到之實數，記入收貨單中。此種不填明數量之定單，可以防止收貨員點收時之敷衍與疏忽，然而手續麻煩，或使收貨工作，因之延

合豐企業股份有限公司

AR2 **收 貨 單**

材料符號				日期		
材料名稱						
購買申請單No.				購買定單No.		
承辦商				送到運費		
	件數	數量	單價	單位	總	值
存　數						
收到數						
存數餘額						
驗收員			對對員			

綫，上面即爲收貨單格式：

（六）領料單

製造科或設計處之工程師，或各部主任，需用材料時，即開具領料單通知物料處管理員發交材料，故物料處發出物料，應以正式簽准之領料單爲憑，此外不准發出任何材料。當物料處收得領料單後，即將所需領用之材料，送交需用部份，由需料部份於領料單上簽收，作爲收據。此單亦爲一式三紙，第一紙交物料簿記員，計算成本登記材料賬，第二紙隨材料走，材料送至需用部份後，由領料人簽收發回，留存於物料管理員之檔案中，作爲發料之收據。

（七）退料單

製造部所領用之材料，常有多於實際所用之數量，此種情形之發生，常因領用物料之數量，除實際需用數量外，復加上一部份，作爲壞料廢料之準備，或領用材料不合實用，而發生退料，即當開具退料單。退料單可由物料保管員，於收到退料時開製之，亦可由退料部開製之，將材料符號名稱，退料日期，通知單號數，退回部名稱，以及退料存數賬，一一填明。經驗收員核對員簽字蓋章。此退回之原料，不當計入成本之內，而應從原借之製品成本單內除去，並須將退回數加入原存數，而得實際存數。退料單亦分三聯，第一聯由物料處作材料賬。第二聯隨材料送至物料處後，作爲物料處之收據。第三聯交成本處，以紅字記入當初所借入之在製品成本單，或製造費用單內，以示減去之意。有時爲免除周折起見，並不將賸餘材料，或應退材料退回物料處，而即用之於別一製品上，但手續仍應開製退料單及領料單，否則各批製品間之成本，必致互相混亂，不克正確，即材料多餘之某批產品，其成本當多於實際之數，而利用此餘料者之成本少於其實際之數也。

（八）工具單

工場工人需用工具時，須至製造科填寫工具單，憑此單至工具室領取工具，製造科管理員，應將領用人工號，領用日期，儲存處所，工具名稱，數量，尺寸，以及工人姓名，核准人姓名，一一填入。在交還時，如發現損壞工具，應填入損壞工具記載欄內，工具單亦開具一式三聯，第一聯工人領取工具時存工具室，俟工具交回時還給領用人，作爲收到工具之收據。第二聯存工具室，作爲存根。第三聯在領用工具時，交領用人，至工具送還時，隨工具送至工具室，換取第一聯。

合豐企業股份有限公司

AR3　　領料單

材料符號				日期	
材料名稱					
送至何處					
應入何賬					
	件數	數量	單値	單位	總値
存數					
付出數					
存數餘額					

	成本處	
發料人	結轉	
收料人	今加	
	共計	

合豐企業股份有限公司

AR4　**退料單**

材料符號				日期		
材料名稱						
何處退回				製造通知單No.		
	件數	數量	單值	單位	總值	
存數						
退回數						
存數餘額						
驗收員			核對員			

（九）送貨單

材料製成成品後，先藏物料處，或貨物堆棧，至送貨時，由物料處送交營業處，營業處卽塡具送貨單，隨貨送至所定客戶處，此單所應註明之事項爲：該貨存儲物料處之賬號，製造單號數，客戶賬號，客戶定單號數，箱號，連同箱子之毛重，該貨品之淨重，存貨之名稱與數量，裝往地點，與沿途所經過之地點，包裝法，包裝物，包裝員，檢查員，如已送交客戶，則其送貨到達日期，與客戶簽字，須逐項塡明。其存貨賬則由材料處塡寫，將存數額減去送出數，而得存數餘額與總值。此單亦爲一式三聯，第一聯交成本處做成品賬，第二聯隨貨送交客戶簽字，帶回作爲回單。第三聯存營業處，與該貨之製造通知單一併存留，作爲存根。

（十）物料存數卡

各種材料與物料如存數過多，則流動資金減少，或因市價之漲落而加增成本。反之如存數過少，則遇定戶擁擠時，工場不能儘量製造，而致遲延出貨時日，亦足以增加成本。故物料之存數，須有一定之最高限與最低限，物料員如發覺某項材料其存數已達最低限時，卽可塡製購買申請單，送交購買處。然物料存數，若時時實地盤存，則手續麻煩，又費時間，故於每項物料上懸掛一物料存數卡，將貨物名稱，品號，單位，單價，一一填明。如在收進與發付材料時，則須將收付日期，收貨單與領料單之號數，以及收付之數量註明單上，此則該貨在某月某日之結存數，即能一目瞭然。故毋須實地盤存，即可知道某貨之實存數。物料員可時時檢視物料存數卡，而與存數最高限及最低限比較。

（十一）物料紀錄卡

物料處對於物料之處置，自應有一定之手續與紀錄，物料由購買處自動定購，或應材料收付對照員之請求而購買，購買處接得購買申請單後，別錄一份定貨單，送交物料處管理員，以便貨物送到時，憑以稽核。送交物料處之定單，往往不載明定貨數量，庶貨到之時，點查員肯一一計數。即爲處理物料定貨與收貨之記錄，貨品之名稱，符號，存數最低額，儲存所等，逐項填明。物料處在接得購買處之定單時，即將定貨日期及數量，定貨單號數，照錄於單內定貨欄，俟貨物收到時，將收到日期，收到數量，計價單位與總值，填入單中。此單在物料之管理上甚佔重要，其功用可別爲四：（一）每項物料之儲存數。（二）每項物料之已定而尙未收到數。（三）每項物料之價值與總值。（四）每項物料之最低數與儲存數。至於最低數之決定法，可依照製造通知單製造之貨品，以簡單方法定之，即以特定時間之生產需要爲最小量，而以另一約定時

AR7

合豐企業股份有限公司

工具單

No. ....

工號..................日期..................儲存所..................

數量	尺寸	名稱

上列工具領用須負保全之責倘有遺失或損壞須賠償之	工人姓名
損壞工具記載	**核准員**
	日期

合豐企業股份有限公司

AR6 送貨單

存貨賬號	製造 N.o	客戶賬號	客戶定單 No.
箱號	毛重		淨重
存貨名稱			數量
裝往地點			
經過地點			包裝法
包裝物	包裝員		檢查員
客戶簽字			日期

	件數	數量	單值	單位	總值
存數					
送出數					
存數餘額					

間之生產需要爲定製量。是以管理原料之步驟，可利用此單以資實行，此乃具有一種遠見之原料記錄，確能管理原料，又可檢查原料以應製造需要之一種方法也。（格式見九六頁）

三 對於該廠生產統制制度應行改進之芻議

前已述及，所謂工廠之生產管理科學化，即以合理之科學方法，應用於製造程序，使以最少之人工，最低之成本，於最短時期內生產最精良之成品，故在組織嚴密管理科學化的事業中，諸事都根據預定的計劃進行，所以秩序井然，有條不紊，辦事的效率增高，一切費用與成本即可減低，因此事業乃能穩固與繁榮。所謂科學管理，並無一定之公式與定律可以應用，不過是一種常識的運用而已。就是對於一件事物加以分析，求其原因與結果，根據分析的結果，擬定計劃，以作進行的基礎。但是擬

○

合豐企業公司物料存數

品名…………　單位…………

品號…………　單價…………

年		單號	數量		結存	年		單號	數量		結存
月	日		收入	付出		月	日		收付	付出	

定的計劃與制度，也並非不可變更，要之必以適合當時環境的需要而定。故也應時時攷查與改進。按中國之環境而言，是不適宜於實業的發展，其原因是由於條件方面的桎梏，關稅不能自主，政府之不加保護，工人智識之低落，尤其在戰事開始之後，所有工商業中心，均相繼陷落，而全部工業亦幾摧殘無餘。是以欲在此時發展實業，當更較平時困難。但是在此時期中，對於來日復興中國實業，不得不先作一個未雨綢繆的準備。故我國現有工廠，無論其為新興者，為舊有者，對於振興工業。先得從管理着手，所以科學管理在目前中國，是興辦工業所必需的方針。

上述各種單據圖表與工具，為滬上美商合豐企業公司應用於鐵工廠之生產統制制度。其管理之方法，自不可謂不嚴密而科學化，但任何制度，在原理上往往可以合乎理想，然在事實上，便不如理想之簡單，而況在現時中國工業，正在開始應用科學管理法時，對於制度之實施，更難推進。凡一事業之成功，莫不基於各種要素。雖很瑣屑的事件，亦應一一加以考察而訂定一定的計劃與制度。一工廠在生產管理制度上固已盡善盡美，但與生產管理有連帶性的各種要素，亦不能不加以注意。庶幾相拊而行，有完善之制度，有嚴密之組織，有良好之設備，再佐以優秀之工人，則該事業之發展與繁榮，當在指顧之間。茲就管見所及，對於該廠應行改進之點，加以分析而討論之。

（一）工作研究

繼續性工業之工作大多採取全組生產法，欲測驗全組工作，須將全

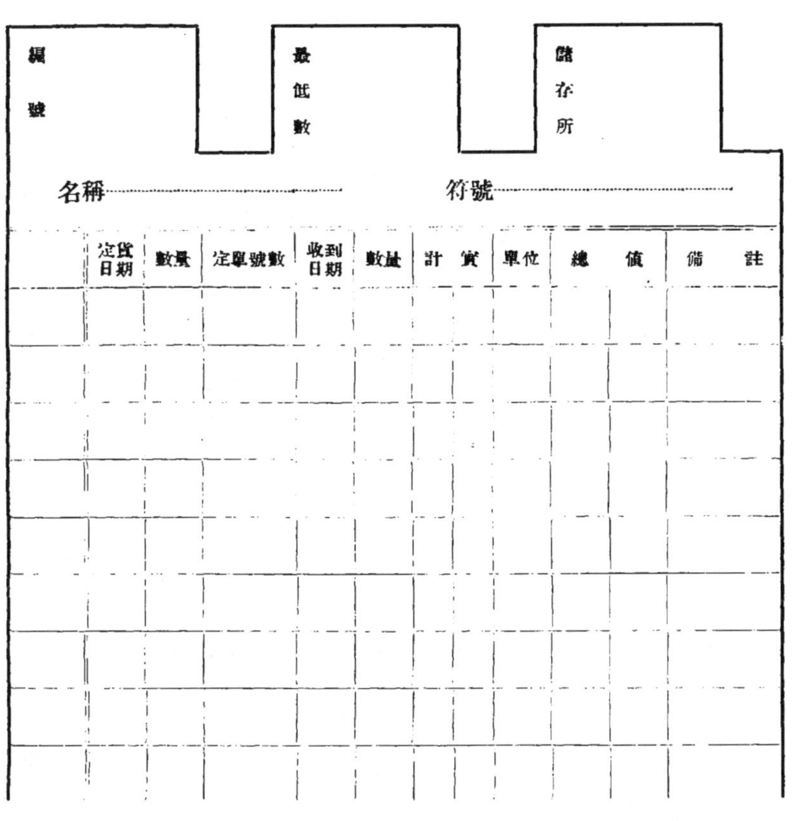

編號	最低數	儲存所

名稱…………………… 符號……………………

	定貨日期	數量	定單號數	收到日期	數量	計實	單位	總值	備註

部工程分爲若干工作，然後以訓練選擇之工人，以及計時表測驗各工作之基本動作，根據基本動作，再加以分析而計算之，復根據計算之結果而製就指導單（Instruction Card）明示工人工作方法，（做何工作？如何做？何時做？）並且對於工具機件，及所用材料，皆詳細說明，使工人便於瞭解，同時須實施製造研究，研究每一工作之性質，用以稽核全製造時間，並預備製成各種停頓，耽誤，及利用時間之紀錄，研究必須經過較長之時間，及適當之工作環境，庶幾機械工具之不適用，不必要之停頓，消耗之時間，不適當之工作環境，錯誤之方法，以及工人可以減少之疲倦，得以完全發覺，故工作研究，實爲研究製造程序，訓練工人以求改良之方法，而獲制定標準之結果。故非專設一人全日研究，或另設一工作研究部不可。

（二）動作與時間之研究

所謂動作研究者，乃以對工作有經驗者，觀察工作時之舉動與方法，審定最簡便最省力之動作也。時間研究，則在考查工作所應需之時間，再爲合理之研究，故先應注意工作之方法，再以極精確之計時表測量此方法所需之時間，若其結果能保持原來出品之品質，且能減省時間，即應照規定之方法爲工作標準，工作標準已定，則所有準備時間准許時間均可確定，使整個統制計劃推行無阻，故雖在小規模之工廠，時間研究及動作研究亦不可少，庶幾可得一工作之標準方法，減少基本動作，縮短工作時間，並能減輕疲勞，發展技能，增加興趣。（詳見本刊英文欄）

（三）產品之標準化與單純化

出產品應力求標準化與單純化。蓋產品有一定標準，則不僅直接減少生產費用，且可因少用機器，工具，模型，及一切補助品，而減少所投資本，同時勞動成本較低，因一方面工人專操某種工作，久而嫻熟，他方面產品既已標準化，則可以規定一種生產計劃，而工人之地位亦得以安定，生產標準化，兼可增進生產技術，復因設備利用及管理上之改良，生產時間可以減少，而使出貨迅速，此種利益，就廠方而言，簡接直接均可多得利潤也。

（四）人事管理之實施

人事管理之唯一目的，即在求人與事之適合與調劑，勞工在實業中，是一種有感應性的分子，而實業之效率與成功，大半要靠這種分子之感應，是否精誠，我們對於勞工，應取一種適當的科學態度，就得承認勞工是實業中之一種資產，亦應加以縝密之科學管理。勞工之環境與衛生，疾病與曠工，怠工與遲到等，均應採用科學方法加以管理，使人力（勞工）財力（資本）與物力（機器）三者互相合作，而得工作最大效率，故工廠對於人事管理，不可忽視，應用合理的選擇和僱用，要使事得其才，才盡其用，一方可增進勞資之合作，他方又可增進事業之發展，故應另設人事管理科，負責勞工之一切問題，如勞工選擇，勞工訓練，勞工福利，勞工升調等等，均有研究與改進之價值。

（五）設備之增加

「工欲善其事，必先利其器。」工廠中有機器，房屋，鍋爐，電力，工具等設備，務必於可能範圍內，逐漸改良，尤其對於工房內之溫度，光線，空氣，濕度，更應注意。蓋空氣混濁，溫度不適，光線不足，溫度不宜，不特影響工作，抑且影響勞工之健康，而間接影響及工作效率與產品，故在不良之環境中工作，欲求生產迅速，出品精良，誠戛戛乎難矣，同時對於勞工之福利問題，亦應加以注意，而增添設備。如工人運動場所，娛樂場所，膳食場所，以及診療室等，均應在可能範圍內隨時改進。

（六）工作效率之研究

在實業中所謂時間即爲金錢，故對於工作之效率及速率，均應重視而加以研究，昔日手工藝時代，工作之時間愈少，則認爲工作愈好，但在今日機器時代，工作愈久，未必出品愈佳，工人如工作時間愈長，反而易引起疲勞，及災害，轉而影響生產物之品質，故首宜注重工作效率，工作方法，并訓練工人，獎勵工人，研究疲勞程度，規定休息時間，使工作與工人體力調協平衡，無論爲何種工業，其各部生產應儘量調協，務使一日之全廠工作，各部能在一日內告一段落，若某部工作太速，則他部無此需要，不能用完，勢必將剩餘產品，搬運擱置，徒佔地位，徒費手續，徒多損壞。若某部工作太慢，則他部工作亦受停滯影響，以致不能如期出貨。故各部工作，務使調劑，以求平衡。

（七）減少耗廢

在工業中，效率固然重要，但耗廢亦不可忽視，蓋在目前中國工業界，一方因原料來源之減少，他方因外貨市場之膨脹，競爭劇烈，不能提高價格，故不得不轉而設法減少耗廢，以求減低成本，減低成本，首先須有各種紀錄，作爲事實上之客觀根據。第二便得考察情形，研究原因。第三應研究改良辦法。第四應擬訂辦法，以便逐步實行，減少耗費。

（八）採用適當之成本會計制度

管理效能之憑以測度者，即爲工作成本，成本會計即求達此目的，且能供給資料，作爲管理工作之根據。若有精密之成本會計制度，則工廠預算，可因而確立。蓋工廠中各項費用，務宜條分縷析，詳細記錄，而統計之，以作成本預算，與營業方針之參攷，成本會計不僅於金錢上，須有詳細的紀錄，即於物料上，亦須有詳細的紀錄。再佐以嚴密之組織，則現金舞弊，不易發生，物料偷漏，亦容易查察。同時產品之成本，可以確定，而利潤之獲得，亦可以預知。故成本爲統制管理之張本，欲求管理上之有所根據，則唯有創立成本會計制度，使管理健全，事業趨於安全之途。

（九）人才之選擇

「事在人爲。」任何事業之成功，其最重要之要素，當然爲人才，有雄厚之資本，有精銳之機器，而無特殊之人才，則猶如有機器而無引擎，仍不能使之生產，故在今日工業競爭中。人才實爲發展工業本身之唯一要件。所謂科學管理，即以人力利用科學方法，而實施管理，故科學管理愈精密，則人才之利用愈重要，諸凡工作研究，時間研究，動作研究，製造計劃，在在均需專家之研究，蓋此種研究之得失，實影響整個計劃與制度，所謂之失之毫釐，差以千里，人才之選擇，比任何問題都重要，是以應搜羅人才，以求自身之發展。

（十）勞工與廠方之合作

在生產中，勞力，資本，管理，實爲三大要素，互相連繫，不能分離，管理實乃介乎勞資二者之間。管理良好，則勞資雙方容易合作，雙方合作，始能共存共榮，故廠方應設法使兩方互相合作，以求得生產之最大目的。如增加工資，釐訂獎勵辦法，力謀工人福利，鼓勵工人努力生產，節省耗廢，誠意合作，如此則事業前途，必有成效。

以上十點，略舉其犖犖大者，間有與生產統制無甚關係，然生產統制之目的，在求增加產量，減少成本，發展事業，故上列數點，莫不與事業本身有密切關係者，卽間接直接影響於生產管理之制度，與其實施，苟能求其精焉而實行之，則該廠前途，實無可限量也。

四 結論

歐美各國，在大戰以後，卽從事生產，改良管理，然近年來，因生產過剩，市場停滯，而造成工業之不景氣。中國則生產落後，洋貨傾銷，使本國工業，無從發展，加以戰後全部工業摧毀殆盡，故來日工業之復興，在此時期，亦正方興未艾也。按歐美各國，大廠因資本之雄厚，建築之偉大，設備之完善，機械之精良，雇用專門人才，實施科學管理，事事集中，處處經濟，故能拼吞小廠，而與國外工業競爭。反顧中國所謂大廠，徒有其資本，徒有其設備，徒有其人才，對於管理，毫無新法，依然萬事墨守舊規，故出品未見進步，營業日形退縮，視乎西歐國家之實業，則瞠乎其後，更遑論競爭。浸假而國勢不易增强，致在戰時，仍在需用外貨，資源外漏，不可勝算。故當目前抗戰進行中，欲求最後勝利，欲求復興中國，則首須發展實業，語云「無實業卽無國家」，是以振興實業之在今日，實爲當務之急，無待贅言，然而振興實業之唯一工具，卽在管理之能科學化。深望全國各工廠，均能如該廠之採用科學管理法，以改良工作，增加生產，挽回頹勢，則來日中國實業之發展，庶幾有望。

品質之標準化——規範書

許相如

品質之標準化，對于買方與用此貨品者而言其所居之地位極爲重要，因爲買方要得到理想中的品質，最經濟的方法，就是應用規範書，在規範書中規定各種不同貨品的品質。

二三十年前購買規範書尚未得到普遍的注意，消費者所需貨品之種類不多，而於此少數種類貨品之品質甚爲熟悉，所以貨品之採辦，祇須對貨品物質有約略的指定與分類已足够了。但近年來工業的發展，增加了許多從前未有的貨品的式樣等級與尺寸，來應付現代的需要。

工業上所需之材料，機器以及設備等，必須想法使他效力增加而價格減低，也可說是提高品質與減輕成本。製造商因欲保證機器與其他設備之效力，故對于購進貨品之性質，不得不有規定的標準和詳細說明貨品之必備條件。與規定貨品品質最易奏效的方法，莫過于施行標準化的規範書。

從事品質標準化之前，下列二問題必先解決。

第一——在所需採辦之貨品中選擇幾種價格較貴，而在製造步驟中佔較重要地位之貨品，來先實行標準化與應用規範書，其普通的次序爲機器，零件，原料以至于工事房中之一切設備。

第二——起草一暫定的規範書，規範書起草委員會之委員由各部代表——與貨品有關之各部——以及賣方代表，雖製造商與消費者意見之衝突，在所不免，但最後終有一解決之辦法。

第一節　規範書之目的

採購規範書的目的，是在告知賣方以買方之需要。因爲有時買方對他的需要，自己也不能準確的明瞭；這種情形的發生，對買賣二方皆感不便，唯一補救的辦法就在採用規範書。

熱心的推銷員往往勸使採購者規定嚴密規範書致祇有少數的製造商能够製造適合這嚴格的標準于是可以減少競爭性，而使他們得到較大的利益。這種方法的採購較依照商標的採辦有時更爲不妥因爲其他製造商蒙害極大這種似有而實無的競爭，使他們白費許多費用——如估價等——同時在買方也屬無利因在情形之下，公平的價格是不易得到的。

訂定後的規範，變成適合于某種用途的標準品質。規範書可說是製造商，推銷商與採用者利害相關的交錯點，合理的規範書必須一面顧到採用者之需要，另一面顧到製造者之生產能力。規範書一經訂定後，是工業進行中之總樞紐，而其所處地位之重要，也就可知了。

關於貨品之品質，我們有一基本原理：「說明品質的唯一方法，就是先設一標準，然後再以此貨品之品質與標準作一比較。」品質本身是一"variable"屬于同一類商品的二個不同單位也不能有完全相同的品質。這一原理，在未定品質標準之前，我們必須有正確的認識。

品質兩字的意義是某種商品所有性質，而能適合于某種用途。我們判別商品的優劣，全視其是否適合于某種用途；因爲標準離開了用途，品質二字變成沒有意義了。故購買者雖非審定品質的專家，但商品一經應用，優劣自分。故商品有了規定的品質，使賣買兩方都能明瞭，則兩者間的糾紛自然減少。

第二節　商品之試驗

貨品之品質是數種性質聯合起來的總稱，如式樣，尺寸，成份，強度，手工與顏色等其中如尺寸可以數目字表現出來，而其他品質則不能，但要使產品適合需要，則對于幾種重要的性質非有明白的規定不可。

這種不能確切說明的性質，其唯一指定之方法就是規定其必須與某種「標準樣品」相同。我們必須注意樣品本身在品質上之變化，不論何種樣品在品質上多少總要起些變化，致與原來所定之標準不同。

對這種不能以數字說明的性質，我們在採購時祇能規定說是需要某種牌號或商標的貨品，但這在不得已時才用之，與標準化及標準規範書不同。現代的採購趨向于絕對的標準化，與應用完全數字化的規範書。「與某種標準樣品相等」一類字句已不能說服一般採購者了。

已定了品質標準後，進一步就是向賣方取得樣品作一試驗，驗得與標準是否相合，這試驗費用或由買方，或由投標者負担，但試驗之成本與運輸費用則由投標者負担。試驗合格後，賣方供給第一批試用貨品，試用後若買方認可，即通知賣方以後供給同樣貨品。最後，即訂定規範書說明品質與試驗方面，以後之採購亦祗限于這少數供給合格試驗品之賣方。

第三節　規範書之內容

除規定貨品之品質而外，規範書之內容，尚須包括取樣與試驗之方法，並說明如何包裹，如何做記號，以及退還不適用貨品之手續等。

我們由經驗得來，標準的規範書式樣是非常重要的。美國聯邦規範書委員會所規定的式樣，乃抄聯邦政府內採購最多的二部——質與量皆屬最多——所採用之式樣。這種式樣在上述二部已應用多年，且極奏效。

這種式樣不須訂得極不活動，但聯邦規範書委員會與上述二部，他們的經驗告訴我們，成千的貨品，他們的性質即使差得很遠，而更改規範書標準式樣之需要，仍屬極小。

在大規模組織中，每種貨品在短期內採辦的次數很多，有一標準規範書，即可增加其便利。這種便利在小規模組織中，雖不如大規模組織之明顯，但標準規範書之需要，並不因而消滅。職員略經幾次工作後，他就很熟練的寫成規範書，因其內容有一定次序，此其便利一；印就的式樣，職員祗須在每一項目下塡寫，于是內容詳盡而不致遺漏，此其便利二；標準規範書簡單而扼要，故如須更訂時，一切手續亦較簡易，此其便利三。標準規範書在應用時亦甚便利，因爲同一項內容——如包裹方法——在規範書內有一定的地位。

規範書上必須註明日期，並給數目號碼。如某一紙規範書我們給一號碼十，若此紙須要更訂時，我們即另繕一紙，他的號碼就是十若第二次更訂則爲十。

第四節　訂定規範書前之初步手續

訂定規範書之前，第一步工作就是決定關于品質方面之必備條件；第二步乃決定檢驗貨品是否適合所定條件之方法，在這裏我們必須設法避免不必要且過于苛刻的條件。規範書初稿須由與此貨品有直接關係之設計員與工場負責人員，以及檢查員，一一傳觀，最後傳至供給此項貨品之製造商，既已徵得他們對此草稿所發表之意見後，于是我們考慮各方提議而修改初稿，修改後乃成正式之規範書。

有時我們把初稿交與同業公會，徵求其意見，往往能收到很好的效果，例如美國橡皮業其初稿即由徵求其同業公會之意見而定。

徵求供給此材料之製造商之意見，是極重要的，他可以告訴我們是否他能供給與規範書中所規定者完全相同之貨品，如若不能，那末可以說明所以不能之理由。再者他可提議將規範中小節略加修改，而使必須特製的商品成爲普通的商品，這一方面固使製造者便利，而購貨者亦可得價廉物美之貨品。

一方面因爲生產技術的天天在進步，另一方面則有種新發明的貨品，我們對其品質不能十分明瞭，于是所訂規範書亦不能十分完全。所以現在所訂定者，在數年後或將不適用。

有人以爲有種新流行之貨品，生產者對所訂規範書尚未熟悉，且不能明瞭其內容，于是所開價格必較昂貴，其實不然，有規範後，我們可以實行公開投標，價格祇會低落，不會抬高。並且規範尚有提高品質，施用上之便利——因爲品質一律——等等利益，有時不適用貨品之減少，其運費之減少，已足維持長時期訂規範書及檢查等工作之費用而有餘。

有種貨品其品質一律，差不多都能適合我們的需要條件，不需用規範書，這樣看起來好像規範書的應用範圍很狹了。其實細細一想，這種貨品品質之所以一律，也是因爲當初製造應用標準規範書之效，由此可知規範書的重要了。

第五節　訂定規範書時所須注意之各點

（一）規範書中所包括之限止條件，愈少愈好，至能達到說明所需品質爲止。

（二）規範書須一方顧到我們的需要，另一面要諒解製造上的困難。

（三）對于規範書之有關各方，務須給以機會發表意見。

（四）起草規範書文字者，不宜過意顯示其學識之廣博，或對任何一方表示好感或仇意。

（五）規範書中之條件，不能限止過嚴，因阻止過嚴，往往事實上不易實行，于是非讓步不可，與其條件過苛而不能辦到，不如條件適中而非辦到不可。

（六）規範書之條件之說明，可應用任何方法，譬如品質之可以物理試驗來檢定者，則即可以此爲說明，其他如化學分析，顯微鏡檢查，以及製造方法皆可用應用。

（七）訂定規範書時，生產者與消費者必須合作而不能自私，若生產者要訂定有利於己之品質規範，——如成本之減輕——則消費者爲何不能訂定，提高品質減低價格之規範?

（八）完全的規範書必須包括對於有關各方需用之說明。例如，在鐵路上，包括購貨者，製造部，檢查員，化學分析人員以及其他對此貨品發生關係之各種人員。

（九）若對于試驗，分析檢查等種種工作有一定的方法，那末在規範書中祗須提及此方法而不必加以說明。但有時若須應用新的試驗方法，而這種試驗又有不同的結果，則在規範書中非說明不可。

（十）樣品須由買方代表任意抽取（random method）

（十一）取樣之多少，須視貨品之性質，重要性，製造方法以及貨品各單位是否有一致之品質。故每次取樣之數量必須隨機應變，無一定之規則。

（十二）買方取樣可在大堆貨品中任意抽取，因爲每一單位貨品，不論其取自何處，須皆適合買方條件。抽取幾次，而求平均之方法，祗適用於規範書條件過苛時。

（十三）對于試驗後不合格之貨品，不宜再與以第二次試驗機會，除非第一次試驗中有錯誤發生。

（十四）試驗失敗後之貨品雖可應用，但其價格宜較低。

（十五）試驗不合格而將退還之貨品，檢查員宜極力保護不使殘缺，因其所有權仍屬賣方也，

（十六）規範書雖訂定後但若發生製造方法改變等情，仍須隨時修改。普通情形下，規範書訂定後六個月至十個月仍無需修訂者，已屬很好的了。

（十七）與規範書中不附之貨品，自然可以退還，但吾們應注意者有二（一）有時試驗也未必一定正確（二）有時貨品雖與訂定者有參誤，但所錯極微，而于實用上絕無影響。所以不如設一寬容率。

（十八）製造商對於限止過嚴而無實際價值之規範書，自可提出抗議，但彼對于買賣雙方同意訂定之合理的規範書，不特不宜抗議，且須極力維護。

（十九）買方往往以爲規範書使物價提高，但事實上規範書已經過初步階段，而進入順利進行時期時，價格祗有下落之趨勢而無上升之趨勢。

（二十）規範書之訂定須得買賣雙方同意，其內容不得過于繁複而解釋必須清晰與懇定。

第六節　繕訂規範書者所需注意之各點

（一）規範書中能以文字說明者，則需詳加說明，而不能者則不如完全免去不提。

（二）應用簡單之文字，用專門名字來說明專門的意義。

（三）用名字必要時寧可重複，而不宜用代名字。

（四）不宜作長句而致其意思不明。

（五）句字標點必須明晰而意義確切，不致因加減或誤置標點而改變意義。

（六）語氣必須清晰而簡括。

（七）用處于指導地位的語氣而非提議的商量的語氣告訴製造商何者必須具備，何者必須免去，

（八）不可使規範書意義模糊而置所有危險性于製造商一人身上。

（九）定貨者可指定品質，致其製造方法或指定方法而其結果之好壞由買方自己負責。

第七節　規範書之優點

應用規範書後，所獲得之利益如下：

（一）減少應用材料與設備之種類

當未有標準以前，很多材料與設備，其性質在大致上相同而不過有極小的差別，以致必須個別的製造，這是一種經濟上最大的耗損。標準化後使注意點集中在少數的種類上，於是可得到製造上的便利，檢查之便利，品質改良，生產數量增加而成本改低等種種利益。

（二）需要之說明

購貨規範書說明需要，使有關各方明瞭所需者為何；例如購貨員用以繕寫定貨單，於是不致用說明不清晰而錯誤叢生，又如製造商用以決定製造之

法以及檢查員之用以決定品質之必備條件，使檢查時不致過嚴亦不過寬。以上種種若無規範書則錯誤必多，而所得結果必與願違。

（三）試驗方法

品質價值之檢定結果與取樣及試驗之方法有關。若有一規範書則買賣二方用同一試驗方法，而其結果宜甚相近。故可以買賣二方試驗結果作一比較。

（四）公平的競爭

有規範書後品質有了規定，于是各製造商所開價格可以互相比較，而取其價格最低者，若無規範書則有不誠實之製造商利用品質不確定之機會，所開價格雖低，而將來所供給物品之品質實較次，在此情形下，買方固蒙其害，而誠實之製造商亦受不公平競爭之不利。

（五）生產方面

標準貨品之需要，實較特製貨品之需要爲穩定，且標準貨品在市面不景氣時，可以繼續生產，而把完成品存積起來，于是工廠機器之工作不致忽斷忽續，勞工週轉率可以減低。

（六）推銷方面

品質有一定標準後買方明白其優點及特質，于是推銷容易。

（七）交貨方面

貨品有一定標準後，製造商敢多存存貨故若一時不及完成，則可以存貨補充，而賣方不致蒙受誤期之損失。

戰時工資問題

張積仁

戰時工資的重要性

工業問題何以爲目前人類的重要問題？這並不是因機器原料等物質方面的問題，在本身上果有何等重要價值所致。而物質方面工業問題的所以重要者，不過因它能解決最大之「人類生存」問題的原故罷了。因之，對於人工由於工作而所得的報酬問題，實爲工業問題中的根本問題。這個問題亦屬工業中最難解決的一個問題。關於工作的報酬問題，卽爲財富的分配問題，此種問題亦係觸及人類天性中的希望，好勝心和恐懼心等的問題。所以這種問題完全屬於心理上的，無形質的，其難於解決，固不足爲怪。因時代的演進，工業的發達，生產的增加，於是財富的分配益形重要，可是這些問題的解決也益形困難。在工業國家中的社會運動和經濟界的不安問題，均以分配問題爲焦點。但這些問題可謂隨人類以俱來的，而且時隨情況的變遷，也卽變更其方法和理想的。由此推論，這些問題欲求其消滅，必須使世界上人類也無形中消滅方可。於是這些問題可謂終無圓滿解決的一日了。

這樣說來，我們看到這些問題永無解決的一日，就此不去解決了嗎？這亦不盡然，我們應在能力所及儘量去設法和解決，並應在時代與環境的變化之下，去變更和解決才是。近年因生產方法的變動，致工業界中雇主與工人的關係大爲變更，乃酬報勞工方法也不能不隨之而變更。在舊日生產方法之下，主人與工人間的關係很爲密切，但在現代工業之下，因生產方法大都用大規模生產和製造趨於專門化方面，其結果不僅使工人雇主間的關係立刻消失，並影響所及使雙方因利害懸殊，形成兩種對立相反之階級。工業廠主方面的目的，在以最低的生產費獲得最厚之盈利。欲達此目的，不能不設法以最廉價之工資雇用最有效的工人，以生產最大之生產量。因個人關係的消失，廠主對勞工的視線，無異於購買貨物，在在想以最低的市價去獲得。雖廠主亦思雇用忠實有力的工人，但雇用的事，皆操於以營利精神爲主的職員之手，所以工作契約完全缺乏人的關係。一旦市場競爭劇烈，雇主欲圖自存，乃不得不出之於減低工資的一途。於是一切紛擾由之而起。同時工人的利害觀點適與茲者恰成相反。工人所希望的爲：工作輕快，時間短少，地位穩固，和工資高昂耳。自工業革命後，工人與器具分離，節省人力的機器日新月異，工人技藝的重要日形低落。於是工人覺到個人的生活完全依賴於工作的職業，同時個人的個性沉沒在同樣階級多數工人之中無從表現，乃共同團結以禦自身的危害，爲極自然易成的事。所以工黨組織的產生，爲當然的結果由是雇主與工人形成兩種相反勢力，對壘角逐各不相下。工資率之高低全隨兩方競爭的消長，於是供給與需要的經濟法則失其効用。而工業界乃陷於極度複雜混亂的境地因從事爭鬥雙方的眞確情況，不易明瞭，而解決勞工問題遂益加困難。此種現像在平時已極形嚴重，而況處在非常時期，現代戰爭可謂僅依一部份武力的強盛是不足恃的而尤以能充實經濟能力作爲持久抗戰的基礎。但欲謀經濟力量的充裕，則尤非發展實業，激增生產，擴展貿易不爲功。而欲謀實業發達生產增加，則尤以實業界中各工廠內部機構完密雇主和工人能儘量融洽合作爲最有効力。如是而觀，使雇主和工人能密切合作一致團結，則惟以能將工資問題先謀解決，確爲當前的急務，於此亦可見戰時工資問題的重要了。

戰時工資的幾個先決問題

因在戰時，實業發展的途境，與平時比較，大相不同，實業方面關於廠址的選擇，原料的採用，市場的推銷，勞工的應用，均與平時有所變遷。是故對工資的決定也頗有差異，茲將幾個先決問題，討論於后：

一　戰時工資的增減問題

工資在戰時的增減問題，論者紛紛莫衷一是。一般主張應增加工資者，認爲在戰時狀態，與戰事有關的工廠如軍火廠、交通機械製造工廠、鍊鋼廠、代用燃料製造工廠等均應運而生，他們的營業當然突飛猛進。增加生產，增進利潤，在此情形之下，當然要對生產盡力的工人的報酬，加以相當的增加爲宜。並且有些人說在戰爭期內，在在要生產的增加和技能的改進，方使國貨和外貨競爭，維持國內的金融，與鞏固政府的經濟機構，但欲使工廠生產効率增多，技巧改進，則勢必雇用技術高明的工人爲上。於是，對這些雇用者因技術較佳，所給予的報酬，當然應相當的增加。所以這般人主張在戰爭期中應提高工資。其他如因戰時人民離散，大都不安於職，故在戰時工人願入工廠服務者較少。又如因戰爭，在較平安地帶大都蒞集被難區的人民，故因人口突增，生活程度因之提高，所以此等現象在在足爲增高工資的口實。一般主張減低者，謂在戰時狀態，實業發展區域較小，且推銷市場亦無形緊縮，出品不易立即售出，貨物積滯，形成實業凋敝的現象。故對工資應有相當的裁減，他如工廠移遷內地，工人生活費較賤，以及在國難期中人民應節約救國，工人亦爲國家的一份子，當然也應限止收入，節約自己的生活等等，均爲減低工資的理由。上面兩種主張均有充份的理由，但終爲偏激之論。蓋在勞資間的關係非常複雜，對勞工報酬的決定也不是一件很簡單容易的事。決定工資時必須注意到兩個條件（甲）工人的最低生活費（乙）廠方的生產量。前者使工資維持工人的生活，安定在廠內工作。後者顧慮到資方能出最高工資的限度，尤其處在這個非常時期，一方政府欲使國內民衆團結一致，必使各階級的人羣均能維持個人或一家的生活，方致不使因爲生活所迫，誤入歧途，作爲資敵之用，或挺而走險，爲國家擾亂之本。如是工資決定以最低生活費爲準繩最爲重要。一方政府欲使實業發展，充實國內經濟力量，以固持久抗戰的根基。則在在獎勵開發實業者，不必過份提高工資，促成開支浩大，致使營業不振。是故提高工資應視工廠中的生產量而定。亦極重要，由是看來，戰時工資的增減問題，並不必僅在增減間去斤斤較量，而應在廠方的生產，和勞方的生活程度中去衡量才是。玆將這個問題，作爲討論滿意工資問題的根據。

二　戰時滿意的工資問題

欲求一個滿意的工資，必須先建立一個妥當的基本工資。不然，如應用其他支付方法，勢必毫無成效可言。際此非常時期，社會各隅均呈不安的現象，所以爲安定一般勞動階級起見，非先決定一個滿意的基本工資不可。依目前產業制度，工資數目的決定權大體操在僱主之手。這種現象我人認爲工資的決定，完全由於資方的主觀性，勢難使勞方認爲滿意而接受。所以在目前戰時工資的決定，先由僱主對社會的環境，居民的情況，貿易市場的變遷等等因素，加以詳細攷察，而後決定一相當滿意的工資，更須得工人，或工人團體的認可，方爲一種滿意的工資。月前政府欲謀加強經濟機構，實行統制貿易，則對國內的實業界也應加以統制，使各工廠實行一致動作，所以鄙見認爲滿意工資的決定，應由政府派遣專員，向實業區域調查實況，再將現行各工廠所定的工資，加以比較，攷察是否合理。而後決定一個含有各地可酌量增減性的最低工資率，最爲公允。如政府遣員調查，覺到力量不够時，則一方可採納資方各廠主所貢獻的意見和資料，他方面向工人團體或個別工人徵求他們所需最低工資的意見。然後政府處在第三者客觀的立場，在雙方的意見之下，加以折衷的方法，去決定一個合理而使雙方都滿意的工資。如此方可使用在戰時，爲一個最公允的工資定律。

三　戰時工資應否超過社會平準問題

近代多數工廠完全放棄厘定標準工資的計劃。他們認爲公司或工廠所付工資愈多，則愈使勞資雙方集團內的團結力量，愈能鞏固。例如美國福特汽車公司的勞資關係，所以特別滿意者，卽因該公司所付的薪水和工資，均較高於社會的平準之故，他如非列得爾菲亞（Philadelphia）捷運公司的勞資雙方關係的完滿，亦因該公司所願付的一種滿意工資，較普通社會上一般同類工人所賺者爲多的原故。且如福特公司所付的工資雖較高，而其生產費反較同業為少。其故由於以較高的工資所得的代價，完全在間接方面增加生產，及勞資充分合作的種種利益所促成者。不過這種工資的支付，須為一個資本龐大，從事大規模生產，並採用標準化平位以下的工廠方可行施之。不然工廠規模小資本薄弱，一方提高工資產生了許多生產費用，可是生產量的增加並不能和所增的開支成正比例，則這種現象勢必使工廠趨入崩潰的途境。所謂『畫虎不成反類犬，』這種『螳臂當車，』不自量力的模倣，是要不得的。何況我國實業本極幼稚，而加上殘酷戰爭的侵略，使實業界形成危危欲墮的現象。目前在內地開廠者大都資本微弱，在在希求政府的扶助和獎勵，以謀繼續其生命，更有何力去提高工資呢？至於在抗戰期間由政府所辦的兵工廠、飛機廠、鍊鋼廠等規模宏大資力雄厚，尤其在戰爭時需要精良的武器。於是對所雇工人應以能力豐富技術純熟為最要，所以為吸收一般有才幹的工人起見，不妨採用此種超過社會平準的工資，最為合宜。惟此種僅能使用於國家所辦的國防工業範圍。其他小工業則不能隨意應用。

四　戰時工資隨價伸縮法的採用問題

工資隨價伸縮法（Sliding Scale）的觀念是這樣的。若同業的競爭不得不減低工資時，則實行減少。若力能增加工資，則實行增加。這樣使工人能與僱主同享事業繁榮的利益。於是在這種計劃之下，標準工資的決定，須依同業貨物的售價為準。然後再依市價的漲落而使之增減。這種工資的決定倒是很活動變通的，如果應用到目前戰時內地各工廠中很為相宜。因為戰爭是千變萬化，片刻莫測的，所以戰事影響着後方人民的心理，經濟形勢，市場上的貿易，可說社會各層的動態，均由於戰爭變化作為他們變動的根據。所以實業界對貨物的推銷問題，出品的售價問題，處在人民因戰爭時易變的心理之下，頗難有確切不易的決定。用是為廠方利益起見，最好開支費用亦能隨售貨量的增減而更動。如售貨量大，售價較高，則利潤大，開支當然不妨增加一點。反之售貨緊縮，則開支費亦應減少。如是工資的增減既隨售價的漲落為準繩，對廠方當然無「入不敷出」的弊象。不過採用這種工資法必須由僱主團體和工會間直接談判，最為有効。如工人方面無工會的組織，則不易實行。又實行此種方法，必須貨物的銷路很廣，日常售價有公開的行市，如此方可預先採用一種正式貨物隨價伸縮表，作為減增工資的根據。如棉紗紡織廠等可依棉紗的市價而定。但如貨品銷路不大，無行市者，與其他特殊事業等，則不宜用此法。此在戰時應用工資隨價伸縮表時，也應慎重注意及之。

在一切工資制度中可謂祇有兩種基本制度，一爲計時制，一爲計工制，其他各種制度皆根據二者分合變化而成者。茲先將各工資制度的性質和利弊，加以檢討，而後攷慮戰時各工廠之狀況以作選擇工資制度的結論。

（一）計時制

計時制的性質——計時制的工資制度，是廠主購買工人的時間，時間單位的差別，自一小時以至一年。以常例言，地位愈高的，計算時間單位亦愈久。如經理或會計雖計月發薪但薪金常以年計，工程師和工長多以月計，工人則以週計或日計或時記。計時制適合於下例情況的工作：（一）產物的品質較數量爲重要，爲使工人專心於工作的精巧，故計時給資。（二）雇工人數少，主傭間的接觸較多，而個人關係密切者。（三）工作性質，不能限以一定時間者。例如家宅僕夫是。

計時制的優點：（一）工人不受時間限制的督促，產品較優良。（二）勞工狀況較穩定，雇傭時期較長久。（三）廠主易於預算全部的勞工生產費，而工人亦能預知其收入。（四）計時制計算簡單，可免計算上的糾紛。

計時制的弱點：（一）因無衡量工作的方法，產物的勞工生產費不易確知，所以對營業的情況無從精確計算。（二）工作和報酬不能一致，優等工人與劣等工人受同樣的報酬，有欠公允。（三）獎懲工作優劣的方法，不以報酬而以升級和黜退爲度，則工頭因其自身地位時有被奪之虞，乃對勤奮優異的工人很爲妒忌。（四）不同工作得同等的報酬，無異抑制勤奮，獎勵怠惰，勢必使工人共趨怠工，限制生產，以致生產量大受妨害。（五）報酬同等，足以養成工人階級觀念，凡督促生產的事，必遭猛烈的反抗，由一班優異工人，既在工作上無從表現，必移其精力於組織工人階級鬥爭，因以延長。

（二）計工制

計工制的性質——計工制的方法，是將工人工作的報酬，以完成之工作量計算，而不以時間計算。如生產量減少，工資即隨之減少，生產量增高，工資亦隨之增高。所以在此制度之下，工人自身負担其時間的得失和產量多寡的責任。

計工制的優點：（一）計工制足以誘發工人勤奮，增加產量，在同一工作時間可出較大之量，不獨工人工資增高，工作時間亦因之減少。（二）直接勞工生產費依工作完成的速率爲準，每一小時的工作量增加，即無物使工廠費減少。是故計工制較計時制有減少原費和成本之利。（三）同量工作得同等的報酬，其間寓有懲奬優劣勤惰的作用，使勤奮的工人有上進機會，在無形中防止怠工遊惰等事。（四）每一產物單位或每一工作單位的直接勞工原費的數量確定，易於計算生產費。此種利益在式樣隨時變換的產物尤爲重要。（五）此制不僅使生產量增加，工作方法亦可改善，工人對工作良否自負責任，且常肯獨出心裁以增加生產効率。如工人對於殘缺的原料，不良之管理凡足以延誤時間者，皆直接有利害關係，因之自行督促管理使之改良，則監督之費可以節省許多。

計工制的弱點：（一）計工制增加工作速率常以品質爲犧牲，致產物粗劣。（三）最大速率的工作，增加疲勞的程度，足以妨害工人的健康。（三）愚笨的工人經過縮減工資率後，對於新工作亦必故意怠工，避免管理者明瞭其眞實工作能力。（四）計工制足以打破工人同樣待遇的階級觀念，有組織的工人對此制度常取仇視敵對態度。（五）計工制施行，工人生產無限增加，工資隨之增高，結果雇主往往自覺前定工資率過高而中途縮減，因之引起反感，相互猜忌，發生勞工的騷亂。

（三）分紅制

分紅制的性質——在營業全體的收入中，除去經常費用，償還借款的利息，減去資本的報酬，其所餘的一部份，即爲盈利。由企業家與職工，按一會計年度內資本的總額，和支出工資的總額，而共同分配之。在勞工享受分紅之總數決定後，即按雇工在職時期的久暫，作爲分紅的多少。紅利的分派方法不一，有以支付現金，或有由公司代爲儲存作爲將來之養老金，或由公司給予同等數目的股票等等。此種分紅制使工人對於公司的盛衰，始有共同利害，和管理者有共同興趣。致使公司內部上下一致，堅固團結，階級爭鬥，自可避免。分紅制的特點，爲不以個人工作的效率作爲分派紅利的標準，而以全體營業發達爲標準。此種現象足以養成全體合作與忠實的精神，而不注意個人的成績，此爲與獎金制度以一定比例數目加於工資而不顧雇主的收入者的最大區別之處。

分紅制的優點：（一）此種利益的分配，爲平均且普遍的，使全體同受其利益，故此制最適用於個人的貢獻不易計算者。（二）因管理與雇工同具切身利害關係，養成一致團結的精神，且各人對工作不敢怠懶，因一有怠懶，不但對本身不利，且遭衆人的排斥或輕視，因此養成忠於工作的習慣。

分紅制的弱點：（一）此制的採用，最好盈利的有無，依工人的勞力爲標準，方有意義，但在多種大規模企業，則常以資本之是否豐富，機械是否精良，管理是否適宜，時運是否亨通等勞工以外的原因爲斷。（二）除最成功的營業外，每人分派盈利之所得甚微，而期限則甚長，其分配的多寡與個人努力的關係極小，不足以鼓勵工人使之振奮，行之既久，工人將視爲習慣上應得的權利。（三）計算盈利的手續很繁，且常由管理者因時制宜，隨意決定。久而久之，最初立法的精神喪失，且勞工方面對管理者的誠實稍有懷疑，即起誤會或紛爭。（四）此制只適用於事業興盛，其盈利穩定且易於正確推測的營業。如盈利的多寡有無不能預知，及有機會性質者，採用此制易起誤會，常得與預期相反之結果。

(四) 獎金制度

(一) 哈路綏獎金制 (Halsey Premuim System)

哈路綏制的特性——此種工資制度爲合併計時制和計工制二種爲一種工資制度而成，其特性爲：(一)工人每日之工資數目確定與計時制相同，無論其工作多少，保障每日工資必可得到。(三)根據過去實際工作經驗以多次工作需要時間的平均定爲標準時間。(三)除每日應得的工資外，凡增加工作速度超過於標準，給予其所節省時間的一部工資作爲獎金，其比例爲三分之一至二分之一。(四)獎金的給予對於不同工作分別計算。以工作不能得獎金不影響他工作之得獎金。

哈路綏制的優點：(一)計算較簡單，任何人可就其所節省的時間，計算其所應得的工資，不致發生誤會。(二)易於採用，可採用過去之平均時間爲標準。且工人的每日工資有所保障，勤奮者得獎賞，不及標準者無損害，工人自樂于推行。(三)時間的節省，工人與管理者共分其利。工人不能獨享其利，則制度的施行可期久遠，縮減工資率爲不必須。

哈路綏制的弱點：(一)工人之狡詰者，可對於一種工作振奮努力，以期獲得獎金。對於另種工作故意遲延怠工，以資休息。(二)工作方法與環境既非標準化，則工作的遲速大半依賴於工人自身的智識和技巧。(三)標準時間不經科學的攷察而規定，其時間常不可靠。(四)管理者與工人均分節省時間的利益，無精確正當的理由。如時間的節省由於管理雇主對於器具工作方法與環境的改良，則工人無應得獎金的理由。反之，如時間節省完全爲工人的努力，管理者不應奪取其利益的一部。

(二) 羅文獎金制 (Rowan Premium System)

羅文獎金制的特性——此制簡言之，其決定標準時間，以已往經驗爲根據，如不能於標準時間內完成其工作者，保障其計時工資，其獎金的數目隨其節省時間與標準時間的比例數成反比例的增加。其公式如下：

$$獎金＝所費時間\times每日工資率\times\frac{節省時間}{標準時間}$$

羅文制的特點，在使其獎金自行限制。不論標準時間如何，工人不能獲得兩倍於其計時制的工資。是故給予在節省時間較少時，較哈氏制爲寬大，時數愈大則所獲獎金反成比例的減少。

羅文制的優點：(一)在起始之節省時間，獎金寬大足以鼓勵工人。(二)不能達標準時間的工人，可担保其計時工資。(三)獎金自行限制，標準時間縱有錯誤，亦不必縮減工資。

羅文制的弱點：（一）計算的制度，複雜不易瞭解，在施行之初須對工人詳細解釋。否則因計算之煩，易於引起誤會。（二）獎金隨節省時數的加多，而成比例的減少。不足以鼓勵工人得最大限度的生產。

（五）新式工資制度

新式工資制度為泰洛甘第易莫森三氏所創立，此等制度的推行，在補救獎金制的不足，因獎金制的工資率的規定，大多出於猜度，實行的結果不能不相率縮減工資，計工制反促成怠工與鬥爭的制度。此其最大的弱點。茲新式工資的原理根據有三：（一）精確決定於一定時間內的正當工作量，（二）除非生產情況完全變更，使工作另成一種新工作時，保障不縮減工資率，亦不減低標準工作時期，（三）報酬數足以得工人的好感和合作。

泰洛差別計工制（Taylor Differential Piece-Rate System）

差別計工制的特性——此制原理為：（一）各個工人皆有明確規定的每日工作。（二）工作情況標準化，工作時間合於頭等工人的能力。（三）成功者得厚酬。（四）失敗者受薄酬，僅當於甚至低於日常的工資。

此制為激勵工人奮勉起見，用兩種不同的計工工資率。凡工人工作的量與質兩方面皆低於預定標準者。所得報酬低於普通日常工資，使若經過多次努力仍不能達到標準時，勢必自行引退。故此制的異於計工制者，即在於有高低兩種差別的工資率。

差別計工制的優點：（一）報酬與能力為正比例，怠惰與粗心者受處罰。（二）管理者和作工者的任務劃分，合於分工專責的原理。（三）此制具最強的刺激力，激勵工人增進產量，保持品質。

差別計工制的弱點：（一）計時工資無保障，學習工作者於報酬上受懲罰。（二）工人的自動精神受限制，不能運用智力求方法之改良。

甘第作業獎金（Gantt Task and Bonus System）

作業獎金的特性——此制對於工作及工作狀況加以詳盡的攷察；並決定優良工作的標準，與泰洛差別計工制同，所不同者惟在對於不能達到標準的工人，保障其計時工資，而達到標準則給予獎金。其特點有三：（一）用科學的攷察規定一定時間內之作業。（二）達到作業標準者，於計時工資外得標準時間之百分之二十至百分之五十之獎金。（三）不能達到作業標準時間者得其計時工資。

作業獎金制的優點：此制對於標準以下之工人為計時工資，對於標準以上的工人則為計件工資。此制較之他制，缺點最少。在工業中推行極廣，成績卓著，茲簡單綜計其優點如后。

（一）注重工頭指導訓練工人

（二）以科學的方法攷察工作狀況

（三）保障工人的計時工資

（四）易於施行

易莫森效率制（Emerson Efficiency System）

易莫森効率制的特性——此制的特點在於隨工作效率的增進，工資率逐漸由計時工資，遞進爲計工工資。其要爲：（一）工作標準或作業以科學的攷察規定之。（二）效率低者保障其計時工資。（三）隨効率的增進，逐漸由計時工資變爲計工工資率。効率在百分之六六·七以下者，以工作時間計算。效率在百分之六六·七以上者給予獎金。獎金百分率隨效率百分率的增高而增高。（四）獎金以每週或每月各種工作的總數共同計算，不以各種工作分別計算。

易莫森制的優點：（一）保障計時工資，獎金隨效率逐漸增高，與按月總計算足以使工人努力不懈，逐漸增加其効力及收入。（二）獎金之高低率皆以漸不以驟，無驟漲暴落之分水線，則工作標準之規定，雖不十分精確，亦無妨害。

易莫森的弱點：（一）計算上過於繁雜，非工人所易瞭解。（二）計算之手續複雜，需有多數抄錄人員，則費用增大。

（六）特種獎金制

上述獎金制及新式工資制度，皆以個人工作量爲標準，若工作成績爲團體行動，或產物的品質重於生產量者，則各制皆不適用，不得另定適於本身特殊情況的制度。特種獎金制度計有三種：

（一）團體獎金：工作性質需要數人或團體的聯合行動，不能個別計算者適用之。如翻砂廠的鑄型工作，又如造紙廠中的調色工作，皆爲相互依賴。此制的訂定工作標準爲獎金的根據，與他制相同，不過此種獎金由數人共享耳。

（二）良質獎金：產物品質異常重要者，如織布廠一線之潰，影響於全體甚大，爲獎勵良品工作，計行良質獎金制，品量并重，規定凡在一定標準量，其工作的殘缺在百分之五以下者得獎金。又如不能以工作量計算者，皆可用此制獎勵。

（三）勤工奬金：如工人有任意請假之不良習慣，不獨爲工人的損失，亦爲工廠的損失，爲奬勵勤懇工人計，凡在一定時期，按時到場不誤工作者，給以奬金。

結論

按以上所述各種工資制度，計時制失於呆板，且其所定制度對雇主和勞工兩方面言，皆非公允有利的工資制度，且不適宜於現代大規模生產和製造的專工等廠，其通用範圍只限於少數簡單普通性質的工作。計工制雖無計時制的弊，但促使雇主任意減低工資率，且出品較粗劣，分紅制則應用的範圍極狹，只遍於營業興盛，盈利有穩定把握的工廠方可。奬金制雖近乎科學化的一種報酬，但工資率的規定，大都出於猜度，所以實行的結果，促成縮減工資的劣象。特種奬金制則應用範圍更小。故目今應用合理的工資制度，惟有新式工資制度耳，尤以甘第作業奬金制，最爲合理化而有利。可是吾國科學素落人後，實業不振，尤處此戰時狀態的非常時期，在實業界僅謀建樹一業一廠，尙感困難，遑論工廠採行歐美化的科學管理的工資制度了。所以如特種奬金制，新式工資制度，和奬金制度，制度雖好，但在目前中國幼稚的實業界尙不能行施的。當前戰時工資的決定，惟有計工制，計時制，分紅制三種而已。計時制爲我國因有的舊式制度，惟此制不公允。不注意効力，除在鄉隅一般小工廠行之才可，至於都市附近較大工廠不宜應用此制，至於分紅制不能爲一種完全的工資制度，僅可謂補助某種工資制度，不足啓發工人努力的計劃。故在戰時的中國工廠，也不必極力採用的。所以當前最適宜的還是以計工制爲上。因在戰時，關於國防製造工廠須產量增加，方可便於使用，這點須用計工制，以奬勵工人的生產，尤其工廠的生產注重速率爲上。故計工制尤宜採用。又因在非常時期一班國防工業，業務增多，一廠內部管理工作，每因人的缺少，或一時草創，失於檢點，則在計工工資制度之下，由工人自已去監督，發現缺點而自去改善。又計工工資計算簡單而準確，使各工人皆能明瞭，各盡所能去工作，不致因計算複雜而發生誤會。不過，計工制的最大缺點：(一)爲促使廠主裁減工制率。(二)出品粗劣。惟鄙見此在兩種缺點，儘可在可能範圍內去除，前者只要由政府派員規定最低工資率，則不致使工資率過份減低，後者則在工作時，多派一種檢查工作的人員，加以監督，則產品不致低劣。這樣計工制只有利而無弊，爲我國戰時當前各工廠所宜採用的一種工資制度。

本篇參攷：王撫洲之工業組織與管理，及藍納斯波之工業管理兩書。

鳴謝

本刊特承諸位先生慨助經費無任感激今將台銜列左並誌鳴謝

無名氏 五十元
周紹聞先生 十五元
吳士槐先生 十元
陳重民先生 五元
馬元愷先生 五元
趙樑村先生 二元
吳申祥先生 一元

張壽伯先生 二十元
陳品三先生 十元
張仲賓先生 十元
華頌寇先生 五元
石子憒先生 五元
吳步岳先生 二元

張趾庭先生 二十元
吳中一先生 十元
盛灼三先生 五元
李伯琦先生 五元
吳笠舟先生 四元
石湘寧先生 二元

編後

竊以實業爲國家之命脈，發展實業。悉賴管理制度之優良而爲推進之方法。同人等有鑒於玆。爰特發起組織實業管理學會之議。籌備經月。卒於廿七年十月成立。本會自成立以來。即以交換智識。砥礪學術。提倡科學管理精深之研究。及贊助中國實業之發展爲宗旨。惟以學會既經成立。若無刊物之印行。殊不足以廣傳播。同人等籌議再四。決議出版會刊。俾與海內名流碩學共相切磋。籌備迄今已六閱月矣。其間屢遭挫折而中輟者再。初擬於六月中旬出版。當因環境關係。暫告中止。既因外匯緊縮。紙價飛漲。而刊費將超出預算數倍。經多方奮力之進行。爲求刊物之早日印行計。乃不得已將紙張封面等原有設計。略事改變。俾達付梓之目的。其間苦心孤詣。慘淡經營。實有不足爲外人道者。時經數月。幸告蕆事。謹誌數語爲讀者告。

夫實業者。包羅萬象。範圍至廣。舉凡鐵路。銀行，礦業，農業，輕工業。重工業等等。莫不在實業範圍之內。一國之盛衰。胥視實業之繁榮爲轉移。顧實業之得以發展與否。又端賴乎管理制度之優劣。本刊揭櫫其義。特裁闢於實業管理之學術論文。暨其他有關實業管理之專著。而尤首重工廠之科學管理制度。蓋所以示提倡也。倘蒙海內先進。進而教之。則本會幸甚。本刊幸甚。

本刊承本校前校長唐蔚芝先生賜題。復蒙盧志學，顧炳元，程海峯，謝霖，李權時，楊昌齡諸先生惠賜高文，或提倡實業。或闡揚學術。吉光片羽。樹立楷範。尤足珍貴。本刊荷玆厚貺。憑藉鴻文。流傳久遠。彌深紉感。

本會成立伊始。經費拮据。所需刊費爲數甚鉅。幸蒙　各界領袖慷慨解囊。熱心捐助。其樂育菁莪。誘掖後進之精神。至堪欽佩。謹申謝悃。

本刊復荷本校同學胡君仲光，殷君向午，吳君光大等熱心襄助。并此致謝。

編後以付梓忽促。致校對不週。遺訛之處。在所不免。尚乞愛護本刊讀者諸君原宥是幸。

編者

廣告欄

廣告索引

三友實業社

南洋兄弟煙草公司

久大精鹽公司

中國文具社

五洲大藥房

大元運輸公司

新華信託儲蓄銀行

鄧脫摩飯店

曼麗洋服號

克信皮鞋公司

先施公司

新華煤球公司

中國化學工業社股份有限公司

馬利工藝社

ABC內衣公司

商務印書館

中國文具社

NATIONAL STATIONERY SOCIETY

367 KIANGSE ROAD SHANGHAI, CHINA.		上海江西路三六七號	
TELEPHONE	19156	電話一九一五六號	
CABLE ADDRESS	LYHU	LYHU	電報掛號

For The Highest Class Shoes

At Reasonable Prices, Visit:-

SAXONY SHOE CO.

克信皮鞋公司

968 Bubbling Well Road

Shanghai

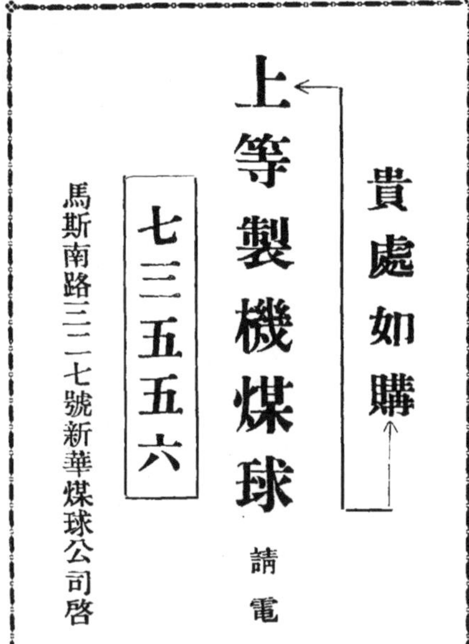

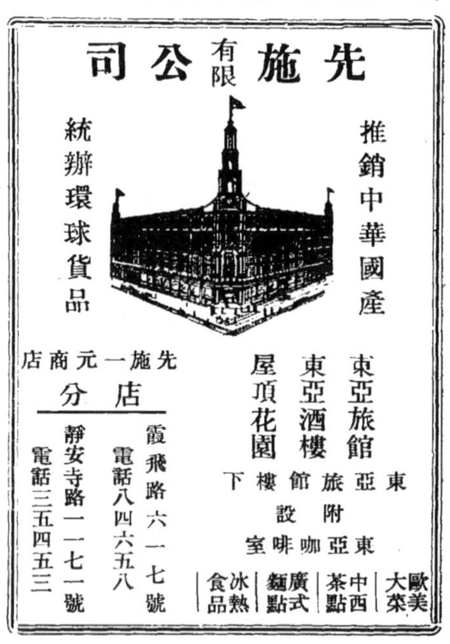

研究科學管理必讀的要籍

工業組織原理（漢譯世界名著）　D.S.Kimball著　林光徵譯　本書目的在解釋工業組織上之一般原理，及影響於工業組織之各項要素。至於較為狹仄之專門問題，除略加敘述外，並附參考書目，以備讀者參考。　一册三元

工業組織與管理（大學叢書）　王撫洲著　著者為工業管理學專家，積數年之講稿，編成此書。內容共十六章，關於工廠之組織、勞工之管理、工業之分配、材料之利用、成本之計算、產物之設計、售銷與製造之協調，莫不詳為論列。復附圖表三十餘種，極便參證。　一册精裝二元三角　平裝一元五角

工業管理（大學叢書）　R.H.Lansburgh著　陳延民譯　本書計分八篇，四十三章。第一篇略述工業管理之歷史背景及現狀，二三兩篇論工廠組織原理及工廠物質方面之設，四五兩篇敘述如何使生產品及各項工作趨於標準化，並分析其所須時間，六至八篇論列管理上之各種設，如原料品之管理，棧務之處理，進貨之經營，生產之監督，工作途徑之設計等，於工資支付及人事管理兩項，敘述尤詳。全書基據現代工業事實立論，詳略恰當。　一册精裝四元　平裝二元八角

現代工業管理（職業學校教科書）……孫洵侯著　一册五角

工業管理法（英文商業科講義）……楊蘊基著　一册三元

工業管理法……周綿編　一册二元

科學的工廠管理法（百科小叢書）　張廷金編　一册三角

心理學與工業效率……E.H.Burtt著　王會林譯　一册一元五角

工業心理學概觀（百科小叢書）……陳立著　一册三角

人事管理（百科小叢書）……何清儒著　一册四角

事務管理（英文本）……李培恩編　一册一元

事務管理的實施……何清儒編　一册三角

商店管理（商學小叢書）……胡道遠著　一册五角

商店組織法（商學小叢書）……汪筱謝編　一册二角五分

合理化問題（現代問題叢書）　張素民　溫之英編著　本書以國際勞工局出版之The Social Aspects of Rationalisation為根據，參考他書多種編著而成。其主旨在闡明合理化的意義和各國合理化運動的發展，特別注重合理化與出產的關係，合理化與工作時間的相互影響，合理化與工資的相互關係，合理化對於失業的效果，以及合理化對於整個工業關係的影響。　一册一元

合理化要義（商學小叢書）……J.A.Bowie著　王撫洲譯　一册一角五分

報酬法（商業小叢書）……R. Wilson著　龔懿譯　一册二角五分

（英漢對照）工廠安全及衛生檢查細則　顧炳元譯　一册二角五分

工廠檢查概論……劉巨壑著　一册一元

實驗汽鍋管理法（工學小叢書）……姚幼蕃著　一册一元

▼ 商務印書館出版

CONTENTS

Relation of Standard Costs and Budget Costs in Manufacturing Industries ....

By Robert C. S. Chen 1

Depreciation a Critical Analysis of the Methods of Determining Average Service Life of Plant and Equipment Now in Use With Euggestions for an Improved Method ....

By T. L. Dunlop 20

Mental Aspects of Administration ....

By P. L. Young 52

Prerquisites to the Introduction of Scientific Management ....

By P. L. Young 56

Time and Motion Studies ....

By Li Han Hua 64

Materials Handling ....

By S. G. Chow 78

The Effect of Departmentalization on the Determination of Indirect Cost ....

By H. C. Mui 85

RELATION OF STANDARD COSTS AND BUDGET COSTS IN MANUFACTURING INDUSTRIES

ROBERT C. S. CHEN.

CHAPTER I

The fundamental concepts of standard costs, budget costs, and their relation to one another was in a decided state of confusion a decade ago. The writers at that time recognized the need for an accounting method for the determination of costs other than actual cost (if there is such a thing as actual cost) and were formulating from their experience with cost accounting a new accounting device whereby they could set a goal and use it in their records to measure the actual performance against a predetermined goal. J. L. Dohr in his text "Cost Accounting" stated: "Cost procedure in the manufacturing enterprise has long recognized the necessity of establishing standards, and particularly in the case of burden, the calculation of cost requires an estimate of the burden to be incurred prior to the opening of the cost period. This procedure of planning in advance may be applied to the entire operation of the business to the end that all operations may be directed toward a definite goal and the activities of all departments co-ordinated." In this statement Dohr uses the word "standard" in reference to the goal that cost accountants should work to establish. However, before he finishes the sentence he speaks of "an estimate of the burden to be incurred prior to the opening of the cost period." As Dohr uses the word "standard" in this work, it means an estimate of the future operations. The duration of this estimate would at the most be only one year or less for it is only to include "the cost period."

In the same year that Dohr's text appeared, William Carswell in addressing a chapter of the National Association of Cost Accountants said, "It seems hardly necessary to state that budget or standard rates for the apportionment of manufacturing expenses should be used, as any other method is manifestly inefficient in the majority of cases." We find in this statement that the words "budget" and "standard" are used as meaning one and the same thing.

In a book written as a uniform system of standard cost accounting for sheet metal workers, the author describes how each operation should be studied and a standard time set for it.

"This standard may be arrived at in two ways:

1. By time studies with a stop watch.
2. Time studies made by special reports."

He follows this with a description of how estimates of job costs can be made from these standards and to illustrate this procedure writes: "Suppose a job calls for ten skylights of various sizes. The bookkeeper would at once charge the job with the standard labor rate and the standard overhead rate for this particular type of work. Now it may happen that the job takes less time than the standard allows for. In that case the balance between the standard and the acutal time can accumulate as a reserve against jobs which require more than standard time.

"This method of costing is known as budget costing." Here the author applies the word "standard" to each of the elements of cost but calls the total of these "standards" for costing purposes "budget costing."

In a discussion of "Budgets and Pre-determination of Costs", William S. Kemp makes this rather all-inclusive statement: "For this discussion it does not seem necessary that any particular definition be adopted. I would like, therefore, to use the term 'Standard Cost' as embracing 'Normal Costs,' 'Predetermined Costs,' 'Budget Cost,' and 'Replacement Cost.' It is not to be understood that there is no difference in these several kinds of cost. The difference, however, is largely in the accounting technique, as each one is arrived at by the use of predetermined figures in the accounting in place of actual costs." Mr. Kemp feels that the use of predetermined figures is the supreme test for the differentiation of these methods. The method of arriving at these predetermined figures and the fundamental concepts of these several methods is apparently of little consequence since he declares that the differences are "largely in the accounting technique." The writer doubts if the author of this article would find much support from the accountants of the public utilities for including "Replacement Costs" under the heading of "Standard Costs."

After including "Normal Costs" and "Estimated Costs" under the same heading, Mr. Kemp continues: "Since a standard cost is one established under certain specific conditions, the nearer we can operate to those conditions, the nearer our predetermined returns will be to our actual returns.

"Such results are best accomplished through the use of the budget system, which is an essential feature of standard costs." The writer feels that any lay reader, after persuing this article would be utterly confused by this use of accounting terminology.

J. O. McKinsey is more moderate in his statement that, "In the broadest sense, all standards are budgets and all buugets are standards. When a standard is established, you are in effect setting up a goal which you wish to reach or a measuring stick of your activities. When you establish a budget you are doing the same thing. Whether or not your budget cost would be different from your standard cost depends upon the basis upon which you established your standard cost. If the standard cost is established on a basis of your average production over a period of years, and your budget cost is established on a basis of what you expect to do during the period, then there may be a difference between the two. There is no doubt in this statement about the author's feeling that budget cost and standard cost are not related divisions of accounting, but he goes further by saying: "...I am of the opinion that the budget cost and the standard cost should be the same and that both should be based on expectancy during the period for which they are established rather than on past experience."

In speaking of the system of budgets and standard costs being used by the Noe Equal Textile Mills, L. F. Mogel says: "...We have applied budgets to Sales Expected, Selling and Delivery Expenses, Manufacturing and Administration Expenses. From these budgets we calculate for standard costs Standard Manufacturing Expenses, the calculation of which is budget divided by normal production; and Standard Selling and Delivery Expenses, the calculation of which is budget divided by budgeted sales." From studying the description of this system, the writer believes that the difference existing between budget cost and standard cost is only the difference of the total estimated cost and the estimated unit cost. In other words, when the author spoke of the total expenses he called them "budgets," but when he spoke of these totals divided by the physical units of performance, he called the result "standard costs." The logic for the use of these two different terms is not apparent but leads to confusion.

From a study of the use of the terms "standard cost" and "budget cost" in the quotations cited, which are typical of the contemporary writings of that period, it seems that:

1. Budget costs and standard costs are the same thing with different names.
2. Standard costs are the costs of the several elements of cost, and budget cost is the total of the elements.
3. Standard cost is an all inclusive term which includes budget costs and numerous methods of costing that are based on predetermined figures.

4. Standard cost is the result of dividing the budget cost by the budgeted physical performance.
5. Standard costs and budget costs should be the same thing but may differ, depending upon the basis used in establishing them.

This confusion of accounting beliefs and terminology has been criticized by many readers, but the writer feels that this confusion was occasioned by the fact that during the period covered by these citations most of the writing on these subjects was being done by practical accountants who used their own vocabulary to describe their concepts rather than the terms the accounting theorist would use. Also, both the concepts of standard costs and budget costs were in a formative period.

In the following two paragraphs the writer will attempt to show the fundamental concepts of these accounting devices which are now accepted by all in the profession as being two distinct entities.

CHAPTER 2

The budget was first used and developed by governmental bodies. This budget was (1) an estimate of expenditures that would be required to carry on the functions of the government, (2) a plan for assessing and collecting funds from the several sources available to meet these expenditures, and (3) a plan governing the expenditures of money by the governmental officers in order to restrict excessive expenditures and to hold these officers accountable according to the limits placed upon their actions by the laws of the government. With these fundamental concepts in mind, the business executive has constructed a budget which fits the present form of industrial manufacturing companies.

The business budget has been defined in a variety of ways. Hilgert says, "Budgetary control may be defined as accounting in terms of the future. It means the careful planning of all functions in advance." McKinsey: "Budgetary control... (is) that which deals with the coordination of the operations of the several departments to the end that a well formulated program may be made for the business as a whole." Barber: "Budget methods aim at sound 'anticipation of consequences' that will merit executive 'provision against them'." Buere and Lazarus: "Budgeting in business is the summation of plan and judgment respecting the management of the enterprise and the specific relation to that plan of facilities available or to be made available for its accomplishment in the form of management, finance, plant, labor, and materials." Frazier: "We can define a budget as a record of opinion concerning the future formed on past experience." Hayes: "Budgeting may be defined as that branch of accounting which deals with the science and art of forecasting future operations." Gregory: "A budget forms a super-standard or regulator of all operations. It is, in fact, a grouping of the standard expectancies of all businese activities placed in a summarized statement."

Although the language used in these definitions varies to a great degree, the same basic thoughts are expressed or implied. The budget is an accounting instrument or device for forecasting the future operations of a business. This forecast must not be a collection of independent forecasts of the several functions (sales, production, personnel, and finance) but in order to be effective must be, as Gregory states, "a grouping of the standard expectancies of all business activities placed in a summarized statement." This summary then becomes an instrument in the hands of management against which to measure the actual performance of the business as a whole and the component parts and when deemed necessary make "provision against them."

The business budget, unlike the governmental budget, cannot estimate its expenses and then set its income to meet the expenses and have the budget balance. The business budget is planned so that the budget will not only balance but will provide a profit on the normal investment. To say that the profit should be calculated on the total money invested would be to justify the theory that the consuming public should pay for all of management's errors in judgment, i.e., optimistic financing, over-expansion of plant facilities, unwieldy organizations, and poor coordination of the business's facilities. The budget must only seek to show a profit on the capital at its present value to the business.

The business budget, following the economic system, starts with the chief source of income, which is sales, whether they are sales of products or services. The method used to set up a sales budget is largely dependent upon the policy of the company whose budget is being constructed. The Burroughs Adding Machine Company bases theirs on an actual count of the enterprises in the United States that are likely to be users of their machines. The Intertype Corporation asks for salesmen's estimates and uses a record of machines now in service as an indication of replacement orders. The Firestone Tire and Rubber Company sets its sales forecast each four months by product class after a conference with the divisional sales managers. The Purity Ice Cream Company takes the average of the sales for the past four years and apportions the total to the individual months.

Regardless of the system of setting the sales budget, it must be "actual commitments and not merely aspirations." Harrison, also, warns that "Another unsatisfactory and ineffective way of figuring a budget is the percentage method where on the basis of past results certain percentages are set up."

In the more recent years of budgetary practice, the use of only the past records of the business has been tempored by including studies of external conditions. Buere and Lazarus, in their list of Principles of Budgeting say: "Base sales quotas on an independent analysis of the market." The recent attention given to the study of business cycles has had a definite effect on the setting of sales budgets. Monard V. Hayes feels that "If a budget is to be based on correct principles, due consideration must be given to the business cycle."

To list all of the possible methods and means of establishing a sales budget would be an almost impossible task and doubtless lead to confusion. Edwin L. Theiss has given these practical rules which may serve as a guide:

"1. Estimate sales in quantities.
2. Estimate prices.
3. Determine past performance.
4. Compute potential sales, by product, salesman, and territories.
5. Keep sales estimates within possible production capacity and available financial resources.
6. Compute net profits on estimated sales."

After the volume of sales has been planned, the budgeteer must carry his work through all of the other activities of the business and establish the cost of those sales at the plant and the cost of their distribution. These costs must be planned in the light of past experience and the best standards available in order to have an effective budget. Castenholz states that "we cannot do effective budgeting for any particular part of a business unless we do it for the business as a whole, and then coordinate and properly mesh all of the parts." It would be nothing less than ridiculous to plan a sales campaign and not have the production facilities available to meet the orders, and some companies have come to bankruptcy because the production and sales functions were not in harmony with the financial resources of the business. Gregory is of the opinion that "The most conspicuous standard function of the budget, ..., is the use of the prefigured estimates of all income and expense items covering the activities of the departments." By using the balance sheet at the beginning of the period to be budgeted and the estimates submitted by the various departments, it is possible to construct a balance sheet in advance for the end of the period which will reflect the goals of all of the functions of the business.

The budgeting for the rest of the functions of the business, based upon the sales estimate, is confined to the planning of production and purchases to meet the schedule for delivery of finished goods and the computation of the cost of sales by whatever method of cost accounting is employed in the production department. In the budgeting of these costs little attention need be given the items that are of a constant nature unless, through capital additions, they become of prime importance. In forecasting, the stronger emphasis should be placed on those items which vary in different degrees with the volume of business.

The mechanical process of budget making may be simple or complex depending upon the nature and size of the business involved, but the objective should not be submerged in a maze of procedure or made ineffective through an improperly aligned organization. One of the greatest benefits derived from budgeting does not come from the neatness of the forms used or the fact that all statements are in balance, but comes from the opportunity it gives for self-analysis.

It is useless to try to make budgeting effective if the executives are afraid to face the facts as presented or where the duties and responcibilities of the officers are not clearly defined. It would be impossible for a large corporation of the present day to function smoothly without a definite knowledge of the authority the chief executive had delegated to the several departments. Hilgert suggests that: "The organization chart should form the basis for the grouping or classification of expense items. In othed words, there should be a classification of accounts which corresponds with the division of responsibility."

This division of responsibility should be recognized first in the preparation of the departmental budgets. The preparation of the budget by the person who is to have the responsibility of secuding results will have the effect of insuring the careful preparation of the estimates and, as stated before, make them actual commitments. This manner of setting the budget will eliminate one of the weaknesses of budgetary procedure, namely, that the person who is called upon to enforce the budget will not be able to feel that the figure set is unobtainable.

When the budget is in operation, this division of responsibility will show the lines of authority and accountability. All reports of estimated and actual performance will be drawn up according to this division and where variations exist the weaknesses and strength of the organization will be shown. If the budget is to be an effective managerial tool these reports must provide frequent comparisons of actual and estimated performance, and must be in terms that the users of the reports will understand.

Some of the failures of budgetary control have been caused by the lack of simplicity. The National Industrial Conference Board recommends that, "In so far as it is consistent with the objective to be attained, simplicity should be the key note of the budgetary procedure."

The question of the length of the budget has received considerable attention. The surest rule to follow is that advocated by Buere and Lazarus, "Restrict the budget period to a term for which dependable estimates may be prepared." This term will vary according to the nature of the business. It would be only natural for a firm manufacturing novelties to use a short term while at the other extreme the American Telephone and Telegraph Company sets up its budget for five years in advance. Management's Handbook suggests that a general plan be established for a year or longer and that a definite plan be adopted for a shorter period.

The business budget must not be thought of as unchangeable once it has been accepted. To be of value it must be flexible to meet the ever-changing conditions of the business and its economic surroundings. However, it should be enforced against all circumstances except the logic of business facts.

J. O. McKinsey in 1922 listed the advantages and limitations of the budget and under the present conditions they are, in the opinion of the writer, a just statement.

Advantages:

"1. Coordination of Sales and Production.
2. Formulation of a Profitable, Sales and Production Program.
3. Coordination of Sales and Production with Finances.
4. Proper Control of Expenditures.
5. Formulation of a Financial Program.
6. Coordination of all the Activities of the Business.

Limitations:

"1. The budget program is based on estimates.
2. Budgetary plans will not executs themselves.
3. Budgetary control cannot take place of administration.
4. Budgetary control cannot be perfected immediately."

CHAPTER 3

Standard costs, like the budget, is an effort of the accountant with the aid of the industrial engineer to provide management with a tool to control operation costs. During the period of the world war, little attention was given to methods of cost accounting for every firm was making a profit. However, during the depression that followed, the cost accounting systems that had grown in much the same manner as little Topsy were scrutinized and harshly criticized. Charles F. Schlatter sums up the criticisms in this manner:

"1. The figures compiled in many plants that had been equipped for war time production were so inflated with items of costs of idle equipment that they were nearly useless in determining the efficiency with which the used portions of the plant were being used.

2. The methods of comparing costs of the past month with the costs of the preceding month or of the same month last year, did not afford a correct basis for judging the increase or decrease in efficiency.

3. The results of a month's operations often were not available until the 10th or 15th of the following month. This was too late to be of much service in increasing efficiency.

4. The operation of the cost system cost too much. In periods of high pdofits this fact was not so noticeable, but with the sharp decline of profits the high cost of cost accounting became a matter of considerable concern."

With these criticisms, many constructive ideas were brought out and just as many poor ideas were advanced. After the ideas were discussed and applied in actual practice the impractical ones were discarded and the better ideas kept and improved. It was during this trial period that standard costs deceived many of its refinements.

But before discussing standard costs any further, it would be well to look at some of the definitions that have been applied to this term. Schlatter says that Standard costs are predetermined costs computed on the specifications of the product. Harrison's definition expresses more the method of keeping the records when he states, "Standard cost accounting is a method of cost accounting which provides for all cost data being recorded on a dual basis (1) on an actual cost basis and (2) on a standard cost basis." Gregory explains that ". . . . standard costs represent 'best practice' attainable in a given local plant operation based on physical standards." Charles Reitell in addressing the 1931 Convention of the National Association of Cost Accountants said, "The underlying principle is to establish a standard cost for our product that represents the plant activities running at normal volume, with the average rate of pay of each operation with standard time for work to be performed and with material costs reflecting definite yields, and normal price conditions taken over a long time sweep." From a study of these definitions, it would appear that standard costs is a species of cost accounting where the cost is predetermined by adding together the cost of the three elements (labor, material, and overhead) which has been based on engineering data. These standard costs then act as a goal or limit against which the actual performance is measured and the variations computed for special study. It has been said that "The entire scheme of standard costs rests on what has been called the principle of exceptions, namely, the recording only of variations from the standard."

The writer finds that the introduction of any form of standards in cost work was related to the application of burden. The material and direct labor used to produce a given number of objects could easily be as certained by a recapitulation of the material requisitions and the job time cards, but the amount of overhead that should adhere to those objects was a question that had many sides to it. Should all of the overhead applicable to the pediod be put on the production of the period or should the production of that period bear only overhead that it occasioned? The early efforts of cost accounting simply divided the total overhead by the total number of units produced and called the quotient the unit overhead cost. This method was undoubtably satisfactory when the plant was operating at full capacity but after the world war when plants were operating at forty, fifty, od sixty per cent of capacity the fallacy of this method was clearly shown. When price levels were dropping, the unit cost of production was increasing to prohibitive proportions. The units costed under this method had to bear not only the overhead it occasioned but also the cost of the idle production facilities.

With the aid of production schedules, the production department was able to ascertain in advance the amount of indirect charges that would have to be incurred to produce the units called for in the production schedule. With this amount set up, it could be divided by the number of unite to be produced to show the unit cost of overhead or by the number of direct labor hours required to produce the units to obtain the hourly overhead rate.

This overhead rate will not vary in direct proportion to the rate of production. The fixed items, such as depreciation, taxes, insurance, superintendent's salary, and the like will not vary regardless of the rate of production. Other items such as compensation insurance and operating supplies will vary in direct proportion; while items such as power, defective work, and production clerks salaries will have only a tendency to vary in direct proportion. To illustrate this point more clearly, let us build an overhead schedule for a cost center based on various percentages of production ranging from forty to one hundred and twenty per cent of normal capacity. This schedule will be shown on the following page.

With this standard schedule, the management can tell the exact amount of overhead that will be charged to the products produced under varying degrees of productivity. This amount that is charged is the amount overhead should cost and any variation from this amount will be discussed later under the heading of variations.

The amounts used in this schedule was the result of a study of the quantity of indirect material and the number of indirect labor hours that were deemed necessary at the different rates of productivity. The indirect material quantities were multiplied by the present costs of these materials and the labor hours by the present labor rates.

The setting of standards for labor presents a two-fold problem: first, the amount of time required to perform an operation and second, the rate of pay for this operation. The setting of the wage rate is done with comparative ease. Schlatter dismissed it by saying, "The wage rate is usually set by contract with the labor union and such rate may serve as the standard without further adjustment." Reitell uses this method: "The weighted average wage rate of each cost or operating center is called the standard labor rate."

Expense Item	40	50	60	70*	80	90	100	110	120
Asst. Foreman	—	—	100	100	185	185	185	185	185
Misc. Wages	210	210	210	210	265	265	265	265	265
Inspectors	100	100	140	160	210	210	210	210	225
Clerks	160	235	235	235	310	310	310	310	340
Helpers	300	350	390	460	520	535	555	570	595
Repairs	300	380	450	540	590	610	620	655	670
Supplies	160	200	240	280	320	360	400	440	480
Compensation Ins.	80	100	120	140	160	180	200	220	240
Foreman	310	310	310	310	310	310	310	310	310
Portion of Supt. Salary	120	120	120	120	120	120	120	120	120
Depreciation	600	600	600	600	600	600	600	600	600
Insurance	80	80	80	80	80	80	80	80	80
Taxes	20	20	20	20	20	20	20	20	20
Total	2440	2705	3015	3255	3690	3775	3875	3975	4120
Units	4000	5000	6000	7000	8000	9000	10,000	11,000	12,000
Unit Cost	.6100	.5410	.5025	.4650	.4624	.4194	.3875	.3614	.3442

The setting of the standard time presents a more difficult problem. Should standard be the best time attained by the best workman, the best time attained by the normal or average workman, the long time average of all workmen performing the operation being studied, or the time required by a hypothetical workman after time and motion studies have been made? Each of these methods has a strong following so that no definite rule can be made for the circumstances of the case must and will be the determining factor. Quite a few factories based their first standards on long time averages that were taken from past records of operations but have constantly adjusted the standards set in this manner in light of the present conditions. Schlatter states that "It is the opinion of the writer that standards that represent the highest attainment in the particular plant, with the facilities and methods of manufacture in use prove to be the most successful in increasing efficiency and in decreasing costs. The more recent trend has been toward the use of time studies. A. W. Base sums up this condition by saying, "There no longer remains any doubt among the more progressive concerns as to the productive value of the timestudy work and the cost per time limit set is being constantly reduced by the development of formula covering broad classes of operations by the use of which very accurate limite can be set in a few minutes time without leaving an office."

Regardless of the method used in setting the standard time, certain precautions must be taken. Hayes points out that, "The standard must be reasonable in the light of the methods available to accomplish the task." It is felt by most of the writers on the subject that if the standard is set so high that it is practically unattainable, one of the chief values of standard costs is lost. Also the standard must be flexible so that it reflects the changes that are forever taking place. New machines with faster feeds and greater case of operation are replacing the older and slower machines. The workmen are taught the results of experiments of motion studies. These changes must be reflected in the standards for as Castenholz states, "Standards must always be present standards or their values cease to be of any consequence."

One of the chief results of setting standards is the effect that it has on the workman. Castenholz feels that, "As soon as standards are set, efforts to work in accordance with standard are constantly at play. The result is necessarily a closer and closer conformity of actual costs and performances to standards. Bass states that coupled with a properly set wage incentive plan, "the productive output of the workmen is commonly increased from fifty to seventy-five per cent."

The setting of material standards is also a dual problem. The standard cost of the material must be set up and the standard quantity required for each unit of product must be determined. The later of these two phases is the simpler one to set up since practically all plants, whether they use standard costs or not, have blue prints of their products showing the materials required. The additional factor to be added to the material actually entering the product is an allowance for unavoidable waste. All waste above the predetermined allowance will show as a variation from standard and the foreman in charge will be asked to explain the cause.

The establishing of a standard price presents a more delicate problem. This standard must include an element of forecasting unless the industry enters into long term contracts or the basic material is one that is not subject to wide fluctuations in price. Also the standard setter must confer with the purchasing department in questions of quantity purchases to obtain discounts, the transportation charges of the various means available, the company's buying and stocking policies, insurance rates, and numerous other questions.

Although there is some dispute about the inclusion of standard costs in the books of accounts, Gregory brings out that, "The unique feature found in the standard cost, system is the placing of the predetermined costs in the accounts themselves, as guides for comparing the effectiveness of the money outlay allotted to the product at the time of incurring the actual expense. Each account carries two values, (1) the standard cost, and (2) the actual cost." It seems illogical to the writer that some cost accountants advocate using the standard burden costs in the accounts and, at the same time, exclude the standard material and standard labor costs in favor of so-called actual costs.

A concern may establish standard costs according to best practices of the day but unless these standards are frequently compared with the actual costs and performances and the variations closely studied, the system is a complete failure. The heart of the whole system is the analysis and use of these variations to set more perfect standards and to correct uneconomical practices. Hilgert feels that "one of the benefits that comes from the application of scientific method to the solution of business problems is that the exceptional cases are isolated for the purpose of further analysis and study. The causes for these variations are numerous but Schlatter warns that, "Some of the more common causes of variations that should be looked for are:

1. Poor quality of material.
2. Poor provision for the transportation of materials about the plant.
3. Lack of material.
4. Poorly trained workmen, perhaps green.
5. Dissatisfied workmen.

6. Poor working conditions as to heat, light, ventilation, and sanitation.
7. Incorrect instruction.
8. Incompetent supervision.
9. Incorrect production orders.
10. Lack of orders.
11. Faulty routing of work through the plant.
12. Worn out machinery.
13. Poor tools and equipment.
14. Failure of power."

Some of the advantages accredited to the use of standard costs by various authors are:

1. "Business executives recognize that the control of costs is essential to the control of the business, and that control can be most effective only when it is known beforehand what the costs should be and will probably be if controlled properly. Standard costs furnish an essential tool for the comparison of what 'should be' with 'what is'."
2. "The idea of a standard in cost accounting is something which can be used as a reliable guide for a period in the future."
3. "Standard costs make possible the preparation of valuable statistical data relative to costs.
4. "It is obvious that the use of standard costs not only shows us the true cost of things in each plant, but, in addition, it serves as a corrective factor."
5. "It affords a common denominator, a yard stick by which achievement, or lack of achievement can be measured."
6. "It makes for betted control of costs for it focuses attention to operation costs, to the cost of performance, to cost at the source, rather than to the end-cost of the product; and control is far more important than the ascertainment of the so-called 'actual' product cost."

The writer believes that the fundamental advantages of standard costs can be summed up in the phrase "control of operation costs." All of the foregoing advantages have this as their central thought.

CHAPTER 4

From the confusion that existed as to the meaning and concepts of the terms "budget cost" and "standard cost," two distinct accounting techniques have been developed. It is true that some of their basic concepts overlap and that when used together they materially aid each other. They have one concept in common, namely, control.

The number of functional activities that these devices are set to control differs to a large extent. The very definition of budgetary control brings out the thought that the budget is based on all of the activities of the business and is a "superstandard or regulator of all functional operations." The budget is not only made up for the business as a whole but for sales, finances, production, and the other functions.

Until recent years standard costs were thought of in terms of only the factory. Hadrison wrote: "Standard costs, however, represent the application of the scientific management idea in accounting in one division of the business only, namely, the factory." He continues: "Our accounting methods today are the best evidence of our failure to apply scientific management principles to the development of our executives. For the five-dollad-a-day man our accounting records clearly set up the objective and the accomplishment therewith. But when we come to our records for executives what do we find?" After making this criticism, he says: "Standard costs furnish the factory superintendent and the factory foreman with this information as regards factory costs, and standard profit or budget systems give the executives this information as regard profit." Castenholz answers the same criticism in this manner: "When distribution activities are carried on in accordance with the standard cost principles, it becomes possible to know quite accurately that the distribution cost increment of each sales dollar is not a mystery but a fairly determinable entity."

Recently, with the cost of distribution becoming one of the largest items of cost, companies have been devising methods to determine the cost of distributing their various products. The Eli Lilly Company has set up a system of distribution cost accounting that shows:

1. The cost of each sales call.
2. The cost of each promotion call.
3. The cost of obtaining each sale by product.
4. The cost of promotion work by product.
5. The shipping expense by product.
6. The advertising expense by product.

The amount of detail necessary to describe this system makes it prohibitive for the writer to discuss it fully in this paper but Eveloigh and Waymire have covered it admirably in the official publication of the National Association of Cost Accountants.

Another item on which the two methods differ is the concept of forecasting the future program of the business. The report of the National Industrial Conference Board states: "Standard costs alone do not constitute a budget. They do not forecast trends or constitute a program." A. W. Hanson treats the budget as a provision for the future and cost accounting as a provision for the recording of present data in his statement, "The budget will show the projected route; our cost accounts which record the actual happenings as they occur in production will serve as a guide to inform us whether we are making sufficient progress toward our goal."

There are other points of dissimilarity of the two accounting methods under discussion but the writer feels that the greater good will come from showing the aid that one system gives to the other when they are used as co-ordinated units of an accounting system.

Early in the discussion it was stated that the sales budget should be based on an independent analysis of the market. This may be true of the first draft of the sales budget, but before it is finally approved recourse should be taken to the standard cost records to obtain the cost of the proposed sales and the relative profitability of the different products. This study of the forecasted sales and their standard costs may show that the estimated sales will not produce the results that management desires. The National Industrial Conference Board points out that, "When standard costs are used in co-ordination with a sales budget that specifies the estimated quantity shipments of each product, a forecast of gross profit and loss for the period may be estimated."

The aid that standard costs gives the budgeteer can be seen as we study the preparation of the other budgets that must be prepared for a budget system when standard costs are used.

Production Budget.—A study of the starting inventory, estimated sales by months, the desired monthly inventory, and the desired closing inventory by product will give the factory super-intendent a working schedule. However, this schedule must be tempered by the facilities available or to be made available, the company's policy on employment, and other factors of factory management.

Labor Budget.—The number of units by products as shown in the Production Budget multiplied by the standard time for these units will give the personnel department the number of hours of labor by class or operation that will be required.

The total of the standard hours by operations multiplied by the standard labor rates for the respective operations will furnish the accounting department with estimated payrolls by months.

Material Budget.—The number of units by products as shown in the Production Budget multiplied by the standard amount of material for these units will give the purchasing department the material requirements by periods. This figure, together with a study of the existing inventories of raw material and company policies, will set up a purchasing schedule.

The items appearing in the purchasing schedule multiplied by the standard material costs will furnish the accounting department with the estimated amount of purchases. If the standard material rate does not include freight, insurance, and other similar charges, an additional allowance must be made.

Financial Budget.—Although this will include many figures, it has already been shown that some of them are based directly upon standard costs.

Overhead Budget.—It is difficult to say definitely whether the budget is based on standard costs or the standard cost on the budget. It was shown in chapter three that the rate of capacity would automatically set up the standard burden rate from the standard burden schedule. However, this schedule was originally based on a series of budgets.

The figures set up in the budgets discussed could be called "standard" budgets but the figures set in this manner do not constitute the final budget. The accepted budget must include not only standard costs but also an allowance for expected variations. Gregory says: "To the degree that standards have been installed, the budget is generally an expression of those standards," but Dohr qualifies the extent of this "expression" by saying, "The budget, in the final analysis, is prepared on the basis of 'standard plus expected variation from standard'."

The above statement also shows that the budget cost is not equal to the standard cost but is greater by the amount of the expected variations. This gives management two sets of variations to study and use to control their business. The variations of standard from actual costs and performance will show the management wherein the costs that "should be" are out of line with the costs that "are." The variations of the budget from the actual costs and performances will point out to the management the distance that they are away from their predetermined program. Then, too, the variations between standard costs and the budget will show either the correctness or the incorrectness with which the expected variations were forecasted. If the variations are too great and further study shows that standard costs and expected variations are not at fault, it may be necessary to modify the budget for the remaining part of the period in order that the budget will reflect more clearly the true future of the business.

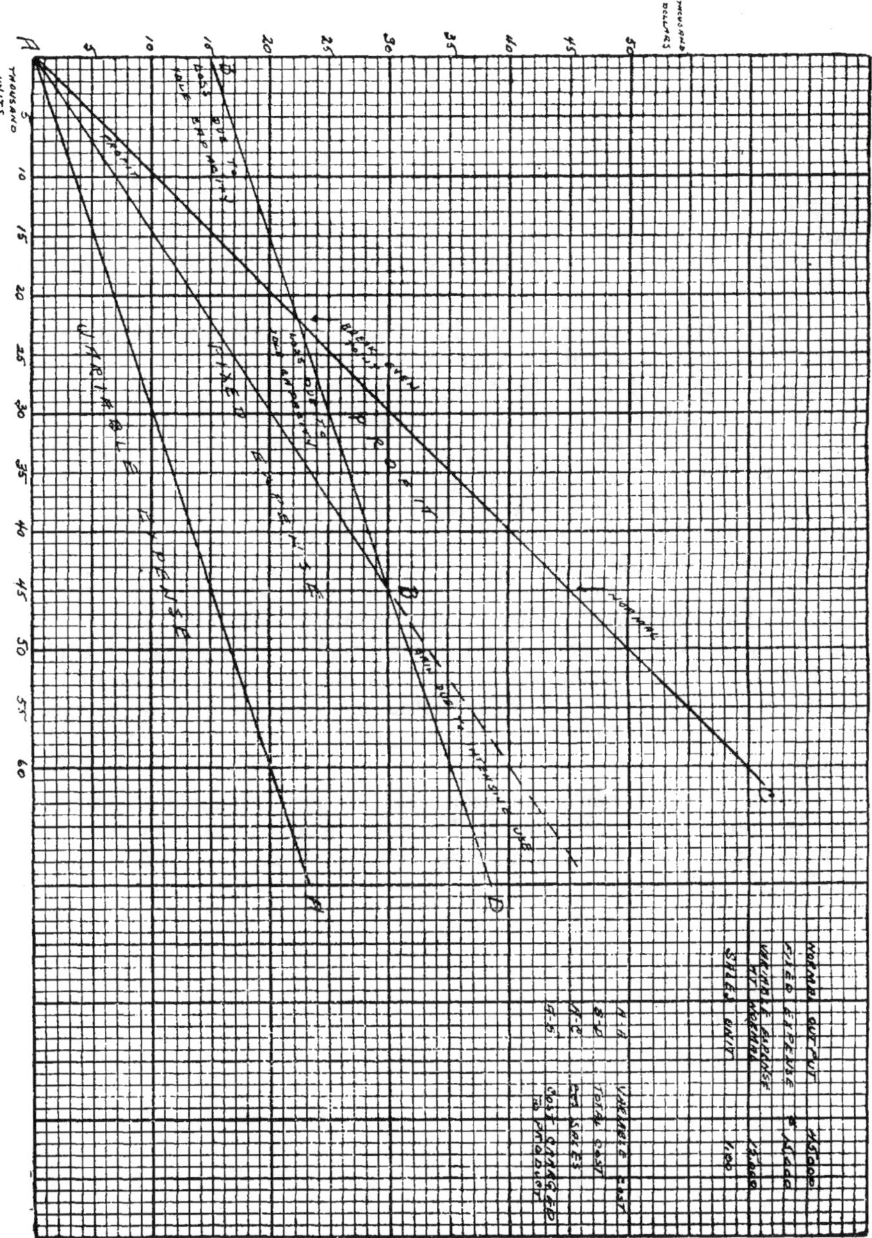
NORMAL OUTPUT 45,000
FIXED EXPENSE $15,000
VARIABLE EXPENSE AT NORMAL 15,000
SALES UNIT 1.00
A-B VARIABLE COST
B-C TOTAL COST
A-C SALES
B-D COST CHARGED TO PRODUCT
PROFIT
FIXED EXPENSE
VARIABLE EXPENSE
BREAK EVEN POINT
NORMAL
THOUSAND UNITS
THOUSAND DOLLARS

One of the most recent developments of these two methods as coordinated members is the development of a standard cost chart which automatically sets up a cost and profit budget for any given quantity of sales. On the following page the writer reproduces a chart of this type that was presented in the March 1932 issue of the Accounting Review by James L. Dohr. In the preparation of this chart, Dohr for the sake of simplicity has made the following assumptions: (1) that all goods produced are sold in the period produced; (2) that all expenses are either fixed or vary in direct proportion to the sales; (3) that burden (fixed expense) is charged at a standard rate; and (4) that the normal rate of profit is fifty per cent.

That the figures used in this chart are theoretical is quite apparent, for it is accepted as common knowledge by the profession that all expenses are not perfectly fixed or variable; but that some expenses vary only partially, some are inversely variable, and others can be controlled to a great degree. In order to apply this chart to a practical case, these factors would have to be adjusted to meet actual conditions.

After preparing a sales budget or forecast by the methods that are considered the best practice of the day, management can compare the forecast with this chart and foresee the amount of profit or loss that will be incurred. This schedule can not be accepted as the absolute measure, but consideration must be given to the expected variations. The amount of these variations can be accurately established after a close study of the variations and the causes of the variations that have occurred in the past. Company policies affecting manufacturing, administrative, and distribution conditions for the budgeted periou must be taken consideration.

The greatest good will accrue to business management through the development and refinement of these two accounting devices as coordinated methods, rather than from the development of one to the exclusion of the other.

DEPRECIATION A CRITICAL ANALYSIS OF THE METHODS OF DETERMINING AVERAGE SERVICE LIFE OF PLANT AND EQUIPMENT NOW IN USE WITH SUGGESTIONS FOR AN IMPROVED METHED

By Theodore Leonrad Dunlop

INTRODUCTION

With the growth of corporations and the increase of industrial concerns of every sort there has been a continually growing interest in Depreciation and its relation to the plants and Equipment of the different Industrial concerns.

It has been a matter of deep concern for the U.S. Interstate Commerce Commission and the Income Tax Bureaus and everyone seems to agree that there should be some charge for Depreciation of plant, but the difficulty has been in determining just how much that charge should be. Fundamentally then that question goes back to the determination of the average length of service life of the different types of plant. When that is determined the problem is greatly simplified.

In this article it has been my purpose to critically analyze all the most outstanding methods of determining the service life of plant and equipment now in use and in so doing I shall discuss in turn the good and bad points of each one.

It has been my object to offer suggestions for the improvement of the actuarial method which will make it more simple and easy to use yet retaining its qualities of scientific application and accuracy.

The discussion of the improvement of this method has been largely limited to the plant and equipment of telephone companies, but the method is just as applicable in other fields. The telephone company has been used merely for illustration.

I have not gone into the accounting phases of posting to the accounts, but have limited the discussion to the methods of determining service life which is a necessary step before the actual posting.

A little over fifty years ago when the telephone came into existence our present-day industry as a whole was in its infancy. There was no large fund of information to which the engineer and accountant could go for help in case of trouble with their problems.

The telephone was then something entirely new. It was not an improvement over something else or a substitution for some other similar instrument. Everything had to be worked out from the beginning. It was natural that equipment soon went out of date and had to be replaced as new inventions went into the field. Only a short while ago when one would visite such large cities as New York he would be struck with the unsightliness of the aerial wires, but now a great change has come about. Instead of hundreds of wires going overhead, the underground cables have taken their place. This is merely one example of the many changes that have come about in the telephone industry.

Engineers and accountants were soon brought to the realization that the expense of running the business each day consisted not only of the day-to-day expenditures, but it also included the cost of using up certain portions of the major equipment. And to-day depreciation of plant and equipment has become a matter of major consideration.

Depreciation is taken to mean any lessening in value or worth due to wear and tear, or any loss in service value or special conditions affecting the continuance of use of the item, or it covers both natural and functional depreciation.

Natural or physical depreciation is that lessening in value which is due to wear, tear, rot, action of the elements, or simply wearing out to the point that it cannot be used any more.

Functional depreciation is the termination of the useful life of the equipment while it is still in good operating condition and can still perform the duty for which it was placed, but is removed for other reasons. This kind of depreciation is brought about by obsolescence, inadequacy, or some similar condition.

Many a business has been ruined because the owner has figured in only the labor and raw material cost and failed to recognize that he was entitled to earn in addition to his regular profit as a manufacturer an interest charge upon his capital invested, sufficient repair funds and a reserve fund to provide himself with new machinery when that in operation is worn out.

Even at present many owners and managers of property are misleading themselves and their stockholders by a failure to recognize the fundamental fact that there can be no real net earnings until every element of cost of operation expenses, which properly speaking, is the total cost of rendering service, which must be accounted for and deducted from gross earnings. Failure to do this correctly results in overstatement of net earnings.

It is easy to grasp the idea that expenses in one year are for that year, but it is much more difficult to grasp the idea that the wearing out of consumable property, which has a life of two, or more years, and which must necessarily be replaced in order that service may be continued, is just as much a part of the cost of service as the labor or power. It has been this difficulty which has caused a great deal of the controversy over the matter of the depreciation of properties and just how much the depreciation rate shall be.

Units of plant and equipment that have to be replaced may be classed into two groups. First, there are those that are replaced very often and charged directly to expenses, and second, there are those which cannot be so charged to expenses directly in their entirety without violent fluctuations of the operation ratio. Classes of plant coming under this latter head usually have a life of two or more years.

During the past few years as business has advanced it has been clearly demonstrated that regardless of the accounting method adopted, the fundamental truth that must be recognized by everyone, is that the cost of maintaining the property and replacing all parts of it as these parts wear out, is an operating expense and a cost of rendering service. Unless it is so recognized and accounted for, earnings will be over-stated, and the property value will not be kept intact.

It must also be kept in mind that one of the chief reasons for the insistence upon reserves for replacement is not only the benefitting of the company but also the protection of the patrons by insuring continuity of service and providing means to enable the company to make replacements as they may become recessary. The penalty for failure to observe proper precautions in creating reserves for depreciation eventually falls on the rate payer. The rate payer is interested in no rebating; that he be not required to pay a return on a losing venture; and that the company have an adequate accounting system which will prevent his being required to furnish money at any time for enlargement of plant which is charged through operating expenses. He also is interested in knowing that he is not charged excessively for depreciation by reserves and replacements.

The accountant, therefore, now insists that any industrial concern shall charge off from year to year a percentage of the value of the investment under the general head of depreciation, and reserve from the gross receipts a corresponding replacement fund.

In the earlier years it was not necessary to know even approximately the right amount for this fund or the amount that should be write off periodically, but with the development of the corporation idea, with large stock issues widely distributed and frequently transferred, a more accurate determination of the annual depreciation charge becomes necessary, since the owner of the shares of capital stock, in vies of his merely temporary interests in the corporation, is unwilling to have any unnecessary amount diverted from dividends to a reserve.

Then the problem of regulation and rate-making in the field of public utilities has brought the question of depreciation very very much to the front. The Interstate Commerce Commission of the U.S. has been working for years on some sound method of determining just what percentages should be charged off each year against operating expenses by the public utilities.

Another thing that has made the question of depreciation a very important one has been the Income Tax. Every year there are hundreds of arguments with the income tax bureaus over the proper amounts that should be charged off for depreciation. No one seems to be able to establish definitely just how that should be determined.

Many books have been written describing the different means of charging and accounting for the different aspects of depreciation but is quite a noticeable fact that practically everyone of them assume that the average service life of the property in question has been determined. As a matter of fact that practically everyone of the trouble with the whole depreciation question to-day is that there seems to be *no adequate means of determining the average service life of the different types of equipment*. It is the thing that has bothered lawyers income tax commissioners, and the owners of the operating companies themselves.

It shall be our purpose in this treatise to make a study of the most widely used methods of determining the average service life of plant and equipment now in use, examine them as to their advantages and see if improvements can be made or defects removed which will render all or any one of them more applicable, simple, scientific and accurate, and if possible offer such suggestions as are necessary to accomplish that purpose.

SOME FACTS CONCERNING DEPRECIATION

A great many books have been written on the general subject of depreciation, its causes and the problems concerning it, but the best general discussion of the subject seems to be that of Dr. Roy B. Kester, of Columbia University.

He says: "The depreciation factor arises only because the fiscal or other period when information concerning values and costs, i. e., financial condition is desired, does not coincide with the expiration of service life of the properties used in production. If the information just referred to were not desired at intermediate periods between the date of acquisition of the asset and the date of its discard or obsolescence its cost should be treated solely as an expense of operation to be charged to the whole period in the same way that the fuel consumed, the raw material used, etc., are regarded as revenue charges or costs of manufacture. Practically, therefore, depreciation must be considered because the lives of the various assets used in an undertaking are not uniform in length and their life-histories in consequence overlap. Some assets wear out and have to be replaced, while others still have many years of useful service in them.

He divides the causes of depreciation into three: Physical, Functional, and Contingent or Accidental. Under the head of physical depreciation comes wear and tear from operation. This would include all use of the machine which came about in the regular routine of the business. Under this head is also included decrepitude brought about by action of the elements which is not unusual or accidental. All normal fluctuations of the weather causing rust, decay, and rot which hasten the inefficiency of the property would come under the head of physical depreciation.

Obsolescence would come under the head of functional depreciation. By this is meant the going out of date of a machine because some other machine is doing the thing more efficiently. The machine may be in perfect working condition and turning out just as much work and running just as efficiently as when installed, but the fact that a better machine is being used in the industry makes it necessary to discard it for the improved models.

Under the head of functional depreciation would also come inadequacy or superssession. This usually happens where the plant in use fails to meet enlarged activities and it becomes necessary to replace with larger equipment in order to meet the new demands of the enlarged needs.

Under the head of Congingent or accidental depreciation comes such things as are caused by negligence, structural defects, or are caused by the unusual action of the elements. This factor in many localities presents a serious problems.

While it is usually true that all or most of these factors are at work in any industrial plant one factor is usually the effective one, and the equipment is not retired because of a composite of all. For instance, a certain machine may have the factor of wear and tear causing it to depreciate in value, but in the meantime the machine becomes obsolete and therefore obsolescence is the effective factor. In one factory one thing may work on one machine and another factor on another, or conditions may cause one factor to be more effective than any other whereas in another factory this factor is not operative, at least to any extent. Each layout is usually an individual problem.

Dr. Kester also points out, that this opinion is generally accepted, that there are three different views held to-day regarding depreciation charges; the Accountant's, the Engineer's, and the Owner's or the Financial viewpoint.

The accountant is interested in determining the correct charges for depreciation in order that he may arrive at the correct figure for the cost of doing business.

The engineer is interested in the correct depreciation charge as a means of appraising the value of the investment.

The owner of the property or the financial interests behind it are interested in a correct depreciation charge so that theoretically when the property is retired there will be enough set asside in the reserve to take care of the refinancing or the cost of purchasing a machine to take the place of the one retired.

But whatever view is taken as to the purpose of the depreciation charge we must come back to the conclusion that no matter what its purpose is a knowledge of the life of the equipment in question is necessary for whether we wish to determine costs, arrive at values, or provide for re-financing, it is necessary to know what service life to expect of any machine in order that we may get the true charge for depreciation.

Various methods for arriving at the length of service life of the equipment of different plants are now in use, some good some bad, but none of them are entirely and wholly satisfactory.

1. THE INSPECTION METHOD

A method for the determination of the expected service life of industrial plant and equipment which is quite widely used and well known at the present time is what is known as the Inspection Method.

This method presupposes some physical precedure with the item, such as visual inspection, physical or electrical test, or other means of determining tangible or measurable evidence of wear and tear with the indications of how long the property will last.

In some cases it is simply an appraisal of the property at the end of the fiscal period. The difference between this appraisal and the appraisal the year before constitutes the depreciation for the period.

Although this method is quite widely known and used at the present time it has been recognized only quite recently. One of the first recognitions of the usefulness of this method was shown by the West Virginia Supreme Court in 1925.

This was followed in 1926 by the New Hampshire Supreme Courts when they recommended an inspection in the determination of the depreciation of plant and equipment.

However, only a few courts have accepted this method as accurate. The Virginia State Corporation commission says, "Not all physical deterioration is observable. There may be physical deterioration incident to age and use which exists whether observable or not."

This method might be satisfactory to a certain extent where one man does the estimating and inspecting and is an expert in the field and where he does the inspecting for one installation.

However, the disadvantages seem to outweigh the advantages of the physical facts of depreciation in that they are not usually discernible at such intervals. Some deterioration cannot be determined until the equipment is beyond repair.

Secondly, a judgment of values must always make use of some other method whether or not the person making the estimate is aware of it. In the third place, under this method confusion between the cost of the original installation and the cost of new reproduction is bound to arise, for the market value at the time of the inspection is bound to control to a certain extent the appraisal or value based upon the inspection.

Possibly the greatest objection to this method is that it is largely based upon the whims and captices of the human being and does not take all facts into consideration. One man might think the property was in good condition and would last say 20 years. Another might have an entirely different opinion and estimated it as only a part of that period of years. The opinion of persons must be backed by facts taken from the history of the equipment if we are to reach any degree of accuracy.

Mr. James Imboden, Chief Engineer of the Public Service Commission of West Virginia, says, "To say that 3, 4, 5, or 6 per cent or what not is the proper amount to set aside for so-called depreciation, just because somebody thinks that looks about right is just as bad as doing the "ostrich act" and not setting aside anything.[1]

However, it may be said for this method of inspection that there is one class of property which can hardly be treated in any other manner. In most any concern there can be found buildings and other concern similar property which has an extremely long life. For property of this kind companies have found that the best way to estimate its service life and therefore its depreciation rates is by the inspection of its condition, by the rate of population growth, and by the growth of the company to estimate how long such buildings or similar property will individually serve to meet the needs of the company or the community.

The long life of such property makes it practically impossible to use any of the other methods and makes it easy to forecast with reasonable accuracy the life of such buildings and equipment. Of course here use must be made of experts in the field.

Forcasting the life of such property is sometimes called the "Forecast Method" but it properly comes under the appraisal or Inspection method.

2. THE SERVICE UNIT METHOD

Another method of determining the depreciation rate of plant and equipment which is used in some industries and a method which is advocated by quite a number of accountants and engineers is what is known as the "Service Unit Method."

Under this method the life of the particular type of equipment or machine is measured in terms of its output in units of product. Thus the life of an automobile may be reckoned in miles, the life of a machine in number of units it handles in its life, a freight car in car miles, a loom in number of yards of cloth, and so on. A division of this methad

1—Electrical World, March 19 1927.

is what is sometimes known as the working hours method. This is quite similar to the service unit method with the exception that working hours are used as a basis of calculation instead of units of product.

If we knew the exact number of units that any machine or piece of equipment would turn out this would indeed be the ideal method but here we run into the old problem of the determination of its expected number of total units. One machine may turn out twice as many units of product in its life time as another which is an identical machine so the problem of arriving at an average expected number of units of product per machine is the major one. If every machine turned out a number of products in its life equal to that of all other similar machines and all conditions were normal this would probably be the best method that could be used. But such is not usually the case.

In the first place this method could not be applied to a machine turning out several different kinds of products. If it were attemped under those conditions the accountant would run into the necessity of keeping a wealth of detail which would be prohibitive. And in the modern factory to-day the great majority of machines turn out several products.

The same thing would be true to the machine which performed several different processes during the day's work. Here we would have no way of measuring which had the heavier wear upon the machine, and the problem of keeping a record of how much of each process it did during the day or its life time would offer serious difficulties.

Neither would it take into account the possibility of running machines beyond their normal speed. If a machine was expected to turn out a certain number of units at normal speed and half the time that machine was run at a speed beyond normal then the problem would be difficult to handle. The machine would probably be discarded long before the asset account was wipped out by the depreciation charge.

In any large plant it would require so much detail of record keeping on each machine that it would be prohibitive.

In its finality this method is very little more than a simple estimate because before we could allocate the units turned out each year to the particular machine we would have to know their percentage of the whole output of the machine and that would be an estimate without a great deal of voluminous record-keeping to arrive at an average.

If there were some method whereby we could build up data based on facts and experience which would give us the average output to expect of each machine than we could go a long way toward making this method more accurate. But as long as it is used at present in most plants it is little more than an estimate based upon opinion.

3. THE TURNOVER CYCLE METHOD

In most operating industrial concerns there is a group of equipment which is made up more or less of a heterogeneous group of a great many small units and comprising a very small percentage of the total investment of the company.

In this type of equipment there is usually plenty of experience with retirements, but detailed records concerning such retirements have not been kept and can hardly be kept because of the large number of the units and the shortness of life. Such records would be voluminous and intricate and therefore too expensive to use.

For this group of equipment it is practically impossible to employ the inspection method because of the amount of work necessary to carry out inspections. This large amount of work would be necessary because there are usually large numbers of these small units of equipment.

It would be equally impossible to use the service output method because such equipment is usually auxiliary equipment and performs any number of uses.

For the above reasons it has been necessary to use some other method in arriving at an average expected length of life of the individual item. The method widely used is what is known as the "turnover method."

The name turnover method as explained by Mr. Donald T. Belcher, of the American Telephone and Telephone and Telegraph Company comes from the fact that the method involves the determination of the number of years in which a given amount of property disappears from, or turns over in the fixed capital account to which it is charged.

The best way to calculate this turnover is by accumulating backwards the retirements each year to the point at which they first exceed the ledger balance at the beginning of the year as shown in the ledger account for the property in question.

For instance, if the study were being made at the end of 1929, the retirements for that year would be added to the retirements of 1928, 1927, etc., until they first exceed the ledger balance at the beginning of a given year. The number of full years and fraction thereof required is such accumulation theoretically constitutes the service life of the plant or equipment in question. The cycles in which plant over in the account obviously approximates the average life of the plant or equipment under the study.

Gross additions of property might also be accumulated backwards in the same manner. The result should be practically the same in either case. Just as in all methods of determining service life other factors of course have to be taken into consideration.

One of the outstanding advantages of this method is its ease of calculation. All one needs is the ledger account of the equipment in question.

But it can be obviously seem that this method would not take into considreation a change in price level unless all the prices in the account were weighted upon a common price index which would envolve a large amount of record-keeping, and as such would be quite involved.

Then this method is only applicable to the property which has a short life, a relatively small purchase price, and usually used in large numbers.

But in its limited use it seems to be about the only method that at all times answers for this particular type of equipment. Engineers and accountants are searching for a substitute but at present none seems to be coming to the front.

THE PRINCIPLE OF LIFE INSURANCE IN DEPRECIATION STUDIES

If we will look at the conditions governing the life of telephone equipment and plant or those of any industrial or manufacturing concern where there is quite a variation in age at retirement we can see that they are very similar to the conditions the life insurance actuary has to deal with in determining the average life of the human being.

Let us look for a minute at some of the most fundamental though elementary principles of the mathematical theory of life insurance. It has been determined that the relative number of deaths or survivals in a large number of persons can be predicted with sufficient accuracy to warrant corporations known as life insurance companies, in furnishing protection of various kinds, to persons who meet average requirements in regard to health. Through their tables of average life of human beings the death rates are known accurately enough at different ages to enable such a company to maintain a record of its liabilities and assets at all times, within limits which it is afforded adequate protection. They also estimate that if a large number of policy holders are of different kinds and for different amounts, the errors in predictions which are to be expected in any case tend to compensate each other.

A life insurance company, then merely assumes, with proper compensation, the responsibilities for losses, due to death or survival which would otherwise be suffered by a large number of individuals and which are of such nature that nothing definite can be predicted about them when they are taken singly, although they admit of reasonably accurate predictions when considered as a group.

Of course as in the case of depreciation of telephone equipment, or in the depreciation of any type of equipment of any industrial or manufacturing concern, one of the big problems in Life Insurance is estimating the average expected length of life of the individual at any particular age.

The Life Insurance actually has employed what is known as the "Mortality table" shows the various effects of the death rate upon a hypothetical community of the same kind which starts out theoretically with some specified large number of individuals all assumed to be exactly of the same age—the earliest age to be included in the table. Most mortality tables begin at age 10 omitting the first few years because the death rates at ages in the neighborhood of birth are large and vary widely for different classes of individuals. The number of individuals assumed to be living at the first age included in the table is called the radix of the table.

A mortality table then shows the number of deaths that would occur from year to year out of the successive numbers of survivors, just as they would occur in an actual community if it were possible to have a large number, say 100,000 individuals come under observation, all at exactly the same age, say age 10. Thus, if say 749 deaths occurred the first year, the number still living at age 11 would be 100,000 minus 749 or 99,251 and so on to the end of the table, when, of course, there would be no survivors. A mortality table is generally accompanied by a column of death rates and a column of probabilities of living one year, corresponding to the various ages.

The Mortality table which is most widely used in the United States is the American Experience Table, which was constructed principally from the records of one of the oldest companies and published in 1868. Important parts,—the beginning and the end— of the table follow in order to give the reader an idea of just how it works.

From the above table it can be readily seen that it is a very simple matter to obtain the average life of a human being and the probabilities of such a human being dying at any age. For instance at age 13 by dividing 740, the number during that year, we can get the ratio between the two or the probability that a 13-year old person will die with one year, which is .007569.

Age	No. of Living	No. of Dying	Yearly Living	Probilities of Dying
10	100,000	749	.992510	.007490
11	99,251	746	.992484	.007516
12	98,505	743	.992457	.007543
13	97,762	740	.992421	.007569
14	97,022	737	.992404	.007596
—	——	—	——	——
92	216	137	.365741	.632459
93	79	58	.265823	.734177
94	21	18	.142857	.857143
95——	3	3	.0000000	1.000000

now is there any reason why on each property in a telephone plant, or any type of manufacturing or industrial plant, a study of past renewals of certain classes of units may not disclose facts which will establish reasonably definite life periods for certain parts of the property. The use of such information as a basis of the accountant's estimates it would seem would be far more accurate and scientific than the haphazard ways in which engineers and accountants estimate the life of plant and equipment to-day. Until the estimates are based upon some such method of obtaining the facts of the case we can never find any sound conclusions as to what the average life of different types of plant and equipment are.

No one will deny the fact that the wearing out of property, over and beyond current repairs is an extremely difficult thing to compute with any degree of accuracy, but it must be computed in the best possible way if property is to be kept intact and investment is to be kept as it was in the beginning.[1]

Objections have been offered to the use of the Life Tables for the determination of the average life of plant and equipment on the basis that they do not represent the facts of the cause and that conditions differ with different types of plants. Those same objections might be offered in the case of Life Insurance Tables because each individual lives a different life and under different conditions. Yet the companies have

1. "Depreciation of Public Utility Properties" Riggs, 1922, page z36.

demonstrated that though these conditions do exist those averages which have been worked out from a large number of individuals have been fairly accurate and that errors in one direction tend to compensate for errors in another direction. This law of averages and the law of probability have been accepted in practically every phase of human endeavor. All our statistical correlations in the field of business and sociology are based fundamentally on this assumption. Then is there any reason to believe that if we go to our telephone or other industrial plants and record the actual happenings from a large number of cases and from that get our estimates of the average life of different kinds of plant and equipment that they will be very far off from the actual thing.

It has also been argued that such a method would not take care of obsolescence. Again the law of averages comes into use. Life insurance actuaries point out that according to this law the probabilities are that there will be just as many accidental deaths proportionately in the next fifteen years as there were in the past fifteen. This same probability would hold true in the case of industrial plant and equipment. Inventions and new equipment have been coming rapidly into use during the past thirty or forty years and the mathematical probabilities are that within an equal period in the future there will be a proportionate amount of obsolete equipment. Of course where an accountant in making such studies saw within the near future a change which would automatically make much of his equipment obsolete it would have to be taken into consideration as a matter of judgement. But without seeing those changes a study of conditions over the past would give a pretty accurate idea of what the averages would be in the future and again the errors in one direction would tend to compensate for the errors in the opposite direction.

After all, it comes down to the question of whether such a method is better than our present methods which usually are expression of opinion and are not based mathematically on the facts that have actually happened in the plants under consideration. When we look at it from this standpoint and realize that this method would be based upon the averages taken from actual experience we can readily see that the methods employed by the life insurance actuarian would be superior to any of the general methods which are in use at the present time.

Many of the larger industrial concerns have seen this superiority in the methods of the life insurance actuarion and one or two of them have employed life insurance actuaries to work our mortality tables for them just as has been done in the field of life insurance in regard to human lives.

Wherever this has been done it has been highly satisfactory in so far as the results are concerned. The U. S. interstate Commerce Commission has accepted the accuracy of the method and have allowed deductions for depreciation based on the figures so arrived at by those companies who have employed the principle.

The work which has been done in this field by the larger industrial concerns has been entirely based upon the methods employed by the life insurance actuarian.

The process from beginning to end is largely based upon mathematical formula and is very difficult to understand by any person unless that person has been trained in the use of complex mathematical formula.

In the use of this method the few larger companies who have employed it collect the data concerning the plant in service and the plant retired from ledger accounts and the original bills listing it according to value. When this information is all at hand then all the different prices over the period studied are used in working out by mathematical formula a series of price indices. Then the values as collected above are reduced to uniform price levels again through mathematical formula using the price indices as worked out. Then before weighting is complete it is necessary to reduce all the different plant under consideration to a uniform unit cost before it can be related to obtain accurate results, for if one set were valued at one unit cost as used in one year and another at the unit cost used in another year the results would be erroneous.

Then by comparing the values of plant retired and plant in service at different periods a table of ratios is constructed. Then using the Gompertz-Makeham formula in its different applications the life table is graduated arriving at a table much the same as that employed by the actuarians in their studies of human lives.

Then by the use of the formula a mean is abstracted from the table which theoretically is the average expected life of the equipment in question.

This same process is worked through for each type of equipment studied. From the above short outline of the method it may be seen that it is short but a closer analysis of the ground covered will indicate that there are many complex and intricate calculations necessary and as such it is very easy to make errors and very hard to discover them. Then as each new year comes into the picture it is necessary to do all the calculations over again as one new year with a change in prices is added it changes the status of the values in other years. Thus it can be seen that it is quite intricate and difficult to understand.

And here is where the trouble comes in. The methods are so highly technical that no ordinary company can employ them because of the expense connected therewith. In order to be able to use the method the company must be able to afford to employ men who are versed in these principles, and such men come at high salaries, and have spent years in actuarial study or mathematics connected with it. It answers the objections which have been applied to the other methods now in use and analyzed in earlier sections of this essay, but it has the objections that its complexity limits its use to the very large concerns which can afford to employ trained actuarians and such companies are very few in the United States. Then where it is employed even by them its complexity and amount of time necessary in its calculation makes it very expensive.

Scarcely any thing has been written on the subject and wherever it has been in such technical and mathematical language that only the trained actuarian could follow it. Its limit did not extend to the ordinary engineers and accountants who are searching for some method which will answer the objections that are being continually hurled at the methods that are being continually employed at the present time.

The problem that seems to be confronting the engineers and accountants of our industrial concerns at the present time in this regard is: Is there any way of employing this relationship between the number of items living and the number being retired at a given age as in life insurance without using those complex mathematical formulas that the life insurance actuarian uses. Can the average expected age of any type of equipment be arrived at just as accurately by simpler methods than the use of the Gomperts-Makeham formula.

It would seem that by employing a simple ratio between the number of units retired at a given age and the number surviving that same age it is possible to arrive at the averages just as accurately as by the mathematical formulas but without their use, and that it is possible to explain this method in such a way that by following the procedure any company, no matter how small, can put its principles into use.

If methods of arriving at such averages can be established which are simple and can be followed by the ordinary clerk of any telephone company, or any industial concern (I am using the telephone Company merely for illustration) then we have done something that will be of value to the industry as a whole.

In the following section certain data has been taken and a problem worked through in arriving at the overage expected life of 22 gauge underground cable used in a telephone plant. The complication of how it is collected and applied in arriving at the average. The data used is the same that was used by actuarians for the American Telephone and Telegraph Company in arriving at an expected age by strict actuarial methods using the Gompertz-Makeham formula. Their expected age of this type of plant from this data by the life insurance method its 22 years.

Some parts of the method explained are similar to those methods used by life insurance actuarians but in other parts it has been simplified so that it may be undeerstood and more easily applied. The idea in mind is to so simplify and explain the method in such a manner that it may be applied by any company without the use of life insurance actuarians.

In following through the method as explained in the next section it will be noticed that all the calculations involving mathematical formula in arriving at price indices have been eliminated. This will in no way interfere with the charges against the depreciation account or the rate to be applied to the asset account as the differences in price level would make no difference if the correct life wire established. The method of collecting the data is very simple and inexpensive. It arrives at a table of ratios in a similar manner as the life insurance actuarians but without all the preliminaries.

Then in graduating the table constructed from these rations a life curve has been constructed and simply smoothed out which gives the same results as the use of the Gompertz-Makeham formula. An arithmetic average is taken of the data so arrived at and the results approximate those arrived at by a strict following of the actuarial method.

All operating companies are interested in economies of operation and as the determination of depreciation is a necessary process every company is interested in using the most simple method consistent with the greatest amount of accuracy which will result in economies from both the standpoint of original cost and later costs due to mistakes in method.

5. A MORE SIMPLE AND ADEQUATE METHOD

Practically every modern industrial concern keeps very accurate records regarding the dates of placing and retiring of different plant unit or equipment. In the method which is demonstrated in the next few pages it is assumed that such records are kept. The telephone Company is being used for illustration simply because the data was collected from a telephone plant. The method is just as applicable to other types of industry.

Thus with adequate information with regard to date of placement and date of retirement of individual units of property it may be seen that it will be possible to construct a lift table for telephone equipment similar to those of the Life Insurance Companies. A witness at a recent hearing before the U.S. Interstate Commerce Commission, who occupies the chair of Mathematics and Insurance at the University of Michigan, testified that the feasibility of an actuarial analysis does not depend on the fact that the subjects studied are human beings who are born and die, but rather upon the "stablity of the statistical ratio." In the case of life insurance for example, it is obviously impossible to predict the life of a given individual, but experience has shown that it is possible to predict the average life of a large group of individuals with a high degree of accuracy, because the statistical ratio is stable. The same principle lies at the bottom of all forms of insurance and may also be illustrated by the development of a ratio of probabilities in the case of games of chance or of so simple a thing as the tossing of a coin. This witness further testified that his study had led him to the conclusion that statistical ratios characterize the results of the life studies of telephone companies which are quite comparable in stability with those developed by life insurance companies.[1] As in the case of the other groups of telephone property, howefer, the results of such studies are modified for depreciation accounting purposes by consideration of foreseeable changes in future conditions.

The construction of a Life table for the determination of the average life of telephone equipment may be divided into three general divisions: First, Summarizing the data concerning plant retired and plant in service; second, final summarization of the data, and the determination of percentages; and third, steps taken in keeping the study up to date.

For this life study, the maps of the plant department of the telephone company are used. These maps are kept by every company and those for each area and for all classes of plant under study in that are should be used. The maps of the telephone company are drawn much as the map of a city showing its layout would be drawn. The names of the streets are shown with the types, sizes and classes of plant in use in each block. For ease in keeping the records the sections or groups of units in each block are assigned a number. Retirements or replacements

1. I.C.C. Bulletin No. 14700.

of units of property are reported under these numbers. For instance, in reporting cable placed or removed on a pole line the report would show the size and gauge, length, and the numbers of the poles between which the removal or replacement was made. Notations are made on the maps for such additions and retirements with the date and the number of units. These maps are kept up to date by the Engineering Department from the information furnished by the Plant Engineers. Similarly maps are kept of factory layouts in other industrial concerns. Thus it can be seen that these maps give all the information that is needed for the summarization of the data, and are not something new which are added to the records but are simply made to serve and additional purpose.

From these maps the units of plant in service on the date of the study are summarized on what may be called Original Summary of Plant in Service Sheets. For statistical purposes a separate sheet may be kept for each size and gauge. For instance, if the plant under observation is 22 gauge underground cable, a separate sheet would be kept for each size of that gauge. A sheet is used in summarizing the amount of 41×22 gauge under ground cable which was in 1925. This is the actual data taken from the plant department of the New York Telephone Company and will be used in working through this problem. As will be noted this sheet is columnar in form. The vertical columns from left to right beginning with the second column are headed by the names of the months of the year. The extreme left-hand column or the first vertical column is headed "year of placing." The extreme right-hand column is headed "Total." Now we are ready to begin listing the amount of 41 pr. 22 gauge cable in service in 1925 according to the year in which it was placed in service from the plant maps. From the maps we found that there were 79 units still in service in 1925 which were placed in 1898. 15 units were placed in January, 17 in February, 30 in April, and 10 in August and 7 units in November.

These units are listed horizontally on the line for 1898. The total is shown in the extreme right-hand column, giving the total amount of plant in service which was placed during that year. Thus the listing is continued until all the plant of this size and gauge is taken care of. Then the total column is summarized at the bottom and the figure so obtained indicates the total amount of plant of that size and gauge in service as of the date of the study distributed according to the years which it was placed in service.

In this study the number of units which are placed and retired are being used. This is one departure from the methods of the life insurance actuarian as employed by a few of those large concerns in estimating the life of equipment in order to eliminate all the complex mathematical calculations connected with value. It can readily be seen that if both retirements and replacements are listed in units the results must be the same as if they are listed in weighted values. The use of units instead of value is advantageous because it eliminates the necessity of having to evaluate the different units on an equated basis. The use of value instead of units would necessitate the use of additional columns in the summary sheets and a different form of sheet in which value could be shown as arrived at by the application of a uniform unit cost.

If for any reason the company making the study wished to use unit costs instead of the individual units such costs could be obtained by dividing the total number of units placed in service by their total cost. And through the use of index numbers they would have to be reduced to common price levels. The figures so arrived at would be changed currently of course as additional figures came into the picture. But it is inadvisable to use values for here the fact of extra expense and complexity is met.

In making this study for 22 gauge cable we are not interested in determining the average life of each size in that gauge but the thing we are interested in is finding the life that may be expected of all 22 gauge cable as a whole. As there are several sizes and cable is usually listed in gauges rather than sizes the determination of an expected service life for each size would be unnecessary. The thing most plants are interested in and the government as well is the expected age of classes and types of plant rather than each particular size in a class.

So for the purpose of combining all sizes, these original totals taken for the original Summaries of Plant in Service are then transcribed to what may be called the Second Summary of Plant in Service In the second summary of plant in service the figures as shown by the original summary sheets are listed in columns according to size and totalled in the left-hand column according to they years placed, giving a total of all sizes of that particular class or gauge of plant or equipment placed in each year. The total of this column then represents the total amount of the combined sizes of a particular gauge or class of plant distributed according to the years placed in service. Thus it may be seen that the grand total shown in the left-hand column is composed of the totals of both 41 pr. and 51 pr. 22 gauge cable. By referring to the column containing the totals of 51 pr. 22 gauge cable the reader can see that the totals shown there agree with the totals as shown in the total column of the Original Summary of that size The original summary sheet is not necessary in collecting the data but is quite and aid in the first listing of the plant in service, or it may be the desire of the person making the study that he use the original summary of plant in service for the additional information that it gives. The totals may be transferred directly to the Second summary from the maps, and that was what was done in the case of the 41 pr. 22 gauge as the totals are all we are interested in, and its original summary sheet would be identical with the original summary with the exception of the numbers of units.

This second summary very closely resembles any plant inventory with the single exception that it identifies the plant in service with the year in which it was placed in service.

Such a grouping of sizes of a particular class of plant as shown above is also necessary for convenience in order that there may not be too many different captions each with its individual life. Such a grouping would also eliminate the necessity of grouping of plant and equipment of different ages of service when arriving at the charges to the different accounts.

In many public utilities the grouping corresponds to various classifications of the primary accounts. For instance, all items coming under the head of "Poles and Fixtures" may be given an average life of twenty years, regardless of the fact that some poles may be untreated, with a much shorter expectant life than this figure, whereas others may be full length treated with consequent longer expectation of life.

In speaking of obtaining averages of groups of plant Mr. W. G. Cross of the Westinghouse & Electric Mfg. Co. says, "Care should be used, however in averaging lives of equipment for purposes of yearly depreciation. It must be further definitely noted that average lives, representing a group of items may not in fairness be applied to individual articles of the group it is intended to ultimately include all the articles which have been included in the group in the calculation."

After the plant in service has been summarized as pointed out a similar study is made for the plant retired. Here units are used again as is the study for plant in service.

The data should be collected on original and Second Summary or Intermediate summary sheets and then transferred to a final summary of plant retired is the same in form as the original summary of plant in the service. Each sheet represents the retirement during a given year of a certain size is particular guage or class of plant, distributed according to the year in which it was placed. This data is likewise taken from the maps as is the data for the Original summary fo plant in service.

For the Second or Intermediate Summary of Plant Retired the same form and precedure is used as in the Intermediate Summary of Plant in Service. The information shown on the preliminary sheets is transferred, according to size, to separate columns in the Intermediate Summary. The left hand column represents a total retirements in a given year of a particular class or gauge distributed, as in the preliminary data, according to that in which it was placed in service.

The make-up of the Final Summary of Plant Retired is somewhat different from the last summary of Plant in Service. The object here is to obtain the total retirements for the entire period over which the study is being made, distributed according to the year in which the plant was placed in servire. The left-hand column represents total retirements during the period assoriated with the year of placing. The columns to the right show the retirements during the individual years in that period. The figures in each column may be taken from the Intermediate Summary of plant Retired according to the year shown in the head of the column, or the retirements for each year are listed directly to this sheet from the maps of the Company.

If the engineer or accountant desired to use the intermediate and original summarize in order to have the additional information at hand they have been explained for that purpose. They simply aid in summarizing.

The information from both the Second Summary of Plant in Services and the Final Summary of Plant Retired expressed in units is transferred to a tabular sheet which may be called the Final Summary of life Data for Mortality Study or as it is called in Life Insurance terms, The Mortality Band. This form has four columns of the left headed respectively, Year of Placing, Total Amount of Plant Placed, Total Amount of Plant Retired, and Total amount of Plant still in Service. The data shown in the columns head Years of Placing, Total Amount of Plant Retired, and Total Amount of Plant Still in Service is taken from the Final Summaries of Plant in Service and of Plant Retired. The total amount of Plant placed in a given year is determined by adding the amount of the plant in Service which was placed in that year to the amount of the plant retired which was placed in that same year. The figures so obtained represent the gross additions only in so far as the figures in the ten-year band indicate. Retirements not included in the band are not brought into the pisture as they are not necessary unless is increased.

Vertical columns are numbered 1, 2, 3, 4, etc., to the right representing the age of the plant in service and its age at retirement. The approximate longest length of life of the plant is question will determine the age to which the columns are numbered.

The amount of plant in service, by years placed, is listed in the numbered columns according to its age as designated by the number at the head of the column. The retirements are likewise listed horizontally according to the age of such plant at such retirement. This shows for each year during which such information is available, the amount of plant in service at a given age as compared with the amount of plant retired at the same age. The total retirements for any particular year can be determined from the spaces in a diagonal line approaching the upper right-hand corner of the sheet and starting in the No. 1 column opposite the year in question. The Final Summary for mortality study is much the same in form as that used by life insurance actuaries. There are minor changes and the figures are arrived at by a shorter process and without the calculations from mathematical formula.

From such a summary, it can be seen that it would be possible to determine the average age of retirement of all the units which are shown to have been retired. But it is obvious, however, that this average life of the entire class of plant, since it would not take into consideration the comparatively long-lived units which were still in service at the date of the study and such a figure would be of little value. Instead of taking into consideration only the retirements accounts is also taken of the units which have survived. This is accomplished through a "death rate" for each age at which there is a record of plant in service, by calculating the ratio of the number of units of plant retired at that age to the number of units in service and therefore exposed to risk of retirement at the same age. For convenience of computation, however, the "survival rate" or the complement of the "death rate" is employed. This survival rate is obviously the ratio of the number of units surviving a given age to the number of units at the beginning of that year of age and would equal 100 per cent minus the "death rate." The analysis of the experience from which these rates of survival for successive ages are derived is than made use of by considering the life history of a composite installation of plant determined from this series of survival rates just as the life insurance actuary assumed a community of 100,00 human beings.

By assuming an initial installation of a convenient number of units, say 100 (called the radix of the table in life insurance), such a

上海交通大学百年报刊集成·第一辑（1896—1949）·学术学科

life history may be developed by applying the survival rate for the initial year of service to the 100 to determine how many units will survive that year, than applying the rate of survival for the next year of service to this latter figure to determine how many units will survive both years, and so on progressively until an age is reached at which none of the 100 survive, or at least until all of the available survival rates have been applied.

For instance suppose in the final summary for mortality study at the age of 22 years 7,964 plant units are still in service while 220 were retired at that age. These figures may represent value or number of units. The percentage is the same either way and the ratio is the important thing.. The mortality rate of 2.8 is obtained by dividing 97.2 per cent. It will be noticed that through the process explained the number of units still in service at that age of the assumed installation of 100 is 51.2. By multiplying this by the survival rate for that year 97.2% the number of units in service beginning age 23 is 49.8.

Such a history as defined would be known in actuarial teminology as a life table or mortality table and a somewhat similar process is the standard practice of life insurance actuaries in the mathematical analysis of the mortality experience of human lives. It is merely arrived at by a less complicated method and gets the same results in a manner that anyone can understand.

The period of years from which the figures are used may be spoken of as the "band" because it binds that period of years together and it may include any number of years.

Mortality experience is sometimes available over a period sufficiently long to *rivude a cinokete kufe tabkem ub wgucg* case average life can be computed directly from it. However, since relatively few complete tables can be developed because of the fact that much of the equipment about which the company will have information is still in use and will live on in service for a number of years, it is consequently necessary in the great majority of cases, to undertake further mathematical analysis before an average life can be calculated. The problem of analysis then is to provide an extension of the life table out to the conclusion of the entire life cycle.

The formula used for this purpose in the field of life insurance is what is known as the Gompertz-Makeham formula and offers a means of graduating the curve and extending it on to the end of the life of the property.

The use of this formula is very complex and for this reason only expert mathematicians can understand it and use it in these calculations.

This essay could go into much detail explaining the use of this formula in graduating the information and extending the curve but it would involve us in the very thing that I am trying to avoid in this writing and that is the complexity which makes it necessary to have an expert actuarian to make such Life studies.

But many trials have shown that we can construct a smooth curve and extend it on to its end by the use of a French Curve or freehanded which will in practically every instance give within a fraction the same results as the use of the Gompertz formula and will at the same time eliminate all the complex calculations. In fact those companies who have tried such life table methods found that the complexity of the Gompertz formula was a serious drawback.

These figures are now plotted on ordinary graph paper with the axis running from 0 to 100 representing the number of units living each year and the X axis running from 0 to the longest expected length of life which in case is approximately 40 years, and represents the years lived. When this data is plotted a line drawn from point to point will show the general trend of the data. Then with the use of the French Curve or free-handed all line is fitted to the data which is smooth, and following the general trend is extended on to the end of the life of the last unit. Then the points touched by this smooth curve all the way from the beginning to the end are listed.

As will be readily observed each one of these figures represents the unit-years lived at different stages by the original installation. The total of all these figures will represent the unit-years lived as a whole by all the original units installed throughout the life of the longest-lived unit. As will be noted the total years lived in this case is 2207.9. Now if we wish to get the average length of life of each unit all we have to do is divide it by the total number of units assumed as a composite installation. In this case it was. Dividing 2207.9 by 100 we have 22.079, as the average life of the particular equipment in question. It will be noticed that this is the same as that arrived at by the strict actuarial method but in a much more simple manner.

Each succeeding year as more data becomes available it can be added to the initial study for the purpose of extending the number of years included in the Mortality band. One of the advantages of this method of studying the life of plant and equipment is the ability to bring depreciation studies closely up to date.

From this study it can be seen that it would be possible to study data in any sized band. It might only include one year. Take, say 1925 as an illustration. This would include the first year's retirements on plant installed one year before, the second year's retirements on plant installed two years, ago, the third year's retirements on plant installed three years ago, etc. and so on backwards when all plant would be completely retired. Or it would be possible to analyze several different periods of years and compare them for most accurate results. The whole thing gives an opportunity to get the most complete analysis of the data as possible.

As was stated before by using this same data as has been used in this problem, the American telephone and Telegraph Company, have assigned a service life of 22 years to 22 gauge cable based upon the strict actuarial method envolving the Compertz-Makeham formula.

By following the method outlined in the preceding pages we have arrived at an average expected life of 22.1 years which closely approaches that used by the Company for their depreciation charges. In arriving at the same result we have avoided many of the complexities and intricacies that the actuarial method presumes. As was said before some of it is practically the same but wherever possible it has been simplified so that it can be understood without years of study. By following the method so outlined results comparable with the more complex method can be obtained. It lends itself to the use of the smaller companies and those larger companies who do not wish to take the additional expense of hiring life insurance actuarians.

Of course it would seem that in order to demonstrate the absolute accuracy of this short cut method that it would be necessary to take several sets of data and work them out. It is true that such procedure would be of aid and would add to the burden of proof, but such a procedure would merely be a duplication of the process followed.

However, this method is simply an arithmetical radio between the number of units retired and the number of units surviving a given age and as long as no mistakes are made in the listing and calculations it is almost impossible to reach anything but accurate results.

It has also been mentioned that this method assumes that accurate records are kept concerning replacements and retirements of plant, and it is also true that unless such information is available that this method would be of little use. But most companies do keep such records, and in fact, it would ge a poor organization which did not. However, cable toll pole lines, and general stable and garage equipment. This group lends itself very readily to the method that has been outlined.

A second group is made up of more or less a heterogeneous group of a great many small units and comprise about 17.3 per cent of the total investment of a telephone company. Experience with retirements has been ample in most cases, but detailed records pertaining to individual items have not ordinarily been kept, because such records would be intricate and voluminous and, in the opinion of most managers, not necessary for depreciation purposes.

For this group of equipment the method must outlined cannot be used because enough information is not available. The method in general use for equipment similar to the above is what is known as the Turnover Cycle Method, which has been discussed in an earlier chapter. As was stated it is not satisfactory and at best is not very accurate but seems to be the only solution at the present time. Engineers and accountants are now working on some substitute for it which will be simple of calculation and yet accurate.

A third group of telephone property comprising about 35.3 per cent of the investment of most telephone companies is made up of buildings and central offices. These two classes of property are segregated in the study of depreciation rates because they are composed of complex items, few in number and closely interrelated.

The buildings consist very largely of locations for central offices which contain equipment controlling operation in the various exchanges. The lives of these buildings are largely dependent upon the growth of the business, and the lives of the equipment are dependent in turn upon the lives of the buildings. The average life of the equipment is usually much shorter than the period of service of the office as a whole. In property of this nature if we had records over long enough period of time and it there were more units it would be possible to employ the method that has just been outlined, but such is not the case. In equipment of this nature it is not as difficult to determine the expected life of an individual unit as in group because the units are large and have a comparatively long life. The best method available for this type of property seems to be the Inspection and Forecast Method based upon the judgement of experts. While it is not always accurate rate-regulating bodies have accepted it as such.

In the manufacturing industries as a whole about eighty per cent of the plant and equipment could be handled under the method just outlined of the history if the plant must come into consideration.

Judgement must always to some extentive a necessary factory in any study of this nature. But judgement alone is not enough. Before we use judgement we should collect the facts and properly analyze them. Until then our judgement cannot be very accurate.

A fitting conclusion to this essay might be summed up by a quotation from Mr. Donald R. Belcher, Assistant Chief Statistician of the American Telephone & Telegraph Company.

"The proper interpretation of the data regarding plant life and salvage obtainable from accounts, records and statistics is of equal importance with the intefrity of the data themselves. It would seem that we should have first investigations of past service life and salvage through sound accounting and statistical methods; second, investigations of the conditions surrounding the employment of such plant in the past and the extent to which such conditions still prevail; third, the best possible forecast of conditions looming in the future which hoilkd exert a modifying influence upon either life or salvage. And then, the active judgment which fuses the experience of the past so far as it is still pertinent, and the expectation for the future, so far as it is presently pertinent, into a just and reasonable determination of the current rate of depreciation from the time being.

"The ascertainment and interpretations of the facts and the making of the expert opinions and estimates must be undertaken by persons thoroughly familiar with the property and conversant with the future plans of the management. The Company's future policy and program are intimately bound up with this undertaking. Fundamentally the determination of the proper depreciation rate is a problem of management; there can be no automatic solution of it,"[1] and the average expected service life estimated with some degree of accuracy. The other 20 per cent would come under one or the other of these other two groups and would be handled accordingly.

CONCLUSIONS

As was pointed out in the beginning of this study when it becomes necessary to create reserves for replacement of properties, whether it be a telephone Company or any other type of company, it also becomes necessary for someone to determine the average service life of the properties in question.

One cannot stress too much the fact that any study that might be made will be to a certain extent uncertain and approximate, but the object is to obtain the method which is most accurate and inexpensive.

Of course this will largely be influenced by the size of the property and the extent of the detail that can be undertaken in accounting for

1. Bell Telephone Quarterly, October, 1929.

service life of properties. On a comparatively small propertu especially where there is not rapid expansion, it may be entirely practicable to use an amount of detail which would not be possible on a large property covering a great area of country or doing business in a large city, in several cities or in more than one state.

The accuracy of the detail would also be influenced by the size and character of the accounting organization. Where the property is such that a few people would have a familiarity with the physical property and are the only ones who have to handle the accounts the results are likely to be very different from those secured by an organization with several hundred employees and many different offices in different cities of the states.

Such things as changing personnel, lack of familiarity with the physical details of the plant, dependence on the opinion of the men not familiar with the accounting methods employed are all things that must be reckoned with.

But considering all these things which tend to make it difficult to obtain accurately the average life of any type of plant or equipment I believe as has been pointed out that we can never come to any scientifically accurate figures until we base them on facts concerning the life of the equipment in question.

The arrival at average life of equipment by Life Tables is nothing but a construction of a figure from the facts and demonstrated from experience, and I believe that it can be seen that it is far more scientific and accurate that in the most widely used present-day methods of dependence upon more or less haphazard guesses which are more expressions of opinion in most cases, and usually different experts have different opinions. The method which has been explained in the preceding section is far more scientific than the ordinary methods and yet just as accurate as the strict acturial method but eliminates the objections to that method—its complexity and expensiveness.

As has been mentioned before the discussion of this method has been limited to a certain ec ent to Telephone plant and equipment but it is just as applicable to other types o industry and could be used to great advantage in other fields just as well.

The thing that most companies are principally interested in is the arrival at the average expected age of the different types of equipment in a manner that will take into consideration the composite of all the factors of depreciation rather that only a few. By arriving at the average from considering the history of such equipment in the past seems to be the best possible means of getting a correct solution to the problem.

The method which has been explained in the past few pages accomplishes just this. It arrives at the ratio between the plant in service and the plant retired at any given age whether that plant was retired at any given age whether that plant was retired for physical depreciation such as wear and tear, decrepitude, or action of time and the elements; from contigent depreciation such as accidents, negligence or structural defects; or whether such retirements were due to the working together of all or most of these factors of depreciation. And just as all plans for the future are based upon past experience average expected ages of the different types of plant and equipment are predicted upon a study of the history of that plant and equipment in the past.

Under the discussion of the Inspection Method discernible at such short intervals, and that some deterioration was not noticeable until the equipment was out of use and beyond repair.

As was pointed out before the inspection method has its good points for there are certain classes of plant which may be handled by it, but the inspection method in itself is not enough for opinion may be biased, the status of the present market may influence a dicision, or depreciation may not be noticeable.

Wherever a Company is using the inspection method it would probably not be well to discard it at once but introduce the method just explained which would add the facts considered from the history of the equipment to the opinion of experts. This would seem to be an ideal combination and it would add much to the use of the inspection method alone for then men would have something upon which to base their decisions and such decisions would come from fact rather than from opinion. Thus the life study method here would be a step in aiding a company which had all its force using the other method.

Now in the case of the Service-Unit method it was pointed out that chief difficulty here is the arrical at the number of units which any machine might be expected to turn out. Here the Life Study Method would again come into use if the individual owning the plant wished to employ the service unit method rather than a service life method expressed in years. By following the directions as outlined it would be possible to construct a life table based upon units of output rather than years of life.

However, it has been pretty well demonstrated through use that the service output method is much too expensive to use where it is desired to get an accurate estimate of the average expected number of units of output of a particular machine some it requires too much detailed record-keeping. And without an average expected output based upon fact the service unit method is very little more than an estimate based upon opinion.

The method as outlined in the preceding pages seems to be the most simple method possible and yet retains its accuracy. There are many methods that would probably be more simple, but when you have arrived at your results by them you are no more sure than you were at the beginning. In order to be sure the results must have been arrived at through a study of facts. This method considers the facts of retirement and survival of a given year so it must arrive at an approximately correct figure. It is simple, as anyone can list the units from such figures. and it is not necessary to be a trained actuarian in order to follow it. As compared with the rest of the methods in calculating depreciation mentioned above; it is more practical and is specially adaptable to companies bearing similar nature with the telephone companies.

THE MENTAL ASPECTS OF ADMINISTRATION

BY P. L. YOUNG

In any industrial undertaking there are two elements present, which, though sometimes merging into each other, and always exerting reciprocal influence, are nevertheless quite distinct in their essence. The first of these is the determinative element, which settles the manufacturing policy of the business—what to make—and the distributive policy—where to sell and by what means. The second is the management element, which takes the policy as determined and gives it practical expression in buying, making, and selling.

Of these two elements, which are not infrequently combined in small businesses, the first—the determinative—represents the higher and scarcer faculty. The larger the business, the more difficult will it be to obtain men capable of adequately filling the exacting demands for judgment, foresight, courage, and experience by which decisions on large points of policy are set up. The danger in vast organizations commonly lies, not in any prospective failure on the side of the management element, for in this department the assistance of all kinds of experts can be obtained; while errors, are of less vital consequence, and their results can be more quickly reduced to safe proportions. It is failure in the determinative element that pulls down flourishing businesses. When the general of an army blunders, it may easily neutralize the army's efficiency as a fighting unit

The time has, perhaps, not yet come when we may reduce the determinative element to a body of principles, or even working rules. It contains, today, too many unknown and variable factors. The following, therefore, makes no attempt to deal with this aspect of industry; it covers the element of management alone.

The problem of management, broadly regarded, consists in the practical application of two great intellectual processes. Whatever the end aimed at, whether to conduct a military campaign or to manumacture an industrial product, the processes involved are those of analysis and synthesis. In proportion as analysis is keen and correct, and synthesis is sure and unerring, so will be the resulting efficiency. If our power of synthesis is less than our power of analysis, academic and theoretical "systems" will result. If, on the contrary, we neglect analysis and force synthesis without having shrewdly studied our ground, some, and even considerable, practical success may result, but there will be a great waste of opportunity and failure to attain the most efficient results.

The neglect of analysis and the forceful use of synthesis are typical of the successful businesses of the past. The strong, shrewd, "practical" man could afford to neglect a careful analysis of his problem, because he had a very large margin of profit to draw on. His wastes were great, his lost opportunities many, but he knew nothing about them and cared less, because his operations were successful in proportion to his expectations. If his profits were not, as we can see now, as large as they should have been, they were at least as large as those of everyone else.

During the last fifteen years there has been a considerable development of the art of analysis in the problems of management. The early beginnings of this movement were characterized by a desire for more exact knowledge. It began to be realized that manufacturing, is, in fact, made up of a long series of very small steps, and that it is desirable to ascertain the money value of these steps, so that comparisons may be made. In this way the movement toward cost accounting began and presently reached a high state of development.

The next step on the path of development of the practical use of analysis was due to the desire of employers of labor to find some satisfactory basis for rewarding it according to results.

To meet this need, the particular kind of analysis now known as "time study" was rediscovered.

So far we have been considering the instrument of analysis as applied to the individual piece or component, or, to use a convenient but unbeautiful word, to the job. Once, however, that analysis set out on its career, its sphere of action steadily widened.

The routine of product and the layout of machines is, then, a further development of the instrument of analysis that has very important bearing on efficiency. It is of course nothing novel. New plants have always given some attention to the matter. But its exact study, its investigation by charts and diagrams, the adaptation of buildings to special agreement with their uses, the careful scrutiny of methods of transporting product within the plant—all these are very modern applications of the instrument of analysis, which are having important economic results.

It is evident that all these activities—the separate kinds of effort involved in acquiring material, bringing it into storage, moving it from place to place at the right moment, providing drawings and instructions, communicating them to the persons concerned, testing the product, and getting it out of the plant by a given date—involves a large number of steps, in any of which considerable inefficiency may exist without any more noticeable result than a general sluggishness of working, which in its turn may have come to be regarded as the natural condition in the plant. It is obvious, therefore, that here is a field for the instrument of analysis in which important laurels may be expected to be gathered.

The modern name for the organization which is, or should be, built up on a thorough analysis of the different activities concerned in fhe movements of material and instructions varies according to the fancy of the user. By some it is called "planning," by others "dispatching," but by whatever name it is known it has always been in existence in all plants from the beginnings of the factory system, for the simple reason that business could not be done without it. The only difference between modern types of planning and the older practices is that, today, it is recognized as a subject of analysis, and that the planning department, or by whatever name it is known is not merely a haphazard outgrowth of the business but is organized after a careful analysis of the needs of the plant, with special reference to the kind, urgency, and aim of the operations carried on.

In the foregoing paragraphs we have considered the principal applications of the instrument of analysis as found in modern industrial management. Whatever progress has been made in the past decade or two is due principally to the revival of this important instrument and its application to some of the most pressing problems of management. But there is one thing that must not be overlooked. Analysis is not a constructive instrument. We can make nothing by its aid. It distinguishes, it provides very accurate knowledge, it eliminates, but it does not build. That is the task of synthesis.

What, then, is synthesis? What kind of activities are grouped under that head? In what does it differ from analysis, and in what practical ways is it applied? These are interesting questions and will be briefly discussed.

Just as analysis is the art of separating and dissecting, so synthesis is the art of combining. As a practical art it naturally precedes analysis, or, more correctly, it precedes conscious analysis. While the elements of a problem are simple, the mind, intent on its aim, analyzes unconsciously to a degree sufficient for its needs. But in proportion as the number of elements grows—and in modern industry they have grown to a very large number—then conscious analysis must be brought into play, not to supersede but to supplement the operations of synthesis.

The art of management up to a few years ago was wholly carried on by synthetical methods. In the industrial sense, synthesis is the combination of the faculties of men—that is, their capacities to do work of various kinds, with material—that is, with some object on which different kinds of work could be performed. Nothing whatever of the necessity for employing the synthetical method has been removed or superseded by the introduction of analysis. The old management has not been improved out of existence. It has only been given a new tool or instrument—an instrument of study, a microscope, something by which the true inwardness of problems may be searched out, instead of having to rely on their surface appearance and their face value. The old problems of management still remain problems, and still require synthetical solution, but the chances of their correct solution are greatly aided by the modern uses of analysis.

The main distinction between synthesis and analysis in this connection is that synthesis is concerned with fashioning means to effect large ends, and analysis is concerned with the correct local use of given means. The view taken by synthesis is a wide and comprehensive one; it surveys the whole field of action; its great task is to determine "what to do." The view taken by analysis, on the other hand, is a narrow and limited one; it concerns itself with the infinitely small. Its task is to say "how to use certain means to the best advantage."

PREREQUISITES TO THE INTRODUCTION OF SCIENTIFIC MANAGEMENT

BY P. L. YOUNG

Many remedies known to the medical world, unless taken in doses of proper size and at suitable intervals, would produce dire results or none at all, whereas, when properly applied by a competent physician, they rae a blessing to humanity, Scientific management may be compared to that clahs of remedies, and those who see in it a cure for many industrial ills must bear in mind that just as in medicine, fully as much depends upon the course of treatment being suited to the patients' individual condition and building up at his strength to guard against a relapse as upon the remedy.

There have been many instances in the past of the hasty assumption, on the part of the managers and owners, of a greater knowledge of this subject tahn they really posseshed, and even to-day, in spite of the wide publicity that it has received, there are may who, when scientific management is referred to, think that a wage system or cost system is meant. Too frequently, the form is mistaken for the substance, as in this country, most inherited institutions from foreign countries are, and an undue importance is attached to the printed forms and other implements that constitute the mechanism used in applying the principles; but being unscientifically worked they become red tape and thus lead to undesireable economic waste.

Therefore the most common mistakes to be guarded against are:—

1. Undertaking, without sufficient knowledge and experience, the change from the old style of management to the new.
2. Lack of preparation.
3. Underestimating the magnitude of the task.
4. Not taking the various steps in the proper sequences.
5. Going ahead too fast.
6. Lack of determination and perseverance.
7. Short cuts and ill-considersd improvements.

The first step toward the adoptation of scientific management should therefore be an educational movement, including in its scope every one from the directors down to the foreman, all of whom, before any start is made, should be theroughly famaliar with the principles and purposes of the new type of managament and heartily in sympathy with it.

Unless these is a receptive spirit, toward the new scheme, progress will be difficult.—time spent in creating the proper attitude will be more than made up later on.

The superintendent and foremen umst be made to feel that the adoption of the new type of management implies no criticism of nor reflection on their ability or integrety, but that it is rather a movement to make their efforts more effictive through systematic cooperation, and that the results are to be beneficial to all concerned.

In this paper a "Shop Management" presented in 1903 before the American Society of Mechanical Engineers, Mr. F. W. Taylor lays great stress on the importance of the management thoroughly acquainting itself with the new scheme before its installaton is undertaken, yet few readers fully appreciated its importance.

It is worth while to bring out his idea by a quotation from the "Shop Management." It is as follows:—

"Before starting to make any radical changes leading toward an improvement in the system of management, it is desirable, and for ultimate success in most cases necessary, that the directors and the important owners of an enterprise shall be made to understand, at least in a general way, what is involved in the change. They should be informed of the leading objects which the new system aims at, such, for instance, as rendering mutual the interests of employer and employee through "high wages and a low labor cost," the gradual selection and development of a body of first-class picked workmen who will work extra hard and receive extra high wages and be dealt with individually instead of in masses; and that this can only be accomplished through the adoption of precise and exact methods, and having each smallest detail, both as to methods and appliances, carefully selected so as to be the best of its kind. They should understand the general philosophy of the system and should see that, as a whole, it must be in harmony with its few leading ideas, and that principles and and details which are admirable in one type of management have no place whatever in another. They should be shown that it pays to employ an especial corps to introduce a new system just as it pays to employ especial designers and workmen to build a new plant; that, while a new system is being introduced, almost twice the number of foremen are required as are needed to run it after it is in; that all of this costs money, but that, unlike a new plant, returns begin to come in almost from the start from improved methods and appliances as they are introduced, and that in most cases the new system more than pays for itself as it goes along; that time, and a great deal of time, is involved in a radical change of management, and that in the case of a large works, if they are incapable of looking ahed and patiently waiting for from two to four years, they had better leave things just as they are, since a change of system involves a change in the ideas, point of view and habits of many men with strong convictions and prejudices, and that this can only be brought about slowly and chiefly through a series of object lessons, each of which takes time, and through continued reasoning; and that for this reason, after deciding to adopt a given type, the necessary steps should be taken as fast as possible, one after another, for its introduction. They should be convinced that an incerase in the proportion of non-producers to producers means increased economy and not red tape, providing the non-producers are kept busy at their respective functions. They should be prepared to lose some of their valuable men who cannot stand the change and also for the continued indignant protest of many of their old and trusted employees who can see nothing but extravagance in the new ways, and ruin ahead. It is a matter of the firest importance that, in addition to the directors of the company, all of those connected with the management should be given a broad and comprehensive view of the general objects to be attained and the means to be employed."

It must be realized by owners and those at the head of a business that they are undertaking no easy task, nor is it one that can be accomplished in a few days, weeks or months. A foundation must be built before erecting the structure, and it may be safely stated that no result of any consequence can be expected for at least a year, and more frequently two years, or even three. Scientific management is not a miracle worker while Mr. Taylor points out, the system may in many cases pay for itself as it progresses, the owner must be prepared if necessary to spend a considerable sum of money before he gets any return, and must regard this exprnditure in the light of an investment, just as he would regard, in starting a new business, the money spent in building and equipping his plant.

The cost of the undertaking is greater or less accordingly as the ground has been well or poorly prepared.

Any engineer who undertakes to direct the installation or rather the development, of this system of scientific management in the works of a company where the right mental attitude does not exist courts troubles, failure, and the ultimate enmity of his clients. There is no use, nor is there any satisfaction, in doing this work for the people unless they are enthusiastic, and their hearty coorperation is assured.

It is impossible for a manager to make much headway with the devlopment of a new scheme of mangement, and at the same time carry on his regulor works of running the plants. Therefore, the next step after creating the right atmosphere is to secure the services of a competent management specialist to direct the work of reorganization. This is where many failure in the past have been made, as it has once been stated in the Quarterly Journal of Economics. Too frequently has the head of a concern, after visiting a plant in which this syhtem is in sucessful operation, or after reading Mr. Taylor's paper on Shop Management, employed a bright but inexpierenced young college graduate, given him the most meager outline of what was expected of him, handed him a few printed forms and told him to go ahead and install a system. Without proper training, experience in handling workmen or authority, it is but natural that he made no progress, and that he encountered the most active opposition from the superintendent foremen and workmen.

The management should beware if the self-styled expert whose qualifications consist chiefly of a stock of cant phrases called from the literature of scientific management, which he glibly quotes in soliciting clients, who will offer to install a complete system in as many weeks or months as it would take years to do it properly. The wave of interest in this subject when swept over the country is sure to bring out innumerable such so-called experts, some of whom pure and simple and others possessing that dangerous thing, a little knowledge, and honestly believing themselves qualified to systematize any industry under the sun. This was the mistake of what we call the "efficiency user" who has done a lots of destructive work bringing disastrous hindrance to Taylor's principles. As many crimes will be committed in the name of scientific management as those committed in the name of liberty.

Assuming that the services of a properly qulified expert can be secured, he cannot be expected to do more than directing the work of developing the system, and training the men who are to do the work of getting it into working order and administrating it when developed. These men should be selected from the existing force wherever possible and in case they are not available, and it is necessary to bring in new men, they should be directly employed by the company, and not in that of the systematizer. This is almost imperative if the work done is to be of permanent character. If new men must be brought in, they shoud be brought in sometime before the active development of the hystem is started, so that they will have ample time to become famaliar with the plant and ith output and to get acquainted with the other employees. There men should be started as workmen.

In theory it would appear to be desirable to have an expert with a corp of men trained in the various branches of the system do the work of the installation, as under such a plan it should be possible to develope the system and get results much more quickly than by the slower method of training men from the companies' force. The objection to this scheme, however, lies in the fact that the company's force would not feel the proprietary interest in the system, nor would they feel responsible for its success as they would if they had played an active part in its development. It is very doubtful if a system installed in that manner would work at all. It is certain that its installation would meet with either active opposition or indifference as the part of the supervisory force the value of whose interest and cooperation cannot be over-estimated.

During the period of preparation, many datum can be collected that will be of value when the actual work of developing the system is started, and many minor improvements may be effected that will not only result is savings but make the change to the new methods less revolutionary, and more evolutionary in character.

It is of the greatst importance that the various steps in the development of the system be made in this proper sequence. For example, it would be foolish to start taking time study and instituting task work with a bonus, a differential piece work in a machine shop until standard condition had been established and the scheme and mechanism for routine work through the shope developed, yet this is what many owners and managers want to do. Not only must the various steps be taken in the proper sequence, but none may be omitted.

The officers and directors of a company are, as a rule, quick to perceive and to admit the value of setting tasks, paying a bonus and doing those things that make it easier for the workman to accomplish a large days work-such as keeping machines and tools in first class condition, and having the tools and materials for each man's next job placed for him at his machine in advance yet they think that the clerical work incident to planning and preparing written instructions and orders covering each step should be dispensed with. Of course, this would be fine if it works—but unfortunately it would not. There can be no short cuts. If the system is to be successful and enduring, it must be adopted in its entirely.

Frequently owner and managers are encountered and say that there are some features of that system that they think are good; for instance, the laying out of the work on a bulletin board is excellent, but they further think that the making out route sheets, move orders, and inspection orders for each operation is absolutely unnecessary. They may like the task and bonus scheme but they do not see the necessity of writing elaborate detailed instruction cards for each operation.

To explain the reason and principles at the back of each of the elements of scientific mangement would fill many volumes; suffice it to say that there is a good and sufficient reason for each, and that all are necessary to make up the complete machine, which will not run if one is omitted any more than the best steam engine in the world will run, if the piston is dispensed with.

The speed at which the system develops depends very largely upon the existing conditions, and how well the preparations have been made. In a concern that has been well managed under the old scheme, it will be much more rapid than in one that has been badly managed. It is not only impossible but exceedingly unwise to expect or attempt to correct, in a few weeks or months the evils and faulty practice that have crept in during years of the old style of management.

Not only must prejudice be overcome by object lesson and reasoning but frequently physical changes must be effected; workmen, foremen, superintendents and others must be trained to new thought and action, while at the same time there must be no falling off in output.

If the work done and the results achieved are to be enduring, the system can be developed only so fast as the people who are to use it and live with it can absorb it. One of the most difficult and trying tasks of the man directing the development of a system of scientific management is to curb the impatience of the owners at certain stages, and at others to sustain their courage and faith.

Once it is decided to adopt scientific management, and its development is started, it must be clearly understood by everybody concerned that it is going through. There can be no half-way course in this respect no ifs, no "giving it a fair trail". More good things fail through being given a fair trial" than for any other reason. They are damned from the start. There must be a determination to make it go, and if at first it does fail to work at any point, no one must be permitted to say, "we tried it but it did not work". Then is the time to go at it with renewed vigor, backed up by unwavering faith and keep at it until it does work. Failure of any sort is not due so much to the obstacles encountered, as to the lack of determination to overcome them. Nothing has a more demoralizing effect than any semblance of wavering on the part of the management, the slightest evidence of which communicates itself throughout a working force in a most uncanny way, producing a spirit of indifference, incredulity, and often insubordination that increases the difficulties of the task many fold.

The tendency to "jump fences" and takes short cuts must be guarded against, especially on the part of the higher officials, who are more inclined than any one else to make this mistake. In the change to functional management, it is rather difficult for a man whose authority and responsibilities nave covered every field to keep within the lines and to transmit orders through the proper channels. The natural inclination for those men, when they desire information or want anything done, is to go directly to the man in the shop, who under the old order of things, would be the right person, ignoring the fact that under the new scheme, the function of this man is completely changed, and that the application should have been made to the planning department. In such cases, the man in the shop should of course, refer him back to the planning department, but this respect for the authority of the higher official as he knew it under the old scheme is so deeply rooted, that he instintively and with the best intension proceeds to act on the orders received, which may be directly at variance with those of the planning department, as well as outside the range of his duties as defined by his new function, and conflicting with those of another.

During the early stage of the development there must be many things done which at that time. do not appear to serve any purpose, but which are the foundation and frame-work for future steps, and are for that reason of the greatest importance.

There will be well meant criticism of everything done, and suggestions galore of better methods than those installed, especially in regard to the forms and appliances and their use; but if progress is to be made those suggestions and criticisms must be disregarded. It must be realized that the methods and mechanism of scientific management art the result of years of evolution and development, and that they have been adopted as necessity made itself felt. Many apparently better and quicker ways that will suggest themselves have been tried, found impractical and discarded, and are what is known in the vocabulary of scientific management as "Damned improvements" Of course this does not mean that the methods and mechanism of scientific management cannot be improved upon, but they are the best that are known to-day to those who have made its study and application a life work. With almost every instance of its installation some new and better element is found and adopted, but the only safe and economical course is to get it working in its existing form before undertaking to improve it.

It might be added in conclusion that the undertaking must be as much for good of the workmen as for the stockholders, and that its aim must be to help them, through systematic and practical cooperation to produce, in many cases with less effort, much more work than formerly rather than to drive them to unreasonable exertion. Feverish haste, driving injustice and bluff have no place in scientific manage-ment, and it must be recognized from the start that square deal, and a proper regard for tht workers' welfare, both physical and otherwise, are essential to success.

TIME AND MOTION STUDIES.

BY LI HAN HUA

Introduction.

Blessed are the men who make two blades of grass grow where only one grew before. More blessed are they who multiply the harvests of toil not merely two-fold, but three-fold or multi-fold, for they virtually lengthen life when they add to its fruitage. Such men are Frederick W. Taylor, the Father of Scientific Management and Founder of Time Study, and Frank B. Gilbreth, the Authority in Motion Study. Both time and motion studies establish the adequate measures of the value of labor. The necessity for measuring human effort is an economic development which parallels and is actually a part of our normal industrial growth. They clearly define what constitutes a job. Cold, solid facts are now used in modern plants rather than opinions, prejudice, connivance, or force, which have been the more usual bases for settling labor disputes and industrial unrest.

Definitions.

Time study is defined as a searching scientific analysis of methods and equipment used or planned in doing a piece of work, development in practical detail of best manner of doing it and determination of time required. Motion study, as defined by Gilbreth, consists of dividing work into fundamental elements studying these elements separtely and in relation to one another; and from these studied elements when timed, building the method of least waste.

Both time and motion studies are really, inseparable and one is of little use without the other. Motion study does not eliminate the time element any more than time study eliminates the scientific analysis and standardization of motions. The fine distinction is that time study has to do, fundamentally, with the measurement of units of time, while motion study has to do with the selection, invention and substitution of the motions and their variables that are to be measured. Time and motion studies when combined form the modern practice of Job Standardization.

Relationship of Terms.

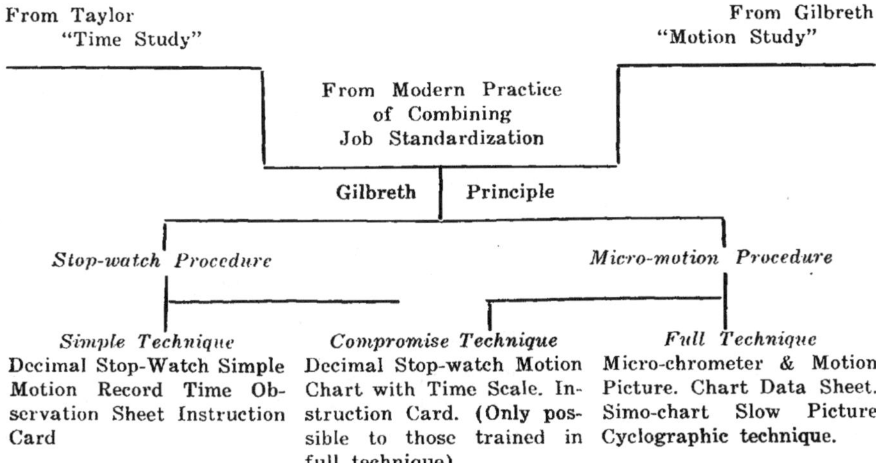

Simple Technique	*Compromise Technique*	*Full Technique*
Decimal Stop-Watch Simple Motion Record Time Observation Sheet Instruction Card	Decimal Stop-watch Motion Chart with Time Scale. Instruction Card. (Only possible to those trained in full technique)	Micro-chrometer & Motion Picture. Chart Data Sheet. Simo-chart Slow Picture Cyclographic technique.

Motion Study

Motion study does not necessarilly require the use of a motion picture camera, but for many kinds of works, this equipment is almost indispensible. Motion pictures not only aid in finding the best method of doing the work but they also show the elemental time intervals for each of the operations studied regardless of the length of the element.

Fundamental Motions.

A complete analysis of the motions of an operator or a machine is made possible through the use of the motion-picture camera. The entire operation can be recorded permanently on the film and by the use of a projector, it can be reproduced on the screen when desired. Furthermore, the motions can be examined in great detail on the film itself. The users of motion-picture technique for analyzing motions have concluded that all possible fundamental movements can be divided into seven groups as follows.

1. Observation, which includes all fundamental movements denoting the imparting of a sensation.
2. Grasping, comprising the fundamental movements which establish junction or separation between a part of the body and the object.

3. Movement in space, i.e., movements of a part of the body which are not directly connected with the object.
4. Displacement, movements of the body in direct connection with the movement of an object or which result in such movement
5. Rest, signifying the absence of any movement relating to the work.
6. Change of position, which groups together all movements which determine a fresh position of the body.
7. Handling of tools, i.e., movements necessary to the manipulation of tools or the handling of machine tools.

Motion Study and the Work Place.

Proper placing of materials and tools at the work place is highly important, and the rules governing this factor give the analyst a definite approach to the problem of setting up the work place. Considering the horizontal plane; there is a definite area within which materials and tools should be placed so that they may be handled and the work performed with a normal expenditure of energy. The area for the right hand will be indicated by an arc drawn with the right arm fully extended in front, making one sweep across the table, pivoting from the shoulder. The area for the left hand is likewise indicated by extending the left arm forward and pivoting from the left shoulder. These two areas are termed the maximum working area. These are again divided into two areas termed normal working areas which are indicated arcs drawn in the same manner, but with only the forearms extended, the upper arm being more or less relaxed and the elbow close to the body until the end of the movement is approached, when the elbow follows the natural inclination to swing away. It is desirable, therefore, to locate materials and tools within the normal working area.

Method and Technique of Motion Study.

The variables which must be studied in analyzing any motion, group themselves naturally into the following divisions: (1) Variables of the worker; (2) variables of the surroundings, equipment, and tools; (3) variables of the motion. The accurate measurements involved in getting the best results include three elements. We must determine first the units to be measured; second, the methods to be used; and third, the devices to be used. These devices should be as refined as necessary to get the best results, considering also how much time and money may be justified by the expected results.

The method employed by motion study includes, first, recording present conditions and practices. Under "conditions", the survey includes the surroundings of the worker, such as the lighting, ventilation, dust, temperature, humidity, noise, etc. The work place and its relation to the worker are also studied, that is, the equipment used as desk or bench, chairs, etc., and also the tools and devices used. The work done is recorded in detail. For this purpose, the process chart is used.

All other data relating to the job such as flow of work, peaks in business, records of past production, cost records etc., are also gathered, as well as data concerning the worker, including the physical and psychological factors influencing his work on the job. Information on age, sex, schooling, physical conditions, and personality traits and ratings on intelligence and psychological tests are included in the worker's record.

Other Steps of Method

After present conditions and practices have been recorded, the next step is to analyze the data, considering such points as the following:

1. Is the work necessary? Does it contain any unnecessary elements or operations?
   a. Can these be eliminated entirely because they are useless?
   b. Can they be eliminated by combination, substitution, etc.?
2. a. Can the necessary work be done with less expenditure of effort?
   b. Is the arrangement of work, materials, and tools within the normal grasp area?
   c. Is the routing and scheduling most direct, providing continuous work, etc.?
   d. Can improvements which will reduce fatigue be made in the surroundings of the worker?

Through the analysis of the data, possibility methods are developed, and finally the ideal solution is determined, including the best method, the best condition and the best type of worker. However, the ideal solution may not be the one actually installed, since limiting factors, such as the cost of new equipment compared with possible savings, may force deviation from the ideal. The solution decided upon, however, must be the best practical solution considering all of the factors in the situation. Developing the ideal solution is, however, desirable and essential even though it may not be installed.

After the conditions and methods are standardized, the task can be set and an incentive plan decided upon. Then the problem of maintenance of the standard methods always arises, and for this purpose standing orders and instruction cards are used.

Process Charts.

Process charts are used to record in a simple, compact form and to visualize the elements of a process in sequence and in relation to the entire process. They record present practice for the purpose of studying and analyzing possibility processes which improve the present practice by (1) changing the sequence of elements, (2) eliminating elements (3) combining elements and (4) substituting or changing elements.

As a record of standard practice, the process chart serves as an authoritative and complete picture of the entire process. It is particularly useful as a teaching device and as a means of maintenance.

At the top of a process chart there is usually a plan of the work place, with the arrangement of equipment and tools. The chart itself is made up of a series of symbols, connected by lines, indicating the sequence of operations and also the relationship of those operations, such as alternatives of units. Such a chart, prepared in connection with the case illustrated in this paper, will be found in condensed form in Fig. 1. The symbols indicate:

1. What—— that is, materials and supplies, operation inspection, movement, storage of materials and supplies.
2. How—— that is, word description next to symbol.
3. Who—— name of job or mnemonic job symbol.
4. Where—— work places, work rooms, etc.
5. When—— that is, sequence or if a definite time, in description next to symbol.

The why element is obtained by the analyst in his study of the chart.

Fig. 1. Portion of process chart including some of the operations performed by the cashier.

31 Cashier holds left hand over belt.

32 Selects and picks gray carrier from belt.

33 If in process of making change on previous transaction, places carrier on desk.

34 Picks up carrier after previous transaction has been completed.

35 Transports carrier to position above left center of desk.

36 Grasps carrier with right hand.

37 Change grasp of left hand to other end of carrier.

38 Opens carrier.

39 Places carrier on desk.

40 Releases grasp of right hand.

41 If carrier contains bills, remove sales check and bills from carrier.

42 Lays sales check on desk.

43 Removes sales check on desk.

44 Places sales check on desk.

45 Counts bill and places them in proper bill tills, and at the same time inspects bills for counterfeits.

46 If counterfeit is received, calls supervisor who handles transaction.

47 Dumps coins on desk.

48 Counts coins and slides them in proper coin tills, and at the same time, inspects coins for counterfeits.

49 If counterfeit is received, calls supervisor who handles transaction.

50 Unfolds sales check.

TIME STUDY.

Time study means more than the mere recording of elapsed time during the performance of a piece of work. It consists of a complete analysis of the job studied. In Fig. 2, time-study procedure is analyzed graphically into its various elements:

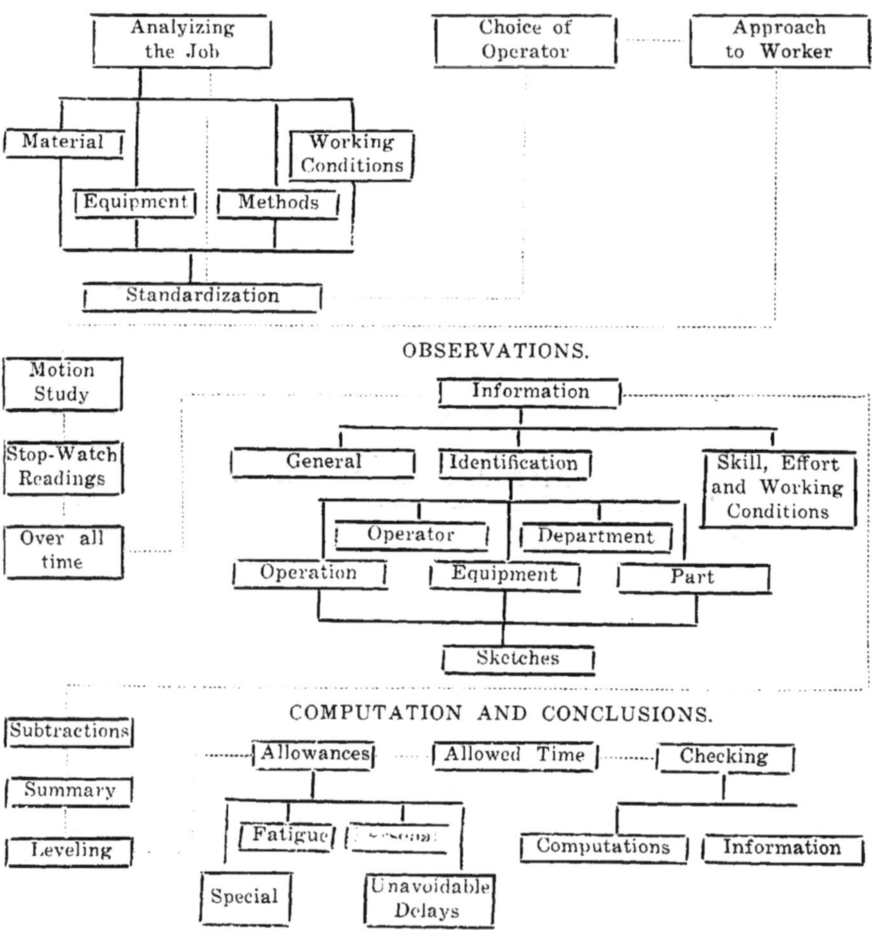

Fig. 2. Graphic analysis of the elements of time study. Dotted Line show Chronological Sequence.

Analysis of the Job.

The analysis of the job is a thorough study of existing conditions, methods, equipment, and anything else that might affect the time required to perform the work satisfactorily. It also demands that the time-study man familiarizes himself with the physical characteristics, application, and inspection requirements of the part or piece of apparatus upon which the operation is being performed. Analysis of the job has a decided influence upon the ultmate results. If done properly, it will simplify greatly the work to follow and facilitate the successful application of the time value which is determined by the study.

Standardization.

All this analysis and study of the factors influencing the performance of the job is made with a view toward standardization, another very important preliminary to the actual time study. It is practically useless to start taking studies or setting time values until the job is standardized. Using a production job as an example, this condition may be defined by saying that the job is not standardized unless each piece is delivered to the operator in the same condition, and it is possible for him to perform his portion of the work on each piece by completing a set cycle of motions by doing a definite motion of work with the same equipment and under uniform working conditions. Once this standardization is effected and found to be workable the time value is established accordingly, and it is reasonable to expect the operator to do the job within the allowed time by continuing to follow the prescribed method.

Choosing the Operator.

Whenever the time-study-man has the opportunity of making a choice where several operators are doing the same work, he should, of course, select the one from whom he can expect the best results. It is of considerable assistance to have the confidence and coöperation of the operator, and an operator who has this attitude towards the time-study-man is always a desirable one to study. Intelligence breeds understanding and understanding of time-study principles by the workman generally commands cooperation. Hence, it is well to study the intelligent operator. He can be reasoned with and is more likely to receive favorably the time-study-man's suggestions to experiment with new methods or ideas. He may make some good suggestions himself. The operator selected should be thoroughly accustomed to the method of doing the work so that he will proceed from one operation or motion to the next without hesitation or delay in an efficient and systematic manner. The operator who likes his work and has a reputation for doing good work is usually a good choice, for he doubtlessly has analyzed the job to a certain extent himself.

Other advantages being equal, it is more desirable to make the study on the work of the more skilful operator, not because a minimum performance time is to be secured but because the more highly skilled man is also more consistent and more systematic. His skill is, of course, taken into consideration when the leveling process which will be described later is used. It is not good policy to study an operator who has an antagonistic attitude toward time study, if it can be avoided. If there is no better choice, an effort should be made to convert the antagonist before proceeding with the study. This is often accomplished by explaining the purposes and fairness of time study.

Approach to Worker.

An inexperienced time-study man frequently makes the mistake of antagonizing a worker simply by his method of approach. It is part of a time-study-man's job to gain the confidence and goodwill of the workmen. He cannot be successful in this if he treats them indifferently. They do not appreciate being regarded as a part of the machine which they are operating. It is helpful to a time-study-man, when determining his method of approach, to try to place himself in the position of the worker and to ask himself what he would expect from a time-study man and how he would like to be treated. There is no excuse for the feeling of suspicion and mistrust that sometimes exists between observer and worker. Human nature, after all, is pretty much the same everywhere, and workers, like everyone else, will generally respond favorably to an open and frank method of dealing with them. Nothing will command their respect and their coöperation more than a realization that the man with whom they are dealing knows his business. In order to create this impression, the time-study-man must be able and willing to discuss intelligently the practical as well as the theoretical phases of the work. One of the many reasons for proper analysis of the job is here apparent.

Motion Study.

If a job has been properly analyzed and standardized, the sequence of motions will have been given some consideration. This, the first and important study in actual observation, requires a close and detailed study whose methods of determination have already been given in the previous section.

Stop-watch Readings.

The recording of watch readings is regarded as the principal feature of a time study. The importance of accuracy at this point is paramount and must not be slighted in the least. Without correct watch readings all else is useless.

The most common way of reading the watch is called the continuous method, in which the watch is allowed to run continuously from the beginning of the observations to the end. The position of the hand of the watch at the termination of each element is mentally noted and recorded, but this reading does not indicate elapsed time for the element. Elapsed time is secured by subtracting successive readings, which is done after the observations have been completed. When using the continuous method of reading the watch, the observer does not interest himself, for the time being, in elapsed times. His sole object is to record accurately the watch readings for each element, since he knows the elapsed times can be determined later by subtraction. It is a distinct advantage for him not to have continually before him the elapsed times for previous occurrences, for them there is no tencency for him to be influenced to try to keep his readings consistent, but he will record what actually happens whether the results later prove to be consistent or not. This is, of course, what is desired—an accurate and complete record of what happened.

The different steps in actually taking the time study may be summarized, in the order in which they should be considered, as follows:

1. Arrange and prepare time-study equipment.
2. Stand in a proper position with respect to the operator.
3. Divide the job into its elements and arrange them advantageously on the observation sheet.
   a. Make elements as short as possible without interfering with accurate observations.
   b. Describe elements exactly.
   c. Assign numbers to the elements in the order of their first occurrence as 1,2,3,4, etc. If an element is repeated after its first occurrence use the same number that was first used.
4. At the beginning of the first element to be included in the study, start the hour-decimal watch and read the time of the day on the ordinary watch.
5. Record the time of day.
6. Record the hour-decimal watch readings:
   a. t the completion of element 1, record the watch reading on the first line in column 1, the reading at the end of the element 2 in column 2, and so on.

b. Record only the necessary significant figures (the decimal points may be omitted).

c. Allow the watch to run continuously.

d. At the completion of the first piece, allow the watch to run and return to column 1, following the same procedure for the second piece as for the first.

7. Study a sufficient number of pieces to insure a set of data which is representative of the work.

8. At the completion of the last element to be included in the study record the time of the day as indicated on the ordinary watch.

9. Make a note of effort and skill on the front of the observation sheet by checking the term that applies.

10. Sign and date the time study.

Overall Time.

The starting and the stopping times of the study as shown by the ordinary watch are always recorded. From this, the overall elapsed time for the duration of the time study may be readily computed. It should be equal to the sum of all the detailed times, foreign operations, and delays, and when divided by the number of pieces completed, will show the average overall time for each piece. This overall time is valuable as a ready check on performance during the study, but should not be allowed to influence the determination of the allowed time, because it includes everything that occurs during the course of the study.

It is sometimes desirable to know the actual overall time on each piece in order to check the general consistency of the worker. When this is wanted, ordinary watch time should be recorded at the completion of each piece.

Information.

A time study, to be of value for future use, must tell the whole story of the job in such a way that it will be understood by anyone familar with time-study methods other than the observer who might have occasion to refer to it six months or a year later. This will not be possible unless all identifying and other pertinent information is recorded at the time the study is made. Provision is made on the back of the sheet for such data. Records should be made to show complete identifications of the operator, the part or piece of apparatus, the machines, tools, and equipment used, the operation and the department in which the operation was performed. Sketches are generally a desirable and satisfactory adjunct to verbal descriptions. Nothing should be made of the effort given and the skill exhibited by the operator, of working conditions, and of anything that is peculiar or relevant to the job.

Subtraction.

This step in time-study procedure is just what its name implies. If the continuous method of recording watch readings was used when the observations were made, it is only necessary to subtract successive readings to determine elapsed times. This is simply clerical routine and may often be delegated to a clerk who can be depended upon for accuracy and who understands how to take care of foreign operations, variations in sequence, and other irregularities in the recorded observation.

Summary of Elapsed Times.

After abnormal values, or values which are extremely high or low as compared to the majority of the other values for the same element, have been discarded, the results of the subtractions—are summarized and totaled. These totals of the elemental elapsed times should be then divided by the number of occurrences as recorded by the time-study man. The results are the average elapsed times which may be taken to represent the performance level of the operator on that particular study. To these average elapsed times are applied the appropriate leveling factors in order to arrive at the standard times.

Leveling Factor.

The factor by which the average time is multiplied in order to determine standard time is called the leveling factor. The value of this factor is influenced by four things: skill, effort, conditions, and consistency. Except for those elements that have been individually rated, this general rating will be used for the entire study. Each symbol used to express this rating has a corresponding numerical value as shown on the Performance-rating Table (Fig. 3). The algebraic sum of those numerical values added to 1.0 will give the required leveling factor. If a general rating has been applied to the entire study, there will be, of course, a general leveling factor. In this case, it is not necessary to record it for every element.

Allowances.

Since the derived time values are net elapsed times, they do not provide for delays and other legitimate allowances. Something, therefore, must be added to take care of such things as fatigue, personal needs, delays outside of the control of the workers, and special or abnormal conditions of the job. Some of these allowances, such as those for fatigue, vary according to the nature of the work, and flat percentages must be determined for each general class of work, such as bench work, machine tool operations, hard physical labor, and so on. The standard time is then increased by the percentage applicable to the class of word in which the element falls. Personal allowances are the same for all classes of work. Peculiar conditions surrounding specific jobs sometimes demand special allowances.

EFFORT			SKILL		
+0.15	A1	Superskill	+0.13	A1	Killing
+0.13	A2		+0.12	A2	
+0.11	B1	Excellent	+0.10	B1	Excellent
+0.08	B2		+0.08	B2	
+0.06	C1	Good	+0.05	C1	Good
+0.03	C2		+0.02	C2	
0.00	D	Average	0.00	D	Average
−0.05	E1	Fair	−0.04	E1	Fair
−0.10	E2		−0.08	E2	
−0.16	F1	Poor	−0.12	F1	Poor
−0.22	F2		−0.17	F2	

Conditions			Consistency		
+0.06	A	Ideal	+0.04	A	Perfect
+0.04	B	Excellent	+0.03	B	Excellent
+0.02	C	Good	+0.01	C	Good
0.00	D	Average	0.00	D	Average
−0.03	E	Fair	−0.02	E	Fair
−0.07	F	Poor	−0.04	F	Poor

Fig. 3. Performance-rating Table.

Allowed Time.

The allowed time is the ultimate objective of an individual time study and should be a fair allowance for performing the job. It should represent the time which an operator of average skill would require when making an average effort under average working conditions and when experiencing the retarding effect of fatigue, unavoriding delays, and the like. Job requiring a set-up of machines or other equipment before production work can actually begin should be given an allowed time for the set-up and first piece and then an allowed time for each additional piece.

Checking

Before the allowed time is placed on record, the time study should be thoroughly checked against the average overall time for each be thoroughly checked against the average overall time for each piece should disclose any very flagrant discrepancies, and will show whether the operator met the allowed time during the study, but this is not to be interpreted that allowed time must always exceed the average overall time. This comparison is only a general guide which should be used advisedly. The completeness of information should also be closely checked. Many studies are rendered valueless for future use merely because the job is not specifically identified and fully described.

MATERIALS HANDLING.

BY S. G. CHOW

Materials Handling in Production.

In any industrial plants, materials must be handled to and from storage, from one machine to another, and between departments. Time is inevitably lost in rehandling, rechecking and in the transportation and confusion resulting from the crisscrossing of work enroute between operations. Material handling in the plant may be considered from many different angles, and it is safe to say that from whatever angle this problem is considered, it stands out as one of the most important factors in influencing the costs of production and distribution.

With the ever- narrowing margin of profits in manufacturing, careful study is made of all the possible ways of reducing costs. It is natural that first attention is given to improvement of manufacturing processes and methods. As a result, development in these directions has reached a stage where it is now generally difficult to produce further spectacular savings; hence, a broader analysis of all the factors which relate to production must be made in order to find other possibilities for reduction in costs. Saving in the cost of materials have received their share of attention, notably the salvaging of by-products and former wastes. Remaining for investigation, then, are those elements of cost which are usually classed as manufacturing overhead, and in segregating these, it is found that the cost of handling the materials and tools in the plant is of greater importance than has been realized by the majority of the executives. It has been truly stated that materials handling forms a large part of the so-called "hidden" costs of production, for there are very few firms which segregate and keep an accurate record of their handling costs.

In making the careful analysis of the materials handling problem of a plant with the idea of attempting to make improvements, the chief motive is, of course, the ultimate reduction of the manufacturing costs. There are, however, a number of angles from which the survey can be made so as to bring out the possibilities.

1. The influence of the materials handling problem on the design of the building and on the arrangement of the production equipment.

2. The elimination of hand labor so far as possible.
3. The influence of the existing and the proposed methods of handling on the inventory, which includes a study of the methods which will make it possible to keep the material moving, so as to obviate the material standing idle for lengthy periods between the various production operations.
4. To increase the output of each worker by delivering the material to him as far as he can use it and also to increase the loads where consistant.
5. A study of the product from the view point of designing it to facilitate its handling.
6. The selection of the proper handling equipment:
   a. To provide economical handling of material from one place to another.
   b. To provide safty for the operator of the equipment as well as for other workers of the plant.
   c. To facilitate coordination of the handling equipment with the production equipment of the plant as well as with the handling methods in the other departments of the plant.
7. To faciliate shipment of the finished products to distant customers and to facilitate handling in the customer's plants.

Types of Transport Service.

In giving considerations to the transportation problem, it will for some purposes be useful to distinguish between three types of service, each of which must in some degree be provided in every industrial plant:

1. Material Loading and Unloading Service: In-bound and out-bound materials must be received or prepared for shipment as the case may be, which involves handling operations in the storage yard, the storehouse, and the shipping-room. Relatively short movements—lifting, tiering and lowering—are characteristic of this type of service. Frequently a high degree of adaptability is demanded of the equipment employed in these departments. Its sphere of activity is, however, likely to be confined to a single department. The cranes, derricks, and cable-ways employed in storage yards and the portable conveyors often seen on car unloading docks are examples of equipment especially adapted for loading and unloading service.

2. Interdepartment movements: Materials must be moved between departments, and such operations obviously must always affect interdepartment relations. The distance through which the materials must be moved may be long or short, depending upon the design of the

plant and the nature of the processing departments. Nearly always, however, the equipment thus employed must possess flexibility of movement. Industrial railways, trucks and trailers, and even endless conveyors are often used for this purpose.

3. Intra-departmental movements: Materials handling within the processing departments is often of special character; and the sphere of the operation of the equipment which is to be assigned to such service may, if deemed desirable, be confined within the limits of a single processing department. Overhead cranes such as are employed in foundaries and steel mill, and chain conveyors such as are used in packing plants, sawmills, and automobile assembly departments, afford examples of this type of service.

Classification of Materials Handling Equipment.

The selection of transportation equipment for service in specific situations involves many technical considerations, and it is not proposed here to carry the inquiry beyond mere mention of outstanding characteristics of important types of equipment in common use. Even to attempt to set forth a comprehensive list of the different kinds of devices found in industrial plants would serve no useful purpose. A sufficient idea of the various kinds of equipment commonly employed is afforded by the following classification:

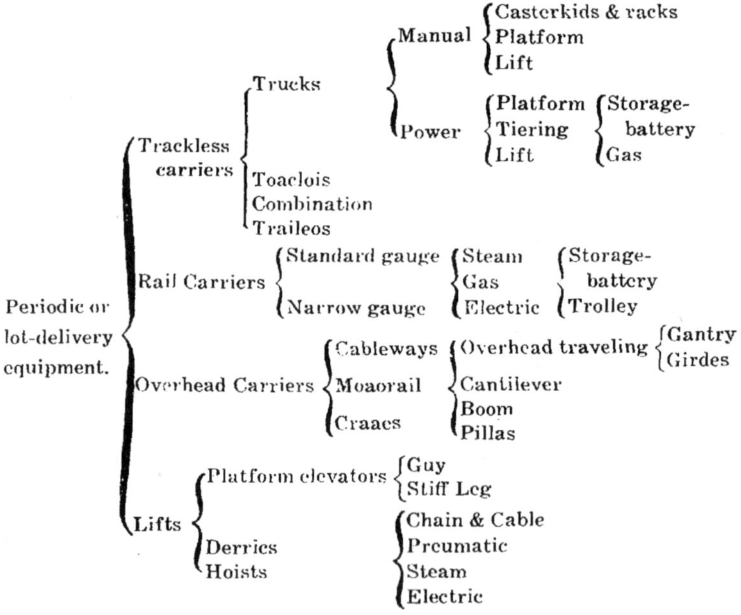

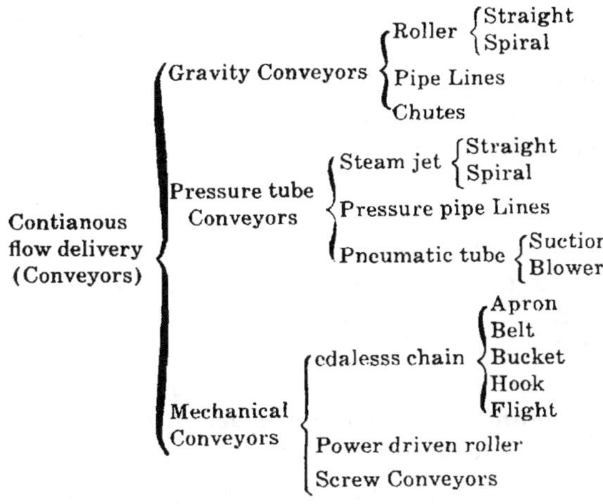

Selection of Materials-handling Equipment.

There are many kinds of articles and materials to be handled in manufacturing plants. They differ in form, size, and weight and must be handled under conditions which differ between plants and even between departments of the same company. As a result, many types of equipment have been developed. Among the factors which must be taken into account when materials-handling equipment is selected are:

1. The kind of products.
2. Size and weight of parts to be handled.
3. The type of work.
4. The class of labor available.
5. The size of the plant.
6. Future expansion of the plant.
7. Plant conditions.
8. Coordination to existing production equipment.
9. First cost of the equipment.
10. Maintenance of the equipment.

The character of the materials to be handled naturally determines the general class of equipment that may be used. The form, fragility, and inflammability of the product must be taken into account. Likewise, the size and weight of the articles are important factors which may detedmine whether or not certain types of equipment may be used.

The type of work, as reflected in the manufacturing processes, must be considered. Handling equipment which is ideally adaptable to continuous processes may be entirely unsuited to intermittent process work.

The size of the plant and the amount of production has an important bearing on the kind of equipment. Also, the type and amount of equipment often depend upon the distance through which the material must be hauled.

It is a simple matter to add gradually to some kinds of handling equipment as the plant grows. On the other hand, the nature of some kinds of equipments requires that entire units be discarded in favor of larger ones, and extensive changes in handling equipment must be made when the plant is expanded.

Plant conditions, such as the flood conditions, strength of the walls and floors of the building, arrangement of the production machinery, and the capacity of the elevators are factors which are of primary importance.

Where possible it is desirable to coördinate the handling equipment with the existing production equipment and with the handling equipment already in use in the plant.

The ultimate object in the employment of materials-handling equipment is usually the reduction of the cost of production. In choosing between different types of equipment which may be adapted to the existing handling problems, therefore, the first cost of the equipment and the cost of its maintenance and depreciation, as well as the financial savings which can be affected by it, should be studied. In general, the problem of selection is the same in handling equipments as in the selection of production machinery.

Formulas for Computing Economics of Materials-handling Equipment.

The formulas which are herewith presented show the maximum investment in equipment which is justified by the savings produced; the yearly cost to maintain the equipment ready for operation; and the yearly profit from the operation of the equipment.

The whole problem is considered to be one of comparative cost. While it has been customary in the past to charge factory burden or factory overhead to the laboring saving devices, it has not been customary to credit the labor saving devices for its portion of overhead saved, which generally is proportional to the labor saved, since there is usually a definite relationship between labor and overhead.

In computing the costs, the labor to be saved has often been classed as indirect or non-productive labor, and should not hear any superimposed charge from other components of the overhead, as this would be increasing the charges. But where comparative costs of the economics are desired, the indirect or non-productive labour should be charged with all the other component parts of the overhead with the exception of itself. In other words, the difference in labor as obtained by subtracting the labor cost of the new saving method or device from that of the old method or device must be loaded with its proper share of the burden or overhead applied to both productive and non-productive labor in correct relative production.

Two common mistakes have been made, rendering it difficult to secure proper comparative results and frequently obscuring the issue;

1. The omission of burden or overhead charges on that portion of labor saved in comparing costs.

2. The omission of burden charges on indirect labor in comparing costs, although they were added to the direct labour.

Whatever valuation is arrived at in cost accounting as the cost per unit of labor used in production also establishes the value per unit of labor saved by an improved process. For simplicity, no monetary value need placed upon labor employed in comparative processes, except upon the amount of difference required at the current rate plus "burden" or an equivalent. Other items of cost should in like manner be accounted for at the same rate as for similar items in making up the cost of product.

In calculating competative cost a new item is introduced which very likely becomes a factor in regular cost accounting and which engineers and economists recognize, namely, the monetary value of increase production. Improved methods or devices will reduce the cost of making an article, since more is produced in a stated time, which is the same as reduction in one or more of the itmes of directly applicable cost. In a comparative accounting, therefore, increased production will always carry a higher value than that attached to normal production. With the foregoing consideration as a foundation, the formulas for calculating economies of labor-saving equipment are given herewith.

Let

A=percentage allowance on investment,

B=percentage allowance to provide for insurance, taxes etc.

Debit items

C=percentage allowance to provide for upkeep.

D=percentage allowance to provide for depreciation and ob-solescence.

E=yearly cost of power, supplies, and other items which are consumed, total in dollars.

Credit items S=yearly saving in direct cost of labor in dollars.

T=yearly saving in fixed charges, operating charges or burden, in dollars.

U=early saving or earning through increased production, in dollars.

X=percentage of year during which equipment will be employed.

Results I=initial cost of mechanical equipment.

Z=maximum investment in dollars justified by the above consideration.

Y=yearly cost to maintain mechanical equipment ready for operation.

V=yearly profit from operation of mechanical equipment.

Then

$$Z = \frac{(S + T + U - E)X}{A + B + C + D}$$

$$Y = I(A + B + C + D)$$

$$V = [(S + T + U - E)X] - Y$$

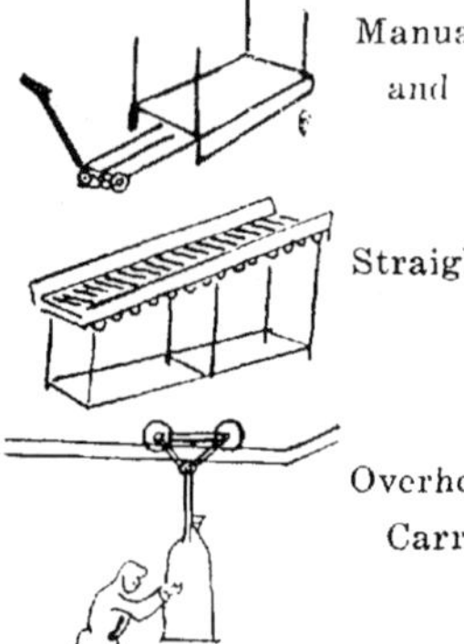

Manual Left Truck and Skids

Straight Chute

Overhead Monorail Carrier

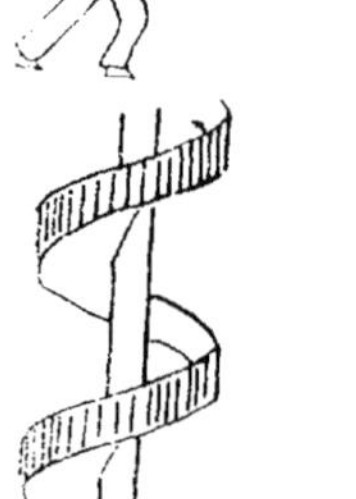

Spiral Chute

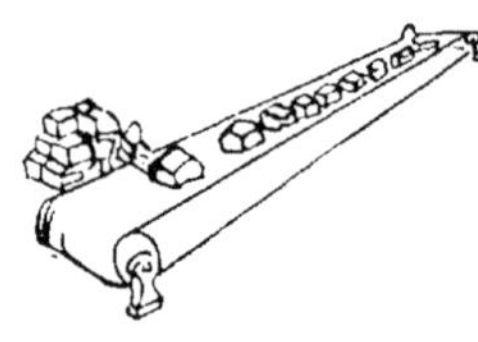

Belt Conveyor

Belt Conveyor Table

Pneumatic Hoist

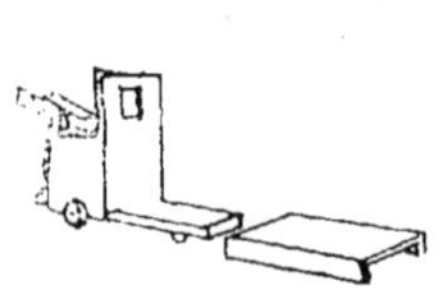

Power Lift Truck

THE EFFECT OF DEPARTMENTALIZATION ON THE DETERMINATION OF INDIRECT COST.

BY H. C. MUI

The word "department" can be interpreted in different ways but from the viewpoint of costing purposes it may be defined as the following: A department is a single process of importance or a group of processes which forms a separate unit for costing purposes.

Diagram of Departmental Types.

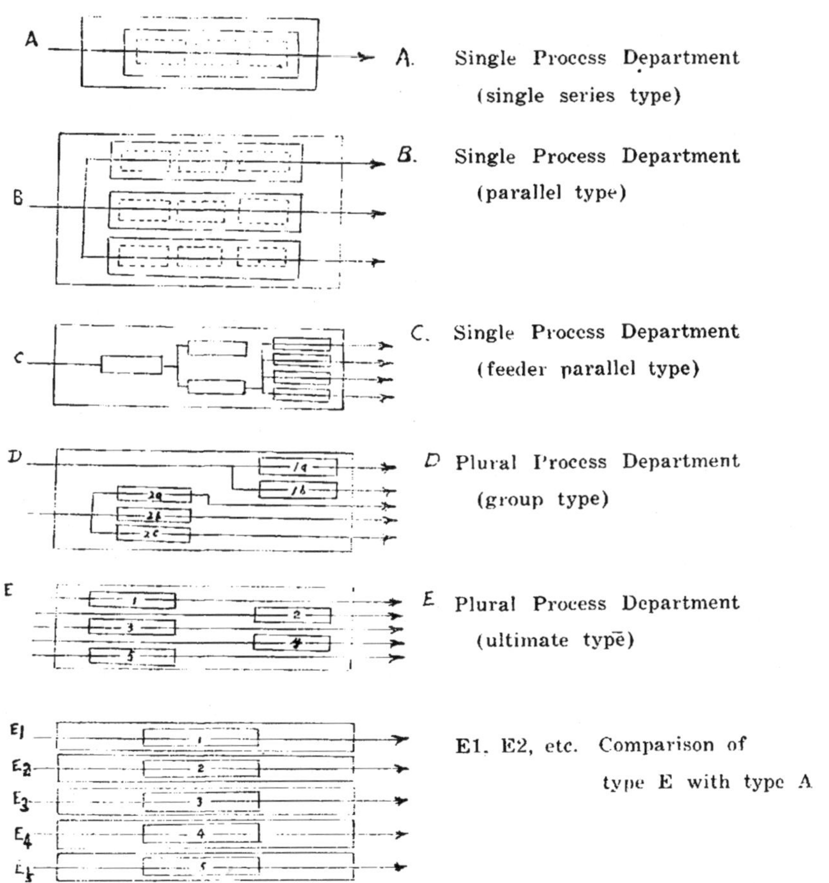

It would be too lengthy here to describe the different types of department in words; for simplicity and brevity the accompanying diagram will explain in graphic form the different types of department, namely:

A. Single-series type.

B. Single-parallel type.

C. Single-feeder-parallel type.

D. Plural-group type.

E. Plural-ultimate type.

An additional diagram shows the virtual departmentaliaztion effected by individual production centre process rates. As to how these different types will affect costing will be discussed in detail below:

Single-Series Type—In this type of department (A in the diagram) there is only one delivery point. The work may, however, pass through more than one step or stage before reaching this point. In Fig. 1 A the dotted rectangles inside the big rectangle represent the possible separate steps constituting the process. Provided that each of the machines represented by the dotted outlines delivers the whole of its output into the next in series, so that a uniform movement of product from the in take of the process to its delivery point is produced, then such steps may be ignored for costing purposes and the process costed as a whole.

All service factors for the department having been assembled, they are divided by the standard working hours of the department, this giving an hourly process rate for the work process.

In handling product, one of the two conditions may exist. First, when the process is invariable in speed, all product being passed through at precisely the same rate. Second, when the process varies in speed according to the nature of the material that is being passed through. When the process is invariable in speed, it is not requisite to record the time of individual lots or batches of product, since such time will always be proportional to the quantity or weight in the lot. But when the process speed is variable then a record of time taken on individual lots is necessary. Such time multiplied by the hourly process rate will, of course, be the process cost of that lot or batch. In some cases direct labor may be included in the process rate in this type of department.

It is this type of department which affords the simplest kind of costing. We have only to assemble the departmental service factors (overhead) and divide by the standard working hours of the department to find a departmental process rate. Preventable idleness of machines will often mean wasted capacity. While running on work, each process dollar is connected with a given amount of work and this may, as remarked above, include direct labor.

The cost of output for a month will be (fig. 2):

Service factors (overhead) total	$2,600
Standard working hours	$ 200
Hourly departmental process cost	$ 13
Actual working hours 190 @ $13=$2,470 cost of actual output.	
Preventable idle hours 20 @ $13=$260 cost of wasted capacity.	

Fig. 2 Cost of Output

If 247,000 units of product were product were processed (at invariable speed) in the month, then $2,470 divided by this figure gives a process cost of 1 ct. per unit.

Single-parallel type—This type of department (B in the diagram) is in all respects similar to the Single-series type A except that there are two or more precisely similar sets of productive equipment, with their own delivery point thus duplicating or multiplying the output. The only points duplication on the costisg method. Up to the point of finding the departmental hourly process rate there is no difference, except that instead of dividing the total of service factors by, say, 200 hrs., it must be divided by 400 (for two sets or ranges) or 600 (for three sets) and so on. As each rage of equipment has its own delivery point, it is evident that the total standard working hours which will be reached by all of them together must be the divisor. Practically the same result will be attained by finding a departmental process rate as for one range and then dividing it by two, three, or whatever is the number of parallel ranges (Fig. 3):

Service factors (overhead) total	$6,000
Standard hours (200×3)	$ 600
Hourly process cost for one delivery point	$ 10
Actual working hours 570 @ 10=$5,700	
Preventible idle hours 30 @ 10=$ 300	

Fig. 3

The final effect is that each range has a process rate, and, of course, these two, three, etc., rates will all be exactly alike. They may or may not include direct labor.

As each range is independent of others, one range might be used for variable processes and others for a main product which was processed at invariable speed. In this case the time of individual lots or batches would need recording only at one delivery point. Preventable idleness would be recorded for all machines, preferably by an automatic recording device.

At the month-end, if there were three machines parallel (as fig. 1 B), then the results would be: if 741,000 units were processed (all at invariable speed) in the month, this amount divided into $5,700 would give 0.77 cts. per unit. If some work were done at different speed, the results would be in this form (fig. 4):

	Units	Hours	Cost	Rate, cts.
order 34267	50,000	35	$ 350	0.70
„ 34275	180,000	135	1,350	0.75
„ 34296	17,000	20	200	1.17
......				
	247,000	190	$1,900	—
Normal speed	294,000	380	3,800	0.77
......				
Total	741,000	570	5,700	—

Fig. 4 Cost of Output

The first two orders done at special speeds were below normal cost and the other considerably above it.

To enable a department to rank as an example of the Single-parallel type (with its simple cost method) each of the parallel processes must be precisely similar in all respects, and any one range must be indiscriminately usable for any portion of product. The speed of processing may vary, because that does not affect the process rate itself but only its transfer to product. If any difference exists between the ranges or machines, then the uniformity of conditions which is presupposed would not be present, and instead of two, three, etc., machines or ranges of machines, all similar and having the same process rate, we should actually have a department of type E in which every machine (production centre) is different, thus necessitating an individual process rate for each.

Single-feeder-parallel Type—One variety of this type of department is represented on the diagram at C. From a cost viewpoint the problem is treated as though each of the machines with delivery points (four in the diagram) had its own claim of machines behind it. The fact that these anterior machines are shared between the delivery points will not affect the costs, provided that the flow of product is uniform throughout. This is equivalent to regarding the first machine X as having a capacity equal to supplying the form delivery points, and each machine Y as having a capacity equal to supplying two such points. In other words, though X is physically only one machine, it may be regarded as equivalent, from the viewpoint of output, to four smaller machines. And so with the nest step Y.

This reduces the department, from the costing aspect, to an ordinary case of the Single-parallel type B just discussed. Process cost will be for the entire series of changes between the intake X to the delivery points of Z.

Single-feeder Type (Reversed)—From an examination of the diagram C it will easily be seen that the flow of work can be considered as proceeding from right to left just as well from left to right. That is, the intake may be at four machines and the delivery point after step X. The same reasoning applies in this case as before. The four machines Z may be regarded as one machine of four times the capacity, and machines Y Y as of double the capacity. Then the output at each step would be the same, and, from the cost viewpoint, we have what is virtually a single claim of three machines between intake and delivery point. The fact that the first machine in the series is physically divided into four and the second into two does not affect the principle.

In this case the department is reduced to an ordinary case of A (Single-series type) which is the type of department having only one delivery point. The corresponding process cost includes all three steps, from the intake at Z to the delivery at X.

Variations of Feeder Type—The feeder type of department is somewhat important in view of the increasing use of automatic and semi-automatic machinery for process work. It should be noted that the arrangement shown in the diagram is only one of many that may be made. For example, there might be only one machine at each end of the chain of steps, and several intermediate steps, each of which was performed by serveral machines simultaneously. In all such cases what we have to consider is whether such groups of machines are performing the work of a single machine of capacity equal to the intake and delivery. If the flow of product is smooth and continuous from first to last, then, as a general thing, the intermediate steps may be ignored add the process costed either as a Single-series type (with one delivery point) or, if there is more than one delivery point, as a Single-parallel type.

As soon as the exact type is determined, the problem of costing is a matter of applying the regular routine for the type in question.

Plural-type Departments—Hitherto the types discussed have been those which are concerned with only one process, although such process may be made up of two or more steps. Nevertheless, in any of the departments of the single type, there can be no variety of operation. If there is more than one delivery point, each of which delivers identically processed product. There are cases in which a plurality of processes exists, that is, at least two different processes are carried on in the same department, and these processes are not in sequence. That is, they are not, as in the case of the single departments above discussed, mere steps in a continuous process. On the contrary, each machine has its own intake and delivery point, and if one process is served or fed by the others, it is on a wholly independent basis. If one piece or lot passes through two processes, each must be costed separately.

Plural-group Type—In fig. I D, five machines are shown, and it is assumed that two of them (1 a and 1 b) are identical, while the other three are different (2a 2b, 2c) though identical among themselves. It will be observed that each of the machines has its own independent intake and delivery point. Though for costing purposes they are grouped, this grouping has no bearing on the work they do. Each machine may work on entirely different material and at any speed required. It will be evident that we have here a condition which is virtually equivalent to two departments of the Single-series type. But as, for administrative or other good reasons, they form a single department, this must be faced and the costing methods adapted to the actual circumstances.

The first step will be to collect the service factors for the whole department. Having assembled these, they must be so divided between the two groups (1a, 1b and 2a, 2b, 2c) so that each group bears its own proper share of the services provided. In other words, two independent process rates will be required, as a single department process rate would no longer apply to all the machines indifferently. If there are three groups, three rates will be necessary, and so on.

When the groups the process rates will be identical, inasmuch as the machines are all precisely alike and, therefore, must have an identical call on service. Thus 1a and 1b will have the same process rate and so will 2a, 2b, 2c. But the rate of 1a will not be the same as that of 2a. (It might happen so by an accidental combination of circumstances, but in general each group would have a different rate.) As an example, we may assume that the total of standard service factors (overhead) for the whole department was \$2,000 for one month, and that this was found to be allocable between the groups thus:

Group 1........\$950　　　Group 2........\$1,050

If the department's working hours are 200 for the month, then the total working hours in each group will be:

Group 1　　$200 \times 2 = 400$ hrs.
Group 2　　$200 \times 3 = 600$ hrs.

The hourly process rate for each individual machine will be:

In group 1........\$ 950÷400 hrs.=\$2.375/hr.
In group 2........ 1,050÷600 hrs.= 1.75/hr.

The results of a month's working may be stated as follows:

Group 1 worked 100% of standard time, viz., 400 hrs.

Group 2 worked 93.3% of standard time, viz., 460 hrs.

Group 3 wasted 6.6% of capacity by idleness, viz., 40 hrs.

In terms of cost the results would be:

Cost of jobs done by group 1 machines=400×$2.375=$950

Cost of jobs done by group 2 machines=560×1.75=$980

Cost of wasted capacity (preventable idleness) in group 2=40×$1.75=$70

∴ Total cost=$950+$980+$70=$2,000

If the cost of individual jobs or lots were required, which would depend on time taken on each job, then the usual time record at each machine would be kept.

Plural-ultimate Type—When there are a number of dissimilar machines of all kinds and capacities in a department, as is frequently found in machine shops, then each machine will require an individual process rate. Fig. I E represents a condition of this kind. There are five machines, each of which is different from the others, and each of which has its own intake and its own delivery point. It thus works with complete independence of all other machines and may be considered as virtually forming a subdepartment in itself, as far as costs are concerned.

In a department of plural-ultimate type it is obvious that there cannot be any departmental process cost, since there is no uniformity in process but the greatest possible diversity. It is, in fact, the ultimate or final diversity and no greater degree of diversity between processes can be found. In the same way there can be no group process rates where every machine is different from its neighbors, and, should two or three of them happen to be alike, they may be considered as different, though, when the individual process rates are worked out, similar machines will have similar rates, provided they are similar in all respects.

In this type of department the total of service-factor charges (overhead) is divided among all the machines in proportion to the call of each on each separate service. Instead of a departmental total which is divided by departmental total which is divided by departmental standard hours to form a standard departmental process rate, we now have a set of individual totals, one for each production centre (machine) which, when divided by the standard working hours, gives a process rate entirely individual to one such center as all the departmental overhead is divided up in this way, it follows that we have virtually split up the department.

for costing purposes, into as many subdepartments as there are separate production centers.

Fig. I at E 1, E 2, E 3 etc., shows the general effect of this procedure. The machines 1, 2, etc., which are mingled indiscriminately in one shop at E are now, in theory at least, each set in a separate department of its own, E 1, E 2, etc. But if we compare this arrangement with the diagram at A, it will be seen that what we have done is to reduce the mixtures of machines to separate single-process departments, each with its own department rate and each eapable of working at any desired speed, with separate intake and delivery point, just like any other single-process department.

The Effect of Departmentalization on Cost.

As far as costs are concerned, departmentalization is merely a device for the much easier collection and the closer control over items. By narrowing down the assembly of service fartor charges to individual departments, they take on a much more concrete and practically controllable form. Moreover, certain items are in themselves strictly departmental in origin and scope, such as the salaries of foremen and other departmental employees. It may happen also that internal changes take place in a department that affect merely local calculations and do not disturb those of other departments. For these reasons, and because departments are natural subdivisions of a plant, departmentalization is a most valuable assistance in the organization of a cost system. Though it can be dispensed with, it is only at the expense of greater complication in accounts and considerable loss of ready control over the interpretation of what the figures of any period reveal.

Process Rates Represent Uniform Conditions.

Study of fig. 1 will show that the number of process rates required in a given department will depend on the degree to which uniformity of conditions exists. If service factors are shared equally by all machines, as for example, if each production center occupies the same space, takes the same amount of power, etc., then only one process rate will be required, namely, that of the department as a whole divided by the total working hours of all machines.

In a Single-series type A, as there is only one production center with one delivery point, uniformity is at its maximum. There being no other production centers to share in service factors, there can be no question of any dissimilarity of all on service. There can be only one process rate in such a department.

In the single parallel type B each production center being alike, their call on services must be alike. Consequently their rates must be alike, and (with three machines) each rate will be one-third of what a departmental rate would be if one were calculated. Perfect uniformity exists between the individual share by each machine of any particular factor, and their share of all factors together must necessarily be similar. In the plural-group type D dissimilar conditions appear. Group 1 does not make the same call on every factor that group 2 does. The dissimilarity may be confined to a single factor, as for example, if group 1 machines took double the amount of power compared with those of group 2, though in all other respects they were similar. As soon as dissimilarity in the call on services makes its appearance, then more than one process rate becomes necessary, since no departmental rate can be subdivided to meet the case.

Finally, with the plural-ultimate type E Dissimilarity arrives at the maximum. Each and every machine makes its own individual call on each service. Consequently, there are as many process rates as machines. Again, this dissimilarity might be confined to the call on a single kind of service. Each machine might differ as to the space occupied, or as to the amount of power used, etc., while uniformity might exist in all other respects, but, generally, in this type of department more than one factor will be affected, although whether this is actually the case is a matter of no importance whatever.

Conclusion—The subject of departmentalization is worthy of consideration, not only on account of its importance but also because the influence of the layout of productive machinery (or rather its grouping) on the form in which cost should be expected is paramount. From all points of view the isolation of processes by departments leads to the greatest simplification in costing arrangements. With the single-series or single-parallel type working at a constant processing speed, there is only one variable to consider, i.e., utilized capacity. Either the full standard working hours have been employed in processing or they have not. In the latter case the value of the wasted capacity is found by simply deducting utilized hours at standard rate from actual overhead in burden account. If the speed of processing is not constant, then it will be necessary to record actual time on each lot, job or order, and the total of such time deducted from total overhead in burden account leaves the of preventable idleness. No simpler costing methods than these can be found. With the inclusion of dissimilar production centers in one department, complication in costing begins. At least two process rates must be substituted for the simple departmental rate, and, in the case of plural-ultimate type, a large number of separate rates may be necessary if accurate costing of each process is desired. This implies some considerable calculation as compared with single departments, but that it not the chief drawback. The more dissimilar machines there are in a department, the more likely is it that changes may take place upsetting all the process rates and necessitating fresh calculation. It is not to be understood that such calculations are difficult or that they consume much time to make, but if they can be avoided so much the better.

If there is a large number of really dissimilar machines, there is nothing to be done but accept the situation, but if many of them are alike, and the exigencies of the business permits such similar machines to be grouped, so as to give rise to departments of single-parallel type B, then by so much will the costing be simplified and economized.

The Journal of the Institute of Iudustrial Administration

Chiao Tung University

November, 1939

THE JOURNAL OF THE INSTITUTE OF INDUSTRIAL ADMINISTRATION

CHIAO TUNG UNIVERSITY

Shanghai, China
November, 1939

《运输管理学报》简介

该刊是1945年4月8日交大四十九周年校庆之日，中国运输学会国立交通大学分会于重庆九龙坡印行，仅1册创刊号，共45页，为油印稿。创刊背景为抗战胜利在望，中国地域广阔，复员建国大业有赖于运输事业之发达。然当时国内专门探讨运输管理问题的刊物较少，中国运输学会交大分会选在交大校庆纪念日推出《运输管理学报》，“拟提供心得，共襄建国伟业”①。

据创刊词记载，该学报所负使命如下：（一）介绍现代运输学说，以鼓励运输研究之兴趣。（二）评述现行运输管理方法与制度，供当局参考。（三）研究及设计我国战后发展运输方略，共襄建国伟业。② 在这三类研究论文中，以交通大学在渝时期的管理学院教授发表成果为主。如在铁道运输界被公认为“南沈北许”的沈奏廷、许靖两位专家学者，当时正供职于重庆九龙坡的交通大学，曾于创刊号发表专文，提出诸多关于铁路、船务、货运之改良建言。

---

① 《发刊词》，中国运输学会国立交通大学分会印：《运输管理学报》（创刊号）1945年第1期。

② 《发刊词》，中国运输学会国立交通大学分会印：《运输管理学报》（创刊号）1945年第1期。

運輸管理學報

創刊號

目錄

創刊詞……周晴
浙贛鐵路待運貨物噸數月報之分析論……許靖
鐵路零貨裝車查對制度之研究……沈奏廷
遠洋輪船營務報告之管理作用……熊大惠
論鐵路個別運價與貨價關係之誤解……張同齊
英國鐵路行車制度之特殊規定及其評述……曹夢珏
論零貨裝車號碼制度暨裝車查對制度與吾國鐵路應有之改良……曾能
改善戰後吾國鐵路大站行李房之芻議……張昭經
客貨列車運轉特性之分析……陳順序
論鐵路貨車運轉之特性……金淑羽
論憑人提貨之用意及方法與吾國鐵路應有之改良……周葆光
論手車搬貨及配對車門制度與吾國鐵路應有之改良……余益鵬
論零貨起票制度與吾國鐵路應有之改良……陳栻
吾國鐵路貨車支配之組織問題及其改善方策……陳洪綬
論零担到達貨棧之貨位制度與吾國鐵路應有之改良……姚亞珊
鐵路運價對於物價之影響……李麟生

中國運輸學會國立交通大學分會印

中華民國三十四年四月八日

慶　九龍坡

創刊詞

夫振興工業，不僅在原料機器；鞏固國防，不僅在堅兵利甲，發展運輸，亦爲至要途徑。瞻觀列強諸國，無不道路縱橫，轄道迫溱，反顧我國，實瞠乎其後。考運輸之部門，有鐵道，水道，航空，公路，驛道，以及管道等，言其範圍，已大至廣，言其學理，至繁至賾，欲言提倡發展，本非易事，吾國一切落後，尤以運輸事業，應興應革之處更多，良以過去舉辦運輸事業者，無不蕭規曹隨，裹足不前，不學他人之長，祇泥自己之短，既無制度之可言，更無方法之爲用，人無管理之才，事無條理之治，幾能與英美比擬哉。今勝利在望，復員建國，更有賴於運輸事業，吾儕既研究運輸，則職守所在，責無旁貸，應力謀運輸事業之發達，以躋國家於與隆之域。本分會成立迄今已將半載，各會員平日悉心研究，對於運輸管理之學理實務，頗多心得，片紙隻字，雖屢有論列，然因甚易散失，良堪可惜。環顧國內專門討論運輸管理問題之刊物，尚不多覯，爰編輯成集，付諸梨棗，於我校四十九週紀念日問世，以資永念並申慶祝。

本刊綜輯理論與事實，適合[illegible]文於一編，至其應負之使命有下列數點：（一）介紹現代運輸學說，以鼓起國內研究[illegible]學術之興趣。近數十年來，世界運輸事業發展迅速，運輸管理之制度政策，亦日有改進，我國運輸尚在萌櫱時代，一切管理原則及其實施方策之設計改進，端賴多數運輸管理學說素養深厚之士，共同研究，本刊介紹歐美先進國家之運輸學說，以期鼓起研究之興趣。（二）評述我國現行運輸管理之方法與制度。現今我國運輸情形，倘爲權宜通變，採取適時適地有效之措施，勉力維持艱辛重任，然所行政策方法，有祇適用於某地某區，未可普遍推行，廣爲實施者；或有僅足爲一時權宜，難於永久遵循，是宜抉擇者，故盡本會同人膚淺之見，以供當局之參考（三）研究及設計我國戰後發展運輸方策。勝利在即，對于收復之廣闊地域應如何實施運輸復員工作，本會同人擬提供心得，共襄建國偉業。創刊伊始，付梓匆促，漏讀必多，高明賢達之士不吝指導，以匡不逮，此同人等切盼而欣幸者也。

民國三十四年四月[illegible]日 謹於重慶交通大學

浙贛鐵路待運貨物噸數月報之分析論

許靖

案查浙贛鐵路局送呈交通部之三十年八九兩月份各類運輸統計報告，內容共分十二種：即（1）軍運列車行駛次數表，（2）營業進款概數月報，（3）旅客列車延誤月報，（4）待運貨物噸數紀錄，（5）列車行駛次數分類表，（6）掛出各類重車輛數月報，（7）機車車輛狀况月報，（8）機車修復損壞紀錄，（9）機車行駛日數月報，（10）行車事變統計月報，（11）各機段煤斤收發月報，（12）空號月報。其中第十二種空號月報，在無空數時則不填送。每月呈部兩册，由路政司及統計處各留其一。

詳閱十二種表格內所分之項目，大致簡明整齊，揆諸編製上之簡要原則，尚稱符合，如能善加運用，對於改進管理不無相當裨益，惜乎事實上並未注意及此，故未發生實際效用。茲取其中第四類待運貨物噸數月報一端詳加論列，用資證明。爲便於分析起見，先將該路所送三十年度八九兩月份待運貨物噸數月報之表格及數字分別錄列於左。

待運貨物噸數

30年8月份

日期	待運噸數	運出噸數	附註
1	480	107	
2	300	264	
3	465	95	
4	300	315	
5	420	45	
6	510	75	
7	525	60	
8	330	285	
9	405	30	
10	240	210	取消託運15噸
11	489	155	
12	400	285	
13	425	427	
14	345	305	
15	635	125	
16	635	107	
17	585	285	
18	875	105	
19	850	257	
20	985	227	
21	720	190	
22	480	610	
23	710	165	
24	420	357	
25	[illegible]	252	
26	425	255	
27	250	180	
28	315	250	
29	390	85	
30	410	210	取消託運15噸
31	360	150	
共計		6463	
每日平均		208	

待運貨物噸數

30年[illegible]月份

日　期	待運噸數	運出噸數	附　　註
1	270	2[illegible]4	
2	8[illegible]0	195	
3	335	2[illegible]5	
4	345	60	
5	615	2[illegible]0	取消託運15噸
6	635	296	
7	630	225	取消託運15噸
8	630	2[illegible]5	
9	545	314	
10	400	304	
11	940	165	
12	880	365	
13	610	410	
14	975	130	取消託運15噸
15	993	177	
16	1260	87	
17	1698	598	
18	1773	210	
19	985	10[illegible]8	
20	1020	399	
21	1275	[illegible]	
22	11[illegible]9	385	
23	865	354	
24	5[illegible]0	425	
25	565	240	
26	860	195	
27	836	343	取消託運75噸
28	1150	3[illegible]1	
29	1315	105	取消託運15噸
30	1455	210	
共　計		8745	
每日平均		291	

一、由前列表內項目觀察，可知各路各站每日總共待運貨物噸數，每日總共運出貨物噸數，每月總共運出貨物噸數，以及一月內每日平均運出貨物噸數。凡此種種，均為一般易知之表面功用，亦即一切統計報告共同具有表現事實之效能。

二、由待運噸數之[illegible]表，逐日得到待運噸數及運出噸數報告，可即核對每日數字，以觀待運噸數是否減少，與運出噸數是否增多，蓋待運之數在減，運出之數愈增，即為運輸能力適應需要之意見提高，與運輸管理已有改進之表現。反之如果待運之數有增無減，運出之數有減無增，則應考查當日收進之託運噸數較諸前日是否有激增之事實，並應比較前後兩日裝運貨物之列車次數；倘係託運數量一時激增，而列車次數相同，則次日之列車次數即應增加；如託運數量並未激增，列車次數又減，則當比較昨今兩日之列車平均載重，結果必然發現今日之列車平均載重減少。其原因或則由於貨物輕重性質之不同，或則由於可用之車輛過少，或則由裝車員工作殊不力，或則由於調車員工編組列車欠當，或則由於配用機車較小或不健全。其中除第一二兩項係因限於貨物本身性質及車輛管制超乎鐵路控制能力以外，餘均屬於人為範圍，均可立即設法糾正改進。凡此各點，皆為統計在實際上隱而不顯之功用，亦即如何運用統計改善運輸管理之大道。其他各種統計，均應如是分析致用，乃能發生管理作用，惟方法則須隨統計之性質而變通，固又不可一概而論也。

三、次由該路八九兩月報告內每日運出噸數一項觀察，可得一最堪注意之幾爲顯著現象，即各日運量相差懸殊太甚是也。就八月份言，以第二十日運出之六一〇噸爲最多，而以第九日運出之三〇噸爲最少；就九月份言，以第十九日運出之一〇四八噸爲最多，而以第四日運出之六〇噸爲最少；故就八九兩月合併觀察，是該路運輸能力最大之時爲一〇四八噸，最小之時爲三〇噸，兩者相較，幾爲一與三五之比。主管運輸人員，一見此等數字，應即考其原因，而最簡單之考察方法，則爲查明八月九日及九月十九日各開裝運貨物之列車次數若干。若在八月九日確係忙於軍運，而係利用軍運列車順帶少數貨物，則在一日內僅能裝運三十噸貨，猶可說也。否則殊難認爲運輸上應有之現象，似不得不歸咎於管理方面之有疏忽，蓋以通常組織至小之混合列車，倘於行駛區段及裝卸站地，均能規定適當，則自起站以及沿途各站所能疏運之貨物，亦決不止此數。若在事實上曾經開行專用貨物列車，則更顯見辦理運輸方面之弱點。復查該路在列車行駛次數分類表（見附兩表）內，止列各月內開行之各類列車總數，而無每日各類列車之數字，依據事實上八月九日及九月十九日曾否開貨物列車或混合列車，無從查證究竟，因而不遽下斷語，唯有留待該路依照前述分析方式，自行研究與改善耳。

列車行駛次數分類表

30年8月份

類別	上行	下行	共計	百分數
軍用	18	16	34	8%
旅客	55	58	113	28%
混合	111	115	226	56%
貨物	17	12	29	7%
公務	1	1	2	1%
煤運				
共計	202	202	404	100%
每日平均	6	6	13	

列車行駛次數分類表

30年9月份

類別	上行	下行	共計	百分數
軍用	11	15	26	6%
旅客	59	52	111	28%
混合	111	111	222	55%
貨物	17	20	37	9%
公務	4	4	8	2%
煤運				
共計	202	202	404	100%
每日平均	6	6	13	

四、計算待運噸數之作用，原為便於調整運輸能力，疏通積貨，以紓商困，兼謀營業之發展。基於此項理由，則前日之待運噸數愈多，次日之運出噸數亦應增加。惟查表內兩種數字之所表現，並未發生如此作用，換言之，統計自統計，事實自事實，未曾利用統計以求事實之改進。例如八月五日有貨四二〇噸待運，六日運出七五噸，又六日運待之數多至五一〇噸，而七日運出之數，則反減至六〇噸，此其一。又如十日有貨二四〇噸待運，十一日運出一五五噸，十七日有貨五三五噸待運，較之十日增加一倍有餘，然而十八日所運者不過一〇五噸，反比十一日之運量幾乎減少一半，此其二。又如九月一日有貨二七〇噸待運，二日運出一九五噸，十五日有九九三噸待運，較之一日待運噸數超過三倍有餘，而十六日反僅運出八五噸，不及二日運出噸數之一半，此其三。依此分析，顯見各日運出噸數，未曾與前日待運噸數發生關係，易言之，亦即決定每日應開列車若干，每列應掛車輛若干，以及如何支配各站裝卸員工，均未參照每日待運噸數報告，隨時加以調整配合，以求適應實際需要。因之待運噸數一項，顯出時增時減時多時少之現象，永無使其減至最低限度，或能全部運完之一日。似此未能運用待運貨物噸數統計之情形，亦為值得該路日常主管運輸人員詳予檢討之問題。

五、再就每月總共運量及每日平均運量而言，在八月份為六四六三噸及二〇八噸、在九月份為八七四五噸及二九噸，其數未免太少，蓋該路雖在本年四五月間曾受浙東戰爭影響，然僅多失諸暨一站，其在正線上尚有外陳、牌頭、安華、鄭家塢、大陳、蘇溪、義烏、義亭、孝順、塘雅、金華、方古、湯溪、湖鎮、龍游、安仁、樟樹潭、衢縣、後溪街、江山、賀村、新塘邊、下鎮、玉山、金橋、沙溪、靈溪、上饒、楓嶺頭、觀塘、橫峯、蔡村、弋陽、河潭埠、貴溪、童村、及鷹潭等三十七站，其中除去童村、蔡村、觀塘，及金橋四站係錯車站，不辦客貨運輸外，仍有三十四站辦理客貨運輸，再加金蘭枝線之竹馬館及蘭谿兩站，則是總共尚有三十六站辦理客貨運輸。以三十六站除八月份總共運出之六四六三噸，其結果不過每站在一月內平均運出一八〇噸，以之除九月份之總共運量八七四五噸，亦不過每站在一月內平均運出二四三噸，以與美國大站每日常可運出七八千噸之數相比，曷可望其項背。又查該路八月份共開混合列車二二六列，貨物列車二九列，僅就貨車算其平均運量，仍止二二二噸，至其七倍貨車列數有餘之混合列車，尚未計及。再九月份共開混合列車二二二列，貨物列車三七列，是混合列車六倍於貨車，僅按貨車分配，其每列平均載運貨物，亦不過二三六噸，以視美國一列貨車常可裝至至千噸左右，則又相差不啻霄壤。若連混合列車一併算入，則恐每列平均載重不及百噸。依此而論，該路似應對於開行列車有關之各項辦法（Arrangement of train Services）詳加考核，力謀改進。

六、在鐵路管理完善之英美各國，無論零担整車貨物，均係隨收隨運，不運不收，且整車貨物，例由商人自理裝卸，係直接裝車卸車，照例不落站內地面，以故車站向無露車貨物堆存，亦無待運之整車貨物。至於零担貨物，每日止有極少數未能裝完，列入待裝噸數之報告，亦無所謂待運之說。我國對於零整貨物，均用先收存後裝運之辦法，且整車亦由鐵路代理裝卸，當日收進之貨，大抵不能當日裝車運出，因而各路常有積貨，故有待運貨物之考察，且係包括零整兩種。似此中外裝卸制度不同之點，對於一路運輸能力之強弱，頗有影響，亦當辨別利害，澈底改正。

七、更就浙贛路所報待運貨物噸數之情形推測，實為「前日待運噸數」加「本日託運噸數」，再減「本日運出噸數」所得之差。但在表內並未如是分別表現，惟有一籠統數字，其中究有若干本日收進之託運貨物，令人無從考查。各日收進之數既係無法辨別，則於調整行車辦法及裝卸員工上，亦無效用，其理言之甚長，姑不申論。

八、我國不能實行隨收隨裝隨運之制度，遂致每批貨物均須經過一番堆存候運之階段，原為貨運管理制度上一大遺憾，不可為訓，其理由已於其他拙著詳言之矣，故此不再贅論。惟由先收待運辦法產生之「待運噸數」統計，至低限度應有零整之劃分，然後對於規定列車辦法及調整裝貨員工，方能發生更大之參考作用。良以無論在運行上或裝車上，如欲達成管理完善之目的，其辦法當視零整各有若干噸量而定，如其混而不分，則如每日運出成績不良，設係由於裝工不力，即不知咎在整車裝工，抑在零担裝工，即不能針對弱點而改良也。

根據以上七八兩項理由，似可採用下列格式，以代現有之待運貨物噸數月報，其名稱亦可改為待運及運出貨物噸數。似此改善以後，不但總局或外段之主管運輸及車輛支配人員，得以參照每日截存噸數及前後託運數量之變化情形，統籌次日全路或全段開行列車及支配車輛之種種辦法，以謀次日運出噸數之增加。且同樣格式亦可適用於各站，以為請撥車輛與夫請求加派或自行調整裝貨員工之參考，而以能令第（3）項或第（12）項存站噸數減至最低限度，不使演出忽減忽增之現象，懸為上下共同努力達成之鵠的。果能獲此效果，方為不負舉辦此項統計之用意，易言之，方得謂為已盡辦理此項統計之能事，亦即已收穫此統計之實效。常考我國鐵路情形，外段對於各車之管理，歷來極不健全，故在實行上可以規定限令各站於每日下午六時（因我國貨站辦公時間定為此時截止）算出，在下班前選用電話報告運輸課調度所，不必經過段內，並由調度所在聽取電話時立即隨手記入全路待運及運出貨物噸數表內，以求敏捷，即可鳥瞰當日終了時全路待運噸數，擬定次日運輸計劃，不至有上下塡報稽延，致令日報喪失時效，影響運用之效能。

斯篇之作，雖係對於該路一種統計立言，實亦分析及運用一般統計之舉例，而統計與運輸管理關係之密切，亦由此可想見矣。惟統計之種類與對象既多，故分析與運用之道亦繁，其間微與曲折，言之難盡，如何方能運用得宜，誠為鐵路統計上值得重視研究之問題。

待運及運出貨物噸數

30年　　月份

日期	截至前日下午六時存站噸數			本日收進託運噸數			本日運出噸數			截至本日下午六時存站噸數			附註
	零担	整車	共計	零担	整車	共計	零担	整車	共計	零担	整車	共計	
	(1)	(2)	(3)	(4)	(5)	(6)	(7)	(8)	(9)	(10)	(11)	(12)	
1													
2													
3													
4													
5													
25													
26													
27													
28													
29													
10													
31													
總計	本月												
	上月												
	上年同月												

鐵路零貨裝車查對制度之研究

沈奏廷

一、鐵路零貨裝車查對制度之重要性及其條件

鐵路零担貨物之合裝一車者大部不屬於同一之託運人，更不屬於同一之收貨人，故何貨應裝何車，實為一種極繁複之問題。在合理的貨運制度之下，起運零貨應隨收隨裝，中轉零貨應隨卸隨裝，兩者均不堆存棧內，亦不集合裝車，故何貨應裝何車，前者應於收貨時決定之，後者應於卸車時決定之，然後由搬貨夫搬入指定之車內，交由裝車夫接收之。由此可見無論起運或中轉之零貨均須隨時作零星之搬裝，而非將同車之貨集合一起裝載，蓋若採後法，則非特發生重複處理 Double handling 徒費人工，而貨棧將成為堆棧，勢必造成擁擠，影響工作之進行也。然則貨物既須隨時分批搬裝，而待裝空車為數又多，若搬送錯誤，則應運往甲地之貨物或將誤運乙地，於是甲地發生少裝 Short 乙地發生誤運 Astray 即能於事後運回甲地，路商兩方必已交受其害矣。此零貨裝車查對制度之所以不可不重視也。零貨裝車查對制度 Affirmative Check Or Veri-Check System 者防止零貨誤搬車輛之方法也。查對制度之種類甚多，容當留待後論，惟其共同目的均為防患於未然，務使分批搬送之零貨盡量裝入指定之車內，而不發生人事上之失誤，俾能收隨時搬裝之利，而去隨時搬裝之弊，其重要性可以想見。查對制度之完善者尚須具有種種之條件，惟一種制度鮮有能兼顧各種條件者，取捨之際，惟有權衡輕重而已。茲將條件之主要者簡述之：

（一）應能防範貨物搬送之錯誤，減少貨物事故之次數；

（二）應能便利事後之考查，藉以決定誤裝何車及應負責之員工，以便[illegible]懲而免重犯。

（三）應求手續簡單，實施便利，避免人力與時間之浪費；

（四）應使錯誤及早發覺，俾能隨時糾正，而免翻動其他貨物之不便。

欲實行裝車查對制度，自必先有空車編排計劃 House Setup System 與裝車號碼制度 Car Spot Number (Block Number) System 否則皮之不存，毛將安附；惟此種先決條件因與本題無關，故不擬加以論列焉。

二、各種裝車查對制度之概述

鐵路零貨裝車查對制度不一而足，有較簡者，有較繁者，有較完備者，有較省略者，其適用之場合一視貨棧之情形而定。茲就通常所用之方法分別簡述其內容如次：

（一）第一法 Plan No. I Affirmative Check Inside The Car 當起運貨物收入貨棧時，或中轉貨物由重車卸出時，即置於手車 Truck 之上，以備立即搬送。其裝車號

碼 Spot Or Block Number 由承運司事（起運貨物）或卸車司事（中轉貨物）用粉筆標誌於貨件之上，連同託運單（起運貨物）或貨票（中轉貨物）交由搬貨夫搬送入車；如同批貨物分成數次搬送時，則託運單或貨票可由任何一次帶去。搬貨夫行抵指定之車輛時，一面將手車（連同貨物）置於車門之外或直接送入車內，一面將託運單或貨票掛於車內所備之紙夾上，以備查對。棧內設有裝車查對司事 Check Or Loading Clerks 司來往巡查之責，每至一車，卽將單據取下而與貨物核對，以觀件數及裝車號碼是否無誤，如無錯誤，卽在託運單或貨票上簽字，並將此項單據轉送貨站公事房，以備內部工作之用。如有錯誤，應立卽糾正之。

（二）第二法 Plan No.2 Affirmative Loading under Ballot protection With Close Supervision 承運司事（起運貨物）或卸車司事（中轉貨物）對於每輛手車上之貨物，除以粉筆標誌裝車號碼外，並塡具查對票 Ballot 一紙，票內載明：（1）日期。（2）裝車號碼。（3）貨物件數。（4）託運單或貨票號數。（5）搬貨夫號數等項由該司事簽名後，連同貨物交由搬貨夫搬送。當貨物搬送入車以後，裝車夫應卽將貨件上標誌之裝車號碼與查對票內所塡之裝車號碼核對，以觀是否相符，並將貨物實在件數與票載件數核對，以觀有無短少或不符情事，然後在查對票上簽名，納入車內預置之箱中，以備隨後查對之用。如有錯誤，應卽報明領班，從事糾正之。爲進一步防範錯誤起見，領班或其他指定人員應每日出入於各車之間，檢查箱內之查對票，以便糾正或有之失誤。日終卽將所有查對票，統查一遍，然後按車號次序歸擋，以備存查。

（三）第三法 Plan No,3 Spot Number Chalked On Freight Surported by Adequate Supervisior 當貨物裝入手車時，卽在貨件上用粉筆標明件數及裝車號碼，如5|11，卽表示五件，應搬送第11號貨車之意。除上項標記外，並由承運司事（起運貨物）或卸車司事（中轉貨物）在貨件上簽名，以明責任。當貨物搬送入車時，應由副領班或其他指定人員監視，查明件數及裝車號碼無誤，而後由裝車夫接收之。如有錯誤，則除由標誌查明應負責之司事外，應立卽糾正之。

（四）第四法 Plan No.4 Return Ballot System Supported by Supervision & Record 承運或卸車司事對於每輛手車之貨物塡發查對票一紙，載明：（1）裝車號碼。（2）搬貨夫號數。（3）貨物件數。（4）託運單或貨票號數。（5）日期等項，交由搬貨夫搬送。同時託運單上亦塡有裝車號碼及查對票號數（因查對票亦編有連號裝訂成本者），以資核對；如同一託運單之貨物係分次搬送時，則每次所用之查對票號數及貨物件數亦在託運單內塡註之；如係中轉貨物，則易託運單而爲貨票，其法仍無不同。當搬貨夫搬貨入車時，卽將車內預就之裝車號碼印章 Ballot Stamp 加蓋於查對票之上，然後將查對票交還承運或卸車司事，該司事應卽加以核對，並在票上簽名，如查對票上原塡之裝車號碼與印章所蓋之號碼相符，卽可認爲搬送無誤，否則應立即糾正之。事後查對票應一律送交校對司事 Verification Clerk 從事校核，該司事應將查對票與託運單（起運）或貨票（中轉）一一核對，（大站因數量太多輒用抽查之法），以觀裝車號碼，有否誤塡，或貨物搬送有否錯誤，俾能在貨物運出以前尙可及時糾正，藉以減少事故發生之機會。如屬無誤，乃將查對票與託運單或貨票分離，分別日期歸擋，以備存查之用。

無論採用何法，各批貨物之裝車號碼必須加以指定，而後始可搬送；此種指定裝車號碼之工作，有由承運司事（起運）或卸車司事（中轉）担任者，有另設裝車號司事 Blocking Or Route Clerk 負責者。在車少之站，以用前法爲宜，在車多之站，以用後法爲佳，蓋另設專人負責，則承運或卸車司事不必熟悉各車之裝載內容，無須一一加以此種訓練，而收貨卸貨之工作亦可因而加快也。

三、各種裝車查對制度之比較

上述四種裝車查對制度各有利弊，衡諸前述四種應具之條件，亦興[illegible]長互見；此其所以均見諸實行也。茲請比較而分論之：

（一）第一法　此法對於防範搬貨之錯誤頗爲有效，因司事核對之責者，爲有專責之查對司事也。然若查對司事或有疏忽，以致貨物誤裝車輛，則究竟誤裝何車，事後不便考查，而誤搬之搬貨夫爲誰亦難確定，因同一託運單之貨物常須分批搬送，不便註明搬貨夫之號數也。至於手續方面，則因不必塡發查對票，頗爲簡易，足以提速收貨或卸車工作之進行，惟以須用查對司事從事巡查，未免多費人力耳。就發覺錯誤之時間而言，則祇須巡査得法，當無延誤之足慮也。

（二）第二法　此法因有查對票之塡發，故得有三重之核對，即先由裝車夫核對一過而後接收之，復由領班或其他指定人員，檢查箱內之查對票，而於日終再作一次之經查，對於防範錯誤，較第一法尤爲周詳，而發覺之時間，除裝車夫或有疏忽外，亦無過遲之患。萬一各種核對均有疏漏，則以查對票係按車號歸擋，且塡有搬貨夫號數，故貨物誤裝何車，應由何人負責，事後不難查明，惟因塡發查對票之故，手續未免較繁，且竟日須有指定人員出入車輛之間，從事巡察箱內之查對票，亦有多費人力之憾。

（三）第三法　核對之責既由各副領班担任，對於誤搬車輛之防範，頗能收效，且在收貨入車之前，即能發覺錯誤，爲時甚早，便於糾正，而不必塡發查對票，手續簡單，亦其長處。惟萬一誤裝車輛，則誤裝何車，何人搬錯，事後均有不便攷查之虞，且須用大批人員，從事當場查對，亦屬多費人力也。

（四）第四法　查對票上既有印章爲憑，非特足以防範錯誤，而錯誤發生以後，若不當場糾正，將來誤裝何車，何人搬錯，極便攷查，對於追究少裝，明定責任，頗多助益。至於發覺錯誤之時間，即在搬貨夫返回之際，亦未爲晚。惟事前塡發查對票，事後核對託運單，未免多費人力耳。

由上所述，可見諸法各有短長，未可斷言其爲孰優孰劣，此美國各路之所以有用此法者，有用彼法者，要視其工作情形與當局者之觀念如何而異也。

四、吾國鐵路裝車查對制度之擬議

按現行辦法，吾國鉄路之起運零貨或中轉零貨均須先行存棧，堆入貨位，而後集合裝車，既無空車編排計劃，亦無裝車號碼制度，更無隨時搬裝之舉，以致裝車查對制度既不必要，亦不可行；惟此種搬裝方法究屬不足為訓，欲求避免貨棧擁擠，趕速零貨裝運，卽非改用西法不可，此則作者已屢屢言之，不必再行贅述矣。制度既變，則裝車查對之法卽有同時採用之必要。否則利未見而害已先見，當非改良之本意也。然則在吾國情形之下，各種查對制度之中究以何法為宜，洵有一加探討之必要，請申述之。

吾國鐵路員工每多羈於推諉之病，且因素質不如西國之優，錯誤之發生較易，查究之需要較多，故不採查對制度則已，否則必須以事後查致便利一端列為首要之條件，而當場糾正錯誤之辦法亦應特別加強，以期防患未然。是以除小站外，各大站之零貨裝車查對制度似應規定如次：

（一）採用第四法之回查制度 Return Ballot System，俾能於事後查明誤裝何車，何人負責，以利追究，而免重犯。

（二）查對票除蓋裝車號碼印章外，并應由裝車夫簽名，以免誤蓋印章及件數不符之弊。

（三）貨件上仍應用粉筆標明件數及裝車號碼，以便領班或其他指定人員隨時巡查，藉以加強防止錯誤之作用。

（四）查對票應與託運單（起運）或貨票（中轉）一一核對，不得僅用抽查之法。

上項辦法乃冶各制之長於一爐，對於吾國鐵路之情形似最適合，雖人力方面稍多耗費，然就國情觀之，似當利多於弊。至於決定裝車號碼之工作，在車多之站，亦宜另設專人負責，以期減少錯誤，便利訓練，權衡利弊，亦有此勝於彼之感。

★本分會會員張明熙管紹清劉峨基張鴻文四君受最高領袖之感召，投筆從戎，愛國熱忱，良堪欽佩。

★本分會於本年十一月十五日舉行成立大會，選舉周騎君為常務理事，陳湖金淑初二君為理事，陳洪綬君為監事，並經理事會聘定陳啓宇章繩賢為總務幹事，張同書為會計幹事，陳順序曹夢廷畢素華為學術幹事。

★本分會為促進研究興趣，便於交換意見，爰於一月九日舉行首次學術座談會，討論題目為「鐵路倉庫問題」，各會員頗多高見，收獲殊佳。

★本分會已擬具意見書卽將呈總會轉請教育當局大量培養運輸專門人才，以應將來需要

遠洋輪船餐務報告之管理作用

熊大惠

遠洋輪船，載客數千，各部服務員工，亦常在千人以上，航行數日至十數日，其旅客及員工之餐務，如何管理，食料有無走漏，或其他弊端，誠爲一重要而富有興趣之問題：

北太平洋某載客郵船，航行一次，所帶各項食料，數量極多，據某次統計所得列表如下，以示管理之重要。

魚肉鷄鴨	十七萬三千磅
新鮮牛油	一萬四千磅
鷄蛋	一萬二千打
牛乳	一萬五千九百瓜特
冰淇淋	五千瓜特
洋芋	九萬磅
麵粉	三萬五千磅
咖啡	八萬磅
果蔬	十一萬磅
糖	一萬七千磅
罐頭果蔬	一萬四千罐
麥片豆類米麥	八千磅

如斯大量之餐料，如派人隨船，經常監視，以防有無走漏，誠不勝其煩瑣，而收效亦不甚大。是故航業公司，爲簡便有效起見，特發明每次航行餐務報告格式一種（Victualling Record），對於防弊方面，發生極大管理作用，茲特將其格式，列舉於下，以資研究。

餐務報告

船名	航行次數		
由	至	航行日數	
上次航行存料價值	$______	員工用餐日數(Meal day)	______
本次航行沿途購料價值	$______	旅客用餐日數	______
本次航行總公司備料價值	$______	例外用餐日數	______
總　計	$______	共　計	餐日數
減本次航行所餘存料價值	$______	每一用餐日數用去食料平均價值	$______
本次航行用去食料價值	$______	報告者	餐務部主任

上列餐務報告，每次航行終了，由餐務部主任負責填報總公司。其編製方法，先將本次航行總共用去食料價值（各項食料單據，根據總公司印發標準表）予以核算，再將員工及旅客用餐日數，求出一總數除之，結果即爲「每一用餐日數用去食料平均價值」（Victualling aveage）。

總公司接得此項報告後，經覆核無誤，乃將此平均價值，與根據過去經驗所訂之標準數比較，如相差不遠，即可知無走漏等舞弊情形。否則平均價值過高，超過標準價值限度（譬如百分之十）以上，恐有食料走漏之嫌疑，應即加以查究，以求原因之所在，此即餐務報告所產生之管理作用也。

論鐵路個別運價與貨價關係之誤解

張同齊

一、個別運價與貨價應有之關係

吾人嘗見鐵路運價有多少之差異，貨物等級有高低之不同，此或多或少之運價，與高低不同之等級，何為乎來哉，豈無所憑藉依據，而係憑空臆測武斷規定者乎，曰否，貨等之高下，乃以貨價之低昂及直接運輸成本之大小為準繩，而貨價之多少乃以貨等之高下為依歸，其依據至為確實，非由武斷臆測而來也，然則貨等高者，其運價何以亦高，貨等低者，其運價何以亦低，推原其故，不外下列兩端，請為申論如次。

（一）由于負担能力之不同　價高之物，其負担能力常較大，價廉之物，其負担能力常較小，負担能力大者運價可多取，小者應少取。此則於路於商，均有其必要，非僅為路方之利益着想而已也，請再分論如後。

一、貨物本身之需要　鐵路承運之貨物，若以取給之地點言，可以分為兩類：一為必須取給於遠地者，一為遠近各地皆能生產者。此二者皆有按其負担能力予以差別待遇之必要，蓋取給于遠地之貨物，必須先經長途之運輸始可抵達于市場，鉄路運價雖已遞遠遞減，然仍隨里程而增加，一至長途，為數仍鉅，吾人若以同一之運價適用于價值懸殊之貨物，則因負担能力之不同，價昂者雖仍能勝任而有餘，但價廉者所受影響必甚鉅，因遠程運費之過昂，即造成成本增加之過多，因此售價必高，售價高則銷路減，銷路減則產量必隨以供減矣。就遠近皆能供給之貨物言，其供應之比例，視各地生產成本暨運價二者之高低而定，吾人若以同一之運價適用于一切之貨物，則價低者，遠近運價之差距必甚大，於是遠程貨物將不勝負担而淘汰，以致生產咸集中于近地，非特促成貨物供給數量之減少，抑且妨礙地域分工之實現，對于社會經濟影響至鉅，嘗考價值懸殊之物，所以宜于收取不同之運價者，良以價高之物，其所得之運輸價值（Value Of Service）亦較大，且其運費所佔運價之百分比又較小，故運價若較高，影響于貨物本身者至微，反之價低之物，其所得之運輸價值因較小，即其運價所佔貨價之百分數亦較大，故即使運價略事提高，一至長途，其運價必甚可觀，以其價值本低，故影響于其產銷者至鉅，若各等貨物皆能衡其負担能力之高下，予以差別之待遇，則皆可各得其宜，盡量發展矣。

二、鐵路方面之需要　鐵路若不隨貨物負担能力之高低，而收取多少不同之運費，則影響于鉄路本身者尤屬至深且鉅，就遠近皆能供給之貨物言，運價過昂，其產地可由遠而移近，故其產銷數量縱無鉅額之變化，然短程貨運每噸所產生之淨收入甚少，難以湊成鉅數，藉以補償鉅額之間接運輸成本，且價值低廉之貨物，類皆為大宗之原料，其消費量殊鉅，若其運價過昂，成本過鉅，則影響于製成品之售價亦甚大，製成品之銷路減少，則原料之銷路亦減，運貨由銷遠而產生，路收因運貨有消長，是以銷貨減，路收安有不蒙其損失哉。尤有進者，鐵路若不顧負担能力之高下而收費，強令各種貨物平均負担巨額之間接運輸成本，則價廉之物固嫌過高，而價高之物又幾過低，前者收之過多，後者收之過少，一多一少，適足以增加路方之損失，反之吾人若按貨物之負担能力權衡輕重，差別收費，則不特各物均能勝任愉快，卽鐵路全部成本之收回，亦必易如反掌也。

（二）由于直接成本之不同　直接運輸成本較高之貨物，列等亦應較高，其目的在收取較高之運價，以補償路方較大之費用，各貨之直接運輸成本，雖各不相同，惟價低之物非特負担能力較小，其直接運輸成本亦較低，因價低之物類皆原料粗笨之貨，而鮮有工藝精製之品，故其每車平均載重常較大，每噸之直接費用亦較低，此其一，價低之物其損失費用常較小，價高之物則較大，蓋鐵路承運貴貨物，應負損失賠償之全責，其賠償費用無疑亦爲直接成本之一部分，應於運價中收回之。此其二，由此可見各種貨物直接運輸成本之高低，亦常與貨價之高低發生關係也。

由上以觀，吾人可知貨物價值之高下與運價之多寡，實有密切之聯繫，價高者運價亦應高，價低者，運價亦應低，良以貨價懸殊者，不特其負担能力有大小之不同，且其直接成本亦有多少之差異，二者雙管齊下，遂使價值不同之物，輒有差別收費之必要也。

二　貨價漲落原因之分析

宜古初民，以物易物，生活簡單，繼後智識日增，貨物種類漸多，因此乃有貨幣之發明，以作交易之媒介，「物價」一詞因此而生。降及近代，科學昌明，交通發達，人類之往來愈密，商品之交易益繁，而物價亦隨以變動不常，有驟漲遽落者，有先跌後漲者，有久漲不落者，亦有久落不漲者，變化不一，貨類萬千。唯此變化多端之物價，若非詭譎而難測，其或漲或落，綜合之不外下列二因，試分論之。

（一）需供之原因　承平時代物價之變動，大由于需供之關係，蓋在自由競爭之經濟制度下，一般商品之價格除獨占者外，皆由市場決定之，意卽決定于買賣雙方之競爭是也，若某種商品供過于求，生產者當惴惴焉唯恐商品之滯銷，於是皆願削價以求售，於是貨價乃下跌，反之如需求過于供，消費者惶惶焉唯恐商品之缺乏，於是皆願出高價以爭購，物價勢必往上漲，斯皆自然之經濟現象，無待贅言者也，暑去寒來，燃料需要必增，風災虫害，糧食有虞匱乏，無線電興，留聲機之需要漸減，蒸汽機發明，煤之消費益大增，凡此豈非吾人習見之事乎？其影響乎物價之上漲或下落者，無不由于需供變動之故也，由此以觀，物價變動之基本原因，可歸納而爲下列二點：（1）需要增加或供給減少，促使物價之上漲，（2）供給增加或需要減少，促使物價之下落，是以貨物之種類縱能多達千百種其價值變動之原因唯此二端而已。

（二）貨幣之原因　貨物之價值，乃以貨幣衡量之，故貨幣與貨價，若數學中之自變數與因變數，故貨幣之本身價值若有變動，物價亦無不隨以變動，如貨幣數量之增減，流通速率之緩速，信用之膨脹或收縮，與外匯之上漲或下落，皆足以影響物價之漲跌，蓋因貨幣購買力之關係而造成物價之變動，為限于一般物價之水準，至于各物間相互交換之比率，則仍始終如一，惟對時物價之上漲，雖因貨幣價值變動之故，而各種貨價之增漲程度，有大小之不同，此則幣值問題之外，又雜以價格問題，如市場壟斷，投機操縱，囤積居奇或原料缺乏等因素是，以致價格不調特甚者，其價格之增漲亦特甚，否則[illegible]，然其價格之上漲，仍有一部分為幣值所造成也。

三　課解之內容及理由

鐵路運價之高低，取決於貨物負擔能力與直接成本兩因素，所謂負擔能力與直接成本者，即指重量與價值而言也，二者經詳核查，則各等運價標準可定于最有利之點，否則漫無標準，欲求運價之合理，亦屬甚難矣。然各等貨價時有漲落之變動，因此負擔能力亦時有高低之變化，負擔能力既隨貨價之高低而不同，運價亦多少又隨貨價之高低而各殊，因此有以為運價應隨時依貨價之高下而滑動者，其所持之理由，可分[illegible]與[illegible]兩端敘述之。

（一）以貨價上漲言　鐵路因有大部間接成本之存在，故有差別待遇之可能，貨物有負擔能力之大小，故有差別待遇之必要。鐵路對於貨物負擔能力而收費，已早為識者所公認，然貨物負擔能力之大小，隨貨價之高低而不同，故貨價上漲，即不啻負擔能力之加大，負擔能力既隨貨價之上漲而加大，則運價亦應隨之而提高，殆無疑義。蓋依據負擔能力而增加其運價，不特符合運價之原理，且亦有其必要也。蓋鐵路收入因此而增加，進而促使一般運價[illegible]之降低，且貨物本身亦因[illegible]使愉快，寧非鐵路社會均蒙其益乎。反之物價上漲，運價若不隨之而提高，因此貨物運際利潤之差距必加大，生產者賺取過份之利得，以鐵路方面言，貨價之上漲，損失時，費用亦加大，因此直接成本必增高，鐵路取費之目的在補償運輸之成本，則直接成本既增，運價隨之以提高，實與運價原理相符合也。

（二）以貨價下落言　貨價之下跌，不特為負擔能力之降低，且直接成本亦因此而減少，故應立即降低其運價以減輕其負擔，而維持其事業於不敝，否則運程減遠，影響距離，結果遠程貨物將不堪負擔而消滅，造成就地生產就地消費之現象，阻礙地域分工之實現。就鐵路方面言，因長途貨運之阻滯，即等于延噸公里之削減，其影響路收者亦巨，是以貨價下落，而運價不隨之而下降，實與運費原理相背馳也。

四、課解之編纂

鐵路運價隨時依貨價之漲落而滑動，藉以符合貨物之負擔能力與鐵路之直接成本二因素，驟視之，似覺與運價原理相脗合，且似有不可厚非之至理，然詳加研究，實屬大謬不然。其流弊之大，有出吾人之意料者，試舉其一二，分論如下。

（一）路商之影響　查考鐵路運價之釐訂，事先必經縝密之研究，精確之計算，然後公布施行，俾貨運便利，故各等貨物之運價，咸具相當之固定性，若隨時隨貨價之漲落而變動，則貨物種類繁多，有如恆河沙數，不特各物於短期內有漲落之變遷，即同一時間亦有高低之互見，若此貨價既時時有漲落，倘運將日日有變動，手續之煩，曷堪言喻。尤有進者，貨物分等之目的，原為執簡以馭繁，今各貨之運價既隨時隨貨價漲落而變動，則貨物分等之作用亦將隨以俱廢矣。就客商方面言，若運價隨時隨貨價而變動，則不免有朝令暮改者，甚有前訂而即廢者，客商既無所適從，而一切預算與計劃，除受物價之影響外，更將因運價之波動而無法訂立，其有礙於工商企業之進行者，不待身受者而後知之也。

（二）社會之影響　物價之漲落，源於需供之變動。需要增多供給不足物價必上漲，貨品利潤即隨之而加大。於是誘至其他生產者之興起，爾時供給增多，物價即可復趨于回平，今若因貨價一時之上漲而提高其運價，則一面由于需供之不均，復加成本之提高。雙管齊下，一似火上加油，即使嗣後需供平衡，終因運價之提高，（等于成本之增加）已難回復其原狀矣，例如白米每石原售十元，其中運費佔二元，今因需求之激增一時每石上漲至十五元，鐵路若立即提高一元之運費，則嗣後需供平衡，糧價終不能回復至十元之原價，而非十一元以上不可，是以貨價一時之波動，一變而成永久性之漲價，其不合理可以想見，反之社會生產過剩，貨物供多于求，貨價必將下跌，利潤減少因此生產成本較高之生產者，必將捨此而別求蹊徑，從事他種有利之生產，爾時供給減少，物價又必回跌，而恢復其常態，今若鐵路加以不必要之憐惜，而將運價隨以降低，則劣勢之生產者終能維持於不敝，生產過剩之現象，將永不能完全消滅，形成社會上物資之浪費，其弊之大，又屬不言而喻也。

由是以觀，除永久性之漲落外，個別貨價短期間之變動，實無加以調整之必要，否則非特不勝其繁，且亦有百弊而無一利也。然若因幣值之變動造成一般物價水準之上漲或下跌，則鐵路運價自亦須隨之作適當之調整，蓋一般物價上漲，鐵路開支無不與之而俱增，故必須增加運費始能免於賠累，反之一般物價下落，則路方支出亦減，故亦應降低運價以配合之，此則與運價隨個別貨價而增減者，截然不同，不可混為一談也。

英國鐵路行車制度之特殊規定及其評述

曹夢珏

鐵路進站號誌 Home signal 為區截與站限之界線，號誌之前為站限，號誌之後為區截。當前方區截清通而前方站限不清之時，依原則言，僅可准許後方站發放列車，蓋有進站號誌為之防護，不能發去站內有車也。故若進站號誌表示險阻 stop，列車務須在號誌之外停車，不得闖站，良以進站號誌為絕對號誌 absolute signal，司機必須嚴格遵守其示意，不得稍有踰越也。如進站號誌顯示放行之示意 Vorefa-vorable [illegible]，列車即可調整速度，繼續行駛，不必在站外無故停車，增多延誤，此即進站號誌之作用也。

嘗攷英國鐵路之規定有一特殊之點，即非俟前方站限及前方區截俱各清通，後方站不得發放列車，雖有表示險阻之進站號誌，似亦認為不足以防止闖站，蓋其車輛之煞車設備不佳，多為手煞而少汽煞，停車較為不易，而司機對號誌之示意，似亦不若美國鐵路之須嚴格遵守，故進站號誌表示險阻時，似亦容許列車闖站，與其前方站限不清，即行發放列車，蹈成闖站之危險，毋寧待前方站限清通而後發放列車以策安全之為愈也。

然為提高行車效率計，英國鐵路有另訂補救辦法者，即在進站號誌之外增設一外進站號誌 Outer-home signal，當前方站限不清之際，外進站號誌為第一道防線，而進站號誌為第二道防線，俱各表示險阻，則司機不至目擊二道險阻號誌 Stop signal 而猶不停車也。若是則前方區截清通，即使站限不清，亦可准許後方站發放列車，然僅形式默許列車闖入險阻號誌，似與號誌之原理不符矣。

又英國鐵路行車規則第五條 Regulation [illegible] 有如下之規定，凡坡度不陡之地，若前方區截清通而前方站限不清 Section clear but Station or Junction blocked 時，亦得發放貨物列車，同時填發行車注意單 Caution form 命司機在前方站號誌之外停車，即所謂警告行車法 Regulation for Working or Warning Arrangement 是也。此規則可得而論之，點有四，今請分別申述之如後。

一、警告行車法限用于坡度不陡之地，而不用于陡坡，蓋恐雖有行車注意單，列車仍不及煞車而致闖站，足見進站號誌縱示險阻，而又外加注意單，亦認為不能發生防止列車闖站之作用。

二、警告行車法限用于貨物列車，而不適用于旅客列車，又足見列車闖站之可能性認為始終存在，雖用行車注意單，似亦未可避免，故為安全，此法不用于旅客列車。

三、若進站號誌在險阻部位，列車理應在號誌之外停車。然英國鐵路認為列車闖站乃可能之事，故如欲站外停車，即須發給注意單促使司機注意，是則若站上不發或忘發注意單，即為容許司機闖站矣。

（四）英國鐵路又規定若前方站站限較長，而站內有四四○碼軌綫清通（440 Yards over-run clear）後方站即可照常發放列車。否則必須適用警告行車法，蓋亦預留四四○碼之餘地，假備列車闖站也。

三、綜上所述，可見英國鐵路雖以安全號令，然其施行方法頗多與號誌原理不符之處，蓋號誌之設立，原為分化軌綫，使每一區間之內均可開行列車，若能嚴格遵守號誌示意，自無擠車之虞，按我國鐵路行車仿照英國辦法，如前方站限不清而欲發放列車，亦于險阻號誌之外填發注意憑單，以防列車闖站。是則若無注意憑單，列車似可不顧號誌示意而行駛，其流弊所及，匪特有損號誌示意之尊嚴，抑且增加撞車事變之可能。英人習慣素重保守，鐵路亦然，其增設外進站號誌及使用警告行車法二端原欲策進安全，不期多一防護反增危險，所謂欲蓋反損者即此之謂也。改革之道唯有從嚴格遵守號誌示意入手，始為得計。

論零貨裝車號碼制度暨裝車查對制度與吾國鐵路應有之改良

曾能

鐵路零擔貨棧搬貨之原則有三，一曰避免搬貨工作之重複，二曰減少搬貨工作之延誤，三曰防止貨物之誤裝，為求避免搬貨工作之重複故有空車編排制度之實行，亦即先車後貨之制度也。為求減少搬貨工作之延誤與防止貨物之誤裝故又有零貨裝車號碼制與裝車查對制，裝車號碼制之目的在使搬貨夫容易找尋應裝車輛，而不必費時搜索；裝車查對制之目的在防止裝車錯誤，即使誤裝，亦易發現可立刻糾正之，故此二制有輔助空車編排制實施之作用，如無此二制則貨物搬運延誤，且易成錯誤，雖有空車編排計劃，亦不能收隨收隨裝之效矣！

裝車號碼制度之必要

鐵路零擔貨物裝車線停放之空車，少者有數十輛，多者達數百輛，隨鐵路業務之繁簡而不同，其中包括整車零擔，中轉零擔及沿途零擔，且各有其不同之目的地，（[illegible]）既不同之使命，若貨物誤裝車輛，則將使到達甲地之貨物誤運至乙地，故須有一定之制度，以鑑別之，使貨物能搬入正確之車輛，而免錯誤之發生；故其可能之方法不外三種：

（1）指定車輛號數以區別到達各目的之車輛，且表示車輛之種類，搬貨時由收貨司事告訴搬貨夫以車輛號數，搬貨夫搬貨入車時須逐次找尋車號，終可裝入正確之車輛。

（2）固定到達目的地之車輛，即到達某地之車輛需固定於一地，搬貨時收貨司事僅告訴搬貨夫以貨物目的地，故搬貨夫須牢記到達各目的地車輛之停留處，搬貨夫記牢各車輛之位置後，仍可將貨物裝入指定之車輛。

（3）規定裝車固定號碼，即每一號碼表示不同之目的地及車輛之種類，故此號碼即代表車輛不同之使命，於搬貨時收貨司事僅告訴搬貨夫以裝車號碼，搬貨夫即可直接搬入該固定號碼之車輛，至於該車係有何種使命，並不須搬貨夫牢記，各號碼表示之意義有裝車號碼規定，并由專人負責指示各貨之裝車號碼，以便搬送。

上述三法雖均能使貨物裝入指定之空車，但前兩種實有違背搬貨原則之處，以第一種而言，車輛停放空車並非依車輛號數之先後次序，車輛號數更非聯號，故搬貨夫搬貨入車時，須逐次找尋應裝入之車輛號數，直至尋得為止，故此方法雖能裝入指定之車輛，但使裝車時間延誤，并使搬貨夫周轉不靈，一部份貨物仍擠塞貨棧，不能隨收隨裝，長此以往則貨棧必因擠塞而影響收貨，使未能運之客商等候，已能運之貨物亦不能當日運出，雖有空車編排計劃亦不能發揮其作用，故此方法未可採用也。再以第二種方法言之，亦有未合理之處，首先下級工作人員不委令其擔負思考工作，否則易錯誤，今以搬貨夫牢記各目的地車輛之位置，固屬困難，即使搬貨夫能記憶各車輛之位置，亦可能由於一時之疏忽而誤裝，其次能記憶車輛之位置者祇限於經驗豐富之老搬貨夫，若更換新人則必須經相當時期始能記憶，否則根本不能充任，故此辦法最易發生錯誤，工人亦不易訓練。為補救以上兩種方法之不便計，乃有裝車號碼制度之規定，一方面搬貨夫不須逐次找尋應裝車輛號數，一方面不須記憶各車輛之使命，凡能識數字之有力工人均可充任，故裝車號碼制既能減少，搬貨工作之延誤，又能使工作簡單化，實為該方法之優長處也。

裝車號碼制度實施之方法　凡列入容車線之容車均有其不同之使命，此不同之使命皆以一固定號碼表示之，故每一容車均有一固定號碼，每號碼之第一位字表示該車停放之軌線，第二三各數字表示該車輛在該線上之次序，例如第一線第一輛車應為11；第二輛應為12，第二線之第一輛應21，第二輛應為22，餘類推，各號碼縣掛於兩棚之下，或在其他適當地點顯示之。

容車線之多少視鐵路業務之數量而異，長短亦須配合棧台之長，搬貨夫搬貨入車之方法有二，一為利用配對車門之方法，即將放入容車線之車輛排成相對之地位（SPotted door to door）則乎車可經第一線之車輛直接到達他線之車輛，二為兩軌線之間鋪小月台（Islant Platfoorm）亦稱搬貨棧台（Tucking Platform）並有聯絡棧台以溝通之台，俾搬貨夫可經聯絡棧台到達各搬貨棧台而裝貨入他線之容車。

各裝車號碼之意義有一裝車指南（L.C.L.Loading Instructions）為之規定，包括車輛之種類及到達之目的地，如為中轉零擔則註明有可以中轉之地名，如為沿途零擔則註明有該車之起訖站名，茲舉數例以明之，（中國地名為假設者）：

CarSPotNo.	Destination of Car	Points Included
11	往天津整車零担車	
12	往山海關整車零担車	
13	往濟南中轉零担車	津浦路，濟南以北，膠濟路，平綏路及北寧路各站
15	某段沿途零擔車	某終點站至某終點站

各號碼既於裝車指南中說明固不必搬貨夫明悉其意義，收貨司事祇須告訴搬貨夫以裝車號碼，搬貨夫不必知貨車放置何線何位，不必費時尋找，直接可搬貨入車，且有配對車門制或搬貨站台之設備，故容易搬入他線之貨車。

裝車查對制度之必要　鐵路既經實行裝車號碼制度（Car SpotNumber system）以後又必須實行裝車查對制度，實行此制之原因可分列各點解釋之：

（1）防止搬貨之錯誤　搬貨夫不能毫無憑據搬貨入車，因所有車輛皆以數字代表，如僅憑搬貨夫之記憶，最易混殺，祇須一字之差即使貨物之到達目的地相差甚遠，故須有裝車查對票交搬貨夫隨同搬入貨車。

（2）校正搬貨之錯誤　雖有裝車查對票為憑，亦難免有誤，但即使有誤，收貨司事立刻可查出而加以糾正之，否則將使應從甲站之貨而運往乙站，則誤運與少裝事故發生矣！

（3）便利事後之查考　如事後發生任何事故即可檢出裝車查對票以作查攷。

裝車查對制度實施之方法．　收貨司事承運客商貨物後即將託運單（Shipping order）交路線司事（Route Clerk）或稱編號司事（Blocking Clerk），該司事熟習裝車指南即某地之貨物應裝入某一裝車號碼之車輛由其指示，例如有運往甲地貨物一批，該地之裝車號碼為33則路線司事即於託運單上書「33」，託運單經註明裝車號碼後，仍交還收貨司事，收貨司事再根據託運單作一裝車查對票（Return Ballot），查對票之內容普通包含下列各項：

（1）託運單號數（Pro or waybill Number）
（2）裝車員工班數（Gang Number）
（3）搬貨夫號數（Trucker Number）
（4）貨物件數　（Number of Pieces）
（5）貨車號數　（Car spot Number）
（6）號碼印章　（Ballot Number）

The Pennsylvania Railroad waybill
or

Pro Number	68
Gang Number	4
Trucker Number	2
Number of Pieces	1

Car Spot No
33

Ballot No
33

Checked By

收貨司事將查對票內之裝車號碼 Car spot number 與其他各項按託運單填註後，即將查對票連同貨物交搬貨夫。搬入該裝車號碼之車輛。例如查對票內之裝車號碼為33，則搬貨夫即將貨物搬第三軌綫第三輛車中，每車有一裝車號碼圖記（Bal otstamp）（與一印泥盒，由清晨打掃貨車工人置放，搬貨夫搬入貨物以後，隨即將此章蓋於查對票上，如蓋於查對票上之號碼與原填號碼相符，則搬貨無誤，否則貨物必誤裝他車。搬貨夫蓋章後仍須將該票帶回貨棧交由收貨司事查核，如發現不符，應立即糾正之，即將貨物由誤裝車輛中搬出，重新裝入指定號碼之車中，如收貨司事核對無誤，即應於查對票之末尾簽字證明，並依號入檔存查。

上述裝車號碼制與裝車查對制非但適用於起運貨棧，亦適用於中轉貨棧，其辦法均同。

我國鐵路實施裝車號碼制與裝車查對制之困難及應有之改良

實行裝車號碼制與裝車查對制，目的在配合空車編排計劃，使達於搬貨之重複與搬貨之迅速無誤，然如其他條件不足，則雖有此制亦不能單獨奏效也。茲述中國鐵路阻礙裝車號碼制與裝車查對制實施之原因如下：

（1）缺少空車編排計劃　我國鐵路不採隨收隨裝之制度，故亦無空車編排計劃，一爲貨門收入貨物記，一爲由貨倉搬入車輛，且搬貨入車乃先搬裝一車完畢後，再行搬裝他車，故無採用裝車號碼與裝車查對制度之必要。但此種辦法，並非健全制度，一方面使貨物不能當日運出，一方面使貨物堆存貨棧，佔用較大之面積，堆存過多，則有礙收貨之工作，且搬貨時若誤送車輛，事後亦無從查核，故裝車號碼制與裝車查對制實爲不可少者，然欲實行此制則非有空車編排制不可。

（2）缺少車輛　車輛不足亦爲中國不能實行先車後貨原因之一，故只能按各站收貨之多少而分配發給車輛，貨物不能隨收隨裝，故亦無採取裝車號碼制與裝車查對制之必要。

（3）不採配對車門制或搬貨站台　因不採配對車門制或搬貨棧台，貨物不能搬入第一線以外之車輛，故雖先有空車之準備，亦不能隨收隨裝，必須待第一線裝車完畢，調往車場，另將他線之車輛調往第一綫始能裝車，故其他裝車綫僅爲停放空車之用。

（4）不採手車搬貨　我國鐵路搬貨均僱用人工挑扛而非手車搬送，故搬貨遲緩，如實行裝車號碼制與裝車查對制後，貨物搬一批即須送往貨車，如送入第一綫尚不感難困，如須收送他綫，因距離太長，以人力扛挑，往返必費時甚久，搬貨夫必感周轉不靈，則貨物仍不免擁塞貨棧，貨物仍不能當日運出，而裝車號碼制與裝車查對制亦失其作用也。

由上述之原因致使我國鐵路無實行裝車號碼制與裝車查對制之必要，若戰後中國鐵路改用裝車號碼制與裝車查對制，必須針對上述原因改良之：

（1）制定空車編排計劃　欲達裝運迅速之目的，必須有空車編排計劃之制定，使有空車之準備，貨物即可隨收隨裝，而裝車號碼制與裝車查對，亦自有採用之必要矣。

（2）增撥車輛　若有空車編排計劃，而無車輛，因亦不能隨收隨裝，若車輛不足，則使一部份之貨物仍不能隨收隨裝，故車輛數目必須配合空車編排計劃。若全綫車輛不敷需要，零貨車仍應十足撥給。

（3）採取配對車門制或搬貨站台　將留放裝車線之空車配成門幅對，使搬貨夫可由第一綫直接搬貨送入，其他各綫之車輛，或於裝車綫之間建築搬貨棧台，並由聯絡棧台聯接，使搬貨夫同樣可以搬貨入第一綫以外之車輛。若因此而使搬貨距離太長則須隔相當距離配對車門一次，以縮短之。

（4）採用手車搬貨　爲使搬貨夫周轉靈敏起見，須用手車搬貨，使貨物不經搬進貨棧，採用手車搬貨後，非特迅速，且便於過磅工作。蓋貨物可在手車上過磅，不必逐件處理也。

上述之改良，僅限於搬貨方面者，亦爲與實行裝車號碼制與裝車查對制關係至切者。我國鐵路戰後之改良，固不限於此方面，因鐵路辦理貨運業務，各部工作相互牽連之關係，舉凡收貨，搬磅，搬貨，裝車，起票各手續，無一不足以影響起運之緩速；搬貨工作影響於裝車號碼制與裝車查對制之實施固屬密切，而收貨與過磅工作又未嘗無關係，故欲使整個業務能推行無阻，若非全部徹底改革，一制之良善實不足以奏效也。

——完——

改善戰後吾國鐵路大站行李房之芻議

張昭經

戰前吾國鐵路大站行李房設計之乖方，制度之錯誤，雖不若貨棧貨場之甚，而其零亂無序，荒時廢事，亦足使旅客視行李掛牌爲畏途矣，考其故，旅客之託運行李，大都均由站上脚伕照料，而所謂行李司事者，反藏身於行李房內塡寫繁複之行李票，而無暇招待旅客，且行李不但輕重不分，更混淆性質迥異之包裹，業務於一處，於是，員工人手既少，事務又繁，工作效率無形降低，以致旅客託運行李，必在櫃前久候，且爾擠吾攘，備極亂之狀，旅客因不堪其苦，遂多攜行李於客車上，錯縱堆放，不但有損車內之整潔美觀，抑且之礙車內之交通，其流弊所及，實足毀損鐵路整個客運業務妨聲譽而有餘也。

戰時鐵路設備因陋就簡，運輸益感困難，固已不再修求便利，然盼勝利在握，鐵路即將復員，不但須接收陷區二萬餘公里之舊路，且須興修中國之命運所示二萬公里之新路其工程設計，其管理制度，若仍沿用戰前之舊法而不加以徹底之改革，則勢必重蹈覆轍，奚能管現鐵路最高效率，良優業務，與最低費用之目的了，爲求雨綢繆計，乘此準備時期似非作一詳細之研討不可，惟鐵路設計與管理問題既繁且多，今所論者僅其中之一端而已。

竊思戰前吾國鐵路行李房所以混亂之原因，綜合之，不外下列五點：

一、輕重行李之不分。

二、行李房位置設計之不當。

三、行李房形式之不良。

四、包裹與行李之混淆。

五、到達行李保管制度之不善。

吾人須先明其原因，乃可與言改良之道，今將各點分別討論如次：

（一）輕重行李劃分問題：

查，按鐵路客運終點大站，每日旅客人數恆以數萬計，其行李之託運數量必不在少，若輕重行李不予劃分，其弊病所及可得而言者有三、鐵路承運行李，定有旅客攜帶之免費重量，而笨重行李大都逾重，故須有過磅，計費等之手續，而輕便行李鮮有逾重者，故無須過磅，計費，僅需掛牌而已，性質既異，處理之方式和場所亦應不同，若混合一處，即易起紛擾，此其一，行李數量既多，而輕重又不予劃分，則行李櫃台之地位有限，勢難容納同一時間內接受之輕重行李，致使旅客擁塞於櫃前久候，不勝其苦，此其二，笨重行李亦須在站內託運，則勢必使挑夫在站內搬轉行李，徒增站內不必要之擁擠而擾亂秩序，此其三，故按美國鐵路承運行李之辦法，皆將輕重行李予以劃分處理之，以收工作專一，處理迅速之效，且可避免旅客之擁塞受害，而車站秩序良好猶其餘事耳。

（二）行李房位置設計問題：

查吾國鐵路大站行李房之容積既小，而位置設計亦欠合理，按美國辦法，收受笨重行李之處所設於站房之旁，而前面應即為街道，使旅客之笨重行李，由車上攜下者即可直接送入該處，不必另覓挑夫攜入站內託運也。且該處收受行李之門不止一道，即使有多數旅客同時託運，亦可使各門同時收受，以收分工合作之效，故旅客無須有久候擁擠之苦，省時省事，莫此為甚，該處名曰行李室 Baggage RooM ，旅客將行李交付後即由行李室發給一極簡單之臨時收據，以備旅客持此收據於購票完畢後，可順向向處理輕便行李之掛牌處 Checking counter 換取正式行李票，而行李房內即可進行過磅，並將磅條送至掛牌處，俟旅客前來換取正式行李票時，即可據以收取逾重行李費，故輕便行李掛牌處之位置大都設於站內售票房之旁，其從事辦理輕便行李掛牌及笨重行李換票之一種任務，因輕便行李之託運僅為一簡單之掛牌手續，無須有過磅，計費等之雜事，故二者雖在一處工作，決無混雜之狀，且行李司事因工作簡化後可以鵠立櫃前，接待旅客，故旅客有賓至如歸之樂，與吾國較，實有霄壤之別，蓋吾國鐵路之行李房大都設於站內，不與外界街道相接，笨重行李非繞道站內，無法託運，故管理上及設計上均不容許輕重行李之分別處理焉！

（三）行李票式之簡化問題！

戰前吾國鐵路所用之行李票，都係三聯薄紙票式，用時不論逾重與否，皆須逐項填寫，若該種填寫之項目，又皆無管理上之作用者，則徒增手續之麻煩耳，查旅客所帶之行李以免費者居多，免費行李之託運既無收費之必要，則行李票之形式與製發手續大可使之簡化，以收省時省事，按美國之行李票，不論免費與否，皆一律用硬紙票式，用於免費行李者為二聯，一交旅客隨行李，票上早有印就之到達站名與行號碼，用於逾重者有三聯，即多一報會計處聯，一旅客託運李時，如屬免費即無填寫收據之手續，與吾國之繁重手續相較相差頗巨，若吾國不論免費或逾重，皆一一與以過磅，填寫重量，然明知其不逾重，又何必多費手續，捨簡而就繁徒增麻煩耶？輕重行李劃分處理後，其行李票式若不簡化，則掛牌處仍難免擁擠，欲竟全功，非二者相輔而行不可。

（四）包裹與行李之劃分問題！

吾國包裹業務即美國之捷運業務 Express Service 為鐵

路客運附屬業務之一，其功用可輔助鐵路貨運業務與郵政包裹業務之不足，在戰前吾國鐵路因包裹行李往往合裝一車，故起運和到達亦常混淆一處辦理，按包裹純爲貨物，其性質實迥異於行李，行李尙須有輕重之分，包裹怎可與行李混合？於美國鐵路，捷運業務由鐵路捷運公司Railway Express Agency承辦，在大站自與行李截然劃分，吾國雖無此種捷運公司，惟鐵路亦可按處理笨重行李之方式，另闢門道專收包裹以收工作專一之效。

（五）到達行李保管制度問題：

查戰前吾國各路之辦法，所有行李運至到達站後，即由車上卸下送至行李房，旅客持行李票前往領取時，由行李員核對號碼，按件提取交付，然因堆放無序，往往尋覓堆疊，以致檢認費時，交付手續爲之遲緩，殊非促進工作效率之道，按美國方法，到達行李之保管，亦以予輕重之分，重者存放於地上，輕者置於架上，不論架上以及牆之四周，皆編有號碼自〇至9，凡到達行李之堆存可按到達行李票號碼之倒數第二字爲類別，如此數爲3即堆入3之位置內，妥爲堆放，是以井然有序，提取極快，既便旅客，復省人力，至於保管行李之地位，必須寬暢敷用，切忌屑屑堆疊，以免牽一髮而動全身之弊。

上列各項問題討論既竟，可知如欲提高吾國戰後鐵路火站行李房工作之效率，增進旅客之便利，似非切實實行下列五項之辦法不爲功請列舉之於後：

一、實行輕重行李劃分處理之辦法，前者之處理在掛牌處，而後者之收受在行李室，二者不相混淆以利工作之進行。

二、行李室之位置應設於站屋之旁，收受笨重行李之門道應沿馬路而開設，並應按照需要設置門道數目，以便同時收受多數之行李，以便送入站內掛牌處託運，掛牌處之位置應設於站內售票房之旁，以便旅客隨向換取正式行李票或託運輕便之行李。

三、實行簡化行李票之形式，不論免費或逾重，概用卡片式之硬紙行李票，前者應預先印有到達站名，務使行李司事臨時無須填寫，而可立於櫃前，招待旅客，既使旅客感覺方便，又可增進工作效率。

四、實行包裹與行李劃分處理之辦法，另闢包裹房專辦理包裹之託運，其方式可仿照處理笨重行李之辦法，惟無須另由掛牌處換取正式收據之手續，因當場即可製發包裹票也。

五、實行到達行李之合理保管制度，按行李票號碼之倒數第二字予以分類，並按先後次序堆置，且更將到達之輕重行李予以劃分安放，以免夾雜混淆，而期提取迅速。

上述五點，輕而易舉，皆非難能之事，今特加以討論，以供戰後吾國鐵路復員時之參考。

客貨列車運轉特性之分析

陳順庠

溯自英人史蒂芬遜 George Stephenson 一八二五年，發明鐵路之初，其應用之範圍，首爲旅客運輸。是時行運尚輕，對於社會經濟之裨益尚小，嗣後鐵路工程及管理逐漸改善，運輸日趨發達其業務亦由旅客運輸擴充至於貨物運輸，於是鐵路任重致遠之功能大顯，促進工商實業，繁榮國家社會，厥功至偉。今之言鐵路者，莫不孳孳以減低運價，發展貨運爲急務，而習管理者，更又孜孜兀兀於貨運，安全效率經濟之講求，無論就設備管理言，抑就需要性觀察，貨運實駕客運而上之。

鐵路辦理客貨兩種運輸，有其共同目的，即係求得運轉之安全效率與經濟是也。惟在管理方法上，彼此頗有出入，蓋以兩者各有特異之處，旅客列車所運轉者爲人，貨物列車所運輸者爲物，對象不同，因而運轉辦法各異，適用於旅客列車者，不必合於貨物列車，反之亦然，如以同一方法用於兩種運輸，務必錯誤百出，弊害叢生，至以言客貨兩種列車運轉之特性，吾人可分左列數端申述之：

（一）客貨在行動上之差異　考客貨性質之最大差異，厥爲貨物不能自動，必待他人爲之裝卸，至於旅客，則能自行上車下車，一切均能自料，故在客運方面既無裝卸問題，復少錯裝，誤運之事故，管理亦較簡易。但貨物之上下車輛，則非有人搬動不可，貨物起運站需有裝車工作，在到達站又有卸車工作，甚至有時須在中途站分類集合轉車，即此一端，足見貨運事務遠較繁難，所需管理方法亦至繁多。

（二）客貨在分等上之差異　旅客運輸之分等情形，各國不盡相同，在美國概不分等，即在分等最多之國家，亦不過分爲三四等級而已，故客運之分等問題簡單，而其運價亦無深加研究之必要，至於貨物之種類，則極爲複雜，不特包括一切可以移動之貨物，且有包裝問題，蓋相同之物，往往因包裝辦法不一，以致運價等級不得不有高低之分，加以貨物因有輕笨程度之差別，損失可能性之大小，亦使分等工作倍加困難，而運價之釐訂，亦爲極繁瑣之工作。此外同一貨物僅以託運數量及目的地有多有少，致與裝運辦法大有影響，有可作爲整車者，有當作爲零担者，而在後者又有整車零担中轉零担與沿途零担之分。由是以觀，可知貨物之種類與分等，均較旅客複雜，實爲貨物列車運轉困難之又一原因也。

（三）客貨在季節變化上之差異　貨物常因生產條件，及商業習慣之關係，運量時有變化，以致形成旺季或淡季。如糧食一類之運輸，多在秋季，肉類之運輸，淡於夏季，其他果品菜蔬等物，亦有季候性質。凡此種種，均有加重貨物列車運轉困難之影響。至於客運方面，雖亦偶有季節變化，如暑假及學校假期之時，常須加開旅客列車，然此情形至少，抑且處理較易，不能與貨運者相比也。

（四）客貨在往返運量上之差異　貨物既有生產地，又有銷售市場，生產地之運量，出多入少，而銷售地之運量，則係入多出少，前者如礦區與工業區，後者如大商業都市或大輸出港，是皆由於自然之條件，造成運量及種類上之不平衡，地域分工之程度愈大，此種不能平衡之情形愈甚。但在客運則不然，蓋旅客通常均有一定之住處，今日因事出外，他日終須返家，故在長期之內，往返之客人，多能維持平衡，即或稍有出入，相差有限，亦可以原有列車應付之，不至影響車次之增減也。

（五）客貨列車在處理上之差異　客貨之性質既異，故在列車處理上須用不同方法，方可達到運轉安全效率與經濟之最高峯。茲就主要各點言之如左：

（1）單據方面　鐵路開行貨物列車，需用多種票據，以為管理之工具，在託運時，有託運單 Shipping Order 裝車時有裝車單 Return ballot 而在途中運行時又有貨票 Waybill 或車票 Card waybill or slip 交付時又有提貨單 Bill of lading 等項單據。若夫旅客列車，則除客運而外，僅有行李票而已。故在貨運方面之內部工作亦較客運大為繁複，且須與外部工作，時時密切配合，方能提高運輸之效率。

（2）編車方面　無論開行客運列車，或貨運列車，均有編車之手續，所不同者，在於繁簡各別而已。申言之，客運列車通常僅有始發站之編組，而貨運列車，則又多有沿途各站之改編。其所以造成此區別者，蓋由兩種運輸單位大不相同，前者之運輸單位為客人，後者之運輸單位為車輛，客人一經行抵目的地，即可自行分別下車，或換車，不必將車輛摘下，故旅客列車一經起站編組即可固定行駛，事後甚少變更，而無中途改編問題，即令間或偶有增減一二車輛之時，亦不至牽動大部分之車底。至於貨物一抵到達站，則須將整個車輛摘下，且為題合機力以求運輸經濟計，應將起站不同而到達站相同之車輛合併編組列車，故在中途非有改編之辦法不可，如貨物能如旅客自行改換列車，則中途亦無編車之必要矣。

（3）速度及載重方面　旅客列車所掛之車底通常不過十餘輛，載重甚少；貨物列車則不然，少則數十輛，多至百餘輛不等，二者之輕重相差極大。至於行駛，則又貨物列車不如旅客列車遠甚。良以載重與速度，二者不可得兼，貨物列車之主要功能，係在裝運大量之貨物，而旅客列車則以行駛迅速爲要着，兩種列車偏重之點不同，故在規定列車速度及載重上不可採用同樣之態度，否則即將鑄成重大錯誤。

（4）空車里程方面 貨運因有變方不能平衡之情形，往往加多大量空車之行駛，以致空車里程特多，而在旅客列車，可以雙方運量大致相差不多，且各列車均係根據實際需要開行，故其結果僅有多寡之別，鮮有整個車輛之空出。至於空駛之列車尤爲少有之事。因而空車里程較少，問題不如貨運方面之嚴重，惟在近郊客運業務方面則以早晚運輸限於同一方面，致有返回空車之必要，頗與貨運方面放回全部空車之情形相似，是又不可不加分辨者也。

論鐵路貨車運轉之特性

金淑烈

考鐵路之所以能任重致遠成爲現代運輸之主要工具者，實以其運輸效率大而其運輸成本低之故，而其所以能致此者，則又端賴鋼軌之利用，蓋車行軌上，阻力大爲減少，於是載重可以增加，而速度亦因以提高。既有利用鋼軌減少阻力之優點，故鐵路貨車遂無個別裝置動力之必要，於是貨車可與動力分離，專供裝載貨物之用，査鐵路運轉所以有此特性者，其目的無非在求運轉之經濟與效率易言之即貨車結隊行駛以獲經濟，與夫脫離動力裝卸以求效率是也。玆就此兩點闡明之如次：

一、鐵路貨車結隊行駛之特性 車輛與動力脫離後不能單獨行駛，而須藉機車爲之牽引，始能運轉，惟鐵路機車之牽引力甚巨，少則數百噸，多則千餘噸，而近代機車，更有能牽引數千噸者，反觀每一貨車之重量，通常率不過三四十噸，是以爲充分分利用動力計，貨車遂有結隊行駛之必要，即將數十輛乃至百餘輛貨車，結合成隊由機車牽引之，以成鐵路術語中之所謂列車 Train 使機力不至虛費，運轉乃臻經濟。蓋若每輛貨車仍由一輛機車個別牽引，從事運轉，則所需機車輛數將與貨車輛數相等，非特不能發揮利用鋼軌行駛之優點，而機車與車輛分離之作用，且亦無從實現矣。否則機車不敷應用，大部分空重車輛均將停滯不前，運輸陷於停頓。其爲害尤可想見，爾時鐵路耗用巨資以鋪修鋼軌，誠爲得不償失，由是觀之，利用鋼軌行車，則得車輛與動力分離之優點，而車輛與動力分離以後，則貨車非結隊行駛不可，於是效率大，成本低，任重致遠非所難能矣。

至於每一機車牽引若干貨車，從事結隊行駛，則須視機車能力，路線坡度，站道長度，列車速度，以及每車平均載重，列車編組政策等因素而異，並無定則可言，故貨車如何集合成隊，以達運轉經濟，實為鐵路運轉工作中之一極重要而複雜之問題，蓋貨車運用不當，其影響可及，初不限於機力之虛耗而已，而且使各段多開列車次數，增加列車運轉之費用，減少正線軌道之容量，其耗費實不可勝計也。

總之，鐵路貨車結隊而行，為鐵路運轉之基本特性，其效率之高，成本之低，即由於此，而其工作之繁，管理之難，亦由於此，特以貨車之有機車，猶船舶之有拖駁，與之比擬，誠有小巫見大巫之感矣。

二、鐵路貨車脫離動力裝卸之特性　鐵路貨車結隊行駛，雖已能收列車運轉經濟之效，然若各車仍在列車行進中裝卸，則其耗費，仍不可勝數。考鐵路運轉之階段，不外二種，一為站務，一為運務，而裝卸即屬於後者，在運務方面既以列車結隊行駛之方法，以取得運轉之經濟，若在站務方面，不知採用貨車脫離動力而裝卸之方法以配合之，則得之於彼者，失之於此，仍有虛耗機力減少正線容量之患。良以機車運用程度之高低，一在載重之多少，一在週轉之緩速，貨車結隊行駛，而後機車之載重可多，貨車脫離動力裝卸，而後機車之週轉可快，此其一。正線容量之大小，一面視列車次數，一面視列車速度而言，貨車結隊行駛，則列車次數可少，貨車脫離動力而裝卸，則列車速度可高，二者皆足以增加正綫之容量，此其二。推原其故，則皆以貨車裝卸之手續複雜，費時究長有以致之。故當車輛裝卸貨物之時，必須與動力脫離關係，一俟裝卸完畢而復將各重車輛編成列車行駛，庶幾裝卸時間之長短，僅能影響貨車，不必影響機車，於是二者可免相牽制之弊，而列車平均速度亦可因以提高矣。不寧唯是，貨物裝卸非特不若旅客之能迅速上下，且以貨物種類繁多，裝卸之時間不一，裝卸之地點不同，故各貨車須採取分散形式，而後乃可進行裝卸，裝卸既畢，始可由分散而集合，集合以後，始可編成列車而與動力發生關係，此又貨車所須脫離動力而裝卸之另一原因也。有此原因也，故貨物列車遂不能有固定之編組，而其編組工作亦遂不能如旅客列車之一勞永逸矣。

貨車裝卸不與動力脫離者，僅沿途列車中之沿途零担車而已，此則由於其裝載內容之特性使然，實不得已而為之者。蓋沿途零担車內之貨物零星，其目的地點不一，不能全車一起處理，而須沿途逐站裝卸，其處理雖不經濟，然因事實上有其必要，未能以其不經濟而去之。由是以觀，凡全車之貨可在一地裝卸者，其裝卸莫不在動力脫離時為之，沿途零担車之中途裝卸，僅為唯一之例外，然此祇佔全體運量中之一小部份，而絕對大部分之貨車莫不脫離動力而裝卸，故其影響所及亦微末不足道也。

人提貨之用意及方法與吾國鐵路應有之改良

周森光

緒言

夫鐵路貨運業務，乃一繁雜龐雜之工作，須有嚴密之管理制度貫徹始終，隨行不懈，方能期辦理完善。而交貨爲全部貨運業務工作過程中最後一步，其辦理之良窳直接影響整個貨運業務之優劣，然欲辦理完善，亦非輕而易舉，須有合理之交貨制度以管理之，今未論交貨制度之前，似有一述交貨原則之必要，蓋原則爲管理制度依據，制度爲管理原則之實現，二者關係之密切，當不待言也。

第一節 交貨之原則

交貨之原則有三：（一）防止誤交貨物須交予正確主有人，無論因誤交予乙，而乙拒絕交予甲，或貨物被假人冒領，此均爲誤交貨物，有誤交則必生糾紛，對於鐵路客商均爲不利，故須認明收貨人方可交貨。（二）便於提取交貨手續須力求簡單而簡便，處處顧及客商便利，切勿以繁文縟節之規定，使客商受無謂之苦（三）明定責任貨物有損壞短少等情事，交貨時須當面點交明白，確定賠償責任，以免有損鐵路之利益。

第二節 直交貨物之意義

鐵路所運貨物，依提貨單之性質區分爲二：一曰直交貨物（Straight shipment），二曰押匯貨物（Order-notify shipment）。直交貨物與押匯貨物之基本異點在於直交貨物託運時鐵路所簽發之提貨單稱曰普通提貨單（Straight bill of lading），爲一種普通單據，不可背書轉讓他人之無價票據也。押匯貨物託運時，鐵路所簽發之提貨單稱曰特種提貨單（Order bill of lading），其內容與普通提貨單同，然可背書轉讓他人，爲一種有價證券，此其一。直交貨物之主有權在普通提貨單已簽發，貨物已運前後即直接屬於收貨人，故直交貨物之收貨人爲無條件收貨人，而押匯貨物之主有權，在託運人未將背書轉讓他人以前仍屬託運人保留，收貨人經履行其應盡義務後，方能獲得貨物之主有權，故押匯貨物之收貨人爲有條件收貨人，此其二。鐵路辦理直交貨物交貨手續時，只認人不認票爲原則，而押匯貨物則以認票兼認人爲原則，此其三。綜上所述，可見凡簽發普通提貨單之貨物，其主有權不須經過背書轉讓之手續即直接屬於收貨人，而交貨時以憑人提貨爲原則故有直交貨物之稱。

第三節 憑人提貨之用意

普通提貨單僅爲一種普通通知收貨人之單據，並非提貨之憑證。由承運站簽發予託運人，再由託運人郵寄收貨人，多次輾轉寄遞，故時有忘寄，遲寄，誤寄，遺失，或遲到等意外事故發生之可能，鐵路爲便利客商提貨，並爲防止誤交貨物計，對於直交貨物交貨時以認人不認票，即憑人提貨爲原則，蓋上[illegible]隨時有[illegible]可能，倘鐵路憑票交貨，則萬一提貨單落於宵小之手，貨物即有被人冒領之虞，今以憑人提貨為原則，有提貨單亦不能提貨，則宵小之[illegible]覦是管理上有防止誤交之作用，且提貨單或未能及時寄遞，但須貨物已運抵到達站，收貨人即可提貨，不必等候提貨單寄到對於客商便利[illegible]一點。

第四節　憑人提貨之方法

美國鐵路對於[illegible]交貨物[illegible]用認人不認票即憑人提貨之方法，但[illegible]周密，對於客商[illegible]便利，可供吾人借鏡之處良多、茲概述於下以供參考：

（一）常用收貨人（Consignees known to the station Agent）。對於鐵路交貨長久深切熟識之客商稱曰常用收貨人，此種客商本人或商號負責提貨人親自來站提貨，於辦理應辦手續後，站方即可無條件將貨物點交收貨人，然須在交貨收據（Delivery Receipt）上簽收，同時須將領貨人之姓名相貌，交貨時間並對收貨人之汽車牌號記下，以防萬一。如提貨人係代理者，若收貨人並未親來領貨，而委託搬運公司代理提貨者，事先須給貨棧一委託領貨通知書（Standing order），同時須發給受託搬運公司一委託代理提貨證明書（Delivery order），收執，以為代理收貨人之身份證明文件，上有收貨人之簽署，持有者為代理提貨證明書之搬運公司，鐵路車站即可將貨物妥為點交，總言之凡為直交貨物，收貨人為常用收貨人，則無論收貨人親自提貨，或委託搬運公司來站提貨，鐵路認識其為正確主有人，即可無條件交貨，手續簡便，而管理上亦有防止誤交之作用。

（二）非常用收貨人（Consignees unknown to the station employees）　對於鐵路生疏不熟識之客商稱曰非常用收貨人，交貨時仍以憑人提貨為原則，但其方法與常用收貨人稍有差異，即收貨人除持有鐵路車站所發之貨到通知書（Notice of arrival）外，同時須持有足資證明身份之文件，如託運人寄來之文件，發票，銀行之電報，或其他收貨人身份證明文件均可，鐵路對於持有收到通知書須身份證明文件之收貨人，當可確定其為正確收貨人，故亦可依常用收貨人同樣簡單手續無條件交付貨物予收貨人，以完責任。

至於押匯貨物雖以憑票提貨為原則，然鐵路對於收貨人亦必須確定其明方可交貨故亦有憑人提貨之用意在焉。

第五節　吾國直交貨物交貨制度之探討

吾國鐵路所採用之提單有二種；一曰貨票收據聯相當於美國之普通提貨單，一曰提貨單相當於美國之特種提貨單（Order Bill of Lading），依吾人之普通觀念想像，所用之提單性質相近，則其交貨制度當無大異，然深加研究分析，則吾國鐵路所通行之直交貨物交貨制度多不合理，與美國之交貨制度互殊其途，蓋簽發貨票收據聯之貨物即為直交貨物，其交貨時應以認人不認票（即憑人提貨）為原則方為合理，然吾國鐵路則反是，無論直交或押匯貨物均以認票不認人（憑票提貨）為原則，如貨票收據聯因郵寄，遲寄，誤寄等事故未能與貨物同時到達，而收貨人欲提貨時須覓具鋪保填一無票領物保證書方可提貨，且須依照，規定零擔貨物每批徵納手續費五角，整車貨物每車二元（戰前數）。實際上鐵路對直交貨物鋪保之資格并不加以嚴格考查，故貨物頗有被人冒領之可能，且貨票收據聯落入他人之手，雖非貨主亦可向站方提取貨物，故在管理上未能產生防止誤交之作用，單按憑票提貨之規定倘貨票收據聯未能及時寄達，則收貨人又有覓保具領之煩，殊亦不便，路方有鑒於此乃有代遞貨票辦法，即貨票收據聯交列車車長攜帶，隨同貨物到達，以免遲到之弊，起運站則對託運人發一代遞貨票回執發存，以清手續。其代遞貨票辦法及收貨人提貨手續可爲分述如下：

（一）常川收貨人　常川收貨須在到達站註册，並於印鑑簿上留存印鑑，貨票收據聯由車長攜帶到達後收貨人可憑印領票，然後憑票提貨，故仍以憑票提貨爲原則。

（二）非常川收貨人　未在車站註册，亦未留有印鑑之收貨人，須具保領貨，再憑票提貨，惟不必繳納無票領物手續費。

由上所述，代遞貨票辦法，貨與票雖可同時到達，對於常川收貨人便利固多，然對於非常川收貨人，仍須具保領貨，再行憑票提貨，較諸舊法更形不便。且代遞貨票手續浩繁，若能改用憑人提貨之制，則此項無謂手續即可免除，可見代遞貨票一法仍非根本改良之圖也。

第六節　吾國鐵路直交貨物交貨制度應有之改良

吾國鐵道管理人員，對於貨票收據聯及提貨單二者性質混而不分，故對於直交貨物之交貨制度往往亦以認票不認人（憑票提貨）爲原則，因是在管理上未能產生防止誤交，便利提取之作用，茲借鏡美國優良之制度，以人之長補己之短，對於吾國直交貨物交貨制度根本認人不認票之原則擬議改良辦法如下；

（一）常川收貨人　常川收貨人應在到達站註册留印，並由站方發給提貨簿（Delivery Book）一册，以後收貨人提貨時，無須多費憑印領貨而又憑票提貨之手續，憑印憑簿即可提貨，無須將貨票收據聯交驗也。提貨簿之作用在防止宵小偽刻印章冒領貨物，故有與印鑑並用之必要。：

（二）非常川收貨人　非常川收貨人在第一次來站提貨時須持有貨到通知書及貨票收據聯，或由他人證明其身份，鐵路方可交貨，以符憑人之原意，自第一次提貨後，當時鐵路即發給各商提貨簿一本，以後提貨即可憑簿而無須憑票，倘收貨人願留印鑑則更佳，如此非常川收貨人經一次提貨之手續後，即可變爲常川收貨人，提貨手續由是化繁爲簡，管理上亦能發揮防止誤交之作用。

上述方法，倘予實行，則代遞貨票辦法即可廢止，既省無謂手續而防止誤交便利提貨之目的均可一一實現矣。

論手車搬貨及配對車門制度與吾國鐵路應有之改良

余益鵬

一、引言　吾國鐵路事業雖已興辦有年，然管理方面諸多未合學理者，上層管理者既不加以改善或竟置若罔聞，而下層工作者乃自出心裁，但憑常識行事而已。欲求今後之改善，非從精研外國鐵路管理之法着手不可，茲就貨運業務中之手車搬貨及配對車門制度一項而言，卽極堪吾人效法，姑爲分論於后：

二、手車搬貨制度與其利益　鐵路收貨地點乃起運貨站，而零担貨物之託運地點則爲起運零担貨棧，託運貨物之客商將其載貨之馬車或汽車 Teams 經由貨棧外之收貨馬路，駛至收貨門戶，將貨物卸入棧內搬貨之手車 Hand truck 中，交由收貨員工接收。起運貨棧每一收貨門戶之搬貨員工皆爲一個定之組織，稱爲 Receiving gang，每門一組，每組內有收貨司事 Receiving Clerk 一人，檢點司事 Caller 一人及搬貨夫 Truckers 數人，（普通爲2—5人）。收貨司事爲一組之領導，檢點司事爲其助手，收貨司事持託運人交來之託運單詳加查閱，檢點司事則翻看並呼唱貨物之件數及標誌，俾收貨司事得與託運單詳爲核對，如無錯誤，則命搬貨夫推動手車至磅秤處連同手車一併過磅，如同批貨物分置數輛手車，則分次過磅、過磅後之總重量減去手車之皮重卽爲貨物之重量，磅畢，再由搬貨夫搬入指定之車輛，將貨物交予裝車司事而後再做第二次之搬貨，如此往返不懸，直至收貨完畢爲止。是以搬貨夫之搬貨工作，始終在平面上移動，且貨不離輪，亦不着地，卽貨物先由客商之馬車或汽車轉入搬貨夫之手車，繼由搬貨夫之手車轉入應裝之車輛，因此可免重複處理與貨棧擁塞之弊。蓋若不用手車搬貨制度，則必由搬貨夫逐件將貨物搬至磅秤處過磅，再由搬貨夫逐件搬入車輛，一事兩做，處理重複，人工時間，兩皆靡費，殊非經濟之道也。況若不用手車而代以肩負扛抬之法，則搬貨工人周轉遲緩，貨物必擁塞棧內，非但收貨工作受其影響，抑且過磅工作亦爲之延誤，致使客商等候時間加長，又非迅速便利之道也。然吾人應注意者，採用手車搬貨制度後，務令搬貨夫與手車之周轉得以迅速，否則，手車缺乏，雖收貨工作與過磅工作迅速，亦難達趕速工作之效；且若手車得以周轉迅速，則搬貨夫亦可少用，而更經濟之道也。至於如何能令手車周轉迅速，則須：（一）縮短搬貨之距離；（二）便利車輛之尋覓，此則又將涉及其他制度，姑不贅述。更有進者，西國鐵路之到達零担貨棧，亦採手車搬貨制度，卸車司事與檢點司事核對貨物之件數及標誌後，卽由卸車司事用粉筆標誌貨位號碼於貨件之上，而由搬貨夫用手車搬入指定之貨位，交予交貨司事接收之。如此，則因搬貨工作之迅速，卸車工作之效率亦爲之提高，增加車輛與人工之利用，其利益亦非淺鮮也。此外，中轉貨棧亦採手車搬貨制度以求中轉之迅速，其理與起運同。由此觀之，手車搬貨制度對於貨運業務之諸條件，即迅速，便利與經濟三者關係非淺，誠不可以小節目之也，語云：「工欲善其事，必先利其器」，此之謂乎？

三、配對車門制度與其利益　歐美鐵路搬貨至第二股軌道以上之車輛，係採配對車門制度 Car spotting system，蓋貨棧有零車編排計劃，每日夜間由調車場內調至起運零担貨棧之裝車軌道，以備翌日裝車之用，是謂貨棧排車 Locos setting，惟此時應加注意者，即調入軌道時須令各股軌道之同排車輛 Cars of the same row 調成門對門 Door to door 之部位，因各種車輛往往有長度不一者，為配對車門計，必須解鈎，方可配合，車門配對整齊後，翌日清晨，貨棧員工置放跳板 Run board 於相對之各車門間，如此，則同排之車輛即有一直道相通，收貨之時，搬貨夫推手車經磅秤處過磅完畢後，即可推手車經過跳板而達應行搬入之車輛。是以搬貨夫之搬貨距離因配對車門之法而大減，雖因調車入棧時稍增配對車門之工作，機力與時間稍有靡費，然因此而減短搬貨距離，加速搬貨工作，乃失小而得大也；況收貨工作之速乃係減短客商之守候時間，以內部之小靡費而取得對外之大便利，更為應予採行之良法。又因零担車所裝之貨物數量往往遠在貨車容量之下，故不至因午後貨物之擁塞而將此搬貨通路隔斷，可先將貨物堆置車門之兩旁，待收貨工作完畢再將貨物翻下 Levelling down，從事堆裝安排可耳，各路之中，亦有採用搬貨棧台以代配對車門者，即於裝車軌道間設置搬貨棧台 Trucking platform，亦可同樣達到第二股以上軌道之車輛，然若軌道甚長，搬貨車須繞道而行，搬貨距離長而不能縮短，為補救計，亦須每隔若干輛貨車配對車門一次，俾走道增多，搬貨夫得有捷徑可通，以資便利，故設有搬貨棧台之站，亦有採用局部配對車門之必要也。此外，到達零担貨棧，若有數股軌道，亦可採用配對車門制度，即於第一股軌道車輛之車門處貨物卸下後，因有跳板相接，各股軌道之車輛即可同時起卸，各組卸車員工得以同時工作，而卸車工作即可提早完畢，增加車輛與人工之利用矣。

四、手車搬貨制度與配對車門制度之相互為用　手車搬貨制度與配對車門制度乃相互為用者，其目的在使貨物始終在同一平面上移動也。二者猶若唇齒，息息相關，蓋若僅有手車搬貨之制而無配對車門之法，則搬貨夫之手車祇可在搬貨至第一股軌道車輛時使用，至於第二股軌道以上之車輛，則非用肩負扛抬之法搬貨不可；反之，若僅有配對棧門制度而無手車搬貨之法，則雖搬貨距離因以減短，而仍須由搬貨夫逐件扛抬入車，亦未見其能收經濟迅速之效也。是以此二制度應互相配合，同時並用，而後搬貨工作之效率始有增進之望焉。

五、我國鐵路今後應有之改良　反觀我國鐵路貨棧之情形則適得其反，他人引以為弊者我正習以為常，久之，遂不知有合理制度之存在，尚有改進之可言耶？即以手車搬貨與配對車門二制言之，雖屬極易效法，而竟未見採用，殊足痛心，蓋手車之設置費實屬有限，而配對車門所耗之機力，時間亦俱細微，因小誤大，寧得謂為經濟乎？茲將我國鐵路貨棧之情形述之於后，以便討論：

託運貨物之客商將其貨物運至起運零担貨棧之收貨門戶，卽將貨物全部卸於地面，交由承運司事接收，承運司事將貨物檢點完畢後，卽命裝卸夫逐件將貨物搬至過磅處，各件貨物之過磅重量相加後，方為該批貨物之總重量，手續至繁。過磅後，再由裝卸夫將貨物逐件運送貨位而不直接搬入車輛，如此，則因一人扛負力遠不及使用手車時之巨，又搬送貨物之裝卸夫中途往往需要休息而後方可繼續搬送，既不可多扛，又不可久扛，人力之靡費大矣；且因搬貨工作之延緩遂令客商久久守候，亦非便利之道，至於到達貨棧與中轉貨棧之搬貨，亦蓋不採手車制度，人力未達最大之利用，至為可惜。

以言配對車門制度，我國鐵路之起運零担貨棧亦未採用之，當局既未有配對車門之規定，故第二股軌道以上究應如何搬貨入車，遂成疑問，實際工作之裝卸夫遂自出心裁，或僅能搬裝第一股軌線之車輛，裝畢調出後，乃復調入空車裝載，故始終在第一股線上裝車，其他各股形同虛設；或於搬貨時用跨越軌道之長跳板以達第二股軌道以上之車輛，是以各綫車輛必須間隔相當距離，軌道之利用因以減少，且長跳板又欠安全，人力扛負已嫌危險，手車搬送更屬不宜；且無長跳板相通之車輛，又須將貨物暫行搬放於軌道之旁，然後扛抬入車，既耗人力而又易滋錯誤，更非應有之象矣。至於到達貨棧及中轉貨棧亦皆不採配對車門制度，其弊亦不可勝言。今後改良之方，應令手車搬貨制度與配對車門制度相輔而行，並以其他優良制度配合之，則我國鐵路貨運業務庶幾有豸乎？

論零貨起票制度與我國鐵路應有之改良

陳斌

鐵路貨運業務頗為繁複，尤以零担貨物為甚，在運輸之過程中，須經起運運送及到達三階段而起運又有收貨過磅搬貨裝車封車及起票六步驟，前五者為外勤，而起票則為內勤，若僅有完善之外勤工作，而無良好之內勤工作相配合，亦不能得優美之業務，我國對於鐵路貨運制度，向未加以深究，往往繁簡倒置，處理失宜，不能收迅速便利與經濟之效，致客商視託運為畏途，常請轉運公司代為辦理，或竟改用其他工具運輸，鐵路業務，大受影響，一旦戰爭停止，建設交通，首推鐵路，故樹立完善之管理制度，實為刻不容緩之事，茲先討論零貨起票制度，以為異日改良之借鏡。

一、起票之作用

客商託運貨物僅有託運單，此單須留起運站，以為異日之查考，故必須另製貨票，以為中轉站到達站中轉卸車及編製會計報表等之用，通常起製貨票，為一式三聯，一為貨票正張一為貨票副張 Waybill Copy ，一為起運站存根。貨票正張寄送卸貨站，先貨到達，中轉站收到後，卽據以預編裝車號碼 Spot No, 待貨物到達時憑票點貨，隨卽中轉，到達站收到貨票，卽以此爲根據再製交貨收據 Delivery receipt，貨到通知書 Notice of arrival 運費收據 Freight bill 及運費收據副張 Freight bill Copy 等，藉以處理卸貨交貨事宜；最後將貨票送至會計處，仍供考核貨運進款之用。編製會計表報，貨票副張，則貨起運站直接送至會計處，以與貨票正張相核對；至貨票存報，則留存起運站，以爲異日查考之根據，若爲整車零担或中轉零担，則以貨票交由客車寄運，每車另製零担一張，以爲中途改編列車之根據，故各票皆有其特殊作用，不可或缺也。

二、起票之原則

（一）趕速填發起運站收到託運單，應立卽起票，不可壓積；凡當日託運之貨物，其貨必須當日寄出，務使卸車站先票後貨，以便進行工作。否則起票遲緩，反較貨物遲到，必致延誤中轉或卸車交貨等工作，有違迅速原則，故填發貨票，應有充分之人員，分工合作，互相配合，以求效率之增加，填發之迅速。

（二）提早到達，貨票非特需趕速填發，且須寄送迅速，提早到達，使貨票先貨物，而抵卸車站，如卸車站爲中轉站收到貨票時，可及早準備中轉工作，以便貨物到達，隨卽中轉，爲到達站，則收到貨票亦可預先分化單據，以便貨物到達處理卸車交貨事宜，故先票後貨，實爲重要之原則。

（三）減免錯誤，起票固須迅速但亦須求正確，避免錯誤，蓋若運價填錯或運價計算有誤，必將發生多收少收之流弊，而件數填錯，則發生多裝或少裝等事故，處理固極繁複，甚至核對不符，發生損失賠償，皆非安全之道，故減免錯誤亦屬頗爲重要。

三、美國鐵路之零貨起票制度

客商託運貨物時，必有提貨單及託運單，偕來收貨司事 ReceiVinyclerk 核對無誤，一面將提貨簽章發還託運人，一面將託運單留下。通常收貨處在樓下，起票室在樓上，所有留下之託運單須由差役 Messenger 輪流不息，隨時傳送，以免積壓。託運單先交運價司事 Rate clerk 填寫運價，通常運價同事常有數人，每人專管一區域，故各人對本區域以內之運價，十分熟悉，無須查表，而能直接填寫，迅速正確。運價填妥後，卽交計算司事 Comptometer Operater 計算運費，運費填明後，乃交寫票司事 Billing Clerk 起票。寫票司事擅長打字工作，收到託運單時，卽將其上所有項目，用打字有照樣填入貨票，以複寫紙製，成一式三聯，一爲貨票正張一爲貨票副張一爲起運站存報。若爲記帳託運人託運單上簽明者，則寫票司事須多製一張先付運費收據分送客商，客商連同支票，送交站方，站方在收據上簽字蓋章，再行交還客商，以爲運費收訖之憑據，起票完畢後託運單卽依收貨人名之首一字母歸擋，以備異日之查考。

貨票填就後，乃交核對司事爲之核對，查看所填運價，運費，件數及其他一切項目是否正確，若有錯誤，卽將負責之員記下，以資考核，同時依法改正之。故核對司事一方核對貨票，一方監督各員之工作，以防患於未然。貨票經核對後，即交編號司事編號，貨票有本路貨票及聯運貨票兩種，製票時即分開處理，現亦分開編號，將每張貨票託運單編製連續之號碼，以編號機印填所編貨票號碼，應與其託運單號碼相同，以便日後易于查充，此即謂之互相核對制度是也。

貨票編就號碼，後乃由貨票分類司事爲之分門別類，其法即將裝車號碼相同之貨票同置於一架格內，架內每格先備有貨票封袋一只上有月日某某站收字樣暨車號日期等項，因裝車號碼相同者，卸車站必同，故待貨票理畢後，同格之貨票即同附一封袋內，若爲沿途零担，則將封袋內之貨票，交調車車場轉交沿途貨物列車車長，以備沿途卸車之用。若爲整車零担或中轉零担，則將貨票送交旅客車站轉交隨車行李司事與鐵路公務郵件同置一處，寄送卸站以便先貨到達。收到貨票時，可預先佈置一切，準備貨物到達，立即中轉，到達站收到貨票時，只可據以另製各種卸車交貨單據，以便貨物到達，即可迅速卸車交貨，貨票既先行寄出，運輸途中即無根據，故除沿途零担車外，每輛整車零担車，或中轉零担車，又須另製零担車票一張，填明日期，裝車站名、路經，貨車路別及號數，暨到站名，交由調車場轉交貨物列車車長，隨車運行，以爲沿途改編列車摘掛車輛暨調移車輛之根據。

四、我國鐵路之零貨起票制度

我國鐵路託運單只有一聯，所有貨票收據（即提單）係與貨票聯在一起，客商須待貨票填就後，始能取得收據或提單。承運司事收貨後，託運單即積於承運司事之手，因無差役往來傳送，故往往積至大批，始送往起票室起票。而所有起票工作，均由起票司事一手擔任，起票司事之工作種類甚多，舉凡填註運價，計算運費，收取款項（運費先付者）。填寫貨票填造報表等，皆歸其一人辦理，故大站有起票司事數人者，皆從事相同之工作，貨票寫就號，由內部領班核對，然後一律隨貨送，並無先貨到達之辦法，而在送出之前，因吾國貨棧實行對照貨票，集合裝車之制，故貨票責由裝車司事封寄，不若美國鐵路之有分類司事，須按貨票號碼分門別類，而後寄送者，此吾國鐵路零貨起票之大要也。

五、我國鐵路零貨起票制度之缺點

（一）託運單積於承運司事之手，概無差役隨時傳送，故起票司事閒忙不定，全日工作不能平衡，以致積壓多時，起票司事無法應付，故有隔日起票者，實違反趕速填發之原則也。

（二）發給提單並非起票工作之一部分，而吾國因貨票收據聯係與貨票聯成一物，致貨票未起，提單亦不能發給，客商不勝守候之苦，故常託轉運公司代爲託運實屬有反便利之原則。

（三）我國起運司事既皆以一身而兼數職，因此不能專精，況由內部領班校對，此人另有統籌全局之任務，亦難期其周到。以致工作效率，無形降低，且亦易滋錯誤故又違反迅速與安全之原則。

（四）貨票既隨物運送，而不先行寄送，於不能達先票後貨之目的，因此中轉站既不能迅速中轉貨物，到達站亦不能預先分作單據，而使各項工作同時並，影響效率，亦非淺鮮

六、我國鐵路零貨起票制度應有之改良

國零貨起票制度之缺點，已如上述，欲思改良，惟有對症用藥，興利除弊，以最合理之原則，適應我國之環境，始能收美善之效，茲爲分述如下：

（一）貨票收據應與託運單相聯，由託運人自填，而由收貨司事簽發，不能與說票同製，免客商守候。

（二）託運單之傳送，應有專人負責，隨時傳送，川流不息，不使稍有堆積，使起票人員可以連續工作不致失去平衡，而能當日辦理完畢，以符趕填發之原則。

（三）填註運價，計算運費，收取款項，填寫貨票等事，在大站應各設人專司，以期分工合作，增加效率，亦趕速填發之一道也。

（四）設置核對司事，專司覆核貨票之工作，俾內部領班可以統籌全局，而專負責，亦足以避免錯誤。

（五）除沿途零担車外，貨票應由客車寄送，俾能先貨而到達，同時另製零担車票，每車一張，以爲改編列車，摘掛車輛之根據，惟此法之利須於於改良中轉制度及卸交辦法後始能得之。

（六）將來零貨應實行隨收隨裝之制，不能對照貨票裝車，因是貨票亦不能由裝車司事封寄，而須另設分類司事，按裝車號碼分類然後寄送之。

上述各點實行後，則所有趕速填發，提早到國，與減免錯誤諸原則均可一一實現，[illegible]易舉而爲用[illegible]，願管理者考及注意及之。

吾國鐵路貨車支配之組織問題及其改善方策

陳洪綬

吾國鐵路之貨車支配，幾全爲站際配車範圍，其工作由調度所處理之。調度所直屬車務處，與段之地位平行。在軌線長之路，設有調度所二所以上者，稱曰調度分所，但事實上並無總所，往往由某一分所兼理其工作，故總所實爲分所之一。除配車工作外，調度所復司列車調度事宜，其工作有由一人處理者，有由二人共掌者，但皆不受車務段長之監督指揮。今就此問題加以討論，先述組織之由來，繼述其缺點及改進方策，以供關心鐵路改進者之參考：

一　配車組織之由來。　我國鐵路配車組織有可注意之點凡二，卽（一）調度所不屬車務段，與（二）調度分所兼理總所之工作是也。考其原因，可分事實上與心理上兩方面申論之，蓋我國分段不合理，車務段不能調度列車，而配車工作與列車調度員有密切關係，故同時劃歸調度所辦理，且我國無段際配車，按部章雖有設立調度總所之規定，但名存實亡，今請就此問題，加以研究，藉明配車組織之由來：

（甲）分段之不合理　吾國鐵路之車務段與歐美各國不

同，所謂段者，祇劃分若干路程，歸其管轄，故兩段交界之處往往為一小站，不若西國之必為終點大站（列車編組站），是以不能自成一完整運轉區域。而較短之路，若者之南潯，長祇一百廿九公里，亦分二段，自更不合理矣。即長達五六百公里之路線，劃分而為四五段者，每段亦必常較列車行駛區段為短，其不能成為一種運轉單位仍無二致也。推其用意，以為段之長度應短，俾段長查勘可以當天往返，以資便利。且以為縱極短之鐵路，亦不能不酌設若干區段，以壯觀瞻，然其流弊所及，竟使段之起訖地點與列車行程之起訖地點不符，列車之中有他段始發本段終止者，本段始發他段終止者，或他段始發他段終止者，以致列車若在他段誤點慢行或停駛，本段不得而知。若欲加以調度，必須各段互相接洽，不便孰甚，故調度所遂由車務段劃出，直屬車務處之下，以便調度工作之進行。至調度所之管轄區域則係根據運轉區段劃分，自成一完整運轉區域，與西國鐵路之車務段相似，故能調度列車，而貨車支配則與列車調度有密切之關係，兩者既同在一處辦理，故亦劃歸調度所或調度分所管轄矣。

（3）觀念之不正確　我國鐵路調度工作，一度曾由車務段辦理，而以成績不良，又劃歸車務處管轄。爾時電訊設備不良，並無調度電話，命令傳送遲緩，而貨車又採各段專屬制，即將全路貨車，劃成若干部分，分撥各段使用然各段各自為政，往往不願以本段餘車接濟他段，且甲段貨車駛乙段後，若無貨可裝，必須回空，以致造成極多之空車里程。於是譴責紛起，以為段長不能支配車輛，造成所謂「集中支配」之說，其實成績不良另有他因非車務段長不能勝任配車之工作也。

二　配車組織之缺點　按良好之管理制度，端在權責系統之嚴明劃分，若權責完整，指揮統一，自能增治工作之效率。我國鐵路之站際配車不屬段長管轄，而段際配車又屬於調度分所，皆為權責劃分之錯。考其弊害可將所言者如次：

（甲）權責之不統一　從健全之鐵路組織觀之，站際貨車之支配應與正線行車暨車場與車站管理同屬於車務段長，以便發生困難之時，即可加以糾正改良。蓋貨車支配係從車輛不均之中求其平均不能無中生有。若因車站車場或行車成績之不良根本造成缺車之局面雖支配適當亦屬無能為力也。考我國貨車支配不屬于段，而車站車場及列車運轉則皆由段長管轄。若後者之管理不良，以致配車工作發生困難，則必荊棘叢生，無從解決。如訴之於車務處長，則鞭長及，鮮能生效。如訴之于車務段長，則段長以事不關於己，漫不經心，甚或心存偏見，置若罔聞。欲求工作之圓滿進行，誠非易易矣。又如貨車狀況日報對於配車之關係極大，務求絕對準確，不能錯誤。然各站對此，又皆玩忽從事，因此而造成配車之不準確、調度員亦無如之何。凡此種種，皆配車組織不良之故也。

（乙）名實之不相符　按西國鐵路慣例，站際配車之工作率由分段配車員 Division Car distributor 辦理，而段際配車之工作，則由總配車員 General car distributor 主管之。按其性質，前者與我國之調度所相同，而後者又與調度總所相似，因其工作之性質不同，處理方法亦異，自不能混爲一談也。然我國並無調度總所，雖有其名，而無其實，往往分所兼理總所工作，總所常爲分所之一，故其流弊所及，至少有如下述：

（a）總所工作相當繁重，若兼管分所事務，則對於其本身職務勢難兼顧，有礙段際配車之規劃與進行。

（b）若總所爲分所之一，難免有偏袒之行爲，即在職務上往往袒護本分所，而忽略其他分所，有失之不公之弊。

（c）總所縱無偏見，亦不能得其他分所之信仰，以致令而不行，影響段際配車之工作。

三、配車組織之改照　由上所述，可見我國之配車組織，頗多不合之處，實有加以改進之必要。考其辦法，實不外改良站際配車之組織，及建立之段際配車之組織兩點。今謹針對上述諸弊申述改進之方策於後：

（一）改良站際配車之組織。　欲求站際配車組織之改良，首須推行分段合理化。即遵照調度所管轄之，區域分段，使自成一完整之運轉單位，除少數直達旅客列車外，其餘列車均起訖於本段之內，若有延誤停駛等情事，本段即能隨時明悉加以控制，庶幾列車調度即可直屬於段，而後貨車支配亦可移交段長管轄矣。如是段長負全段運輸之責，若成績不良決不能有所推諉，自能對配車行車，及車站車輛車場管理等工作切實監督指揮。互相協調以收管理之效。時人討論我國戰後鐵路組織問題者，頗多主於分處制或分段制一次，其處分段猶未合理，且車務事宜尚未完全劃歸段長管理，遑論機工。故在實行分段制之先，首應改革車務段之劃分，並調整車務段之權責，否則捨本逐末爲期以務未可也。

（二）建立段際配車之組織。　今後我國欲實行段配車，必須設置獨立之調度總所，直屬於車務處或運輸處，從事執行該項工作，段際配車與站際配車之組織，完全分之，調度分所專司站際配車，調度總所專司段配車各不相混。且調度總所祇管段際貨支車配，不司列車調度，還後者儘可分段管理也。如是則總所可以專心致力設計工作，爲餘車自動集中劃計等。且以地位超然，自能作公平之支配，并得各分所之信任不致發生，偏袒不公，或權力不足之現象，於是系統確立權責分明，若能重人選，則配車成績，自能臻於完美之境矣。

論零担到達貨棧之貨位制度與我國鐵路應有之改良

姚亞珊

一、保管之意義及其原則

鐵路辦理貨運業務之步驟有三：一曰起運二曰運送三曰到達故到達實爲其最後階段，而零貨之存棧保管更爲運輸之尾聲；至其存時之久暫當視客商何時提貨而決定，事先既難預測，則其妥爲保管自亦鐵路之責任。請先述其原則於后以便申論：

1. 便於貨物之提取：客商提貨之後先無法定斷，故其保管應求搬取便利，極力避免上下左右之翻動，達到「一索即得」之目的，完成「盡量減少客商守候時間」之原則；

2. 節省交貨之人力：貨物保管之責任在於交貨司事，而有搬貨夫助其搬取，欲求交貨人力之節省，工作效率之提高，必須雙方配合卻當始可達到迅速便利，與經濟之原則；

3. 防止交貨之錯誤：交貨如有錯誤，必使增加賠償損失，爲鐵路利益計，防止貨物之誤交亦屬要事！

4. 避免貨物之先少：貨車必須有人看管方可防止失少，同時貨物之堆放更應整齊，以便隨時查點，萬一失少不難發覺，藉策安全！

二、到達貨棧貨位制度之種類及其得失

保管之原則既如上述，若無完善制度之應用，則猶「紙上譚兵」，鮮有所用，茲述美國制度於下，以作吾人之借鏡：

1. 貨位之劃分：到達貨棧不如起運貨棧僅作貨物處理之用，而需暫時存放貨物等候客商提取，如欲實現「一索即得」之原則，貨物之堆放必須有條不紊，而貨位之劃分須達「範圍化」（Localization）之目的；故其方法有二，申論如后：

甲、字母貨位制：將貨棧分爲若干貨位，每一貨位以字母命名，另闢專用貨位，及多裝貨位。

貨物卸車即按收貨人姓氏首字分別置入字母貨位，此項貨位，並非每字一格，且其大小亦不一律，均以配合實際需要達到管理經濟爲原則；至於到達貨物特多之客商可以另闢專用貨位，便於貨物之提取，符合迅速點便利之條件；而多裝貨物以處理手續不同，應另入多裝貨位，以免與普通貨物混雜，由上所述，貨物既經「範圍化」，則「一索即得」之目的不難達到矣。

乙、號數貨位制：將貨棧分爲若干大小一致之貨位，而以數字名之：

當重車調入卸車軌線時使每一貨位對準一輛貨車，而由同排車輛卸出之貨物均入同一貨位，雖不按客商姓存放，但其「範圍化」之作用則與字母貨位制無異，蓋若能知到達貨車之號數，即可知貨位之號數，從而確定貨物存放於何位也。

以上二法各有利弊分述如次：

甲、字母貨位制之利弊：

1. 利：由於貨位之決定按照姓氏，則同一客商之貨物必在同一貨位，客商汽車乃可停於固定貨位整批提取，不如號數貨位制度之須貨物遷就汽車，抑或汽車遷就貨物，左右移動，違反迅速點便利原則，而且客商更可預知自己貨物之貨位，不必有臨時查詢之麻煩；

2. 弊：至其缺點則爲搬貨距離之增加，蓋貨物可能卸自此一極端之貨車而需存放他一極端之貨位，故搬貨距離不如號數貨位制之短，由是搬夫及手車數目自需增加，對於貨運經濟原則略有不符耳。

乙、號數貨位制之利弊：

1.利：在此制度之下，除多裝貨物外，其搬貨距離均極短，因貨物即存貨車前面之貨位無須遠送也。

2.弊：號數貨位制之弱點有二：

一、同一客商之貨物未必全在同一貨位（車號不同），取者分批提取之。

二、客商既不預知貨物堆放之所在，故於提取之前，必須先至出納司事（Cashier）處經一貨位對號之手續（Section numbering），由出納司事查出貨位號數填入客商貨到通知書或提貨單，然後始可進行取貨工作，亦屬不便。

由上所述，字母貨位制雖於經濟不足，而於迅速便利則有餘，在客商權益至重之情形下，美國鐵路往往捨號數貨位制而採字母貨位制，此與吾國鐵路專顧本身利益者又截然不同也。

三、吾國鐵路處理到達零貨之現狀及其應有之改良。

吾國鐵路對於零担到達貨棧之使用素鮮研究，而於貨棧之設計更多隔膜，致使業務不良，違及貨運原則，今後欲求改良，必自工程，管理二端致力：

貨棧之與軌線等長及平行，是乃設計之不易原則，而吾國鐵路每每反是，而邊上有所謂露天棧台者限止貨棧之伸展而成方形，欲採貨位劃分制度，勢有不可能之處，致到達零担之堆放混雜不分，或高置，或緊塞，當交貨之時東尋西覓，左翻右動，所謂簡單工作複雜化即此之謂也！此於小站影響尚微，而於貨運較為發達之大站則不然；對外言，多使客商守候，對內言，耗費交貨人力，由上可知，設備之改良誠為實行完善制度之先決條件！

吾國鐵路保管到達零貨以不採貨位劃分制度，而致背馳貨運四大原則：迅速，便利，經濟，安全，今後應參考西法，力求改善，實乃鐵路從業人員應有之責任及使命！

美國兩種貨位制度已如上述，權衡利弊，當以字母貨位制為優。惜以吾國文字不分字母，勢難倣行，惟其原則仍可效法，其法惟何，謹申言之：

（1）市區貨位制：按到達站之城市劃分每區一號，而將貨棧分為若干貨位，依客商地址，將其貨物堆放適當貨位

每一卸車司事交以分區地圖及指南一紙，使其明晰分區情形，可以批註貨位號數，同時更將同樣地圖公佈客商用作參考，預知本人貨位，提貨之時無庸再經查詢手續，具有字母貨位制之長處，而且更可調整區域，配合實際需要，可使貨位劃分大小一致，較之字母貨位制易於辦理，此外郊野區域可以斟酌情形開闢貨位一二，彼輩提貨之困難自亦迎刃而解，至於到達貨物特多之客商亦可添設專用貨位，而多裝貨物以處理手續不同，應入特定之多裝之位。

保管制度既經改良，則定期查點制度自亦需要，其作用有三：

1.貨物已逾免費保管期限貨到後次日上午七時起四十八小時內，乃可知照通知司事催促客商提取，以免貨位之擠之而利工作之進行：

2.貨物如有損壞（尤以鮮貨為甚）或請客商速來提取。

或報主管設法處置；

3.貨物若有失少，亦可隨查發覺，塡製表格報告站長設法處理。

一種健全之制度需要其他健全之制度作爲陪襯，點查制度之需要貨位制度亦即此意也！

（2）筆劃貨位制：此制亦不失爲制度之一種，其法按客商姓名首字筆劃分別將其貨物堆放位置之中，如王××者入四劃貨位，朱××者可入六劃貨位南洋兄弟商店之貨物可入九劃貨位，同時亦可另用專用貨位及多裝貨位適應貨運需要；或云：吾國文字筆劃數目難於嚴格區分，而使貨位決定相當困難，以複雜字母爲商號之首者不多，而姓氏之有難分筆劃者更鮮，有之亦可倣傚上法，將易混合筆劃之字予以明文規定，編製表格一交卸車司事，一紙公佈客商，久之可使困難自消，不亦具有字母貨位制之利乎！

鐵路運價對於物價之影響

—李麟生

一、貨價增加後之轉嫁

運輸費用乃生產成本之一，故亦必須由消費者負担。但按諸實際，在短期間內乃由生產者負担，長期間後始由消費者負担之。

運價增加後，其轉嫁之方向頗難一定，非如上之簡單，其轉嫁情形與賦稅轉嫁相似，茲就一般商品在各種生產情形下分述之：

（一）商品在競爭情形下生產時　在競爭情形下，運價增加後之轉嫁，須視該商品供給及需要雙方之彈性而定，茲再分述之如下：

（甲）需要彈性之影響　某商品之需要彈性較少，即該商品之消費量甚少受物價變動之影響時，運價增加後之轉嫁必大部分由消費者負担。反之，如該商品之需要彈性大，則小部分由消費者負担之。

（乙）供給彈性之影響　物價之變動能影響生產量即可是該商品之供給有彈性。反之，供給即缺乏之彈性。運價增加後，在供給有彈性情形下，每易轉與消費者。而在供給缺乏之彈性之情形下，則不易轉嫁與消費者。因在前者，生產量可立即調整，而後者則否。

總之，運價增加後之轉嫁，須由供給及需要雙方之彈性而定：如需要較供給有彈性，則大部份由生產者負担；如供給較需要有彈性，則大部份由消費者負擔；如需要及供給均有彈性時，運價之增加，必使運量大減，而如供給及需要均無彈性時，則運量所受之影響較少。

（二）商品在成本遞減情形下生產時　在此情形下，運價少量之增加，將貨物價增高甚多，而由消費者負担之。因運價增加後，可減少市場上之需要。生產減低於正常生產能力時，必使每單位之生產成本增加，以便使固定之間接費用能平減少後之產品平均攤過之。

（三）商品在獨占情形下生產時　此時運價增加之轉嫁

似應由消費者負担。因獨占者可以自行決定價格。但獨占應以能獲最大利潤爲目的，亦卽必須考慮在各種價格下之銷售量及成本。故雖在獨占情形下，亦須顧及需要彈性及生產情形，與普通競爭情形下無異。

二、短期內運價變更後之影響

運價增加甚微時，則多爲生產者，經記商或零售商所負担。物價因之並不增加，卽運價之增加不由消費者負擔。在供給及需要未達到新平衡時卽爲如此。但長時期後，供給及需要已平衡，卽須由消費者負擔之矣。此外，適量之運價增加，在短時期內常易使物價尖銳化。此卽因中間商人將增加之運價亦計入其產品之價格內，而再加上其利潤。如運價之增加百分之十，而零售商則提高其價格較成本高百分之廿五，則此百分之十之運費增加，使物價增高百分之十二、五。如此循環不已，物價自必高漲。此種情形在短期內確爲運價增加後之結果，但在長期間，則因競爭之故而逐漸消滅。

供給及需要平衡之改變必須經過相當期間，故短期短間及長期間之變化不同。短期內增加運價或增生產者負担，或可使物價尖銳化，既如前途。在運價之變動不能影響某物之需要時，亦不能立卽影響供給。各種物品供給調整之快慢各有不同。如農產品可於一年內調整，而水菓，牲畜則費時較久。運價之降低既不能立卽影響供給或需要，則運價低後之利益究爲購買者抑銷售者所得，則須由買賣雙方交易之能力決定。如市場上貨物過多，貨主急欲出售，則此利益卽爲購買者獲得。反之，如市場缺貨，購買者間發生競爭，則此利益必由銷售者獲得也。

三、運價與物價之比例

吾國鐵路運價與物價之關係，尚無統計資料。就茲美國聯邦商務委員會統計局一九三二年所得之統計分述結果四端述之於左，以資參考：

（一）運價對價高貨物之比例低，而對價廉貨物之比例高。

（二）運程愈長，則運價佔價格之比例愈高。

（三）運價與物價二者之比例隨運價之變動而變動，亦隨物價之變動而變動。

（四）低運價能增加運費佔價格之比例。客商對運費之負担亦較原有者爲多。但此運價常可代替其他之生產成本。設甲，乙二地均能生產同一商品運丙市場銷售，甲地之每單位成本爲六元，而乙地爲三元。但乙地距丙地較遠，甲地至乙地之運費爲二元，而乙地至丙地則須六元。乙地雖能生產該產品，但如至丙地銷售，其總成本爲九元，而甲地在丙地之總成本爲八元，故乙地之產品不能至丙地銷售。今如使運價減低一半，則甲地產品在丙地之生產總成本爲七元（六元加一元），而乙地產品在丙地只需六元（三元加三元），卽可銷售於丙地，而丙地之市價卽由八元跌至六元。前者之八元中包括甲地之生產成本六元及運費二元。後者之六元中則包括乙地之生產成本三元及運費三元。物價雖爲降低，生產成本亦較前爲少，而運費則較前增加。故運輸成本可以取代其他之生產成本，而低運價能增加運費佔價格之比例也。

四、運價與個別生產者之關係

某一市價中供求關係已決定運價格後，個別生產者在該市場銷售之能力，即視彼等所能償付之運費而定。其所得即近似其產品之市價減去運費後之餘額。如農人將農產品輸入城市銷售，其所得即為城市產品之市價減去運費，佣金及其他費用後之餘數。其他各業之生產者之所得，亦莫不類是。

五、運價增加之方式及其影響

鐵路增加運價之方式不同，其影響亦異。茲分述之如左：

（一）一般貨物之運價均增加時，每多轉嫁與消費者。因消費者不能覓得代用品，無法避免轉嫁也。

（二）如某物或某羣物每單位運價之增加為一固定數額，不論運程之遠近，其轉嫁程度須視此物或此等物品之供給及需要彈性如何而定。

（三）如運價之增加為一百分數，則其影響隨貨物而異。凡以往負担較多者，此次增價後，其負担亦多。反之，則其負担亦少。物價勢必因之上漲，但并不劇烈。遠離市場之生產者所受之影響較近市場者為大。近市場者甚至尚可獲利，以其運費較低，競爭力自亦必較大也。

（四）如僅在某一地區內增加運價，則其影響甚為繁複，通常約有下列二種情形：

（甲）如所增運價之地區為市場之主要供給他，或其他之供給地區不能再擴充生產時，則市場之價格必漲。其所漲之價額與運價所增加之數額相等。

（乙）在上述情形下，其他地區之生產者并未增加運價者勢必較前為獲利。故增價地區之生產者絕對上雖仍處境如前但在相對方面乃為不利。如非該市場之主要供給地，而又非為邊際供給時，則運價之增加，并不能使該市場之物價增加，而此地區之生產者無論在相對及絕對方面而均為不利矣。

本校運輸管理系講師顧家驥先生錄取交通部赴美實習考試，出國手續，業已辦竣，聞四月底，即可啓程，同學無不有依依惜別之感。

本分會會員九人行將畢業，聞志於服務鉄路者最多，志予航空，水運，及助教者較少云，

本分會暑假前即將辦理新會員入會手續，聞加入者將多至四十餘人，以後會務必能蒸蒸日上。

資源委員會

中央機器廠

總廠		重慶辦事處	
郵政信箱	昆明第60[illegible]	郵政信箱	第1[illegible]5號
電報掛號	Remac昆明	地址	上清寺街81號二樓
電話	2174	電話	2376

產品一覽

蒸氣鍋爐 蒸汽透平 水力透平 煤氣機 柴油機 大型發電機 煤氣發生爐（汽車及固定引擎用二種） 紡紗機 打風機 車床 鑽床 銑床 刨床 手搖鑽 手搖抬鑽 電動搖鑽 [illegible]帽 三脚自動軋頭 外徑分厘卡 銑刀 螺絲攻 螺絲鋼板 水平板 汽車另件 各種齒輪 各種鋼鐵五金鑄件 礦冶機械 其他各種工業機械

昆明事務所 地址 環城東路236號 電話 2190　　重慶門市部 地址 中一路137號

中央汽車配件製造廠

主要業務

汽車五金配件　修車工具機器　合金鋼鐵鑄件　木炭爐及附件

主要出品

活塞　梢子　鋼套　軸[illegible]
汽門　齒輪　水泵　鋼板
打氣機　頂車機　千斤頂　呆板手

本廠通訊處

部份名稱	地址	電話
總經理室	重慶化龍橋龍窯路五號	6026
重慶化龍橋廠	重慶化龍橋龍窯路五號	6026
重慶雞公塘廠	重慶南岸魚洞溪九號信箱	
重慶二塘廠	重慶南岸二塘七號信箱	
重慶城區陳列所	重慶民生路二六一號	41944
貴陽分廠	貴陽禹門外	557

《工业管理年刊》简介

该刊创办于1947年12月，由交通大学工业管理学会出版委员会编辑，工业管理学会发行。刊期不详，目前仅见创刊号一期。刊名由著名地质学家、地理学家，曾任国民政府经济部长的翁文灏题署。

该刊是工业管理专业刊物。该刊的创办，一方面缘于当时欧美国家工业工程师职业蔚为大观的背景下，大多数国人对于工业管理这一名词的涵义尚多有含糊隔膜，将之混同于商科大学里的工商管理[①]；另一方面则是为了呼应1947年9月30日工业界与学术界部分远见之士在南京联合成立“中国工业管理协会”，以“交换工业管理智能，促进现代化工业管理之研究与实施，加速我国工业建设之发展”[②]为宗旨。

该刊分为论著、译述、本系介绍三个栏目，前两个栏目着重探讨工业生产计划与管理、工时与效率、管理经济法则，介绍工业管理的内容。内容包括论著：《介绍工业管理的内容》（徐明宗、蔡润普）《中国棉纺织业之地区选择》（张礼镇、盛志华）《生产计划与生产管制》（吴增荣）《用中文记录〈效率研究〉之商榷》（塔铃）；译述：《〈工时研究〉中之术语释义》（吴增荣）《管理上的几个经济法则》（张橘）《十四国工人生活素描》（荣）。后者有交通大学工业管理系主任李熙谋介绍交大成立工业管理系的初衷，以及尤子成撰写的《工业管理系的回顾与前瞻》。

① 徐明宗、蔡润普：《介绍工业管理的内容》，《工业管理年刊》（创刊号）1947年，第1页。

② 徐明宗、蔡润普：《介绍工业管理的内容》，《工业管理年刊》（创刊号）1947年，第1页。

創刊號

民國三十六年十二月一日

工業管理年刊

翁文灝署

電信管理系辦公室惠存

國立交通大學
工業管理學會敬贈

國立交通大學
工業管理學會
發行

工業管理

目錄

論著：

介紹工業管理的內容……徐明宇 蔡潤普

中國棉紡織業之地區選擇……張禮鎮・盛志華

生產計劃與生產管制……吳增榮

用中文記錄「效率研究」之商榷……塔鈴

譯述：

「工時研究」中之術語釋義……吳增榮

管理上的幾個經濟法則……張橘

十四國工人生活素描……榮

本系介紹：

本校成立工業管理系之志趣……李熙謀

工管系之回顧與前瞻……尤子成

編輯者　交通大學工業管理學會出版委員會　上海徐家匯

發行者　交通大學工業管理學會　上海徐家匯

印刷者　文明書局印刷所　上海西康路三三七弄九〇號　電話三七三五〇

定價　每冊捌仟元

發售處　交通大學交大服務處及各大書局

出版日期　民國卅六年十二月一日

誠孚企業公司

介紹工業管理的內容

——以祝中國工業管理協會的誕生

徐明宇
蔡潤普

中國朝野人士注意工業管理，是從卅三年政府成立戰時生產局的時候開始。到如今雖有三年，然而大多數人對於工業管理這一名詞的涵義，仍舊覺得非常含糊；他們都把她和商科大學里的工商管理混爲一談。在一般工業的先進國家，尤其是在美國，工業管理則已具有非常卓越與輝煌的造就與歷史。這一方面的職業更其發達，從業人員雖然也有銀行家，也有公司經理，並且也有一部份人完全受僱於一個工廠，但是大多數人都像自由職業的醫師、律師、會計師一樣，他們並不屬於任何廠家，對於廠方祗是處於顧問的地位，以超然的第三者立場，貢獻其職權以內的一切意見。他們被人家稱作爲工業工程師，簡稱爲工業師，也有稱爲顧問工程師的。

最近國內工業界及學術界上一部份有遠見的人士，在南京聯合組織成立了中國工業管理協會，這個組織假如能够實事求是，始終如一，無疑將是中國工業發展史上的一塊里程。由於工業管理在中國猶是一件新興事業，所以協會在工作程序上決定先從宣傳工業管理的內容與效能，以破除懷忌，使國人能有完全的認識與信念着手，筆者等在這里特地響應協會的號召，爲國人簡略敘述一下工業管理的內容，同時即以作爲祝賀協會誕生的一份禮品。

工業管理（Industrial Management），又稱爲工業工程（Industrial Engineering），或工程管理（Administrative Engineering）。它並不是一種嚴格的科學，而是一種技術與管理的混合體，技術需要工程方面的知識，技能與經驗，管理則需要工業方面的常識，資料以及個人獨到的智慧與分析創造能力。工業管理的職能，就在應用這些技術與管理方法，幫助廠方達到工業上的三大目的：

（一）產品的品質最高。

（二）產品的成本最低。

（三）雇員所得的酬報與其貢獻相當。

我們再把工業管理的內容擴大來看，則可得到下面列舉的四個部門。

（一）方法工程（Methods Engineering）

方法工程的目標，是在發展並改進最優良的工作方法與程序，設計控制方法，同時並爲勞力、原料、設備和建築的最有効運用，以求得到高的生產効率與低的生產成本。從設廠地點（Locotion）到各工人所應用的方法及其工作範圍，都包括在內。詳細地說起來，我們可以把它分作八點來講：

1. 工廠的地區選擇：綜合原料、人工、動力、運輸、氣候，以及市場等等多方面的研究，得到一個最有利的設廠地區。

2. 工廠設備的佈置：包括原料的儲藏、流動與經濟處理原料的方法，設備的機械化及其排列與增添，生產能量的平衡，以及將來的發展計劃。

3. 有効組織原理（Principles of Effective Organization）的應用：旨在建立並發展工廠和公司的有効組織結構，使權責的分界明確，組織的形式恰當，各部門的監督適宜。

4. 動作方法的改進：包括組織、工作負担、勞力和設備、動作次序，以及工人的工作法與範圍等等。

5. 應用原料的改善：包括原料管理和減少廢料方法，並訂立製造須知，品質標準，與檢驗的手續。

6. 包裝工程（Package Engineering）的研究：包括安全和經濟的包裝

方法，代用品的取用，以適合顧客需要。

7.管理或管制記錄的編纂：在供給各階層以適當資料，使便於執行生產管理的任務。

8.其它特殊研究：譬如生產管理步驟的改進研究，存貨管理，和其它類似的問題。

（二）工時研究（Time Study）

在一般的製造工業中間，工時研究還沒有被充分的應用，它與獎工制度有關，同時更是非常有效的管理工具，我們根據工時研究，可有下列幾點的收穫：

1.決定工時標準，以管理各部工作，評斷雇員成績。

2.決定工時標準，用於生產管理，並爲生產時間表的排列。

3.提供關於標準成本與費用預算的差異限度。

4.估計新產品的製造成本。

5.決定機器的有效性，工人的人數，以及裝配綫上動作的平衡。

6.提供有關工廠佈置、工作程序以及動作分析諸方面的實際資料。

（三）獎工制度（Wage Mcent ue system）

獎工制度的最大効果，是在維持報酬與努力程度的正比關係，並從而促進生產。爲要保證報酬與所費努力的一致，自須先有度量工作成績的標準，這一標準的確立，當然最好根據工時研究，在今日工時研究尚未達諸普遍化的階段以前，工業師們已經能够應用適當方法，建立一個可羮而公平的獎工制度。

選擇獎工制度的計劃，意見各不相同，一個管理成功的獎工制度的眞正關鍵爲：

1.計劃對所費勞力有公平的酬報。

2.用相當時間研究步驟，以定出前後一致的標準。

3.通過受有良好訓練的的工業師，應用工時研究擬定標準。

4.必要時候修改標準，以適應酬報和勞力關係變更時的工作情况。

5.對於獎工制度所包含的一切獎工方法和手續，須使雇員全盤明瞭。

（四）工作評價和工資管理（Job Evaluation and Wage Adminstration）

良好的工作評價與工資管理計劃，是在提供一種公平的方法，以決定各工作間的相對價值。這一任務，亦是工業師的主要職責之一，工業師們必須具有優越的經驗與判斷能力，並於執行任務之時得到生產管理當局的全力支持。管理工資的政策與步驟，也必須與工作評價同求發展，假如缺少一個合理而公平的工資率，和完善的手續相互配合，縱使最優良的工作評價，亦將變爲一無價值。

所以，工業師們應將支付工資的辦法，予以公式化，其實施的政策與手續，亦須全部綫窩淸楚，以便各階層的管理人員用來推行。

我們把工業管理的內容用來和它的効能相比，把工業管理的効能用來和工業的發展情形相比，可以看得出它們的確是一綫相連。中國必須工業化，工業化方是中國的出路，這是我們共同的信念，現在中國工業管理協會甫告成立，由於她的盛衰將必然是中國工業的盛衰，我們敬祝它在各方面的扶助與支援之下與日俱長，進步無疆！

附記：關於工業管理的內容，另一種看法可從中國工業管理協會所分的五個小組名稱：

（一）成本與會計制度（Cost Finding and Accounting System）

（二）生產計劃與管理（Production Planning and Control）

（三）購料與儲藏（Procurement and Storage）

（四）安全與健康（Safety and Health）

（五）勞工與工資（Labor Relation and Wage Administration）

中國棉紡織業之地區選擇

張禮鎮
盛志華

近年來工業之進步，已使工廠的地區問題成爲一極重要的問題。在以前，資本家投資於工業，大都只限於本鄉或其他鄰近之處，因爲彼時工業尙未十分發達，出產量少而需要量大，只要有出品就不愁沒有銷路，不愁沒有利潤，很少有向外發展者，所以工廠地區之選擇根本沒有被人注意。而目前生產技術逐漸改進，生產量增加，供求關係已至供過於求的趨勢，同業間的競爭日趨激烈，結果使出售價格減低，與生產成本逐漸接近。換句話說，就是利潤的減少。同時生產量大於銷售量，使生產過剩，在這種狀態下欲求生存，祇有力圖減低成本，大量推銷，欲減低成本及大量推銷，當然可以從改進生產技術及管理方法去達目的，但有時會收到地區之限制，不能與他人競爭。若一廠設在交通不便之地，遠離市場，遠離原料產地，勞工招致不易，則其生產成本必高，銷售量必少，與交通便利接近市場，接近原料產地的工廠，若與人競爭必遭淘汰，其理甚明。

工廠之發展必具有二因素：地區之優良，可以說是先天的因素；生產技術及管理方法精明是後天的因素。先天不及人，而欲以後天來補救，收效必微，故不若在設廠時對廠址的選擇加以詳細之研究，使獲得先天之優越條件，更配以後天之努力，則其發展必快。且先天之優越具有永久性，可以一勞永逸，取得永久之優勢。故廠址之選擇實爲辦工業者不可忽視者。

美國紡織業，起始起於北方一帶，經長期發展，已有相當成績，但後見南方更有利於紡織業，於是逐漸南遷，始有今日之成就。吾國紡織業爲最主要之民族輕工業，雖有悠久之歷史，唯距實際需要尙遠，猶需大量擴張，研究廠址問題，恰爲其時，故本文之作，旨在喚起我國紡織業界對選擇廠址之注意，以免蹈美國之覆轍。

（十）影響選擇棉紡織業地區的重要因素

查考美國棉紡織業大遷移的根本原因列述於下：（一）距原料生產地近，節省運費。（二）南部勤力低廉。（三）南部捐稅輕。（四）南部勞力法令限止弛豫。（五）勞工充沛。各國因地理環境、風俗習慣的不同，故所考慮的因素亦異。茲將我國應考慮的幾個因素列述於下：並逐一略加研究。（一）原料（二）勞工（三）市場（四）運輸（五）動力等。

（一）原料：我國出產之原棉，在數量上每年可產一千二百萬担，以產地而論，因棉花種植受溫度、雨量、及地勢之限制，（如溫度方面，當其生長期間之六、七月間，溫度須恒在華氏六十度以上，在雨量方面，不宜過多，亦不宜過少。在地勢方面，地面高度不宜超過拔海一千六百英尺。）故吾國植棉區皆在東經一百十度以東，逾此而東，以地面過高，雨量較少，故不宜植棉，而在此植棉區內，復可分爲三段，北段爲黃河流域，中段爲長江流域，南段爲西江流域。三段之中又因北段雨量較少，棉花生長季較短，故生產量佔全國三分之一弱，中段最適宜植棉佔全國產量三分之二，南段產量最少，其產量在國內實無地位可言。

北段產棉區，包括山東、河北、河南、山西、陝西等省。全部產量佔全國棉產之三分之一弱。河北省之棉產區有三：以西部西河爲最重要，其次爲東部之御河，末爲東北部之東北河。山東省內棉產亦有三，東部以濱縣（沿黃河）爲中心，西部以臨淸爲中心，南部以曹縣爲中心，三處之中，以西部爲最重要，其次爲南部，再次爲東部，所種之棉，美棉盛於華棉。華棉有白棉、紫棉、細絨棉、粗絨棉等。美棉則以脫字（Triee）棉爲主要。河南省亦產美棉，尤以陝縣、靈寶、孟津及新鄉等處爲多。普通卽稱爲靈寶棉或德棉，爲德棉者，指佳種之意也。華棉亦有白棉、紫棉、繭棉、細絨棉等類。山西省棉產區域集中於河東道，所謂棉花之種類，有土棉、陝棉、美花三種。美花中，又有郎字棉（Lonester）脫字棉（Triee）及愛字棉（Acala）三種。陝西省棉產區限於渭水流域，該處近年脫字棉的種植，頗具成效。

中段產棉區，包括江蘇、浙江、湖北、湖南等省，其全部產額佔全國三分之二。江蘇省之產棉地帶多集中長江之兩岸；北岸有南通、海門、崇明三處，南岸有江陰、常熟、太倉、嘉定、寶山、上海、奉賢等處。兩岸皆以中國棉為多，而以產地命名上海花太倉花頗著聲譽。上海紗廠，所消棉花，多屬此類，惟品質較低耳。浙江省內棉產不甚發達，蓋該省原係產絲之區域，省內棉產以餘姚及其鄰近為中心，統稱為「餘姚花」。湖北為我國著名棉產之一，其棉產地多集中於長江及漢水兩流域。新洲產之家鄉花，為湖北棉花之最佳者。湖南省棉花多在洞庭湖地帶，所種棉花亦以中國花為主。

南段產棉區除海南島所產海島棉，品質較佳外，其他各地產區，在我國棉產中殆無地位。

我國棉產品質不佳，各地產品，除海島棉能紡二百支棉紗，愛資棉能紡四十二支紗，其餘皆祇能紡五支到卅二支紗。明言之，我國所紡較細棉紗，原料皆需來自國外，過去進口外棉以美棉最多，其次為印度棉，再次為巴西及埃及棉。

（二）勞工：勞工是生產要素之一，為製造業所不可缺少者。減低產品成本，就需要獲得低廉人工。換句話說，就是較低的工資率。因為我們知道全部人工成本是工作時間和工資率的乘積，而每件工作所需要的時間，在相同的條件下，是一定不變的，並不因地區的不同而發生差別。工資率卻因各地環境之不同，生活費用之不同，發生很大的差別。這種差別的結果就影響不同地區中人工成本之差別。美國紡織業南遷原因之一，就是發現南方有較低的工資率。

在勞工問題中，除上述的工資率足以影響廠址的選擇外，更有勞工供應問題及工人之移動率，這二者雖沒有直接影響產品成本，但間接的影響了將來的發展。

工資率的差別有二個因素：一個是內在的；一個是外來的。所謂內在的就是這類工人所應具備的技術及此項工作之困難性。外來的就是該地的生活費用及同區域內同業間已經採用的工資率，內在的因素並不因地區之不同而影響工資之高低，故可撿內在因素於不論，而祇研究外來的因素。在我國一般情形，沿海一帶之大都市，其工資率大都高於內地城市，在沿海一帶則京滬又高於其他沿海都市。概言之，城市愈大，生活費用愈高，工資率亦愈大。反之，城市愈小，工資率亦愈小，惟亦有例外。產生這種例外的原因，是勞工的供應問題。勞工的供應愈充沛，工資率自然就低，在理論上言，勞工之供應大體上應和各地人口數成正比。人口衆多的地方，需要謀工作的人必多，勞工之供應必充沛。但事實上並不盡然，因各地生活習慣不同，文化程度各異，勞工之供應問題亦受影響。故單以勞工供應問題而論，則沿海各省尤其江浙區比內地各省容易招募。

工人的移動率（Turnover Rate）大概於工人生活之安定性成比率。工人生活安定，移動率必低；工人生活不安定，則移動率必高。我國沿海一帶大城市中，因就業機會多，而外來對工人的刺激事故多，故工人之移動率大於內地城市。城市愈大，移動率亦較高。

（三）市場：影響市場的最大因素為一、人口密度。二、人民的購買力（Pwehasing Power），該地人口密度高，當然需要量多，尤其棉紡織物，為日常必需品，需要量隨人口密度成正比。全國人口密度最高地域，除各特別市如上海、南京、北平、青島、天津、廣州、漢口等外，以一、江蘇，二、浙江，三、河北，四、山東，五、台灣，六、河南，七、湖北，八、廣東，九、安徽，十、四川。為人口密度最高區域，亦為棉紡織品最好市場。至於人民的購買力，以農業最發達，交通最便利的沿海各省地域為最高。故上述各省皆能包括於中。

（四）運輸：可分水上運輸及陸路運輸而論。此外航空運輸在我國航空事業不發達，運費高昂，無法採用。水上運輸又可分為沿岸、及內河運輸二種。因本章所論棉紡織業，以自給自足為目標。故水上運輸亦僅述此兩種：（一）內河運輸：內陸航路以長江為最主要。全長五千二百公里，為世界稀有的內陸水路，四季通航。其支流岷江、湘江、贛江均富有航運之利。此外，黑龍江、粵江、沽河、黃河之一段，運河、淮河、閩江、錢塘江、遼河、灤河、鴨綠江、韓江、甌江、漳江、小清河、甬紹運河等皆有水運之利，惟遠不及長江之重要耳。（二）沿岸運輸：以上海為中心，分北洋南洋二線，北洋線自上海至青島、威海衛、煙台、龍口、天津、秦皇島、營口、大連等處。南洋線自上海至鄖縣、永嘉、閩侯、廈門、汕頭、香港，又自香港至澳門、廣州、海口、北海等地。陸上運輸以鐵路運輸為最主要，而以公路運輸以補鐵路之不足。目前全國重要鐵路有津浦、京滬、滬杭甬、平漢、粵漢、北寧、平綏、正太、道清、膠濟、隴海、浙贛、中東、南潯、滇越等線，約二萬餘公里，公路已成而通車者，約十萬餘公里，在建築中亦有六萬餘公里。

（五）動力：動力費用在各種工業製造費用中佔一個很大的百分數。動力來源，不是自己製造，就是向外購取。當視其計算生產成本合算與否決定。大概規模較小，設立在通都大邑電力供給充沛者，皆以向外購取為適宜。否則，規模較大，設立在鄉下者皆需自己製造。購買動力，則需調查該地的發電量充足與否？自己製造動力，則視燃料（主要是煤）之供應情形。茲將資委會電務課之全國各省市已裝發電量統計如下：

東北四省	545,000K.M.	江蘇	236,000K.M.
河北	152,300K.M.	台灣	129,000K.M.
山東	54,900K.M.	山西	54,000K.M.
廣東	29,500K.M.	四川	29,300K.M.
湖北	27,600K.M.	浙江	23,800K.M.
福建	12,100K.M.	雲南	10,600K.M.
熱河	170K.M.	安徽	3,100K.M.
河南	1,500K.M.	陝西	1,750K.M.
甘肅	1,100K.M.	湖南	1,500K.M.
江西	3,300K.M.	廣西	650K.M.
貴州	1,040K.M.	西康	110K.M.
青海	290K.M.		
總計	1,314,810K.M.		

至於全國產煤分佈，據翁文灝氏曾估計約二十五萬兆噸。東北及晉、豫等省產量最豐。尤以萍鄉、六河溝、臨城、井陘、開灤、中興、本溪湖、撫順等礦。為中國最著名八大煤礦。

以上原料、市場、勞工、運輸、動力等為決定棉紡織業地區之最重要因素，此外如金融狀況、氣候、國防關係等皆需考慮者，因限於篇幅，不另多贅。

（二）我國現存棉紡織業之缺點

（一）棉產、棉紡、與棉織的失衡　我國雖為世界主要產棉國之一，但由於交通之不便，以及棉質之不良，所以棉紡業僅一部份採用國棉，一部份仍採用外棉。而且輸入價值驚人，據海關統計，三十五年一月至十月間原棉的進口佔全部進口貿易的第一位，佔全部進口貨價值的百分之二十五以上。棉產棉紡不能配合，今後在於政府對於植棉鼓勵及改良，以糾正之。

據紡織業上之事實，紡與織的配合，是每五萬錠紡機約需二千五百台織機，依此我國現存四百五十餘萬枚紗錠，應該配合二十三萬台織機，但是現存全國織機僅六萬八千餘台，尚不及應有數的百分之三十。由此可見我國今後發展棉紡織業，應注意織更重於紡，以謀紡織兩者之配合均衡。

（二）地區分佈的不合理　據最近統計，我國目前棉紡織廠有百分之六十的紗錠分佈在江蘇一省，而百分之四十五集中於上海一地，此外除河北、山東，共有將近百分之二十的紗錠稍可提論外，其餘皆微小不足道。這種分佈極端不均的現象，早在二十年前就奠定了，其後，一直在這畸形道上前進，未曾稍有改變。棉紡織業應該以人口數比率平均分配於全國各地。其理由有二：一、棉紡織業為民生工業，與每個人民息息有關，理應平均設立，不能集中於一二隅。二、各種工業應顧慮到國防，絕對不能集中，以防一旦戰事發生所受的嚴重毀壞。此次戰爭對我們的教訓很深，沿海區淪陷，整個工業皆落於敵手。

故今後發展棉紡織業，應當考慮以上所提因素而決定適當地區，平均分佈於全國各地，再不能在此長江三角洲以北的沿海區域設立。

（三）棉紡織業應增添之數量及其地區分佈　根據「中國之命運」中棉紡一千萬錠為初步目標，則現尚需增添五百四十餘萬錠紗錠，又一千萬紗錠，應配合五十萬台織機，則尚需增添四十三萬餘台織機，以一千萬紗錠分配於全國四萬萬六千萬人民，則平均每四十六人應有紗錠一枚，以五十萬織機分配於全國人民，平均每九百二十人應有織機一台。茲分全國為華東區、華北區、華中區、西北區、東北區、華西區、西南區、華南區八區，根據人口之分佈狀況及現存紗錠及織機數量，將其應增添數量分佈如下：

區名：華東區　　應有紗錠：180萬枚　應有織機：9萬台
所屬省份：江蘇，浙江，安徽　　現存紗錠：268萬枚　現存織機：3萬3千
人口數：82,590,546人　　增添紗錠　增添織機：5萬7千
棉紡織中心地：上海市　　備註：本區過剩紗錠產品可供給華南區

設廠地點	原棉取給地	市場	運輸狀況	備註
無錫 杭州 南通 寧波 常州 江陰 太倉 嘉定 崇明	本區內棉產地如：太倉、姚餘、常熟、嘉定、寶山、江陰、上海、奉賢、南通、海門、崇明等地。	除一部份供給本區八千二百餘萬人口之需用外，更可運至棉產缺乏之華南區。	沿海岸航運，長江內河航運及京滬、滬杭甬二鐵路運輸。	本區祗需增添棉織廠，而且可仍設立在原有棉紡廠之所在地。

區名：華北區　　應有紗錠：250萬枚　應有織機：12萬5千台
所屬省份：河北，山東，山西，河南　　現存紗錠：115萬枚　現存織機：2萬1千台
人口數：114,734,516　　增添紗錠：135萬枚　增添織機：10萬4千台
中心地區：天津，青島　　備註

設廠地點	原料取給地	市場	運輸狀況	備註
石家莊 天津 青島 北平 臨清 濰縣 濟南 德州 洛陽 周村 太原 鄭州 陝州 衛輝 [illegible]	本區棉產地西河、御河、臨清、滋縣、孟津、河東、新鄉、陝州、靈寶等地，及外棉。	供應本區一萬一千萬人口之需用。	沿海岸水運及平漢、正太、北寧、津浦、膠濟、隴海、道清等鐵路運輸外，更有運河、衛河等內河運輸。	

區名：華中區　　應有紗錠：132萬錠　應有織機：6萬6千台
所屬省份：湖北，湖南，江西　　現存紗錠：30　錠　現存織機8千3百台
人口數：60,680,719　　增添紗錠102萬錠　增添織機：5萬8千餘台
中心地：武漢　　備註

設廠地點	原料取給地	市場	運輸狀況	備註
武漢 衡陽 長沙 沙市 宜昌 老河口 常德 九江 南昌 湘潭 津市	漢水流域及洞庭湖流域。	供給本區六千萬人口需用外，並可供應鄰近本區的人民。	長江、湘江、漢水、沅江、贛江、澧水等，內河水運及平漢、粵漢、湘桂、南潯等鐵路運輸。	武漢應設立為國內第二棉業中心地。

區名：西北區　　應有紗錠：45萬5千枚　應有織機：2萬2千7百台
所屬省份：陝西，甘肅，新疆　　現存紗錠：7萬枚　現存織機：1千5百台
人口數：20,925,783　　增添紗錠：38萬5千枚　增添織機：2萬1千2百台
中心地：寶雞　　備註：

設廠地點	原棉取給地	市場	運輸狀況	備註
寶雞 西安 潼關 咸陽 天水 蘭州 迪化	本區原棉可取給于渭水流域，陝字棉及河南寶雞棉。	供給本區二千萬人民需用。	本區水運較不發達，除陝西，渭漢二水，可以運輸外，只可藉隴海鐵路及甘新公路，甘陝公路，川陝公路等運輸。	

區名：東北區　應有紗錠：96萬3千枚　應有織機：4萬8千台
所屬省份：東九省及熱河　現有紗錠：20萬9千枚　現有織機：3千7百台
人口數：44,294,124　增添紗錠：75萬4千枚　增添織機：4萬4千3百台
中心地：錦州　備註：

設廠地點	原棉取給地	市場	運輸狀況	備註
瀋陽 遼陽 錦州 大連 營口	取給華東區及華北區原料生產地。	銷售本產各省四千四百萬人口之需用。	南滿、北寧瀋海、安瀋等鐵路及渾河等運輸外，主要更藉沿海岸水運。	本區無原棉生產地，因交通方便，燃料充沛，故棉業大可發展。

區名：華西區　應有紗錠：113萬3千枚　應有織機：5萬6千6百台
所屬省份：四川，西康，青海，西藏等　現存紗錠：16萬5千枚　現存織機：1千2百台
人口數：52,106,273　增添紗錠：96萬8千枚　增添織機：5萬3千4百台
中心地：重慶　備註：

設廠地點	原棉取給地	市場	運輸狀況	備註
重慶 成都 嘉定 西昌 廣元 合川 遂寧	一部份可取給湖北漢水流域棉產，一部份可取給陝西渭水流域及靈寶棉。	供給本區五千萬人口需用。	水運可由長江運輸外，本區尚無鐵路運輸，僅可籍青川公路，川康公路等運輸。	

區名：西南區　應有紗錠：43萬枚　應有織機：2萬1千5百台
所屬省份：雲南，貴州　現存紗錠：3萬枚　現存織機：2百台
人口數：19,790,214人　增添紗錠：40萬枚　增添織機：2萬1千3百台
中心地：昆明　備註：

設廠地點	原棉取給地	市場	運輸狀況	備註
昆明 貴陽 三穗	本省所產木棉。	供本區一千九百萬人口需用。	叙昆鐵路及滇越鐵路黔桂鐵路。	可紡60棉紗

區名：華南區　應有紗錠：135萬枚　應有織機：6萬7千5百台
所屬省份：廣東，廣西，福建，台灣　現存紗錠：　現存織機：
人口數：61,031,874　增添紗錠：135萬枚　增添織機：6萬7千5百台
中心地：廣州　備註：本區因產棉稀少棉業難發展故可以華東區剩餘紗錠88萬枚產品供給。

設廠地點	原棉取給地	市場	運輸狀況	備註
廣州 桂林 南甯 福州 廈門 梧州 汕頭	海南島洞庭湖流域及外棉。	本區因棉質較佳，故可紡很細的紗線，產品可運至上海轉運各地。	粵江桂江鬱江閩江西江及南海岸水運外，並有湘桂鐵路運輸。	海南島原棉可供紡200s至200s以上棉紗。

生產計劃與生產管制

吳增榮

生產計劃與管制（Production Planning and Control），廣義說來，可包括一切生產活動之計劃與執行。工廠創立之初，需先選擇廠址（Plant Location），佈置廠房（Factory Layout），需建立物料輸送之系統（Material Handling System），需研究工作之程序（Process），機器之排列（Machine Grouping）諸問題。及至工作開始以後，又需對原有之方法制度加以改進，工時動作之研究（Time and Motion Study）。新標準新設備之採用等問題。而日常工作進引間之管理，僅爲其一部份。

本文所指之生產計劃與管制，僅爲上述三項工作中之第三項，即日常工作進行之管理是也。此項工作中又分五方面。

一、決定製造過程中包括之各項工作及步驟。

二、工作時間之計算與配合。

三、機器與工人之分配問題。

四、工作物料行進之指導。

五、記錄之蒐集與整編。

此五方面亦可視爲五個階段。首先在工作未開始之前，必對所需之工作加以分析，而決定應用何項機器，用何種方法，何者在先，何者在後。在此時又須注意每項工作所需之時間，務須使交貨日期及產量不至延誤。欲完成此一目標，則各有關生產之各項目必需如期完成其作用。如工作單（Work Order），物料，工具，藍圖均必於需用時準時送到；工人，機器必及時準備等等。否則必致延滯工作之進行而減少生產。上述各有關生產之項目，在工作未開始前，需先確定其活動之時間。而工作開始之後，則爲此種預先之規定之執行。故工作進行時之問題即工作和機器之分派問題，及物料，在製品，工具等等之輸送之指導工作。此中有關之因素如產品所需達到之品質，成本之高低，空閑工人及機器之影響等。如中途有意外之延遲，則必又須設法補救之。及至工作已完畢，尚須收集該工作有關之各項資料，分析，編藏，以爲將來之參考，而圖改進。到此，管制工作方告一段落。此爲生產計劃與管制工作之性質及大概。下面更將實 之工作一一舉出，各工作均以製造定貨之工業爲標準，蓋製造備貨或連續式之製造（Continuous Manufacturing）實比較簡單省事也。

一、成本之估計：僱主定貨，往往需先知價格，是必須對製造之成本預先估計。且初步之成本估計使以後之工作有一標準，實際成本不致過高。

二、材料，方法及設備之選用——同一工作，可用各種不同之材料，不同之方法。如方法決定之後，在同一方法下又有各種機器可供製造，則又必對廠中之設備有所選擇。與此種選擇有關之因素約有下列數端：即僱主所需質品價格之高底，品質之優劣，交貨之遲早，在廠方則需顧及成本之高底，其他工作之影響。機器之能量（Capacity）等問題。

三、經濟分批數量（Economic Lot Size）之研究——在大批製造中，在製品往往分成數批製造，每批之數量之不同可影響最後之單位成本，故必須預先決定之。務使產品之單位成本爲最底。

四、工作及工時之規定（Routing）——此乃工作之實際計劃，在上述（二）（三）兩項工作完成後，工作之實際步驟即可決定，且可從過去之資料中求得各步驟所需之時間。

五、工作日程之排定（Scheduling）——依據（四）項工作之結果，酌量工廠之實況排定工作之日程。

六、派工與工作報告（Despatching and Progress Report）——工作日程既已排定，則屆時實際工作即需開始，製造開始以前之工作，皆爲生產計劃，至此方將計劃付諸實施。工作單於此時參照廠中情形發給工人，工作之進程又必於定時向派工處（Despatch center）報告，如有與原定日程不符者，必設法調整之。

七、資料整編歸檔——前文已經說明。

生產計劃及管理制度之建立，其終極目的，無非使廠方獲得較多的利潤，工人獲得較多之報酬，而對社會盡更大之供獻。故廠中應否建立此種制度，及何種制度最為相宜，即可以上述三點，作為考量之尺度。

我國之工廠，有規模極小者，往往三五架機器，十餘職工即稱之謂一廠。其工作多極零星瑣碎，如亦採用嚴密詳盡之管理制度，則其失敗可斷言者也。蓋此種制度之推行必有較大之費用發生，此項費用，最後必亦加入產品之成本中，如此則工作效率未增，而單位成本已先提高矣。

欲減少浪費，增進工作效率，必賴嚴密詳盡之管理制度，而管理制度愈嚴密詳盡，其工作必多而費用亦大。故在制度建立之初，必須對此兩方面妥為斟酌，以發揮其最高之效用。

在此種考慮中，筆者願予此提出一點。蓋管理制度之利益中，人力物料之節省，固易於了解，但一種無形之利益往往為一般人所忽略。蓋企業之資產中有所謂無形資產者（Intengible Assets），故廠方之商譽（Good will）亦為廠方之重要資產。管理制度可使廠方交貨迅速準確，而增加其信譽，因之增加其交易額，實使廠方獲益匪淺。此一因素，在估計管理制度之價值時實不可忽略者。

管理制度之初設於一廠，尤其在我國此種制度尚未普遍之情形下，必致引起工人之反感，疑其為資方之一種剝削工具也。故廠方必需以光明磊落之態度，說明其作用。且應允諾工人分享其所得之利益，其方法如建立獎工制等，以獲工人之合作，工人合作實影響制度結果之一重要因素。

又廠中行政人員如領班，各工場主任等，亦有對此種制度之建立加以阻撓者。以為廠方有意剝奪其固有之權力也。至此廠方尤需開誠佈公，使之明瞭，制度之建立乃整理職權，而加以固定者，最多為一從新分配之問題，固無所增減者也。制度中包含之各項工作。原為各廠所不可少者，制度之建立，僅使之更科學化，更有系統而已。

我國廠家，尚少採用科學之管理制度者，即有亦僅採用其一部份，甚至有貌似而實非者。此中原因固多，然對此新興之技術之隔閡，當亦為其中之一因。故將介紹生產計劃與管理如上，或不無意義也。

用中文紀錄「效率研究」之問題

塔鈴

效率研究之命名：余以「效率研究」一詞意釋「Motion, Method & Time Study or Time and Motion Study」摠理如下——

時間效率研究（Time Study）發端於 Dr. Frederick W. Taylor 後來 Lillian M. and Frank B. Gilbreth 提倡動作效率研究（Motion Study）兩者雖是各起一時，但能互激互勵，相輔相依。故常合稱時間及動作效率之研究（Time and Motion Study）。在研究的程序方面，動作效率研究拓路於前，時間效率研究收果於後。故有稱動作及時間效率研究（Motion and Time Study）者。亦有僅以時間效率研究（Time Study）一詞以概括二義者。

介於動作效率研究與時間效率研究兩者之間，新近又有工作法效率研究（Methode Study）之掘起。因為工作方法之改良可以促成生產效率之激增。故工作方法研究也同樣受人注目。於此三者鼎足相成；脈絡互通；無分輕重。是故宜稱此一系統之研究工作為動作，工作法及時間效率研究。然如此稱之，未免煞是冗長。再每提及時間效率研究時，便意及動作效率研究及工作法效率研究，致有引用時間效率研究一詞以代全義者。更有仍用時間及動作效率研究或動作及時間效率研究晉名者。余以上述稱法不失冗長便失混淆故採用「效率研究」一詞焉。

紀錄在效率研究上之重要性：效率研究並不玄虛，而是應用觀察，紀錄，分析，歸納，演繹等極有系統之研究方法。要認識紀錄在效率研究上之重要，可於此種研究的過程中觀察之。

一個工廠，無論它是生產備售貨物或是承受特別訂單，如要藉助於效率研究來達到增加生產，減低單位成本之目的，必須根據以往之紀錄參照現在之環境來預定一年中每個月每一季之生產量。這是效率研究之最初數據。次爲工作分析（Analying the Job）及動作效率研究在豐富之紀錄中歸納出結論來選擇最適當之原料，設備，工作情況及工作方法。於是定出標準。至於標準之維持，則必賴於完善之紀錄。否則時過境遷，原有標準失却價值矣。此等原料，設備，工作情況及工作方法之標準一經選定後，即應開始時間效率之研究。先實地紀錄試驗此等標準情況下之工作之時間，同時紀錄試驗者之技術程度，努力情形，當時工作之情況，各種標誌，草圖及其他有關資料。再根據可靠的紀錄給出疲勞，人事，特種及不可抗等寬容時間於是算出工作之標準時間。最後尚須留下完整之紀錄以爲來日之參考。由此可言效率研究步步不離紀錄，紀錄在效率研上之重要於此可知矣。

用中文紀錄效率研究之可能性　在效率研究之各種紀錄中，作爲紀錄之媒介者有文字，符號，數字及影片數種。後面三種紀錄媒介，含義淺明，少中西文化之隔膜。唯文字中西大異，用於紀錄之文字又略可分爲專用名辭或術語（Terms）與其說明之文字兩大類。說明文字常極淺近通俗，使用中文時也無甚難處。唯某些專用名辭及術語使用中文時，常生冗長或辭不達意之弊。故使用中文紀錄效率研究之問題繫於專用名辭與術語之採用及翻述工作上。

效率研究所及之範圍甚廣，工農商政……各行各業皆能適用。本文僅就機械製造工業中之一小部門舉例言之。

效率研究應用於機械製造工業其紀錄中不可當說之專用名詞及術語余意可分爲三大類。即一、各種工作階段（Operation）中常用之術語。二、機械名詞。三、效率研究本身理論中之專用名辭及術語。

·就效率研究本身理論標誌上常用之專用名辭而言，有頗難尋出適當之中文能簡短而達意者例如：

1. Therbligs,——指人體之動作對工作之效果可化分成十八個基本動作方式，亦即由此十八個基本動作方式之組合可構成一切人體之動作。一如人體動作之原素。（動式）

2. Simutaneous Motion-Cycle Charti or Si.ro 'Char s ——指用連續之圖畫，符號或簡語表示兩手或人體其他部份工作時運動之程序。

3. Chroncyc'egraph ——是在人體運動之部份栓一閃光之小燈泡而將運動之軌跡及速率照於影片之上。

4. Transport Empty ——指沒有載荷之運動，如取物時先伸出手去。或放下物件縮手回來……等。（Therbligs中之一種）

5 Pressure Grasp and Full-hook grasp ——前者指捉取物時如老鷹抓雞然。後者指捉取物時如水中撈物然。

諸如此類，多不勝數。一一推敲，頗費心思。

機械名辭：包括一切生產設備，工具，原料及物料等。機械名辭之釋述，今雖未能統一而臻完整，然致力於此者大有人在。如正中書局出版之機械工程名辭辭典是。

各種工作階段中常用之術語，——此中包括各種工作階段之稱呼，工作法及某種現象之說明等。例如：

1. Ly out and drills the Centers 係指某物體在車床上加工之前「劃線及鑽中心」。

2 Note the 'heavy' Side 係指鉗於車頭上之物體其中心線未與車頭之中心線吻合須注意『偏出』邊緣。

3 Turn Face and Turn the Surfoc: 係在車床工作之術語，前者指『車側平面』（即横車）後者指『車側圓體』即（縱車）。

紀錄效率研究使用中文時如前所述困難之處在於部份專用名詞及術語之釋述；尤以各種工作階段中所用之術語爲甚。於此工業管理初播國內之今日，極宜有統一之專用名詞及術語之翻釋，一則促進傳播之容易，一則避免將來一辭數釋，南言北語增加學習及寫作之困難。防患於未然之意也。

『工時研究』中之術語釋義

吳增榮

本文釋自Robert Lee Morrow: Time Study and Motion Economy 爲該書中之一章。翻譯的目的，是盼望能給一般的讀者對這些術語的一個正確的了解。其中名詞的中譯名，全是筆者個人暫定的；因爲Time Study 對於我國還是一種新興的學問，標準譯名根本沒有，如有不妥之處，歡迎討論和指教。

「工時研究Time Study」爲一種工作方法及用具之科學的探究與分析，並推求一種實用而詳盡之工作方式（Manner）及判定準確之工時（工作時間）標準。

工具與方法之分析，常被視爲動作研究（Motion Study）之一部份。然初部之工時研究完成後，工具與方法之改進即有必要，蓋某些改進必須在標準工時確立之前先行實施。其他之改進或可稍緩而先行建立一種暫定之工時標準，待主要之改進完成後再行修正。標準工時之建立尚需包括督促（Follow-up）之工作，以監視此種標準是否已在廠中實行。

「動作Motion」完成某項工作中位置之變更或移動。

工作者攫住一物並欲提起之一過程中即包含數項動作即：向該物伸手，展開手掌，握住該物。由於該數動作之進行極速，故觀察者（Observer）無法用跑錶（Stop-watch）作記錄。如需記錄，則須用 Micromotion Method，而以一電影機攝取之可也。

「單元 Element」一串動作，可明確指認並有其一定之描述及記錄者。如工作者取物，移向機器，置於夾頭（Fixture）上並鬆手等數動作，常合稱爲一。

「輪環 Cycle」數個單元之合稱，該數單元重複出現於一項工作（Operation）中者。

如：

一、取物置於夾頭

二、夾緊夾頭。

三、置夾頭於正確之位置，並移上鑽台。

四、鑽

五、移下鑽台。

六、放鬆並移去該物。

上述之工作乃每鑽一物必有之步驟，此六項中每項皆爲一單元，合爲一體則稱輪環。

「佈置工作Preparation」收場工作(Clean-up)及偶然工作（Incidental work）——工作之準備，每循環完成後之收拾工作及偶然之工作。

以沖（Punching）一孔於一物爲例，工作開始前，工人須先取原料箱，從原料箱中取出原料置於沖台上，或更須調整機器，如此消耗之時間謂之佈置工作時間。於是正式工作開始。及至完成後，又須收集成品，裝入箱中運走。此種時間之消耗爲之收場工作時間。工作進行中，又可[illegible]對成品加以檢驗，謂之偶然工作。

「運轉Operation」合輪環，佈置，收場，檢驗，及偶然工作稱之。

「考察 Observation」以跑錶記錄時間，並以所獲結果，錄入考察記錄。

「平均工時 Average Time——Arithmetical」對同一單元作多次之考察所獲時間記錄的平均值（其中特殊情形不計入內）。

此種平均值爲最常應用之方法，蓋以其計算之簡易而不致發生錯誤也。

「最小工時Minimum Time」一單元各次記錄中，最少之時間。唯此最少時間發生之次數至少須佔全體考察次數之百分之十以上（此百分率爲假定者，但其應用結果尙稱合用）。

在重複一件工作時，每次各單元所需之時間常不一致。一個生手完成某一單元之時間，偶而亦可與熟練之工人相等，但一熟練工人在理想之環境下，可以常達到此種最小工時。

「差異Deviation」平均工時被最小工時除得之商，以公式示之如下：

$$差異=\frac{平均工時}{最小工時}$$

測驗非熟練之工人，其結果往往可得極高之差異，此即謂非熟練工人之平均工時與最小工時相差之程度較熟練工人爲大也。

由差異之數值更可測知工時研究之是否正確。在一般正常情形下，差異多在1.10——1.35兩數間。專門之工人其差異常在1.20以下，普通工人爲1.25左右，缺乏經驗者則在1.30以上。如差異超過1.40時，則往往需另作測驗：此或因工人之技術不够，或有其他原因有以致之，如原料送來之情形不一致即爲一例。如原料之傳遞時或顚當，時或發生困難而需更多之工作，則同一單元之各次測驗結果本身之差異已大。故必致發生極高之差異。

「合成工時Composite Time」平均工時與最小工時之平均值，以公式示之如下：

$$合成工時=\frac{平均工時+最小工時}{2}$$

「衆數Mode」衆數爲一數字，此一數字在一列數字中出現之次數最多者。在一串統計數列中，該數最具代表性。統計資料宜依次排列時，愈接近衆數之數字其出現之次數亦愈多，反之亦然。

細察考察記錄之後，衆數即可選出，選其出現最多之數字即得。此法可自動免除特殊過高過低之數字之影響，而毋需研究者再加判斷。

「分級Grading or leveling）——每次工時研究所得之工作時間，其平均數或衆數，與一正常熟練工人之工作時間相比擬，從而鑑定其等第，是謂分級。

「P. F. & D.」——個人（Personal），疲勞（Fatigue）及不不免之延遲（Unavoidable Delay）之時間寬限（Allowance）。

工時研究之計算中，由於個人之需要，疲勞，及不可避免之延滯，故需予工人以各種工時上之寬限。此種寬限，爲一加於測定工時（Gradde or Leveled Time）之百分率，此爲一最簡單之方法。

「標準工時 Standard Time.」——中常之熟練工人（Normal Skilled Operator）不致發生過度疲勞之工作時間。

此種時間，在獎金制度下，工人應能依之繼續工作。快的工人，其工時當較標準工時少，慢的工人則自須較多之時間。又標準工時依照上述之定義當包括各種寬限在內。亦有主標準工時內不應包括各種寬限者。而以加寬限之工時稱爲寬限工時（Allowed Time）。

管理上的幾個經濟法則

張 橋

前言

經濟法則的管理上的意義，在以最小勞務取得最大効果。爲要達到這一目的，實有甚多因素必須加以愼密考究，考察研究的結果，我們發現其中若干個因素相互間的關係可以採用算式說明，這種取用符號與算術學語以表達某項關係的方法，已爲社會科學與管理法則開一新的紀元。這裏我們介紹美國機械工程師學會（A. S. M. E.）所提供的三個演算公式：經濟的分批產量，經濟的購料數量，與經濟的節省人工設備。

經濟的分批產量

於已知條件之下，欲要求出一個最稱經濟的分批製造額的公式，已經有過外人多年的研究分析，其中尤以美國的貝考克工程師（George D Babcock），台維斯教授（Ralph C. Davis）以及雷孟特委員（Fairfield E. Raymond）諸人的貢獻最大。

關於這一公式的導衍與演算，我們願意鄭重向讀者們介紹夏宗輝教授的經濟分批製造額一文（戰交大工程第一卷第一期），這裏只把所有有關的公式摘錄下來，不預備再以多佔工業管理的篇幅。

一、公式的本身

$$Q=\sqrt{\frac{FPYa}{c'i\left[kp-Ya\left(\frac{1-\frac{1}{n}}{2}\right)\right]+c'iYa\frac{kp}{a'}+VB\left[P-Ya\left(1-\frac{1}{n}\right)\right]}} \cdots\cdots(1)$$

Q……最低單價的（經濟的）製造數量（件數）

F……固定費用或導衍費用

P……每日生產率（件數）

Ya……週轉期內的每日平均銷售數量（件數）

C'……直接單位製造成本

i……利率（%）

k……存料係數（Stock Coefficient）通常為$\frac{1}{2}$

n……分批數

kp……C'' 與C' 的比值$\left(\frac{c''}{c'}\right)$

c''……每批的平均單位價值

a'……分批生產的時間因素

V……每日每平方尺的單位存儲費用

B……每單位的存儲地位

二、與公式有關的其它公式

$$C'=m+l+o=m+\Sigma h(dl+do) \cdots\cdots(2)$$

C'……單位製造成本

m……單位原料成本

l……單位人工成本

o……單位間接費用

h……每單位製造時間

dl……每小時工資率

d……間接費用之分配率

$$\frac{F}{Q}=\frac{D+G+O+T+S}{Q} \cdots\cdots(3)$$

F……準備費用

Q……經濟的製造額（件數）

D……書面說明及圖解之費用

G……計劃及列表之費用

O……製造通知單等費用

T……工具裝備費用

S……機器裝備費用

$$Ts=\frac{Q}{Ya} \cdots\cdots(4)$$

Ts……銷售時期

Q……經濟的製造額

Ya……每日平均銷售額

$$Tp=\frac{Q}{P} \cdots\cdots(5)$$

Tp……製造時期

Q……經濟的製造額

P……生產率

$$V=Sx\,BVT \cdots\cdots(6)$$

V……存儲費用

Sx……製造時期終了時的最大存儲數量

B……每單位所佔之地位

V……每日每方尺地位之存儲費

T……存儲時期

$$C'' = m + (1+o)ka = m + hKa(dl + do) \quad \cdots\cdots (7)$$

C'' ……在製品的平均成本

m ……單位原料成本

l ……單位人工成本

o ……單位間接費用

ka……平均價值因素，如$\frac{1}{2}$

h ……每單位製造時期

dl……每小時工資率

do ……間接費用的分配率

$a' = (1 + a_1 n - a_1)$

a' ……每批生產的時間因素

a_1 ……t_1與t' 之比值 $\left(\frac{t_1}{t'}\right)$

t_1為第一步工作所需時間

t'為每批產品的總生產時間

n ……分批數

經濟的購料數量

理想上的購料數量，希望能在棧房材料恰當用盡之時，適量的原料正好運進。這顯然是一種不大可能的情形，不過我們總可以多多少少設法接近這一理想。我們知道，任何情形之下，購料數量的加多，必將引起利息與存儲費用的增加，但在另一方面，卻可以減低進料的單價。當購料數量增加到某一點時，費用的增加超過了單價的減低，這一點就是我們所稱的經濟購料數量。台維斯教授（Prof.essor R. C. Dovis）曾經在美國機械工程師學會的報誌上發表了一個簡便公式，根據此一公式，在某種一定的工作條件之下，可以求出最低成本的亦即所謂經濟的購料數量。其公式如次：——

$$Q = \sqrt{\frac{G}{K+H}}$$

而$K = \frac{C''L}{2S}$

$H = \frac{BE}{S}$

此處Q ……最低成本的購料數量

G ……進貨總費用

H ……存儲因素

C'' ……購料單價

I ……通行利率

S ……每年之消費率

B ……體積因素，以每件原料所佔面積之平方呎表之。

E ……存儲費用，以每年每方呎之金額表之。

今請舉例說明如下：

根據生產程序上之規定，未來六個月中，需用某項原料10,000件，市價每件$0.10，今假定市價穩定，採購時期大約為四星期，此項原料每次的採購費用為$10，原料存儲於容積2×2×2立方呎的標準箱裏，每箱分四格，每格儲100件，故每一標準箱可儲藏此種原料400件，通常原料棧的儲備量為5%，每年每方呎的存儲費用為$4通行利率6%。於是，

G=$10

C''=$0.10

I=0.06

S=2×10000=20000

$B = \frac{2\times4}{400} = 0.01$

E=$4

從而K=0.00000015

H=0.000002

Q=2145件

至最低存貨數量亦可探求如次：

每年所需購總料量=20,000×(1+5%)=21,000件

採購時期 $= \frac{4}{52}$ 年

故最低存貨數量 $= 21000 \times \frac{4}{52} = 1,632$ 件

由此可知最低成本的購料數量爲2200件（取整數），材料棧房的負責人發覺購料達1650件之最低數量時，即應填具購料請購單，請進貨部添購材料。

經濟的節省人工設備

美國機械工程師學會的材料處理部份提供了下面列舉的幾個公式，把機器設備改良法後所能得到的人工節省，譯述無遺。

$$Z = \left(\frac{(S+Ta+U-E) \times -Tb}{A+B+C+\frac{I}{H}} \right) - K$$

$$Y = I\left(A+B+C+\frac{I}{H}\right)$$

$$V = [(S+Ta+U-E) \times + Tb] - [Y+(KA)]$$

$$P = \frac{V}{I} + A + B + C + \frac{I}{H}$$

$$H = \frac{I}{[(S+Ta+U-E) \times + Tb] - I(A+B+C) - KA}$$

在以上公式中，各借方項目爲：

A ………投資折讓的百分率

B ………保險稅捐等折讓的百分率

C ………保養費用折讓的百分率

$\frac{I}{H}$ ………折舊陳敗等折讓的百分率

E ………每年的動力固定等項費用

各貸方項目爲：

S ………每年直接人工成本的節省金額

Ta ………每年間接人工分攤費用的節省金額

U ………每年由於生產增加所得的收益或節省金額

Tb ………每年的固定費用

其他各項目爲：

X ………設備應用年數的百分率

I ………設備創置時的成本

K ………設備於更換時未攤提價值減去殘餘價值的金額。

終結各項目爲：

Z ………最大投資。

Y ………每年的設備維持費用。

V ………每年減去固定費用以外的利潤。

P ………投資（包括固定費用在內）的年百分利潤。

H ………投資全部攤提完畢所需年數。

我們試舉 Durant Motor Compony 爲例，過去該廠搬運各種零件或原料到儲藏棧或裝配部去時，是用人工搬上貨車，再從貨車上將物件搬下到皮帶輸送機（Belt Covueyor）上。迨輸送機將物件運到目的地後，再用人工卸下，如此則人工處理有三次之多。新法利用一種名爲 Truc ifts 的搬運機，機上有平臺，先可以自動放低，用人工將所運物件放上平台，然後平台自動升起，搬運到目的地後，再自動聚積成堆，所以人工處理減爲一次。其紀錄如下：

1. 每年的總固定費用

折舊	$2100÷6（年）	$ 350.00
利息（平均利率 6%）	$\frac{7}{2} \times \frac{\$2100 \times 0\ 06}{2}$	73.50
每年保養修理費用		285.00
		$ 7 8.50

2. 每一 Truclift 每日的平均節省

節省	$0.55×9小時×32人	$ 14.85

3. 每一 Trucli t 的每日總成本

每日總固定費用	$708.50÷280	$ 2.53
每日耗用汽油	$0.15×3加侖	0.45

每日耗用機油	$0.60×¼加侖	0.15
司機工資	$0.55×9小時	4.95
		$ 8.08

4.五只 Truclifts 每年的節省淨額

每只節省淨額	$(14.85−8.08)×280天	$ 1895.60
五只節省淨額	$1895.60×5	9478.00

5.每年投資收回的百分率 $\frac{\$1895.60}{\$2100.00}$ 90.2%

今請再以前舉公式就上述數字作經濟上的分析，如此可知某項設備預計其投資之收回爲90.2%外，並可求得其對於實際工作上之效率如何。

項目	人工	Truclifts
X	100%	100%
	280天，每天9小時	同
A	——	3.15%
B	——	4%
C	——	13.5%
D	——	16.66%
A+B+C+D	——	37.31%
E：汽油		$0.15×3×28×5=$ 630
機油		$0.60×¼×280×5= 210
共計		$ 840

S	$0.55×9×280×15=$20790	$0.55×9×280×5=$6930.
Ta	——	——
Tb	——	——
U	——	——
I	——	$2100×5=$10,500
K	——	——

於是可知，

動力成本之差額 $E_2X_2-E_1X_1=\$840-0=\$840.$

人工 $S_1-S_2=\$20790-\$6930=\$13860.$

$$Z=\frac{(S+Ta+U-E)X+Tb}{A+B+C+\frac{I}{H}}-K$$

$$=\frac{(\$13860+0+0-\$840)1+0}{0.3731}-0=\$34700.$$

$$Y=I\left(A+B+C+\frac{I}{H}\right)=\$10500\times0.3731=\$3930.$$

$$V=[(S+Ta+U-E)\times+Tb]-[Y+KA]$$

$$=[(\$13860+0+0-\$840)1.00+0]-[\$3930+0]=\$9090.$$

$$P=\frac{V}{I}+A=\frac{\$9090}{\$10500}+3.15=89.65\%$$

$$H=\frac{100\%}{P+\frac{I}{H}}=\frac{100}{8985+16.60}=0.94$$

十四國工人生活素描

榮 譯

本文譯自Factory Management and Maintainence 七月號，雖然沒有什麼學術上的價值，却還寫得簡單生動。其中的數字雖不一定十分可靠，但總可給我們一個大概輪廓。作者是美國人，所以文中不免有許多爲美國吹嘘的地方，翻譯時大部都删去了。所選擇的十四個國家很可以代表世界各部的情形，祇是缺少蘇聯勢力下的國家。或者是因爲資料不足的緣故，我們所關切的日本情形竟也沒有實在是十分遺憾的事。

製螺絲釘的工人（Automatic Screw Machine Operator）被選爲本文的對像是因爲他們可以代表大部的生產工人，而且是世界各國都可以拿來比較的。

在戰爭結束後兩年的今日，除了少數國家外，全世界的工人都還在困苦中討生活，爲每日的衣食發愁，至少有四個主要國家的工人，僅僅生活在饑餓的邊緣上。

祇有美國，加拿大，南非，和瑞典的工人生活較爲舒適。而另一極端的國家，像印度的工人，只好聽天由命地過日子，這兩極端間的其他九國的工人們都困苦地度着日子，有幾國是特別糟糕。

戰爭的蹂躪，降低了各國的生活水準，甚至美國亦然。美國雖也曾爲了戰爭供獻過他的工業力量，却並未像他國的慘遭轟炸和破壞，這自然是美國工人生活水準較高的一個原因。主要的是美國的工人，生產率最高，所以他們享受着較多的舒適和閑暇，生活也較爲奢華。

美國（Report by Charles Schubert Factory Field Editor, Cleveland

葛黎納（Leonard Grugle）是克利弗蘭（Cleveland）的一個製螺絲釘的技工，正預備賣掉他的四零年的福特而另買新車。

像大多數城市裏的工人一樣，他酷愛新鮮空氣和鄉村的空曠，寧願每天很駛十二哩路的汽車去上工。在近郊他有一座六間房的新式住宅，佔地146×188方呎。裝着水汀電唱機等家庭用具，過着舒適的生活。

八歲半的小葛每天按時上學，他二歲的弟弟勞恩是個極頑皮的小胖子，葛太太得格外地照顧他。小孩子每人都有自己的臥室。按照他們的計劃，孩子們都可以上大學念書。

他們的財產還不祇是洋房，花園和汽車。並且還有一千多塊錢的戰時公債，銀行裏的存款，七千元的教育和人壽保險單，全家的健康保險單（Hospitalization Insurance）。他們的住宅與汽車也保了險的。

但是他們如今還是錢到手就化光了。雖然整個家庭的收益比一九三九年增加了百分之七十五，但生活費用却增加了百分之九十五。如今每月僅有十元的儲蓄，戰前却能每月儲蓄四十元。除了家用具器較少添置外，戰爭並沒有降低他們的生活水準，他們仍吃着牛奶豬肉和水果。

一般講來，他們很滿意目前的景況，雖然更希望能像以前一樣多積蓄一點。

他在該廠工作已經十二年了，現在管理着四十餘部自動製螺絲釘的機器，每天能產百多萬零件。廠中設備都是最新式的，新出的機器，如比原有的效率更高時，就立刻換置。工作環境也很好。老葛今年有兩星期的給薪假期而年底還可以分得些紅利。

他不但是工會會員，且是他那一部份的管理員。他很滿意自己的職業，但還希望孩子們能比自己還强，葛太太希望勞恩作一個醫生。

政治上，最近他投民主黨的票，但他却是一個無黨無派的人。

法蘭西（Report by Michel Marsh, Paris）

一九三九年以來，亨利奧格（Henri Auger）的工資，僅足餬口而已，八年來不調節的飲食已使他孱弱不堪，戰後還得以百分之七十五的收入化在一家三口的伙食上。

亨利同他樂天的夫人和二十歲的女兒共住在兩間狹小的房子裏，另外還有一間更小的廚房，在一所公寓的七層樓上，既無浴室又無煖氣設備，也沒有熱水供給。上冬仍像過去一樣用煤爐取煖，但多一半的時候却因燃料的缺乏而熄着。奧太太沒有電冰箱用，只有一個煤汽灶，僅有的電汽用具是一架老式的收音機，可是這都沒有關係，奧太太的難題是用什麼來燒飯。

麵包雖受統制，却很便宜，馬鈴薯也不貴，但是每星期兩餐的肉食却得一元五角美金一磅，額外的黃油得二元一磅。

要不是奧太太替別人縫衣，每週幫貼着一千法郎的話，真不够開消的。她這種工作是近年來才開始的。除去了稅，連上加工和煩重工作的獎金，奧格的純收入每週僅一千八百九十法郎，全家一共進益，二千八百法郎，約合英金£24.27。

奧格跟其他法國工人一樣，自有的房屋和自備汽車簡直是不可想像的事。但是總算還好，由於政府的限令，房租低到幾乎等於白住。戰爭以來，奧格就從未添置過新裝，平日衣着，多由奧夫人將舊衣改製而成。

可幸的是奧太太能保持他們的小屋整潔像樣，他比其他工人更幸運的是能送他女兒上高中讀書，並且不久的將來，她就能得到一個代理教師的職位。

奧格和他的助手在瑞納（Ronault）汽車廠管着四部螺絲釘自動製造機，都是樹陳舊的東西了，但仍可做較粗的工作。好的機器早給德軍搬走了。一九三九年，他曾服役三月，退伍後仍回廠工作，戰爭期間，沒再離開過。三次嚴重的空襲，使二百五十畝的廠房大半成了廢墟，如今該廠已改爲國營，生產量已恢復到戰前的百分之八十五。他目覩該廠國營後之欣欣向榮，和工人福利的改進，使他成了一個忠實的社會黨員。淋浴設備已經裝設，廠務委員會也頗能聽從工人的意見，並承允生產改進的獎金。職工會在政府的領導下，從事工人的福利工作，設立了一個平價食堂，供應便宜的伙食。

他對工廠國營政策十分贊成，並盼所有管理惡劣的廠家都能改爲國營。

但是何時才能恢復正常！他感到懷疑和沮喪。

不列顛（Report by Frederick R. Erewster, London）

亨利艾倫（Henry Allen）廿七歲，瘦長個兒，管着四部製螺絲釘的機器，那是英國一家很大的製精確儀器的廠家。

他同太太和三歲的女兒蹦蹉擠在倫敦西南角的一個二層樓上，住着四個房間。可是他們已很感滿意，能在這房荒聲中在這半糟毀炸的倫敦住着。

艾倫上冬擬能用他唯一的火爐取暖，而今政府那樣地呼籲着節省燃料和電力，卽或在陰退的日子想用用電爐也覺着過意不去了。

洋芋都是定量分配的。

戰前艾倫差不多天天吃鮮肉而今總共配給的鮮肉只够週末聚餐用一次，分配的罐頭牛肉也只够吃一頓的，魚却便宜而多，但還得去排隊，很費事的，好在他夫婦倆可以工廠的食堂裏每週吃五頓豐盛的午餐，不但是熱的，而且還有些肉。

衣着在政府統制下極感缺乏，亨利戰後從沒買過新衣，因爲一襲新衣得用去六個月的衣着配給證，還還得加上工人的額外配給才行。艾太太裁製得很好，大部她自己和女兒的衣服全是她自己在電縫紉機上製的。他們的家庭用具中，除了上述的縫紉機外，還有一架電鐘和用了十年的收音機以及一架小小的電爐。

亨利的工作相當緊張和煩重，他得隨時注意四部機器，檢驗成品，有空呢還得幫幫助手的忙。他愛好自已的工作，愛好這光綫充足，空氣流通的廠房；尤其感激公司方面十二年來的栽培，使他由一個小職員升爲一名正式的技工。戰時他同伙伴們在空襲下依舊照常工作，僅在德機臨空時才稍稍隱避。

艾太太也在該廠工作；倒不是她非工作不可，而是可以藉此作爲消遣，同時也可以多賺點錢看看電影戲班。尤其是亨利每星期必去的白城（White City）賽狗會。

他們每星期儲蓄三十先令，戰時仍繼續不斷。早先的的存儲雖已化在不可多得的傢俱上了，但他們仍有充足的積蓄。如果限令廢止，物價能下跌點的話。很可以在城郊築一棟三間臥室的房屋，他也很想有一部汽車，只是目前的價錢是太貴了。

亨利不常閱讀書籍，但每日必看兩份報紙。一部份的光陰消耗在家裏自設的木工場裏，現在他正爲他的孩子作一所洋娃娃的木屋，並且他已開始耕墾他屋後的空地，希望種些菜蔬來打破這單調的伙食。

他是工會會員，屬於工黨，一九四五年投的工黨票，却並非社會主義者，他相信社會改革應出諸民主方式，並以爲三五年內，工業收歸國有的政策是會廢除的。

羅柏郝弗（Robert Herfurt），四十七歲，是克魯伯的技工。他的景況是難以置信的，但是如果我們想到德國這次空前的厄運，這也就不足怪了。

投降兩年後的今日，必需品的匱乏在德國非常嚴重，工資和生活環境是完全脫節的。職業不能保證溫飽。德國人雖都能獲得法定的配給食品，但大部工業區的成人食料，連一千五百卡路里的熱量都不到。

德國工人的家庭狀況，不能拿收入的多少來代表，而是要看戰爭期中的運氣怎樣了。

住在工業區的工人，什九是無家可歸的了。如果他們的房屋還能修理，就修修將就着住；如果是全燬了，就只好安身在地窖和防空洞裏，也有的就在廢墟上，搭一個小棚，有時還得和另外一家人同住在一起。

羅柏的工作情形，在今日的魯爾區，眞算是很穩定的了。他們的住所也算是十分安適的，住着一家五口，他們夫妻倆，兩個女兒，一個十九歲的兒子，也是維持生計的一個幫手。

在克魯伯廠附近，他們本來有廠中供住的屋子，但在一九四五年盟軍的空襲下全燬了。戰爭結束時，艾森（Essen）城只剩下了百分之十五，但人口卻漸漸恢復到原先的數字，那裏居民的生活，對於一個外來者，簡直是不可思議的。

羅柏租了一塊農地，從瓦礫裏挑揀了一些破磚，用泥灰等蓋了兩間房子，從克魯伯拿了些鐵皮作屋頂，窗子是碎玻璃湊成的，地是木段鋪的，還拿石灰刷了牆。餘下的空地上種了些耐寒的菜蔬，以使他們的清水湯裏可以多有些東西。這就是他們冬季裏的主要食物。

覓取食物佔了郝太太大部份的時間，麵包是每晨八時在城裏的合作社發售，但深夜一時就要去排隊了。和其他的德人一樣，郝弗一家最關心的是如何在黑市上得些額外的食物，因爲這原因而缺席，已是各廠家默認的事實了。

既要獲得額外的食品，中常的工人就得拿自己的東西去換，或者以存着的錢和違法的收益去買。郝弗家的存款和不急需的衣着早就變賣光了。過去六個月間，他們父子倆人的工資，事實上全化在食物上了，再加上他作苦工換來的額外糧食，一家最低的伙食還是不够維持的，必得依黑市價格可能地添買點食品。

早餐經常是一杯人造咖啡和兩三片麵包。其他兩頓則是菜蔬煮的湯。如果得到些肉類，就定得留到星期天用。

羅柏工作的機車廠是世界聞名的克魯伯兵工廠僅有的一所廠房了，佔地九方哩，大半的機件都是搶救出來的。工人每週工作四十二個半鐘點，因爲目前的伙食，沒法令工人支持四十八小時的工作。

廿三年的服務和將得的養老金使他成爲一名模範工人，但像他這樣的工人，也時常得溜出一天去找食物。

以四十七歲的年齡，在今日的德國還算是較年輕的工人，克魯伯目前三千五百工人的平均年齡是四十五歲。

羅柏是一個中道的社會民主黨員，依着黨的理想爲社會主義奮鬥，卻並不以爲是迫切的事。

意大利（Report by Michel Marsh, North Italy）

三十六歲的浦根弟（Giaciu'o Bergendi），友善而憔悴，過着貧乏的生活，他覺得從沒有過這樣難以爲生的日子，每天十小時的工作，每週五天半，而拿到的工資僅僅5270里拉（Lire）來養活他四口之家，即使加上自己小園地的出產，每週化在伙食上的錢還得5900拉搭。

上冬是陰冷的，現在天氣已經暖和了，六十四歲的老父在別人田裏幫工，每天掙兩三百里拉，這樣他們的伙食才有着落。但開消了伙食後，就什麽也不剩了。

如同多數意大利工人一樣，浦根弟也是農村出身，他很幸運有四間祖傳的房屋，還有一點田地，住在意大利北部的伊夫利（Ivrea）城郊。屋子是石頭砌成的，日常用具極少。他們很少用電，沒有衛生設備，自來水只有廚房才有。而且連收音機都沒有。

他在廠中的工作地點可以從窗口望見阿爾卑斯聳立的峯巒，他可以在廠中抽烟，聊天，並可以在食堂裏吃到便宜而充足的食物。該廠的產品是打字機和計算機，廠房很新式，大部建於一九三〇年。意大利北部的工業家大多誇耀他們的工廠效率和福利够得上美國的水準。而該廠有一個特別現代化的幼稚園，爲職工的子弟設的。

潘根弟和他太太焦心何日何時一切才得改善。但他們並不沮喪。他信從共黨領導的金屬工人聯合會（Metal Workers' Union），但他家裏卻仍供着聖母的像。

他們的前途是暗澹的，意大利的工人大半如此，廠房仍然完好無恙。產量並不比戰前低，但原料比戰前貴多了。濟增的工資使得廠方感到不勝負担。廠方在戰時被逼多僱了一千多工人，一共的工人人數現在是三千。

失業人數在意大利超過了兩百萬。所以潘根弟已無法改善他的境遇了。他祇能希冀着回到過去的日子，他能再安適地坐着吃大肉麵（Spaghetti——一種意大利的通心麵）。這對他現在是太靡費了。

荷蘭（Report by Porl Catz, Amsterdam）

顧恒特（Handrick Jan De Goede）家經常用鍋進餐，因為他們缺乏餐具，全家僅有三個完整的杯碟，和兩個給孩子用的破碗。鍋鑊亟需添置。

他和他的妻及兩個兒子住在一個小鎮上。他們租了四間狹擠的屋子，沒有粉刷油漆過。前後都有條狹長整齊的草地，屋裏的陳設，依着荷蘭的傳統，佈置的整齊清潔。但地毯卻已磨光和開綫了，褥單枕頭也都破爛不堪。

食物卻並不缺乏，他們有足够的麵包和洋芋，和 Hotchpot h（一種洋芋和白菜的混合物）。每週也有一點肉和魚，水果則根本沒有。每餐的食物十分單調。衣着是最大的問題，特別是內衣，煤的供給在去冬較四四年還少（四四年和四五年間是鬧煤荒的一年）。

情形在改善中，他們已准買些兒童的衣着了，儲蓄則還談不到。

廠雖小，設備卻都是上乘的。他在那裏是二十年的老手了。他愛好工作，是工會的一員。他既非共產黨員，也不信國營事業。卻指望有美國式的民主。

工資與物價是相差懸殊的。但他反對增加工資而覺得應該平抑物價。對於正常情形的恢復並不樂觀，他以為至少還需十年功夫。

瑞典（Report by G. Howard Smith, Stockholm）

卡爾遜（Knut Evert Carlsson）的財富是不能以金錢計算的。跟其他的瑞典工人一般，他可以和一般公民共同享受許多社會福利事業。

以他的家做例子。全城的土地是公有的，市府代辦房屋貸款，他就拿此貸款買了三間已造好的屋子。在住屋對面有好幾畝大的遊息場，有許多種的兒童遊戲設備，並且在暑期還僱了一個人在那裏負責監護孩子們，卡爾遜的兩個孩子，一個八歲的男孩和一個三歲的女孩時常在那裏玩。他們毋需付任何費用，學校免其學費，並供給一頓中飯。卡爾遜有失業及疾病保險。此種保險不是由僱主或以捐助金辦的，是由政府負責的。

卡爾遜的用品大半購自合作社。其餘在一家小商店買的。所分配的食物和燃料亦足够。

卡爾遜每天的伙食大致與普通美國人差不多：有牛奶、牛油、麵包、洋芋等等。

傢俱很簡單，却是上好的材料製的。在瑞典人家庭中很少有家庭用具，一般人都以為無此需要。汽車對於普通瑞典家庭亦為非必需品。雖然卡爾遜的鄰居亦有汽車的。

卡太太有一架縫紉機，許多孩子的衣着都是自己作的，在那裏孩子的服裝和成人的一樣價錢。

卡爾遜自一九二六年起就在一家第塞爾引擎工廠工作，他滿意他的工作。該廠一千二百工人大部是工會會員。卡爾遜也是的。工人如有不滿，可以很順利地向管理當局提出。

瑞典的工人期待着經濟與政治的保障。他們相信社會主義，以為應以民主方式達成之，但如需要的話，也不惜忍受種種約束的痛苦。政府的政策在避免失業，所以得到大多數人的擁護。

阿根廷（Report by E. G. Maley, Buenos Oires）

皮雷士（Marcial Pérez）過的是很簡單的生活，很少化費於娛樂，但仍不能有所積蓄。

皮雷士夫婦和另外一對夫妻分住三間房的屋子，阿國的工人大多幾家制。

皮雷士的財產是兩套衣服，一套工作時穿，另一套假日穿。此外就是一套傢俱了。他根本不作買房買車的期望，也不想添置些家庭用具，他的消遣是在樹蔭下看書。

對於國家，他是有所冀望的。他相信他的國家還年輕，很有前途。世界其他各處恢復正常時，阿根廷也必不致落伍的。

墨西哥（Report by Eanest Hediger, Mezico City）

格里哥里郎定（Gregorio Sousa La·din）在墨西哥一家最新式的工廠工作。今年卅五歲，從前原是一個小工，戰爭期間才進廠工作的。每週的工資是67.90比索（Pesos）約合美金十四元。他的十三歲的兒子在該廠當學徒，每天賺三塊半比索，合美金七角五分。

一家七口——他和太太，岳母以及四個孩子——若依美國的水準來說，生活是很貧苦的。住的是一所土磚的草房，只有兩間臥室和一個廚房，雖然有電，冰箱，浴室，煤氣等卻是沒有的。冬季的氣溫可能在冰點以下，他們卻連火爐都沒有，傢俱也非常簡陋。

燒飯用的木炭，須排隊才能買到，墨西哥沒有實行定量分配，除了作窩窩頭（Tortillas 一種墨西哥的薄餅，主要成分為玉米粉）的玉米粉外，平抑物價是毫無效果的。物價雖然高，他們卻不愁，反正他們不想買那些高貴的東西。

他滿意他的工作，當技工比起小工來自然寬裕自在多了，但他仍感家計困難，他更希望有時能有點空閑。

他雖是工會會員，自己卻沒有什麼主張，僅僅為工會領袖們所操縱而已，對民主自由的觀念很模糊。對於他們從政人員和官僚，他也極不信任，以為他們的工作僅在搜括自肥而已，他六年投一次票，在總統選舉的時候。但他也不能斷定那些『長官們』不會從中壟斷舞弊。

中國（Report by AlpheusW. Jessup, Shanghai）

楊永海（Yang Yung-Hai）是上海的一名技工，他最近唯一的希望是為安葬他祖父和父親的靈柩而買兩塊墳地。

永海每週的平均收入在年初時是法幣十六萬六千元。以官價外匯率一二〇〇〇折合，約為美金十四元，但實際上法幣的幣值是遠較那個比率低的。

永海夫婦和兩個女兒住在一個三樓的閣樓上。裏面放着一只床，兩只破箱子，一個小桌子還有三個鹽架放着一個鍋和一些零星雜物。

他們的食物，在中國說起來，也算是很好的了。主要的食料是米和蔬菜，每月四斤肉是打牙祭用的。夏季，他們穿的是布衫褲，冬季穿的是棉襖棉褲和毛線衫。

工作在中國就僅僅是一種謀生的方法，無所謂喜不喜歡，也不管作些什麼，但永海對他的工作總算是滿意的，他是一個車床工人。

依美國的水準來看，工作環境是太壞了。那是一個很小的廠，也沒有什麼前途可言，永海也不計較這些。

永海的政治意識很淡，對於政府與官吏也沒有什麼可說的，反正都是一樣地糟。也不管什麼主義什麼政黨，只要能够工作以求溫飽，他就滿足了。

即或這種最低調的滿足的條件，也在日漸剝奪削減中。今春米價穩定的時候，39.3分鐘的工作即可換得他所需的2000卡的米，但米價的暴漲，使得同量的米卻需以58.95分鐘的工作來換取了。因此他購置墳地的願望，也就變成了更遙遠的一個夢想！

印度（Report by Joseph K. Van Denburg, Bombay）

由於印度的低工資和戰時物價的高漲，巴伐（Dat r.ya Ram handra Pawar）和他的太太僅僅維持着最低的生活水準。他們沒有孩子，他們廠裏沒有一個工人供養得起孩子。

巴伐是一個能安裝車床工作的技工。每天的工資僅合美金八角七分，加上生活補助金，也不過一塊三角七分，而每天倆口子的伙食最少得化六角錢。

巴伐的家住在小巷子裏的一個三樓上，他們僅有一個一丈見方的小室，所謂的廚房就在外面的露台上，傢俱是一個椅子，一個桌子，一個爐子，和許多銅錢的鍋鑊罐子。晚上他們就在地上鋪一床棉絮睡，白天就拿毯子擇在一旁。

黑市使他的經濟更加困難，拿衣着來說，價格管制僅及於紗與布，對於現成的衣服卻不加管制，以致使一件最次的衣服，也得化他一週的工資。食物也是一樣，他可以買大量的米，但菜蔬和現成的食品是不管制的。

巴伐沒有積蓄，除了已有的鋪和一些鍋鑊外，無力添置一些用具，自然更談不到買房子了。在他們住的那種房子裏（Chawl 專指印度工人合住的大宅），是沒有電的，為了節省煤油起見，他們天一黑就睡了。

巴伐在開戰時創辦的一家脚踏車廠工作。那裏九百個工人分三班工作。鋼鐵的缺乏，使廠方無法增加生產，擴充範圍。結果，廠房是太擠了。工人的福利設備只好等待將來再添。但巴伐仍對其工作感到滿意，並不是滿意目前的情形，而是對將來存着希望。他留在廠裏因為希望廠方升他為工具裝置工人（Tool-Setter），這樣可以使他每日多得二角半美金的工資。一個領班——將來他也有希望做到——也不過每月三十八塊錢的工資。那裏沒有整個一業的工會，而只有每廠的小工會。

像目前印度的宗教情形和經濟上的因素，如果繼續下去的話，印度是無法進步的。

加拿大（Report by J. F. Flaoerty, Qttawa）

譚雷蒙（Raymond Day）是一個廿九歲的加拿大技工。生活跟美國工人差不多，吃得或更要好一點。

每週工資是三十九塊三角六，每月還可拿到政府給的十六元家庭津貼。他租了一宅五間房的住宅。佈置得很好，他有幾百元的儲蓄和壽險保單，另外還有一輛三二年的福特。他的嗜好是釣魚游泳和狩獵。

他們一家五口每天的食料是四夸特的牛奶，一打鷄蛋，和豐富的肉類。並且每週買三打桔子。

雷蒙最近買了一套藍嗶嘰的西服，他還要去買一條同樣的褲子，一共得化八十美金。

他屬於UAW工會，對於廠方很滿意，尤其愛好廠裏和協的精神。廠方對待工人以光明正大的態度。有什麽糾紛總可以立刻解决的。

總是一個非常熟悉的人，不參加任何黨派，也沒有過激的思想，對於

現狀很滿意。戰後職業的機會在加拿大較戰前更多。

他還不曾為他兒子的將來打算過。不過他覺得，加拿大給青年人的機會，總不致比別國為少的吧！

澳大利亞（Report by Herbert Leopold, Melbourn）

貝尼龐納（Bernie Bennet）是游金山工程公司的一名工人，他的工作並不需要很多的技術。他希望在年底前能升任一個裝置機器的工人（Setter），也希望能在最近結婚並租住四間房屋。

他幹過四年軍隊工作，去年才退的伍，支滑了他存着薪餉，共計二百三十六鎊（合美金七百八十元）現在仍為他戰前的僱主工作。

貝尼在二百多鎊裏以一百九十八鎊買了一輛二九年的 Fiat 車，但汽油和汽車的維持費太化費了。所以他又把車賣了。再近想不致再買車。

全家九人住在離廠五哩的一所屋裏，他的工資是每週七鎊，約合美金廿四元，其中卅先令是供給家用的。

他家的伙食很好，和澳洲中上等人吃的差不多。主要糧食有低價的配給，肉和糖有時受罷工和先令價格動蕩的影響會買不到，水果是不配給也不給津貼的。

貝尼買他的配給衣着和娛樂等費用外，還可以積蓄一點錢。他對於工作很滿意，雖然廠中的設備陳舊而效率低。除了升遷外，別無抱負。並希望他將來如有兒子的話，也做這個行業。

南非（Report by Jony Adams, Johannesburg）

戴哈里（Harry Davis）自己有一所房屋和一輛廿九年的雪佛蘭。他們的住宅非常地整潔，在約翰斯堡北面的一個新住宅區，環境很好。他常常利用空的時候翻修自己的屋子。

哈里是一個鑛產公司機械工場的一個技工。每週工作四十八小時，每年有四百多鎊的收入，合美金一千六百到一千八百元的樣子。這筆收入外他還利用閑暇替人修理汽車，每年可以增加一百鎊的收入。

每天吃的是肉和鷄蛋，充足的麵包蔬菜。三品脫牛奶。傢俱也好，但除收音機外，電氣設備很少。一家五人，其中兩個大孩子都在高中念書。

工作環境很好。職業穩定而有保障，他贊成自由企業制度。如果有合適的機會的話，他想自己開辦一個修車所。

本校成立工業管理系的志趣

李熙謀

中國必須工業化，工業化乃是中國之出路，這是在抗戰期中我們有這樣的信心，現在抗戰結束建國開始，這樣的信心更要堅強。

工業化的條件，在一般人心目中，所認爲重要的，大概不外機器動力與技術等。但是有了機器動力與技術，二個同樣的企業組合，不一定會同樣成功，且有時候，往往一個會成功，一個趨於失敗，這是何故？關鍵就在人事問題，若「人事不臧」雖有了機器動力與技術，仍在失敗，所以工業企業，應重視管理，是則歐美工業管理與科學管理學術之所由來也。

自美國泰勞氏（Taylor）倡導科學管理學說以來，到現在，凡歐美工業生產機構，莫不採取其學理，應用於生產技術，而收獲輝煌的效果，所以科學管理，已成爲一種學術，凡從事及研究科學管理的人，在歐美各國，已皆公認爲專家學者。

工業在家庭手工業時代，規模狹小，生產有限，凡原料之消耗，工作之效率，對於生產成品的成本所發生的影響並不重要，所以在那時期的工業，無須講求管理。但是在現在工業組織中，以機器代替人力，大量生產，需要大量原料，與大量人工，一物之浪費，一分一秒時間之虛擲，日積月累，其經濟上之損失，輒以數萬數十萬計，小則影響成本，大則足以破壞事業。所以到了機器工業時代，不得不講求管理也。

工業生產企業中，最關重要幾個部門，可得而言者，大略如下：（一）製造各部之統屬聯繫與組織，（二）節省人工機器之採用，（三）工作機具之設計與佈置，（四）原料之採購與儲藏，（五）工具之儲藏，（六）成品之包裝與轉運，（七）工資分配，（八）鼓勵生產之方法與計劃，（九）工程設計，（十）技術研究與改進，（十一）勞工進修，（十二）勞工福利 。以上所列各問題，有很多專門著作，詳加討論，茲不一一備舉。

概括言之，在科學管理出發點觀之，凡工業生產企業的機構，必須百分之百是合理化，必須各部聯絡密切，指揮靈敏，生產不阻滯，原料不浪費，人工不虛擲，而尤須技術優美，成品精良，生產增進，勞工康樂，然後科學管理的眞義，方算收獲了効果。

我們需要工業化之迫切，自不待言。工業化的確可以決定中國今後之命運。但是我國現在工業化的程度，與歐美各國相較量，眞有天淵之別，這是不必諱言的事實。世界第二次大戰已告結束，經濟與商業的和平戰爭，又將開始，在現代之世界中，一切國力與國防的要素，都決於經濟與富力，經濟與富力之充實與否，又決於工業，而工業之能否存在與發展，則視其生產品能否在世界市場上占居穩固之地位。若成本低，品質佳，則銷售可操左券，欲求達到到此目的，全在工業管理之得其道，是則管理學術之所以爲重也。

勝利以還，國際商業，漸復正軌，國與國間之貿易，將日趨發展，其競逐亦日趨劇烈，在此競逐之中，優者必勝劣者必敗。我國門戶洞開，外貨湧到，戰事以前，外貨品質雖優，而價值必高，今則外貨遞優而價復廉，若不急圖補救，我國工業，將無立足之餘地，罔言發展，此不特我國工業之危機，實爲我國國運前途之嚴重問題。

交通大學，向爲作育工程技術人才之學府。但時至今日，遠瞻歐美，近察國內，我深深地感覺到，中國今後的工業化，完全依賴技術能力，尙是不够。尤其因爲國人數千年來，生活於優游閒散澹泊寧靜環境之中，舒逸成性，放浪自在，不慣機器生活之緊張節奏，科學管理之理論與科學管理之實踐訓練實爲糾正此種生活習慣之對症良藥，亦爲工業生產應循之坦途。本校工業管理系成立，其旨卽在於此，既配合國家工業建設當前之需要，亦以完實本校之教學計劃也。

工業管理系的回顧與前瞻

尤子成

本校工業管理系課程之編制，工程學科與經濟學科相互並重。本系雖以訓練工業管理人才爲主，但是同時認爲工業上主管行政領袖，對工業工程學識，無澈底之瞭解，於技術問題之解決，每易發生不正確之理解與錯誤之武斷，若謂可諮詢技術人員，則又事事受制於人。我國過去工業上主管人員處事上弊病與困難，即在於此，本系編課之用意，旨在糾正已往之流弊也。

經濟學科之範圍雖包括甚廣，但是本系所採學程，以簡約適用爲主。經濟會計統計等，固爲應有的常識。此外主要學科，則爲工業生產，市場學，勞資關係，工業問題等。在各個經濟學程中，我認爲與我國工業關係最重要的，有二個學程。就是（一）管理技術，（二）管理實驗。管理技術，是研究主管人員對付人事管理上的一切方法，問題與技術。管理實驗，是在實驗室中，研究各個不同的生產與製造過程的動作，與每個動作所需要的時間，加以分析，加以統計，研究得到最經濟的分工動作，因此可得到最經濟的製程序與生產方法，這是我國工業製造上最爲急迫需要的學識。本系雖設有此二學程，但是教師人才，羅致非易，未臻理想之境也。

總括言之，本系之成立，本校實懷有無窮的希望。大學爲培植人才之學府，當此工業建國，高唱入雲之際，我交通大學，應負起責任，認清國家工業建設上之需要，技術人才與管理人才，在今後的工業上，有相輔相成的功用，同時加緊訓練，以應建國的急需，庶不負我交大之使命也。

一 正名——工業管理與工商管理

一提起「工業管理」這名詞，很自然地，有人以爲就是「工商管理」，尤其當簡稱「工管」之時。在事實上，交大的「工管」和一般所謂「工商管理」，是大相逕庭的。從前，本校管理學院有「實業管理系」；那系的性質，不論在院屬上或課程上，倒和別校的「工商管理系」性質相似。

「工業管理」與「工商管理」，究竟有什麼分別呢？從院屬上講，工商管理系是商學院的一系；工業管理系是工學院的一系。不同學院所屬的學系，當然是不同的。再從課程上講，工商管理系專注重經濟方面，而工業管理系則工程與經濟並重，且另加工業管理特科，如「生產效率」「工廠設計」「工廠運輸」等。在不同課程下所訓練出來的專才，是不同的。再從就業能力講，作商管理系同學，均從事於企業的業務機構中；而工業管理系的同學，則泰半從事於企業的生產機構中。這兩種截然不同的工作

本系創設未久，社會對之認識不深，所以發生此種誤會。但是，在畢業同學服務社會後，根據他們工作事業，當能更使社會人士，易於分別二系的不同點的。

二 本系的成長

一國要工業化，單靠技術方面，必嫌不够。所謂工業化，簡括點說，就要工業發達；工業要發達，一定要消費增多。爲達到增多消費這一目的，則必求產品精良，成本減低。在一生產機構中，若管制合理，技術優良，合乎科學管理原則，當然產品會精美，成本會減低的。我國自滿清末葉，創辦工業後，工程人員的訓練和技術，非不高超。但是因主持生產當局，不知利用科學管理方法，所以工業始終不能出人頭地。反顧歐美的工業機構，無不採取科學管理原則和方法，應用於生產技術中，以求工業發達，而得有今日工業化的成就與發展。本校向爲教育工程技術人才的最高學

道，抗戰中期，資源委員會翁文灝先生與錢昌照先生，有鑒於科學管理的重要和本校的卓聲，建議當局創辦工業管理學系，而我校亦認爲培養有關工程技術一切人才，是本校天職，故即設立本系。時由李教務長熙謀兼系主任，仿照美國麻省理工學院的「工業管理系」，並切合我國實際需要，排定課程。擘劃規模，慘淡經營，使本系的發展，與日俱進。

本系成立初期，因在戰時內地，一切深感缺乏。除一二年級課程，原與其他各工學院相似，故得開課。卅四年春，李兼主任以公務過繁不克兼理系務，改由祝百英教授担任迄今。全系共有同學二百餘人，教授等十四人。因復員伊始，四年級未分組。本年度有首屆畢業同學二十餘人。

三 本系應有的改進及發展

甲 分組

工業化要用合理的科學管理方法，已如上述。然工業之範圍極廣，諸凡電機、機械、化學、紡織等等，例不盡舉。在如此廣泛的範圍中，一個工業管理學生，僅得些普通性知識，而不能各專一業，則將來從事某業工作，其困難發生，不可言喻，非經一長時期訓練，對此工業特性技術了解後，始能着手開始工作，一展所長。若分組後，每生均可節省精力，專攻所習，當能解決上述困難。再看別系無有不分組者，故本系的分組事宜，必需積極進行了。

上面說過，工業範圍極廣，分組亦感困難。筆者管見，就切合實際情形言，而暫分下列四組：

（一）動力組——各式動力工業

（二）機械組——母機機械製造工業

（三）化工組——各式化學工業

（四）紡織組——一切紡織工業

乙 調整課程

按照本系現行課程，似尚不足以應需要，茲另立建議調整如后：（見附表）

丙 充實圖書設備

工業管理，向不爲國人所注重，故有關圖書雜誌甚少。今後本系，當注重有關圖書雜誌訂購，使同學除課授外，有自由研究機會。

除圖書外，實習設備的添置，亦感重要。因工程教育，首重實際經驗，諸如有關本系的各設備，若生產效率實驗工場及慢動作電影，工廠運輸圖片等，均應從速籌置。

丁 其他方面

本系是國內首創，社會人士知之不詳。爲本系前途計，對外應與各工廠取得聯繫，如在工業管理學會中，設立一諮詢組，便利幫助各工廠解決管理方面困難問題；對內應重質不重量，抱寧缺毋濫決心，提高入學試驗錄取標準，嚴格平日成績，則每屆畢業同學服務於社會者，均能發揮能力，爲人所樂用，「工管」名譽，如是當可不脛而走，且間接爲後來同學，開一康莊大道。

工業管理學位，雖經確定是工學士。然在生產機構中，仍無確定的名位。所以應請政府，確立工業工程師或工業管理師地位。並在一切出國考試中，加設工業管理一門，使有志從事工業管理者，易得專門深造機會。

四 結論

工業管理學會，出版「工業管理年刊」，潤青同學，索稿於余。筆者向無寫作經驗，故本文實係湊雜而成。其中對分組及調整課程建議二節，係和徐明宇，蔡溥，盛志華三同學研究結果。然錯誤疏忽，在所不免，祈各師長同學指正。匆匆數言，聊當結論。

課　程　表

年級	科目	上學期 週時	上學期 學分	下學期 週時	下學期 學分	預修科目
一年級	英文	3	2	3	2	
	國文	3	2	3	2	
	微積分	5	4	5	4	
	物理一，二	4	3	4	3	
	物理實驗	3	1	3	1	
	化學	3	3	3	3	
	化學實驗	3	1	3	1	
	經濟學	3	2	3	2	
	機械畫	3	1	3	1	
	投影幾何	3	1	3	1	
二年級	企業組織與管理	3	2			
	物理三，四	4	3	4	3	
	微分方程	3	3			微積分
	應用力學	5	4			微積分，物理一
	會計學	3	2	3	2	
	機構學	3	2			
	貨幣金融	3	2	3	2	經濟學
	材料力學			5	4	微積分，物理一，二
	統計學			3	2	
	工程材料			3	2	
	經濟地理	3	2			
	銷售學			3	2	
	契約法規			3	2	
	生產管理			3	3	企業組織與管理
	業務公文	3	2	3	2	英文國文
	金工實習	3	1	3	1	
	材料管理	3	2			
三年	電機工程	3	2	3	2	物理三
	熱機學	3	2	3	2	物理二
	機械設計與製圖	2	2	2	2	材料力學，機構學
	工具計	3	2	3	2	機構學
	成本會計	3	2	3	2	會計學
	生產效率	3	3	3	3	
	生產效率試驗	3	1	3	1	
	生產管理	3	3	3	3	
	工廠運輸	3	2			
	人事管理			3	2	

年級	組別	科目	上學期		下學期		預修科目
			週時	學分	週時	學分	
級		電機試驗	3	1	3	1	
		熱機試驗	3	1	3	1	
四、年級		工廠設計	3	3	3	3	生產管理,工廠運輸
		生產管理	3	3			
		工程經濟			3	2	
		專題研究	3	2			
		會計制度	3	2			成本會計
		財務管理			3	2	會計制度
		工廠實習(分組)			6	2	
		論文			3	1	
	動力	動力機械設備	2	2			
		直流電機	4	3			電機工程
		直流電機試驗	3	1			
		交流電機	4	3			電機工程
		交流電機試驗	3	1			
	機械	內燃機	3	3			熱機學
		機械製造	3	2			工具機
		機工試驗	3	2			
		冶金學	3	2			
	化工	化工原理	4	3			化學
		有機化學	3	3			
		有機化學實驗	3	1			
		工業化學	3	2			
	紡織	紡織機械	4	3			
		紡織工程	4	3			
		紡織廠之設計管理	4	3			

無錫
增大錢莊
電話二六六

無錫
城區信用合作社
電話一六四一

無錫
永春潤紙號
電話一五〇

無錫
新泰五洋煙行
工運橋堍

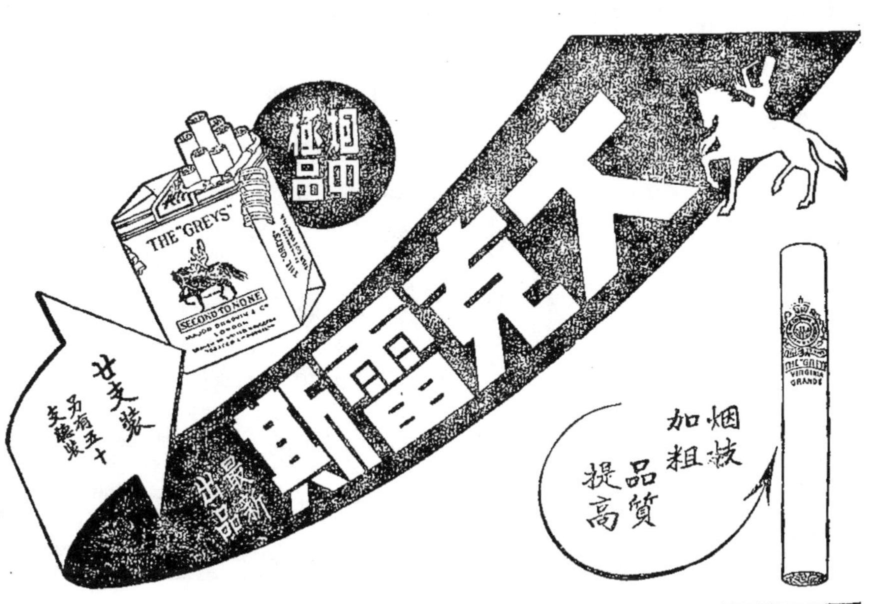
烟中極品
THE "GREYS"
SECOND TO NONE
大克雷斯
廿支裝
另有五十支聽裝
最新出品
烟枝加粗
品質提高

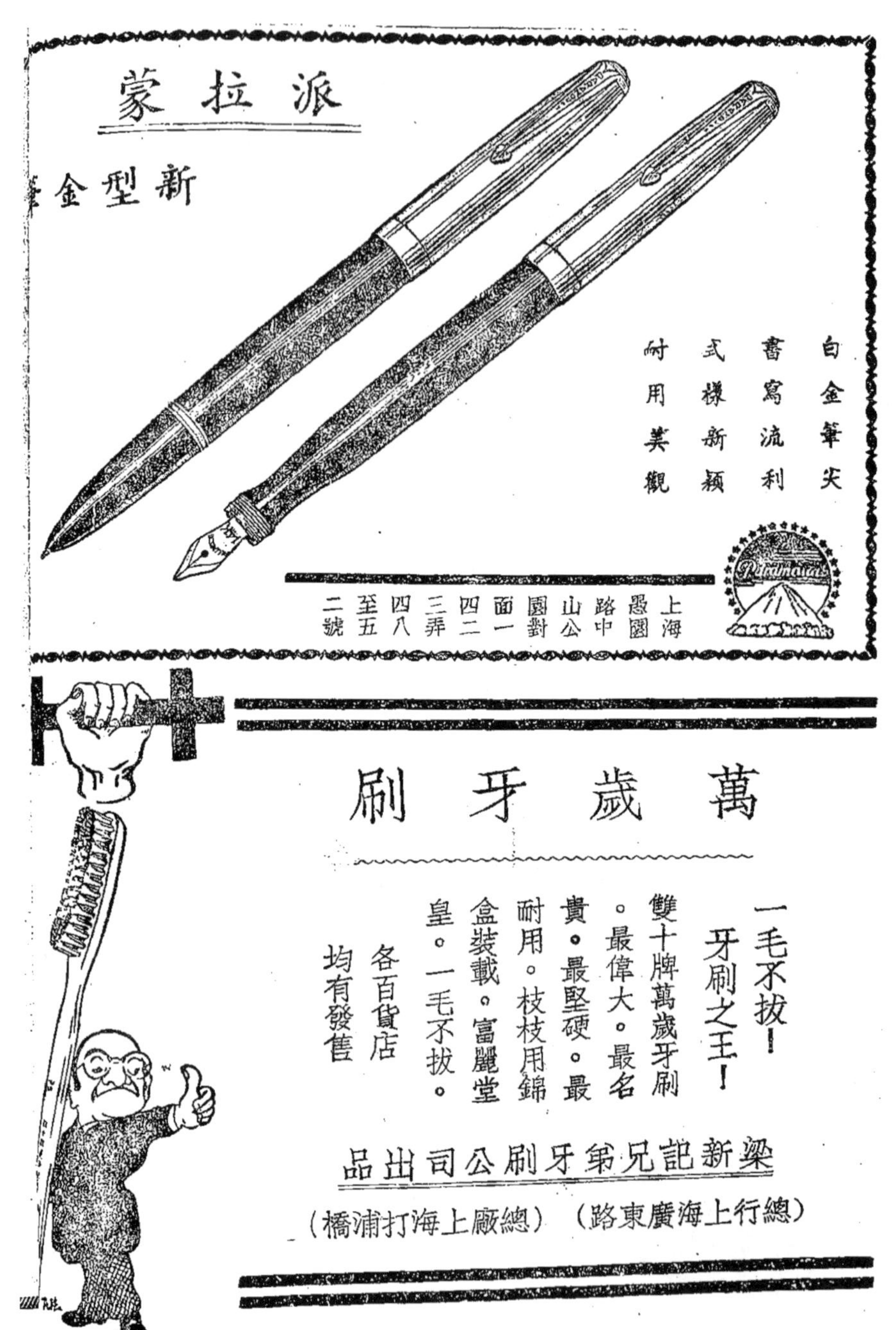
派拉蒙
新型金筆
白金筆尖
書寫流利
式樣新穎
耐用美觀
上海愚園路中山公園對面一四二三弄四八至五二號
萬歲牙刷
一毛不拔！
牙刷之王！
雙十牌萬歲牙刷。最偉大。最名貴。最堅硬。最耐用。枝枝用錦盒裝載。富麗堂皇。一毛不拔。
各百貨店均有發售
梁新記兄弟牙刷公司出品
（總行上海廣東路）（總廠上海打浦橋）

《工业管理通讯》简介

该刊由交通大学工业管理学会创办于1948年12月，刊期不详，目前仅见创刊号一期。刊名由中国机电学会会长、交大工业管理系主任庄智焕题写，交大校长王之卓为该刊作序。

该刊是工业管理专业刊物。编者有鉴于工业管理在当时是新兴学科，国人对其知之甚少，而学界对于本学科的性质究竟是偏重管理还是偏重工程、偏重普遍还是偏重专精等问题尚存有分歧，遂印行此刊。该刊以"沟通校内外工管界同学消息，并且切磋工管教育今后应取的方向"[①]为宗旨，所刊内容主要为工业管理理论探讨、工管现状的介绍以及工管学人的动态报导，辟有专载、论著、译述、报导、友声、消息、其他7个栏目。

"专载"刊登的内容有中国的工业化问题、劳工关系；"论著"主要讨论通货膨胀与工管效力等问题；"译述"主要刊载介绍英国的国营企业、夜工的工作效率问题；"报导"主要刊载工业界的最新动态，如有关中国工业管理协会的新闻；"友声"主要刊载该校工管系同学发表的文章，涉及工作状况、系友意见等；"消息"主要刊载工管系师生的近况。较典型文章为庄智焕所写的《中国的工业化问题》一文，该文认为工业化绝不是简单的办几个工厂，从狭义上说，工业化是各种工业的机械化、科学化、动力化与现代化的高度发展；从广义上说，是全盘生产的机械化、科学化、动力化与现代化的高度发展，并对工业化的发展步骤提出了自己的看法。此外，该刊在最后刊有《本系现行学程表》。在该刊所刊载的《本系教员名录》中，列有教员姓名、性别、籍贯、出身及经历。在《本会第三届职员录》中，列有工业管理学会会长、总务股、学术股、联谊股、出版委员的姓名。

该刊的发行，有利于该校工管系系友互通消息、切磋学术，增进同学之间的情谊，同时，对于当时中国工业管理行业和工管教育的发展起到了促进作用。因此，该刊对研究当时工管行业的发展状况有一定参考价值。

---

① 王之卓:《创刊序言》,《工业管理通讯》(创刊号)1948年,第1页。

工業管理通訊

大壯智煥題

創刊號

電信管理系惠存

國立交通大學工業管理學會出版

中華民國三十七年十二月二十日

創刊序言

王之卓

本校工業管理系同學出版「工管通訊」，目的在溝通校內外工管界同學消息，並且切磋工管敎育今後應取的方向。在這時局動蕩之際，我校能夠維持絃歌不輟，而且還能致力於論著出版，實在是難能可貴的一件事體。工業管理學術的發揚，總須有蓬勃的工業基礎，在目前中國的工業雖然是不景氣，可是我們拋開眼前暫時的混亂，想到以後的建國，還是只有從樹立工業基礎的一途上做起。而談到工業建設時，人人都已經覺悟到，工業是技術與管理相互配合的產物，而不僅是技術單方面的問題，這一點我們工業管理系的師生，知之最深，任務也最重大。

本校工業管理系，到現在已經有五年的歷史，畢業校友散佈在各地。我們在學校所學習的課程，走到社會之後，是否能與實際的需要相配合？課程的分配是否合理？因爲這是一個新興的一系，不但是我們隨時在自己捉摸，就是在外國也沒有一定的規章可循。在課程方面應該多偏重工程，還是應該多偏重管理？工程的課程應該着重在普遍方面的，還是應該着重在專精方面的？短短的四年光陰，究竟應該如何作最有效率的分配，使得所培植的工業工程師能夠獲得到最基礎的學識，實在有很多可以研究討論的。

工管系在校與離校的同學，一向聯誼的能力很强，希望今後由「工管通訊」，使得聯繫更能加强一步，讓我們校友同在校的師生，共同來培植這新興的一系，好可以造就出有用的人材來，以供獻於今後的中國工業界。

創刊辭

工業管理乃近二十年來新興的科學，其受我國之注意，當以我交大之創設本系為嚆矢，至今猶方五年耳。歷史既如是之短暫，國內一般工業界人士對之自尙不知其詳，而我畢業系友因輒有吾道獨孤，不克一展其長之憾焉。

本屆學會幹事有鑒於斯，敢期促進工業界對工業管理之充分認識，幷求溝通工管學人之音問俾資觀摩，爰經決議，輙辦本刊。舉凡工管學術之宣揚，工管現況之介紹與夫工管學人動態之報導，俱本刊之使命也。

然創刊伊始，既感經費之難以籌措，復慮內容之未臻理想，所望我工管學人同加愛護，共謀培益，則不特本刊之幸，抑亦學術本身之幸也。

中華民國三十七年十二月二十日

史佩棟

創刊號目次

創刊序言……王之卓（一）

創刊辭……史佩棟（二）

專載

中國的工業化問題……莊智煥（五）

勞工關係……Preston（八）

論著

通貨膨脹下之工業管理效力……祝百英（一〇）

「利益圖解」之數學分析……夏宗輝（一一）

譯述

英國國營企業的前途……周贊明（一三）

如何提高夜工的工作效率……惠人（一五）

報導

中國工業管理協會之使命……沈立人（一六）

迎新會誌盛……潘家龍（一七）

友聲

燕子磯來鴻……劉棨棠（一八）
秣陵寄語……畢華珠（一八）
系友意見彙報……編者（一九）

消息

李瑞麟先生新婚燕爾……（二〇）
美籍教授積極延聘中……（二〇）
祝百英教授談金圓券……（二〇）
張王兩同學榮獲獎學金……（二〇）

其他

本系現行學程表……（二一）
本系教員名錄……（二二）
本會第三屆職員表……（二三）
幹事會謝啓……（二三）

專載

中國的工業化問題

莊智煥教授講述

一，緒言

中國要工業化的口號還是在抗戰以前叫起的，至今已叫了十幾年。可是到底什麼叫工業化？到底怎樣才能工業化？這就很少有人眞眞研究了。記得抗戰時，有人問一位高級官吏：「什麼叫做工業化？」他答道：「工業化就是多辦幾個工廠，使各地有電燈，有自來水。」這個回答似是而非。工業化決不是多辦幾個工廠，有電燈有自來水也不能說是工業化。

中國一般人民的生活標準，低得可憐，要提高一般人民的生活標準就必需工業化。去年我到歐洲各地考察了以後更感到中國必須工業化。我在瑞士四個月，瑞士給我的印象很深。我們知道瑞士是一個最缺乏資源的國家，它除了有一點森林和畜牧事業外其他便沒有什麼資源了。不過瑞士有幾個湖，湖與湖之間又有幾條河，她就充分地利用水力發電。電力使用之普遍，世界上除了美國以外瑞士當可列第一了。可是我覺得瑞士和美國不同。美國是富强而不康樂，瑞士是康樂而不富强。美國資源很富，國力很强，但是美國的報紙上常常可以看到殺人放火的新聞，有些謀財害命的事情簡直是想入非非的。然而瑞士的社會却路不拾遺，夜不閉戶。火車裏去了東西隔一二天也可以拿到。有一天深夜我跑進一家旅lmaterial所，裏邊空無一人，叫了好久才有茶房來招待。瑞士沒有天然的富源而竟這樣康樂，這究竟是什麼道理？原來瑞士有百分之四十四的人口從事工業，而從事農業的是百分之二十二，每一個人各有正當的收入當然不想做壞事了。看了瑞士以後，我便更覺得中國必須工業化。世界上凡是從事農業的人口在百分之三十以上的國家一定很窮。中國有百分之八十的人口從事農業，而有人偏以此自豪，這簡直狗屁！

抗戰時報上論時事的文章常說我國人衆地大物博。讓我們看看依了人衆地大物博是否能强？據內政部的調查，我國的人口是四萬六千三百萬。世界上沒有其他國家人口有這麼多。蘇聯的一萬八千萬與我們相比也瞠乎其後了。可是我們要注意生產超過消費的人有多少。中國現在有百分之七十以上的人口是靠人生活的，這對國家社會講卽是一個蝕本生意。其次，我們這麼多的人口中有多少識字多少不識字？中國的文盲至少佔百分之九十。所以，第一是窮，第二是愚。另外中國還有一點特點，就是弱。有一位研究優生學的明友說：外國人吃的是動物性的蛋白質，而中國人吃的是植物性的蛋白質。吃了動物性的蛋白質譬如獅子老虎就很有勁，而牛馬等吃的是植物性的蛋白質就顯不出大的力量。中國人多吃植物性的蛋白質所以終天懶洋洋的緊張不起來。窮·愚·弱，這三點不除掉，中國便愈過愈窮。吃飯的人多而生產的人少，怎麼能談富强？人衆我們把它撇開了。

大家總看到過申報地圖吧！申報地圖上黃色的面積佔百分之八十，綠色的面積佔百分之十三；而人口的分配則在黃色上是百分之十三，綠色上是百分之八十以上。各位大多沒有到過西北。西北的一個縣份人口不過二萬左右而面積最大的大約有浙江省一省。你開了汽車進去幾十里路找不到人。中國有很多特殊的情形大家沒有加以注意。抗戰期間戰事最吃緊的時候，政府打算移民西北。行政院召開一個會議。當時大家就討論怎麼樣移民？內政部有一位代表說：「步行去。」我問他怎麼行法？那邊荒無人烟，幾十里路始有一口井，十個人八個人到了就吃完，請問怎麼樣移民？這個問題竟連內政部亦不淸楚。剛在碰到蘭州市長談起所謂「綠化蘭州」的問題。我去過蘭州，那個地方樹幾乎沒有，現在大概長了一點草，所以就說綠化蘭州了。根據種種考察和調查我們可以想像漢代以前西北一帶都是森林，可是漢人祇會莊稼，他把森林砍了來種田而不知森林砍了土壤也壞了。現在貴州一帶常有三年一輪的種法。所以，中國土雖大而可耕地却實在少得很。

再談物博。這裏我可以供給一些數字：

（一）礦產　鐵：全球儲藏量是二十萬兆噸。美國佔50%，蘇聯20%，印度10%，德國12%，英國2%，法國2%中國有一千兆噸佔0.5%。

煤：全球儲藏量是四百九十九萬兆噸。美國佔55%，加拿大11%，英國4%，蘇聯1.5%，印度1.5%，中國有二十一萬七千兆噸大概佔4%。美國比中國多出十幾倍。

石油：全球儲藏量是三千九百四十五兆噸。美國佔45%，蘇聯20%，伊拉克10%，伊朗10%，東印度4%，中國不曉得。

此外鐵·錫·鎢·銻比較多，銅則很貧，鉛鋅也貧得很。所以礦產方面事實上並不博。

（二）農產　穀食：歐洲每一萬人一年可分到五九〇〇噸，菲洲一四九六噸，美洲八七三五噸，澳洲五〇〇〇噸，亞洲一二九〇噸比菲洲還少。中國根據二十五年至二十九年平均計算，本部二十二省每一萬人每年得二〇八三噸，東北三二六七噸，全國平均約二一六〇噸，現在一定在二千噸以下。此外中國有大豆二萬萬擔佔世界第一位，桐油，猪鬃亦佔世界第一位。可是現在呢？全年棉花的進口量佔總進口額的百分之三十，絲茶猪鬃都被別的國家一一打倒了。桐油已經有代用品發明，雖然還有一點銷路也很危險。中國的國際貿易額只佔百分之一•五。去年我在國際貿易會議席上難過已極。

我們要達到富強康樂之境必須很快地利用所有的資源，而利用資源必需工業化。這份工作當然是很艱鉅的。

二•工業化的定義和範疇

我個人的意思：工業化的定義可分爲廣義的和狹義的兩種。狹義的說，工業化是各種工業的機械化科學化動力化與現代化的高度發展。廣義的說，工業化是全盤生產包括農工漁礦……各業的機械化科學化動力化與現代化的高度發展。工業化必須先把人工業化，墨守舊規的方法必須改正。

工業化的範疇，依廣義的解釋，包括下列各點

一，工業的機械化動力化——抗戰時有人提出「雙手萬能」的口號。這口號其實是落伍的，墮落的。這是向後看而不是向前看。

二，農業的工業化——農業的播種耕耘灌溉收割等過程都應機械化動力化。種子改良肥料配合土壤選擇等都應科學化。

三，礦冶的工業化——礦產是工業的原料或燃料，其開採運輸冶煉等生產過程皆應一以機械動力爲之。

四，運輸的工業化——運輸是工業中重要的一環，必須機械化動力化以增進速率。

五，組織與管理的合理化及科學化——工業生產應該運用科學管理以提高效率，增加生產減低成本。在工業建設的目標下各種工業都應如此。

六，工業化的最高形態是一切電氣化——任何工業的動力應該完全利用電，因爲電才是眞正萬能的。

三，工業化的步驟

（一）改善民生

人類的生活方式最早是游牧生活，（現在仍有許多民族停留在游牧生活時代，）進一步是農業生活，農業生活的時代大都能自給自足；後來開始有商業生活，工業生活，於是才有現代的文明生活：先是第一次工業革命有大量機器發明，後來又有第二次工業革命即所謂大量生產。不過我國現時尙停留在農業生活末期的狀態，商業在國際貿易中僅佔百分之一點五，工業則更不用談了。中國民族性是保守的，善於莊稼而缺乏冒險發展的精神；伐森林而爲田畦，但不知森林砍了土壤也壞了，日久漸趨沒落即農業也不易保留了。

近代工業的發展可以有二種方式：一種是漸進的，一種是突進的。漸進的例子如英國，英國是第一個工業化的國家。突進的例子如蘇聯，她在共產革命以前猶是農業國家，現在可以說是工業國中的第二把或第三把交椅了。中國工業化應該採取什麼方式現在就應當考慮。我們既不能重走英國的路線，政治條件也不容許走蘇聯的路線。我個人的意見，我們必須有整套的辦法。國父的實業計劃目光雖遠，可惜的是基本數字太差，沒有具體可用的統計與辦法。根據人口計算，我國的人口比美國大四倍，比蘇聯大二倍；我們如果以美國爲準繩，去掉一切浪費與奢侈，祇少需要美國工業的一倍，不得已而求其次也非有美國今日的生產量不能滿足國人的最低需求，政府在重慶時，中央設計局等部會都在研究這個方案，可是做了七八年還不成功。我個人的見解認爲不能這樣做。我們祇能根據現在的條件分期加以擴充，以增進工業化的基本要求，這樣比根據消費量容易。譬如，就紡織業而言，我國現在有五百萬枚紗錠，我們再可以規定在五年十年內完成多少，由政府交人民認營，人民認營不足時由政府出資經營。民營則有二個條件：第一，一定時期內必須完成，第二，出品必須及於標準。這我想比較切實可行。

中國有一個困難即資金不足。國民收入不夠支出，儲蓄有時是負的，資本無法累積，這是很大的阻礙。抗戰時政府要我做西安市長，我說市長是不能當，不過我可以做一個市政計劃。西安人民有60％生活在水準之下，簡直跟其他動物一樣，對市政不能有所貢獻；也許有10％的人能夠出錢但因他們有政治背景卻不肯出錢；要從30％的人民出錢辦市政怎麼辦得好？外國人稱中國爲 Country of Famine，要脫離飢饉自非工業化不爲功。前面說過的瑞士的康樂就是工業化的結果。可是最困難的是資本。在絕望之中大家心裏有一種 Comlex，一方面歡迎外國資本，一方面又恐怕外國人括錢。但是這心理上的矛盾必須除去。我個人的意思認爲不妨儘量歡迎外

資，外資對我們有益無損。因爲他們除了拿走利潤以外，資本均已在我國國境之內，比較輸入外貨自然高明得多，而且他們所拿的利潤總有一部分是在中國化掉的。也許有人要問：兩國打起仗來怎麼辦呢？那更上算了。我們把這些事業沒收就是。所以我們應該先擇安定的地域倡導投資。

前提既已解決，現在要談重輕工業的問題了。有人認爲應該採取突進的方式，依照蘇聯先發展重工業再發展輕工業。這在理論上是很對的。但是我們要看看實際，中國人民的生活已和豬牛一樣，非先發展輕工業改善民生不可。先發展輕工業第一是爲了提高人民生活水準，第二是因爲重工業在最初是賠本生意。日本是輕工業起家的。我們現在不能不取「急功近利」的方針。下面就改善民生這方面分項加以討論。

（一）改進農業——農業生產的增加仍要注意。農業是整個工業的一部分。小單位講，現階段農業所遭遇的困難不是不能生產而是不能運銷。農業的工業化及其運銷之改良是很大的前提。桐油本是我國對外貿易很重要的項目，現在因爲交通不便很難向外運銷，而美國據說已在 Celifornia 大量生產了，他們成功我們就無法競爭。大規模的播種收割工具在國內尚不能使用，因爲機械只適用於大規模的農場，小量土地便做不到。所以我們要舉辦合作農場然後才可用機械耕耘收穫。

（二）改進交通——改進農業之相關條件，即爲改進交通，以利運輸，運輸當以鐵道，水路爲主，公路航線爲輔。我們的鐵路線，一天一天的在減少，這是反常的現象，將來一定要發展。鐵路的建築，普通是從二個熱鬧都市爲端點，其間通過許多小村莊，這許多小村莊因此亦能繁榮，這種叫做幹線。然而祇靠幹線是不夠的，必須如從熱鬧的都市通至荒蕪的鄉村才能普及全國。這種叫做輔助線，譬如台灣的甘蔗當然是最豐盛的了，可是甘蔗有一個特性，就是在她割下後二十四小時內糖份才不致有很大的損失，因此甘蔗的運輸，是刻不容緩的。所以這從鐵路的輔助線是相當的重要，並不是幹線所能應付。除鐵路以外，水路就爲運輸的要道。在鐵道水路不通的地域，就可用公路聯繫。公路在短距離間相當適宜，可是我們不能同美國一樣有很長的公路線。因爲她的石油產量佔居全世界產量百分之六十。可是我國的產量太少，雖然最近有石油礦發現，然而離嘉峪關太遠，其間交通不便，運輸更覺困難。運油的交通工具有二：一爲油管，一爲鐵路。油管建築費略省，然而除運油以外，更能作一般之運輸。對於鋼鐵運輸，以供足夠建築的需要已需五年。因此我國的石油在十年內是不會產得多的，所以公路線不能太長。除去鐵路水路公路以外就是航線的發展。因爲空運比鐵路便宜得多，祇需兩端各設機場，毋需大量鋼鐵。因此在現階級是值得發展的。

（三）開發礦產——中國的煤在小學的教本裏就知道，祇就山西一省的貯藏量，已可供給全世界五千年的消費。這都是荒謬之談，其實是在河北及陝西北部一帶。我國的貯藏量祇佔全世界百分之四，祇及美國十二分之一。然而供給現在用的煤量已經夠了。因爲一國的富源的貯藏量與科學發達成爲正比，例如蘇聯的煤的貯藏量在三個五年計劃中各各不同；其原因就是科學的發達和測量的精確之緣故。我國的鐵的貯藏量佔全世界百分之一·五。我們暫時也還夠用。其他銅鉛都很缺乏，鋁鎂也不多，所多的盡是些鎢，錫，銻一類的稀金屬。此外汞的產量也還不差。這種特有的產物，我們的政府應該要加以統籌辦理。尤其汞能作槍彈尾部爆發點化合物，在戰時是很重要的。總之我們所需要的東西祇要供求相應已夠，根本就談不到大量生產。在抗戰時期，產了十萬噸的鋼鐵，已經就生產過剩，這不是太奇怪嗎？事實是因爲我們出的是鋼塊，然而我們需要的，諸位學工的都知道是angle Chaunel S L beam 這就是供求不相應的緣故。回顧在亞洲，除了日本以外：印度的鋼鐵就得佔第二位了，可見殖民地的工業化比我們要好得多！再有值得注意的是產物的運輸，就是原料吧，必須要用良好的冶煉方法把原料運出否則不純粹的原料夾雜了很多雜質，這種雜質的運輸，就是無形中一筆很大的損失。

（四）注重輕工業——以前已經講過，發展工業首先從輕工業開始。輕工業的發展須從二點着手：第一是提高人民生活水準；第二是產品出口爭取外滙。就以紡織而言，政府可以把各工廠之產品加以規定。多少錠子是紡二十支標準紗的，多少錠子是紡出口品的。出品的棉布可以南洋羣島爲主。因爲他們比較都很窮苦，所穿的都是粗布；所以我們的棉布一定有銷路的。這種方法從前英，日的工業的發展，完全是從此着手的。其他如油漆工業等，我們有桐油又有顏料的原料亦應該發展。還有那些玩具工業也很值得提倡，日貨在美國的收入很多是從玩具方面得到的，工業的發展有一個很重要的基本條件，就是要標準化，這個口號已經聽過好幾次，可是看看我們那幾樣東西及得上標準。我們在國外市場上，就拿麥子而言吧，都是大小不等很難合乎標準。因此銷售方面是非常的吃虧。這種工業標準我們必須要用國營事業來維持，同時可以作爲研究及改進的嘗試。至於的區域也很重要，還是有一定自然的規律。例如漢冶萍鐵廠的地域完全不適。因爲鐵在大冶，煤在萍鄉離開漢陽很遠，單獨運輸方面就消費了很多財富。此外發展工業就要有發明，現在天才的發明家是不可能的了。也就是說祇靠一人的發明是不可能的，現在應該是合作發明的時代。就是馬可尼發明的無線電，就是從Hertz, Branly — Popoff 的發明而配合起來的。所以中國要工業化，現在就該開始研究了，工業種類方面如棉紡，毛紡，麵粉，桐油以及橡膠等的發展很是重要。這些工業非但可以供給自己，又能換取外滙，用以發展重工業以促工業化的成功。

（二）改善動力

（一）發展電力事業——現在各地的電力往往都是在分區停電，雖然發電機現在無法買到，但是我們的步驟仍舊需要決定。以前Y．Y．A．談了好久，可是不久就打消了。這就是供求不相應，不適實用，投資又太大。現在我們所要的祇須小型的電廠已經夠了。要開設小型電廠還很便利，因爲水力發電用的 water turbine 國內已能自己做了。小型的發電機也還可以製造。但是工業標準又是很重要的；電位必須要標準，輸電網必須要分配週密。就是以前說的用機械耕種，祇要用一只船自由行駛至各處打水耕耘，對鄉下人是很有益的。因此輸電與農業也直接發生了關係。

（二）發展石油事業——甘肅油礦以前是用蒸溜煉得的，而現在已經可以用十分層法煉得了。石油事業的發展最有關的就是運輸，運輸的方法

（三）發展小型冶煉鋼鐵事業——四川的鋼鐵廠在抗戰結束後大部已經停頓。可是要發展工業，所有之工廠機件的修理，需要很多的鋼鐵。因此發展鋼鐵事業，對輕重工業都是很有關的。

（四）發展交通建設事業——除發展鐵道外，汽車我們還不需要，最要緊的是內河航行用的小船。

（五）小型造船廠——內河運輸用的小船，必須要我們自己製造。

（六）酸鹼工業——鹹酸工業的原料，我們都有了，這些發展工業的基本條件。對於農業方面用的肥料，也很需要的。

（七）電工器材工業——八千的 K.V.A. 的 Transformer 現在中國已經可以自己造了。電工器材對於各工業是很重要的，尤其是大規模的新式工廠更是少不了。

（三）軍需工業

現在我們的兵工廠已經很多了，但是我們更應該注練的是研究。要研究先得試驗，試驗必須有樣板。這種樣板是很重要的。將來需要的時候，祇要把樣板發給兵工廠及民營的鐵工廠依樣造，於是就成了大批生產。所以重要的是樣板的研究。有了武器然後可以製造坦克與兵艦。這樣我們的軍需就可以漸漸的堅強了。（未完）

（記錄未經莊教授寓目，錯誤由筆者負責。） 史佩棟．潘家龍筆錄

勞工關係

Dr. H. H. Preston講述

陸文生記譯

Dr. Howard H. Preston，美國華盛頓大學工商管理學院院長，現在華任之江大學客座教授，於本月九日應本系之邀來校作學術演講。是日午後二時許，Dr. Preston 偕夫人由沈立人，夏宗輝，李瑞麟三先生陪同惠然蒞止，環遊校園一週後即在恭綽館十二號發表演講。聽衆逾三百人，盛況空前。

——編者附識

今天我告訴諸位美國人民是非常注意中國情形，我是西雅圖中國總會主席，所以對之更加關心。這次我來貴國考察係由富爾勃蘭基金（Fulbright Fund）供給一切費用。富爾勃蘭基金是由中國出售美國太平洋剩餘物資的款項中撥出一筆鉅款做基金（相當於美金一百萬元）而成立的，作爲促進中美文化交流的用途，該基金是以富爾勃蘭議員爲名，因爲富爾勃蘭議員從前曾經得過某基金支助，而到英國牛津做訪問教授，深切覺得到異國作研究工作的困難，所以提倡設立此基金。現在富爾勃蘭基金已幫助不少美國的教授及研究生來貴國研究中國文化，政府組織，立法程序等部門，像有一位教授在中央政治大學研究中國政府組織，並不講學，還有三位研究生在燕京大學研究有關中國的工作。待到貴國狀況安定後，也能有教授及學生得該基金幫助到美國去研究和讀書。

今日來貴校使我想起五年前貴校的吳校長到華盛頓大學來訪看我，並且介紹幾位學生來讀書，其中有一位貴校運輸管理系的學生寫了一篇關於

中國鐵路問題的傑作論文。這次到上海，非常高興能再遇着他，同時使我想起從南京乘火車來上海時候，見到國鐵路上車輛缺乏，乘客擁擠，甚至樂坐車廂頂上，使我無限感慨。我這回在中國的主要工作是在之江大學，趁便於浙江大學演講，北平也逗留了一個月，訪問過燕京，清華，北京，輔仁等學校，後來到漢口，南京，一路訪問教育機構。這回來上海也是爲着之江大學工學院留滬高年級生的事情，並且在這幾天裏預備與上海各大工廠主持人及工界領袖分別談話，謀覓取勞資雙方合作的方法。

在座諸位都是讀工程的，不論你們喻的是電機，機械，還是其他工程，第一要將自己份內應該學習的知識要學得充分，澈底。我有一個兒子是華盛頓大學電機工程科畢業，後來到 M. I. T. 讀了一年半研究院，專事研究一隻能發很高的電壓的小型發電機；後來這小型發電機在美國戰事間對雷達，X光等科學設備上有相當貢獻。

至於講勞工關係，使我想起一位與我年紀相彷的表親，他在年青時候讀工程的，後來進一家公用事業公司裏工作。他的九成時間全化在勞工與人事關係上，僅一成時間用得着從前學的工程知識。還有一次，我邀請一位哈佛來的先生於華盛頓大學的聚餐場合中演講「假使我是廿一歲，我將怎樣學習？」他起初不肯，後來看見許多青年學生，就落無準備地講這題目了。大意是假使他是廿一歲，他一定對人的關係多下工夫研究，將來對服務社會有莫大幫助。所以人事與勞工關係是很重要的。美國在戰事有二次大罷工，其中一次是生產B29的波音飛機廠的罷工。罷工都是爲了工資問題，最近美國西岸裝卸工人又會罷工（現已解決），使西岸一切海運都停頓，交通僅能依賴空運。我想從本國寄幾本書來參考，但空運運費竟在幾人，一件小小的包裹要化美金五百廿五元以致沒有寄來。

現在言歸正題。講到勞工關係，先要講到「集體談判」。工人個別與資方談判，是沒有力量的，談判破裂，工人自己不幹或被開除，會有許多失業者填補這位置。因此工人爲團結自己力量，組織工會，由後者代表全體工人與資方談判。美國各行業工人都組織工會。這些工會再團結一起組織成大集團。美國有二個最大的全國性工人集團：一是A. F. L.係由木匠，泥水匠，裁縫等手藝工人的工會組成，擁有會員七百五十萬人之衆；一是C.I.O. 包括汽車，鋼鐵，鐵路，礦務等產業工人的工會，擁有會員六百萬人。

杜魯門於這次競選中，因得這二大工人集團的擁護獲得連任總統。工人如遇工作狀況，包括工資工作時間等問題，有不滿意的時候，工會代表全體工人利益與資方開誠談判，訂立「行業協定」，普通又由第三者方面公正人士從中公斷。較著名的通用汽車公司（general motors）的「行以來，生活程度漲了≈%，而一般工人工資已加到100%。

在珍珠港事變後二星期羅斯福召集全國工人領袖談話，要求他們在作戰期間不要罷工，而獲得相當成就。故雖在戰爭時期仍有些罷工事情，但並不多。生產計劃依舊順利進行。

我是美國政府遴選的仲裁勞資糾紛的公斷人。于許多糾紛中，當事的資方由該業的資方代表，當事的工會由該業的工會代表與仲裁人士，三方面坐下，互訴苦衷，互相諒解，以求合作。美國爲謀取勞資合作，及改善工人的生活，已有許多勞工法律經立法程序通過，以下爲幾條較重要的法案。

一九三〇年前通過全國勞工關係法案（National Labor RelationsAct）禁止資方歧視工會工人，凡資方故意干涉集體談判即是虐待工人的行爲（unfaer labor practice），並組織委員會（board）阻止虐待工人的行爲（unfair practice），調節雇傭關係。

一九三八年實行公平勞工標準法案（Fair Labor standards Act）規定工人最低工資爲每小時四角（在我執教的華盛頓地方最低工資是每小時五角），每星期四十小時，超過的工作時間（overtime）以正當工資的一倍半計算。

例如一星期工作四十六小時，正當工資爲每小時一元，則該星期總工資等於40X1 ＋ 6X1$\frac{1}{2}$＝49元。

一九三五年通過社會安全法案（Social Security ACT）實行工人保險。凡年逾六十五歲者都能獲得養老金，雖數目不大，但也不無小補，規定每年以一千萬元爲公共衛生服務費用（public health Provisions），向全國資方抽失業救濟稅（unemployment Compensation tax）做社會安定基金（social Security Fund）救濟失業者，但懶怠者不在救濟之列。

最近又有塔虎與哈特利法案（Faft—Hartley act）規定工人如欲罷工，須在六十天前通知資方，俾使大家在這時期內覓取和解路徑，並要使工會組織民主化，工會領袖由選舉及其他重要事宜必須得大多數票的意見，而決定該法案尚有條文禁止對政府罷工，防止共產黨份子滲入工人組織。有些工人認爲該法案殊不公平，可是它在國會裏是得很多數贊成票通過的，反對者僅有八十三人。在美國工會恒多與資方訂立合同（Union Shop Contract），如該合同滿期，工會仍能要求繼續有效，資方不得任意與單獨工人或別的工會另訂新的。所以凡欲做工者，都要先加入該項工作的工會爲會員，或欲入某廠工作者，都要先加入該廠工會爲會員。

總之，研究勞工關係的目的，是求勞資開誠合作，改善工人生活，促

論著

通貨膨脹下之工業管理效力

祝百英

科學技術的落後，以及管理的不科學化，可以說是我國任何工作效力低弱的基本原因，而於工業生產方面更甚。世界各國工業，尤其是如美英法蘇等國，已發達至極高階段。同樣機器，同樣人力，同等條件，而其生產效力高下之相差，全在乎技術管理。德國是最先講究技術管理效力的國家。以美國生產力的發達，而其講究管理效力亦甚。晚近所提倡的所謂科學管理，就是效法於美國。我國生產技術固然落後，可是管理技術更差。在一切生產條件同樣情形之下，在我國的生產效力，總不如他國，令人不斷興橘逾淮而爲枳之感者，就是由於管理之差別，所以，管理之重要，是十分顯然，而且亦已逐漸被認識。像美國，不少巨大工廠，已專門設有「工業工程部」。近年來我國大工廠中，亦有開始注意這方面工作的。但是這種工業管理工作開始後，或不積極受注意，或效果不很顯著，其原因却是超出工業管理本身範圍以外的。

在許多足以抵消工業管理工作效力的因素之中，最嚴重的就是通貨膨脹。工業管理所能增進的效力，其比率是有限的，百分之幾的效率增進，應該是可觀的成就。譬如在節省生產的時間上，不僅幾分鐘需要爭取，即使幾秒鐘亦當爭取。可是通貨膨脹所能給予工業的打擊，會是幾倍，幾十百倍，而不以百分之幾，千分之幾計算的。本來，一切的不安定條件，包括政治不安定，經濟不安定在內，都是足以消滅工業管理的效力，打擊工業經濟的，而通貨膨脹所造成的危害更甚。

通貨膨脹，幣值幣價續降，則物價必然不規則地上漲。從表面看，物價上漲，似乎對生產有利，因爲生產機構是掌有物資的。可是其實大不爲然。物價之上漲是成品上漲，亦是原料上漲。生產循環始於原料購進。自原料購進至成品出售，其間需要相當時期。在成品出售之時，物價是漲了，工廠似乎可以藉此獲利。但是等到成品售罄，重新補進原料之時，其間亦隔相當時期，則原料已漲的程度，已超過成品所漲之價。所以在第二個循環開始之時，則由于出售成品所得之能供作購進原料的資金，往往感到不足。結果，不是再生產必須爲「縮小再生產」，便是借貸資金，以繼續生產。此其一。

購買原料多半需要大宗爲之，而出售成品，却必需陸續爲之。這使生產事業少沾漲價之利，而多受漲價之衝。因爲在陸續出售的成品中，愈是較早售出的成品，其受漲價利益愈少，一旦成品售完，却需一次出高價購入原料。這是生產事業少受漲價利益之處。此其二。

原料容易存儲不售，其用途種類較多。成品不容易存儲，其用途確定。這使原料容易漲價，漲價程度可以較高，而成品則反是。譬如棉紗可以紡紗織布，亦可以供作棉絮，還可有其他多種用途；如果織印成床單，則祇能供作鋪用。原料的效用不容易因日久而減消，成品則可因式樣，花紋，諸如此類的原因，而減消其效用，以致不得不急於求售。這使原料容易漲價，而成品較難漲價。原料漲價就是成本提高，而成品難漲價，就是所得減少。製造業之受不斷漲價之累，這是重要原因。此其三。

生產需要機件物料，在我國頗有不得不取給於國外輸入者。可是在通貨不斷膨脹，幣價繼續低落之時，外滙價率必然昂昇。這使必要的機件物料購補爲難。此其四。

幣價日落就是物價日漲。薪工階級人士，即使收入依真正十足生活指數計算，仍受物價日漲之累，因爲物價是天天在漲，而個人所得是定期獲取。這樣，所得總是落在物價之後，使人們的生活感覺困難。生活困難，則工作情緒低落，亦即勞動生產率難免降低。這是無可奈何的傾向，並非人爲使然。如此則生產大受損害。此其五。

有了如上述五種原因，使工業生產所受的損害，其程度之大，足以抵消工業管理增進效力所能獲致的利益而有餘。所以在通貨膨脹情形之下，工業管理之對生產的效力，其成果一如地球在遠古冰河時期的冲流一般：人類，在間冰河則千辛萬苦所造成的生命，被冰河冲來，完全淹沒，絕了人種，一無餘留。

這是通貨膨脹之爲患。其實工業生產最需安定，不僅通貨膨脹足以打破管理效力，而且其他因素，除經濟因素外，如社會因素，政治因素，莫不影響工業管理的成效。通貨膨脹不過是整個制度中的一環而已。

「利益圖解」之數學分析

夏宗輝

利益消長不同形式之分析得以「利益圖解」（Profit Graph）示之。按利益本身若不與其他諸因素相關共表，實不足顯示商業效率之程度。諸因素藉羅之而影響其結果者厥有產量，單位銷售價格，成本與夫存貨與資本之循環速度。是以平衡諸因素企求最大利益者，洵為管理當局之基本職責焉。

「利益圖解」者乃為一主要伸縮預算精確之圖線代表以顯示已知銷售總量下之正常利益或虧損也。

第以成本一項。關係尤密。先述其性質如次：

成本性質——成本視其不同性質而觀，別之為三：

（一）成本之與銷售量無關者謂之「固定成本」（Fixed Cost）。此項成本實為時間所孳成者，蓋此數之累積恆以時間之過程為衡。如稅款，保險費，薪金及拆舊費用等均屬之。

（二）成本之與產量成正比例者曰「可變成本（Variable Cost）此項實為產量成本蓋以其隨數量之增加而增加者，成本之類斯者如直接人工，銷售員佣金，保險費等是。

（三）成本之某部份有其可變性然生產量為零數時該項成本仍然存在者曰「固定可變成本（Fixed—Variable Cost）」，「半可變成本」Semi-Variable cost 或「部份可變成本」Partly Variable Cost。此類成本如廣告費用交通費用。電力費用等是。此項成本因產量之增而增，然並不與產量成正比例。反之亦隨產量之減少而減低然亦並不因無產量時而隨之消滅也。

此類固定或可變之名稱僅於計算總成本TOTAL Cost時可予引用。如在單位成本 Unit cost 之計算中則該項名稱之使用殊有未當，因其意義之表示適為相反。蓋在單位成本中固定成本顯有可變之性能而可變成本及顯示固定之性能矣。

此等成本之變通意義可以下列表格數字及根據表格所作之圖線表示之。（參照第一，二，三圖）至於利益圖解上所有之成本當以總成本為限。（第一圖見第一四頁）

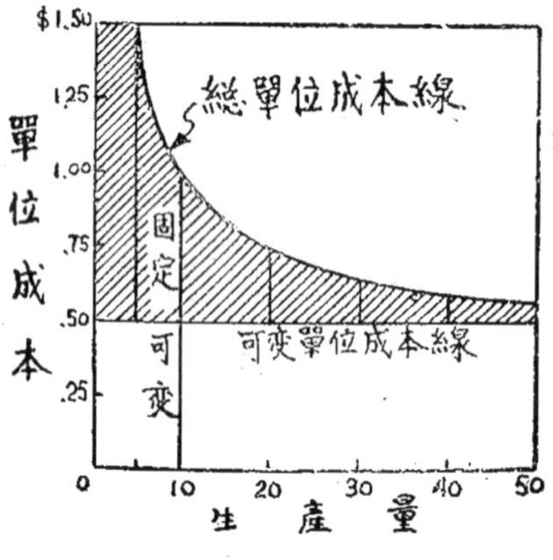

第三圖　單位固定成本與可變成本圖表

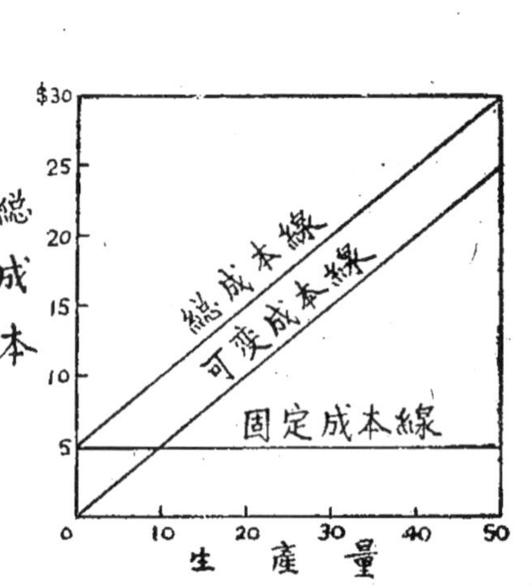

第二圖　總固定成本與可變成本圖表

「利益圖線」之構成——利益圖線之構成可依下列步驟行之：

（一）以銷售衡百分比表示之按月銷售數點繪於橫軸上，同時以成本元數之值點繪於縱軸上，於是銷售所得線即可在圖表上劃出。

（二）上述銷售所得線係一直線可與另一代表總成本之直線相互比較。總成本線之形成祇依固定成本與可變成本相加之和即可獲得。此銷售所得線與總成本線相交之點即謂之「平衡點」（Breakeven Point）（參照第四圖）

第四圖　平衡圖表

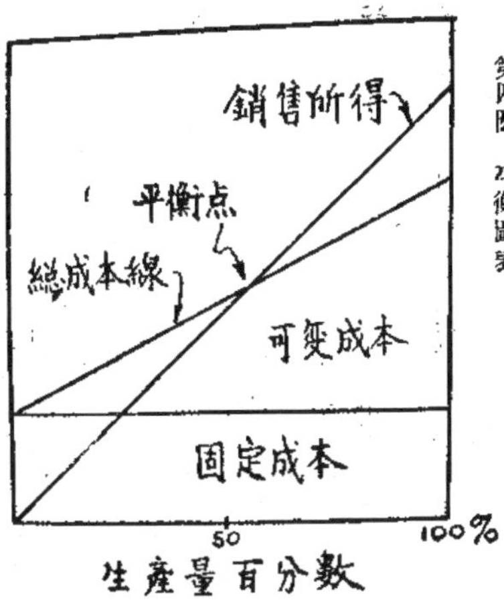

銷售所得
平衡点
總成本線
可变成本
固定成本
成本元數
50
100%
生產量百分數

（三）消除固定成本及可變成本線。

（四）新法「利益圖解」每將諸線簡化祇藉銷售線與成本線之差而表達其利益現象焉。

根據上述新法，橫軸代表銷售數量。縱軸代表利益及成本之元數。其損益之顯示當視各數值與零數比較正負後俪定其性質也。（參照第五圖）

「利益圖解」之數學根據——利益圖解如以數學立場觀之不過爲銷售與總成本兩直線交叉於任何一點之現象也。各該直線均可以方程式表之：

銷售所得線可以 Y=X

其中 Y 代表銷售數量

X 代表生產數量

可變成本線可以 Y=MX 表之

其中 m 爲該線之斜度（Slope）或可變成本與銷售數之比數。

固定成本係一平行於X軸之直線切Y軸於b點，亦即Y=b。換言之，當X等於〇，或銷售數爲〇時其Y軸上縱坐標之值爲b。

第五圖　利益圖解

Y
$75
50
25
0
25
50 b
利益
單位千元
固定成本
平衡点
$100,000
$25
50
75
100
125
150
175
200
225
X
銷售數（單位千元）

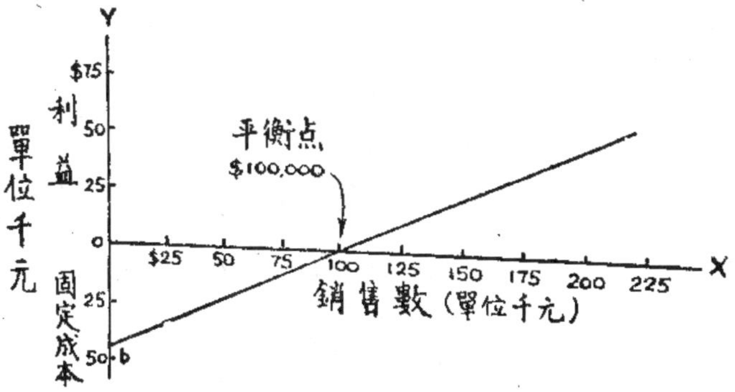

因此總成本之方程式爲

$Y'=mv+b$

演算銷售數與總成本之方程式可得平衡點之公式如下：

銷售數方程式：

$Y=X$

總成本方程式：

$Y'=mv+b$

當Y，等於Y'時營業損益成平衡狀態。然Y等於X

故

$$X=MX+b$$
$$X-MX=b$$
$$X(1-M)=b$$
$$X=\frac{b}{1-m}$$

或

$$X=\frac{\text{固定成本}}{1-\dfrac{\text{可變成本}}{\text{銷售數}}}$$

以此公式計算，則在何種銷售數額之下始可得損益平衡一點即可獲得，同時將銷售實數被除於百分之百之銷售是數即可得平衡點所落之銷售量所佔總額之百分數矣，例如固定成本爲$60,000。可變成本與銷售量之比數B爲70%則平衡點以金額元數表示之當爲：

$$X=\frac{\$60{,}000}{1-.70}=\$200{,}000$$

如正常銷售達百分之百足額時收入數爲$300·000則此平衡點所示之銷售量僅及66⅔%而已，算式如下：

$2·000÷$300·000＝66⅔%

本系工業管理學會通訊付梓索稿於予，因念工業經濟首重計算，成本所繫，攸關至鉅，遂爲利益圖解之數學分析以應，冀喚起同學對工業計算之興趣云爾。

生產單位數量	總成本			單位成本		
	可變成本	固定成本	總成本	單位可變成本	單位固定成本	總單位成本
10	$ 5·00	$ 5·00	$ 10·00	$ ·50	$ ·50	$ 1·00
20	10·00	5·00	15·00	·50	·25	·75
30	15·00	5·00	20·00	·50	·167	·667
40	20·00	5·00	25·00	·50	·125	·625
50	25·00	5·00	30·00	·50	·10	·60

第一圖　固定成本與可變成本總成本及單位成本中之性能

譯述

英國國營企業的前途

英國 E 台維斯著
周贊明譯

現在英國以公營公司作爲若干公用事業及工業國有化的手段，已引起世界注意。本文作者Ernest Davis是一個經濟學家的工黨議員，在本文中將英國公營公司制度常作扼要的敘述，並討論其一面改進工人生活一面服務社會，雙重度意義的可能性。他對現行制度予以率直批判，並以他個人見地，列舉它應具的要素；這些都值得注意。本文原載"Grand Perspective"本年創刊的"Mirror"第一卷第三期，曾予轉載，茲即由此譯出。

英國工黨政府自從執政以來，已將英格蘭銀行，煤鑛，運輸，電話及民用航空收歸國營；在本屆國會的下半期更將完成鋼鐵事業的國營。

國營企業有其一定目的；此目的並非國營的本身，而是爲着社會的利益，將國家資源的利用，導向社會主義化的途徑，國營企業必須這樣經營着，才能達到它的目的，倘使僅將企業由私有而化爲公有，那末僅是所有權的移轉，其結果將一無所得，所以國營企業的意義應當解釋得比所有權的變更還要更進一步，它非但要有高效率的生產，而且要給社會服務；它應將私有企業所不能獲得利益，賦予它的工人，它的服務的享受者及生產品的消費者，除非社會意識到了收歸國營以後的利益，國營企業是失敗的，倘使工人所受到者是失敗而非利益，消費者所受到者是官僚主義而非自由，那末國營企業就將被判爲失敗了。

倘使英國工黨政府對於國營企業準備作進一步的措施，即末國營企業的組織與管理必須使社會信服，它的利益確在私有企業之上，目前主要問題是在如何做到這樣地步，要解決這個問題，在一方面，對社會必須予以保障，使國營企業不爲政府所利用；而在另一方面，社會必須具有充分的控制能力，以保證國家經濟政策的遂行，國營企業的經營，應如故羅斯福總統所說的：「它裹着政府權力的外衣，而實則具有私有企業的彈性」。

但現行國營制度對於此點能否保證呢？目前工黨政府對於國營企業僅採取公營公司的方式；不過首相曾說過政府正在考慮另一種經營方式。

公營公司的特點乃將執行權賦予一個由專家所組成的董事會；這些專家由政府選派，對政府負責，但對於日常事務則並不干涉，公營公司爲獨立的法人，對於自己的財務具有權利與義務，而且自負責任，它得雇用員司，但並非一個政府機關，且它的受雇人也非公務員，但公營公司應由它的主管部部長向國會負責，雖然照現在所採用的辦法，那個部長在國家裏僅答復關於公司一般政策的質詢，而並不對於實務方面負何責任，公營公司的目的在將最高度的自治權，最大的彈性及決策的自由合併起來，它的企圖，一爲避免官僚主義，二爲服務社會，三爲在財政上採取自給政策，以保持它的獨立性。

關於公營公司的一般原則，已經獲得一般的承認，而英格蘭銀行，煤鑛及民用航空等亦都已組成公營公司，此外運輸與電力的改組爲公營公司正在國會的立法程序中，所有已經組成公營公司，由政府依據資格與才能選派專家，組織董事會，向主管部長負責，更由部長向國會負責；至於日常事務，董事會是不干涉的，且在財政上公司有自主權與自由權不受財政部的控制。

由於國營企業的特性及其在國家經濟上的重要性，主管部長對於公司不得不保有指揮的權力，但此項權力亦僅僅限於大政方針，或公司在實行某種政策以前與主管部作一度洽商而已。

在煤礦，運輸及民用航空的國營法案中，曾作若干企圖，使消費者得參加意見，但工人的參加則尚少規定，煤業法中規定煤的消費者得組織兩種參議機構，一是屬於家庭消費者，一是屬於工業消費者：此兩者都有調查與代表全體的廣大權力；且法律規定，如公司董事會的措施有何弊病，此種參議機構得在主管部的指示之下，加以糾正，運輸的法案也有相似規定，但由此點觀之，工黨政府在國營企業的概念上可說是部份的失敗了，它還沒有把握着工業民主化與工業國有化同等的要性。

就國營企業而論，公營公司可能是最適當的經營公式，但它僅能在分權制度之下獲得成功，集權制中官僚主義的病菌最易沾染則公營公司中去，現已發生了一種趨勢，認為國營企業等於將所有工業單位，合併為一，而統屬於中央；不過倘使將國營企業視為若干工業單位的聯合機構，而並非一個集權的大公司，此種見解也許更為好些。區域性的組合應當由每個礦坑，每個工廠或每個工場開始；如是由較小的區域，擴展至較大的區域，最後擴展至中央，而各級的聯合組織都賦予自治的全權，倘使需要工人與消費者參加意見，那末他們也就在各級組織起來。

從戰前公營公司的經驗及其戰後所起的改革，關於國營企業成功的要素可以作結論如下：

（一）國營企業應置於中央主管部長的指導之下。部長應具有保證公營公司奉行國策的權力，但此種權力僅限於有關國家利益的事件，至於細支末節則不應干涉。

（二）部長權力的行使須採取合作精神，而非硬性的規定，因此，部長在行使權力之前，須與公司董事會取得協調，公司董事會本為專家集團，對於一切事務當然比較部長更為明瞭。

（三）關於公司的成功與否，由部長對全社會負其責任，他必須考察全社會的利益已否獲得。因此，一個負責調查及代表部長個人的第三團體，實有組設的必要，這個團體就是顧問委員會，由有關法團如同業公會，產業工會，地方政府，商會及消費者的團體各派代表組織之。

（四）倘使國營企業完全由政府指導，將不能贏得社會，包括工人及消費者的信任，中央集權必須避免，此點可依地理狀態，實行分權，而得到成功，就是依照公司的功能及行政組織而分別賦予自治的權力，國營企業，應視為若干單位的聯合，其所以聯合的目的在於獲得更高的效率，而在相當範圍之內，各單位仍保有自己的責任，一切的決定，除有關一般政策者外，在可能的場合，應聽任個別辦理。

（五）要使國營企業的從業人員都有責任觀念，必須規定各級聯合組織的工人都有代表的權力，除非以公共服務替代利潤觀念，而作為生產的推動力，國營企業定將失敗。匪此，工人地位必須改變，對於他們，不應視為可由雇主任意去留的工人，而應當取消監工制度，在管理員與工人之間建立夥伴關係，使每個工人與每個管理員對於事業的成功同樣足以誇耀。

（六）社會的參加也同樣重要，這樣才能使工業民主化，並實現公有制度的利益，倘使消費者所組織的參議機構與當地的國營企業管理人取得合作，那末當地的需要才能獲得適當的供應，社會與企業的接觸愈密切，那末公有制度的利益也愈高。

（七）國會仍應保持最後裁利的權力。公有制度需要公共負責，主管部長不應規避責任，在國會中應答復質詢，並應鼓勵質詢，不可阻止質詢，因為部長可以根據公司董事會所公布的工作報告，作為它工作效率最好的證明。

（八）關於董事會的選任，部長應參攷第三者的意見，挑選最有資格及最適當的人員，董事會應為一依照職能而分工的專家組織，其中至少過半數為專任職，凡坐領乾俸的董事是不允許的。

（九）國營企業是否成功不應僅從財政上加以判斷，如需貼補，此項貼補費應以最低開支的方式行之，就一般而論，貼補應取發行國家公債的方式，使能保證低利率的開支。

（十）國營企業固應自給自足，以保持財政上的獨立性，但它是否成功，仍以它的服務或績為斷，倘使能以最低費用，供給最佳服務，那末社會對於國營企業所支付者，無論為債款捐稅，這些都是無關宏指的。

就現在而論，公有制度常被認為國家收買了某種工業，而轉化為公營公司，對於主管部長負責，如是而已，但將來的國營企業不可再採此種方式，已往收歸國營的企業本來並無困難，但那些更有利益與組織更好的企業如鋼鐵製造業，如果用同樣方式加以國營，就比較困難了。因此，應當採取新的措施，就是將各個單位聯合成為國營的型式，而不必吸收合併，成為一個集團的單獨公司。

如何提高夜工的工作效率

惠人譯

原料的忽多忽少，勞工及設備的缺乏，工廠的加開夜工，是惟一增加生產的補救的好辦法。茲提供些，關於改進夜班制度工作效率的管理的意見。

撇開了工作的選擇性不論，夜間的生產問題大部份跟日間差不多，不過夜工的工作要力求簡便，工具及原料必須預先準備好，否則，至少也要跟日間的工作情形一樣。

至於講到事務的連絡，命令的傳達以及每班工作時間的處置，夜班就發生了特別的問題。以事務的連絡爲例，管理當局若要把工廠方針，人事費務以及事業的發展等，告訴日班工人，儘可把他們召集起來表達一下就行，而對於夜班工人就沒有如此簡單了，佈告及記錄等方法雖然也能解決這個困難，但整個事業却不能完全寄託在文字上。日班工人，尤其是工頭，對夜班有所報導時必須用嘴來傳達，非如此往往不能達到工作的正確度。

有時因日班工頭與夜班工頭具有相等的地位與權力，就要趨於發展的競爭，日班工頭不願太幫助夜班工頭，使事業反而弄糟。因是就需有各種獎勵制度來改良，最好的方法，爲使行日班工頭的集權制度，就是提高日班工頭的權力。有些工廠業已發現這種措置使得各班之間得到良好的合作，並且得到「責任」的較清楚的定義。它還有一種好處，即在大多數的工場中，日班爲各班中之「領隊」First team 蓋日班工頭與工廠接觸的時間最久，且爲困難工作的熟練者。

美國 Crown Cork and Seal Co., Baltimorl 注意到夜班工人與日間工人有一樣的慾望與需要。自助食堂在夜間似乎不值得開設，尤其是在小規模的夜班制度之下，但應該多分些紅利給他們，使他們可以愉快從事。夜班工人的娛樂也極重要不容忽視，工廠的各班工人應各有他們的擲球組織，星期日及例假日更應時常舉行工廠的社交聚會，使他們的家屬也來加入。

工作的輪流制度與永久制度略有不同；輪流制度爲每一班工作若干時期後相互輪流掉換；永久制度則爲永久的派在這一班或別一班工作固定不變。每一制度各有它的長處和缺點。美國 Ingersoll steel, acme steel, Fairicon Products, Inc.三廠把它們總結如后：

在永久制度之下；年老而有經驗以及技術高超的工人都喜歡從事日間工作，以致留下無經驗無技術的工人來從事夜班；而在另一方面言之，也有一批可靠的實實在在從事夜工的人們，而且永久的指定他們，使他們的生活情形也跟着改變及適合過來。再言，流動制度的優點在平均分配它的不舒適的地方及確保每一班中能有優秀的工人，不過也有它的缺點，即在一般情形下，工頭及領導者並不隨工人一起掉動，如此工人在每掉動工作時間時遇到一個不熟悉的主管人，他們將永遠遇不到一個能夠切實幫助他們，勸告他們，指導他們的負責人，要發展工人與主管人中間的「團體合作」的精神更屬難事，而其最大的缺點還在使人們時常改變他們日常飲食睡覺的習慣。

所以經驗告訴我們，工廠在第一次開始夜工的時候當以使行永久制度爲佳。

每班正確的工作時間的選擇，須視本地法律及工作班數而定，而最重要者還須視辦公室的辦公時間－亦即主管當局的辦公時間－來定奪。每一班的工作時間要夠相互啣接，或甚至超過一些時間，實是最最理想的，因爲如此則夜班工人得能有享受各項人事服務好處的機會，而夜班工頭也能有遇到工程師，工具設計師以及最高管理當局的機會。

法律對女工的工作時間的限制最多，但管理當局也得注意夜班制度中的男工人。

忽視夜工工人，必致生產落後品質低落，你是否用下列各點來盡量幫助他們而得到最大的利潤：

一，最高行政當局（廠長，人事部主任及生產部主任等等）是否在夜間定時期的去視察－至少每月一次？

二，日班工人對於工具的校驗，原料的移至工作站等等事宜是否給予夜班工人種種可能的便利？

三，各種工程上的服務對於夜班是否都是有用的？夜班的主管人員是否執有藍印圖檔案的解答？是否至少有一個工具匠在負責？工程師是否來視察？

四，每一方法的施行能否使夜班工人切切實實依照工廠計劃，生產方法，工程變化等等條件去工作？

五，燈光是否足夠應付，不僅在安全一方面着想，並且還要注意適宜的光線，

六，是否強制實行安全規則？如無夜班護士值班，是否已與本地醫師及醫院接洽，好留傾意外損傷之工人？在夜班工人中是否至少有一人懂得急救術？

七，每班所排列的工作時間是否超過辦公室辦公時間？（好的提議：第二班開始在辦公室辦公時間完畢之前，第三班則在辦公室辦公時間開始之後開始）。

八，成本的數字對於夜班的產品及生產效率是否給予正確的事實表演（如損失之由於品質的低落，機器的濫用，過度的光線，工人的缺席及轉業率的提高等等）？

九，是否時常校驗夜班產品的損壞率並與日班比較而保持成本的常軌？

——譯自Modern Industry, Jan. 15, 1948

報導

中國工業管理協會的使命

沈立人

中國工業管理協會是由資源委員會方面和我國一部份工業界領袖所發起並得美國工業管理人員的協助和我們工業界的一致贊助而組成的。總會在去年秋季成立於南京，上海分會也在今年春天在這裏成立了。我們的目的不在營利，也沒有什麼政治上的關係，而純粹是在對工業上所發生的疑難問題尋求解決的途徑，以及發展並推進管理的理論與技術。

在中國，工業管理還是一件新鮮的東西，很多人不知其重要，因之宣傳工作是萬分需要，這裏願意談一談中國工業管理協會成立的經過，也就可以知道工業管理之在中國是一種亟需發展的科學了。

說起來也許是個笑話，這樣一個重要的問題竟還是由於外國人的提醒才受到一般人的注意。那還是前些年抗戰結束以前，那時大家都覺得現代的戰爭是一個生產的戰爭要贏得戰爭，就必需增加生產，當時我們的盟邦美國，以爲除了以物資援助以外，還是要靠我們自己努力生產，於是派了一個顧問團由孔萊氏率領到我國來，成立了戰時生產局，由本會現任的理事長翁文灝先生爲局長，經過他們這些專家的攷察和研究，他們發現了一個從前沒有人提出過的祕密，那就是中國生產之所以不發達，撇開政治經濟的原因不講，光就工業本身而論，所欠缺的就是管理一項。我們的物資還很可以供我們大大地發展，勞力自然沒有問題，工程知識也不見得遜色，技術人材更是十分優秀，只是工廠組織散漫，人事繁複，效率低落，秩序混亂，在在都現出缺乏管理的方法，無以形成大規模生產的格局，由於他們的報告，才提起了我們工業界人仕的注意和興趣，我們第一所正式研究該項學科的學系也在這時成立於重慶交通大學。隨卽抗戰結束。復員開始，一陣混亂，戰時生產局解散了，美國顧問回去了，大家似乎又把這事忘記，但是美國的友人們倒還時常關心，於是在三十六年春，孔萊氏又以美國工業管理協會的資助派遣管理專家杜以德先生來華，研究和協助工業管理的推廣。這才重新提起一般人的注意，經過幾次的籌備，成立了中國工業管理協會。

也許有人會覺得這樣的宗旨未免有點迂闊，尤其在這動亂的時代，工業界連生存都顧不過來，那裏談得上管理技術的研究和改進呢，話雖然不錯，却未免有點近視，本來本會還在草創的時期，羽毛未豐，能力有限，對於工業界實際上面臨的種種困難，也不能供獻什麼助力，但是我們的努力也決不會完全虛擲，我們知道，生產要素的四分法已爲多數的經濟學家所公認，而以近代這樣的生產技術，「管理」一項且已取得最重要的支配地位，無論我們的社會將來怎樣變遷，資本主義也好，社會主義也好，如果想要立國，想要人民富足。管理的知識就必須首先發達起來，但是我們知道一種新的技術知識的發展，不是一蹴可幾的，以美國這樣進取的民族，科學管理在工業上的應用尚需經過近百年的反覆試驗和推行，才有今日的面目。而我國民族性的保守及科學的不發達，想要在這方面迎頭趕上，實在已經是迫不及待的了，工業界的人仕竟也還有不知其爲何物的，更不論一般普通人仕了，以致對於許多新的方法和制度，或者不屑採用，或者不願採用，這種情形，泰勒氏在美國推動科學的工業管理時也曾遇到過，後來經過他自己和朋友門人們的努力奮鬥和宣傳，才有今日的成就。這種開路的工作，在中國，就是我們準備擔擔的任務。

這種任務，包括提起大家對於工業管理的注意，促進大家的了解和認識，從而更使大家的信從和採用，這主要地有賴於宣傳工作，所以本會初期的工作也是着重宣傳。但自然並不只限於此，我們也想盡我們的力量希望能夠在管理的理論和技術方面供獻一點新的材料，尤其是對於在外國應用起來很成功的制度和方法，研究其如何運用到中國來，而對於目前中國工業界的管理方法有所改善，然而這些也還得依仗社會上尤其工業界人仕的協助，希望大家努力來完成這項使命。

迎新會誌盛

在供不應求的時期中，到處都呈現着搶購的現象。本屆新生已經早已開始上課。在交大，從來沒有「拖尸」的壞習慣，却養成了迎新的好風氣。爲了表示一些「老大哥」的溫情，學會就舉辦了個迎新大會，日期爲十月二十一日下午七時在恭綽館三號教室隆重舉行。

籌備的開始，首先覺得困難的就是採買。在搶購時期之中，就是有了錢也買不到一點兒東西。因此把預定很豐盛的茶點之計劃一起打消。臨時連敬師的蛋糕，還是走了門路才買到。雖然是困難重重，可是每人除了很多的奶油糖和花生米以外，還有屈臣氏汽水一瓶。總算表示了一些友愛的精神！其次覺得遺憾的是連一些佈置用的花紙也買不到。跑遍了徐家滙，好容易「搶購」着八張限價有光紙，簡單樸素的點綴着會場，顯露着高貴學府的尊嚴。

大會在幽雅的唱片聲中開始，莊主任很早就來了，不久王院長達時駕到。同時出席者尚有夏宗輝等教授數人師生擠擠一堂，充滿了溫和的空氣。

首先由上屆工管學會幹事王惟元致詞，代表着哥哥的誠意，對「生力軍」表示歡迎。繼爲王院長發表訓詞，大意爲勉勵同學要養成刻苦耐勞的精神，並且鼓勵着本系走上無限光榮的前程。次爲莊主任的談話，充份表示着撫慰的精神，以談話的姿態發言。指出了新同學投效交大的動機，然後再介紹了交大五十年光榮的歷史，最後用很誠懇的態度指示了同學讀書的方針，在熱烈的掌聲中，大會始告一段落。

繼續是學會幹事之改選，由同學賢明的選擇下，幹事九人當選。由本屆召集人陳江麟說明以後工作的願望，希望爲本系全體同學服務，跟着同學的意志去做。在嚴肅的空氣中幹事會宣告成立。

最後爲了使新舊同學格外認識得多一些起見，於是就開始餘興。有音樂，歌唱，智力測驗和團體表演等精彩節目。每一個同學都在最高興的情緒下走出了會場。

莊主任演詞

今天是舊同學對新同學的迎新。學會裏要叫我發表些意見，我現在就同各位新同學隨便談談。

潘家龍

各位同學的所以投效交大，當然是崇拜着交大五十年的光榮歷史。在中國工學院的創立，交大要算早的了。雖然我們比北洋晚幾年，可是現在呢？工程師我們要比他們多得多。再看我們的校舍，當我在這裏讀書的時候，工程館還沒有，哲生館和西齋也沒有，那時祇有上院，中院和圖書館。單就以上二個例子，就可看出我們人力物力的進步！任何人祇要一進交大的校門，就能從這些古老壯麗的建築物上，知道我們學校五十年的歷史。我在這裏做學生的時候，一共讀了四年半書。半年是中學，因爲那時還有中學，四年是大學，在民國九年就畢業而離開了母校。所以我每次進校門，總是有很多的感想。當時南洋（記者按，即交大）與約翰的足球比賽是很緊張的，每次比賽雙方都擠滿了很多的人。可是那時單從服裝上就可以知道我們的節儉。那時他們的學生差不多已經是洋裝畢挺了，可是我們呢？却都是一色的布做的制服。再看已經畢業的校友，百分之九十以上無論在什麼地方都不會使上司不滿意，這些光榮都是我們各人自己數十年的心血所造成的！

然而我們不要因爲有了五十年光榮的歷史感覺滿足，雖然我們的校友普及着全中國的交通界及工程界，可是我們到現在爲止還是缺少領袖的人才，換一句話說就是應付一件東西和應付一樁事情都很足夠，可是同時要應付人却不容易，因此有現在的工業管理，所以我們不但要造就幹部人才，更進一步的要造就領袖的人才。

對付一隻機器，有一定的動作，也有一定的方式。可是對付一個人就不一樣。因爲人是有思想的，所以各位除了對付技術方面要注意外，還要在對人的方面學習管理。所以我想我們的工業管理系還是要不斷向前走，因爲我們的歷史祇有四，五年，我們必須要隨時的改進。前幾天我曾對各位新同學說過幾句話，我對各位的期望很高，希望你們能夠知道怎樣學習。我們一系是工學院的小弟弟，而你們各位又是本系的小弟弟。他們大哥大姊們，將來一定會告訴你們，他們各人自己的經驗。就是在上半年的歡送上屆畢業同學席上，畢業同學就提出了一個問題，就是他們到畢業後去就業的時候，才覺到分數是一件很重要的東西。尤其在現在的時候，失業的人已很多，所有的空位都給別人佔去了。所以出路問題是一年難一年，或許將來可以好一些。然而誰又敢保證呢？

再有一點要向各位解釋的，我們四年的大學教育，最重要的是應付事實的方法，解決問題的答案。並不是大學一畢業，就算是萬能的了。所以我也不希望你們爲了分數而死背書，要注意的祇不過是一些基本原理。所有的基本原理一條也不能不懂，甚至一條也不能忘記。爲什麽呢？據我現在所知道，我以前的同學，凡是死讀書的人，現在都已失敗了。所以各位最應注意的是學理。學理就是根據了牠，可以怎樣接觸一個問題，而怎樣圓滿的解決牠。

再有一點也要提一提的，德智體羣大家是都知道的。然而對於羣的方面，也許還有很多人不十分瞭解。我們必須要在學會了怎樣接觸一個問題，和怎樣解決一個問題外，更要知道怎樣去利用羣的原理，來解決羣的問題。

友聲

燕子磯來鴻

劉榮棠

今年十月十九日我班有三人經學校分發聯袂來此間南京中央電瓷廠，予即此三人中之一僥倖者。現我們三人已分派在京廠實習，期限三個月，至於實習之着重點並不相同。同來之錢祖煥同學偏重成本會計，王玉[illegible]同學注意品質管理，而個人則須注意如何開始工時研究。三人工作之大約分類乃根據此間負責人口試所決定。此間製作規模雖不宏大，但主管人員欲勵精圖治，初步工作在企求工廠管理方面之記錄儘量科學化，並進求工時厘定，工時研究及方法研究等工作之推展。敝公司原擬與美國西屋電氣公司訂立合同作技術與管理之合作以推進國營電瓷事業，例如在南京燕子磯濱江背山之處購地四百餘廠作爲廠房地址，先後並派員至西屋公司實習。後以戰亂日深，經濟趨於糜爛，此美麗遠景之構圖遂告破滅。在不得已情形下乃假南京臨時廠房開工，自七月正式出貨至今僅及三月，徐蚌戰事突起，人心惶恐，員工情緒不安，加之煤斤等問題使生產拖入半停頓狀態。此非僅敝廠之苦悶亦整個生產事業之極嚴重危機。

個人與王君初來此間工廠，公司負責人對我們寄以莫大希望，故對實習工作均當認真每朝沉靜觀察並實地見習。我們以前在學校唸工業管理系雖然有信心，但對新的科學管理究否合乎實用不無疑惑。譬如工時研究和生產計劃與管理之實行有些人說一定要以大規模事業爲前提，但據個人月餘的感想，我們深感我們學工廠管理對中國工業化的使命負有迎頭趕上的特別任務。在今天我們參入工廠與舊有的管理員共同工作，對於[illegible]方不習新血輪的加入。學專門技術的人對管理覺繁瑣而無興趣，我們學管理的人卻應不同，當我們看見工廠扶動的機器和工作的工人，便自然地動起腦筋來，想到許多改良管理的方法。姑無論這些主觀的想法能否直接有用，但至少可以使我們對工廠的活動特別靈敏，因爲我們頭腦裏有新的正確概念，同時我們是全體的心血謀取管理的改進。譬如舊有的管理方法，我們可先利用原有設備以圖改良，以達減少浪費，增加效率的目標。雖然工時研究，並不一定在所有工廠中能實行，計劃管理並不[illegible]得用不得爲，但工廠的科學管理既然是我們努力的最後目標，我們就應按照實際情形，如何厘定步驟使工廠的管理漸趨科學化之途。所以我們在學校裏讀美國的科學管理書籍，並不能說沒有旨意。固然美國是高度工業化的國家與目前中國的實際情形相去太遠，但是如果中國不工業化則已，不然總不免有來到的一天。在今天我們便要爭取它的早臨，也就是我們迎頭趕上的特別任務。學電機的人讀交流與直流專門書籍，試問中國有那個電廠能完全用得着，學財務的人，又有那個企業機構能用全部的新式會計制度。在現在我們讀新的書籍是可以培養好的觀念的，對於我們努力的目標也不妨提高些。路是走出來的，如果中國有實行計劃經濟和工業國有的一天，我們的前途將更燦爛光明！

對於學校的課程，個人覺得工程材料應予加强，因爲工廠管理員需要實際經驗豐富，關於各工程方面之實際知識的灌輸，這門課程有其重要性。

秣陵寄語

畢華珠

離開了學校，更深切地體會到同學之間，友誼的可貴，聯繫的必要，於是不約而同的感到需要一種刊物，藉以交換各人實習心得，報導師友的近況。工管通訊正適應了這種需要那麼對於他的誕生，該感覺何等喜欣！所以我一接到通知立刻擱筆作覆，但恕我將通知忘記在辦公室裏，故而不能逐條對答，祇趁這一星殘燈；半窗斜月，信筆寫就「秣陵寄語」，區區報導文字，固不足充南針之用；惟聊以留下一點雪泥鴻爪而已。

我所實習的機關是汽車器材總處是一個隸屬於公路總局的國營事業機關其責任爲統籌供應全國公路運輸所需之油料輪胎及配件。

我是名符其實的實習生每一部門，每種工作都要實習一個時期。從「等因奉此」，到檢查另件以至借貸雙方都需學習。每實習過一部門，後就將心得寫就報告將來主管就根據實習心得，再派工作。現在各主管部當我學生看待，時時教導與督察。

假使我再讀書的話，我必定要選汽車工程，和油料實驗，這一類的課程。因爲我做過不少工廠實習，而對於所就職業的課程，却沒有學過。這該是多麼冤枉！

由於自身經驗，我感覺工管的領域既廣袤；出路更能向多方面發展，不限於一端。無論機械，紡織，電力，等各種工廠，以及交通機關，都有我們的蹤跡。而在大學四年中要學習到所有各種工廠所需要的技能，勢必不能。而純粹憑興趣而選擇職業，目下環境似乎未必可能。則用非所學，學非所用的情形諒必不一而足。爲補此項弊病，管窺所及。可用下列辦法！即加强暑期工廠實習與自由選課。這就是說，每年暑假，校方將大三同學介紹到工廠去實習。如果他對於該項工作感到興趣，而廠方亦對他好感的話。則他在四年級時即可多選，有關該項工作的課程。畢業後即申請入該廠，（或類似的工廠）。則對於工作必能輕駕熟道，而勝任愉快，而廠方亦感任用得人。而更樂於遴選了。

再者我覺得工管不妨加一課材料管理。因爲不論任何工廠以及交通機關都有材料，需要管理，而工管同學又往往容易被派爲此項工作。本屆畢業同學中。據我所知，已有十人。（台灣九位和我）從事此項工作。實際上我們這方面對知識並不十分充足，不過職足所在，勉爲其難而已。

至於我與同班同學的連繫，說也可憐，除了少數知己互通音訊之外：幾乎，彼此相遺了。但我每聽得級友歡聚就彷彿籠中之鳥，困深林鳴聲，恨不能奮翼振翮，與三楷飛。是以遙想白雲下的毋校，歇浦江畔的舊雨。默然神往。但願工管通訊帶給我故人的音訊。

編　者

系友意見彙報（一）

本刊爲調查諸系友之就業狀況幷探詢其對系務之意見起見，曾擬具問題十二則寄奉諸系友。茲已接獲錢祖煥，周超，劉榮棠，畢華珠，曹永和，陳幷善，朱燿珖等系友之回件，特綜合彙報於后，以供系務當局暨在學同學之參考。其他尚未惠覆之系友，務乞儘速賜寄，俾於下期刊登。

——編者

（一）你的職業是怎樣找到的？（甲）攷取（乙）憑私人關係（丙）由學校介紹。

上述諸系友除周超朱燿珖兩君憑私人關係外，皆係由學校介紹。

（二）你現在擔任那一部門工作？

錢君在資源委員會中央電瓷公司會計處實習，劉君在同公司擔任工時研究工作，周君在同誠貿易公司經理室服務，畢君在公路總局汽車器材總處各部門實習，曹君在無錫戚墅堰電廠服務部實習陳君在首都電廠辦事處祕書室任統計工作，朱君在無錫戚墅堰電廠電業處任統計工作。

（三）你對於現在擔任的工作感覺興趣否？假使不感興趣的話你以爲適宜於那一部門（就貴廠而言）？

諸系友對現任工作大體皆感興趣。惟亦有因爲時短暫而未有深切認識者。錢君謂：「各項實習未滿前尚不能定言對何項工作有眞正之興趣，唯本人願在生產部及成本部工作」。朱君謂：「至發電所似較適宜」。

（四）貴廠設有工時究研部門嗎？成績如何？

中央電瓷公司設有工時研究，惟因設立未久，尚無顯著之成効。

（五）廠方對你的態度如何？

劉，錢兩君謂：「公司負責人寄以莫大希望」。畢君謂：「各主管都當我學生看待，時時敎導與督察」。朱君謂：「尙佳」曹君則稱：「平淡」。

（六）貴廠對工業管理的看法如何？

中央電瓷公司對工業管理「甚爲重視。」首都電廠：「甚有期望。」無錫戚墅堰電廠「尙無認識。」

（七）你對同班同學經常有聯絡嗎？

諸系友各對部份同學有聯絡。

（八）你以爲學校內那一門功課的內容更須加强？加强些什麼？有什麼是多餘的？怎樣改良？朱君：「電工原理，計劃與管制，人事管理。」錢君：「行政管理是多餘的。應加國際貿易爲必修課，熱力學應改爲一年學程。」周，陳。二位：「會計及人事管理應將讀到的實際應用一點。」曹君：「生產管制，人事管理，工資制度，專題研究應該加强。」

劉君：「工程材料應予加强。」（參閱燕子磯來鴻——編者。）

畢君：「加强暑期工廠實習與自由選課，又不妨加一課材料管理。」（參閱秣陵寄語——編者）曹君：「加强工程經濟，事務管理。」

（九）假使你回來再讀書的話，或在你未畢業前，應當對那一門功課據沈立人教授透露：本系現在積極進行延聘美籍教授一位來系開設「工作法標準化」學程。如時局無甚大變化，此事決可於明年實現。沈氏告記者謂：「本系在程孝剛先生長校時卽向中美文化基金保管委員會申請資遣美籍教授任課，曾蒙該會覆函允許。惟該會提出三先決條件：（一）須有充分有關該學程之圖書設備，（二）學生須能聽英語，不然則需一懂得該學程而能充當翻譯之助教，（三）必須維持該教授與在美國同等之生活包括住宅汽車等項。此三條件中，第一第二猶不成問題，可慮者厥爲第三。照市價估計該項費用年需八千美金。然此項困難現亦迎刃解決。緣中國工業管理協會本欲請其贊助人美國 Research Corporation 聘請美籍顧問，已荷對方首肯；本系與協會本屬同氣連枝故擬以所請之教授同時兼任協會顧問，則八千美金之生活費用卽可由 Research Corporation 負擔。Research Corporation 乃美國數十廠商所聯合組織，原係以補助世界上有研究發明能力而遭受經濟困難之人材爲宗旨，支付該教授兼顧問之生活費用似與其原意未盡符合，但 Research Corporation 之主席孔來（譯音）已允諾設法變通。至於教授人選正託請目前在華講學之華盛頓大學工商管理學院院長 Dr. Preston 代爲物色。「工作法標準化」一課範圍甚廣，人的標準化，物的標準化，工作環境的標準化及工時研究之電影實驗等皆包括在內。」

消息

李瑞麟先生 新婚燕爾

時値離亂，有情人皆冀早成眷屬以償心頭宿願。茲悉：本系講師李瑞麟先生已於本月五日與吳國珍女士在本市衡山路美國教堂舉行宗教結婚大典云。

本會第一次學術講座 祝百英教授談金圓券

本會學術股爲使同學明瞭我國經濟現狀及前途起見，特於十一月二十二日晚六時半舉行第一次學術講座，敦請祝百英教授主講「在金圓券制度下的經濟現狀及其展望」，聽衆至爲擁擠，未及六時，場內已無隙座，而後至者紛紛不絕，皆唯有倚牆憑門恭立而聽。祝教授對我國經濟情況闡述頗詳，渠謂：所謂金圓券也者，不過單位不同面孔不同而已。政府兩次改革方案中，皆預先埋伏通貨膨脹，以通貨膨脹改革通貨膨脹，不僅無補於事，更將愈演愈糟。金圓券貶値五分之四後，準備金卽五倍於前，故政府雖發行至一百億圓，仍可處之泰然曰：「我們準備充足」。修正條例中之所謂兌現，按諸學理，無非是一種緊縮手段，其結果必然危害消費，減少生產，而最作怪的游資仍吸收不了。祝氏諷刺政府之外匯政策：管久必放，放久必管，處處予進出口貿易許多絆脚石。至於物價前途，祝氏表示相當悲觀。蓋改制以來，生產條件如原料，燃料，動力等旣未有改進，運輸條件不惡化已屬難得，而軍事收購繼續不斷，物資不能依常態流通，均足使人民預測漲價之心理較前猶甚。但長此以往，眞的恐慌必將來臨，物價不得不漲，講買力不能趕上，大減價沒有力量，於是生產無法進行，人人都走上飢餓線。演講歷二小時許，痛快處博得不小掌聲。

兩君：「機械電機學識。」錢君：「工程材料，熱心力學。」

（十）你希望我們在畢業之前做些什麼工作？（包括校內與校外）

周君：「工廠實習。」曹君：「與工廠界有密切聯絡」

朱君：「多參觀工廠。」

（十一）系務的改進如何？（包括學程，教授等）

錢君：「教授的質及教授法應特別重視，不要因此二點之差往往使這門課程形同虛設，拿拿學分而已。如往年之工程材料，銷售學，採購學諸課。」

（十二）請評述現狀下工業管理之地位及其將來之展望。

錢君：現在一般先進工業人士對工業管理一門已由熟聽而深加注意。他們談起「大量生產」卽抱有無限美[illegible]。而大量生產必須在科學工業管理下完成之。故工業管理在現在之地位，猶人們已知植樹之重要而急欲努力培養；其將來之發展當可默想得之。」朱君：「工管系問世未久尙無地位可言，尙須本系同學繼續努力」。

張兆翀王渭方兩君 榮獲黃伯樵獎學金

中國經濟建設協會以該會理事黃伯樵氏生前熱心我國經濟建設運動，不幸於今春因心臟病逝死，爲紀念黃氏德業起見，曾由該會負責人發起籌募黃氏紀念獎學金，並組織基金管理委員會。獎學金給予對象規定爲本校本系三四年級及運輸系三四年級各一名，同濟大學機械系四五年級各二名，合共八名。本學期得獎人已由該會審查決定，計本系爲四年級張兆翀，三年級王渭方兩君，每人獎學金數額爲金圓三百元。按張君博聞強記，好學不倦；王君爲本系系徵設計人，現任本會總務股股長，爲人誠摯坦白，熱心服務，系內系外同學無不樂與之交云。

工業管理系現行學程表

年級	學程名稱	第一學期		第二學期	
		時數	學分	時數	學分
一年級	國文	3	2	3	2
	英文	3	2	3	2
	微積分	4	4	4	4
	物理	3	3	3	3
	化學	3	3	3	3
	物理實驗	3	1	3	1
	化學實驗	3	1	3	1
	工廠實習	3	1	3	1
	畫法幾何	3	1	3	1
	機械畫	3	1	3	1
	三民主義	2		2	
	體育	2		2	
	軍訓	2		2	
	總計	37	19	37	19

年級	學程名稱	第一學期		第二學期	
		時數	學分	時數	學分
二年級	物理	3	3	3	3
	物理實驗	3	1	3	1
	微分方程	3	3		
	應用力學	5	5		
	材料力學			5	5
	機構學	3	3		
	工程材料			3	3
	工業管理	3	3	3	3
	經濟學	3	3	3	3
	統計學	2	2	2	2
	會計學	3	3	3	3
	工廠實習	3	1	3	1
	採購學			3	3
	總計	31	27	31	27

年級	學程名稱	第一學期		第二學期	
		時數	學分	時數	學分
三年級	熱力機			3	3
	熱力實驗			3	1
	電工學	3	3	3	3
	電工實驗			3	1
	工時研究	3	3	3	3
	工廠運輸	2	2		
	生產管制	3	3		
	貨幣金融	3	3	3	3
	成本會計	3	3	3	3
	工程經濟	3	3		
	人事管理			3	3
	保險學	2	2	2	2
	工程選讀	(4)	(4)	(4)	(4)
	總計	26	26	30	26

年級	學程名稱	第一學期		第二學期	
		時數	學分	時數	學分
四年級	行政管理	3	3		
	企業組織與管理	2	2	2	2
	公司理財			2	2
	法規契約與公文	3	2	3	2
	管理會計	3	3	3	3
	演講學	2	2		
	工廠計劃			3	3
	工業心理學			2	2
	銷售學	2	2	2	2
	工廠研習	3	2	3	2
	專題討論	2	1	2	1
	工程選讀	(4)	(4)	(4)	(4)
	論文	2	1	2	1
	總計	26	22	28	24

本系教員名錄

姓名	職別	籍貫	出身及經歷
莊智煥	教授兼主任	浙江鎮海	交通大學，巴黎電工學院巴黎大學法學院歷任無線電台工程師，交通部電政司司長，交通大學教授，軍事委員會政治部交通處處長，經濟部企業司司長，桂林市政處處長，經濟部駐越南國際代表，國際貿易就業會議代表，國際勞工大會代表，全國工業協會理事兼總幹事，交通銀行設計處處。
祝百英	教授	浙江鄞縣	交通大學，蘇聯教授研究院。歷任贊南，法政，中公，中山，勷勤，滬江，中政及本校教授（曾在各校先後兼任系主任教務長及訓導長），申報，廣州日報，星島日報，星島務日商報，等主筆總輯社長等職，申報月刊，東方，財政評論等編輯及主編，廣東省財政顧問，財政部委員，中央銀行專門委員等職。
沈立人	教授	—	—
周覺明	副教授	江蘇海門	前交通部南洋大學。曾任本校助教，上海市社會局工業股主任，上海市度量衡檢定所所長，財政部復興公司科長，浙江省工業改進所副所長，第三戰區經濟委員會專門委員，上海市公用局專員。
夏宗輝	副教授	浙江鎮海	復旦大學土木系。中國工程學院教授，教育部特設上海臨時大學教授，國華建築公司經理，銀色汽車公司廠長。
吳予遠	兼任教授	江蘇鎮江	美國本薛凡尼亞大學華登學院工商管理系畢業得碩士學位哈佛大學研究院專修經濟學。光華大學工商管理系兼任教授，中新紡織公司第二三五廠總管理處業務部秘書。
周省言	兼任教授	—	
唐祖詔	兼任教授	—	
陳德榮	兼任教授	—	
張慰慈	兼任教授	—	
楊錫山	兼任教授	—	
周志誠	兼任教授	—	
李瑞麟	講師	江蘇吳縣	美國華薩司透學校畢業本薛凡尼亞大學經濟學士。
蔡鴻盛	助教	廣東梅縣	中央政治學校畢業，財政科員
張壽慈	助教	河北定縣	中央政治學校畢業，財政部員。
張樹聲	助教		本系畢業。
王則茂	助教		本系畢業。

謝啓

本刊此次籌募出版費，荷蒙
師長系友慷慨解囊，邀衆仁襄，銘感無已，謹將　台銜列後，倘祈
賜鑒。

工業管理學會幹事會謹啓

（以收到先後爲序）

楊錫山先生　一百元
唐祖韶先生　一百元
張蘇珠校友　十　元
夏宗輝先生　一百元
陳德榮先生　二百元
周省言先生　二百四十五元九角三分
周贊明先生　一百元
沈立人先生　二百元
李瑞麟先生　一千元

工業管理學會第三屆職員表

會　長　歐陽庚　陳江滸
總務股　王渭方　陳　仲　王兆奎
學術股　史佩棟　周麗華　潘家龍　曹起驥　王天任
聯誼股　王惟元
出版委員會　汪仁偉　方燮機　凌華椿

工業管理通訊
創刊號

編輯者　史佩棟
出版者　國立交通大學工業管理學會
印刷者　時事新報館
出版日期　民國三十七年十二月二十日